全国计算机技术与软件专业技术资格（水平）考试指定用书

信息系统运行管理员教程
（第2版）

宋　鑫　主编 / 湛燕　郗亚辉　副主编

U0365851

清华大学出版社
北京

内 容 简 介

本书是全国计算机技术与软件专业技术资格（水平）考试办公室组织编写的考试指定用书，本书依据 2018 年审定通过的《信息系统运行管理员考试大纲》编写，对信息系统运行管理员岗位所要求的主要知识和应用技术进行了阐述。

全书共 12 章，主要介绍了信息系统运维与管理的基本概念，以及从信息系统设施、软件、数据和安全等方面论述了信息系统运维的主要内容和流程，通过应用案例介绍了物联网、云计算、银行、大型网站和智能工厂等典型信息系统的运维管理，另外还给出了信息系统开发的用户支持信息和标准化的相关基础知识。

本书既可以作为高等院校信息管理与信息系统、电子商务、计算机等相关专业的教材或者教学参考书，也可以作为信息系统运维技术人员与管理人员的参考用书。

图书在版编目（CIP）数据

信息系统运行管理员教程/宋鑫主编. —2 版. —北京：清华大学出版社，2018(2025.4 重印)
（全国计算机技术与软件专业技术资格（水平）考试指定用书）
ISBN 978-7-302-50877-9

Ⅰ.①信… Ⅱ.①宋… Ⅲ.①管理信息系统-资格考试-教材 Ⅳ.①C931.6

中国版本图书馆 CIP 数据核字（2018）第 174670 号

责任编辑：杨如林 柴文强
封面设计：常雪影
责任校对：胡伟民
责任印制：丛怀宇

出版发行：清华大学出版社
   网　　址：https://www.tup.com.cn，https://www.wqxuetang.com
   地　　址：北京清华大学学研大厦 A 座　　邮　　编：100084
   社 总 机：010-83470000　　邮　　购：010-62786544
   投稿与读者服务：010-62776969，c-service@tup.tsinghua.edu.cn
   质 量 反 馈：010-62772015，zhiliang@tup.tsinghua.edu.cn
印 装 者：三河市铭诚印务有限公司
经　销：全国新华书店
开　本：185mm×230mm　　印 张：31.5　　防伪页：1　　字　数：792 千字
版　次：2006 年 1 月第 1 版　　2018 年 9 月第 2 版　　印　次：2025 年 4 月第 10 次印刷
定　价：99.00 元

产品编号：081025-02

前　言

为适应国家信息化建设的需要，规范计算机技术与软件专业人才评价工作，促进计算机技术与软件专业人才队伍建设，人事部、信息产业部①制定了计算机技术与软件专业技术资格和水平考试有关规定，并将该考试纳入全国专业技术人员职业资格证书制度规划。规定指出，通过考试并获得相应级别计算机专业技术资格（水平）证书的人员，表明其已具备从事相应专业岗位工作的水平和能力，用人单位可择优聘任相应专业技术职务；计算机专业技术资格（水平）实施全国统一考试后，不再进行计算机技术与软件相应专业和级别的专业技术职务任职资格评审工作，即实行专业技术职称晋升的以考代评政策。无疑，这是我国人事制度改革的一次新突破，它对贯彻落实国务院颁布的《振兴软件产业行动纲要》，促进我国软件人才辈出必将产生深远的影响。

信息经济时代，信息系统在各类组织中得到了广泛的应用，并为这些组织在工作效率提高、管理决策改善、竞争力提升等方面发挥了重要的作用。然而，组织对信息系统需求不断提升，信息系统故障、安全等问题层出不穷，如何保证信息系统稳定运行，是理论和实践上都需要解决的问题。信息系统运维以信息系统为对象，以例行操作、响应支持、优化改善和咨询评估为重点，旨在使信息系统安全、可靠、可用和可控地运行保障业务系统持续、正常和稳定，提升信息系统对组织的有效支持，实现信息系统价值。当前，各类组织都建立了信息技术部门负责信息系统运维，或者将信息系统运维外包给专业的服务公司，或者全面依靠云计算服务。然而，在信息系统运维实践中，组织需求与人才培养相互脱节，一方面组织对信息系统运维专业人员需求旺盛、要求高；另一方面高校信息系统及相关专业教学更多强调的是信息系统分析、设计与开发，缺少信息系统运维完整的知识体系与实践情境等。编写信息系统运维教材，开设信息系统运维课程，是消除这种脱节的有效手段，这也正是我们编写本教材的主要目的。

编者受全国计算机专业技术资格水平考试办公室委托，按照《信息系统运行管理员考试大纲》的要求编写了本书。

本书从信息系统运维的基本概念入手，从信息系统设施、信息系统软件、信息系统数据和信息系统安全运维等方面展开，反映了信息系统运维的核心内容，并以制造企业、商业银行和大型网站为例，论述了信息系统运维的典型应用和行业差异。各类信息系统对运维管理的要求差别很大，其中用于事务处理和业务管理决策的"管理信息系统"（Management Information System，MIS），其运维管理尤为复杂和重要，是本书分析讨论的重点。

本书既可以作为高等院校信息管理与信息系统、电子商务、计算机等相关专业的教材或者教学参考书，也可以作为信息系统运维技术人员和管理人员的参考用书。

---

① 人力资源和社会保障部、工业和信息化部制定此规定时，当时的名称是人事部、信息产业部。

　　本书由河北大学宋鑫任主编、湛燕任副主编，宋鑫、湛燕、陈昊、郗亚辉、张瑜共同编写。具体分工如下：宋鑫编写了第 5、6、8～10 章，湛燕编写了第 1～3 章；陈昊编写了第 11～12 章，郗亚辉编写了第 4 章。张瑜编写了第 7 章。本书由杨成筹划和组织编写。

　　由于经济及 IT 技术的飞速发展，信息系统的应用和管理模式也在不断地变化和发展着，尽管书中已经尽量体现这些新变化，但仍无法做到包罗万象。希望读者不要仅囿于本书的知识范围，更应关注和跟踪信息系统最新的发展动态，我们也将力争通过不断修订和完善以弥补缺憾。由于编者水平有限，加之时间仓促，书中存在的疏漏和不妥之处，诚望各位同仁和读者批评指正。

编　者

2018.4.8 于河北大学

目 录

第 1 章　信息系统运维概述

本章介绍信息系统及其组成，影响信息系统的因素，从概念、框架、要求和发展四个方面总体阐述信息系统的运行与维护，并就信息系统运维的发展现状、阶段和趋势进行总体介绍，此外还引入了常见的信息系统。

信息系统交付使用开始，研制工作即告结束。信息系统进入使用阶段后，这时的主要任务是对信息系统进行管理和维护，使信息系统真正发挥为管理者提供信息的作用。而所谓运行管理工作就是对信息系统的运行进行实时控制，记录其运行状态，进行必要的修改与功能扩充，以便使信息系统真正符合管理决策的需要，为管理决策者服务。

如果缺乏科学的组织与管理，信息系统就不能自动地为管理工作提供高质量的信息服务，而且信息系统本身也会陷入混乱。信息系统的管理工作也不能与机器设备本身的管理工作等同起来。计算机应用系统的任务是为管理工作服务，它的管理工作是以向一个组织提供必要的信息为目标的，是以能够满足管理工作人员的信息需求为标准的，而机器本身的管理与维护工作只是这项工作的一小部分内容，只是提供了硬件的保障，真正要做到向管理人员提供有用的信息还需要做许多软件操作、数据收集、成果提供等工作。因此，信息系统应该配备专门的人员专职负责其运行管理与维护工作。这里说的专人，不仅仅是只管理硬件设备的硬件人员，还应该是了解信息系统功能及目标、与管理人员直接接触的信息管理专业人员。

信息系统的运行管理工作是系统研制工作的继续，主要包括日常运行的管理、运行情况的记录以及对系统的运行情况进行检查与评价。这些工作做好了，信息系统就能够如预期的那样，为管理工作提供所需的信息。反之，系统就不能如预期的那样发挥作用，甚至系统本身也会崩溃而无法使用。

当今社会，信息系统无所不在，它已渗透到政府、商业组织和民众生活的方方面面：工作离不开各种根据自身业务特点而建立的信息系统；生活离不开信息查询系统、订票信息系统、银行系统；网上购物离不开电子商务系统、银行支付系统。信息系统为人们的工作、生活带来了无穷的便利与乐趣，现代社会一刻都离不开信息系统。

然而，信息技术也是一把双刃剑。随着人们对信息系统的日益依赖和社会经济发展与信息系统的日益融合，由于信息系统自身的复杂性和存在的不完善、不安全、不可靠、不稳定等因素，使得当今社会的各类业务系统显得比以往任何时候都更加脆弱，随时都会有意想不到的"主动"或"被动"风险发生。由于这些信息系统的运行失效、故障或直接宕机，大到会带来严重的灾难事故、经济损失或社会秩序的混乱，小到会影响企业的声誉，导致企业客户的流失，个人隐私信息的外泄或个人财产的损失等，举例如下。

政府公共机构：2009 年 3 月 10 日，广州市电子政务穗园机房发生电池击穿事故并引发火灾，导致政府门户网站、政府邮件系统、互联网出口、政府服务中心、住房公积金中心等系统无法使用近 24 小时；2011 年 3 月，美国遭遇了有史以来规模最大的一次黑客攻击，导致国外组织从国防部承包商的网络中获取了 2.4 万份机密文档。

金融领域：2011 年上半年，韩国农协银行因系统瘫痪导致金融服务中断，最为严重的是数据丢失惨重，在业界被引为典型反例，影响重大；2010 年和 2011 年间，我国光大银行频频出现状况，如客户无法刷卡，客户资金在网上银行被盗刷、盗转，信息系统故障导致交易拥堵缓慢，使光大银行遭到客户和投资者的双重质疑；2010 年 11 月，澳大利亚银行支付系统瘫痪五天，致使很多人无法领取一周的薪金和福利金，也无法用银行卡结算，只能靠手头的现金生活；2011 年 8 月，中国香港证券交易所的信息披露系统疑似被黑客入侵，出现故障，部分信息无法更新浏览，致使当日公布业绩或重大交易的公司均被停牌，七家上市公司和一支债券下午被迫停止交易，超过 400 个相关衍生工具也被停牌。

交通运输领域：2002 年 7 月 23 日，首都机场因计算机系统故障，6000 多人滞留机场，150 多架飞机延误；2003 年 7 月 4 日，首都机场因计算机离港信息系统发生故障，3000 多名旅客受影响，71 个航班延误；2004 年 7 月 14 日，首都机场行李分拣系统发生故障 11 小时，只能依靠人工分拣与搬运；2006 年 10 月 10 日，首都机场离港系统瘫痪，致使 33 个航班延误。

电子商务领域：2007 年圣诞购物旺季，因网络购物流量过大，支撑雅虎电子商务系统商家解决方案业务的基础设施出现故障而直接宕机，使依赖于这一解决方案的约 4 万个网站无法正常完成订单；沃尔玛几乎每年感恩节的黑色星期五期间都会被巨大的流量冲击致瘫，2009 年沃尔玛网站集中添加了一系列创新技术的互动功能，试图让客户方便浏览、迅速结账以改变原有状况，但黑色星期五这个网购高峰来临时，情况依旧，沃尔玛被相当于 2008 年同期 7 倍的网络流量冲垮，瘫痪长达 10 小时；2009 年 11 月 22 日，作为美国数一数二的电子商务网站 ebay 发生了宕机事故，导致卖家至少损失了当日销售额的 80%；同样在我国，春节、国庆、五一等各大节日也成为各大电子商务网站的销售打折日，使在线访问和交易的峰值管理问题异常突出，因管理不善而使速度变慢，页面无法加载，在线呼叫服务停止等情况时有发生。

企业应用领域：某企业实施国外某著名公司的 ERP 软件，项目结项，实施方顾问撤走以后，经过一段时间运行，客户开始抱怨，投入了几百万元，却没什么效果，认为得了"富贵病"，原因是所实施的各模块之间没有集成，数据不能关联，某些模块的数据还需要手工录入。例如，财务模块中的产品成本计算，生产成本数据仍需要人工录入。同样，对于不少有了一定信息化基础的集团化企业，由于其业务多元化发展，并购的子公司之间，以及子公司与总公司之间因信息化建设不同步或同类信息系统产品来自不同供应商等原因，信息孤岛现象极为普遍，而其间的集成与改造成为了该类集团化企业最为谨慎和高难度的运维工程：不整合意味着可能会使集团管理乏力，集团发展缺乏竞争力，而整合则意味着可能放弃前期的系统投入和既有收益，甚至成为集团发展的包袱。

休闲娱乐领域：2010 年底，新浪微博宕机 4 小时，使 5000 万微博用户被中断服务；2010 年 10 月，网络游戏"魔兽世界"由于突发高并发量访问致使游戏服务器宕机，造成大面积停服；2011 年 1 月 14 日上午，全球最大的社交网站 Facebook 在欧洲多个国家发生宕机事故，至今未能辨别是安全问题还是基础设施问题。

IT 服务运营机构：2010 年，Amazon 云计算服务于 5 月 8 日因配电屏电气接地和短路引发的停电致使部分用户失去服务长达 7 小时，并导致少量用户数据丢失；2013 年 1 月 31 日 Amazon 云计算服务再次出现重大中断事故致使 Amazon.com 主页出现故障；2010 年 2 月 18 日，美国博客服务平台 WordPress 网站因其数据中心服务商对一台主要路由器参数进行调整而发生服务故障，持续 110 分钟，约 1020 万家使用该平台服务的博客网站受到影响，受影响的网页浏览数量高达 550 万个。

迄今为止，我国信息化战略已取得了一些喜人的成果，但正所谓"创业难，守业更难"，如何巩固信息化建设的成果，运行和维护好各信息系统以深化其应用，提升其效益，如何最大限度地避免上述问题的发生，以及如何以最小的损失响应解决此类问题，已成为迫切需要关注和面对的重要问题，信息系统运行与维护的重要性开始凸显。

1.1　信息系统概述

1.1.1　信息的含义和类型

信息无处不在，无时不有，无人不用，今天它已成为使用频率最高的词汇之一。对信息的利用越广泛，对信息的研究越深入，人们对信息的认识和理解也就越多样化、越深刻。

信息的含义是什么？一种通俗的解释是：信息是人们关心的事情的消息或知识。但是如果从不同的学科、不同的角度去对信息这个概念做出解释和定义，则观点各不相同。

在经济学家眼中，信息是与物质、能量相并列的客观世界的三大要素之一，是为管理和决策提供依据的有效数据。对心理学家而言，信息是存在于意识之外的东西，它存在于自然界、印刷品、磁盘甚至空气之中。在新闻界，信息被普遍认为是对事物运动状态的陈述，是物与物、物与人、人与人之间的特征传输。而新闻则是信息的一种，是具有新闻价值的信息。

哲学家们从产生信息的客体来定义信息，认为事物的特征通过一定的媒介或传递形式使其他事物感知。这些能被其他事物感知的、表征该事物特征的信号内容即为该事物向其他事物传递的信息。所以，信息是事物本质、特征、运动规律的反映。不同的事物有不同的本质、特征、运动规律，人们就是通过事物发出的信息来认识该事物，或区别于其他事物。

在图书馆学和情报学领域，信息被定义为事物（thing）或记录（record）。美国学者巴克兰德（M.Buckland，1991）认为，许多事物都可以是信息，如文本、图片、录音磁带、博物馆陈列品、自然物体、实验、事件等。但这一定义过于宽泛，未能将信息、信息载体和信息资源区分开来。另一位美国学者萨克利夫（J.Tague-Sutcliff）则认为，信息是依赖于人类的概念化和理解能力的无形的东西，对于记录而言，它所包含的有形的字与图片等是绝对的，但它所包含的信息对于读者或用户）则是相对的。信息是读者通过阅读或其他认知方法处理记录所理解的东西，它不能脱离外在的事物或读者而独立存在，它是与文本和读者以及记录和用户之间的交互行为相关的，是与读者大脑的认知结构相对应的东西。

情报学界引述最多的，是系统工程学家的看法。信息论的创始人香农从通信系统理论的角度把信息定义为用来减少随机不确定性（uncertainty）的东西。也就是说，信宿（信息接受方）未收到消息前不知道信源（信息产生方）发出什么信息，只有在收到消息后才能消除信源的不确定性。如果没有干扰，信宿得到的信息量与信源的不确定性相等。香农的看法，被认为是对信息的认识的重大进展，因为他推导出了信息测度数学公式，标志着信息科学进入了定量研究阶段。

控制论专家维纳从信息自身具有的内容属性给信息下了定义并被许多研究所引用。他的信息概念是从信息发送、传输、接收的过程中，客体和接收（认识）主体之间的相互作用来定义的。他说，"信息既不是物质，又不是能量，信息就是信息。"根据维纳的说法，物质、能量和信息是相互有区别的，是人类社会赖以生存、发展的三大基础——世界由物质组成，能量是一切物质运动的动力，信息是人类了解自然及人类社会的凭据。信息对于物质而言具有相对独立性：信息不遵循质量守恒定律，其性质和内容与物质载体的变换无关；同样，信息在传递和转换过程中也不服从能量守恒定律，信息可以共享而能量不能共享，信息效用的大小并不由其消耗来决定。然而，信息与物质、能量又存在着密切的相互依存关系：物质、能量和信息这三者中，能量和信息皆源于物质，任何信息的产生、表述、存储和传递都要以物质为基础，也离不开能量。从另一方面来说，物质运动的状态和方式需要借助信息来表现和描述，能量的转换与驾驭也同样离不开信息。维纳把信息的定义引入了控制论，他在《人有人的用处——控制论和社会》中说："信息这个名称的内容就是我们对外界进行调节并使我们的调节为外界所了解时而与外界交换来的东西。"

显然，同一事物的情况对于不同的个人或群体具有不同的意义。某个事物的情况只有对了解情况者的行为或思维活动（通常是有目的的活动）产生影响时才能称为信息。信息这个概念对于自然界和人类社会具有普遍的意义。

宇宙间一切事物都处于相互联系、相互作用之中。这种联系和相互作用，存在着物质的运动和能量的转换。但是，许多事物之间的关系，却难以简单地从物质运动与能量的转换去解释。决定事物之间的相互联系、相互作用效果的往往不是事物之间物质和能量直接的量的交换和积累，而是借以传递相互联系与作用的媒介的各种运动与变化形式所表示的意义。由此可以给出信息的一般定义：信息是对事物之间相互联系、相互作用的状态的描述。

国内专家在信息含义方面也有许多争论。他们在比较了中外各家各派的信息定义后，倾向于取中国学者钟义信的解释。1988 年，钟义信在《信息科学原理》一书中认为，信息是事物运动的状态与方式，是物质的一种属性。在这里，"事物"泛指一切可能的研究对象，包括外部世界的物质客体，也包括主观世界的精神现象；"运动"泛指一切意义上的变化，包括机械运动、化学运动、思维运动和社会运动；"运动方式"是指事物运动在时间上所呈现的过程和规律；"运动状态"则是事物运动在空间上所展示的形状与态势。钟义信还指出，信息不同于消息，消息只是信息的外壳，信息则是消息的内核；信息不同于信号，信号是信息的载体，信息则是信号所载荷的内容；信息不同于数据，数据是记录信息的一种形式，同样的信息也可以用文字或图像来表述。信息还不同于情报和知识。总之，"信息即事物运动的状态与方式"这个定义具有最大的普遍性，不仅能涵盖所有其他的信息定义，还可以通过引入约束条件转换为所有其他的信息定义。例如，引入认识主体这一约束条件，可以转化为认识论意义上的信息定义，即信息是认识主体所感知或所表述的事物运动的状态与方式。换一个约束条件，以主体的认识能力和观察过程为依据，则可将认识论意义上的信息进一步分为先验信息（认识主体具有的记忆能力）、实得信息（认识主体具有的学习能力）和实在信息（在理想观察条件下认识主体所获得的关于事物的全部信息）。层层引入的约束条件越多，信息的内涵就越丰富，适用范围也越小，由此构成相互间有一定联系的信息概念体系。

总之，人类的活动离不开信息，自然界也充满着信息的运动。信息这一概念的重要性在于，它在一切社会活动中都是基本条件之一。

信息广泛存在于自然界、生物界和人类社会。信息是多种多样，多方面、多层次的，信息的类型亦可根据不同的角度来分。

按照产生信息的客体的性质来分，可分为自然信息（瞬时发生的声、光、热、电、形形色色的天气变化、缓慢的地壳运动、天体演化……）、生物信息（生物为繁衍生存而表现出来的各种形态和行为，如遗传信息、生物体内信息交流、动物种群内的信息交流）、机器信息（自动控制系统）和社会信息。一切存在都在进行着某种形式的表达，而人类的表达更要丰富得多，因为他们的存在内容更丰富。社会信息就是指人与人之间交流的信息，既包括通过手势、身体、眼神所传达的非语义信息，也包括用语言、文字、图表等语义信息所传达的一切对人类社会运动变化状态的描述。按照人类活动领域，社会信息又可分为科技信息、经济信息、政治信息、军事信息、文化信息、管理信息、体育信息等。

按照信息所依附的载体特征来分，可分为文献信息、声音信息、电子信息、生物信息等。文献信息，就是文献所表达的内载信息，以文字、符号、声像信息为编码的人类精神信息，也是经人们筛选、归纳和整理后记录下来的信息（recorded information），它与人工符号本身没有必然的联系，但要通过符号系统实现其传递。文献信息是一种相对固化的信息，一经"定格"在某种载体上就不能随外界的变化而变化。这种性质的优点是，易识别、易保存、易传播，使人类精神信息能传于异地，留于异时，缺点是不能随外界的变化而变化，固态化是文献信息老化的原因。

由于各应用领域相互关联，各类信息在范围与内容上相互交叉与重叠。如管理信息就涉及政治、经济、科技、文化等领域。

信息的主要特征如下。

1. 可传输性

这是信息的本质特征。信息可以借助于载体脱离其信源进行传输。信息在传输过程中可以转换载体而不影响信息的内容。

2. 可存储性

信息借助于载体可在一定条件下存储起来。信息的可存储性为信息的积累、加工和不同场合下的应用提供了可能。

3．可加工性

信息可以通过一定的手段进行加工，如扩充、压缩、分解、综合、抽取、排序等。加工的方法和目的反映信息接收者获取和利用信息的特定需求。加工后的信息是反映信息源和接收者之间相互联系、相互作用的更为重要和更加规律化的因素。应当注意的是，信息的内容是语法、语义和语用三者的统一体。信息在加工过程中要注意保证上述三者的统一而不致受到损害，以免造成信息的失真，即原始信息（加工前的信息）的有些内容丢失或被歪曲。信息的可加工性为人类利用信息认识与改造客观世界与主观世界开辟了广阔的前景。

4．共享性

一个信息源的信息可以为多个信息接收者享用。一般情况下增加享用者不会使原有享用者失去部分或全部信息。有的信息涉及商业的、政治的、军事的秘密，扩大对这类信息的享有者可能影响某些享用者对这类信息的利用，但不会改变信息本身的内容。

5．时滞性

任何信息从信息源传播到接收者都要经过一定的时间。信息接收者所得到的与自己有关的信息源的状况的信息都是反映信息源已经出现的状况。时滞的大小与载体运动特性和通道的性质有关。信息的传输、加工与利用都必须考虑这种时滞效应，尤其是对于需要实时或及时处理与利用的信息，必须通过合理选用载体与通道来把这种时滞控制在允许的范围内。

6．再生与增值性

信息再生是指某些用于某种目的的信息可能随着时间的推移，其价值将会耗尽，但出于另一种目的又可能显示出新的用途。如天气预报的信息，预报期一过就对指导生产不再有用。但如果把各年同期的天气进行比较，总结变化规律，验证模型则是非常有用的。

信息的增值在量变基础上，可能产生质变，在积累的基础上可能会产生飞跃。曾有一位学者把全国每天报纸上刊登的新厂投产的消息收集起来，进行提炼和分析，时间一久就能对全国工业情况有所估计。原来不保密的东西变成保密的了，原来不重要的东西变得重要了。信息的增值性、再生性使人们能够在信息废品上提炼有用的信息，在司空见惯的信息中分析出重要的趋势。

7．转化性

信息、物质和能源是人类现在利用的三项重要的宝贵资源。三者有机地联系在一起，形成三位一体，互相不能分割。有物质存在，必有促使它运动的能量存在，也必有描述其运动状态和预测未来的信息存在。对于一个企业来说，没有材料不能做产品，没有能源不能开工，没有知识和技术也就没有信息，就不能成功生产。信息、能源、物质三位一体，又是可以互相转化的。"有了信息就有了一切"。能源、材料可换取信息是不言而喻的，而从生产调度的合理安排到新材料、新器件的发明创造都是利用信息技术做出的巨大贡献。信息转化的目的是要实现其价值。

1.1.2　信息系统

系统是由一些部件组成的，这些部件间存在着密切的联系，系统通过这些联系达到某种目的，或者说系统是为了达到某种目的而相互联系的部件的集合。

20 世纪 30 年代，人们在一些科学学科（生物学、心理学、社会科学）研究中，发现系统的一些固有性质与个别系统的特殊性无关。二次大战前不久，路德维希·冯·倍塔朗菲提出一般系统概念和一般系统理论。1954 年，建立了一般系统理论促进协会，系统的研究进入蓬勃发展的时代。1957 年，美国人古德写的《系统工程》公开出版，"系统工程"一词被确认。20 世纪 70 年代，随着电子计算机的应用，系统工程思想有了充分实现的可能性。

系统的一般定义是：系统是一些部件为了某种目的而有机地结合的一个整体，就其本质而言是一定环境中一类为达到某种目的而相互联系、相互作用的事物有机集合体。

系统的概念可以是抽象的，也可以是实际的。一个抽象的系统可以是相关的概念或思维结构的有序组合，如卡尔·马克思所创立的共产主义思想体系，凯恩斯所创立的凯恩斯经济学派等。而一个实际系统是为完成一个目标而共同工作的一组元素的有机组合。上至国家，下至一个小单位、一个家庭及一个人内部的血液循环都是系统。

系统是一系列相互作用以完成某个目标的元素或组成部分的集合，通常由输入部分、处理部分、输出部分和反馈机制组成。系统有如下四个方面的特性。

（1）整体性：一个系统要由多个要素组成，所有要素的集合构成了一个有机的整体。在这个整体中，各个要素不但有着自己的目标，而且为实现整体的目标充当着必要的角色，缺一不可。

（2）目的性：任何一个系统的发生和发展都具有很强的目的性。目的是一个系统的主导，它决定着系统要素的组成和结构。这种目的性在某些系统中又体现出多重性。

（3）关联性：即一个系统中各要素间存在密切的联系，这种联系决定了整个系统的机制。这种联系在一定时间内处于相对稳定的状态，但随着系统目标的改变以及环境的发展，系统也会发生相应的变更。

（4）层次性：一个系统必然地被包含在一个更大的系统内，这个更大的系统常被称为"环境"，一个系统内部的要素本身也可能是一个个很小的系统，这些小系统常被称为这个系统的"子系统（Subsystem）"，由此形成了系统的层次性。

从不同的角度出发，系统分类有不同的方法。按照综合复杂程度划分，可分成生物系统、物理系统、人类社会及宇宙；按照抽象程度划分，可分成概念系统、逻辑系统、物理系统；按照系统功能划分，可分成社会系统、经济系统、军事系统、企业管理系统等；按照与外界关系划分，可分成封闭系统、开放系统；按照系统内部结构分，可分成开环系统和闭环系统。

人类 20 世纪最重大的科技成果之一是电子数字计算机的发明。计算机已经成为社会和科技各个领域所必需的智能型工具。在当前计算机应用的众多领域中，数据处理（Data Processing,

DP）是最广泛也是最重要的应用领域之一。随着计算机技术的发展和辅助设备技术的完善，计算机数据处理已经从其应用的初级阶段发展到成熟和完善的高级阶段，当前已经能够为多种应用领域提供不同应用类型和功能的计算机信息系统。

信息系统本来是一个泛泛的概念，它一般指收集、存储、处理和传播各种类型的信息的有完整功能的集合体。在各种类型的信息系统中，由于面向企业和部门管理的管理信息系统是开发量大、应用最广泛的一类信息系统，据估计，在整个计算机应用中有60%以上的应用与管理相关。因此，其面向管理的广泛性，使得目前计算机信息系统一般指面向企业（泛指各种部门和机构）支持管理和决策的信息系统，而不再附加说明。

信息系统是一个人造系统，它一般由以计算机为基础的一组设备和一些手工处理单元组成一个整体，用于收集、存储、管理数据和为用户提供有用信息。有时也会把非计算机的、全部人工处理信息的系统称为信息系统。一个信息系统通常应有数据输入、数据处理、打印输出、查询统计和系统维护等基本功能。

在计算机信息系统的发展过程中，已经逐渐形成了一门管理科学与计算机科学相结合的新的技术学科和工程领域，它研究和解决面向管理的计算机信息系统开发的相关问题，培养其专门人才，即计算机管理信息系统开发的系统分析员。通常，将计算机信息系统开发过程称为信息工程（IE）或信息系统工程。

信息系统（Information System）是由计算机硬件、计算机软件、网络和通信设备、信息资源和信息用户组成的以处理信息为目的的人机系统。人们构造信息系统来采集、处理、存储和分发数据，为组织运营与决策服务。

作为一门学科，在我国，信息系统也指管理信息系统，是一个以管理科学、计算机科学、工程学、数学、控制论、系统论等为基础的综合性交叉学科，是以人为主导，利用计算机硬件、软件、网络通信设备及其他办公设备，进行管理信息的收集、传输、加工、储存、更新和维护，以提高组织效率、改善组织效益为目标，支持组织高层决策、中层控制、基层运作的集成化人机系统。

从上述定义中可以得知，构成信息系统的核心要素包括技术、人和组织等。

1．技术要素

技术要素是保障信息系统得以运行的基本支撑，是信息系统的物理构成，通常泛指信息技术（Information Technology，IT）。在实际应用中IT已成为信息系统的代名词，本书中出现的"IT"与"信息系统"也可相互指代。信息系统的技术要素包括数据、硬件、软件、通信网络和基础设施几个方面。

1）数据

数据是信息系统处理的对象，是信息系统最基本的元素。

数据是指记录下来的各种原始资料，如文字、数字、声音和图像等。数据未经加工时不具备直接使用的价值。

（1）信息：将原始数据进行一定形式的格式化，经过加工、解释后成为对人们有用的数据即为信息。信息对接受者的决策和行为有现实或潜在的价值。

（2）知识：将数据加工、解释为信息的过程需要相关知识的支持。例如，对于反映某一企业某一时点资产状态的资产负债表，上面列出了企业净资产、负债、所有者权益方面的明细数据，但对于一个不具备企业会计知识的人而言，这张表里的各项数据仅仅是一串数字而已，他无法将这些数据转换、解读为企业资产状况的信息，更不能帮助其判断该企业运营是否正常。因此，知识蕴含了数据到信息的过程和规则，知识用来组织和使用数据，使之适合特定的任务。

（3）智慧：智慧是积聚的知识及对其灵活和创新的运用，它代表更加宽广、更加深刻的某个特定领域或多个领域的规则和模式。应用智慧常常可以把一个领域的概念应用于新的情况和问题。例如，理解了身份证号码这一唯一性标识的概念后，可以将其应用到特定的编程条件中，用来在数据库中挑选出该号码所代表的人的基本信息及相关信息（如工资信息、考勤信息等），这就是知识积累的结果。

信息系统中，以对某一领域知识的积累和理解，应用智慧创造性地使用信息技术，使数据经信息系统处理呈现并经领域经验和知识解读后形成信息，为管理及管理决策服务。

2）硬件

硬件是计算机物理设备的总称，也称为硬件设备，通常是电子的、机械的、磁性的或光的元器件或装置，一般分为中央处理器、存储器和输入、输出设备。

3）软件

信息系统依靠软件帮助终端用户使用计算机硬件,将数据加工转换成各类信息产品。　软件用于完成数据的输入、处理、输出、存储及控制信息系统的活动，一般分为基础软件和信息系统软件。

（1）基础软件：支持信息系统运行的系统软件，如操作系统、数据库系统、中间件等。

（2）信息系统软件：处理特定应用的程序，称为信息系统软件，又称为应用软件，如 ERP 软件、SCM 软件、CRM 软件、OA 软件、财务软件、图书馆管理系统等。

4）通信网络

通信网络是利用通信设备和线路，按一定的拓扑结构将地理位置不同、功能独立的多个计算机系统互连起来，以功能完善的网络软件（网络协议、信息交换软件及网络操作系统等）实现资源共享和信息传递的系统。

5）基础设施

基础设施是指包括机房供配电系统、机房 UPS 系统、机房空调系统、机房弱电系统、机房消防系统等在内的，维持机房安全正常运转，确保机房环境满足信息系统设备运行要求的各类设施。

2．人

信息系统是以人为主体的人机系统，其中的人包括与信息系统相关的各种角色,他们开发、维护、管理或学习和使用信息系统。信息系统中的人员角色如表 1-1 所示。

表 1-1　信息系统中的人员角色

活动	典型角色	职责描述
建设	CIO	最高等级的信息系统经理。负责整个组织的信息系统战略规划和新兴 IT 技术的采纳
	信息系统总监	负责组织中所有的系统以及整个信息系统部门的日常工作
	新技术经理	负责预测技术发展趋势，对新技术进行试验和评估
	项目经理	负责管理一个特定的信息系统项目
	信息中心经理	负责管理诸如客服、热线、培训、咨询等信息系统服务
	系统分析师	进行需求分析，提供基本信息技术的组织问题解决方案
	系统程序员	以某程序语言实现信息系统设计中的相关功能
	系统测试员	设计和开发测试过程及测试用例，并执行测试，分析测试结果
	系统咨询师	给组织提供建议，帮助他们构造和管理信息系统
	系统实施员	帮助企业实现信息系统的运行，并持续支持
	信息系统规划师	负责组织级的硬件、软件、网络的选型或某云服务的选择，并负责规划系统的扩大和改变
	企业架构师	负责定义、测定和跟踪服务水平协议（Service Level Agreement，SLA）的机制
	应用程序架构师	负责服务交付和使用（非功能要求）的所有技术工作
	数据分析师	负责业务数据、客户数据、社交网络数据的挖掘、分析，寻求业务创新
	……	……
运维	信息系统审计师	对组织内部或外包服务供应商的信息系统的所有相关操作流程进行监控和审查
	数据库管理员	负责管理数据库和数据库管理软件的使用
	Web 站点管理员	负责管理公司 Web 站点
	运营人员	负责监督所有数据或计算机中心的日常运行
	网络管理员	负责对网络中的底层设备进行监控。出现问题或即将出现问题时，能提出故障定位和报警并予以解决
	安全人员	负责组织信息系统的安全分析与规划、安全措施与制度的制定、安全审查等
	质量保证人员	负责开发、监督标准和过程，以确保组织内部的系统运行是准确和高质量的
	云服务关系治理人员	负责控制和管理云服务提供商向组织提供的各云服务的服务质量
	数据分析师	负责硬件设备日志、系统日志、用户操作日志的挖掘、分析，实现事先运维
	……	……
研究	大学教授、学者	对信息系统领域产生的技术性或非技术性学术问题进行研究与探讨
	非学术的研究者	负责主持面向应用与开发的前沿研究，多为商业用途而非学术性的研究
用户	业务管理人员	利用信息系统完成相关业务处理工作
	管理层	根据信息系统汇总生成的组织运营绩效指标进行战术层、战略展的相关业务决策

在新兴 IT 技术环境，如云计算环境下，信息系统的建设与运维中的诸多角色将由云服务供应商担当。

3．组织

组织是指信息系统隶属并服务的主体。系统帮助组织更加高效地运作，获得更多的客户或改善对客户的服务，并获得更多的收益，最终赢得竞争优势。组织有各种类型，如政府、教育和医疗机构、企业、社团、宗教团体等。各类组织及其典型应用如表 1-2 所示。

表 1-2　各类组织及其典型应用

组　织	典　型　应　用
制药业	EIS（经理信息系统）、DSS（决策支持系统）、BI（商务智能）、KMS（知识管理系统）；EKP（企业资源计划）、电子商务系统、TSP（交易处理系统）、SCM（供应链系统）、OA（办公自动化系统）、MES（制造执行系统）、PDM（产品数据管理系统）、CAD（计算机辅助设计）、CAPP（计算机辅助工艺设计）等
银行	会计核算系统、账户管理系统、客户信息系统、卡业务系统、投资业务系统、利率管理系统、在线支付系统、网上银行、ATM 等
政府	政府门户网站、政务公开和查询系统、公文流转系统、网上行政审批系统：金宏、金卡、金税、金财、金关、金审、金盾、金保、金农、金水、金质、金旅、金卫、金土、金信、金贸、金智、金企等
电信	BSS（业务支撑系统）：计费与结算系统、营业与财务系统、客户服务系统；OSS（网管支撑系统）：传输网管系统、话务网管系统、数据网管系统、动力环境监控系统及信令监测系统；MSS（管理支撑系统）：OA（办公自动化系统）、财务管理系统、人力资源管理系统、客户关系系统等
电力	电力营销管理系统、电力调度生产管理系统、电力地理信息系统、电网故障信息系统、变电站综合管理信息系统、远程办公系统等
交通	自动售卡检票系统、安检信息系统、班次信息管理系统、通信传输系统、调度系统、地理信息系统等
教育	一卡通管理系统、网上课堂、远程教育培训系统、多媒体教学系统、学籍注册管理系统、选课信息系统、教材管理系统、图书馆管理系统等

　　组织是信息系统的领域环境，由于组织的社会属性，使得信息系统不再单纯地只属于技术系统，而是融合成为了更加复杂的社会——技术系统。信息系统与组织之间的关系如图 1-1 所示。

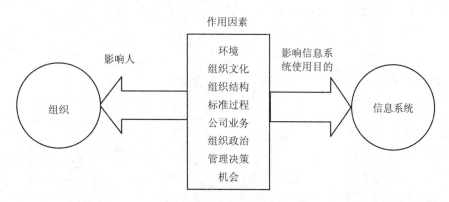

图 1-1　信息系统与组织之间的关系

　　有效地组织好系统运行对提高管理信息系统的运行效率是十分重要的。系统运行组织的建立与信息系统在企业中的地位分不开的。目前我国各企业、各组织中负责系统运行的大多信息中心、计算中心、信息处等信息管理职能部门。随着人们对信息作用的认识提高，信息系统在企业中的地位也在逐步提高。从信息系统在企业中的地位来看，目前信息机构有以下两种形式，如图1-2所示。

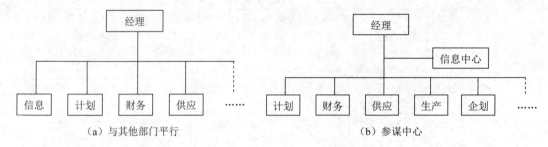

图1-2　信息机构在组织中的地位

按照图1-2（a）的方式，信息部门与其他职能部门平行。这种组织结构的特点是信息资源可以为整个企业共享，但是由于系统运行中有关的协调和决策工作受到本身在组织内部所处地位的影响，而导致对信息处理的决策能力较弱。

按照图1-2（b）的方式，信息中心在经理之下、各职能部门之上。这种组织结构的特点是有利于信息资源的共享，并且在系统运行过程中由于本身所处地位较高而便于进行协调和决策，但往往容易出现脱离管理或服务较差的现象。

由于目前计算机、网络、通信等各项技术的发展，客户/服务器体系结构的运用，信息系统在组织中的地位最好是将上述两种方式结合在一起，各尽其责。信息中心主任最好是由组织中的副总经理兼任，这样更有利于加强对组织内部各种信息资源的管理。

1.1.3　信息系统的影响因素

信息系统服务于组织，同时也无一例外地受到来自组织内部和外部因素的影响，如图1-3所示。

1. 内部因素

（1）战略计划：组织的战略计划是关于组织长远发展的总体目标，需要有与该目标相匹配的信息系统来支持其运作与发展，因而也对组织信息技术使用、信息系统选择、建设和运维的优先顺序或权重产生必然的影响。

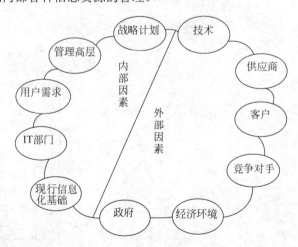

图1-3　影响信息系统的因素

（2）管理高层：实践业已证明信息系统建设中"一把手"的重要性，同理，为支持高层管理所需的战略信息系统和为保障现行信息系统持续发挥作用所需的运维工作，也都需要高层管理的决心和关心。

（3）用户需求：用户在进行日常工作时越来越离不开信息系统，他们对信息系统从茫然到学习使用，再到熟练使用的过程中，经历了从"被动提高"到"主动提高"的过程，因此会提出越来越多的需求，如要求改进信息系统中现有的销售分析报表，或增加原来没有的销售预测功能等。

（4）IT 部门：IT 部门关注着信息技术的最新发展，并时刻思考着这些新技术能否与组织现行业务或未来业务融合，从而提出改变。比如，建议使用新的数据采集设备以提高数据录入的速度和精度，建议选择租赁某云服务提供商的 IaaS（Infrastructure as a Service，基础设施即服务）服务或采纳某 SaaS（Software as a Service，软件即服务）服务。

（5）现行信息化基础：随着企业信息系统应用的深入，现有各遗留系统建设的不同步，呈现出不同的效率和效果，同时"信息孤岛"现象也日益突出，尤其当组织变迁，如企业在进行集团化、业务多元化发展时，这样的问题更为突出，带来了大量的系统变更和集成问题。

2．外部因素

（1）技术：技术的飞速发展使社会与企业风云变幻，同时也使信息系统日新月异。例如，扫描技术展使得全世界所有的产品都能用条形码来识别，射频技术因其识别的高效率大有取代条码技术的发展趋势，当今的物联网、云计算技术、移动互联网技术更是让信息系统领域不得不深入思考。

（2）供应商：数据交互的需求已不再局限于组织各部门之间，早已经突破了组织边界。例如，某汽车制造企业需要其零部件供应商输出的零部件编码和其内部库存管理系统中的物料编码一致，从而避免企业库存管理的二次输入，提高效率。

（3）客户：客户是上帝，获取并及时响应客户偏好是组织生存和发展的前提条件。大多数企业实施客户关系管理系统 CRM 以整合所有关于自身和与客户交易的数据，以分析和制定有关市场营销策略。

（4）竞争对手：竞争能驱动企业信息系统的运用。新产品研发、市场营销、销售渠道和服务等方面的竞争战略，都离不开信息技术的支持。例如，建立电子商务平台拓宽销售渠道，建立呼叫中心 24 小时响应客户咨询与投诉，通过网络让用户对新产品进行虚拟体验等。

（5）经济环境：经济环境对企业信息技术投入具有重要影响。在国际经济繁荣时期，组织也多采取业务扩张策略，因而信息系统也需要进行相应的扩展来应对增长的业务量和增加的数据量；当国际经济萧条时，很多企业则采取保守策略，减少投资，缩减预算，确保核心业务，对于信息技术的投入也更为谨慎。

（6）政府：行业、政府乃至国际组织等制定的规定、法律法规、产业政策等都会影响信息系统的开发与运行，如税率、行政区划、环保条款，以及国家战略性新兴产业计划。

信息系统在受到来自组织内外诸多因素影响的同时，也产生与制造了更加错综复杂的内外环境，使得组织面临更多的不可预见性、更激烈的竞争、更多高要求客户和全球化的发展要求。因此，IT 的运维与管理成为信息系统应用的关键。

3．新兴 IT 技术对信息系统的影响

我们正快速步入一个被云计算、移动互联和物联技术引爆的大数据时代。

云计算是一种按使用量付费的服务模式，包括软件即服务（SaaS）、平台即服务（PaaS）和基础设施即服务（IaaS）三个服务模式，通过互联网同时向众多用户提供多种满足用户需求的信息技术服务，具有资源配置动态化、需求服务自动化、网络访问便捷化、服务可计量化和资源虚拟化等特征。

移动互联网是一种通过智能移动终端，将移动无线通信技术与互联网技术、平台、商业模式和应用结合并实践的活动总称，包含终端、软件和应用三个层面，出现了移动社交、移动广告、手机游戏、手机电视、移动定位服务、手机搜索、移动支付、移动电子商务等新型的业务模式，具有用户至上、整合社会资源、营销自动化、社交商务的特点。

物联网是指通过各种信息传感设备，如射频识别（RFID）、红外感应器、全球定位系统、激光扫描器、气体感应器等，实时采集任何需要监控、连接、互动的物体或过程等各种需要的信息，与互联网结合形成的一个巨大网络。其目的是实现物与物、物与人，所有的物品与网络的连接，方便识别、管理和控制，开启了一系列以"智慧"为目标的应用战略。

云计算、移动互联、物联网的融合衍生出大数据技术。大数据是指所涉及的数据量规模巨大到无法通过目前主流软件工具，在合理时间内撷取、管理、处理，并整理成为企业经营决策有用的信息，具有数据体量大（Volume）、数据类型多样（Variety）、价值密度低、商业价值高（Value）、处理速度快（Velocity）等特点。

以上述技术为代表的新兴 IT 技术所带来的创新，迅速而又变革性地影响着社会的生产方式、人们的生活方式、企业的运作方式以及信息系统的建设和使用方式。立足于信息系统的用户企业视角，分析如下。

（1）转变了商业模式和理念。IT 领域的商业模式从实体的软件或硬件产品销售转变为相应的软硬件服务的提供，在互联网上，将会有越来越多的服务出现。新兴的 IT 技术将带动整个商业模式的转变，无论是在 IT 行业还是在其他行业，都将作为新的应用模式对各行业的产业链产生深远的影响，催生创新性的商业模式。

（2）降低了信息系统建设的成本和风险。云计算技术推动着企业减持 IT 资产，企业将不再需要运营和管理大量的基础设施，也无须花精力去开发相应的软件或平台，更无须关注服务背后的运维支持，从而大大降低了企业信息系统的运维成本，减少了对 IT 供应商的依赖。

（3）改变了信息系统建设的内涵。新兴 IT 环境下，硬件、基础设施、软件应用都成为了公共资源服务，企业无须进行信息资源开发，其中的任何环节（咨询、方案、基础设施、硬件、开发、测试、业务应用、存储、运行监控、维护等）都可以从云端租用服务，信息系统的规划、分析、设计、开发、实施和运维过程转变成云服务的选择、迁移和治理。

（4）改变了信息系统运维的职能。虽然在新兴 IT 环境下，各种 IT 服务可由第三方提供，但责任不能外包，还需要 IT 部门来管理和控制这些服务关系治理；此外，IT 部门及相关人员也从以往烦琐的业务中解放出来，将主要精力以及大部分的预算都用于更具战略意义的创新

中，担负起对业务的引导和决策作用。

（5）突破了时空的局限。新兴的 IT 环境是一个开放的服务环境，虚拟化的信息资源使得用户能够在任意位置享受信息技术服务，操作用户不再依赖某一台特定的计算机来访问及处理自己的数据或业务，只需要连上互联网，就能检索所需要的信息，为用户间、部门间、企业间协作共享带来了便利，加速了信息的处理与传递。

（6）高度关注数据的安全与价值。新兴 IT 环境下，企业用户已失去了对数据绝对的控制权，数据在处理和使用过程中，涉及范围广、环节多、动态性强、危害程度高，因此，企业用户对信息系统的安全管理从以系统安全为中心转向了以数据安全为中心。同时，数据已越来越被企业认为是可以"求证已知发现未知"的资源，无论是企业内还是企业外，线上还是线下，有关硬件设备的业务系统还是有关客户或操作用户的行为，数据都会给企业呈现出某种事实或规律，带来新的价值。

1.2　信息系统运维

运行与维护作为一项古老的职能，在国家安全、社会稳定、企事业发展和人民生活方面发挥着基本的保障作用。例如，为保卫国家安全，海陆空边防线上的监测与相关防御工事的维护；为保证铁路交通的安全畅通，铁路轨道和电务信号网络的定期检查与维护；为了企业生产任务的顺利完成，生产设备的定期检查与维修；为了居民生活的安全，各社区消防设施的检查与维修；为能抵御各种自然灾害，进行建筑房屋的修缮与加固等。

信息系统运行与维护也肩负着同样的职责。随着信息系统建设与应用的深入，信息系统已渗透到社会的方方面面，信息系统的运行与维护已显得愈加重要，成为影响信息系统应用效果的重要因素和深入发展的主要瓶颈。

1.2.1　信息系统运维的概念

传统意义上，信息系统运行与维护是指网络管理员、系统管理员或数据库管理员所进行的工作，更多地是指信息系统软件的运行与维护（Software Operation & Maintenance），是指软件为应对变化的内外环境，在软件发布交付之后对其所做的修改、调整，以提高运行效率，减少执行错误等。

该定义以软件为主体，强调软件发布这个时间节点，同时将运维明确为信息系统生命周期的最后一个阶段，其内容包含了以下观点。

（1）泛化的观点：指软件交付后围绕它所进行的任何工作。

（2）纠错的观点：指软件运行中错误的发现和更正。

（3）适应的观点：为适应内外环境的变化。

（4）用户支持的观点：指为软件最终用户提供的支持。

随着信息技术的飞速发展和深入应用，信息系统运维工作受到了 IT 技术供应商和企业 CIO们的广泛关注，人们从各自不同的视角界定信息系统运维，使信息系统运维的概念更加广泛、专业。

1．"管理"的视角

IT 运维管理（IT Operation）：指企业内部 1T 部门或外部相关服务部门采用相关的方法、手段、技术、制度、流程和文档等，对 IT 运行环境（如硬软件环境、网络环境等）、IT 业务系统和 IT 运维人员进行的综合管理。

2．"服务"的视角

IT 服务管理（IT Service Management，ITSM）：Gartner 认为 ITSM 是指通过服务级别来保证 IT 服务质量的协同流程，它融合了系统管理、网络管理、系统开发管理等管理活动和变更管理、资产管理、问题管理等许多流程的理论和实践；它以流程为导向，以客户为中心，通过整合 IT 服务于组织业务，提高组织 IT 服务提供和服务支持的能力及水平。

3．"安全"的视角

首先，安全是一种状态；其次，在信息化、网络化条件下，为达到该状态，其内涵得到了进一步的拓展，由通信保密、计算机安全、信息系统安全发展到信息保障乃至防御系统。可以看出，安全既是信息系统运维的主要内容——重在预防的事前运维，又是信息系统运维的主要目标。

4．"治理"的视角

IT 治理（IT Governance）：领导和控制当前及将来使用 IT 的体系，涉及评估和领导支持组织的 IT 的使用，并监视 IT 的使用以实现计划，包括 IT 使用的策略和方针。IT 治理是组织治理的一个重要方面，强调的是 IT 治理机制的建立及 IT 对业务一致性的支持，追求的是为组织建立一个长效均衡的治理结构，在风险可控的环境下帮助组织降低成本，提高收益，满足客户要求及建立良好的社会形象等。

5．"实践"的视角

信息系统运维对有关 IT 的系统、架构、设计、网络、存储、协议、需求、开发、数据库、测试、安全，甚至 IT 成本投入收益分析、客户 IT 体验分析等各个环节都需要了解，并要求对某些环节熟悉甚至精通，解决组织中种种看似凌乱、与 IT 不相干甚至矛盾的问题。

综上，可以看出：

（1）信息系统运维作为知识本身已受到广泛的关注与重视。

（2）信息系统运维的对象已不再局限于软件本身，界定更系统化。

（3）信息系统运维于信息系统生命周期中的启动时间被前置，并贯穿于生命周期的始终。

（4）信息系统运维所需的知识体系比生命周期其他任何一个阶段都更综合、更精深。

（5）信息系统运维已不再是单纯的技术角色，而是上升到服务、管理的角色，越发强调与业务的融合，并积极向事前运维、主动运维转变，其影响与组织战略高度一致。

因此，本书认为**信息系统运维**是指基于规范化的流程，以信息系统为对象，以例行操作、响应支持、优化改善和咨询评估等为重点，使信息系统运行时愈加安全、可靠、可用和可控，提升信息系统对组织业务的有效支持，实现信息系统价值。

1.2.2　信息系统运维的框架

管理信息系统在完成系统实施、投入正常运行之后，就进入了系统运行与维护阶段。一般信息系统的使用寿命短则 4～5 年，长则可达 10 年以上。在信息系统的整个使用寿命中，都将伴随着系统维护工作进行。系统维护的目的是要保证管理信息系统正常而可靠地运行，并能使系统不断得到改善和提高，以充分发挥作用。因此，系统维护的任务就是要有计划、有组织地对系统进行必要的改动，以保证系统中的各个要素随着环境的变化始终处于最新的正确的工作状态。

系统维护工作在整个系统生命周期中常常被忽视。人们往往热衷于系统开发，当开发工作完成以后，多数情况下开发队伍被解散或撤走，而在系统开始运行后并没有配置适当的系统维护人员。这样，一旦系统发生问题或环境发生变化，最终用户将无从下手，这就是为什么有些信息系统在运行环境中长期与旧系统并行运行不能转换，甚至最后被废弃的原因。随着信息系统应用的深入，以及使用寿命的延长，系统维护的工作量将越来越大。系统维护的费用往往占整个系统生命周期总费用的 60% 以上，因此有人曾以浮在海面的冰山来比喻系统开发与维护的关系，系统开发工作如同冰山露出水面的部分，容易被人看到而得到重视，而系统维护工作如同冰山浸在水下的部分，体积远比露出水面的部分大得多，但由于不易被人看到而常被忽视；从另一方面来看，相对于具有"开创性"的系统开发来讲，系统维护工作属于"继承性"工作，挑战性不强，成绩不显著，使很多技术人员不安心于系统维护工作，这也是造成人们重视开发而轻视维护的原因。但系统维护是信息系统可靠运行的重要技术保障，必须给予足够的重视。

信息系统运维是运维服务提供方按照需方的要求，基于一定的运维平台对相关信息技术资产进行服务活动，具体框架如图 1-4 所示。

1. 信息系统运维的目标

信息系统运维的目标是建立一个高效、灵活的信息系统运维体系，确保信息系统安全、可靠、可用和可控，进而达到 IT 的充分利用。

（1）安全：安全是指信息系统使用人员在使用过程中，有一整套安全防范机制和安全保障机制，使他们不需要担心信息系统的实体安全、软件与信息内容的安全等。

（2）可靠：信息系统有足够的可靠性不会发生宕机、系统崩溃、运行处理错误等。

（3）可用：可用是指一个系统处在可工作状态的时间的比例，通常以几个 9 来量化表示。

（4）可控：可控是指信息系统 IT 资源的可管理、可优化，并应实现这些 IT 资产的价值提升。

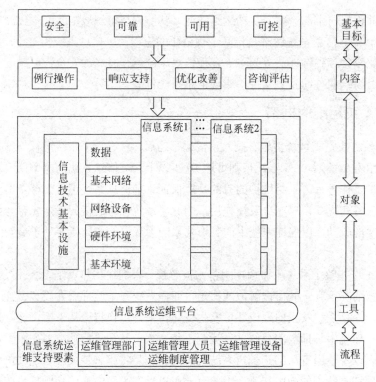

图 1-4　信息系统运维的框架

2．信息系统的可维护性

从系统维护的特点可以看到，系统维护工作直接受到系统可维护性影响。可维护性是对系统进行维护的难易程度的度量，影响系统可维护性主要有以下 3 个因素。

（1）可理解性。可理解性表现为维护人员理解系统的结构、接口、功能和内部过程的难易程度。这种理解包括对功能、性能的分析与理解，对原设计的分析与理解以及对源程序的分析与理解。在系统中采用模块化方法、具有详细的设计文档、源程序内部文档的规范与完整、结构化设计及选择较好的高级程序设计语言等，都可以促进系统可理解性的提高。

（2）可测试性。可测试性表现为对系统进行测试和诊断的难易程度。系统中具有良好的系统文档、可用的测试工具和调试手段是十分重要的，特别是在开发阶段的测试方案尤为重要，是进行回归测试和证明修改正确性的基础。

（3）可修改性。可修改性表现为对系统各部分进行修改的难易程度。系统的模块化程度、模块之间的耦合、内聚、控制域与作用域的关系以及数据结构的设计等都直接影响系统的可修改性。而这些问题在系统分析、设计验收就应充分重视，否则系统将是很难修改的。

上述三个可维护性因素是密切相关的，只有正确的理解，才能进行恰当的修改，只有通过完善的测试才能保证修改的正确，防止引入新的问题。

对于系统的可维护性，通过上面三个因素可以看到很难量化，但是可以通过能够量化的维护活动的特征，来间接地定量估算系统的可维护性。例如 1979 年 T.Gilb 提出把维护过程中各项活动所消耗的时间记录下来，用以间接衡量系统的可维护性，其内容包括：

（1）识别问题的时间。

（2）管理延迟时间。

（3）维护工具的收集时间。

（4）分析、诊断问题的时间。

（5）修改设计说明书的时间。

（6）修改程序源代码的时间。

（7）局部测试时间。

（8）系统测试和回归测试的时间。

（9）复查时间。

（10）恢复时间。

显然这些数据是可以度量的，记录这些数据对于了解系统的可维护性是有益的。当然可维护性的定量分析还有其他方法，如新的学科——软件度量学就是专门研究这方面问题的。

通过对系统可维护性的分析可以看出，提高系统可维护性应当从系统分析与设计开始，直至系统实施的系统开发全过程，在系统维护阶段再来评价和注意可维护性为时已晚。所以必须特别强调提高系统可维护性的工作应该贯穿信息系统开发的全过程。

3．信息系统运维的内容

根据信息系统运维的目标，运维工作内容可分为例行操作、响应支持、优化改善和咨询评估四个方面，具体如下。

（1）例行操作：运维提供方提供预定的例行服务，以及时获得运维对象的状态，发现并处理潜在的故障隐患。

（2）响应支持：运维提供方接到需求方运维请求或故障报告后，在双方达成的服务品质协议（Service-Level Agreement，SLA）承诺内尽快降低和消除对需求方的业务影响。

（3）优化改善：运维提供方适应需方业务要求，通过提供调优、改进等服务，达到提高运维对象性能或管理能力的目的。

（4）咨询评估：运维提供方结合需方业务需求，通过对运维对象的调研和分析，提出咨询建议或评估方案。

4．信息系统运维的对象

信息系统运维的对象是运维服务的受体，主要包括基础环境、网络平台、硬件设备、基础软件、信息系统软件、数据等。

（1）基础环境是指为信息系统运行提供基础运行环境的相关设施，如安防系统、弱电智能系统等。

（2）网络平台是指为信息系统提供安全网络环境相关的网络设备、电信设施，如路由器、交换机、防火墙、入侵检测器、负载均衡器、电信线路等。

（3）硬件设备是指构成信息系统的计算机设备，如服务器、存储设备等。

（4）基础软件是指为应用运行提供运行环境的软件程序，如系统软件。

（5）信息系统软件是指由相关信息技术基础设施组成的，完成特定业务功能的系统，如 ERP、CRM、SCM 等。

（6）数据是指应用系统支持业务运行过程中产生的数据和信息，如账务数据、交易记录等。

5．信息系统运维平台

将所有信息系统运维对象、内容及流程内嵌到一个统一的平台级软件中，究其规模，可以是综合的运维制度+运维系统，也可以是局部的主要制度+运维工具。

6．信息系统运维支撑要素

信息系统运维支撑要素有运维管理部门、运维管理人员、运维管理设施和运维管理制度四个方面，是支撑信息系统运维工作的软环境。

7．系统维护工作的特点

系统维护工作的特点如下。

（1）是否采用结构化开发方法对系统维护工作有极大影响。如果系统开发没有采用结构化分析与设计方法，则相应进行的维护也只能是非结构化维护。因为这时系统软件配置的唯一成分是程序源代码，一旦有系统维护的需求时，维护工作只能从艰苦的评价程序代码开始。由于没有完整规范的设计开发文档，无程序内部文档，对于软件结构、数据结构、系统接口以及设计中的各种技巧很难弄清，如果编码风格再差一些，则系统维护工作十分艰难，因此，有许多软件人员宁可重新编码，也不愿维护这种系统。另一方面，由于无测试文档，不能进行回归测试，对于维护后的结果难以评价。

相反，如果系统开发采用了结构化方法，则系统交付时有完整的软件配置文档，维护的过程也就比较规范。维护从评价设计文档开始，从文档中确定软件结构、数据结构以及系统接口等特点，在考虑到修改可能带来影响的情况下，设计修正错误的途径。然后修改设计，在与设计相对应的源程序上进行相应的修改，使用测试说明书中包含的测试方案进行回归测试。可见经过结构化开发的系统，将大大减少维护的工作量，提高质量。

（2）系统维护要付出很高的代价。首先，有形的代价直接来自维护工作本身。维护工作可分为两部分，一部分为非生产性活动，主要是理解源程序代码的功能，解释数据结构、接口特点和性能限度等。这部分工作量和费用与系统的复杂程度（非结构化设计和缺少文档都会增加系统的复杂程度）、维护人员的经验水平以及对系统的熟悉程度密切相关；另一部分为生产性活动，主要是分析评价、修改设计和编写程序代码等。其工作量与系统开发的方式、方法、采用的开发环境有直接的关系。因此，如果系统开发途径不好，且原来的开发人员不能参加维护工作，则维护工作量和费用呈指数上升。例如，据 1976 年的报道，美国空军的飞行控制软件每条指令的开发成本是 75 美元，而维护成本大约是每条指令 4000 美元。统计表明，60%～70%的软件费用花在维护方面。

另外，许多无形的代价来自维护所产生的效果和影响上。由于系统开发人员和其他开发资源越来越多地被束缚在系统维护工作中，开发的系统越多，维护的负担越重，这将导致完全没有时间和精力从事新系统的开发，从而耽误甚至丧失了开发良机。此外，合理的维护要求不能及时满足，将引起用户的不满；维护过程中引入新的错误，使系统可靠性下降等问题将带来很高的维护代价。

（3）系统维护工作对维护人员要求较高。因为系统维护所要解决的问题可能来自系统整个开发周期的各个阶段，因此承担维护工作的人员应对开发阶段的整个过程、每个层次的工作都有所了解，从需求、分析、设计一直到编码、测试等，并且应具有较强的程序调试和排错能力，这些对维护人员的知识结构、素质和专业水平有较高的要求。

（4）系统维护工作的对象是整个系统的配置。由于问题可能来源于系统的各个组成部分，产生于系统开发的各个阶段，因此系统维护工作并不仅仅是针对源程序代码，而且包括系统开发过程中的全部开发文档。

（5）系统维护经常遇到的很多问题。系统维护中的绝大部分问题源于系统分析和设计阶段，而编码本身造成的错误比例并不高，仅占4%左右。理解别人编写的程序很难，难度随着软件配置文档的减少而增加。从实际情况来看，绝大多数系统在设计和开发时并没有很好地考虑将来可能的修改，如有些模块不够独立，牵一发而动全身。同时，系统维护工作相对开发工作来讲，不具挑战性，不吸引人，使系统维护人员队伍不稳定。

1.2.3　信息系统运维的要求

信息系统应用领域广泛，情态各异，对信息系统运维的要求也不尽相同。从行业发展情况来看，金融、电信等机构的信息化程度相对较高，信息系统运维起步相对较早，运维也更规范。下面以信息系统的几类典型应用领域为例，介绍其业务特点和运维要求。

1. 银行业

银行信息系统是指基于信息技术，以前后台处理、柜面服务和自助服务为主要功能，实现银行业务自动化处理的综合信息系统。

（1）可用性要求级别高。金融业务活动频繁，业务类型与业务量增长快，银行信息系统的功能需要不断地扩充、改进与完美，并同步集成到网上银行、自助银行、电话银行、手机银行。因此，银行业务系统的运维对持续性与稳定性方面的要求很高，如"5 个 9"（99.999%）或"6 个 9"（99.9999%）级别的可用性，即业务系统的非计划年度宕机时间不可超过 5 分钟或 30 秒。

（2）安全性要求级别高。银行业务的客户端应用变得形式多样，在这些业务中留有很多对外开放的接口，增加了黑客攻击的渠道；又由于银行的特殊性，银行信息系统自然成为黑客攻击的主要目标，对于各类应用尤其是 Web 类的应用，安全运维不可懈怠。

（3）数据运维责任重大。金融业正在加快实现全国数据集中处理，在提高管理效率和降低运维成本的同时，却由于技术风险中产生新的金融风险，如数据集中牵一发而动全身，数据处理响应的实时性、大规模数据处理的高并发性，使得数据中心的运维压力日益加大。

2. 大型网站

大型网站是指基于互联网，以信息交换为主要目的，满足某类需求的信息系统，如电子商务网站、社会网络（Social Network Site, SNS）、游戏网站、视频点播网站、资讯网站、搜索类网站等。

（1）线上稳定、业务连续。这是大型网站基本运维要求，因为大型网站无一例外是基于互联网运作的，由于互联网是 7 天×24 小时运行，同时，由于大多数网站都是边开发边运维的应用模式，在不影响原有线上应用的同时，修改原有架构、部署新的应用，都成为对网站业务稳定性和连续性的考验及挑战。

（2）客户体验优先。所谓客户体验，是指用户访问一个网站或者使用一项应用、一个产品时的全部体验，如印象、感觉、操作、黏性等。任何一个网站都从未停止满足不断变化的多元需求的应用创新脚步，并通过后期运维服务的管理创新为客户创造良好的体验，吸引网站用户成为忠诚客户，很多大型网站的成败即在于此。

（3）迫切要求解决峰值运维问题。大型网站面向全球越来越多的互联用户，高并发、高流量、高访问量、高负载已是常规现象。当用户上线集中于某一特定时间或特殊时间时，如节日期间的网络商城、游戏网站，重大政治、社会或自然灾害事件后的 SNS 网站，此时网站的各项性能指标达到了运营过程中从未出现过的"峰值"，在此情况下，仍要实现高实时、低延迟、高速度、高可靠等高性能使得网站运维"难上加难"，因此，相应的应急运维、预防性运维必须做到未雨绸缪。

（4）自动化要求高。网站业务应用变更频繁。无论哪种类型的网站，每天关于各种业务应用的变更或创新开发、部署上线、升级的维护请求间隔不断，每一次请求的安装、部署、发布、升级或监控都成了相似度极高的重复劳动，加大了运维任务的强度和密度，对运维的效率提出了很高的要求，因此，自动化运维是大型网站的必然要求。

3. 电信行业

电信行业是严重依赖信息系统生存的领域，其信息系统以电信业务运营支持系统（Business Operation Support System, BOSS）为核心，它融合了业务支撑系统（Business Support System, BSS）与运营支撑系统（Operation Support System，OSS），前者包括计费与结算系统、营业与账务系统、客户服务系统等，后者包括传输网管系统、话务网管系统、数据网管系统、动力环境监控系统及信令监测系统等，是一个综合的业务运营和管理的综合平台。

（1）"全程全网性"的基础设施运维。以网络为核心的基础设施在电信行业中的地位极为关键，除支撑自身业务与管理外，也是电信运营商的主要产品，如管线、信道等。它们分布在广大的地理空间，跨地域要求显著，再加之 3G 等各类新网的建设，其规模之大、结构之复杂，非计算机网络所能比，监控和管理的任务极其艰巨。从某种程度而言，这些基础设施的性能直接关系到整个社会的 IT 性能。

（2）数据利用与分析的需求强烈。对于电信运营商，底层运营高度依赖于从各监控管理工具中生成的监测数据而得到的分析报告，业务应用也高度依赖于从各业务信息系统中提取、整合数据而得到的管理分析，如差异化客户服务策略的制定等。但业务信息系统的分散建设、网络等基础设施的分离监控给该行业的数据利用与分析带来了困难，数据资源的整合利用亟待进行。

（3）运维成本压力大。技术的先进、超前与更新迅速在该行业得以集中体现，基础设施固定投资规模大，我国电信行业的运营成本高于国际平均值，运维是主要的成本中心，相当多的设备，后期的运维投入远远大于前期的设备投入，因此运维过程中设备的优化利用至关重要。

4．政府

政府信息系统以电子政务为主要形式，是指政府机构在其管理和服务职能中运用现代网络技术打破传统行政机关的时间、空间和部门分隔的制约，使各级政府的各项监管更加严密，服务更加便捷，涉及政府机关、各团体、企业和社会公众，主要包括机关办公政务网、办公政务资源网、公众信息网和办公政务信息资源数据库几个部分。

（1）安全级别高。政务信息数据中，有些关乎国家、政府部门、地方政策和利益，比个人或商务信息更为敏感；有些属于大规模的基础设施，比如档案、城建数据；有些具有服务特性，比如医保、社保、公积金、房屋交易等信息；加之电子政务行使政府职能的特点易导致政府信息系统受到各种攻击，包括黑客组织、犯罪集团和信息战时期的信息对抗等国家行为的攻击，因此，其安全问题尤其是数据安全应被重点关注。

（2）业务的不间断运维需求高。政府信息系统面向社会提供外部服务，如出入境审批系统、身份证申领系统等，都必须在故障出现后以最短的时间恢复业务运行，否则导致业务受理停止，大量人员等待，大量紧急任务无法处理，影响政府办事效率和形象。

（3）例行运维亟须加强。我国政府部分信息系统存在管理松散，制度不严明，执行乏力现象，包括内部信息外泄，个人下载或运行游戏、炒股、聊天、视频软件，甚至非法修改 IP 地址，卸载杀毒软件，不仅严重违反纪律，更易影响到关键应用的性能质量，因此，日常运维管理亟须加强。

5．制造业

制造业信息系统是利用信息技术帮助企业在设计、生产和管理等方面实现信息化的各类业务应用系统，如设计信息化中的计算机辅助设计（Computer Aided Design，CAD）、计算机辅助制造（Computer Aided Manufacturing，CAM）、计算机辅助工艺过程设计（Computer Aided Process Planning，CAPP）、产品数据管理（Product Data Management，PDM）等，生产信息化中的制造执行系统（Manufacturing Execution System，MES）、工作流系统（Workflow System）等，管理信息化中的企业资源规划（Enterprise Resource Planning, ERP）、客户关系管理（Customer

Relationship Management，CRM）、供应链管理（Supply Chain Management，SCM）等，以共同提升企业运营效率。

（1）集成运维需求强烈。制造业信息化涉及技术设计、生产制造与管理三个方面，但并非同步进行，造成了信息孤岛这一离散式的 IT 结构，加之业务的多元化、企业组织的集团化发展，以内部信息系统的集成、上下游供应链之间的协同为主的 IT 运维变得最为迫切。

（2）运维管理亟待重视。相对于金融和电信行业而言，该行业的信息化水平一般，加之制造业中的 IT 部门相对生产、营销、财务等部门似乎略显非主流，因此，制造企业大多对运维不够重视，对运维部门的建设和运维人员的培养做不到优先重视，运维工作及运维的管理工作长期处于较低的水平，相关部门和人仍缺乏进取和学习精神，只求维持现状，当有新技术应用后，出现了各种各样的技术的和非技术的问题，致使整个企业难以招架，应用效果差强人意。

（3）安全运维不可忽视。制造业网络呈现分散、多级、多节点的部署特点，应用人员素质水平参差不齐，内网畅通、技术资料保密和知识产权保护为主的安全运维尤为重要。

综上可以看出，这些行业都迫切需要流程化、规范化的运维体系来提升 IT 的管理效率，确保组织内信息系统安全、稳定、可靠地运行，进而提升组织的效率和效益。但由于行业自身和主营业务的不同，甚至同一行业中应用间的差异，都会对信息系统运维提出不同的精度要求，如可用级别、可靠程度、业务中断的容忍时间、负载强度、响应时间等，选择相应的运维方式、运维策略和运维流程等。

1.3　信息系统运维的发展

1.3.1　信息系统运维的发展现状

随着信息技术应用的快速发展，一些组织的 IT 系统建设日益庞大而复杂，其信息系统运维的难度和压力不断加大。

1. 从具体工作场景来看

运维人员"救火式"地奔波于组织中信息系统应用的不同情景，　例如：

在办公室中安装系统，帮忙排除机器故障；

在机房干着插网线、搬机器、拆服务器箱体的体力活；

天天盯着多个监控屏幕，8 小时盯着流量图；

在主管、开发工程师、网络/系统工程师、数据库管理员中间跑来跑去进行沟通；

半夜三更收到服务器监控系统的警报，起床赶到机房。

……

即便如此，运维人员和 IT 部门却仍因经常无法满足运维服务时效性和稳定性的需求而被投诉和埋怨，例如：

被动响应式的工作方式，很难及时发现和预见问题的发生；

对于问题的"多米诺效应"缺乏快速系统化的追溯机制，多点的分散排查更是带来人力、物力的低效率；

问题出现后，很难快速、准确地找到根本原因，总是依赖于业务系统供应商、设备厂商，不能及时找到相应的人进行修复和处理；

问题找到后，缺乏流程化的故障处理机制；

重复、丢失、忘记用户的请求和信息；

支持过程总是被打断和干扰；

关键人员的工作负载过重；

缺乏过程和变化的跟踪记录；

IT 支持部门面临不断改进服务和降低成本的压力；

资源和人力成本计算工具匮乏；

服务请求的响应时间和质量无法衡量；

决策基于"我认为"而不是"我知道"；

机器硬件设备的落后、陈旧总能成为"托辞"，购置更新后问题仍然层出不穷。

……

2．从我国信息系统运维的总体现状来看

主要表现出对运维的重要性认识不到位，重视程度不够，与信息系统开发相比，呈现如下三个"二八现象"。

（1）从时间周期看：在信息系统的整个生命周期中，以应用为特点的运维阶段应占 80% 的时间，而在我国，有人视信息系统开发交付使用时——仅占 20% 的时间节点为信息系统全部完成之时。

（2）从信息系统效益看：信息系统 80% 的效益体现为信息系统的"用好"，即信息系统的高额投入转化成对组织核心业务的服务和对运营效益的支持，这也是信息系统投资的最终目的。一个好的信息系统开发本身却往往未必能实现这样的效益。这就离不开运维去为业务系统保驾护航，让业务应用高枕无忧。而我国信息系统的投资者和建设者往往过多地关注信息系统的实体形式，忽略信息系统的优化，信息系统缺乏可持续使用的价值和保障，因此，如何用好信息系统是关键。

（3）从资金投入来看：我国信息系统的开发建设投入了大量的资金，但其中 80% 的资金都投入到了信息系统的建设，而运维资金的投入相对较少，"重开发，轻服务"现象严重。

3．从国内外信息系统运维的情形来看

国内的运维实践起步较晚，运维与建设资金的投入比正好与国外相反，很多关于运维的理念、方法、标准、工具都来自国外。以信息技术设施库（IT Infrastructure Library, ITIL）概念为例，该概念于 20 世纪 80 年代开始出现，经过行业专家、顾问和实施者的共同努力，已经成为 IT 服务管理领域最佳实践的国际标准。1999—2004 年，ITIL 在国内才开始作为一个概念出现，

并渐渐作为一个标准启用、传播和兴起；2004—2007 年，国内对 ITIL 经历了从"理念很好，落实很难"的观望阶段到"标准指导，摸索实践"的转变，至今 ITIL 还不能说在我国已落地成功，比国外晚了近 10 年。

4．从运维人才的需求与培养来看

优秀运维人才极度缺乏，需求量大。目前，大多数组织的运维处于初级阶段，虽有运维岗位，但重视或重要程度不高，可替代性强；大多运维人员技术层次较低，处于技术探索与积累阶段，且很多工作依靠人力进行，没有体系化的运维理念、方法与技术。运维技术的交流、借鉴与共享还不够深入，限制了运维的发展。

因此，对信息系统运维重视的呼声渐起，是人们对信息化持续建设的理性回归。

1.3.2　信息系统运维的发展阶段

无论是国外还是国内，信息系统建设都经历了从无到有，从单机到联网，从简单的"应用电子化"到复杂的"管理信息化"的发展过程。在此过程中，信息系统的运维近些年来也经历了从网络系统管理（Network System Management，NSM）、IT 服务管理（IT Service Management，ITSM）和业务服务管理（Business Service Management，BSM）三个阶段，如图 1-5 所示，这是一个循序渐进的过程。

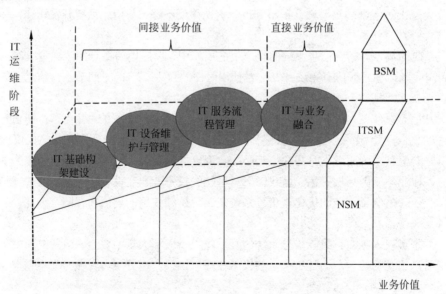

图 1-5　信息系统运维的发展阶段

1．网络系统管理阶段

早期的信息系统运维主要表现为 IT 基础架构建设和以 IT 设备为核心的 IT 基础设施管理

两个任务。需要强调的是，IT 基础架构会有建设周期，同时随着技术的发展和需求的改变，即使建设完成也会存在淘汰更新、优化升级的过程。因此这两个核心任务是并行且融合的，它是 IT 服务管理 ITSM 和业务服务管理 BSM 的实现基础和不可跳过的起点。

IT 基础构架是对业务的支撑，包括网络、链路、路由、服务器、数据库等众多元素，组织对 IT 部门和 IT 管理的要求是硬件设备稳定，网络连通与顺畅，系统可用，最大程度减少各种故障，消除混乱无序的被动响应局面，实现对 IT 基础设施的有效掌握和管理。因此，该极端主要通过网络实现对所有软硬件设施的技术元素的监控、数据采集和分析，以获得从整个 IT 信息环境到底层每个实体元素的运行状态信息，保证能够在故障发生时或发生之前提出故障定位、报警并采取主动的管理操作，有效提高 IT 环境的运行质量,同时也包括利用相应的技术实现对企业 IT 设施的远程、批量等各种形式的管理与操作，降低 IT 管理的成本及效率。

2．IT 服务管理阶段

在完成网络系统管理并且实现了对 IT 设施的所有技术元素的全面监控以后，IT 基础设施的运行质量有了明显改善，但仍然会有各种各样的问题发生。例如，各种 IT 设施的管理是分立的，相应的管理工具是分离的，一个问题出现，"多米诺效应"产生，因为缺乏智能关联，对网络、应用、服务器、终端等开始逐一排查，都说不是自己的问题，互相推诿情况的发生带来了更大的资源浪费和效率低下；再比如，全球范围内的调查表明，运维中超过 80%的问题是由于 IT 运维人员没有按照规范的操作流程来进行日常的维护管理，缺乏有效的协同机制造成的。也就是说，管理上的缺位远远多于基础设施和技术本身的问题，因此阻碍了 IT 部门工作效率与质量的提高，IT 部门不断地"救火"，业务应用上不断地"冒火"。此时，整个社会信息化进程不断深入和加快，企业用户对业务信息化的体会也愈加深刻，相应地，他们对 IT 运维管理也有了更高的需求。ITSM 作为一种新兴的 IT 运维管理理念开始深入人心。ITSM 是对业务信息化流程的梳理，它最大的变革点就是不仅依托于技术，还依托于标准和制度——关于 IT 资源本身的一整套管理逻辑。

ITSM 被形象地称作 IT 管理的"ERP 解决方案"，因为信息系统随着应用业务的深入而越来越复杂，像业务一样，需要有科学的管理机制和一套系统的管理 IT 本身的高质量方法来帮助组织对 IT 系统的规划、研发、实施和运营进行有效管理。

ITSM 强调以客户为中心，以流程为导向，提供低成本、高质量的 IT 服务。在信息系统建设前，IT 服务管理需要针对组织业务和客户的真实、可用的需求对 IT 基础架构配置进行合理的安排和设计，避免盲目的 IT 投资和重复建设；在信息系统运营以后，它不是传统的以系统功能为中心的 IT 管理方式，而是以流程为重点，从复杂的 IT 管理活动中梳理出那些核心的流程，如事故管理、问题管理和配置管理，将这些流程规范化、标准化，明确定义各个流程的目标和范围、成本和效益、运营步骤、关键成功因素和绩效指标、相关人员的责权利，以及各个流程之间的关系，以支持 IT 基础架构和组织业务的持续开展。

因此，从整个组织层面来看，ITSM 正努力将企业的 IT 部门从成本中心转化为服务中心和利润中心，并积极地创造业务价值。

3. 业务服务管理阶段

ITSM 阶段的管理仍然是以 IT 业务为对象，针对业务提出的需求做被动式调整，随着 IT 服务管理工作逐渐理顺并有条不紊地开展起来，组织开始关心 IT 服务对业务带来的影响，关注整体业务的情况，强调从业务目标出发来优化 IT 服务，即 IT 与业务融合的阶段——BSM 阶段。

BSM 是基于业务确定服务目录，关注企业整体运营，定义出一个组织真正的核心竞争力，将 IT 战略与业务战略实现对接，以动态组织力量全面实现 IT 与业务动态关联和动态调整的一整套体系。

从 IT 到业务或者说从业务到 IT 经历如下的环节：业务目标和成果的实现依赖于实现关键业务流程的自动化工具——业务信息系统软件，其故障或性能问题可能会导致严重的业务影响，而业务信息系统软件的性能还与其本身以外的许多因素相关，如网络组件、服务器、操作系统和其他基础设施等。因此，实现 BSM，首先需要组织进行业务的梳理，定义业务，包括每一个业务的所有资源、过程、收益、成本、状态和绩效指标等；其次需要定义业务信息系统软件的性能指标；再次需要获取 IT 基础设施运维的各项性能指标；最后需要将三类指标关联对应，深入研究和界定业务信息系统软件和基础设施问题将影响到哪些关键业务领域并如何对业务成果产生影响，完成业务关联分析，进行更佳的 IT 服务配置。

由此，BSM 可以实现三张图景：一张是业务蓝图，它展现了一个组织所有业务的构成情况；一张是配置蓝图，它展现了一个组织 IT 架构的所有对象构成关系全景；最后一张是将业务蓝图与配置蓝图对接起来的全景图，它动态表达了当前架构的运行情况，并动态计算出当前的业务运行情况。

然而，真正实现 BSM 并非易事，它已不仅仅是 IT 部门的事情，在先进的 IT 平台之上，更需要强大的行政权力长时间地推进，已成为一项超越技术的系统管理工程。虽然，市场上已开始出现以 BSM 为产品战略的软件或平台，描绘的是完全自动化的智能场景："当业务发生变化时，客户可以把业务变化的请求提交给 BSM 技术，通过这个技术可以对相应的基础设施做出动态的改变和配置，而且能对系统性能进行建模，实时地对系统性能进行跟踪和监控，以此动态地调整基础设施以适应业务的变化。"但是，如此完善的工具离普及还有很大的距离。在我国，大多数组织目前的管理层次仍然停留在 ITSM 初步阶段，甚至是更早的 NSM 阶段，若以这样的网络管理架构匆忙就上 BSM 技术是非常不利于管理的，可能不仅无法实现 IT 与业务的有效结合，而且还可能导致业务混乱。事实上，从传统的 IT 运维服务向 BSM 迁移这中间存在着许多技术和管理的改进细节，也是 IT 与组织业务的相互匹配、相互磨合趋向融合的过程。从某种意义上而言，BSM 是在理念层面引导大多数组织的美好愿景。

因此，一个信息系统运维的发展一般还是要沿着 NSM 阶段、ITSM 阶段、BSM 阶段按顺序地逐步推进。

1.3.3　信息系统运维的发展趋势

随着信息系统应用的深入，信息系统运维得到了前所未有的重视，信息系统运维的概念也不断地完善与发展。下面从三个层面讨论信息系统运维的发展。

1．理念层面——运维之道

信息系统运维的理念是关于运维发展的思想，它是在实践中总结出来的并用于指导实践。人们持续关注的运维理念主要有"服务"和"敏捷"。

（1）服务：IT 运维已突破了其原有的技术范畴，上升到为业务服务的范畴。同理于微笑曲线理论，无论是信息系统供应商还是信息系统用户，都意识到了信息系统产品的价值很大一部分在于信息系统产品后期的服务，即信息系统运维。因此，这两方都在寻求信息系统产品对业务服务的最佳实践：变被动为主动，变分离为相融。

（2）敏捷：敏捷运维作为一种新兴理念在引领着运维研发者与实践者的相关活动。

敏捷运维主要来自于两个方面力量的驱动。

- 意识部署已成为产品发布的瓶颈的敏捷开发者。瓶颈表现为两个方面，一是运维人员的后期部署比较花费时间，甚至会有很大的延迟；二是开发和运维两个过程之间的脱节（职责、目标、动机、流程和工具等）及沟通的不足，开发者的意图在部署时被运维人员经常理解错位，从而导致冲突和低效。
- 来自于快速增长的 Web 2.0 企业。这些企业有时会在两个星期内增加上千台服务器，若试图手工完成，则所需的人力、时间和成本将无法想象，效果也会很差。因此，它们需要将架构纳入到管理之中，将手工的操作转换为自动化的声明与执行，提高效率和效益。

不难看出，敏捷运维的实现一是依赖于自动化的工具，以快速、无误差地完成开发后的部署；二是需要 DevOps(Development+Operations)，即开发与运维之间的沟通、协作和集成所需的流程、方法和体系的集合。但恰恰又是敏捷运维的理念催生出了这些自动化工具、协作流程、方法和体系。

2．管理层面——运维之略

信息系统运维管理层面是人们将思想理念落实以指导实际而形成的方法论。人们持续关注的运维管理主要有业务服务管理 BSM、IT 运维成熟度及外包。

目前，业界关于 IT 运维管理的方法、理论、概念层出不穷，市场上关于 IT 运维管理的工具和软件产品为数众多，IT 运维已成为企业信息化投入的一个新的成本点。但如何对企业自身的 IT 运维现状进行诊断和定级（如无序的被动服务、有序的被动服务、主动的预防性服务、可预期可承诺的服务、可财务计量的服务），如何根据企业自身情况去评估和规划 IT 运维管理发展路径，仍然缺乏标准或相关的理论指导，很多企业在 IT 运维管理时重蹈了信息化建设初期的覆辙。因此，IT 运维和成熟度极具实际意义。

由于 IT 运维所涉及的技术精、专、深，考虑到此方面的成本和对本身主营业务的专注度，众多企业或公司都会选择将其部分或整体的 IT 资源与 IT 业务外包，成为另一种 IT 运维管理的方式，这对企业发包方如何管理外包服务商及他们提供的服务，还有外包服务商如何管理 IT

资源、人员和服务都将成为考验和挑战，亟须相关的理论指导。

3．技术层面——运维之术

IT 运维技术层面可谓是风起云涌，实现并发展着上述的理念和方法。运维技术的最新发展主要有自动化、虚拟化、数据化、绿色化（节能减排）等。

（1）自动化。IT 运维自动化是指通过将日常 IT 运维中大量的重复性工作（小到简单的日常检查、配置变更和软件安装，大到整个变更流程的组织调度）由过去的手工执行转为自动化操作，从而减少乃至消除运维中的延迟，实现"零延时"的 IT 运维。

这要求基于流程化的框架，采用 IT 运维监控和诊断优化工具及运维流程自动化工具，预先将事件与 IT 流程相关联，一旦被监控到系统发生性能超标或宕机，会触发相关事件以及事先定义好的流程，可自动启动故障响应和恢复机制。

自动化是 IT 运维工作的升华，IT 运维自动化不单纯是一个维护过程，更是一个管理的提升过程，是 IT 运维的最高层次。

（2）虚拟化。虚拟化技术是当前热门的 IT 技术之一，是指对各种各样的资源，如操作系统等软件资源，CPU、硬盘、路由器等硬件资源，进行抽象隐藏了一些细节性的维护后形成的逻辑资源，可不受物理资源配置、地理位置等因素影响，而被访问和使用。

随着云计算时代的到来，用户企业都会首先选择虚拟化技术以节省硬件资源投资，集中管理，提高 IT 资源的利用率，降低 IT 运维成本，提升企业信息安全水平。虚拟化将在服务器和 PC 上变得更普遍，传统的物理环境将逐步迁移到一个与虚拟化混合的环境或完全虚拟的环境，如服务器虚拟化、存储虚拟化、网络虚拟化、桌面虚拟化等。但同时，虚拟资源具有不可见性、数量增长、位置变更具有动态性，因此，虚拟资源和业务应用程序的对应关系不再如虚拟化之前清晰明确，给运维带来了新的挑战。

（3）数据化。大数据概念的冲击，使人们认识到信息系统中积累的各种数据有着"洞见过去、预测未来"的价值。这些有关硬件的、有关系统的、有关业务的或是有关用户行为的数据，犹如宝藏一样，可以在 IT 层面和业务层面提供各种量化指标，评价 IT 绩效、业务绩效和员工绩效，形成数据化运维，将异常变为可控，正常变为卓越。运维自动化为运维数据化提供了准备，也正是因为有了运维数据化，才可进一步实现运维的智能化。

（4）绿色化。以数据中心为例，运行和冷却数据中心所需要的能源已经占到全球信息和通信产业能源总量的四分之一。节能减排已成为全社会的责任和目标，IT 信息中心及其管理者和运维者责无旁贷，如进一步地通过技术降低磁盘转速，对使用硬盘与空量硬盘的配比、制冷设备与 IT 设备的组成、机房设计、电力分配、带宽分配、机柜使用率等多方面进行优化。能效问题正在成为信息系统运维的又一个基本要求。

新兴 IT 技术将对信息系统的基础架构建设、组织与 IT 合作的方式带来深刻的影响，进而影响到 IT 运维服务管理的流程、规范、知识与技能，同时带动 IT 运维软件产品市场的激烈竞争。

1.4　常见的信息系统

1.4.1　财务系统

财务是企业四大职能之一，它实际上包括了两大部分，一部分是会计，一部分是财务。会计主要的任务是记账，使资金的运作不发生差错；而财务则更多关心如何运作好资金，使其产生效益。

1. 会计信息系统

会计信息系统的主要任务是保证记账的正确性。手工记账没有不出差错的情况，即使是计算机记账，也不能保证没有差错。防止差错不只是要防止人的疏忽，而且要防止人的有意破坏，如贪污、作弊等，因而要保证手续的严格完善和没有漏洞。复式记账方法已应用一百多年，至今仍然是最有效的方法。目前的会计主要涉及的是历史的数据，根据这些报表产生一些综合数据的报表，如收入表（income statement）和平衡表（balance sheet）。但现代的会计也开始向财务延伸，涉及未来的数据，如获利能力计算，责任会计。所以尽管当代会计系统已经相当成熟，但不意味着它就不要变化，随着信息技术的发展，随着经济全球化，会计制度和会计信息经济系统均会引起变化。

会计信息系统最成熟的部分和最固定的部分是记账部分，这部分几乎已经定型，各种企业几乎相同。此外还包括订单处理、库存处理、会计应收/应付、工资、总账和财务报告子系统等，其基本结构如图 1-6 所示。

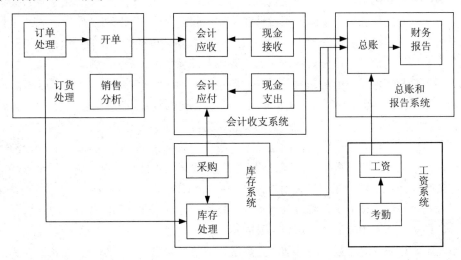

图 1-6　会计信息系统

（1）订单处理子系统。订单处理子系统接受和处理顾客的订单，并产生给顾客的发票和进行销售分析的数据。当顾客送来订单时，订货处理系统可以校核顾客的信誉，即衡量他的付款能力，从而产生接收订货和拒绝订货的决定。

（2）库存子系统。库存子系统包括采购和库存处理系统两大部分。采购包括选择供应商，得到口头允诺，准备采购文件，关闭采购订单。和采购相联系的就是接收，接收包括处理接收和通知其他系统。库存处理根据库存文件，核对账目状况，填好订单中项目，并给顾客开发票，开好订单通知会计应收子系统，并提供总账数据。

（3）会计应收/应支子系统。应收子系统的功能是加入新的应收项目，它由开票后的订单出发，一般每日一次批处理；删除已付的项目，从而真实地反映对顾客的业务；准备报表，一般发货后给顾客 30 天时间付清货款，如 30 天已过则计算拖欠货款。每个月信用卡公司都要给公司一个拖欠货款的报告，这些报表每行代表一个发票，全表列出未付账目；会计应收也给总账提供数据。会计应支子系统设立会计应付记录，进行向供应商付款，删除付过的支出，提供总账数据。

（4）总账子系统。总账子系统是综合各子系统的数据提供一个企业运营的全貌。它又包括两个子系统，一是总账更新系统，一是报告准备系统。

2．财务信息系统

财务的总目标是利用资金和剩余资金进行最优投资。财务信息系统就是为协助主管达到以上目标的计算机系统，一般除了会计信息系统外，还包括内部审查子系统、财务情报子系统、输出子系统、预测子系统、资金管理子系统和财务控制子系统。

（1）内部审查子系统。内部审查子系统实际上也是会计功能。审计包括财务审计和运营审计。财务审计主要看公司的财务记录是否正确，钱账是否一致。而运营审计是审计财务手续是否完备、高效，它往往和信息系统的再设计联系在一起。审计可以请外部审计公司来进行，也可由公司内部组织进行。外部公司审计的最大好处在于客观性和其知识的全面性。内部审计只有在大公司才可能有常设的机构。运营审计一般应有信息系统分析员参加。

（2）财务情报子系统。财务情报子系统向股票持有者（股东）、财务社团以及政府机构提供信息，帮助了解公司经济环境。公司每年要给股东报告，说明投资效益包括股票的年增长率、与 500 家大公司平均指数比较，各种产品的赢利比例等，每年还要召开股东大会，大的公司均设有股东联络部掌管这方面工作。他们还负责收集股东的意见和建议，并及时和股东沟通。财务情报子系统还负责从政府报告、期刊、网上数据库收集经济信息，以便分析经济形势。

（3）输出子系统。输出子系统是财务系统的主要部分，它们能帮助公司进行财务决策。

（4）预测子系统。预测子系统可以利用数学模型进行短期和长期的预测。短期预测包括一周、一月、最多一年的预测，也有短至一天的预测。长期预测则最短为一年，可能 2—3 年、5 年甚至十几年。短期预测一般使用移动平均数法、指数平滑法模型，而中长期预测则要使用拟合模型、回归模型或系统动力学模型等。

（5）资金管理子系统。资金管理子系统可以说是财务系统的最重要的子系统。它帮助企业实现两个目标：第一，保证收入流大于消耗支出流；第二，保证这个条件在全年是稳定的。为此要进行现金流分析，信息系统可以进行这种模拟，以达到折衷，使总效益最好。现金和证券管理也是财务管理的重要内容，它应使现金较快流动而不要呆滞。用计算机模拟寻求最佳的现金来源，并处理多余现金的投资问题，确定合理的证券组合、资金组合。

（6）财务控制子系统。财务控制子系统要控制一些支出和控制一些企业性能的参数。控制的支出包括销售、电话、租金、办公用品等，它可以给出表格以便管理人员发现问题。财务系统往往还会用到电子报表，决策支持系统的"what-if"分析功能等。

1.4.2　办公自动化系统

无论是企业还是政府机关，都会有大量的文案需要处理，复杂的工作流程需要安排，决策者需要依据纷乱的信息做出重要的决定。拥有一套自动化、智能化、信息化的办公系统，对办公人员和企业决策者来说，工作效率上的提高是显而易见的。在网络连接千万家的时代，办公自动化还使得不同地理位置之间的不同单位或部门之间进行协同办公成为可能。

办公自动化（Office Automation，OA）系统，是指办公信息处理的自动化系统，它利用先进科学的技术，使人工处理的各种办公业务活动逐步物化于人以外的各种设备中，并由各种设备与办公人员构成服务于某种目标的人机信息系统。其目的是达到充分利用信息，提高工作效率、工作质量和生产率。

1．办公自动化系统的发展

办公自动化由 20 世纪 70 年代末 80 年代初在我国提出，随着办公自动化技术的不断发展，办公自动化新产品不断地出现，办公自动化的内涵也不断地丰富和发展。办公自动化的发展历经了三个阶段。

第一代办公自动化是以数据为处理中心的传统 MIS 系统。其最大特点是：应用基于文件系统和关系型数据库系统，以结构化数据为存储和处理对象，强调对数据的计算和统计能力。它提高了文件管理水平，但是缺乏诸如收发文等群组协作工作过程的处理能力，"自动化"程度十分有限。

第二代是以工作流为中心的办公自动化系统。它以 E-mail、文档数据库管理、复制、目录服务、群组协同工作等技术作支撑。以工作流为中心的第二代办公自动化系统包含众多实用功能和模块，实现了对人、事、文档、会议的自动化管理。其显著特点是：以网络为基础；以工作流自动化为主要的技术手段；缺少对知识管理的能力。

第三代办公自动化系统建立在企业 Internet 平台之上，旨在帮助企业实现动态的内容和知识管理，使企业每一位员工能够在协作中不断获得学习的机会。第三代 OA 的核心是知识。它不仅模拟和实现了工作流的自动化，更模拟和实现了工作流中每一个单元和每一个工作人员运用知识的过程。其突出特点是：实时通信，员工与专家可以网上实时交流；信息广泛集成的内容编目；知识门户的构造。因此，第三代办公自动化系统的核心是知识，实现的基础是知识管理技术。

2．办公自动化系统的特点

办公自动化涉及企、事业办公的每一个领域、每一个人，使办公成为自动化、流水线式的工作方式，如文件处理，从起草、审核、签发、发文、收文、签收、批办到催办等，它的一套完整流程中涉及许多人、许多部门、许多环节，其中任何一个环节如果出现梗阻，下一个环节就无法顺利进行。由于办公自动化系统是一个企、事业所有部门、所有人员都需使用的系统，因此它需具备以下一些特点。

（1）用户界面要简单、美观，易于操作和使用。

（2）流程控制要灵活，便于功能扩充和修改。

（3）安全措施要全面，方便维护和管理。由于它是面向团体工作，一项任务需要很多人、很多机器在不同的时间、地点以不同的方式参与完成，所以程序中应当严格限定用户的操作密码、权限等，确保系统安全运行。

3．办公自动化系统的组成

一般来说，办公自动化系统由硬件、基本软件和专用处理系统组成。

硬件包括计算机及外设、显示终端、打印设备、光学字符识别设备（OCR）、语音识别设备、智能终端、传真机、书写终端、可视图文处理终端、通信网络设备、大容量存储设备等。

基本软件包括网络软件、系统软件、文件与数据库系统软件、数据处理语言、智能软件等。

专用处理系统包括汉字信息处理系统、文字处理系统、语音处理系统、电子表格处理系统、图形和图像处理系统、电子邮件系统、日程管理系统、文档管理系统、决策支持系统等。

4．办公自动化软件

目前市场上已经有了很多办公自动化工具软件，这些软件是办公各个环节需要的具有不同功能的软件的组合，一般称为群件或办公套装软件。目前占有较大国内市场份额的办公自动化软件有 MS Office 系列、WPS 系列等。MS Office 是微软公司的产品，WPS 是国内金山公司的具有自主版权的办公事务处理软件。

各种办公自动化软件系统的功能虽然各有差别，但都具备某些基本功能，如文字处理、电子表格、图形制作和电子邮件等。例如，微软公司的 MS Office 系列软件中包括了用于文字处理的 Word，用于电子表格制作和数据处理的 Excel，用于创建演示文稿的 PowerPoint，用于收发和管理电子邮件的 Outlook，以及数据库软件 Access。此外，Office 系统还提供了支持视频会议、实时交流和文件传输的 Netmeeting 工具软件。

可见，当前办公自动化系统的实现可以在很多软件工具支持下来完成，而人们应完成的工作则是形成科学的办公流程，将大量不同部门的人员高效地组织起来，每个人完成同一工作的一部分，从而达到协调工作，并在计算机和工具软件的支持下实现办公活动的自动化。

1.4.3　业务处理系统

业务处理系统（Transaction Processing Systems，TPS）是提供给基础业务人员使用的系统。业务是某种工作的手续的集合。例如在银行进行一个客户的存款；企业接受完一笔订货。业务处理系统就是利用计算机处理这些业务的信息系统。

业务处理过程又称为业务处理周期，它包括五个步骤或活动：数据输入；业务处理；文件和数据库处理；文件和报告产生；查询处理活动。业务处理系统的结构如图 1-7 所示。

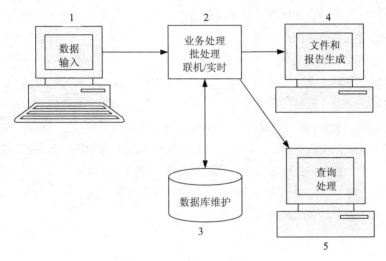

图 1-7　业务处理系统的结构

1．数据输入

数据输入是指取得原始数据，然后记录、编码和编辑，从而转换成实用形式的过程。数据输入经常称为数据处理的一个瓶颈。如何快速准确的输入数据，仍然是一个很重要的问题。

数据输入的方法有两种，一种是传统手工方法，一种是源数据自动化的方法。传统的数据输入方法依赖于计算机的终端用户由源文件获得数据，这些源文件如采购单、工资考勤表、销售订货表等。这些源文件积累成批送给数据处理人员，进行输入。这些数据周期性地送进计算机系统。现在由于手工的处理方法要求很多操作，成本高，而且出错率高，正逐渐被"源数据自动化"所代替。数据自动化已有很多方法，但达到全自动化者可以说没有。通常借助于几种自动输入设备，如 POS 业务终端，自动柜员机（ATM），光字识别器（OCR）等等。

2．业务处理

业务处理的方式一般分为批处理和实时处理两种。

批处理（batch processing）是指定期收集源文件，然后进行成批处理。如银行存款处理，白天一天所收到的存款单等到下班后一起交给数据处理部门，由他们进行累加和其他分析。批处理活动包括：收集源文件，并将它们分成批；把源文件录入到输入媒体，如磁带、磁盘；把源文件根据某个关键词排序；将源文件和主文件合并处理，建立一个新文件，并输出一些文件；定期将业务成批地送往远方的中央计算机保存和进一步处理。

当要处理大量的数据时批处理是一种比较经济的方法。每笔业务处理时没有必要翻动主文件。错开白天的时间，机器可以在晚上处理，能充分利用机器的资源。机器的速度不一定很高，机器档次和设备费用可以大大降低。但批处理有很多缺点，如主文件经常是过时的，打出的报告也是这样，马上查出当前的情况也是不可能的。所以，许多业务转向实时处理。某些实时处理系统中还保留着某些业务的批处理。

实时处理也是联机事务处理（Online Transaction Processing，OLTP）。能够在处理业务时及时处理完这笔业务后，立即更新主文件，因而这时的统计数据能够反映现时的真实情况。数据只要一经输入，记录、转换、更新主文件的操作一气呵成，响应客户查询也是即时的。

实时处理能及时处理、及时更新和及时响应顾客。因而在要求及时的情况下，只有实时系统能满足要求。实时处理缺点是由于联机，直接存取必须采取特殊的措施保护数据库，以及时防止病毒和闯入者。在许多实时系统中，也用磁带作控制日记和恢复文件。因而在设备上要付出高成本。所以实时优点必须和它的成本、安全的问题相平衡，现在由于技术的发展，要更好地满足顾客需求，越来越多的公司欢迎实时处理。

3．数据库维护

信息系统的数据库数据必须能够反映公司的现状。每笔业务处理均是对公司现状的改变。因而业务处理要修改维护数据库，使其和现状一致。因而业务处理程序中应该包括维护数据库的程序。维护数据库可以保证它能准确反映企业现状，目前还没有一个企业能真正做到这点，甚至一个企业或组织的人名册都不能和现实相符。所以尽管数据库维护的技术已很发达，但它还要有一套很好的运行制度和良好的人员素质，才能保证数据库的真正合用。

4．文件和报告的产生

最后一个处理阶段是产生信息产品，也就是报告和文件。数据处理系统所产生的文件叫业务文件，业务文件有以下几种：行动文件（Action Documents）用来启动接受行动的文件，如采购单、支票等；信息文件（Information Documents）用来确认业务已发生，如销售收据、发票等；周转文件能转回发送者，例如有些发票附有周转部分，由顾客签字退回，这个退回的文件自动被光扫描设备处理，所以周转文件综合了行动文件和信息文件两者的功能。

除了这些以外，这个系统还可以产生控制表、编辑报告和会计报告等。

5．查询处理

无论批处理和实时处理均可提供查询功能。由于 IT 的技术的发达，现在越来越多的应用采用实时查询和远距离查询方式。远距离查询就像应用查询语言那样描述查询内容即可得到远程的响应。一般响应是以固定的事先设计好的格式在终端屏幕上显示,也可以用打印机打印。

1.4.4　生产管理系统

一旦管理者确定了需求,而且决定要去实施它,后面的任务就是生产管理信息系统的内容了。这里所说的生产是广义的生产。对生产产品的企业来说它就是制造,对于服务业来说它就是服务运营,生产和服务具有一定的相似性。由于生产管理中最困难的最复杂的是制造业,所以这里主要针对制造业来介绍生产管理信息系统,即制造信息系统。

制造信息系统一般可以分为两大类:一类是通过技术实现产品生产的系统;一类是通过管理实现生产的系统。技术信息系统包括:计算机辅助设计(Computer Aided Design,CAD),计算机辅助制造(Computer Aided Manufacturing,CAM),计算机数字控制(Computer Numeric Control,CNC)和机器人(Robot)等。另一类管理系统是以物料需求计划(Material Requirement Planning,MRP),制造资源计划(Manufacturing Resources Planning,MRP-II)为中心,还有计算机辅助质量控制(Computer Aided Quality Control,CAQ)等将技术系统和管理系统结合,如计算集成制造系统(Computer Integrated Manufacturing Systems,CIMS)和企业资源规划系统(Enterprises Resources Planning Systems,ERP)等。

1. 传统物料需求计划 MRP

MRP 的发展经历了三个阶段。20 世纪 60 年代初期主要目的是解决"订货点管理"的不足,发展了主要控制物料的物料需求计划。此阶段的 MRP 可定义为,利用主生产调度(MPS)对物料用量清单(BOM)、库存(inventory)和未交货单(open order)等各种资料计算后得到未来的物料需求,并进行订单的补充和修改。这一般称为初期的或传统物料需求计划 MRP,其系统结构如图 1-8 所示。

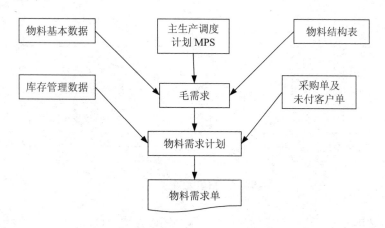

图 1-8　传统 MRP 的系统结构

2. 闭环式 MRP

20 世纪 70 年代闭环式（closed loop）MRP 逐渐取得成功。在制定主生产计划时进行了产
能分析，如果可行就去执行物料计划，如果不可行就要
反馈回去，重新修改主生产计划，同样在执行物料计划
和执行车间计划时出现问题，也要反馈回去，并修改主
计划或物料计划。这样就构成了闭环的动态控制。闭环
式 MRP 加强了各子系统之间的联系，既能适应主生产
计划的改变，又能适应现场情况的变化，其结构如图 1-9
所示。

3. 制造业全面资源计划与控制系统 MRP-II

20 世纪 80 年代 MRP 逐渐为 MRP-II 所代替，这时
企业资源不仅是材料，人力、资金、设备和时间也被看
成企业资源，并加以控制。它除了生产外，还包括销售、
财务、会计及成本的处理，MRP-II 的功能已能满足制
造业的所有经营及生产活动，这也是 MRP-II 被称为"制
造业全面资源计划与控制系统"的原因。但总的来说，
MRP-II 是对内管理的系统，企业战略规划、市场方面
以及高层决策方面功能较弱，现在又在流行 ERP
（Enterprises Resources Planning），它是在 MRP-II 的基

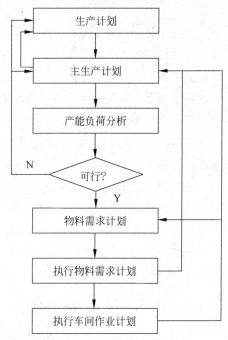

图 1-9　闭环式 MRP 的系统结构

础上扩充市场、财务等功能的系统。一般 MRP-II 均由 10 个左右的子系统组成，子系统相对
独立，但实现时必须有先有后，各子系统之间联系起来构成 MRP-II 的系统结构图，如图 1-10
所示。

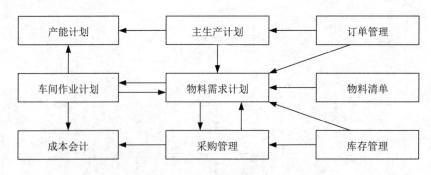

图 1-10　MRP-II 的系统结构

各子系统按运行顺序连接起来称为系统的流程图，如图 1-11 所示。

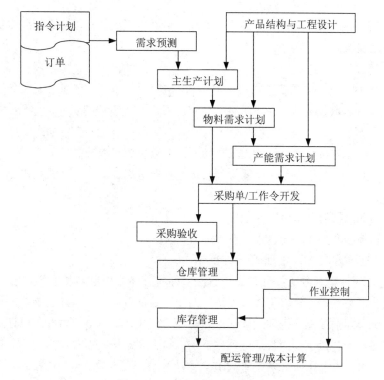

图 1-11　MRP-II 的系统流程图

MRP-II 系统的结构和流程因工厂不同可能很不相同。例如有的企业在主计划前还有汇总计划，有的企业财务上有较多的功能等。

目前国内企业用得较多的 MRP 产品有：SSA 公司在 AS400 上开发的 BPICS；QAD 公司在 HP9000 上开发的 OPENMFG；ASC 公司在 DEC 机上开发的 MANiMANX 1；SAP 公司的 MRP 软件 R3 等等。

这里主要介绍 MRP-II 系统中的几个主要子系统功能。

1）主生产计划子系统

主生产计划子系统一般包括两部分：一部分叫总量计划子系统；一部分叫主生产调度计划子系统。

总量计划是关于总体水平的计划，它不是细的要求，例如，总量是钢，不是钢板或钢锭等；计划要用人，是忽略了各种技术的人。它是用标准产品代表所有产品。总量计划的目标是充分利用人力和资源设备。总量计划是制定一年的计划，它考虑用一些方法平衡全年的生产。常用的方法有：经验图表法、管理系数法和最优化方法。

主生产调度计划就是安排具体的产品的生产计划。如果说总量计划的目的是进行宏观控制的话，那么主生产调度计划就是用微观的方法安排可执行的年度计划。它要回答生产什么产品、数量多少、什么日期生产等问题，最终给出一个报表形式的最终报告。主生产调度子系统是企业高层管理与整个系统的主要界面。为了使管理人员做出正确的决策，系统要提供多种形式的模拟功能来辅助决策。

2）库存管理子系统

库存管理子系统也可以说就是物料需求计划（MRP）子系统，它利用主生产计划（MPS），物料清单（BOM），根据采购、生产等订货资料计算出相关需求的状况，管理库存信息。该系统的主要功能有如下。

- 计算各种原材料和零部件的需求时间、需求数量和需求地区。
- 配合作业控制，使仓库和车间管理人员对物料运送、设备和工具需求等事宜及早安排准备。
- 及时采购原材料，避免库存积压。
- 计划和控制产品加工全过程，使其准时交货。

库存管理子系统的基本功能如图 1-12 所示。

库存控制有两种基本方法：订货点技术法（即统计库存控制）和物料需求计划法（MRP法）。对于统计的方法，计算机可以根据消耗的历史数据自动统计出消耗的均值与方差，不断修正订货点，如果对前导期 t 也作均值与方差统计，可使订货点更为精确。但订货点法的前提是消耗平衡，每次消耗量小，而且适应独立需求。对大多数相关需求行为，并且是突发性的批量需求，必须用物料需求计划法来处理。MRP 方法要求处理大量数据，一般制造厂大约需要几万个记录，只有借助计算机才能解决。当某种物资需求既来自独立需求，且消耗平衡，又来自相关需求，且消耗是批量的情况，系统将把两种控制方法综合起来。

库存计划是通过一个循环机制来实现的，循环的步骤简述如下：

（1）库存计划首先确定各个周期的产品总需求，初始根据是主生产计划确定的产品需求量和备品备件需求、试验用需求等。根据历史统计资料和生产上的要求，确定安全存储量。

（2）根据安全库存的要求和当前可用的库存量求得净需求量。考虑经济批量，确定订货日期。

（3）产品按产品结构用 MRP 的方法逐级进行展开。每展开一级，下一级的组件需求又作为"总需求"的一部分来对待，返回到第（1）步由系统汇总后继续处理，一直展开到原材料、元件为止。

由于系统是一个实时系统，对计划变化的适应和库存出入库业务非常敏感，但如果过于敏感则会降低系统运行的效率。因此库存管理系统应及时准确地记录每一微小变化，但并不是一有变化立即做出全面反应。抑制变化要制定应变的标准，可以定时采取行动，定时的标准可根据实际情况来定，可以几小时，也可以一天，也可按模拟的时间周期来定，也可按库存量来制订标准。

库存管理系统采用"限定需求"技术，即某项的需求可通过计算机搜索，追溯到需要它的上一级需求项。"限定需求"技术对实现各种跟踪功能有很大作用，"限定"技术一般靠数据库来实现。

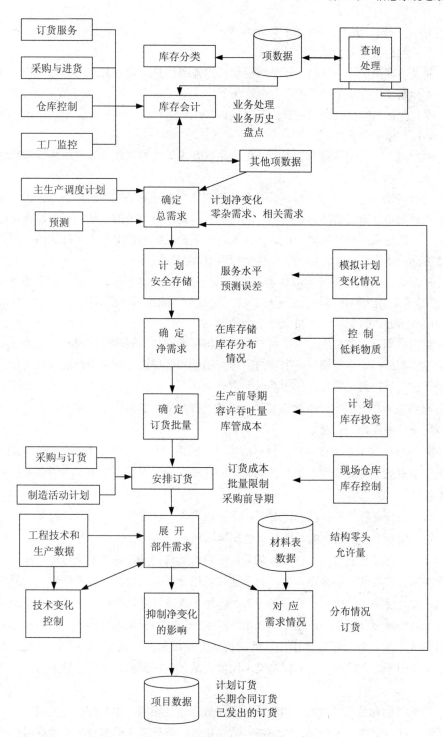

图 1-12　库存管理系统基本功能

库存管理系统输出的类型大致有以下几种。

- 指示库存管理人员做出行动的命令。
- 向"生产制造活动计划"子系统提供机内输出信息，指示每个项的开发初步计划。
- 库存系统执行主生产调度计划情况报告。
- 库存会计与库存控制的执行情况报表。

3）成本计划与控制子系统

成本系统与生产信息系统共享数据，生产系统及工厂监控系统可以向成本管理系统直接提供数据。

（1）直接劳动成本的计划与控制。一个项目的计划直接劳动成本可以估算，也可以从直接劳动标准推导而得，即用劳动标准和操作时间数来求得。每个项的记录中都存放该项的计划直接劳动成本。信息系统的计算机一次运行，就可根据产品的结构对一个组件的各个组成部分的标准直接劳动成本进行累加，得到该组件的标准直接劳动成本。

实际的直接劳动成本的基本信息来自工厂监控子系统，这些信息包括车间工作令号、机器标识、工作令开始结束时间等。系统分析了实际直接劳动成本与标准直接劳动成本之间的偏差，通知有关成本中心，督促管理人员调整不合理偏差。

（2）材料成本计划与控制。标准材料成本是按标准材料消耗和标准材料单价来计算的。标准价格要由采购部门经常审核。每个项的合理需用量和合理损耗量定为标准材料消耗，按产品结构逐层累加可以得到最终产品的标准材料消耗。

实际材料成本偏差来自采购价格波动、工艺过程变更、加工废品和额外消耗等方面，材料使用的情况来自库存控制系统。

成本计划与控制子系统在分析了材料成本变动的情况后，向有关成本中心提供报告。

（3）管理费的处理。管理费用的计划和控制对成本管理有很大影响。为了有效控制管理费用，要求做到：

- 对每类开支项目都赋以会计编码，计算机系统可以对会计编码制定得很细。
- 划分成本中心，其目的是使开支按职能区域汇总。

对成本中心来说，它对某一项成本的升降是负有责任的。计算机系统对每一成本中心标识编码。成本中心常与部门划分相一致。为了使较低层管理人员也参与成本管理，一般把成本中心划分得很细。使用计算机进行管理费分摊时，每个成本可以认为是独立的，每个成本中心赋以分摊编号。它决定分摊次序，越是非直接的成本中心它的分摊编号越小。它的成本先分摊到其他非直接成本中心和直接成本中心，然后再来分摊编号高的成本中心。每个成本中心还要确定一个分摊因子，它提供一个分摊基准，比如人数、占地面积、标准劳动工时、标准机器工时等。

由于计算机的功能，分摊的分组和分摊因子数目不受限制。生产部门（或成本中心）总的管理费可按生产输出进一步分摊，比如铸造铸件重量；热处理工件数目等。这样可把整个管理费分摊到每个加工操作上，又从每个操作的管理费汇总得到每个产品的管理费用上。

4）计划和控制资产消耗管理子系统

无论考虑收入和支出的平衡，还是作长期的利润规划，都要考虑资产和投资项目的问题。系统在计划和控制资产消耗时自动执行一些计算。固定资产一旦设置，就要有相应记录，系统自动按期进行折旧，并记录每一个变化。一个项目开发的过程中，系统不断重复计算项目投资对将来产品成本的影响。在长期计划范围中反映利润的情况，系统可用关键路径方法利用一切可用资源，加速工程完成，减少投资。

以上介绍了 MRP-II 的主要子系统，作为完整的 MRP-II 系统一般还包括采购管理、指令发放、仓库管理和工厂维护等子系统。采购管理的目的是适时、适量，符合质量地提供原材料和外购件，以减少资金支出和库存，它保存有许多行情数据，而且不断更新，如质量、价格、信用等。它还保存有供应商与供应商的报价管理等。指令发放系统是计划与执行间的桥梁，任何计划只有通过指令发放才能执行，它能发出工作令报告，工作令卡等。仓库管理系统是从物流方面指挥仓库，使仓库达到合理的利用，东西放在合适的地方，如早用的放在外面。工厂维护子系统是负责维修，包括维修期的确定、维修计划的安排，维修材料的准备以及维修费用的管理，有时还应包括事故的应急计划等。由于企业不同，MRP 的软件厂家不同，MRP 系统的结构和子系统划分很不相同，不过万变不离其宗，它们都不过是这些功能的组合。

1.4.5　ERP 系统

1. ERP 的定义

ERP（Enterprise Resource Planning，企业资源计划系统）的概念，是美国 Gartner Group 公司于 1990 年提出的，描述下一代制造商业系统和制造资源计划（MRP II）软件。除了 MRP II 已有的生产资源计划，制造、财务、销售、采购等标准功能外，还包括质量管理，实验室管理，业务流程管理，产品数据管理，存货、分销与运输管理，人力资源管理和定期报告系统等功能。

Gartner Group 提出 ERP 具备的功能标准应包括四个方面。

（1）超越 MRP II 范围的集成功能。包括质量管理；试验室管理；流程作业管理；配方管理；产品数据管理；维护管理；管制报告和仓库管理。

（2）支持混合方式的制造环境。包括既可支持离散又可支持流程的制造环境；按照面向对象的业务模型组合业务过程的能力和国际范围内的应用。

（3）支持能动的监控能力，提高业务绩效。包括在整个企业内采用控制和工程方法；模拟功能；决策支持和用于生产及分析的图形能力。

（4）支持开放的客户机/服务器计算环境。包括客户机/服务器体系结构；图形用户界面（GUI）；计算机辅助设计工程（CASE），面向对象技术；使用 SQL 对关系数据库查询；内部集成的工程系统、商业系统、数据采集和外部集成（EDI）。

ERP 把客户需求和企业内部的制造活动以及供应商的制造资源整合在一起，形成企业一个完整的供应链，其核心管理思想主要体现在以下 3 个方面。

（1）体现对整个供应链资源进行管理的思想。

（2）体现精益生产、敏捷制造和同步工程的思想。

（3）体现事先计划与事前控制的思想。

ERP 是对 MRP Ⅱ的超越，从本质上看，ERP 仍然是以 MRP Ⅱ为核心，但在功能和技术上却超越了传统的 MRP Ⅱ，它是以顾客驱动的、基于时间的、面向整个供应链管理的企业资源计划。ERP 采用的基础技术将同时给用户软件和硬件两方面的独立性从而更加容易升级。ERP 的关键在于所有用户能够裁剪其应用，因而具有天然的易用性。

ERP 是一个对企业资源进行有效共享与利用的系统。ERP 通过信息系统对信息进行充分整理、有效传递，使企业的资源在购、存、产、销、人、财、物等各个方面能够得到合理地配置与利用，从而实现企业经营效率的提高。从本质上讲，ERP 是一套信息系统，是一种工具。ERP 在系统设计中可集成某些管理思想与内容，可帮助企业提升管理水平。

但是，ERP 本身不是管理，它不可以取代管理。ERP 本身不能解决企业的管理问题。企业的管理问题只能由管理者自己去解决。ERP 可以是管理者解决企业管理问题的一种工具。　不少企业因为错误地将 ERP 当成了管理本身，在 ERP 实施前未能认真地分析企业的管理问题，寻找解决途径，而过分地依赖 ERP 来解决问题。最后，不但老的问题得不到有效解决，还产生了许多新的问题，最终导致了 ERP 实施的失败。企业也因此而伤了元气。正确地认识 ERP 是什么与不是什么，就会在 ERP 实施之前认真分析企业在管理上存在的问题，了解 ERP 对解决这些问题的作用，充分细致地计划与落实利用 ERP 解决这些问题的程序，为 ERP 充分发挥效率提供基础。

ERP 应用成功的标志是：

（1）系统运行集成化，软件的运作跨越多个部门。

（2）业务流程合理化，各级业务部门根据完全优化后的流程重新构建。

（3）绩效监控动态化，绩效系统能即时反馈以便纠正管理中存在的问题。

（4）管理改善持续化，企业建立一个可以不断自我评价和不断改善管理的机制。

2．新一代 ERP 的核心技术

为了应对管理软件所面临的变化、知识、分布与集成这四大挑战，解决存在的需求与软件脱节和企业变化快与软件调整难的两大问题，新一代 ERP 应该采用下面四项核心技术，即软件体系结构、企业建模、集成框架与平台和工作流。

基于体系结构的软件开发是管理软件发展的关键，体系结构是需求和设计之间反映决策信息的中间过程，软件开发通过问题定义→软件需求→软件体系结构→软件设计→软件实现几个步骤实现。可见，体系结构将软件系统的结构信息独立于算法与数据，创建满足系统需要的结构，其本质是模型的层次化。

基于企业模型来构建是管理软件发展的核心。企业建模是认识企业、描述企业的最科学有效的手段，是准确了解企业需求、定义软件功能和流程的有效方法。它是用户、软件厂商、实施单位交流的媒介和基础平台。同时，企业建模是知识管理的基础，企业可重用的知识包含在企业模型和模板中，企业模型是企业知识的一种表现形式，也是实现企业知识积累的有效方法。

基于软件体系结构和企业模型建立管理软件的业务架构已经成为管理软件开发公司重要的核心能力。

集成框架和平台是企业管理软件发展的蓝图。通过集成平台，将各种软件集成在一个平台下，实现企业管理软件和其他信息系统的无缝集成，扩展软件的服务水平。

工作流是提高企业管理软件柔性的重要使能技术。通过工作流来管理企业业务流程，使得管理软件中流程与功能分离，克服了传统的设计开发方法的不足——过程和功能集中在一起。软件开发需要经过三次分离：即数据库的分离——成功（理论具备完整的数据库模型），用户接口的分离——没有完全成功（缺乏模型指导）和流程的分离——正在进行（是大势所趋），而工作流正是流程分离的关键技术。

软件体系结构、企业建模、工作流和集成框架和平台形成了管理软件开发实施的核心技术。同时，必须实现软件开发的标准化，标准化是实现软件管理软件高度可重用和柔性的基础支撑。

3．新一代 ERP 的体系结构

新一代 ERP 系统的体系结构如图 1-13 所示。它是基于企业模型和工作流系统来构建的，底层是操作系统、网络、数据库和基础组件平台组成的系统平台，作为整个系统的基础结构。中间层是由工作流系统、集成管理、公共应用服务组件等组成的应用平台。该平台作为 ERP 以及其他信息系统的构建平台。在这个基础结构之上建立 ERP 系统，通过 ERP 的各个功能组件组成核心业务组件框架，而各个行业的 ERP 系统可以在此基础上构建。并通过统一的企业入口向企业客户提供服务。

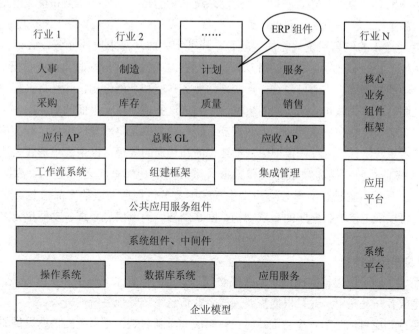

图 1-13　新一代 ERP 的体系结构

新一代 ERP 的实施过程包含四个主要阶段：企业（业务）战略规划、信息系统战略规划、信息系统实现和信息系统运行维护，并且这四个阶段是随着企业战略的不断调整和信息化工作的不断深入循环进行的。

以企业模型作为底层支撑平台来实施信息化整体解决方案，利用企业建模过程中各阶段模型的演化来推进整体解决方案实施过程的演进，并通过模型演化过程中模型的一致性来保证整体解决方案的集成性和一致性。在实施过程的不同阶段，有着不同层次的企业模型作为实施的支撑，下面分别讨论各个阶段基于企业建模的实施步骤，以及各个层次的企业模型之间的映射关系和演化过程。

1）企业业务战略规划

面向信息系统实施的企业业务战略规划需要完成的工作包括企业定位、企业现状分析、制定业务目标与所采用的战略、确定达到目标的关键成功因素、为信息系统的规划和设计提供业务框架。

在这个阶段，首先要根据企业现状建立面向产品全生命周期、以业务过程为核心、集成包含企业组织结构、资源结构的需求层的企业模型。这个企业模型描述的核心是企业粗线条的业务模型，目标是对企业业务进行现状分析和诊断优化，我们称这个层次的企业模型为业务核心模型。

2）信息系统战略规划

在信息系统战略规划阶段需要完成的工作是从企业的业务系统框架到信息系统框架的转化。信息系统框架包含的内容是企业整体信息系统的功能结构、数据结构和集成框架，以及信息系统的实施策略、实施方法和实施计划。

基于企业建模的信息系统战略规划就是在模型上完成从需求层的业务核心模型到设计层的信息系统模型的抽取过程，如图 1-14 所示。根据建立并优化分析好的业务核心模型，从过程模型中根据功能抽离组织出信息系统需要实现的业务功能和功能结构，并且将过程中涉及的活动、活动之间的逻辑关系和活动之间的数据流映射成这些功能单元里面的功能操作、功能单元之间的交互关系以及整个信息系统中的数据流，这些功能单元将配置成最后运行的信息系统中的子系统或者系统组件。将过程模型中活动使用的和传递的各种可以用表单形式表达的数据抽取整理成为信息模型，描述数据结构和数据关系，同时功能单元之间交互的数据来源于这个信息模型。最后，再根据业务核心模型中描述的业务过程所关联的产品信息、组织信息和资源信息，可以确定未来数据库的系统结构、网络结构，构造信息系统各功能单元之间的集成框架。

3）信息系统实施

信息系统实施阶段根据实施信息系统战略规划确定的信息系统框架和实施方法、计划将信息系统搭建或者开发完毕，并且根据需要完成企业信息系统管理系统的开发。

系统实施相应可以分为三个方面：对已有系统的重新包装；对系统提供商提供的系统组件进行裁剪组合；对新系统/组件进行编码开发。

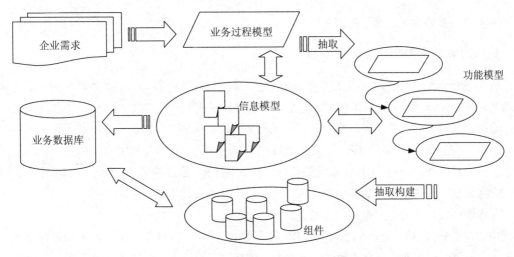

图 1-14　从业务核心模型到信息系统模型

4）信息系统运行维护

信息系统运行阶段的工作包括技术与系统培训、运行管理制度制定、信息系统运行、系统日志建立、运行性能评价和信息系统调整等工作。

基于工作流模型的信息系统管理系统可以自动完成信息系统的运行和管理功能，并且工作流管理系统可以自动建立有效的系统日志和数据仓库，利用数据分析技术可以对日志数据进行挖掘分析，来评价信息系统的运行性能，及时发现信息系统存在的错误和潜在的问题，完成信息系统的维护工作。

1.4.6　客户关系管理系统

CRM（Customer Relation Management）即客户关系管理系统。随着中国加入 WTO，企业所面临的竞争格局将越来越激烈，全球经济一体化进程不可逆转，市场竞争环境正在发生巨大变化。由于科技的飞速进步，企业间产品的"同质化"导致企业间的竞争由原来的降低成本、压缩营销费用使企业利润最大化转变为"以客户为中心"的新型的管理理念。现代营销理论认为，客户是企业的重要资源和生命线。由于需求构成了市场，也构成了企业的获利潜力，而在市场上需求运动的最佳状态是满意，顾客的满意就是企业效益的源泉，客户关系管理系统应运而生。

客户关系管理是关于企业如何以客户为中心，呵护、关照客户，提高客户满意度，维系客户忠诚度的营销管理理论，更是通过赢得、发展、保持有价值的客户，增加企业收入，优化盈利能力的商务战略。

CRM 是选择、管理和维护有价值客户关系的一种商业策略，是一种识别、获取、保持和不断增加可获利客户的方法和过程，是一种以信息技术为手段、有效提高企业效益、客户满意度、员工生产力的具体软件和实现方法。CRM 要求以客户为中心的态度（企业文化、商业哲学）来支持有效的市场、销售和服务流程。

1. CRM 与 ERP

作为管理思想，CRM 强调做事过程的管理，通过记载过程信息，分析外部客户和内部客户的某种倾向（消费倾向、效率情况、对企业利润贡献率等），而 ERP 强调内部事务的结果控制，通过记载业务环节的结果信息，追踪结果不如预期的原因。

作为管理软件，CRM 和 ERP 不是两个截然独立的系统，两者有许多共同的模块，不同模块之间往往有内在的联系，CRM 系统的数据往往成为 ERP 系统的输入。由于 CRM 系统的数据一般都来自直接接触客户的部门和员工，它们能更准确表达市场的需求，因而更有利于引导企业内部通过各种努力去改善客户关系。

例如，销售订单模块就是 CRM 和 ERP 共有的模块。在 CRM 系统中，作为销售行为的一个环节，销售订单是销售机会成熟的自然结果，销售订单模块不仅管理销售订单本身记载的信息，还管理销售订单的签订过程；在 ERP 系统中，关注的仅是销售订单中体现的信息。又如，CRM 系统中的销售机会管理，为 ERP 系统的销售预测提供强大的支持，使得销售预测数据更为贴近市场，更加准确。再如，CRM 系统服务受理模块的信息，往往成为企业改进产品质量的重要参考。

2. CRM 的基本组成部分

CRM 涉及数据仓库、网络、语音、多媒体等先进技术，为企业提供数据挖掘、数据仓库和决策支持工具，支持客户数据分析整理，为市场活动提供目标和方向。CRM 系统主要包括以下几个部分。

1）市场营销管理子系统

市场营销管理从定义市场活动开始，包括市场情报收集和营销策划。市场情报包括市场需求信息、行业情报信息、竞争情报信息以及直销或分销代理线索和机会信息等。营销策划则是通过合理的营销组合，以品牌效应来拓展营销渠道的战略。

营销管理子系统的主要模块包括：市场计划管理、活动管理、市场促进管理、客户管理、联系人管理、合作伙伴管理、竞争信息管理、资料管理、行动管理、时间管理和费用管理等。

通过市场营销管理子系统，企业可以全面了解、识别、界定目标客户，并针对目标客户进行相应的市场营销活动。

2）销售管理子系统

销售管理子系统是对销售人员的销售业务全过程的管理。被管理的主要对象包括销售机会、销售阶段、销售订单、销售报价、销售预测和行动等。这些对象记载了销售过程的重要信息，成为完整的销售业务流程。销售过程的管理，就是围绕客户，将这些对象规定的环节管理做到位，通过过程的管理，导出良好的销售业绩。

销售管理子系统的主要模块包括：销售目标管理、销售机会管理、销售报价管理、销售订单管理、客户管理、联系人管理、竞争信息管理、资料管理、行动管理、时间管理和费用管理等。

通过重建合理的工作流程，以客户为中心高效率地整合企业所有相关资源。

3）客户服务和技术支持子系统

客户服务和技术支持涵盖了订单签订后现场实施管理和售后服务管理的相关内容，分为支持、工程实施和售后服务三大部分。涵盖了跨职能支持、工程（安装）管理、咨询服务、投诉受理、服务受理、服务回访、备件维修、备件销售和备件库存管理等客户服务的所有环节和内容。

客户服务和技术支持子系统的主要模块包括：项目管理、服务受理管理、服务回访管理、服务协议管理、客户资产管理、产品缺陷管理、维修管理、备件销售订单管理、客户管理、联系人管理、解决方案管理、资料管理、行动管理、时间管理、费用管理和备件仓储管理等。

通过完善的客户服务手段，为目标客户群提供更高水准的服务。

4）伙伴关系管理子系统

企业的合作伙伴有各种类型。例如，零售商、专卖店、经销商、分销商、总代理等是销售类型合作伙伴；企业的 OEM 厂商、关键技术支撑厂商等是战略合作伙伴。伙伴关系管理子系统将企业的各种合作伙伴都纳入管理视野，关注对合作伙伴关系的管理。

合作伙伴关系管理子系统集成了前面三个子系统的大部分管理需求，同时又有自己的特殊管理需求。其主要模块包括伙伴信息管理、分销商管理、代理商管理、市场基金管理等。

1.4.7　人力资源系统

人事（personnel）这个名词在我国已广泛流行，但是在国外已逐渐把它改称作人力资源（human resources）。这主要的原因是人力资源（HR）更能反映这个职能的内容。

过去的人事部门所做的事情只有：维护人事档案；考核人员的晋升；调整工资。而现在的人力资源部的任务远比这个宽广，除了上述职能外，还包括：人员招聘、选择和雇用；岗位设置；业绩评价；雇员酬劳分析；人员培养和发展；人员健康、保安和保密。实际上它的职能贯穿了人员雇用的整个生命周期。

人力资源信息系统（HRIS）是支持人力资源管理的系统。人力资源系统的结构也像其他系统一样，有输入系统和输出系统。输入系统包括记账子系统、人力资源研究子系统和人力资源情报子系统。输出系统包括人力计划子系统、招聘子系统、人力管理子系统、酬劳子系统、津贴子系统和环境报告子系统等。通过中间的数据库将它们联系起来，如图 1-15 所示。

1．输入子系统

（1）记账子系统。记账子系统主要功能是登记个人数据，如姓名、年龄、生日等。还包括个人财务数据，如小时工资率、现在总收入、收入税等。

（2）人力资源研究子系统。人力资源研究子系统的内容包括晋升提拔的研究，岗位分析和评价，牢骚研究等。

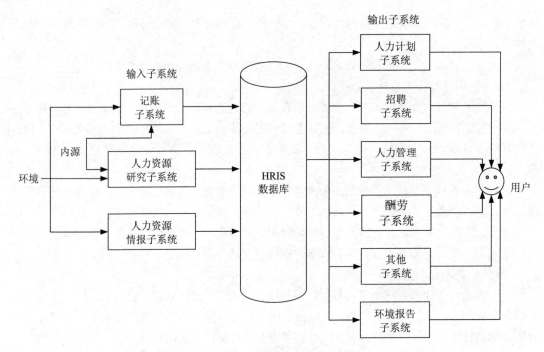

图 1-15　人力资源系统结构

（3）人力资源情报子系统。人力资源情报子系统的内容包括政府各种关于人事情报、人才供应单位、保险公司、人才市场、学校等的信息；工会组织方面的信息，以便更好协调劳资关系；全球社团的信息，如教育、再创新及住房等方面信息；财务社团的信息，以及竞争者的信息。

2. 输出子系统

（1）人力计划子系统。人力计划子系统的功能是估计未来的岗位、人力，给出 HRIS 的总要求。

（2）招聘子系统。招聘子系统是个比较小的子系统，内容包括接受外来的申请，跟踪申请者，内部寻找等。

（3）人力管理子系统。人力管理子系统是个较大的子系统，内容包括业绩评价、培训、职位控制、任免、技术胜任、晋升、多面手等。这里业绩评价和培训尤其引人注意。

（4）酬劳子系统。酬劳子系统 包括工资、功绩考核、行政酬劳、奖金等。工资有时放到会计信息系统但人事系统往往还保留一些功能。

（5）津贴子系统。津贴子系统或者叫恩惠子系统，主要处理退休人员的津贴。它包括定义贡献、定义津贴、津贴报告、股票购买和要求处理等。如何利用退休基金也是其重要内容。

（6）环境报告子系统。环境报告子系统负责向政府报告企业的人事政策和实情，也有时向工会报告。这种报告多数是对外的，而不是对内的。

总的来说，相对于其他信息系统，人事系统应用计算机的水平是较低的，国外统计只有 47% 的公司应用，主要原因是这个部门的工作内容非结构性较强。

本章要点

（1）信息系统的定义、组成及影响因素。

（2）信息系统运维的概念、框架及要求。

（3）信息系统运维发展的现状、阶段及趋势。

（4）常见的信息系统。

思考题

（1）信息系统的组成要素包括哪些？

（2）调查某一组织中使用的信息系统，说明和讨论其对组织提供的服务功能、对组织产生的影响，以及长期使用中该信息系统受到的影响。

（3）结合你的理解，回答信息系统运维的概念和框架。

（4）通过调查某一组织的信息化建设、应用和运维情况，综合论述其 IT 运维存在哪些问题、处于哪个发展阶段，并给予相关意见和建议。

（5）请解释微笑曲线理论在信息系统运维中的具体内涵。

（6）结合你的理解，讨论云计算、社交、移动互联、物联、大数据，以及这些新兴技术对运维的影响。

第 2 章　信息系统运维的组织与管理

信息系统交付使用后，如何最大限度保障其安全、稳定和可靠地运行就成了信息系统运维的中心工作。而组织对信息系统运维组织与管理工作的必要性和重要性认识不足，主要表现为：一是仅从硬件故障的角度考虑运维问题；二是信息应用意识不强；三是缺乏科学规范的运维管理体系，信息系统运维处于无序状态。

本章首先介绍信息系统运维管理，包括运维管理体系、运维管理流程、运维管理制度和运维管理系统及专用工具等；接着分析信息系统运维的组织，包括任务、管理职责、人员管理、信息系统运行管理制度的建立与实施、系统运行的文档管理、运维模式和系统运行的故障管理等；探讨信息系统运维外包的概念、模式、内容和风险；介绍运维管理标准，包括 ITIL、COBIT；在此基础上详述运维管理系统及专用工具；最后简要介绍了云运维管理的概念及功能。

2.1　信息系统运维的管理

信息系统运维的管理是指信息系统运维管理主体依据各种管理标准、管理制度和管理规范，利用运维管理系统和工具，实施事件管理、问题管理、配置管理、变更管理、发布管理和知识管理等信息系统运维管理流程，对信息系统运维部门、运维人员、信息系统用户、信息系统软硬件和信息技术基础设施进行综合管理，执行硬件运维、软件运维、网络运维、数据运维和安全运维等信息系统运维的管理职能，以实现信息系统运维标准化和规范化，满足组织信息系统运维的需求。

2.1.1　信息系统运维管理体系框架

信息系统运维管理体系框架包括运维管理主体、运维管理对象、运维管理职能、运维管理流程、运维管理制度、运维管理系统与工具等。运维管理制度是规范运维管理工作的基本保障，也是流程建立的基础。运维管理主体遵照制度要求和标准化的流程，采用先进的运维管理系统与工具对各类运维对象进行规范化的运行管理和技术操作。信息系统运维管理体系框架如图 2-1 所示。

1. 信息系统运维管理职能

信息系统运维管理职能是指在信息系统运维管理过程中各项行为内容的概括，是对信息系统运维管理工作一般过程和基本内容所做的理论概括。根据信息运维管理工作的内在逻辑，可以将信息系统运维划分为设施运维、软件运维、数据运维和安全运维等职能。

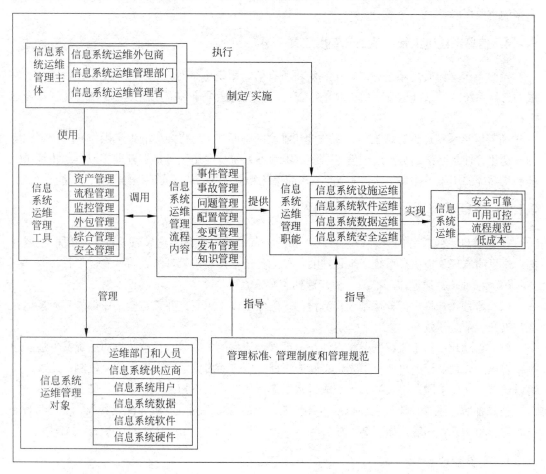

图 2-1　信息系统运维管理体系框架

2. 信息系统运维管理流程

信息系统运维管理流程是指为了支持信息系统运维的标准化和规范化，以确定的方式执行或发生的一系列有规律的行动或活动，包括事件管理、事故管理、问题管理、配置管理、变更管理、发布管理和知识管理等。

3. 信息系统运维管理制度

在信息系统运维过程中，需要建立一整套科学的管理制度、管理标准和管理规范，如信息系统硬件管理制度、信息系统软件管理制度、数据资源管理制度等，以保障信息系统运维工作的标准化和规范化。完善的信息系统运维管理，不仅是运维体系稳定运行的根本保证，同时也是实现运维管理人员按章有序地进行信息系统运维，减少运维中不确定因素，提高工作质量和水平的重要保障。

4. 信息系统运维管理系统与专用工具

信息系统运维管理系统与专用工具能将所有信息系统运维对象、职能以及流程通过统一集成的运维系统或一系列运维专用工具进行管理，实现对运维事件的全面采集、及时处理与合理分析。

随着信息系统运维管理工作的复杂度和难度的不断加大，将纯粹的人工操作变为一定程度的自动化管理是必然趋势，通过信息系统运维管理系统与专用工具能够辅助实现自动化运维，能够将零碎的运维工作集中化，复杂的工作简单化和有序化，从而实现运维工作的智能与高效。

2.1.2　信息系统运维管理主要流程

作为信息系统服务的一种管理方式，当前大部分信息系统运维管理是基于流程框架展开的。这里的流程是指信息系统运维管理的各种业务过程，运维管理流程将达到以下目标。

（1）标准化：通过流程框架，构建标准的运维流程。

（2）流程化：将大部分运维工作流程化，确保工作可重复，并且这些工作都能有质量地完成，提升运维工作效率。

（3）自动化：基于流程框架将事件与运维管理流程相关联，一旦被监控的系统发生性能超标或宕机，会触发相关事件及事先定义好的流程，可自动启动故障响应和恢复机制；此外，还可以通过自动化手段（工具）有效完成日常工作，如逻辑网络拓扑图、监控、硬件备份等。

信息系统运维管理流程主要包括事件管理、事故管理、问题管理、配置管理、变更管理、发布管理和知识管理等，如图 2-2 所示。

1. 事件管理

事件管理负责记录、快速处理信息系统运维管理中的突发事件，并对事件进行分类分级，详细记录事件处理的全过程，便于跟踪了解事件的整个处理过程，并对事件处理结果统计分析。事件是指引起或有可能引起服务中断或服务质量下降的不符合标准操作的活动，不仅包括软硬件故障，而且包括服务请求，如状态查询、重置口令、数据库导出等，因此又叫事故/服务请求管理。

事件管理流程的主要目标是尽快恢复信息系统正常服务并减少对信息系统的不利影响，尽可能保证最好的质量和可用性，同时记录事件并为其他流程提供支持。事件管理流程通常涉及事件的侦测记录、事件的分类和支持、事件的调查和诊断、事件恢复及事件的关闭。事件管理基本流程模型如图 2-3 所示。

（1）事件发生和通告。事件发生后，配置项以轮询和通知两种方式产生通告信息，　其中轮询是通过管理工具的询问，配置项被动地提供相关信息；而通知是为特定状态满足后，配置项主动产生通告。

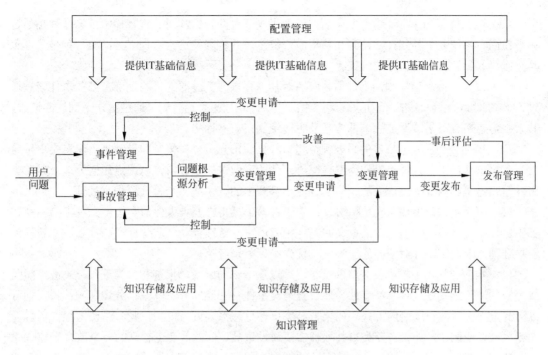

图 2-2　信息系统运维管理流程

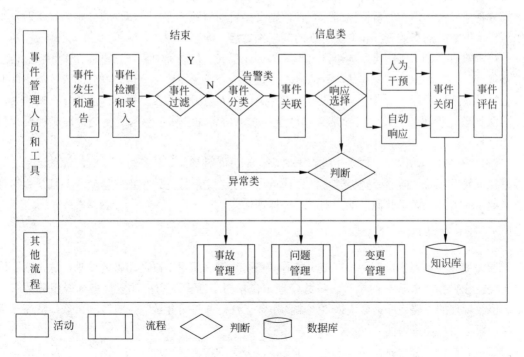

图 2-3　事件管理基本流程模型

（2）事件检测和录入。事件发生后，管理工具通过两种方法对其进行检测，第一种是通过运行在同一系统之上的代理，检测和解析通告信息，并将其发送给管理工具；第二种是管理工具直接读取和解析通告信息的含义。

（3）事件过滤。当检测到事件后，应当对其进行过滤。过滤的目的是确定哪些事件应被通过，哪些事件可以被忽略。例如，连续产生的一系列相同事件通告，只通过第一个到达的通告，其余则可忽略。对于过滤掉的事件应当及时记录到日志文件中。

（4）事件分类。根据事件的重要性，将事件分为信息类、告警类和异常类。信息类事件通常存入日志文件中；告警类事件需要提交给事件关联做进一步分析，以决定如何处理；异常类事件需判定是否需要提交给事故、问题或变更管理中的一个或多个管理流程来处理。

（5）事件关联。事件关联是指通过特定的管理工具将告警类事件与一组事先规定的标准和规则进行比较，从而识别事件的意义并确定相应的事件处理行动。这些标准和规则通常被称为业务准则，说明了事件对业务的影响度、优先级、类别等信息。

（6）响应选择。根据事件关联的结果，可以选择自动响应，报警和人为干预，事故、问题或变更判定等方式处理告警类事件。如果告警类事件及其处理方法已被充分识别和认识，则可以为其定义合适的自动响应方式。如果告警类事件处理需要人为干预，则应该发出报警信息通知相关人员或团队。如果告警类事件处理需要通过事故、问题或变更管理的一个或多个流程完成，则需要启动相应的流程。当初始事件被判定为异常，或是在事件关联中管理工具将一类或一组告警类事件的发生定义为事故时，则应当启动事故管理；在故障尚未发生时，通过对事件进行完备成熟的评估和分析得出问题存在，则直接启动问题管理；当事件被判定为异常时，组织可能依据自身的事故管理和变更管理的策略确定启动哪个流程。

（7）事件关闭。不同类型的事件有不同的关闭形式。信息类事件通常不存在关闭状态，它们会被录入到日志中并作为其他流程的输入，直到日志记录被删除；自动响应的告警类事件通常会被设备或应用程序所自动触发的另一事件关闭；人为干预的告警类事件通常在合适的人员或团队处理完毕评估后关闭；异常类事件通常在成功启动事故、问题或变更管理流程后评估关闭。

（8）事件评估。因为事件发生频率非常高，不可能对每件事件都进行正式的评估活动。如果事件触发了事故、问题或变更管理，评估重点应当关注事件是否被正确移交，并且是否得到了所期待的处理；对于其他事件，则进行抽样评估。

2. 事故管理

事故管理包括对引起服务中断或可能导致服务中断、质量下降的事件的管理，这包括了用户提交或由监控工具提交的事故。事故管理不包括与中断无关的正常运营指标或服务请求信息。事故管理的主要目标是尽快恢复正常的服务运营，并将对业务的影响降到最低，从而尽可能保证服务质量和可用性要求。

事故管理的流程包括事故识别和记录、事故分类和优先级处理、初步支持、事故升级、调查和诊断、解决和恢复、事故关闭等。事故管理基本流程模型如图 2-4 所示。

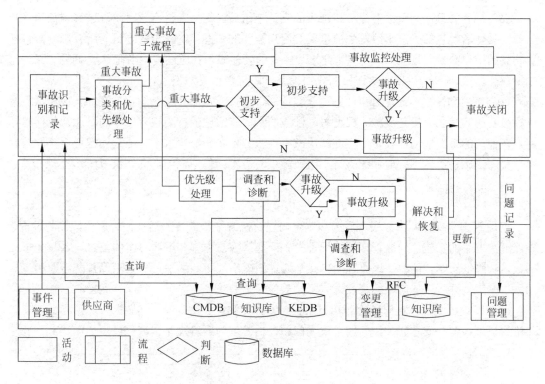

图 2-4　事故管理基本流程模型

（1）事故识别和记录。通过对所有组件的监控，及时准确地检测出故障或潜在故障，尽可能在未对客户造成影响之前启动事故管理流程。事故记录包含事故基本描述、事故状态、事故类型、事故影响度、事故优先级等信息。

（2）事故分类和优先级处理。事故的分类通常采用多层次结构，一个类别包括多个子类。分类时将事故归入某一类别或某一子类中。分类时可以按事故发生的可能原因分类，也可按相关支持小组进行分类。当同时处理若干事故时，必须设定优先级。优先级通常用数字来表示，通常根据紧急度和影响度确定。其中，紧急度指在解决故障时，对用户或业务来说可接受的耽搁时间；影响度是指其所影响的用户或业务数量和大小而言，事件偏离正常服务级别的程度。

（3）初步支持。初步支持是指服务台在与用户协商并达成解决时限后，依据自己职责和能力优先尝试解决事故。如果用户满意解决结果，则服务台关闭事故；如果无法解决事故或用户不满意，则应执行事故升级，转交给二线或三线支持处理。在初步支持过程中，可借助知识库提供帮助。

（4）事故升级。事故升级是指当前支持人员在规定的时间内不能解决或没有解决某个事故时，便转交给更有经验或更权威的其他人员处理，包括职能性升级和结构性升级两类。职能性升级又称水平升级，是指当前技术人员无法在规定时间内解决事故时，需要具有更多时间、专业技能或访问权限的技术人员参与解决事故；结构性升级又称垂直升级，是指当机构的级别不足以保证事故能及时、满意地得到解决时，需要更多的高级别机构参与进来。

（5）调查和诊断。事故在提交给指定的支持小组后，支持人员应该对事故进行调查和诊断工作。具体活动包括确定事故发生的位置及用户需要的帮助；确认事故导致的所有影响，包括影响到的用户数量和规模；识别出由此事故触发的其他事件；通过搜索当前事故/问题记录、已知错误数据库、厂商/供应商错误日志或知识库等，整合相关知识。

（6）解决和恢复。通过对事故的调查和诊断，支持人员制定相关解决方案，并在对该方案进行必要的测试之后提交实施。根据事故性质的不同，实施的行为也有所不同，通常包括指导用户在他们的桌面或远程设备上实施解决方案；服务台实施解决方案，或是远程使用软件控制用户桌面实施解决方案；专业的支持小组实施恢复方案；供应商或厂商解决方案。

3. 问题管理

问题管理包括诊断事故根本原因和确定问题解决方案所需要的活动，通过相应控制过程，确保解决方案的实施。问题管理还将维护有关问题、应急方案和解决方案的信息，以减少事故的数量和降低影响。问题管理流程的目标是通过消除引起事故的深层次根源以预防问题和事故的再次发生，并将未能解决的事故影响降到最低。

问题管理的流程包括问题检测和记录、问题分类和优先级处理、问题调查和诊断、创建已知错误记录、解决问题、关闭问题、重大问题评估等。问题管理基本流程模型如图 2-5 所示。

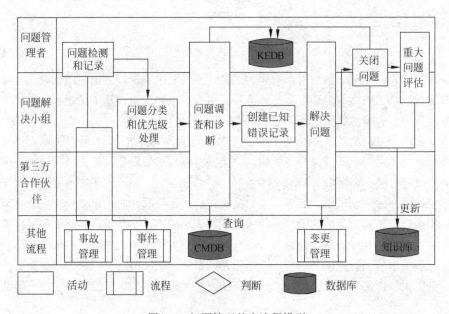

图 2-5　问题管理基本流程模型

（1）问题检测和记录。问题检测的方法包括：服务台和事故管理等提交的事故需要进一步查明潜在原因；技术支持小组在日常维护工作中发现有尚未对业务产生影响的潜在问题存在；自动化的事件/告警检测工具检测出 IT 基础设施或应用存在问题；供应商或承包商通告其产品或服务存在的问题；主动问题管理通过趋势分析提交潜在的问题。问题记录包含问题描述、问题状态、问题类型、服务信息和设备信息等。

（2）问题分类和优先级处理。问题的分类原则与事故管理中事故的分类相同。问题优先级处理与事故管理中事故的优先级处理方法相同。

（3）问题调查和诊断。问题调查的技术包括借助于配置管理数据库定义问题的影响级别并调查故障点；问题匹配技术和故障重现技术。问题分析和诊断的常用方法包括时序分析法、KT决策法、头脑风暴法、石川图法、帕累托分析法等。

（4）创建已知错误记录。针对调查和诊断的结果及解决方案创建已知错误记录，并将其存放在已知错误库中，以方便下次发生同样问题时能够快速匹配出已知错误。

（5）解决问题。根据制定出的解决方案，问题管理者组织问题处理人员实施方案。如果解决方案需要对基础设施进行变更，则必须首先提交变更请求，启动变更管理流程。

（6）关闭问题。当变更完成并且解决方案成功实施使得问题解决之后，可正式关闭问题记录，更新已知错误库，将问题状态置成"已解决"。

（7）重大问题评估。重大问题解决之后应当召开重大问题评估会议，需探讨的问题包括工作中的经验和教训、改进方案、预防措施、第三方责任等。

4．配置管理

配置管理包括负责识别、维护服务、系统或产品中的所有组件，以及各组件之间关系的信息，并对其发布和变更进行控制，建立关于服务、资产及基础设施的配置模型。配置管理的目标是对业务和客户的控制目标及需求提供支持：提供正确的配置信息，帮助相关人员在正确的时间做出决策，从而维持高效的服务管理流程；减少由不合适的服务或资产配置导致的质量和适应性问题；实现服务资产、IT 配置、IT 能力和 IT 资源的最优化。

配置管理的流程包括管理规划、配置识别、配置控制、状态记录和报告、确认和审核等。配置管理基本流程模型如图 2-6 所示。

（1）管理规划。确定配置管理流程的政策、标准和战略，分析现有的信息，确定所需要的工具和资源，制定并记录一份总体计划，其内容包括配置管理的目标和范围，识别相关需求，现行适用的政策和标准，组建配置管理小组，设计配置管理数据库（Configuration Management Database, CMDB）、数据存放地点、与其他服务管理系统的接口和界面，以及其他支持工具等，实施配置管理活动的进度和程序，接口控制与关系管理，与第三方的接口控制和关系管理等。

（2）配置识别。配置识别活动是配置管理流程的基础，它确定了配置结构，定义了配置项的选择标准、命名规范、标签、属性、基线、类别及配置项之间关系等方面的内容。

（3）配置控制。配置控制活动负责对新的或变更的配置项记录进行维护，确保配置管理数据库只记录已授权和可识别的配置项，并且其配置记录与现实匹配。配置控制的政策和相关程序包括许可证控制、变更控制、版本控制、访问控制、构建控制、电子数据及信息的移植和升级、配置项在发布前制定基线、部署控制、安装控制等。

（4）状态记录和报告。配置项在其生命周期内有一个或多个离散状态，每一个状态详细信息和数据都应该被记录。记录的细节包括服务配置信息、配置项实施变更的进展及质量保证检测结果等。配置状态报告是指定期报告所有受控的配置项的当前状态及其历史变更信息。

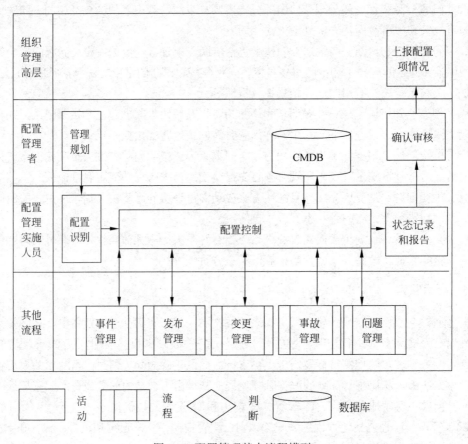

图 2-6　配置管理基本流程模型

（5）确认和审核。配置确认和审核是指通过一系列评价和审核确认有且只有授权的、注册的、正确的配置项存在于配置管理数据库中的活动，对于监测出的未授权或未注册的配置项应及时通过变更管理登记注册或将其移除。

5. 变更管理

变更管理负责管理服务生命周期过程中对配置项的变更。具体对象包括管理环境中与执行、支持及维护相关的硬件、通信设备、软件、运营系统、处理程序、角色、职责及文档记录等。变更管理流程的目标包括对客户业务需求的变化做出快速响应，同时确保价值的最大化，尽可能减少突发事件、中断或返工；对业务和 IT 的变更请求做出响应，使服务与业务需求相吻合。

变更管理的流程包括创建变更请求、记录和过滤变更请求、评审变更、授权变更、变更规划、协调变更实施、回顾和关闭变更等。变更管理基本流程模型如图 2-7 所示。

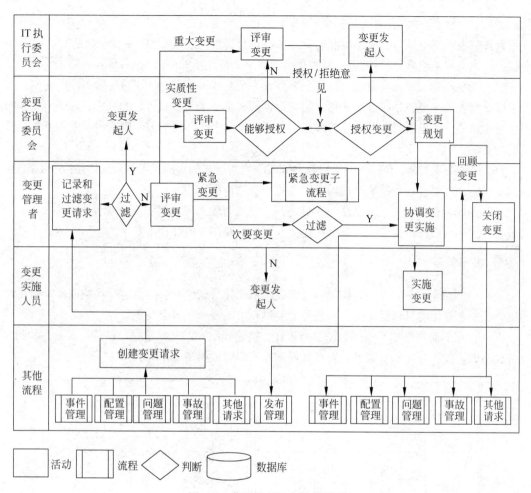

图 2-7　变更管理基本流程模型

（1）创建变更请求。变更请求（RFC）由变更发起人负责创建并提交给变更管理者。 变更请求可能涉及所有的 IT 部门，任何相关的人都可以提交一项变更请求。变更发起人虽然可能初步为变更分类和设定优先级，但最终的优先级必须在变更管理中确定。

（2）记录和过滤变更请求。变更管理者负责将接收到的变更请求按一套规范的形式记录成 RFC 文档。具体信息包括 RFC 标识号、相关联的问题/错误码、变更影响的配置项、变更原因、不实施变更的后果、变更的配置项当前的和新的版本、提交该 RFC 的人员/部门的信息、提交 RFC 的时间。

（3）评审变更。在接收到变更请求后，变更管理者、变更咨询委员会成员及 IT 执行委员会应从财务、技术及业务三方面对其进行审核，以确立变更的风险、影响度、紧急度、成本及利益等。

（4）授权变更。不同类别的变更有不同方式的授权。标准变更通常有预定的执行流程，不需要得到变更咨询委员会（Change Advisory Board，CAB）和变更管理者的授权，而直接转交

"请求实现"处理；次要变更无须提交 CAB 而直接由变更管理者批准实施；针对实质性变更，变更管理者根据变更风险、紧急度和影响度来决定是否事先征求 CAB 成员的意见或召开 CAB 会议；重大变更必须事先得到 IT 执行委员会的评审，再交由 CAB 讨论具体实施方案。

（5）变更规划。得到变更授权后，变更咨询委员会成员应当对变更进行规划，同时制定变更进度计划表。变更规划和进度计划表的制定及发布是一个动态和持续的过程。此外，根据组织的变更策略，如果需要以发布包的形式将变更部署到生产环境中去，则应启动发布管理流程实施变更。

（6）协调变更实施。在得到变更授权并完成规划后进入变更实施阶段，具体包括变更构建、测试及实施。变更管理者在整个过程中起监控和协调作用。

（7）回顾和关闭变更。变更成功实施之后，变更管理者应当组织变更管理小组和 CAB 的成员召开实施后的评估会议。会议上要提交变更结果及在变更过程中发生的任何事故。

6. 发布管理

发布管理负责规划、设计、构建、配置和测试硬件及软件，从而为运行环境创建发布组件的集合。发布管理的目标是交付、分发并追溯发布中的一个或多个变更。

发布管理的流程包括发布规划，发布设计、构建和配置，发布验收，试营运规划，沟通、准备和培训，发布分发和安装等。发布管理基本流程模型如图 2-8 所示。

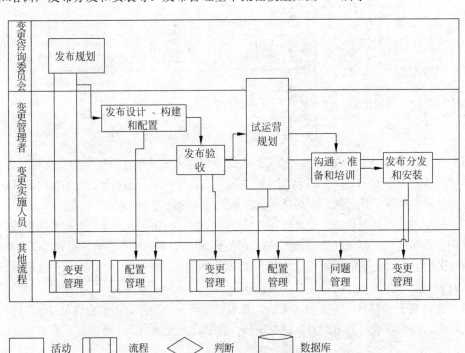

图 2-8　发布管理基本流程模型

1）发布规划

发布规划包括协调发布内容，就发布日程安排、地点和相关部门进行协商，制定发布日程安排、沟通计划，现场考察以确定正在使用的硬件和软件，就角色和职责进行协商，获取详细的报价单，并与供应商就新硬件、软件和安装服务进行谈判协商，制定撤销计划，发布制定质量计划，由管理部门和用户共同对发布验收进行规划。

2）发布设计、构建和配置

（1）设计。根据发布策略和规划，为发布进行相应的设计活动。这些活动具体包括明确发布类型，定义发布频率和定义发布方式。

（2）构建。一个发布单元可能会由多个发布组件构成，这些组件中有些可能是自主研发的，有些可能是外购的，发布团队应当整合所有发布组件，并对相关的程序进行规划和文档记录，并尽可能重复使用标准化流程。同时发布团队也需要获取发布所需的所有配置项和组件的详细信息，并对其进行必要的测试，确保构建的发布包中不包含具有潜在风险的项目。

（3）配置。需要发布的所有软件、参数、测试数据、运行中的软件和其他软件，都应处在配置管理的控制之下。在软件被构建应用之前，需要对其执行质量控制审核。有关构建结果的完整记录也要求记录到配置管理数据库（Configuration Management Database，CMDB）中，以确保在必要时按照该配置记录重复构建。

3）发布验收

用户代表应对发布进行功能测试并由 IT 管理人员进行操作测试。在测试过程中，IT 管理人员需要考虑技术操作、功能、运营、绩效，以及与基础设施其他部分集成等方面的问题。测试还应该涉及安装手册、撤销计划。在试运营开始之前，变更管理应安排由用户进行的正式验收及由开发人员签发的开发结束标记。发布应当在一个受控测试环境中验收，并确保该项发布可以被恢复至一个可知的配置状态。这种针对该项发布的基线状态应该在发布规划时明确，并应记录在配置管理数据库中。

4）试运营规划

试运营规划包括制定日常安排，以及有关任务和所需人力资源的清单，制定有关安装配置项、停止配置项，以及退出使用的具体方式的清单，综合考虑可行的发布时间及所在时区，为每个实施地点制定活动计划，邮寄发布备忘录及与有关方面进行沟通，制定硬件和软件的采购计划，购买、安全存储、识别和记录所有配置管理数据库中即将发布的新配置项。

5）沟通、准备和培训

通过联合培训、合作和联合参与发布验收等方式，确保负责与客户沟通的人员、运营人员和客户组织的代表都清楚发布计划的内容及该计划的影响。如果发布是分阶段进行的，则应该向用户告知计划的详细内容。

6）发布分发和安装

发布管理监控软件和硬件的采购、存储、运输、交付和移交的整个物流流程。硬件和软件存储设施应该确保安全，并且只有经过授权的人员才可以进入。为减少分发所需的时间，提高发布质量，推荐使用自动工具来进行软件分发和安装。在安装后，配置管理数据库中的相关信息应立即进行更新。

7. 知识管理

知识管理贯穿于整个服务管理生命周期。广义的知识管理涉及知识管理策略，知识的获取、存储、共享和创新等多个环节。本书仅规定与运维知识识别、分类、提交、过滤、审核、发布、维护等相关的流程细节。知识管理的目标是确保在整个服务管理生命周期中都能获得安全可靠的信息和数据，从而提高组织运维管理决策水平。

知识管理的流程包括知识识别和分类、初始化知识库、知识提交和入库、知识过滤和审核、知识发布和分享、知识维护和评估等。知识管理基本流程模型如图 2-9 所示。

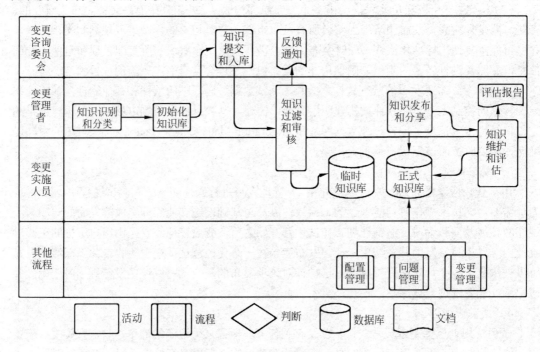

图 2-9　知识管理基本流程模型

（1）知识识别和分类。对于组织而言，知识的数量非常多且来源范围非常广。为准确地获取到对自身有价值的知识，组织必须事先对知识进行定义，以便清楚地识别哪些及哪类知识才是自己最需要的，同时也为知识分类做好准备。组织应当对知识来源进行归类，知识的来源包括内部来源和外部来源。知识所覆盖的范围非常广泛，为有效地管理知识，提高知识的使用效率，组织还应当对知识进行必要的分级和分类，以此建立知识目录。分级和分类的依据有很多，例如，按 IT 基础设施类别可将一级目录分为应用系统、业务操作、系统软件、网络通信、硬件设备、信息安全及其他，然后再进一步划分二、三级目录；按知识用途将一级目录分为故障解决类、经验总结类、日常操作类等；按知识的使用权限将一级目录分为公共类、私有类、涉密类等。组织应根据自身情况合理选择和建立知识目录。

（2）初始化知识库。组织应当建立知识库来存储已获取的知识，并制定相应的管理策略，对其进行维护。知识库是指用于知识管理领域的特殊数据库，它能够为知识管理提供电子化收集、存储和检索知识等功能，从而保证知识安全、可靠、长期地得到存储，同时也为组织成员分享知识提供帮助。

（3）知识提交和入库。知识提交人员可以来自组织中的任何部门。组织应当采取积极的政策和措施鼓励、帮助员工贡献出自己的知识，例如，提供 Web 录入、E-mail、电话通信、座谈会议及手工文档等方式。此外，组织还应制定统一的知识提交模板，以方便提交人员准确提交知识。知识库通常分为临时知识库和正式知识库。知识提交人员在提交知识时应对所提交的知识按照组织的知识目录结构进行初步的归类。所有提交的知识都应存入临时知识库，待知识审核人员进行审批。

（4）知识过滤和审核。知识管理者对临时知识库中的知识记录进行初步筛选和过滤，去除明显错误和完全无实用性的知识，之前已重复提交、已接受的或已拒绝的，以及仍处于评审状态的知识、不完善的知识。对于过滤的知识记录，知识管理者应当反馈相应的意见和理由给知识提交人员。之后知识管理者负责将临时知识库中的知识分配给相应的知识审核人员进行审批。知识审核人员应当综合考虑知识的正确性、准确性及实用性等因素，对知识进行严格的评审。对于通过审核的知识需进行进一步分类和权限设置等，最后待管理者发布；对于未通过审核的知识，应当给出相应意见和理由，而后由知识管理者负责将其反馈给知识提交人员。

（5）知识发布和分享。知识管理者将通过审核的知识转移至正式知识库并将其发布。发布后的知识可供组织内相应的人员分享。组织成员分享知识的方式有很多，通常可以借助科技手段（如网络检索、视频或语音通信、数字期刊和文档及多媒体会议等）来提高知识分享的效率。

（6）知识维护和评估。知识管理者负责对知识库进行日常维护，并定期对每条知识记录进行详细评定，具体方法包括收集来自用户对知识记录使用的反馈意见，调查和统计知识记录的利用率和解决问题的成功率，定期召开知识评估会议，召集组织内的知识审核人员及聘请各领域知识专家对知识库中的知识记录进行评估。组织应为知识制定合理而有效的评估标准（如优、良、合格、不合格等），以此对知识记录进行考核，并对不同考核结果的知识记录进行相应的处理，例如，对判定为优的知识的提供者进行奖励；对需要改进的知识进行修订；对未达到标准的知识进行删除等。

2.1.3 信息系统运维管理制度

组织启用新的信息系统后，便进入长期的使用、运行和维护期。为保证系统运行期正常工作，就必须明确制定信息系统运维的各项规章制度，建立和健全信息系统管理体制，保证系统的工作环境和系统的安全，只有这样才能保证信息系统为各层管理服务，充分发挥信息资源的作用。

信息系统运维管理制度主要包括网络管理、系统和应用管理、安全管理、存储备份管理、故障管理、技术支持工具管理、人员管理及质量考核等制度。各类制度具体内容因需而定，如网络管理制度需覆盖网络的接入管理、用户管理、配置管理及网络日常运行管理和应急处理等。安全管理制度需覆盖包括机房设施、网络、主机、数据库、中间件、应用软件、数据信息的安全管理、其他机密资源和人员的安全管理以及安全事件的应急处理等。

（1）网络管理制度：包括网络的准入管理制度、用户管理制度、网络的配置管理制度、网络的运行/监控管理制度等。

（2）系统和应用管理制度：包括对主机、数据库、中间件、应用系统的配置管理制度、运行/监控管理制度、数据管理制度等。

（3）安全管理制度：包括网络、主机、数据库、中间件、应用软件、数据的安全管理制度及安全事故应急处理制度等。

（4）存储备份管理制度：包括备份数据的管理制度和备份设备的管理制度等。

（5）故障管理制度：包括对故障处理过程的管理制度、故障处理流程的变更管理制度、故障信息利用的管理制度及重大故障的应急管理制度等。

（6）技术支持工具管理制度：包括对日常运行维护平台、响应中心、运维流程管理平台、运行维护知识库、运维辅助分析系统等的使用、维护的有关制度等。

（7）人员管理制度：包括对运行维护人员的能级管理制度、奖惩制度、考核制度、系统外部人力资源使用的管理制度等。

（8）质量考核制度：制定相关制度，对以上各类制度的执行情况进行考核。

随着组织信息化应用内容的不断发展，一些旧的运行管理制度势必不能适应新发展的要求，必须进行不断改进，制定相适应的新的管理制度，逐步完善管理机制。

2.1.4 信息系统运维管理系统与专用工具

对于用户而言，IT 资源相对分散，如何将分散的资源进行集中化管理，是运维管理的核心问题，当前技术界和各硬件厂商都有许多优秀的运维专用工具，这些工具往往在一个方面有所专长，运维管理系统能将运维流程与工具集成在一起，属于一体化的运维解决方案，使得企业整体运维能力不断提升。

运维管理系统能够将所有设施运维要素进行统一的管控，通过系统掌控全局，对信息系统资源进行智能、关联的综合管理，避免分离式管理所带来的孤立现象。一般应包括资产管理、流程管理、监控管理、外包管理、安全管理、综合管理等。

信息系统运维专用工具一般用于辅助运维人员进行某一项或者几项具体的运维业务，如辅助进行系统的部署、配置、监控或者分析，这些工具能够在具体的运维业务过程中大大提高工作效率。

信息系统运维管理系统与工具能够及时发现故障隐患，主动告知用户需要关注的资源，以防患于未然。通过运维管理系统和工具的诊断，能最大限度地减少维修时间，提高服务质量。

2.2 信息系统运维的组织

2.2.1 信息系统运维的任务

1. 信息系统的日常运行管理

1）数据资源管理

数据资源是信息系统中最为重要的资源，没有数据的信息系统是没有丝毫意义和作用的。

因此，对数据资源的管理是一项非常重要的运行管理工作。例如，在库存管理工作中，进货出货的业务处理，每天的业务都应该及时、准确地收集起来并且录入计算机。数据资源管理的内容主要包括：数据采集、数据校验、数据录入、数据处理 4 项工作。

（1）数据收集。数据收集工作常常是由分散在各业务部门的业务管理人员进行的，因此，数据收集是一项复杂的工作，其组织工作往往比较难以进行，需要组织专人进行基本数据的收集、管理、分析。应该根据实际情况对收集到的资料进行初步加工，可以精选与浓缩，可以归纳与整理等。

如果这一工作没有做好，那么整个信息系统的工作就会建立在"沙滩"上。信息系统中数据的不全面、不准确往往造成系统数据分析的无效性和决策支持的失败。系统主管人员应该努力通过各种方法，提高这些人员的技术水平和工作责任感，对他们的工作进行评价、指导和帮助，以便提高所收集数据的质量，为系统有效地工作打下坚实的基础。

（2）数据校验。数据校验的工作，在较小的系统中，往往由系统主管人员自己来完成。在较大的系统中，一般需要设立专职人员来完成这一任务，国外称其为数据控制人员。

需要指出的是，对于担负数据校验工作的人员，对其业务要求是比较高的。因为，对于信息系统来说，最重要的资源是数据，一切硬件、软件及其他资源，都是为了保证数据的及时、完整及准确，整个系统的效率或对外的形象都依赖于它所保存的数据。无论多么先进的硬件设备，无论多么完善的加工功能，如果没有及时、完整、准确的数据，都不能发挥实际的效益。许多信息系统，正是在这一点上重视不够，形成了"进去的是垃圾，出来的还是垃圾"的局面，这种情况不但使系统无法实际使用，而且使用户对系统丧失信心，给计算机应用的推广造成了很不好的影响。

保证数据的及时、准确和完整，并不只是计算机技术本身的问题，而是与具体业务紧密联系的。在数据由手工处理方式转变到计算机处理的过程中，要把好关是不容易的。一方面，校验者必须对系统所处理的业务有足够的了解，许多数据的正确或错误是不能只从数据本身字面上来判断的，往往需要对数据的逻辑含义的理解，甚至需要相当的实际经验。对于系统所处理的业务一无所知是不可能做好校验工作的。另一方面，从事校验工作的人，又必须对计算机系统对数据的要求（包括格式、范围、平衡关系等）有确切的了解。一般地说，对于计算机处理的要求、长处、弱点，要有比较清楚的认识。因此，无论是由系统主管人员自己担负这一工作，还是由专职人员来校验，都必须给予足够的重视。当然，可以通过提高数据收集人员的业务水平，来减轻数据校验工作的负担。然而，单靠这方面工作是不行的。如前所述，数据收集人员一般来说是由业务人员来担任，并且在行政上也不属于信息处理的专职部门。因此，数据校验这种"数据把关"的工作是不可缺少的。

（3）数据录入。数据录入工作相对比较简单，其要求是迅速与准确。录入人员的责任在于把经过校验的数据送入计算机，他们应严格地把收到的数据及时准确地录入计算机系统，一般来说，录入的数据记载在某种磁性介质，如磁盘、磁带上。他们并不对数据在逻辑上、具体业务中的含义进行考虑与承担责任，这一责任是由校验人员承担的，录入人员只需要保证送入计算机的数据与纸面上的数据严格一致，这是由录入人员和校验人员的职责决定的。因此，不能由录入人员代替校验人员。

当然，这两项工作也不是截然分开的。某些校验工作是在录入之前完成的。例如，某些显而易见的超出合理范围的数据，无疑应在录入之前排除，而某些需要大量计算的平衡检验，则可以在录入数据之后用事先准备好的程序来检验。另外，还需要用事先准备好的程序来检验录入工作的质量。在许多系统中，为了保证重要数据的安全，常常在录入或更新数据时，先把新录入的数据库存放在临时的工作文件之中，而不让录入人员直接接触重要数据文件本身。待经过检验确实无误之后，再由系统管理人员或负责数据检验的人员，运行专门的程序，存入数据或进行更新。

总之，必须由系统主管人员本身或比较熟悉系统的专职人员把关，以确保数据的安全。这方面的工作，局外人并不直接了解，然而，却是整个系统有效地工作的基础。它看起来很琐碎，很单调，然而却非常重要。试想，一个库存管理系统，如果不能及时、准确地把每天的业务录入计算机，它以后的各项工作（报表生成、随机查询、数据分析等）还有什么实际意义呢？

（4）数据处理。在保证基本数据的完整、及时和准确的前提下，系统应完成例行的数据处理及信息服务工作。常见的工作包括：例行的数据更新、统计分析、报表生成、数据的复制及保存、与外界的定期数据交流等。这些工作，一般来说都是按照一定的规程，定期或不定期地运行研制中已经详细规定好了的，操作人员也应经过严格的培训，清楚地了解各项操作规则，了解各种情况的处理方法。这些工作是在系统已有的各种资源的基础上，直接向领导、管理人员及其他使用者提供信息服务，当然，这里只包括例行的服务。组织系统操作人员，完成这些例行的数据处理和信息服务工作，是系统主管人员又一项经常性任务。

2）软件资源管理

所谓信息系统的软件资源，是指信息系统所涉及的包括系统软件（如操作系统、数据库系统等）、通用软件（如文字处理软件、电子表格处理软件等）和专用软件（如信息系统的业务处理软件和管理软件、计算机病毒防治软件、系统工具软件等）在内的各类软件的总和。这些软件是整个信息系统正常运行和工作的重要工具，系统操作人员通过运行这些软件完成相应的业务操作，执行各种功能处理，提供各类信息服务。因此，必须对软件资源进行科学地管理，以保证软件系统始终处于正常工作的状态之下。

对于大型信息系统，由于涉及的软件种类可能非常多，因此可以配置专门的部门和人员进行软件资源的管理工作。对于小型信息系统，可以不必安排专职人员来完成这些工作，但也要指定能够切实负责的人员来兼管这些事情。

软件资源管理的内容主要包括，对软件的采购、软件的保存、相关文档资料的保管、软件的分发与安装配置、软件运行的技术支持、软件的评价与性能检测、软件使用的培训等。

对于使用商品化软件的单位，软件的维护工作是由销售厂家负责，使用者负责操作维护，组织中可以不配备专职的软件管理员，而由指定的系统操作员兼任。

对于自行开发的软件，组织中一般应该配备专职的系统维护员，系统维护员负责系统的硬件设备和软件的维护工作，及时排除故障，确保系统的正常运行，负责日常的各类代码、标准摘要、数据及源程序的纠错性维护、适应性维护工作，有时还负责系统的完善性维护。

3）硬件资源管理

所谓信息系统的硬件资源，是指信息系统所涉及的包括计算机主机、外围设备、网络通信设备、基础网络设施、备品配件及各种消耗性材料在内的所有有形物质的总和。为了完成诸如前面所述的数据录入、数据处理及例行信息服务工作，要求各种硬件设备始终处于正常运行的状态之下，为此，需要配备一定的硬件工作人员和管理人员，负责对所有硬件设备的运行、管理与维护工作。

对于大型计算机，这一工作需要有较多的专职人员来完成，对于微型机，则不要求那么多的人员及专门设备，这是微机的一个重要优点。然而，这并不是说，微机不需要进行硬件运行及维护工作，相反，如果没有人对硬件设备的运行维护负责，设备就很容易损坏，从而使整个系统的正常运行失去物质基础，这种情况已经在许多单位多次发生。

这里所说的运行、管理和维护工作包括计算机硬件设备以及网络通信设备的使用管理，定期设备检修，备品配件的采购、配发及使用，各种消耗性材料（如软盘、打印纸等）的使用及管理，电源系统及工作环境的管理等。对于微型机系统来说，虽然不一定要许多专职人员来完成这些工作，至少也要指定能够切实负责的人员来兼管这些事情，无人负责是不行的。

硬件维护的目的是尽量减少硬件的故障率，当故障发生时能在尽可能短的时间内恢复工作。为此，在配置硬件时，要选购高质量的硬件设备，配备技术过硬的维护人员，同时还要建立完善的管理制度。

系统硬件维护是硬件资源管理的主要任务之一，其主要内容如下。

（1）实施对系统硬件设备的日常检查和维护，作好检查记录，以保证系统的正常运行。

（2）在系统发生故障时，及时进行故障分析，排除故障，恢复系统运行；硬件维护工作中，小故障一般由本单位的硬件维护人员负责，较大的故障应及时与硬件供应商联系解决。

（3）在设备更新、扩充、修复后，由系统管理员与硬件维护员共同研究决定，并由系统硬件维护人员负责安装和调试，直至系统运行正常。

（4）在系统环境发生变化时，随时做好适应性的维护工作。

在硬件维护工作中，较大的维护工作一般是由销售厂家进行的，使用单位一般只进行一些小的维护工作，硬件维护员有时可以由网络管理员兼任。

4）系统安全管理

系统安全管理是指为了防止系统外部对信息系统资源不合法的使用和访问，保证信息系统的硬件、软件和数据不被破坏、泄露、修改或复制，维护正当的信息活动，保证信息系统安全运行所采取的措施。信息系统的安全性体现在可用性、完整性、保密性、可控制性、可靠性五个方面。信息系统安全管理也是系统运行过程中的一项非常重要的日常工作。

5）信息服务需求管理

除了前面所述的几项任务是在日常运行中必须认真组织，切实完成的例行工作以外，各类人员常常还会有一些临时的信息服务的需求向当前所运行的信息系统提出。例如，临时查询某些数据，生成某些一次性的报表，进行某些统计分析，进行某种预测或方案测算等等。这些信息服务需求并不在系统的日常工作范围之内，然而，其作用往往要比例行的信息服务大得多。

随着管理水平的提高和各级领导信息意识的增强，这类信息需求还会越来越多。领导和管理人员经常更多地通过这些要求的满足程度来评价和看待信息系统。因此，努力满足这些要求，应该成为信息系统运行管理人员特别注意的问题之一，即承担起对信息服务需求的管理工作。

信息服务需求管理工作的复杂程度与具体的信息需求密切相关。一般来说，基于系统中已有的数据而提出的信息需求比较容易满足，而需要增加新的数据的信息服务就实现比较困难；查询系统中现成的数据比较容易，而需要对数据进行加工综合的问题就比较难以解决；加工方法已经存在，只是次序或参数有所变化的比较容易满足，而需要增加新的数据加工方法的需求就很难满足。因此，系统运行管理人员，必须对自己所掌控的数据及其加工方法有着确切的了解，才能准确地判断哪些信息服务需求能够满足，哪些实现起来比较困难，哪些问题暂时还不能够处理，并且要估计出满足这些需求所需要的工作量（包括新程序模块的编制、数据的录入、程序的运行等）。从长远来说，系统运行管理人员还应该注意积累这些临时信息服务需求的情况，找出规律，把一些带有普遍性的要求加以提炼，形成一般性的信息要求，通过系统维护进行功能扩充，从而转化为例行服务。这是信息系统改进的一个重要方面。

这项工作需要系统管理人员和程序员共同完成。系统管理人员的责任在于全面地考察系统的运行情况，确定修改或扩充的目标、方向和要求，组织程序员对某一模块进行必要的修改或模块扩充、系统管理人员负责保证整个系统的结构完整合理，程序员负责正确地实施修改或扩充某个模块。

上述日常运行任务必须认真组织，切实完成。作为信息系统的主管人员，必须全面考虑这些问题。组织有关人员按规定的程序实施，并进行严格要求，严格管理。否则，信息系统很难发挥其应有的实际效益。另外，常常会有一些例行工作之外的临时性信息服务要求向计算机应用系统提出，这些信息服务不在系统的日常工作范围之内，然而，其作用往往要比例行的信息服务大得多。随着管理水平的提高和组织信息意识的加强，这种要求还会越来越多。领导和管理人员往往更多地通过这些要求的满足程度来评价和看待计算机应用系统。因此，努力满足这些要求，应该成为计算机应用系统主管人员特别注意的问题之一。系统的主管人员应该积累这些临时要求的情况，找出规律，把一些带有普遍性的要求加以提炼，形成一般的要求，对系统进行扩充，从而转化为例行服务。这是信息系统改善的一个重要方面。当然，这方面的工作不可能由系统主管人员自己全部承担，因此，信息系统往往需要一些熟练精干的程序员。

总之，信息系统的日常管理工作是十分繁重的，不能掉以轻心。特别要注意的是，信息系统的管理绝不只是对机器的管理，对机器的管理只是整个管理工作的一部分，更重要的是对人员、数据、软件及安全的运行维护管理。

2. 信息系统运行日志记录

在完成上述各项日常管理工作的同时，应该对系统的工作情况进行详细的记录。这个问题常常容易被忽视，因此，在这里作进一步的强调和说明。

系统的运行情况如何对系统管理、评价是十分重要且非常宝贵的资料。人们对于信息系统的专门研究，还只是刚刚开始，许多问题都处于探讨之中。即使从某一单位某一部门来说，也需要从实践中摸索和总结经验，把信息处理工作的水平进一步提高。而不少单位却缺乏系统运行情况的基本数据，只停留在一般的印象上，无法对系统运行情况进行科学的分析和合理的判断，难以进一步提高信息系统的工作水平，这是十分可惜的。信息系统的主管人员应该从系统运行的一开始就注意积累系统运行情况的详细材料。

在信息系统的运行过程中，需要收集和积累的资料包括以下几个方面。

（1）有关工作数量的信息。例如：开机的时间，每天、每周、每月提供的报表的数量，每天、每周、每月录入数据的数量，系统中积累的数据量，修改程序的数量，数据使用的频率，满足用户临时要求的数量等等。这些数据反映了系统的工作负担及所提供的信息服务的规模。这是反映计算机应用系统功能的最基本的数据。

（2）工作的效率。工作效率是指系统为了完成所规定的工作，占用了多少人力、物力及时间。例如，完成一次年度报表的编制，用了多长时间、多少人力。又如，使用者提出一个临时的查询要求，系统花费了多长时间才给出所要的数据。此外，系统在日常运行中，例行的操作所花费的人力是多少，消耗性材料的使用情况如何等。随着经济体制的改革，各级领导越来越多地注意经营管理。任何新技术的采用，如果不注意经济效益是不可能得到广泛应用的。

（3）系统所提供的信息服务的质量。信息服务和其他服务一样，不能只看数量，不看质量。如果一个信息系统生成的报表，并不是管理工作所需要的，管理人员使用起来并不方便，那么这样的报表生成得再多再快也是没有意义的。同样，使用者对于提供的方式是否满意，所提供信息的精确程度是否符合要求，信息提供得是否及时，临时提出的信息需求能否得到满足等等，也都属于信息服务的质量范围之内。

（4）系统的维护修改情况。系统中的数据、软件和硬件都有一定的更新、维护和检修的工作规程。这些工作都要有详细的及时的记载，包括维护工作的内容、情况、时间、执行人员等。这不仅是为了保证系统的安全和正常运行，而且有利于系统的评价及进一步扩充。

（5）系统的故障情况。无论故障大小，都应该及时地记录以下这些情况，包括：故障的发生时间、故障的现象、故障发生时的工作环境、处理的方法、处理的结果、处理人员、善后措施、原因分析。要注意的是，这里所说的故障不只是指计算机本身的故障，而是对整个信息系统来说的。例如，由于数据收集不及时，使年度报表的生成未能按期完成，这是整个信息系统的故障，但并不是计算机的故障。同样，收集来的原始数据有错，这也不是计算机的故障，然而这些错误的类型、数量等统计数据是非常有用的资料，其中包含了许多有益的信息，对于整个系统的扩充与发展具有重要的意义。

在以上所提到的五个方面中，那些在正常情况下的运行数据是比较容易被忽视的。因为发生故障时，人们往往比较重视对有关的情况加以及时的记载，而在系统正常运行时，则不那么注意。事实上，要全面地掌握系统的情况，必须十分重视正常运行时的情况记录。例如，打印机发生了故障，就需要考察它是在累计工作了多长时间之后发生的故障。如果这时没有平时的工作记录，就无从了解这一情况。在可靠性方面，人们常常需要平均无故障时间这一重要指标，如果没有日常的工作记录，这一指标也就无法计算。

对于信息系统来说，这些信息的记载主要靠人工方式记录。大型计算机一般都有自动记载自身运行情况的功能。不过，即使是大型计算机也需要有人工记录作为补充手段，因为某些情况是无法只用计算机记录的。例如，使用者的满意程度，所生成的报表的使用频率就都只能用人工方式收集和记录。而且，当计算机本身发生故障时，它当然无法详细记录自身的故障情况了。因此，不论在哪种信息系统中，都必须有严格的运行记录制度，并要求有关人员严格遵守，认真执行。

为了使信息记载得完整准确，一方面要强调在事情发生的当时当地、由当事人记录，而决不能代填或倒填（这是许多地方信息收集不准确的原因之一），避免事过境迁，使信息记载失真。另一方面，尽量采用固定的表格或本册进行登记，而不要使用自然语言含糊地表达。这些表格或登记簿的编制应该使填写者容易填写，节省时间。同时，需要填写的内容应该含义明确，用词确切，并且尽量给予定量的描述。对于不易定量化的内容，则可以采取分类、分级的办法，让填写者选择打勾等。总之，要努力通过各种手段，尽量详尽准确地记录系统运行的情况。

对于信息系统来说，各种工作人员都应该担负起记载运行信息的责任。硬件操作人员应该记录硬件的运行及维护情况，软件操作人员应该记录各种程序的运行及维护情况，负责数据校验的人员应该记录数据收集的情况，包括各类错误的数量及分类，录入人员应该记录录入的速度、数量、出错率等。要通过严格的制度及经常的教育，使所有工作人员都把记录运行情况作为自己的重要任务。

有些情况不是在信息系统运行过程中记录下来的。例如，生成的表格的使用率，使用者对例行报表的意见等等。对于这些信息应该通过访问或发调查表等方式向使用者征集，这是由信息系统的服务性质所决定的。这种工作可以定期进行，例如，结合季度、半年或一年的工作总结进行，也可以根据系统运行的情况，不定期地进行。不论哪种方式，信息系统的主管人员都必须亲自动手，满足管理者的需求是信息系统的出发点和内容，这是对系统是否已达到目标的检验，是整个系统工作最根本的检验。企业或组织的领导也应该以此作为对信息系统及信息管理部门工作情况进行评价的标准。

3．系统运行情况的检查与评价

信息系统在其运行过程中除了不断进行大量的管理和维护工作外，还要定期对系统的运行状况进行审核和评价。这项工作主要在高层领导的直接领导下，由系统分析员或专门的审计人员会同各类开发人员和业务部门经理共同参与进行。其目的是为了估计系统的技术能力、工作性能和系统的利用率。它不仅对系统当前的性能进行总结与评价，而且为系统的改进和扩展提供依据。系统评价一般从以下几个方面考虑。

（1）系统是否达到预定目标，目标是否需做修改。系统的目标常常随着时间的推移、客观环境和管理需求的变化而变化，通过对系统的评价要检查系统是否能够满足这些要求，同时要检查目标的合理性、有效性。评价可以通过现场观察、面谈、审计运行日志、统计分析等方式进行。如果发现系统目标与实际管理需求不符则要提出修改意见或者提出重新开发新的信息系统的需求。

（2）系统的适应性、安全性评价。系统的适应性包括系统运行是否稳定可靠，系统使用与维护是否方便，运行效率是否能够满足管理人员的管理需求等。随着计算机技术的不断发展和信息系统的广泛应用，系统的安全性和可靠性越来越受到人们的重视，防止信息的被盗、舞弊等利用计算机犯罪事件是任何一个信息系统必须认真考虑的问题，否则将会给整个系统带来重大的损失和混乱，甚至给社会带来极其严重的影响，所以应该对系统信息进行定期的检查和审计。

例如，1987 年美国由于一名政府工作人员的疏忽，使美国银行和金融机构的现金总额出现 3 亿多美元的差错，这个差错在计算机信息系统中运行了三个星期，结果使股票和证券市场遭受 650 亿美元的损失。近年来利用计算机进行受贿、盗窃等犯罪现象在逐年增加，而案件的破获率却很低，给社会、企业或组织带来严重的损失，所以要加强系统安全性、可靠性保护，定期对系统进行检查评价。

（3）系统的经济效益评价。信息系统的价值实际上包括了经济和社会两个方面。社会效益与人们对系统的认识、使用直接相关，例如，使用了信息系统可以提高信息的使用质量、提高数据的准确性、减轻人们的劳动强度、提高信息处理的能力、为领导决策提供有力的信息支持等。这方面的效益不直接与企业或组织的经济效益相关，但对企业或组织的各项管理活动产生重大影响。

经济效益是指通过信息系统开发与运行的投资，使得企业增加收入、降低成本，进而为企业带来更大的效益。例如，在信息系统建设中的资金投入将在系统运行的多长时间内，通过降低成本、增加收入收回这些投资，继续创造效益？在系统运行中必要的资金投入与所带来的收益的比例如何？等等，这些都可以用来衡量信息系统的经济效益，它可以看作是各个应用效益的总和。当总效益大于系统的投入时，这个系统便是一个成功的、有益的系统。如果系统运行了一段时间以后，其投入与产出的比例不合适，投入大于或等于产出，则要考虑是否重新开发新的信息系统。因此要定期进行有关经济效益的评价，对系统未来的发展提出合理的意见和建议。然而，对信息系统所带来的经济效益的评价常常不易量化，且信息系统效益的发挥与人的因素密切相关，需要综合地进行分析、评价，客观地评价信息系统的效益，才能真正地把握系统的命脉，确定系统未来发展的方向。

对系统定期进行各方面的审计与评价，实际上是看系统是否仍处于有效适用状态。如果审计结果是系统基本适用但需要做一些改进，则要做好系统的维护工作，一旦审计结果确认系统已经不能够满足各项管理需求和决策需求，不能适应企业或组织未来的发展，则说明该信息系统已经走完了它的生命周期，必须提出新的开发需求，开始另外一个新系统的生命周期，整个开发过程又回到系统开发的最初阶段。

2.2.2　信息系统运维管理的职责

明确信息系统运维管理的职责是划分信息系统运维管理职能和进行信息系统运维组织设计的前提。信息系统运维管理的职责可以从运维流程和运维对象两种角度分类，不同的分类视角下，信息系统运维管理的职责是不同的，因此信息系统运维管理职能的划分也不尽相同。

按照运维流程，可以从事件管理、事故管理、问题管理、配置管理、变更管理、发布管理和知识管理七个方面，归纳信息系统运维不同人员的职责，如表 2-1 所示。

表 2-1　流程视角下的信息系统运维管理职责

信息系统运维流程	人　员	职　责
事件管理	技术和应用管理人员	负责制定和设计事件监控机制、报警机制、错误信息及性能阈值、测试服务，以确保能够正常产生相关事件和适当的响应，确保控制事件管理等
	IT 运维管理人员	事件监控，事件响应和事故创建
事故管理	事故管理者	监控事故处理流程的效率和效果，管理事故支持小组（一线、二线）的工作，开发并维护事故管理系统，开发并维护事故管理流程和程序，生成管理信息报告，管理重大事故
	一线支持人员	接收客户请求；记录并跟踪事故和客户意见；对事故进行初步分类和优先级处理；负责与用户和客户沟通，及时通知他们其请求的当前进展状况；初步评估客户和用户请求；在需要短期内调整服务级别协议时及时与客户沟通；事故处理完毕与客户进行确认，在对方满意并同意的前提下正式关闭事故
	二线支持人员	验证事故的描述和信息，进一步收集相关信息；进行深入调查、研究和协调厂商支持，提供有效的解决方案；实施事故解决方案；更新事故解决信息，已解决的事故转回服务台
	三线支持人员	必要时提供现场支持和深入调查研究，提供有效的解决方案；提供设备相关信息，参与解决方案的实施
问题管理	问题管理者	定期组织相关人员对事故记录进行分析，发现潜在问题；联络问题解决小组确保在 SLA 目标内迅速解决问题；开发并负责维护已知错误数据库；负责维护已知错误及管理已知错误的检索算法；联络供应商、承包商等第三方合作伙伴，确保其履行合同内的职责，特别是有关问题解决及问题相关信息和数据的提供职责；正式关闭问题记录；负责定期安排和执行重大问题评估的一系列相关活动
	问题解决小组	根据事故处理和日常维护要求创建问题，启动问题管理流程；对问题实施分类和优先级处理；自行调查和诊断问题，制定解决方案；和第三方合作伙伴一同调查和诊断问题，制定解决方案；提交变更请求；给服务台或事故管理提供应急措施或临时性修复方案等方面的建议；回顾问题，整理解决方案并提交知识库

信息系统运维流程	人　员	职　责
配置管理	配置管理者	执行组织的配置管理政策和标准；评估现有的配置管理方案；负责对配置管理流程的范围、功能及流程控制项等达成协议，记录相关信息，并制定配置管理的标准、计划及程序；开展宣传活动，确保新的配置管理程序和方法通过认证及授权，并在流程执行前负责与员工进行交流；招聘和培训内部职责；管理和评估配置管理工具，确保其满足组织的预算、资源及需求等；管理配置管理方案、原则、程序；为配置项制定统一的命名规范、唯一的标识符，确保员工遵守包括目标类型、环境、流程、生命周期、文档、版本、格式、基线、发布及模板等在内的相关标准；负责管理与变更管理、问题管理、发布管理等流程，以及与财务、物流、行政等部门的接口；负责提交报告，包括管理报告、影响度分析报告及资产状态报告
	配置管理实施人员	所有配置项的接收、识别、存储及回收等工作；提供配置项状态信息；记录、存储和分配配置管理问题；协助配置管理制定管理计划；为配置管理数据库创建识别方案；维护配置项的当前状态信息；负责接收新的或修正过的配置信息，并将其记录到合适的库中；管理配置控制流程；生成配置状态记录报告；协助执行配置审核
变更管理	变更管理者	与变更请求发起人联络，接收和登记变更请求，拒绝任何不切实际的变更请求；组织评估变更，为其分配优先级；组织召开变更咨询委员会会议；决定会议的组成，根据变更请求的不同确定与会人员和人员职责；为紧急变更召开变更咨询委员会会议或紧急变更咨询委员会会议；就任变更咨询委员会和紧急变更咨询委员会主席职务；分发变更进度计划表；负责与所有的主要合作伙伴联络和沟通，协调变更构建、测试和实施，确保其与进度计划表一致；负责更新变更日志；评估所有已实施的变更，确保它们满足目标；回顾所有失败或回滚的变更；分析变更记录以确定任何可能发生的趋势或明显的问题；正式关闭变更请求；生成正规的、准确的管理报告
发布管理	发布管理者	更新知识库；协调构建和测试环境团队与发布团队的工作；确保团队遵循组织制定的政策和程序；提供有关发布进展的管理报告；服务发布及部署政策和计划；负责相关通信、准备工作及培训工作；在执行发布包变更前后负责审核硬件和软件

续表

信息系统运维流程	人　员	职　责
发布管理	发布团队	负责发布包设计、构建和配置负责发布包的验收；负责服务试运营方案；安装新的或更新的硬件；负责发布包测试；建立最终发布配置（如知识、信息、硬件、软件及基础设施）；构建最终发布交付；独立测试之前，测试最终交付；记录已知错误和制定临时方案；负责库存；负责与用户代表、运营人员进行沟通和培训，确保他们清楚发布计划的内容及该计划对日常生活的影响；负责发布、分配及安装软件
知识管理	知识提交人员	负责提交知识；对所提交的知识进行初步归类
知识管理	知识管理者	识别组织所需的知识，并建立知识目录对其分类；负责维护临时和正式知识库；负责过滤临时知识库中的知识记录；负责将临时知识库中的知识分配给知识审核人员进行审核；负责将审核通过的知识转移至正式知识库；负责将未通过审核的知识及来自审核人员的相关意见和理由反馈给知识提交人员；负责发布正式知识库中的知识；负责对知识进行评定和考核，并对知识记录进行相应处理
知识管理	知识审核人员	审核知识管理者分配的知识；对审核不通过的知识，应提出相应的意见和理由；负责定期参加知识评估会议，对知识库中的知识进行评估

　　按照运维对象，可以从系统管理、数据、软硬件等方面，归纳信息系统运维期间人员的职责，如表 2-2 所示。

表 2-2　对象视角下信息系统运维管理的职责

对　　象	人　员	职　责
系统管理	系统主管人员	组织各方面人员协调一致地完成系统所担负的信息处理任务，把握系统的全局，保证系统结构的完整，确定系统改善或扩充的方向，并按此方向对信息系统进行修改及扩充
数据	数据收集人员	及时、准确、完整地收集各类数据，并按照要求把它们送到专职工作人员手中。是否准确、完整、及时，则是评价数据收集人员工作的主要指标
数据	数据校验人员	保证送到录入人员手中的数据从逻辑上讲是正确的，即保证进入信息系统的数据能正确地反映客观事实
数据	数据录入人员	把数据准确地送入计算机。录入的速度及差错率是数据录入人员工作的主要衡量标准
软硬件	硬件和软件操作人员	按照系统规定的工作规程进行日常的运行管理
软硬件	程序员	在系统主管人员的组织之下，完成软件的修改和扩充，为满足使用者的临时要求编写所需要的程序

2.2.3　信息系统运维人员的管理

1．运维人员管理的内容

运维人员管理的内容包含三个方面，具体如下。

（1）明确各业务人员的任务及职权范围，尽可能确切地规定各类人员在各项业务活动中应负的责任、应做的事情、办事的方式及工作的次序。简单地说，要有明确的授权。

（2）对于每个岗位的工作要有定期的检查及评价，为此，对信息系统运维的每项工作都要有一定的评价指标。这些指标应该尽可能有定量的尺度，以便检查与比较。此外，这些指标应该有一定的客观衡量办法，并且要真正按这些标准去衡量各类工作人员的工作绩效。

（3）要在工作中对工作人员进行培训，以便使他们的工作能力不断提高，工作质量不断改善，从而提高整个系统的效率。

2．运维人员管理的重要性

由于信息系统运维所体现的运用先进信息技术为管理工作服务的特点，其工作中必然要涉及多方面、具有不同知识水平及技术背景的人员。这些人员在系统中各负其责、互相配合，共同实现系统的功能。因此，这些人员能否发挥各自的作用，他们之间是否互相配合、协调一致，是系统运行成败的关键之一。系统主管人员的责任就在于对他们进行科学的组织与管理。如果系统主管人员不善于进行这样的组织及管理工作，就谈不上实现组织信息管理的现代化和科学化。在这种情况下，整个系统的运行就会出现混乱。人员管理的好坏是信息系统发挥作用的关键，没有好的人员管理与有效的分工协作，这种人-机系统的整体优化将是一句空话。因此，在信息系统的管理工作中，首先是人的管理，其次才是设备、软件、数据的管理。

3．人员的责任及其绩效评价原则

信息系统中应该配置的各类人员的主要职责任务与绩效评价原则主要包括以下内容。

（1）系统主管人员的责任是：组织各方面人员协调一致地完成系统所担负的信息处理任务、掌握系统的全局，保证系统结构的完整，确定系统改善或扩充的方向，并按此方向组织系统的修改及扩充工作。其工作的评价标准应是整个应用系统在管理中发挥的作用及其效益。

（2）数据收集人员的责任是：及时准确完整地收集各类数据，并通过所要求的途径把它们送到专职工作人员手中。数据是否准确、完整、及时，则是评价他们工作的主要指标。

（3）数据校验人员（或称为数据控制人员）的责任是保证送到录入人员手中的数据从逻辑上讲是正确的，即保证进入信息系统的数据正确地反映客观事实。在系统内部发现的不正确数据的数目及比例，是衡量校验人员业务水平的主要指标。

（4）数据录入人员的任务是：把数据准确地送入计算机。录入的速度及差错率是他们工作的主要衡量标准。

（5）硬件和软件操作人员的任务是：按照系统规定的工作规程进行日常的运行管理。系统是否安全正常地运行是对他们工作的最主要的衡量指标。

（6）程序员的任务是：在系统主管人员的组织之下，完成系统的修改和扩充，为满足使用者的临时要求编写所需要的程序。编写程序的速度和质量是他们工作情况的衡量标准。

4．运维人员管理的意识

（1）服务意识：是指信息系统的运维人员在工作过程中所体现的热情、周到地为系统各类用户尽心尽力服务的愿望和意识，它可以通过培养、教育、训练而形成。只有增强和建立了服务意识，做好信息系统的运维和服务才有思想基础及保证。

（2）学习意识：对知识的渴望也是信息系统运维人员必备的素质之一。信息技术发展很快且竞争激烈，作为信息系统的运维人员，需要不断学习，扩充自己的知识宽度和深度，提高信息系统运维的技术水平和服务质量。如果不能随着信息技术的发展而同步提高，势必会在激烈的竞争中被淘汰。作为组织，应为员工提供各种培训及学习的机会，提升员工的工作技能；作为个人，应根据岗位所需和自己的具体情况，积极参加相关知识培训，并培养自学意识，不断拓宽自己的知识面，提高个人的专业水平和运维能力。

（3）创新意识：目前，国内在信息系统运维方面的经验还不是很丰富，而且国外的许多经验也不一定适合中国的国情，因此更需在运维方式和方法等方面进行创新，并在创新过程中不断完善运维和服务。其中从事运维的高端人才还应当积极在信息技术创新方面勇于探索，以免受制于人。

（4）专业意识：这是指我们在职业生涯中不断提升自身专业水平的意识。信息系统涵盖的专业范围很广，而当前的信息系统运维人员的专业背景绝大部分为信息技术。要想理解专业用户的需求，更好地为其提供对口的技术支持，就需要运维人员不断学习，了解相关专业的基础知识和最新进展，这样才可能从用户的角度出发，更好地为用户服务。

（5）主动意识：这是指运维人员自觉主动做好信息系统运维的观念和愿望。主要包括主动宣传、主动完善、主动预防、主动服务等几个方面。

（6）安全意识：信息系统管理的是组织重要的数据和信息资产，因此安全永远是第一位的，只有在保证安全的前提下，才谈得上应用和共享。要树立足够的安全意识，从管理、技术两大方面加强系统的安全。在管理方面要制定相应的规章制度，规范所有岗位人员的行为，获取应对突发事故的能力和经验，定期修改软件密码，做好日常备份。在技术方面应加强信息系统的防御（黑客、病毒等）、灾难备份等技术的研究和应用，在数据库管理软件、系统软件、应用软件中应具有根据不同的用户赋予不同权限的功能。

（7）团队意识：信息系统的运维涉及许多种硬件、软件，需要各岗位人员（包括管理、技术两大方面的人员）不仅要做好本职工作，更应加强团队协作意识。如果信息系统的管理部门没有建立一支高效、团结的运维队伍，运维人员缺乏团结协作意识，就很难保证系统的良好运行。

5．运维人员的学习培训

基于计算机的信息系统一般都采用了比较先进的技术和新型的管理模式，几乎所有的相关人员都需要通过边使用边学习的方式才能做好所担负的工作，因此，在信息系统的运行管理中，对人员的培训工作，是不可缺少的。从长远来看，这种工作将使系统具有不断发展不断完善的巨大潜力。无论对管理人员还是对计算机技术人员来说，都必须把学习、培训和提高专业素质及业务能力作为自己工作的不可缺少的部分。

信息系统的主管人员，应该鼓励并组织各类人员进行知识更新和技术学习。给予时间、创造条件使他们能够在完成日常工作的同时，在业务知识和工作能力上不断有所进步。

各类相关人员的知识更新或业务学习，无疑应该围绕工作的需要来进行。例如，了解所在系统的总目标、特点、业务处理方式、业务处理需要等情况，这对于信息系统工作人员尤为重要。在银行工作的计算机技术人员应该逐步了解银行的业务工作，在工厂工作的信息系统工作人员则应该逐步了解所在工厂的生产及管理情况。另一方面，对于从管理部门来的工作人员，则应该逐步了解信息系统的基本构造、原理及使用方法。此外，对于各类人员都需要在工作中进行基本思想方法及工作方法的训练及培养。这包括：信息和信息系统的基本观点，信息系统为管理工作服务的基本观点，系统地全面地考察问题的思想方法，重视人在信息系统中的作用的基本观点等。同时，还应该养成严格遵守操作规程及工作步骤的工作习惯。

总之，在信息系统中，对各类人员的管理及培养，是一个不可忽视的重要问题。

2.2.4　信息系统运行管理制度的建立与实施

新系统代替旧系统启用以后，便进入长期的使用、运行和维护期。为保证信息系统运行期间的正常工作，就必须保证系统的工作环境、保证系统的安全，为此必须要建立和健全信息系统管理体制，有效地利用运行日志等手段对运行的信息系统施行监督、管理和控制，这也是系统正常运行的重要保证。传统的手工管理方式一般都相应地配有一整套管理规则，明确规定了各类人员的职权范围和责任，一旦出现问题也有相应的一套规则进行处理，用计算机实现的各项管理活动也同样需要类似的一套管理制度，来规定什么用户拥有什么样的操作权限，在什么时间、什么条件下应该完成什么工作，如果出现问题应如何处理；当有新的信息需求时应该遵照什么管理程序向信息管理部门提出，作为信息管理部门又如何处理这些信息需求，其内部的各类人员又应该遵照什么要求和规则开展各项工作等。作为高层领导要定期检查系统运行情况，发现问题及时处理，而信息管理部门的负责人除了要负责监督系统运行外，还要对本部门各类人员的工作进行检查和监督，积极做好各类人员的管理工作，只有这样才能保证信息系统为各层管理服务，充分发挥信息资源的作用。

1. 网络中心管理制度

一个较大的系统往往是一个网络系统，除了网络中心（中心机房）外，工作站大多安装在业务人员的办公室，没有专门的机房。网络中心是组织 Intranet 的管理中心，是组织内部网的枢纽。设立网络中心的目的，一是给网络设备和中心服务器创造一个良好的运行环境，保证信息系统的安全运行；二是防止各种非法人员进入，保护网络设备、服务器内的程序与数据的安全。网络中心管理机房的主要内容如下。

（1）有权进入网络中心人员的资格审查。一般来说，为便于管理，网络中心在企业中地理位置独立。只有网络管理人员、系统维护人员和主管领导有权进入网络中心。

（2）网络中心内的各种环境应达到相应要求。如机房的卫生要求、防水要求、温度要求、湿度要求。

（3）与数据安全有关的环境要求。如为保证系统数据安全，应配备稳压电源和 UPS 不间断电源、还应设置电磁屏蔽等。

（4）网络中心中明令禁止的活动或行为。例如：严禁吸烟、就餐等。

（5）设备和材料进出网络中心的管理要求。

（6）保持机房和各种设备的整洁。

对网络中心的管理主要是通过制定与贯彻执行相应的管理制度来实施的。必须建立一套严格的管理制度，正式行文并张贴在墙上。该制度的主要内容如下。

（1）操作人员的操作行为。例如，开机、关机、登记运行日记、异常情况处理等。

（2）出入机房人员的规定。

（3）机房的电力供应。

（4）机房的温度、湿度、清洁度。

（5）机房安全防火等。

（6）为防止计算机病毒感染和传染，建立完善的计算机病毒预防和处理机制。

（7）对非热拔插设备，禁止在带电状态下拔、插机器部件和各电线、电缆。

（8）专用机房由专人负责管理。

2. 运行管理制度

系统的运行是长期的，而不是突击性的，同时大多数情况下都处于正常工作状态，所以随着时间的推移运行管理常常被忽视。例如不按规程操作、小问题不在乎等等。其实，管理本身就不是突击性的，要使每一个操作计算机的人养成遵守管理制度的习惯。对运行中的异常情况要做好记录、及时报告，以便得到及时处理，否则可能酿成大问题，甚至出现灾难性故障。

系统中的数据是企业极其宝贵的资源，任何情况下不得以非正常方式修改系统中的数据。例如未经许可擅自用工具软件直接修改数据是绝对禁止的。

数据备份是保证系统安全的一个重要措施，它能够保证在系统发生故障后能恢复到最近发生的时间点上。对数据的重要修改前也应有相应的备份功能，以便保证系统数据的绝对安全。

3. 日常运行记录制度

系统运行日记主要为系统的运行情况提供历史资料，也可为查找系统故障提供线索，因此运行日记应当认真填写、妥善保存。专用机房、非专用机房机器的运行都要做好运行日记。运行日记的内容应当包括：

（1）时间。

（2）操作人。

（3）运行情况。

（4）异常情况：发生时间、现象、处理人、处理过程、处理记录文件名、在场人员等。

（5）值班人签字。

（6）负责人签字。

专用机房、非专用机房机器的运行都要做好运行日记。

2.2.5　信息系统的运维模式

对于各种复杂信息系统的运维，需要明确企业自身运维力量和外部运维服务提供商之间的关系，可以根据运维工作中运维外包的情况分为自主运维模式、完全外包运维模式和混合运维模式。

1．自主运维模式

自主运维模式是指企业自行负责对拥有的所有 IT 资源的运维工作。自主运维模式中运维人员容易管控，可根据企业自身需要进行能力培训，完成企业所需的各项相应工作。其缺点在于人员数量有限，对于并行的运维工作无法同时提供支撑，同时，由于运维相关各专业知识培养时间较长，无法满足企业运维工作的要求。

2．完全外包运维模式

完全外包运维模式是指企业通过与其他单位签署运维外包协议，将所拥有的全部 IT 资源的运维工作外包给其他单位，即外包单位为企业各单位提供 IT 运维服务。完全外包运维模式的优势在于充分利用外部经验，能够快速提供企业所有 IT 资源的运维能力；同时，运维人数扩充较为容易，易于应对大规模的运维需求。但是，完全外包运维模式也存在外部人员管控难度大、企业信息泄露风险高的问题。

3．混合运维模式

混合运维模式是指企业对所拥有的一部分 IT 资源自行运维；同时，通过与其他单位签署运维外包协议，将所拥有的另一部分 IT 资源的运维工作外包给其他单位。企业通过混合运维模式能够充分发挥自主运维和外包运维的优势。但是，由于存在两种运维人员，也增加了运维工作的复杂度，延长了运维流程；同时，也需要充分考虑内外部运维人员的职责划分和人员比例，在合理的运维成本下，既保证运维工作的顺利完成，又确保企业自有运维人员能够得到充分锻炼和提升。

信息系统 IT 运维模式的选择需要根据组织的发展战略、管控模式的特点进行针对性的评估，考虑到业务因素、人员因素、技术因素、安全因素、财务因素等多方面的因素，通过定性或定量分析，最终明确组织应该采取哪种 IT 运维模式。

2.2.6　系统运行的文档管理

1．信息系统运行文档管理的意义

信息系统的文档主要包括打印输出的各种报告、报表、凭证；存贮数据和程序的磁盘及其他存储介质；系统开发过程中产生的各种文档以及其他资料。信息系统的文档管理在整个信息系统的运行管理工作中起着重要的作用。

（1）良好的文档管理是系统工作连续进行的保障。信息系统的文档也是一种重要的数据资源。文档是各项信息活动的历史记录，也是检查各种责任事故的依据。只有系统运行文档保存良好，才能了解组织在经营管理过程的各种弊端、差错、不足；只有系统运行文档保存良好，才能保证这些信息在前后期的相互利用；只有各种开发及用户文档保存良好，才能保证信息系统操作的正确性、可继续培训性和系统的可维护性。

（2）良好的文档管理是信息系统维护的保证。各种开发文档是信息系统的重要组成部分。对信息系统来说，其维护工作有以下特点：

- 理解别人精心设计的程序通常非常困难，而且软件文档越不全、越不符合要求，理解越困难；
- 当要求对系统进行维护时，不能依赖系统开发人员。由于维护阶段持续的时间很长，因此，当需要解释系统时，往往原来写程序的人已经不在该单位了；
- 信息系统是一个非常庞大的系统，即使是其中的一个子系统也是非常复杂的，而且还兼容了具体业务与计算机两方面的专业知识，了解与维护系统非常困难。

以上这些关于信息系统维护的特点就决定了没有完整保存的系统开发文档，系统的维护将非常困难，甚至不可能，如果出现这样的情况，将很可能带来信息系统的长期停止运转，严重影响信息系统工作的连续性。

（3）良好的文档管理是保证系统内数据信息安全的关键环节。当系统程序、数据出现故障时，往往需要利用备份的程序与数据进行恢复；当系统需要处理以前年度或机内没有的数据时，也需要将备份的数据拷贝到机内；系统的维护也需要各种开发文档。因此，良好的文档管理是保证系统内数据信息安全完整的关键环节。

（4）良好的文档管理是系统各种信息得以充分利用，更好地为管理服务的保证。让管理人员从繁杂的事务性工作中解脱出来，充分利用计算机的优势，及时为管理人员提供各种管理决策信息，是信息化的主要目标。俗话说："巧妇难为无米之炊"。对计算机来说也一样，计算机内若没有相当数量的数据，就不可能进行财务分析、趋势预测等决策性工作。因此，要实现信息系统的根本目标，必须要有保存完好的历史数据。只有良好的文档管理，才可能在出现各种系统故障的情况下，及时恢复被毁坏的数据；只有保存完整的数据，才能利用各个时期的数据，进行对比分析、趋势分析、决策分析等。所以说良好的文档管理是信息得以充分利用，更好地为管理服务的保证。

2．信息系统运行文档管理的任务

信息系统运行文档管理的任务主要包括：

（1）监督、保证按要求生成各种文档。按要求生成各种文档是文档管理的基本任务。一般说来，各种开发文档应由开发人员编制，开发人员应该提供完整、符合要求的开发文档；各种报表与凭证应按预先的要求打印输出；各种系统数据应定期备份，重要的数据应强制备份；计算机源程序应有多个备份。

（2）保证各种文档的安全与保密。信息系统中有些数据信息进行各种信息活动的重要依据，绝不允许随意泄露、破坏和遗失。各种信息资料的丢失与破坏自然会影响到信息系统的安全与保密；各种开发文档及程序的丢失与破坏都会危及运行的系统，从而危及系统中数据的安全与完整。所以，各种文档的安全与保密是与信息系统的安全密切相关的，应加强文档管理，保证各种文档的安全与保密。

（3）保证各种文档得到合理、有效的利用。文档中的信息资料是了解组织运营情况、进行分析决策的依据；各种开发文档是系统维护的保障；各种信息资料及系统程序是系统出现故障时恢复系统，保证系统连续运行的保证。

3．信息系统运行文档的生成与管理办法

信息系统运行文档包括计算机打印输出的报告、报表、凭证等，存有数据的磁性介质及其他介质，信息系统开发的全套文档资料。

（1）关于系统打印输出的文档的生成与管理。对系统日常运行时打印生成的各种文档资料应有操作人员的签名或盖章（也可以由计算机按使用系统时登记的操作人员姓名打印生成），数据审核人员的签名或盖章（在计算机上进行审核的，也可由计算机按使用系统时登记的审核人员姓名打印生成），主管领导的签名或盖章。对于各种报表、报告等需要周期性生成的文档，要根据实际情况和工作需要按小时、日、星期、旬、月或按季、按年打印生成，并妥善分类归档。

（2）关于磁性介质及其他介质的管理。存有数据的磁性介质及其他介质，在未打印成书面形式输出之前，就应妥善保管并留有副本。一般说来，为了便于利用计算机进行查询及在信息系统出现故障时进行恢复，这些介质都应进行长期保存，直至其中的数据完全失效为止。

（3）关于信息系统开发的文档资料的管理。信息系统开发文档一般包括：系统开发阶段的可行性分析报告；系统说明书；系统设计说明书；程序清单；测试报告；用户手册；操作说明；评价报告；运行日记；维护日志等。

这些文档是信息系统的重要组成部分，要做好分类、归档工作，要妥善、长期保存。同时对文档的借阅要有严格的管理制度和必要的手段控制。

（4）信息系统运行文档管理制度。文档管理一般是通过制定与实施文档管理制度来实现的。文档管理制度一般包括以下内容：

- 存档的手续。主要是指审批手续，比如打印输出的报告、报表，必须有主管人员或系

统管理员的签章才能存档保管；

- 各种安全保证措施。比如备份磁盘应贴上写保护标签，存放在安全、洁净、防潮的场所；
- 文档管理员的职责与权限；
- 文档的分类管理办法；
- 文档使用的各种审批手续。比如调用源程序应由有关人员审批，并应记录下调用人员的姓名、调用内容、归还日期等；
- 各类文档的保存期限及销毁手续；
- 文档的保密规定。比如任何伪造、非法涂改、变更、故意毁坏数据文件、记录、磁盘等的行为都应有相应的处理办法。

2.2.7　系统运行的故障管理

1．信息系统故障概述

现代的基于计算机的信息系统在运行过程中不可避免都会有因发生故障而失效的时候。硬件故障、软件错误、人工操作失误甚至对系统的恶意破坏，这些故障都可能导致信息系统运行的非正常中断，影响系统中数据的正确性，或者破坏系统的数据库，使部分甚至全部数据丢失。

通过信息系统的可靠性指标可以衡量和预测系统故障的发生。信息系统的可靠性是指，在满足一定条件的应用环境中系统能够正常工作的能力。由于信息系统在逻辑上是由各个子系统和功能模块构成，因此，可以按照一般工程系统的可靠性研究方法进行单元可靠性和系统可靠性的评价，也可以通过系统平均无故障运行时间、系统开工率和系统平均维修时间等指标来定量衡量。

信息系统的可靠性实际上还包含了对数据安全性的要求，因为不完整的业务数据，必然会导致用户在具体业务应用上的障碍，所以组织必须在保障业务数据安全性的前提下，再来考虑信息系统的可靠性。运用后文所述的策略和手段，可以保证发生故障时业务数据的完整性，并且在一定程度上可以保证系统在较短时间内的迅速恢复正常运行。尽管如此，对某些要求业务系统的不间断运行组织而言，即使是极短时间的运行中断也是无法接受的，这时就需要具有极高的系统可靠性。

在实施故障恢复时可能会非常困难，仅仅简单地找出问题并在中断处恢复执行常常是不可能的，系统需要大量附加的冗余数据和处理操作。因此信息系统所采用的恢复技术对系统的可靠性起着决定性的作用，对系统的运行效率也有很大影响，它是衡量信息系统性能优劣的一项重要指标。

2．故障的种类

影响信息系统安全、稳定运行的故障主要有以下几类。

1）硬件故障

计算机硬件系统是支持信息系统运行的物质基础，硬件故障是指信息系统中所涉及的各种硬件设备发生的故障。例如，计算机系统的硬件故障，如 CPU、内存、磁盘、主板、各种板卡插件、显示器、打印机等出现的故障。

硬件故障发生的原因有很多种，比如系统各种配件之间的兼容性差；某些硬件产品的质量不过关等。

2）软件故障

计算机软件系统是实现信息系统运行的支持平台和应用工具，软件故障是指信息系统中所涉及的各种软件程序发生的故障。例如，操作系统崩溃，应用程序运行过程中发生重大错误等。

软件故障发生的原因也有很多种，比如软件参数配置错误，软件使用人员错误操作，系统程序安全漏洞，应用程序设计缺陷，计算机病毒破坏等。

3）网络故障

现代信息系统一般都是一个基于计算机网络环境的系统，网络通信的畅通往往是保证整个信息系统正常工作的前提。网络故障是指由于各种原因而导致的无法连接到网络或网络通信非正常中断。例如，客户端网络问题、网络连接线路等问题。根据网络故障发生的原因，一般可以把网络故障再细分为两大类。

（1）网络硬件故障：例如，网线、网卡、集线器和交换机等网络设备本身的故障；网络设备在占用系统资源（如中断请求、I/O 地址）时发生冲突；驱动程序、驱动程序与操作系统、驱动程序与主板 BIOS 之间不兼容问题。

（2）网络软件设置故障：例如，网络协议配置问题；网络通信服务的安装问题；网络标识的设置问题；网络通信阻塞、广播风暴以及网络密集型应用程序造成的网络阻塞等故障。

4）人为故障

信息系统中人员的因素尤其重要，人为故障是指由于系统管理人员或操作人员的误操作或故意破坏（如删除信息系统的重要数据），而导致信息系统运行不正常甚至中断失效。

5）不可抗力和自然灾害

这里故障主要是指，因不可抗拒的自然力以及不可抗拒的社会暴力活动造成的信息系统运行故障。例如，地震、火灾、水灾、风暴、雷击、强电磁辐射干扰、战争等。这些因素一般将直接地危害信息系统中硬件实体的安全，进而导致信息系统软件资源和数据资源发生重大损失。

3. 故障的预防策略

在信息系统投入正式运行前的系统测试是检测系统可靠性、预防系统故障的一个主要手段。但是，系统测试不可能发现信息系统中的所有错误，特别是软件系统中的错误。所以，在系统投入正常使用后，还有可能在运行中暴露出隐藏的错误。另一方面，用户、管理体制、信息处理方式等系统应用环境也在发生变化，也可能由于系统不适应环境等因素的变化而发生故障。系统可靠性要求在发生上述问题时，能够使系统尽量不受错误的影响，或者把故障的影响降至最低，并能够迅速修正错误或修复故障而恢复正常运行和功能实现。

在系统故障不可避免的情况下，提高系统可靠性，预防系统故障的发生就必须制定适当的故障预防策略，主要有下列 3 种。

（1）故障约束。故障约束就是在信息系统中通过预防性约束措施，防止错误发生或在被检测出来之前错误的影响范围继续扩大。例如，采取故障点自动隔离，强制中断错误的信息处理活动等约束方式。

（2）故障检测。故障检测就是对系统的信息处理过程和运行状态进行监控和检测，以使已经发生的错误在一定的范围或步骤之内能够被发现出来。例如，采取数据校验，设备运行状态自动监控与报警等技术手段。

（3）故障恢复。故障恢复就是将系统从错误状态恢复到某一个已知的正确状态，并为了减小数据损失而尽可能接近发生系统崩溃的时刻。例如，通过更换或修复故障设备，软件系统重新配置，利用备份数据进行数据恢复等技术，将发生故障的系统迅速从故障中恢复，继续正常运行。

4．常见故障的处理

1）常见软件故障判断与处理方法

（1）系统文件丢失。每次启动计算机和运行程序的时候，都会牵扯到上百个系统文件，绝大多数文件是一些虚拟设备驱动程序（Virtual Device Drivers，VXD）和应用程序依赖的动态链接库（Dynamic Link Library，DLL）。VXD 允许多个应用程序同时访问同一个硬件并保证不会引起冲突，DLL 则是一些独立于程序、单独以文件形式保存的可执行子程序，它们只有在需要的时候才会调入内存，可以更有效地使用内存。当这两类文件被删除或者损坏了，依赖于它们的设备和文件就不能正常工作。

要检测一个丢失的启动文件，可以在启动计算机时仔细观察屏幕，丢失的文件会显示一个"不能找到某个设备文件"的信息和该文件的文件名、位置，用户会被要求按键继续启动进程。

造成类似这种启动错误信息的绝大多数原因是没有正确使用卸载软件。例如，在 Windows 系统中卸载应用程序，应该使用程序自带的"卸载"选项，一般在"开始"菜单的"程序"文件夹中该文件的选项里会有，或者使用"控制面板"的"添加/卸载"选项。如果直接删除了这个文件夹，在下次计算机启动后就可能会出现错误提示信息。其原因是 Windows 找不到相应的文件来匹配启动命令，而这个命令实际上是在软件第一次安装时就已经置入到 Windows 注册表中了。

对文件夹和文件重新命名也可能出现问题，在软件安装前就应该决定好这个新文件所在文件夹的名字。

丢失的文件也可能被保存在一个单独的文件中，或是在被几个出品厂家相同的应用程序共享的文件夹中，例如对于\WINDOWS\SYSTEM 来说，其中的文件被所有的程序共享。一般的解决方法是搜索原来的光盘和软盘，重新安装或复制被损坏的程序。

（2）文件版本不匹配。绝大多数的计算机用户都会不时地向系统中安装各种不同的应用软件，包括操作系统的各种补丁程序，这其中的每一步操作都需要向系统拷贝新文件或者更换现存的文件。这个时候就可能出现新软件不能与现存软件兼容的问题。

因为在安装新软件和 Windows 升级的时候，拷贝到系统中的大多是 DLL 文件，而 DLL 不能与现存软件"合作"是产生大多数非法操作的主要原因。同一个 DLL 文件的不同版本可能分别支持不同的软件，很多软件都坚持安装适合它自己的 DLL 版本来代替以前的，但是新版本并不一定可以和其他软件兼容。一旦运行了一个需要原来版本的 DLL 的程序，就会出现"非法操作"的提示。

所以使用 Windows 系统时，在安装新软件之前，最好先备份\WINDOWS\SYSTEM 文件夹的文件，这样就可以最大程度降低因 DLL 版本不匹配而引发的错误。绝大多数新软件在安装时也会观察现存的 DLL，如果需要置换新的，会给出提示，一般可以保留新版，标明文件名，以免出现问题。

另一个避免出现 DLL 引起的非法操作的办法是不同时运行不同版本的同一个软件，即使为新版本软件准备了另一个新文件夹，如果一定要同时使用两个版本，就可能会出现非法错误信息。

（3）应用程序非法操作。有时用户在执行应用程序时，系统可能会提示"非法操作"的错误信息。一般是由于软件本身的缺陷，导致两个程序同时使用了同一段内存区域而发生冲突，这时即使知道原因也无法避免这一类错误。

用户可以通过错误信息列出的程序和文件来研究错误起因，因为错误信息并不直接指出实际原因，如果给出的是"未知"信息，可能数据文件已经损坏，看看有没有备份或者看看厂家是否有文件修补工具。

如果是 Microsoft 的软件，可以将程序名和错误信息作为关键字在 Microsoft 的站点进行搜索解决方案。从微软的站点返回的信息大约是 DLL 错误、软件的 BUG、在低端 RAM 运行或者是磁盘空间等问题，具体的弥补方法会因为问题的不同而有所区别。例如，下载并安装软件的补丁；卸载并重新安装特定的程序；或者不能同时运行某些程序等。

（4）蓝屏错误信息。要确定出现蓝屏的原因需要仔细检查错误信息，很多蓝屏错误发生在安装了新软件以后，一般是由于新软件和现行的 Windows 系统设置发生冲突直接引起的。因此，很多蓝屏错误可以用改变系统设置来解决，大多数情况下需要下载安装一个更新的驱动程序。一些蓝屏错误与系统版本有关，应该先确定所使用的操作系统版本。

（5）系统资源耗尽。各种程序的运行都需要消耗不同的系统资源的组合。第一类是图形界面（GDI），它集中了大量的资源，这些资源用来保存菜单按钮、面板对象、调色板等；第二类是用户（USER），用来保存用户所使用的菜单和窗口的信息；第三个是系统资源（SYSTEM），即一些通用的资源。

在程序打开和关闭之间都会消耗这些资源，一些在程序打开时被占用的资源在程序关闭时可以被恢复，但并不都是这样，一些程序在运行时可能导致 GDI 和 USER 资源丧失，这也就是为什么在机器运行一段时间以后最好重新启动一次以释放资源以便再次使用的原因。

绝大多数用户希望在出现非法操作或者蓝屏错误之前能够详细了解资源被占用的情况，Windows 系统附带有一个任务管理器，可以在工具栏上实时显示关于系统资源的占用情况。

（6）计算机病毒破坏。计算机病毒是目前导致软件系统故障的最主要因素之一。由于计算机病毒的种类很多，破坏机理和引发的故障现象也非常多。例如，造成系统频繁死机，内存资源耗尽，运行速度变慢，磁盘空间被大量占用，文件系统崩溃，系统文件和数据丢失，网络通信中断等。

对计算机病毒主要采取预防为主的策略。例如，安装防病毒卡、病毒实时监控软件、杀毒软件等。由于计算机病毒的种类每天都在增加，因此应该随时更新病毒数据库，以达到防范新型病毒的目的。由于目前绝大多数计算机病毒都是利用操作系统和应用软件的安全漏洞，通过计算机网络来进行传播和破坏，因此应该密切关注操作系统的安全公告，随时安装系统安全补丁程序，并安装防火墙软件等。另外，很多病毒还通过 Word 文档和电子邮件进行传播和破坏操作，因此在使用这些文档和电子邮件时应该格外谨慎，千万不要随意打开和运行来历不明的文件和电子邮件附件。

2）常见硬件故障判断与处理方法

（1）电源电压不稳定或经常断电引起的故障。计算机所使用的电源电压不稳定，那么硬盘在读写文件时就会出现丢失或被损坏的现象。如果经常会发生不正常的断电现象导致机器重启，或是经常在计算机运行程序时进行冷启动，将会使系统受到破坏。为使计算机更安全地工作，最好使用电源稳压器或不间断电源（UPS）。

（2）部件之间接触不良引起的故障。接触不良主要反映在各种卡类与主板的接触不良或电源线、数据线、音频线的连接不良。其中，各种接口板卡、内存条与主板接触不良最为常见。例如：显卡与主板接触不良可能会使显示器不显示，内存条与主板接触不良可能使微机不工作等，通常只要更换相应的插槽或用橡皮轻轻擦一擦接口卡或内存条的金手指，即可排除故障。

（3）由 CMOS 引起的故障。

CMOS 中所存储的信息对计算机系统来说是十分重要的。计算机启动时总是先要按 CMOS 中的信息来检测和初始化系统（最基本的初始化）。CMOS 中存储了计算机所有的硬件信息，如果这些信息不正确，就可能导致系统出现异常现象。此外，对 CMOS 中的一些配置更改不恰当，也可以导致系统的引导速度过慢或产生其他问题。遇到这类情况时，应先进入 CMOS，装载其默认的设置，以确认不是由 CMOS 引起的故障。

（4）硬件本身的故障。硬件出现故障，除本身的质量外，也可能是负荷太大或其他原因引起的。如电源功率不足或 CPU 超频使用等，都可能引起机器的故障。计算机硬件故障发生时一般可以先利用以下方法进行故障部件的定位，而后的故障排除一般多采用直接更换新备件的方法。

- 直接观察法。即"看、闻、听、摸"。"看"，即观察系统板卡的插头、插座是否歪斜，电阻、电容引脚是否相碰，表面是否烧焦，芯片表面是否开裂，主板的钢箔是否烧断。"闻"，即辨闻主机、板卡中是否有烧焦的气味，便于发现故障。"听"，即监听电源风扇、软/硬盘电机或寻道机构、显示器变压器等设备的工作是否正常。"摸"，即用手按压管座的芯片，看芯片是否松动或接触不良。

- 拔插法。即通过将插件板"拔出"或"插入"检查故障的一种常用的、有效的检查方法。计算机系统产生故障的原因很多，主板自身故障、I/O 总线故障、各种插卡故障均可导致系统运行不正常，将插件块拔出，每拔出一块板就开机观察机器运行状态，若系统正常，则故障就在该插件上，若拔出所有插件板后系统仍不正常，则故障很可能在主板上。

- 交换法。即将同型号插件板，总线一致、功能相同的插件板或同型号芯片相互交换，根据故障现象变化情况，判断故障所在。此法多用于易拔插的维修环境，例如：内存自检出错，可交换相同内存条来判断故障。交换法也可以用于这种情况，即没有相同型号的部件或外设，但有相同类型的计算机，则可以把可能有故障的部件或外设插接到该同型号的主机上判断其是否正常。
- 比较法。运行两台或多台相同类型的计算机，根据正常机器在执行相同操作时不同表现可以初步判断故障产生的部位。
- 原理分析法。即指从计算机的基本原理出发，从逻辑上分析各点应有的特性，查出故障点。采用原理分析法时，应熟悉计算机各部分的主要特点和整机系统配置；掌握每一块插件板的基本情况和一些主要器件的特性以及它们之间的联系。
- 高级诊断程序检测法。在机器没有完全死机的情况下，可以通过运行诊断程序来确定计算机的故障部位。一般计算机在启动时都先运行自检程序来完成对各功能模块的检测。根据检测结果便可以确定故障部位，并找到故障点。
- 测量法。即分析与判断故障的最常用方法。通常是将机器暂停在某一状态，依据逻辑图用万用表等仪器、仪表测量欲检测的电阻、波形来判断故障位置的方法，又称在线测量法。如机器处于关闭状态或组件与主板分离时，用测量工具对故障部分进行检测，则称为无源测量法。
- 综合判断法。当计算机出现的故障现象比较复杂，采取某一种方法不能查出故障原因时，可采用综合判断法，逐步运用各种简便易分的检测方法进行检查，以便迅速地查出故障点，并加以排除。

3）常见网络故障判断与处理方法

由于大多数组织内部的信息系统都是基于组织内部的计算机局域网络进行工作，因此这里主要以局域网故障为例，介绍一些常见网络故障的判断与处理方法。在进行网络硬件和软件的安装之后，可能会遇到各种问题，导致无法连通网络或者网络通信中断。要解决这些网络问题，必须具备丰富的软、硬件知识，对网络故障测试和调试的方法是解决网络故障的关键。网络故障主要可以分硬件故障和软件设置故障两种。

（1）硬件故障。硬件故障一般比较难诊断和解决，硬件故障又分为以下几种：

- 网络设备故障。网络设备故障是指网络设备本身出现问题。如网线制作或使用中出现问题，造成网线不通。在一般硬件故障中，网线的问题占其中很大一部分。另外，网卡、集线器和交换机的接口甚至主板的插槽都有可能损坏造成网络不通。
- 网络设备冲突。网络设备冲突是困扰网络用户的难题之一。网络设备一般都需要占用某些系统资源的，如中断请求、I/O 地址等。而网卡最容易与显卡、声卡等设备发生资源冲突，导致系统工作不正常。一般情况下，如果先安装显卡和网卡，再安装其他设备，发生网卡与其他设备发生冲突的可能性就小些。

- 设备驱动程序问题。网络设备的驱动程序问题严格来说应该算是软件问题，不过由于驱动程序与硬件的关系密切，所以也将其归纳为硬件问题。常见问题是出现不兼容的情况，如驱动程序、驱动程序与操作系统、驱动程序与主板 BIOS 之间不兼容。一般解决方法是更换或更新驱动程序版本，安装补丁程序等，如果还不能解决问题，则需要考虑更换其他型号的硬件设备。

（2）软件设置故障。除了硬件故障外，软件设置不正确也会导致网络通信出现各种各样的故障。

- 网络协议配置问题。网络协议作为计算机之间通信的"语言"，如果没有所需的协议，或者协议的具体设置不正确，都会导致网络出现故障。例如，最常见的 TCP/IP 协议中的 IP 地址、子网掩码和网关地址设置不正确。这类问题解决方法比较简单，只需要安装必要的网络协议，按网络管理员的规定设置相关配置参数即可。

- 服务的安装问题。局域网中，除了网络协议以外，往往还需要安装一些重要的服务程序。例如，如果需要在 Windows 系统中共享文件和打印机，就需要安装"Microsoft 文件和打印共享"这项服务。

- 安装相应的网络用户。例如，在 Windows 系统中，如果是对等网中的用户，只要使用系统默认的"Microsoft 友好登录"即可。但是如果用户需要登录到 Windows NT 域，就需要安装"Microsoft 网络用户"。

- 网络标识的设置问题。在 Windows 对等网和带有 Windows NT 域的网络中，如果不能正确地设置用户计算机的网络标识，也可能会造成无法访问网络资源的问题。

- 网络应用中的其他故障。前面所介绍的软件设置故障，一般都是因为用户的疏忽或对系统情况了解不清造成的，因此比较容易避免和解决。但是网络应用中的还有一些故障就不是很容易解决的。如网络通信阻塞、广播风暴以及网络密集型应用程序造成的网络阻塞等。这些故障网络与网络的整体设计、规划，软硬件设备的性能与参数配置等因素相关，需要专门的网络管理人员针对具体情况，利用专业技术知识进行解决，甚至需要调整和改造现有网络架构。

（3）排除网络故障的一般方法。当网络发生故障以后，网络管理人员需要在较短的时间内找到问题的症结所在。在进行故障判断与定位时，按照一定的顺序和方法进行操作往往会收到事半功倍的效果，一般可以采用下面介绍的网络故障排除顺序与解决方法。

- 解决网络故障的一般顺序。检查网络问题有一定的操作步骤，如果方法得当，那么在处理故障的时候就会少走很多弯路。

首先询问网络用户，了解他们遇到了什么故障、有何故障现象，他们自己认为是哪里出了问题。用户是故障信息的主要来源，毕竟是他们在使用网络，而他们所遇到的故障现象最明显、最直接。

然后如果可能，咨询有关的系统管理人员，确定有多少用户受到了影响？受影响的用户有什么共同点？发生的故障是持续的还是间歇的？在故障发生之前，是否对网络中的设备和软件进行了调整和改动？办公地点是否正在装修或施工？是不是停过电？以前是不是有同样的问题出现过？

接下来要对所收集到的信息，进行整理和分类，找出引发问题的若干可能。对故障的排除进行计划，确定从哪里入手，哪些故障需要优先排除？对要处理的问题做到心中有数，使得处理故障的行动有的放矢，否则就可能顾此失彼。

最后，根据故障分析，把认为可能的故障点隔离出来，然后一个接一个地对可能的故障点进行定位、测试、排除。例如，在解决某台计算机不能正常联网的问题时，可以先用交叉电缆直接连接两台计算机，看是否能够连通，再将计算机与网络设备隔离开来，以便判断到底是计算机的问题，还是网络设备的问题。

- 需要检查的一般问题。有些网络问题其实很简单，只需进行简单的检查和操作就可以解决。

首先，检查问题是不是由用户的错误操作所引起的。很多时候网络用户出现的问题实际上与网络没有什么关系，而是由于用户对计算机进行了某些错误操作而导致的，例如，可能改动了计算机的系统配置参数，安装了一些会引起问题的软件程序，或者是误删除了一些重要文件，而使得表面上好像是网络引起的故障。所以，在动手解决问题前，必须先向用户询问清楚故障发生前后，他所做的具体操作，以及当时计算机的反应和表现。

然后，检查物理连接是否正确。例如，检查网线有没有松脱，还是根本就没插入网卡或集线器的接线口。集线器或交换机的电源是否打开？交换机或集线器的电源插头是否松脱？就如同显示器没接电源线造成显示器出现故障的假象一样，由于物理连接造成的网络故障往往有很大的迷惑性。

最后，重新启动有问题的计算机。有很多问题，只要重新启动一下计算机，就可以迎刃而解。例如，有时由于计算机长时间运行，导致系统资源不足而引发各种故障。

注意，上述的方法主要用于问题发生在一两台联网机器时，往往很快就能解决问题。但如果很多用户都反映同一问题，那就很可能是网络本身的问题了。

4）服务器磁盘故障的解决方案

服务器中所有数据都存储在硬盘上，硬盘故障在服务器硬件故障中最为常见。服务器硬盘一旦出现问题，服务器系统将会立即中断运行，而且该物理硬盘上的数据能够恢复的可能性极小。对于这种情况，可以采用以下几种解决方案。

（1）磁盘冗余阵列。采用磁盘冗余阵列（RAID）技术，提高服务器对硬盘的容错性。运用这种技术，在服务器硬盘出现故障时，能够保证系统的正常运行，同时自动告警，让用户能有足够的时间来更换坏的硬盘，避免受到更大的损失。另外，也可以在服务器中另外再单独存放一块空闲的物理硬盘，以随时自动替换已坏的硬盘，无须人工干预。这对信息系统的正常运行不会产生任何影响。

RAID 技术的应用，可以大大减轻硬盘故障对企业数据的威胁，也获得了企业的广泛认同。不同企业可以根据自身的实际情况选择最合适的 RAID 方案。

在 Windows 2000 系统中，可以实现两块物理盘的镜像，创建出一个具有 RAID 1 功能的文件系统；在高端 UNIX 系统中，如 HP-UX、AIX 等，可以在操作系统中创建"Volume Group"，实现物理硬盘的镜像，实现 RAID 的功能；另外，也可以采用某些第三方的商业软件，在其他的非主流操作系统，如 SCO UNIX、FreeBSD、Linux 等中实现 RAID 功能。但是，若运用这种方式，磁盘的 RAID 冗余容错功能要完全依靠操作系统自身来实现，这在一定程度上增加了部分硬件资源的开销，加重了主机系统自身的负担。现在该方式在高端应用中已经逐渐停止使用。

（2）存储子系统。在基于存储子系统的架构设计中，数据存储系统从主机系统中完全分离出来，主机本身可能只带较小空间的硬盘作为操作系统盘，或者主机本身根本不带硬盘，应用数据或全部数据均存储在磁盘柜中。

磁盘柜可以通过 SCSI 线缆、光纤或铜缆等介质与主机进行连接，支持 Ultra2 SCSI/Ultra3 SCSI/Fiber 等标准协议，其数据传输的理论速率可分别达到 80Mb/s、160Mb/s、1000Mb/s。磁盘柜自身带有专门负责主机数据传输、读写和容错功能的控制器，并配有读写缓存，以获得整个存储子系统所具有的良好的读写性能。用户只需对存储子系统进行独立配置即可获得良好的容错性能，丝毫不占用主机系统的资源。对于存储子系统自身的工作性能，可通过增加缓存来提高处理器处理速度，或通过选择传输通道类型等方法来满足企业的需求。这种方式在高端应用中使用较多。

（3）虚拟存储技术。随着磁盘柜应用技术的进一步发展，高端应用中又出现了一种新的虚拟技术。这种技术有以下几个特点。

- 存储子系统可以根据用户的实际数据量和实际配备的物理硬盘空间，自动选择一种最佳的 RAID 组合方式进行配置；
- 日后随着数据量的增加，磁盘柜又能对 RAID 功能设置进行自动优化，而无须人工干预，以提供最佳的容错和存储性能；
- 传统的 RAID 技术要求物理硬盘的大小严格一致，否则多出来的存储空间只能被浪费掉；
- 利用虚拟技术，可以将任意大小的物理硬盘，先分割成若干细小的部分，然后再针对这些细小的部分进行优化 RAID 组合，从而获得更为精细、灵活的容错和存储性能。

现在，在 HP、EMC、IBM 等公司的高端存储产品中，都可以发现这种技术。

5）服务器系统部件故障的解决方案

服务器在运行过程中，一些系统部件可能会出现问题，如主板故障、内存校验出错、网卡故障等，这些故障都会导致系统的停机或应用服务的停止。由于服务器对硬件的要求非常严格，短时间内根本无法找到可替换的配件或硬件平台，退一步说，即使能找到同样的硬件平台，实时的业务数据也很难从原来的存储系统中取出，即使利用磁带备份进行恢复，也需要较长的时间。这种突发情况，极有可能会导致企业的核心信息系统中止运作长达几天甚至更长的时间，这对于大部分企业要来说是不可想象的。对于这种情况，通常可以使用如下方法将风险降到最低。

（1）采用全硬件冗余的主机硬件系统。在主机系统中，有完全相同的两套配件，如 CPU、主板等，其中任何一套配件都足以满足系统的运行需要。任何一个部件出现问题，丝毫不会影响系统的正常运作。用户也有充足的时间来更换故障配件。

使用这种方案，代价比较高。因为这种主机系统，需要花费双倍硬件的代价得到一台主机的性能。只有在某些较为特殊的应用场合，才需要使用这种方案。

（2）采用多机切换系统。使用多机系统，可以保证多机的应用数据均集中存储于存储子系统中。在任一台主机出现问题时，其他主机都可以将故障主机的应用数据接管过来，并将应用重新启动，在极短时间内恢复信息系统的运行。企业中多采用双机备份系统。双机切换系统的设计主要有以下几种类型。

- 主机集中存放，双主机连接同一个存储子系统。双主机同存储子系统之间的连接介质可以是 SCSI 线缆、铜缆或光纤等。数据通道遵循 SCSI 或 Fiber 协议标准，连接距离从几米到几十米不等，而光纤介质在无须中继的前提下，可以延伸到几百米，如图 2-10 所示。

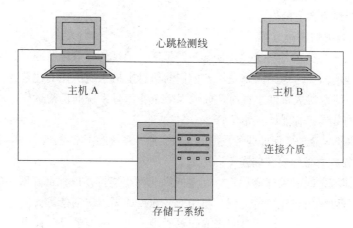

图 2-10 双主机连接同一存储子系统结构图

一般情况下，两台主机对存储系统的访问在物理上实行隔离，分别访问不同的存储逻辑空间，相互之间并没有并发或争用的情况。而在某些特殊应用中，两台主机需要对同一个逻辑卷进行并发访问，这就需要应用中有专门处理多主机争用访问机制的服务进程。这又分两种情况：双机并发访问同一逻辑卷和双机独立访问不同逻辑卷。对于前者，在主机 A 出现故障时，主机 B 则可以接管全部数据的控制权及主机 A 的网络资源，无须任何手工干预；对于后者，主机 B 一旦检测到主机 A 出现故障，便会先发出要求，主机 A 中的处理进程将会尽力释放对逻辑卷的控制，而后主机 B 则会接管主机 A 释放的逻辑卷。在逻辑卷切换成功后，主机 B 将会按照既定设置，接管主机 A 的网络资源，如 IP 地址、网络名称等，随后主机 B 再将应用服务重新启动。其所需的切换时间，约十几秒时间，不同的产品略微有些差别。

双主机对彼此工作状态的检测是通过它们之间的心跳检测线（如直连网线、RS232 线缆等）及其各自服务进程之间的通信进行的。这种切换方式，需要有应用软件的支持，如 Oracle 数据库或者专用的双机切换软件（如 HA、MC 等）。

- 主机异地存放，双主机分别连接一个存储子系统。由于主机异地存放，使用 SCSI 线缆及铜缆等介质均无法满足距离要求，必须采用光纤或网线连接。这种机制，不仅可以消除服务器故障所带来的风险，还可以抵御因地震、火灾等意外灾难事故所带来的风险，但造价很高，一般在大型企业内采用。

- 其他灵活的设计方案。因为对任何两台独立的服务器，无论其是否配备了单独的存储子系统，企业都可以运用软件的方式获得数据同步的效果，所以从各企业自身的实际情况出发，还可以定义出其他更为灵活的方式，如充分发挥其应用系统自身的复制功能，在两套相互独立的应用系统之间进行间隔同步。自定义开发定时导入导出程序，同步间隔时间的长短，视服务器资源配置而有所不同。这种方式对两台服务器的资源性能、网络带宽等都有一定的影响，其稳定性也有一定局限。在实施之前，应当进行客观评估，以避免出现资源瓶颈现象。企业可以根据自己的实际情况和资金计划，选择对自己最为合适的方案。

6）信息系统容灾的解决方案

随着全球经济一体化的趋势进一步明显，跨地区、地域的企业经营模式越来越多。在这种情况下，许多企业所需要考虑的问题是，若他们的信息主机系统所在的建筑物、区域或城市发生了火灾、地震、洪水等灾难性事件时，如何保障企业信息系统的正常运作，从而保证企业在其他地区或地域的分支机构能够正常运营。

在灾难性条件下，企业要保证业务数据的完整或业务系统的正常运营，一般可采取以下方式。

（1）企业业务数据必然要存储在不同地域。

（2）在不同地域之间必须建立稳定、冗余的高速网络连接，以保证其网络的可靠性。

具体方式则可以采用自设光纤专线、租用商业线路或者卫星通信等方式进行数据传输，不同地域之间的数据同步，可以是实时同步或间隔同步，应视企业的具体需求而定。

关于具体技术方案，其原理与前面所讲的基本一致，所不同的是，它必然是一个数据间隔或实时同步并存的多机多应用的切换方案，但实际实施方案远比双机切换系统要复杂得多，它对主机系统、存储子系统、连接网络的性能都要求非常高，同时还要考虑到应用软件的合理分布和安装配置等多方面的问题。

任何一种技术方案，都无法完全杜绝因人为因素而带来的风险，如外来攻击、操作失误等。对于这一类情况，企业应当运用科学合理的管理方法、完善的数据备份机制和全面的应急方案来将自身的风险降至最低。企业对数据安全性及应用稳定性的程度要求，是由企业所在的行业、自身的特点及信息化的贯彻深度等多方面的综合因素来决定的。每个企业应针对自己的实际情况，综合运用各种方法，做出企业信息系统的规划方案，以最优的性能价格比来满足企业自身的需求。企业可以根据自己做出的方案，从技术到管理全方位地保障企业的数据安全和信息系统的稳定运行。

5. 故障的记录与报告

1）故障信息搜集与记录

当信息系统运行发生故障或异常情况时，运行管理人员必须对故障或异常进行相关的信息搜集与记录。因为对系统故障进行统计分析，必须依赖大量可靠的故障资料。故障记录的主要内容包括：故障时间、故障现象、故障部位、故障原因、故障性质、记录人、故障处理人、处理过程、处理结果、待解决问题、结算费用等。

（1）故障时间信息。收集故障停机开始时间，故障处理开始时间，故障处理完成时间。停机开始时间到故障处理开始时间属于等待时间。从故障处理开始到故障处理完成，这段时间长短反映了故障特点和故障维护人员的业务能力与技术水平，它既是研究系统可维修性的有用数据，也是对维护人员考核的依据。

（2）故障现象信息。故障现象是判断故障原因的主要依据。信息系统在运行过程中，一旦出现异常现象应该立即停止相关操作，要仔细观察，记录故障现象，为故障分析打下基础。

（3）故障部位信息。故障部位的记录也是一项重要的内容。确切掌握系统的故障部位，不仅为分析和处理故障提供依据，而且可以直接了解系统各部分的可靠性，为改善系统，提高系统可靠性提供依据。造成系统故障的原因很多，也可能比较复杂，有些故障是单一因素造成，而大多情况下却是多种因素综合影响的结果。因而只有从故障现象入手，研究故障机理，确定故障部位，才能找出真正的原因并加以解决。

（4）故障性质信息。由故障原因可归纳为几类故障：一种是硬件故障，即由于设备本身设计，制造质量或磨损，老化等原因导致的故障；一种是软件故障，即由于程序参数配置错误等软件因素导致的故障；一种是网络故障，即由于各种原因而导致的无法连接到网络或网络通信非正常中断；一种是人为故障，即由于人员素质或误操作等原因导致的故障；一种是自然灾害，即由于自然环境或不可抗力导致的灾难，如火灾、水灾、地震等。将故障性质的记录进行分类，分清故障责任，划归有关部门，使之制定行之有效的措施，防止类似故障的发生。

（5）故障处理信息。有些硬件故障可以通过调整，换件，维修等彻底排除，但有些时候因为硬件设计缺陷，设备老化，磨损加剧所形成的精度降低，重复性故障，多发性故障则很难排除，所以需要安排计划检修或设备改造、更新，以彻底消灭故障。大部分的软件故障可以通过重新调整参数，安装补丁程序，升级软件版本，甚至重装系统软件等方式排除。通过加强操作人员的技术技能培训，提高人员业务素质来避免人员因素造成的故障。对于自然灾害，一般通过建立系统整体的容灾容错方案予以预防和应急处理。对故障处理信息的收集，可以为今后处理新故障提供方法和依据，大大提高对故障处理的工作效率。

尽管在一些大型信息系统中，一般都有故障自动记录与报警功能的设计，但是，这些信息通常仅仅是对故障现象的简单记载，往往不够精确或者不够完整。因此，必须安排专门的人员对故障信息进行搜集、整理与详细记录。

2）故障分析

故障分析是指对故障记录资料进行统计分析，从中发现某些规律，获得有价值的信息，用以指导对系统的合理使用和维护保养，并从故障的原因入手，采取积极措施，尽可能从根本上把握故障机理，最大限度地减少故障，降低故障损失。

故障的数理统计分析是一项专业技术性较强的工作，既要求有一定的专业理论知识，又要有丰富的实际工作经验。故障统计的目的，在于发现各种设备故障的分布，找出多发故障设备，掌握各类设备的多发故障点。

故障分析的主要内容如下。

（1）根据故障的表征，分清故障的类型和性质，找出故障的根源。

（2）通过对统计资料的分析，获取有价值的信息。

故障的统计分析作为故障管理的重要一环，是制定故障对策的依据。可对故障记录文档中的各个记录项可以逐月分别进行统计。

3）故障报告

当信息运行过程中发生故障以后，应该按规定程序报告相关的主管部门，以便派人及时进行故障排除处理。对于硬件故障应该及时报告故障信息给设备制造厂商。对于软件故障，如果是软件本身的问题，应该及时报告故障信息给软件开发部门或软件厂商。对于网络故障，如果是租用的商业网络通信线路，应该及时报告故障信息给相应的网络服务商，以协助解决或获取技术支持。

2.3   信息系统运维的外包

信息系统运维的对象包括各种硬件和软件，对这些软硬件的运维工作涉及大量专业性很强的技术，而且这些运维技术更新很快。对信息技术运维人员而言，保持服务能力与技术发展同步，需要不断学习，组织内单一的信息技术运维环境，一般来说不利于信息技术运维人员的成长和发展；对组织而言，招聘或培养掌握复杂信息系统运维技术的专业人员也往往是非常不经济的。因此，为了控制人力成本，保证信息系统的质量和应用效果，信息技术运维全面或局部外包成了组织在有限资源条件下实现效益最大化的必然选择。

2.3.1   信息系统运维外包的概念

信息系统运维外包也称信息系统代维，是指信息系统使用单位将全部或一部分的信息系统维护服务工作，按照规定的维护服务要求，外包委托给专业公司管理。一般认为，外包可以带来成本优势，使信息系统使用单位保持长期的竞争优势。通过实行信息系统运维服务外包托管，可以利用专业公司的信息技术，提高单位信息管理的水平，缩短维护服务周期，降低维护成本，实现信息系统使用单位和信息系统运维服务专业公司的共同发展，还可以使信息系统使用单位信息中心管理工作简单化，将信息中心人员减至最少，使得信息系统使用单位能够专注于自身核心业务的发展，提升自身的核心竞争力。

信息系统运维外包可以给组织带来众多好处，具体如下。

（1）有利于提高组织竞争力。专业化信息系统运维公司调试设备齐全，运维技术专业、规范，队伍相对稳定，运维人员从业经验丰富，对行业规范的熟悉程度高，所以在信息系统实际运维中动作熟练、观察到位、记录翔实，可向业主方提供优质专业的服务，有利于被服务单位提高自身竞争力。此外，把日复一日的繁杂的信息系统日常运维外包出去，可以把精力集中在管理业主方最核心、最关键的工作上，由此提高业主方的核心竞争力。

（2）借助专业公司的管理流程和工具软件降低信息系统运维的成本。借助专业公司在信息系统管理工具和方法方面的优势来实现组织内部信息系统运维的信息化和规范化，组织无须在信息系统运维的管理流程、管理工具和管理人员的培训方面进行大规模的投资，减少了业主方信息系统运维管理的投资成本，同时也规避了由于人员流失而造成的 IT 运维管理方法和工具不能继承的风险。

（3）提高服务质量、降低故障率。信息系统运维服务外包后，由于信息系统运维服务开始计价，信息系统运维服务成本从隐性成本转变成显性成本，信息系统运维服务外包公司提供的账单使组织能够了解信息系统运维服务成本的来源。了解其来源，可采取有效的针对性措施来规避成本。另外，由于服务计费，信息系统运维服务公司为了自身生存需要，更希望降低单次服务成本，由此追求服务方式的标准化和规范化；同时，为了达到与客户约定的服务水平协议要求，提高客户满意度，不断追求自身服务品质的提高，这使得客户的服务质量得到有效保障。

（4）降低业务部门隐性成本。故障率的降低使得业务部门的信息系统可用性大为提高，业务部门有更多的时间使用信息系统开展业务，这大大降低了由于信息系统故障频繁可能引发的业务部门隐性成本。

2.3.2　信息系统运维外包的模式

在信息技术运维外包过程中，组织可能全部或部分将信息技术运维工作外包给其他信息系统运维外包服务公司，因此存在完全外包和部分外包两种信息系统运维外包模式。

1. 完全外包模式

组织通过与其他组织签署运维外包协议，将所拥有的全部信息技术资源的运维工作外包给其他组织，即外包组织为本组织提供完全的信息系统运维服务，组织的信息技术部门负责运维外包的管理工作，完全外包模式如图 2-11 所示。

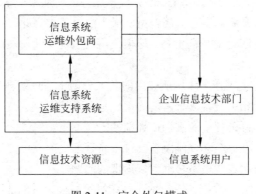

图 2-11　完全外包模式

2. 部分外包模式

组织对所拥有的一部分信息技术资源自行运维；同时，通过与其他组织签署运维外包协议，将所拥有的另一部分信息技术资源的运维工作外包给其他组织。一般情况下，组织信息技术部门负责运维工作和外包管理，即组织的信息技术部门和外包组织共同向组织提供信息系统运维服务，部分外包模式如图 2-12 所示。在部分外包模式下，根据运维服务是否涉及各组织的核心业务、关键任务等因素，对外包服务管理的具体要求各不相同。对涉及核心业务或关键任务的外包服务，需要对外包服务的过程和结果进行精细化管理；对只涉及非核心业务和非关键任务的外包服务，只需要对外包服务的结果进行粗放型管理。

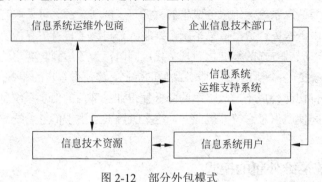

图 2-12　部分外包模式

2.3.3　信息系统运维外包的内容

根据具体的维护环节和所出现的大部分问题分析，信息系统运维外包主要包括桌面支持外包、IT 基础架构外包和应用系统外包。

1．桌面支持外包

目前，许多品牌计算机专业服务商的售后服务部门正日益摆脱从属厂家的地位，开始走商业利润最大化之路，发展成为专业服务商。部分技术服务公司从大型组织集团客户服务体系（提供售后维修服务等）的成本服务中心成功转型，成为面对各类行业客户的独立的第三方专业技术服务提供商，大力开展 IT 运维外包业务，这类公司的出现逐渐使硬件厂商把服务部门从成本中心转化为利润中心。

信息技术桌面指的是员工在工作场所使用的一系列用于信息处理、通信和计算的设备，包括计算机软硬件和其他的相关设备，对它们的管理是每个使用信息技术桌面的单位机构最日常的工作。具体地说，就是办公环境的维护，详细的工作如下。

（1）系统初始检查。在办公环境刚刚建立或准备建立之时，可提供对全局环境的检查，并得出适合于单位的最佳方案或找出不合理性、出现的问题。

（2）硬件故障解决。对计算机、笔记本、打印机等办公设备的故障进行定位和处理。

（3）硬件扩容升级。对不满足于办公环境的设备进行升级或更换处理。

（4）软件系统支持。对系统软件、一般运用软件进行维护，如选型、安装、使用、优化等，进行技术指导和处理，并可通过对系统的监控来实现维护的零距离。

（5）防病毒系统的支持。进行防病毒安全方面的技术处理，如查杀病毒、防病毒软件的解决方案，病毒防范安全策略等。

（6）网络系统的支持。对简单网络状况进行全局维护，并做出定制的优化和故障处理。

（7）日常维护管理。管理组织中各 IT 系统的资源资产情况，实现组织的财务部门进行更加方便的数据交互；规范和明确运维人员的岗位职责和工作安排，提供绩效考核量化依据，提供解决经验与知识的积累与共享手段，实现完善的 IT 运维管理，为组织提高经营水平和服务水平。

（8）咨询服务。对于以上的服务环节提供相应的咨询服务，但在维护合同签署之后依据合同实行。

2．基础设施外包

基础设施所涉及的内容包括网络设备、组织通信系统（如邮件）、数据库系统、服务器设备及系统、安全设备及系统、存储设备及系统等系统化，但又是基础化的系统平台及设备配件，是组织 IT 信息化所依赖的基础和根本。

基础设施即服务（Infrastructure as a Service，IaaS）是一种基础设施外包服务，即服务提供商提供服务器、存储和其他网络硬件，客户只需要租用一部分计算资源运行自己的应用程序即可。客户端无须购买服务器等网络设备，即可任意部署和运行处理、存储、网络和其他基本的计算资源。

这类外包的业务以互联网数据中心（Internet Data Center，IDC）外包最为主要，市场的份额也是较大的。其次，重点行业用户对网络系统的运营维护外包服务的认知度和接受度明显上升，大型网络安全、存储系统外包也正在逐渐占据重要地位。将安全和存储外包给更专业和权威的机构不但能使 IT 基础架构的外来危险、数据损失风险较低，还能简化内部人员的结构，节省人员费用。

这类业务包括以下几方面。

（1）系统、服务器维护支持。UNIX、Linux、Windows Server 等较大型系统的安装、调试、维护、优化，并对小型服务器甚至 SUN、IBM 等高端服务器进行维护。

（2）软件、服务调试。对邮件系统、ISA、Exchange、Lotus、AD、Web、FTP 等较常用软件和服务的维护及技术支持（需要对 UNIX、Linux 及平台下的各项服务也比较熟悉，因为很多组织所使用的系统不只是 Windows 平台）。

（3）网络系统维护。对整体网络环境进行检测并优化，简化网络管理，提高网络整体性能和办公效率。

（4）系统迁移。设备更新时，对系统、软件、数据进行迁移，实现简捷而安全的迁移，降低对业务的影响。

（5）数据库维护支持。对 DB2、Oracle、SQL Server、MySQL 等数据库的维护。

（6）数据存储和容灾管理。对系统和业务数据进行统存储、备份和恢复，找到更符合组织的存储方案和存储安全策略，并实施全方位的服务。

（7）安全系统的支持。针对内外网安全隐患进行安全分析和安全处理，使组织内部安全性提高。

（8）网站支持。对组织进行量身定制业务网站、门户网站等一系列网站业务，并提供维护和升级支持。

（9）咨询服务。对于以上的服务环节提供相应的咨询服务，但在维护合同签署之后依据合同实行。

3. 应用系统外包

应用系统外包与应用服务提供商（Application Service Provider, ASP）密切相关。ASP 的理念和模式与云计算的软件即服务（Software as a Service, SaaS）很接近，后者又是 ASP 理念的延伸，是集中为组织搭建信息化所需要的所有网络基础设施及硬件、软件运行平台，负责所有前期的实施、后期的维护等一系列服务，使得用户集中式托管软件及其相关的数据，无须购买软硬件、建设机房、招聘 IT 人员，只需前期支付一次性的项目实施费和定期的服务费，即可通过互联网享用信息系统。中小组织用户通过采购服务，可减少 IT 硬件设备的采购，减少 IT 支持人员的雇佣，提高应用系统的灵活性和稳定运行能力。

2.3.4　信息系统运维外包的风险管理

信息系统运维服务外包作为一种新的信息系统服务业务运营模式，具有明显的优势。可以通过选择专业的运维服务商，运用不断更新的信息技术来满足自己的业务需求；可以将组织原本存在的信息管理部门委托给服务商，精简机构，节约成本等。

1. 风险分类

业主方运维外包的风险主要来源于以下 4 个方面。

（1）外部环境不确定性，如政治风险、自然风险、市场风险等。

（2）运维外包决策的复杂性，如运维外包可行性的研究，运营方的选择，与运营方的权责界定等问题。

（3）运维外包双方的关系复杂性，如双方组织的文化差异、沟通不力风险、信息泄露及人力资源风险等运维外包特有风险。

（4）运维工作本身的复杂性，如技术风险、设备风险、安全风险、运维管理风险和验收风险等。

2. 风险分析

运维服务外包是一个复杂的过程，存在许多风险，这些风险主要表现如下。

（1）组织成本有可能增加。运维外包合同的价格相对固定，但在合同执行过程中，外包商可能会增加这样那样的附加服务，这些都是在合同中没有的，组织只好照单全收，从而导致组织运维成本增加。

（2）组织对服务商的依赖和外包合同缺乏灵活性可能降低组织的灵活性。组织之所以选择信息系统运维外包，就是希望将自己不擅长的业务交给专业服务商去做，从而达到专注核心业务、节约成本的目的。而组织一旦选择了运维服务外包，就有可能切断了组织学习所处商业领域技术的最新发展及应用途径的机会，形成对服务商的依赖。同时，外包合同通常是中长期的，外包时间越长，组织对服务商的依赖越大。

（3）可能会泄露组织的商业机密。信息技术已经渗透到组织业务的方方面面，不仅非核心业务，而且核心业务也离不开信息技术的支持，服务商完全有可能通过运维外包而接触到组织的商业秘密。一旦外包服务商和组织之间的关系以合同形式加以固定，组织内部的信息技术业务或资源交由外包商管理之后，组织便无法对外包的内容进行直接控制，也得不到来自外包商服务人员的直接报告，加之合同中双方权利、义务的界定不清，失控的风险显而易见。因此，将信息系统运维业务外包出去势必会带来"信息安全"的风险，可能造成业务知识流失或商业秘密泄露。

（4）对外包商缺乏恰当的监管。组织与外包商两者毕竟是相互独立的经济实体，没有任何的隶属关系，虽然组织可以在一定程度上影响外包商的人员调配、资金投入等决策，但仍不能完全保证组织对外包商的有效监管。

3．风险评估

信息系统外包风险评估是在风险识别的基础上，按照一定的参数和方法对风险清单中的风险进行系统评估的过程，主要评估产生的风险的严重程度及给业主方可能带来的损失大小。信息系统运维外包的风险评估方面的方法很多，如风险矩阵法、层次分析法、蒙特卡罗法、关键风险指标法、压力测试法等。

4．风险规避

在复杂的信息系统运维外包过程中，风险无处不在，存在风险并不可怕，只要有足够的风险防范意识并采用恰当的风险规避措施，就可以防患于未然。

1）核算外包成本，控制额外支出

组织实施运维服务外包成本核算，就可以清楚了解外包是否能够降低成本，提高利润，以避免高成本风险。外包成本包括显性成本和隐性成本，其中因为隐性成本不好估计，往往造成外包成本大大高于最初的预计成本。因此，核算和控制外包的综合成本十分必要，这其中尤其要考虑到一些隐性成本。

外包执行过程中，由于情况的变化可能会要求外包商做一些原合同中没有规定的额外工作，这会产生额外费用。签订合同前，应充分考虑这些因素，在合同中加以体现，防止外包商漫天要价，从而控制组织外包的成本。

2）组织仍需不断学习

运维服务外包并不意味着组织可以一包了之，不再需要信息管理人员，不用学习相关知识。因为运维服务外包的目的并不是把一个运维项目包出去，而是为了让这个项目为组织的日常运作服务。选择了运维服务外包的同时，一定不能切断组织学习所处商业领域技术最新发展及应用的机会，不管外包项目的大小，都需要保留一部分原先信息管理部门的精英来应对外包后可能发生的各种情况。组织相关高层应该在组织内部倡导良好的信息技术学习氛围，以使组织更好地适应变化的信息环境。

3）选择合适的外包商

选择一个合适的外包商对于信息系统运维外包的成功与否至关重要。组织应通过各种途径，充分了解、评估和确定合适的服务商。主要从技术实力、经营管理状况、财务状况、信誉程度、文化背景等方面对服务商进行评估。

选择了合适的外包商之后，在合同的执行期间，应该重视对外包商的管理。成立监管小组，定期、不定期地对合约的执行情况进行监督，及时补充修改组织的业务需求，及时与外包商进行谈判、磋商等。另外，在对外包商进行管理的同时，还需积极发展与外包商的关系。基于信任、交流、满意与合作的长期互动的关系对于运维外包的成功是非常关键的。

4）签订完整而灵活的外包合同

一份完整而灵活的外包合同是外包能否成功的基石，不同的外包目的和类型，需要不同的外包合同，但一般的外包合同主要包括规定的服务、合同的期限、费用、移交、绩效的标准、争议的解决、保证和责任、合同的终止、其他条款。除一般条款外，还要考虑保密条款、知识产权问题，这对防止商业泄密及知识产权的盗用是相当重要的。

在长期的外包合同执行期间，组织很可能会经历自己独特的增长和变化，所以合同条款应该具有一定的灵活性。需求分析应该对增长和变化做出分析，制定合同时可考虑加入以下内容使合同更灵活：需求变更、价格调整方法、争议解决机制、有关额外服务的条款、合同终止时双方的责任与义务。

2.4 信息系统运维管理标准

运维服务管理是对信息系统整个生命周期的管理，包括信息技术部门内部日常运营管理及面向用户服务的管理。因此，信息系统运维管理涉及人、组织架构、管理、流程及技术等诸多方面，是围绕着技术、人和业务流程三个基本元素展开的。业务目标是保证信息系统正常、可靠、高效、安全地运行，为业务部门提供优质服务。技术指各种管理手段；人员指信息技术支持部门各级员工及面向的用户；流程指信息系统运维的各种业务过程。因此，信息系统运维需要遵照一定的规范、标准对运维服务中的人员、技术、流程进行组织、量度和控制，这几方面互相协调、配合才能够提高运维服务的效率和质量。当前较为典型的信息系统运维管理标准有ITIL、COBIT 等。

常见信息系统运维管理标准术语见表 2-3。

表 2-3　常见信息系统运维管理标准术语

术　　语	定　　义
服务管理	服务管理是以服务的形式提供给客户的一整套的组织能力。这种组织能力以职能和流程的形式贯穿在战略、设计、转换、运营和持续改进整个生命周期过程中，反映了组织在行动上的能力及自信，将资源转换成有价值的服务的行动是服务管理的核心。缺乏这种组织运营能力，服务组织则只能提供给客户资源所固有的、相对较低的价值

术　语	定　义
服务	服务是在客户不承担特别的成本和风险的情况下，便捷地提供给客户想达到的结果，从而带给客户价值的方法
职能	职能是专门执行某种类型的工作，并对所产生的特定结果负责的组织单元。职能定义了角色和相关的授权，并对明确的绩效和结果负责。职能可以通过经验的积累拥有自己的知识，形成一个稳定的组织结构。职能之间的协调需要通过流程实现。流程模型有助于改进跨职能的协调和控制，从而避免职能层级的问题。设计精良的流程可以使职能内部和职能之间的工作效率提高
流程	流程是整合资源与能力进行实施的一组协调性活动，通过这些活动产生的结果直接或间接地为外部客户或利益相关者带来价值

2.4.1　ITIL

1. ITIL 的产生与发展

ITIL（Information Technology Infrastructure Library，ITIL）是英国政府中央计算机与电信管理中心（Central Computer and Telecommunications Agency，CCTA）在 20 世纪 80 年代中期开始开发的一套 IT 服务管理最佳实践指南。

ITIL 为组织的信息系统运维服务管理实践提供了一个客观、严谨、可量化的标准和规范，组织的 IT 部门和最终用户可以根据自己的能力和需求定义自己所要求的不同服务水平，参考 ITIL 来规划和制定其 IT 基础架构及服务管理，从而确保运维服务管理能为组织的业务运作提供更好的支持。

对组织而言，实施 ITIL 的最大意义在于将 IT 与业务紧密地结合起来，从而让组织的 IT 投资回报最大化，克服信息系统运维服务质量提升的阻力，提高运维资源利用率，降低成本，提高适应变化的灵活性，科学地管理运维风险，最终实现信息系统运维目标以支持组织战略转型。

ITIL 的应用价值已在许多公司的管理中得以证明和体现。例如，PRoCTOR&GAMBLE 公司采用 ITIL 模型后，曾在四年内节省了 5 亿多美元，其内部运作费用降低了 6%~8%。再如，加拿大的安大略政府采用 ITIL，创建虚拟服务台，提高了对 1 000 个不同地方的 25 000 用户的服务水平，支持费用也节约了 40%。

2. ITIL v3 核心架构

ITIL 经历的三个主要版本是：ITIL v1、ITIL v2 及 ITIL v3。

ITIL v3 是一个巩固和提高 ITIL 最佳实践的过程，也是"当前最佳实践"的精髓。"当前最佳实践"规定了行业实践中的前沿信息，并且会随着客户需求的改变而不断变化。OGC 对 ITIL v2 中的重要内容加以精简，然后将其收录到 ITIL v3 中。ITIL v3 引入了"生命周期"这个概念，即 IT 服务从开始到结束的整个过程，就是服务管理的生命周期。

当开展一项服务时，组织中不同的管理层和成员都参与到该服务的生命周期中，包括决策、计划、设计、开发、测试、发布、运行和改进等活动中。借助于"生命周期"的贯穿，ITIL v3 将 v2 中的各个流程有机地整合在了一起。严格说起来，v3 只是 v2 的加强版，它补充并解释了 v2 的不足之处，在前者的基础上增加了一些营销方法与流程，并解释 ITIL 在不同的行业该如何切入，使得 ITIL 跟企业的关系更紧密。

在 ITIL v3 对服务的定义中，表达了两层含义：客户想要的"结果"和不想要的"特别的成本和风险"，两者结合体现了服务带给客户的价值。

基于服务生命周期主要包含五个方面：服务战略、服务设计、服务转换、服务运营及服务改进。其中服务战略是生命周期运转的轴心；服务设计、服务转换和服务运营是实施阶段；服务改进则在于对服务的定位和基于战略目标对有关的进程和项目的优化改进。

2.4.2　COBIT

信息系统和技术控制目标（Control Objectives for Information and Related Technology, COBIT）目前已成为国际上公认的 IT 管理与控制标准。该标准为 IT 治理、安全与控制提供了一个一般适用的公认框架，以辅助管理层进行 IT 治理。COBIT 是基于已有的许多架构建立的，如 SEI（Software Engineering Institute）的能力成熟度模型（Capability Maturity Model，CMM）对软件组织成熟度五级的划分，以及 ISO9000 等标准。COBIT 在总结这些标准的基础上重点关注组织需要什么，而不是组织需要如何做。它不包括具体的实施指南和实施步骤，它是一个控制架构，而非具体过程架构。

COBIT 覆盖整个信息系统的全部生命周期（从分析、设计到开发、实施，再到运营、维护的整个过程），从战略、战术、运营层面给出了对信息系统的评测、量度和审计方法，起到了组织目标与信息技术治理目标之间的桥梁作用，在业务风险、控制需求和技术观点之间建立了一种有机联系。COBIT 框架如图 2-13 所示。

COBIT 完全基于信息技术准则，反映了组织的战略目标。信息技术资源包括人、应用系统、信息、基础设施等相关资源，信息技术管理则是在信息技术准则指导下对信息技术资源进行规划处理。C0BIT 将信息技术过程归并为四个控制域：计划与组织、获取与实施、发布与支持，以及监测与评估。在这四个方面确定了 34 个处理过程和 318 个详细控制目标，通过定义这些目标，可以实现业务对信息技术的有效控制。此外，每个过程还有相应的评审工具。

2.5　信息系统运维管理系统与专用工具

2.5.1　信息系统运维管理系统功能框架

信息系统运维管理系统是站在运维管理的整体视角，基于运维流程，以服务为导向的业务服务管理和运维管理支撑平台，提供统一管理门户，最终帮助运维对象实现信息系统管理规范化、流程化和自动化的全局化管理。

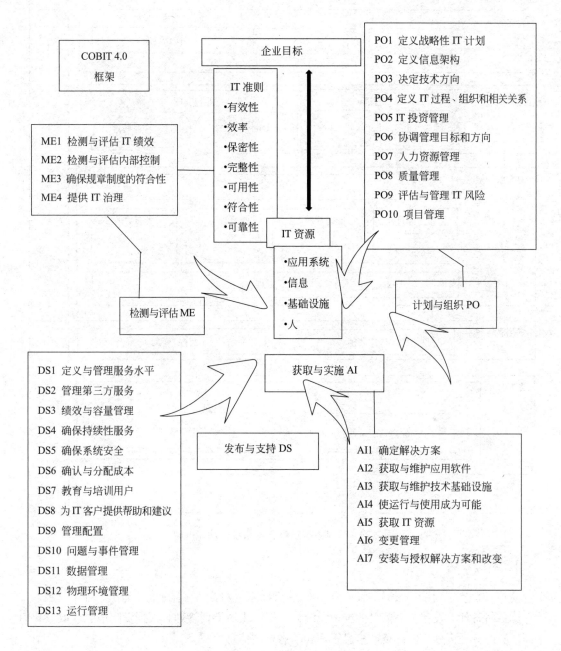

图 2-13　COB1T 框架

　　运维管理系统的架构一般分为采集层、基础层（资产管理）、通用服务层（监控管理等）、对象服务层（流程管理等）、管理分析层和表达层（管理门户），具体架构如图 2-14 所示，其产品功能涵盖了资产管理、流程管理、监控管理、外包管理、安全管理、综合管理等。

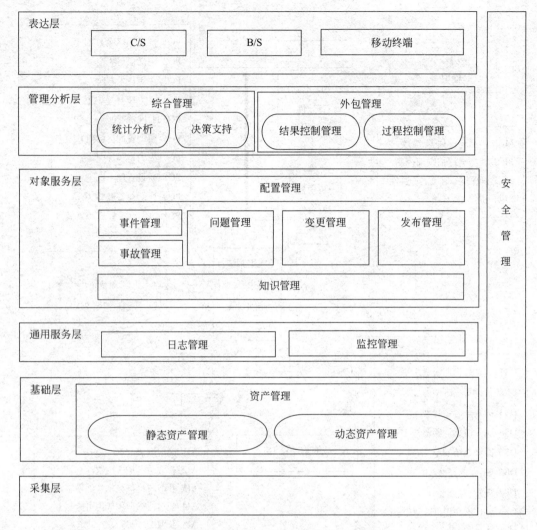

图 2-14　信息系统运维管理系统的功能框架

1. 资产管理

资产管理实现对网络设备、服务器、PC、打印机、各种配件（显示器、显卡、网卡、硬盘）、软件、备品备件等设备资产信息的维护、统计及资产生命周期管理。根据资产信息获取方式的不同，资产管理可分为静态资产信息管理和动态资产信息管理。

1）静态资产信息管理

（1）资产信息维护：包括资产信息的获取与更新、查询、导出和打印。

（2）资产信息分析统计：实现静态资产的统计分析，关键指标为设备利用率。

（3）资产生命周期管理：对资产的采购、入库、维修、借调、领用、折旧、报废等生命周期各阶段的管理功能。

（4）辅助决策：包括预警功能，如资产过保修期预警、资产报废预警等；同时包括基于规则的运维费用的计算，运维费用包括资产维护费用和相关的维护人员费用，能够灵活调整计算规则。

2）动态资产信息管理

动态资产信息管理是在静态资产信息管理的基础上实现资产信息的自动发现和采集，资产信息的自动同步和更新。

2. 流程管理

流程管理功能应实现 IT 运维管理中所要求的管理流程，并对其进行监控，确保运维服务质量。流程管理功能要实现两个目标，一是对运维流程进行管控，按照服务等级协议（Service-Level Agreement，SLA）调用必要的资源，保证处理时限，确保服务质量，支持对故障和服务申请的跟踪，确保所有的故障和服务申请能够以闭环方式结束；二是利用运维管理系统固化运维服务的工作流程，提供标准的、统一的服务规范，提供灵活的流程定制功能。

1）事件管理

事件管理负责记录、快速处理 IT 基础设施和应用系统中的突发事件。事件管理应支持自定义事件级别、事件分类，提供方便的事件通知功能，支持对事件进行灵活的查询统计，并可以详细记录事件处理的全过程，便于跟踪了解事件的整个处理过程。事件管理应支持以下功能。

（1）支持事件记录的创建、修改和关闭。

（2）支持向事件记录输入描述和解决方案信息，支持创建事件记录时自动记录创建时间、创建日期和事件流水号。

（3）支持将事件记录自动分派到相应支持组和个人。

（4）提供对事件记录的查询功能。

（5）支持灵活定制相关报表，可利用历史事件记录生成管理报表。

（6）支持与问题管理、配置管理、变更管理等其他管理流程的集成。

2）事故管理

针对所有事件中的事故事件，运维管理系统应对采集到的事故事件支持以下功能：事故查询、事故与客户信息关联、事故统计、事故确认、事故同步、事故升级、事故清除、事故通知、事故知识库关联等。

（1）事故查询。运维管理系统支持多种条件组合的基本事故查询和统计功能，查询和统计功能针对当前事故和历史事故进行，并且应能根据事故源、事故级别、状态、类型、发生时间等组合条件对事故信息进行过滤查询。

（2）事故与客户信息关联。运维管理系统应支持事故和客户信息的关联，根据事故对象自动获取客户的名称、联系人信息及 SLA 签约信息，并结合 SLA 签约信息确定事故的级别和后续处理策略。

（3）事故同步。运维管理系统应具有事故同步的功能，当由于某些因素造成运维管理系统与 IT 资源的事故信息不同步时，可以启动同步功能，完成事故信息的同步。运维管理系统可以向被管系统主动请求网络的当前活跃事故信息，或者请求某一时间段的事故信息。

（4）事故确认。运维管理系统应提供事故确认的功能。运维管理系统应能对单个事故或符合条件的一组事故进行确认。

（5）事故升级。对单位时间内频次过高或历时过长（门限可由用户设置）的事故自动提高事故级别，从而保证事故信息的有效性。运维管理系统应提供界面，可以由用户对事故升级的条件进行灵活配置。

（6）事故清除。运维管理系统应具有事故清除的功能。事故清除功能应支持两种清除方式：自动清除和手工清除。自动清除是指运维管理系统能自动将超过事故保存时间的历史事故记录删除，而手工清除是指运维管理系统能够对用户选定的事故进行清除。

（7）事故统计。运维管理系统应具有事故统计功能。运维管理系统应能以报表、图形等形式根据事故对象、事故类型、事故级别、事故产生的时间等条件对事故进行分类统计和比较。

（8）事故通知。运维管理系统提供事故通知条件的设置，包括事故时间范围、事故级别、类型、事故设备等。运维管理系统支持查询、增加、删除、修改事故通知条件的功能，允许创建多个通知条件；运维管理系统提供将事故通知条件关联到相关的运维人员的功能，一个事故通知条件应可以关联到多个运维人员，并提供对 E-mail 和短信通知方式的设置。当出现事故时，运维管理系统会自动根据事故通知条件通过特定手段（如 E-mail 或短信）通知相关的运维人员。

3）问题管理

问题管理流程的主要目标是预防问题和事故的再次发生，并将未能解决的事件的影响降到最低。系统应支持以下功能。

（1）支持问题记录的创建、修改和关闭，创建问题记录时自动记录创建时间、日期。

（2）支持对事件、问题和已知错误的区分。

（3）支持自动分派问题记录到定义的支持组或个人。

（4）支持对问题记录定义严重等级和影响等级。

（5）支持对问题记录的跟踪和监控。

（6）支持生成可定制的管理报表。

（7）支持向问题记录输入描述和解决方案信息。

（8）提供对问题记录的查询功能。

（9）支持与变更管理、配置管理、事件管理等其他管理流程的集成。

4）配置管理

配置管理负责核实 IT 基础设施、应用和用户终端环境中实施的变更，以及配置项之间的关系是否已经被正确记录下来，监控 IT 组件的运行状态，以确保配置管理数据库能够准确地反映现存配置项的实际版本状态。

配置管理相关的内容包括：分析现有信息，确定所需工具和资源，选择和识别配置构架，创建配置项，记录所有的 IT 基础设施组件及其相互关系（包含组件所有人、状态及可用的文档等），通过认可记录和监控已授权及确认的配置项来确保配置数据库的及时更新，核实配置项的存在性和准确性，根据配置项的使用情况产生趋势和发展的报告，为其他管理流程提供可靠的信息等。

配置管理应追踪和监控基础设施及其状态，记录管理对象的相互关系，为事件、问题与变更管理等提供相关的设备系统信息，应能帮助事件管理、问题管理中的故障和问题正确快速解决，应能帮助评估变更影响并快速解决。

配置管理应确保客户所有配置元素及其配置信息得到有效完整的记录和维护，包括各配置元素之间的物理和逻辑关系。

配置管理子系统应支持以下功能。

（1）支持对配置项的登记和变更管理。

（2）支持对配置项属性的记录，如序列号、版本号、购买时间等。

（3）支持配置项间关系的建立和维护。

（4）支持配置项及其关系的可视化呈现。

（5）支持对配置管理数据库访问权限的控制。

（6）支持对配置项变更的历史审计信息的记录和查询。

（7）支持配置项的状态管理。

（8）支持针对配置项的统计报表。

（9）支持与事件管理、问题管理、变更管理等其他管理流程的集成。

（10）配置管理与其他流程的集成要求。

5）变更管理

变更管理实现所有 IT 基础设施和应用系统的变更，变更管理应记录并对所有要求的变更进行分类，应评估变更请求的风险、影响和业务收益。其主要目标是以对服务最小的干扰实现有益的变更。系统应支持以下功能。

（1）创建并记录变更请求：系统应支持信息的输入，并确保只有授权的人员方可提交变更请求。

（2）审查变更请求：系统应支持对变更请求进行预处理，过滤其中完全不切实际的、不完善的或之前已经提交或被拒绝的变更请求。

（3）变更请求的分类和划分优先级：系统应支持基于变更对服务和资源可用性的影响决定变更的类别，依据变更请求的重要程度和紧急程度进行优先级划分。

（4）系统应支持对变更请求的全程跟踪和监控，支持在变更全程控制相关人员对变更请求的读、写、修改及访问。

（5）系统应支持将变更请求分派到合适的授权人员。

（6）系统应支持对变更请求的审批流程，并支持对变更请求的通知和升级处理。

（7）系统应提供可定制的管理报表，方便按类型、级别对变更进行统计和分析，对变更实施的成功率、失败率等进行统计和分析。

（8）支持与事件管理、问题管理、配置管理等其他管理流程的集成。

6）发布管理

发布管理负责对硬件、软件、文档、流程等进行规划、设计、构建、配置和测试，以便为实际运行环境提供一系列的发布组件，并负责将新的或变更的组件迁移到运行环境中。其主要目标是保证运行环境的完整性被保护及正确的组件被发布。系统应支持以下功能。

（1）支持发布的分发和安装。

（2）支持与配置管理、变更管理、服务级别管理等流程的集成。

7）知识管理

知识管理流程负责搜集、分析、存储和共享知识及信息，其主要目的是通过确保提供可靠和安全的知识及信息以提高管理决策的质量。知识管理应支持以下功能。

（1）添加知识：提供支持人员提交经验和知识输入的接口或界面，支持 Word/Excel/TXT 等格式文档作为附件的输入。

（2）支持知识库的更新。

（3）查询知识：提供完善的查询功能，如查询关键字、知识列表等。

（4）提供模糊匹配、智能查询、点击统计等增强功能。

3．监控管理

监控管理包括对信息系统相关设备的监控管理，实现视图管理、配置管理、故障管理和性能管理等。

1）视图管理

以图形方式呈现信息系统相关设施的信息能够动态实时显示各类资源的运行状态，了解资源的分布与状态信息，以及对网络中的资源进行监控。系统一般支持网络拓扑图、机房平面图、机架视图、设备面板图等视图。

2）资源监控

系统实现设备资源、应用、人员和供应商等各类资源信息的维护和分析统计，以及配置信息的下发等功能。具体如下。

（1）资源信息维护：对动态资源信息的自动采集，以及方便的静态资源信息手工录入，并支持对资源信息的更新、同步等维护手段。

（2）资源模型编辑：通过模型的编辑工具，快速实现管理功能的调整。

（3）可视化监控：实现直观的可视化管理，通过形象的展现方式直观展现设备工作情况。

（4）配置信息下发和配置文件管理：对可配置资源管理信息进行下发控制，能够通过一个按钮即可快速批量设置整个信息系统环境的工作模式。能够对网络设备配置文件进行管理，包括配置文件上传、配置文件下载及配置文件比较等功能。

（5）资源信息统计分析：能够对资源信息进行灵活查询与统计，报表统计的结果以图形（如直方图、曲线图、饼图等）或表格方式显示。

3）故障管理

包括告警信息采集、处理、显示、清除和故障定位。具体如下。

（1）实时采集告警信息，对设备资源的运行状态进行任务化的监视，支持设置不同的任务执行策略，完成不同监测粒度的需要。

（2）实现告警的过滤、升级和压缩，并能够对告警过滤、升级和压缩条件进行灵活设置。

（3）系统将用户关心的告警信息以列表、视图、颜色等形式呈现给相关运维人员，并支持对告警显示过滤条件的灵活设置。

（4）系统将这些事件信息通过电子邮件和短信息的方式及时告知相关运维人员，并支持信息发布规则的灵活设置，包括设置首次前转条件、间隔前转条件、延时前转条件、升级前转条件等。

（5）系统提供故障原因分析手段，能够准确定位网络故障的原因，能够自动压缩重复告警，记录告警的重复次数。

（6）系统提供自动和手动的告警清除功能，支持灵活设置自动清除的周期和清除时保留的告警时间窗口。

（7）系统记录故障发生的现象和处理的方法，为管理人员提供故障处理经验库。当故障发生时，能够方便地查看该类故障的处理经验。

4）性能管理

性能管理包括性能数据采集、处理、统计分析和性能门限管理等功能。具体如下。

（1）可采用任务方式对设备进行性能数据采集，性能数据能反映设备的运行情况和运行质量，能够对性能数据采集任务进行灵活的设置。

（2）支持对不同的性能指标进行阈值设置，提供相应的阈值管理和越限告警机制，能够按照对象类型和针对具体对象两种方式设置性能门限。

（3）性能数据可保存到数据库中，实现统计、分析和比较功能，统计、分析和比较的结果能够以图形方式呈现，能生成性能趋势曲线；能够同时选中多个对象，在同一坐标系中进行性能趋势对比，对比曲线应支持直接存为图片。

（4）性能数据趋势分析具备性能门限提醒功能。在性能趋势分析阁中能绘制出该对象的性能门限阈值线。

4. 外包管理

运维管理系统的外包管理功能是面向信息系统管理者，服务的结果控制管理和过程控制管理。

1）结果控制管理

结果控制管理应支持对外包信息系统运维服务质量和效果的控制，具体如下。

（1）系统应支持对服务级别协议的查询。

（2）系统应支持基于服务级别协议中规定的内容定制并提交服务质量报告。

（3）系统应支持服务级别违例报告。

2）过程控制管理

过程控制管理，应实现对信息系统运维服务提供过程的控制。具体如下。

（1）系统应支持查询外包运维工作的详细情况，如事件和问题处理情况、变更执行情况等。

（2）系统应支持服务级别违例相关的服务质量恢复和处理情况的查询及报告。

（3）系统应支持对外包单位和外包运维人员的工作量及绩效进行查询、统计和定期报告。

5. 安全管理

通过信息化节段实现安全管理支撑能力，安全管理应包括但不限于通信及操作管理、访问控制、信息安全事件管理及风险评估和等级保护。在具体实施中会依据信息安全管理体系和信息系统安全等级保护的相关国家标准。安全管理功能一般应与事件管理和问题管理相关联。

（1）通信及操作管理。支持防范恶意代码和移动代码；支持依据既定的备份策略对信息和软件进行备份并定期测试；能对网络进行充分的管理和控制，以防范威胁，保持使用网络的系统、应用程序和信息传输的安全；支持对可移动媒体的管理；支持对通过物理媒体、电子消息及业务信息系统交换的信息进行安全控制；具有审计日志、管理员和操作者日志、错误日志等日志功能，并提供对日志信息的保护、分析和呈现。

（2）访问控制。系统支持对网络访问的控制，包括远程用户的鉴别，网络设备识别，诊断和配置端口的物理及逻辑访问控制，网内隔离，网络连接控制和网络路由控制等；支持对应用系统和信息的访问控制，进行统一集中的身份认证、授权和审计。

（3）信息安全事件管理。系统能发现并报告信息安全事件，并对安全事件做出响应；跟踪、记录安全事件及其处理过程；支持对安全事件的统计分析，能够量化安全事件的类型、数量、成本，并支持统计分析结果的输出。

（4）风险评估和等级保护。支持安全风险的评估及评估结果的上报，支持依据评估结果生成相应的等级保护方案，等级保护的方案应可映射到环境、资产、设备、网络、系统等安全系统运维的各个方面，支持等级保护方案的上报。

6. 综合管理

运维管理系统应在资产管理、监控管理、安全管理、流程管理和外包管理功能的基础上，实现信息系统整体运维信息统计分析，并支持管理决策。

（1）统计分析。运维管理系统应能在收集到的各种事件信息和配置信息的基础上进行综合分析，帮助运维人员进行故障问题的定位。同时，系统应支持在各类管理信息的基础上建立综合分析指标，来反映 IT 环境的总体运行趋势。运维管理系统应支持通过界面、邮件和短信等多种方式发布分析结果。对分析结果发布的规则可以灵活设置，能够为信息系统运维的不同角色提供不同界面和分析结果。

（2）决策支持。决策支持应该包括数据、模型、推理和人机交互四个部分。系统应支持管理者就信息系统运维相关的人员、费用及资源配置等管理关注的方面制定决策目标，通过建立、维护并运行决策模型，利用综合资产、监控、安全、流程及外包管理的特征数据，借助知识推理功能，以人机交互方式进行半结构化或非结构化决策。

2.5.2 运维管理系统

当前完整的运维管理系统产品尚未形成产业，在国际和国内市场上比较少见，很多大型信息系统运维部门普遍采用自行研发或者集成多种运维工具形成工具链的方式。

就国外厂商来说，IBM、CA、HP、BMC 是目前市场上最为活跃的运维管理系统厂商，占据了大部分市场份额，开源市场上则是 Genome 目前备受关注。

（1）CA 公司的 USPSD（Unicenter Service Plus Service Desk）。USPSD 是一个综合的、集成的智能服务台解决方案，它可以接收通过 Call Center 或 Web 界面手工提交的问题，也可以自动接收事件管理平台转发的问题，并且按照规范的处理流程完成问题请求、变更管理、资产管理、知识管理以及服务级别管理，科学、自动地完成人力资源分配，确保每个问题及时解决。

（2）HP 公司的运维管理平台。HP 公司作为业界领先的著名 IT 公司，从一开始就作为 ITIL 的积极参与者和倡导者，首先开发制定了具有知识产权的 HP ITSM 参考模型。HP Open View 凭借其 HP Open View Service Desk 解决方案提供了领先的支持标准。Service Desk 能组合各种集成支持过程，包括与 IT 基础设施完美管理相关的运作、性能和业务智能性。服务管理解决方案将电话管理、意外管理和问题管理等过程与配置、变更、工作流程和服务级别管理等质管理过程集成。这种方法使支持机构和 IT 机构能一起工作，共享信息，保证目前和将来都能顺利执行关键业务服务。

（3）北塔的运维管理系统 BTIM。北塔 BTIM 是以业务价值管理为核心，强调企业对 IT 的全方位管理，并集北塔软件多年 IT 管理实践精髓于一体的综合管理系统。北塔 BTIM 产品设计思路从企业 IT 业务服务管理角度出发，切合行业的最新技术发展将业务管理与 IT 管理进行有效融合。采用符合 ITIL 理念的设计思路，形成紧密贴合业务的综合一体化协同管理平台，平台通过直观的事前管理呈现、先进的根源定位和智能联动分析，为用户 IT 管理提供全面综合管理解决方案。

（4）开源运维管理系统 Genome。在开源软件领域，由红帽资助的 Genome 项目也属于集成运维管理系统范畴，Genome 集成了一系列用于维持云架构的工具，可以部署多层次的网络应用，包括 Apache 反向代理层、JBoss 应用服务器层以及 postgresSQL 数据库层。

2.5.3　运维管理专用工具

信息系统的具体运维工作包括系统安装配置、工具软件安装配置、系统检查及信息收集、系统监控与处理、版本补丁管理、数据备份管理和灾备环境管理等，为提高工作效率，在各运维业务工作中都有相应的运维专用工具。如预备阶段的部署分发工具过程阶段的流程管理工具、自动化工具、配置管理系统工具、监控工具，以及过程阶段中针对具体运维对象的运维专用工具（如硬件运维中的资源视图管理工具、数据运维中的运维备份工具、安全运维的密码安全运维工具等）；优化改善中的日志分析工具、数据化运维工具等。

本节将介绍典型的流程管理工具、自动化管理工具、配置管理工具产品，其他运维专用工具将在后续章节中针对具体运维对象展开阐述。

1. ITIL 流程管理平台 Remedy

以 Remedy 为首的服务管理类产品融合了 ITIL 业界最佳经验，可以优化业务流程。BMC Remedy IT Service Management 套件包括业界领先的资产与配置管理、软件许可管理、变更与发布管理、服务台以及服务级别管理应用程序。Remedy 套件包括以下六大应用程序：

（1）BMC Remedy Service Desk。能够实现事件和问题管理流程的自动化，使服务台能够快速高效地对中断业务服务的情况做出响应。BMC 通过一个适合所有 IT 服务支持职能的统一架构实现了无可匹敌的集成性，可通过与单一配置管理数据库（Configuration Management Database, CMDB）的集成以及与其他服务支持流程的开箱即用的工作流自动化，提供直接的业务优先级可见性。这些开箱即用的工作流能够捕捉和跟踪各种关系，从用户自助服务请求到事件发起、问题关联、根源调查、已知错误以及最后通过变更请求进行的纠正。

（2）BMC Remedy Change and Release Management。提供全面的策略、流程管理和规划功能，能够帮助提高实施变更的速度和一致性，同时可以最小化业务风险和中断，具备定义和执行标准化的变更与发布流程的功能，在变更请求的整个生命周期提供指导——从提交到规划、实施和最后验证。BMC Remedy Change and Release Management 能够根据用户自动定制视图，因而增强了可用性和生产效率。通过定义独特的多阶段审批流程，可以确保受某个环境变更影响的所有人员提前得到通知，并能进行必要的准备以最小化风险。上报、核查记录和其他自动化功能（如冲突检测、变更影响分析、变更仪表板和变更日历）可使变更核准过程保持快速顺利进展，同时最小化与组织变更流程相关的内在风险。

（3）BMC Remedy Asset Configuration Management。通过 IT 资产生命周期、清单、合同和成本控制的运营方法来帮助用户降低 IT 成本、管理合规和增加投资回报。通过确保 IT 资产和 ITIL 运营流程围绕相同的 CMDB 数据协调流程，可以更好地洞察和控制事件、问题、变更、配置及 SLA 对企业资产的影响，反之亦然。

（4）BMC Service Level Management。可以帮助客户使关键 IT 基础架构和服务支持流程与业务优先级保持一致。BMC Service Level Management 能够自动执行、监控和管理整个服务级别协议流程，实现 IT 对其支持的业务部门或客户的承诺。除了监控服务支持指标（如事件解决时间）外，BMC Service Level Management 从基础架构管理数据源收集数据，包括 BMC Performance Manager、BMC Transaction Management 和 SNMP。其结果是针对业务目标实现对业务服务支持和交付性能的统一管理。另外，该应用程序还针对 BMC Atrium CMDB 中包含的配置项（Configuration Item, CI）跟踪服务级别协议（Service-Level Agreement, SLA）。

（5）BMC Discovery。为填充和动态维护有关资产、配置、应用拓扑甚至业务用户的准确 CMDB 数据提供了一个可扩展、可重复的解决方案，因此可以帮助了解资产的相互依赖性以及给业务用户提供的服务。

（6）BMC Configuration Management。主要用于管理软件资产，它基于策略的自动化，提供和维护客户端和服务器资产的软件配置。与 BMC Remedy Change Management 和 Definitive Software Library 一起，BMC Configuration Management 能够通过可重复的闭环流程（从授权到执行到验证）自动执行配置和软件许可策略。

2. 自动化运维操作管理平台 Opsware

Opsware 是一个实现服务器、网络、存储、可视化应用管理器、流程等的自动化系统，能够帮助企业实现服务器和应用程序的统一的安装、变更、合规和配置管理等工作。

Opsware 有三大子系统，分别是服务器自动化系统（Server Automation System，SAS）、网络自动化系统（Network Automation System，NAS）和过程自动化系统（Process Automation System，PAS）。其中 SAS 具备变更的执行与控制，自动化合规/策略管理，服务器与应用排障，提高服务器的安全性，安装、部署和配置操作系统和软件等功能；NAS 能够实现网络设备全生命周期的自动化管理，包括网络设备的变更管理、合规管理和安全性管理等；PAS 能够通过流程自动化处理信息系统运维事件，内置数百现成可用的流程/子流程，通过简单的拖曳操作，即可实现自动化的 IT 操作流程。

3．配置管理系统

配置管理系统通过识别、控制、维护、检查企业的 IT 资源，从而高效控制与管理不断变化的 IT 基础架构与 IT 服务，并为其他流程，如事故管理、问题管理、变更管理、发布管理等提供准确的配置信息。配置管理系统的作用如下。

（1）信息整合：如何将众多 IT 设备、IT 服务，甚至使用它们的部门与人员整合在一个完整的库中？这样整合的信息将使有效与高效地管理 IT 设备与服务成为可能。可自动发现各种主机、网络设备、应用。同时支持全网发现、指定子网、指定配置项三种发现方式。

（2）关系映射：如何将硬件、软件以及 IT 服务之间的物理和逻辑关系映射可视化？关系映射使得 IT 人员可以看到其互相之间的依赖关系，并确定该 IT 组件给客户带来的潜在影响。若 IT 人员可以实时看到其对公司或客户业务的影响，将大大有助于提高 IT 服务水平。使用拓扑图形式，可视化展示 IT 资源、部门、人员之间的关联关系，并且可通过在拓扑图上直接拖曳，实现关联关系的定义与维护。CMDB 不仅仅存储 IT 资源的属性与关联关系，还自动关联 IT 资源与其发生过的事故、问题、变更、发布。

（3）流程支持：如何为其他 IT 运维流程提供准确的 IT 设备，IT 服务的配置信息（包括当前设备或服务发生过的事故、问题、变更、发布等信息）？对服务台及事故管理，在服务台及事故、问题、变更、发布流程中，均可以快速查看当前流程设计的 IT 资源的原棉、准确的信息。

（4）软件库与硬件库：如何保证应用到 IT 环境的软件与硬件均是经过授权与测试的？这是保证 IT 环境与提供稳定 IT 服务的前提条件，通过支持 DSL（Definitive Software Library，最终软件库）与 DHS（Definitive Hardware Store，最终硬件库），保证在发布管理中使用的软件与硬件均是通过授权与测试的。

2.6　信息系统运维管理的发展——云运维管理

2.6.1　云运维管理概述

在云计算技术体系架构中，运维管理提供 IaaS 层、PaaS 层、SaaS 层资源的全生命周期的运维管理，实现物理资源、虚拟资源的统一管理，提供资源管理、统计、监控调度、服务掌控等端到端的综合管理能力。云运维管理与当前传统 IT 运维管理的不同表现为：集中化和资源池化。

云运维管理需要尽量实现自动化和流程化，避免在管理和运维中因为人工操作带来的不确定性问题。同时，云运维管理需要针对不同的用户提供个性化的视图，帮助管理和维护人员查看、定位和解决问题。

云运维管理和运维人员面向的是所有的云资源，要完成对不同资源的分配、调度和监控。同时，应能够向用户展示虚拟资源和物理资源的关系和拓扑结构。云运维管理的目标是适应上述变化，改进运维方式和流程来实现云资源的运行维护管理。

2.6.2　云运维管理的功能

云计算运维管理应提供如下功能。

1．自服务门户

自服务门户将支撑基础设施资源、平台资源和应用资源以服务的方式交付给用户使用，并提供基础设施资源、平台资源和应用资源服务的检索、资源使用情况统计等自服务功能，还应根据不同的用户提供不同的展示功能，并有效隔离多用户的数据。

2．身份与访问管理

身份与访问管理提供身份的访问管理，只有授权的用户才能访问相应的功能和数据，对资源服务提出使用申请。

3．服务目录管理

建立基础设施资源、平台资源和应用资源的逻辑视图，形成云计算及服务目录，供服务消费者与管理者查询。服务目录应定义服务的类型、基本信息、能力数据、配额和权限，提供服务信息的注册、配置、发布、注销、变更、查询等管理功能。

4．服务规则管理

服务规则管理定义了资源的调度、运行顺序逻辑。

5．资源调度管理

资源调度管理通过查询服务目录，判断当前资源状态，并且执行自动的工作流来分配及部署资源，按照既定的适用规则，实现实时响应服务请求，根据用户需求实现资源的自动化生成、分配、回收和迁移，用以支持用户对资源的弹性要求。

6．资源监控管理

资源监控管理实时监控、捕获资源的部署状态、使用和运行指标、各类告警信息。

7. 服务合规审计

服务合规审计对资源服务的合规性进行规范和控制，结合权限、配额对服务的资源使用情况进行运行审计。

8. 服务运营监控

服务运营监控将各类监控数据汇总至服务监控及运营引擎进行处理，通过在服务策略及工作请求间进行权衡进而生成变更请求，部分标准变更需求并转送到资源供应管理进行进一步的处理。

9. 服务计量管理

服务计量管理按照资源的实际使用情况进行服务质量审核，并规定服务计量信息，以便于在服务使用者和服务提供者之间进行核算。

10. 服务质量管理

服务质量管理遵循云计算服务等级协议要求，按照资源的实际使用情况而进行服务质量审核与管理，如果服务质量没有达到预先约定的服务等级协议要求，自动化地进行动态资源调配，或者给出资源调配建议由管理者进行资源的调派，以满足服务等级协议的要求。

11. 服务交付管理

服务交付管理包括交付请求管理、服务模板管理、交付实施管理，实现服务交付请求的全流程管理，以及自动化实施的整体交付过程。

12. 系统管理

系统管理云计算运维管理自身的各项管理，包括账号管理、参数管理、权限管理、策略管理等，并对云计算运维管理提供周期性统计报表支持。

13. 管理集成

管理集成负责与 IaaS 层、PaaS 层、SaaS 层的接口实现，为服务的交付、监控提供支持。

14. 管理门户

管理门户面向管理维护人员，将服务、资源的各项管理功能构成一个统一的工作实现管理维护人员的配置、监控、统计等功能需要。云运维管理的最终目标是实现 IT 能力的服务化供应，并实现云计算的各种特性共享、自动化、按使用付费、自服务、可扩展等。

本章要点

（1）信息系统运维管理的定义、体系、主要流程、管理制度等。

（2）信息系统运维的任务、职责、人员管理、信息系统运行管理制度的建立与实施、系统运行的文档管理、运维模式和系统运行的故障管理。

（3）信息系统运维外包的概念、模式、内容及风险管理。

（4）信息系统运维管理的主要标准。

（5）信息系统运维管理系统及专用工具。

（6）云运维管理的概念及功能。

思考题

（1）信息系统运维的具体流程是什么？

（2）信息系统日常运维管理的内容有哪些？

（3）简述信息系统运维的组织构成及相关职能。

（4）信息系统运行的文档管理有哪些？

（5）系统运行的故障管理有哪些？

（6）信息系统运维外包的概念是什么？信息系统运维外包的动因是什么？

（7）ITIL v3 核心架构包括哪些内容？

第 3 章　信息系统设施运维

　　信息系统设施是指支撑信息系统业务活动的信息系统软硬件资产及环境。信息系统设施运维属于信息系统基础运维,是整个信息系统运维的前提和保证,其核心任务是有效地管理信息系统的设施资源,对相关设施进行日常运行维护、综合监控管理,保障信息系统稳定、可靠地运行,从而保证信息服务的质量。

　　本章主要介绍信息系统设施运维的对象、运维的内容、信息系统设施运维的环境管理、运维平台和辅助工具、常见设施故障分析与诊断方法,以及云环境下信息系统设施运维的挑战和要求。

3.1　信息系统设施运维的管理体系

　　信息系统设施运维的范围包含信息系统涉及的所有设备及环境,主要包括基础环境硬件设备、网络设备、基础软件等,如图 3-1 所示。

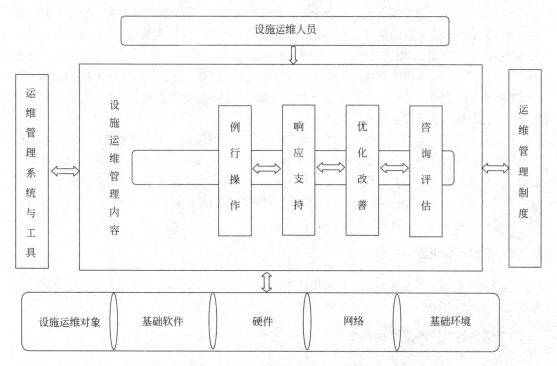

图 3-1　信息系统设施运维的管理体系

1. 信息系统设施运维的对象

信息系统设施运维的对象主要包括基础环境、硬件、网络、基础软件等。

（1）基础环境：主要包括信息系统运行环境（机房、设备间、配线室、基站、云计算中心等）中的空调系统、供配电系统、通信应急设备系统、防护设备系统（如消防系统、安全系统）等，能维持系统安全正常运转，确保机房环境满足信息系统运行要求的各类基础设施。

（2）网络：主要包括通信线路、通信服务、网络设备及网络软件。

通信线路即网络传输介质，主要有双绞线、同轴电缆、光纤等；通信服务即网络服务器，网络控制的核心是通过运行网络操作系统，提供硬盘、文件数据及打印机共享等服务功能；网络设备即计算机与计算机或工作站与服务器连接时的设备，主要包括网络传输介质互连设备（T型连接器、调制解调器等）、网络物理层互连设备（中继器、集线器等）、数据链路层互连设备（网桥、交换机等）、应用层互连设备（网关、多协议路由器等），以及跨层的入侵检测器、负载均衡器等；网络软件是指支撑网络设备运转的软件。

网络运维的四个对象是紧密关联的，例如，运维人员在面对用户反映"网络不通"问题的时候，往往会发现问题可能不是出在通信线路上，而是由通信服务、网络设备或网络软件引起的。网络运维中的关键不是针对具体设施对象的管理，而是能够满足网络运维需要的快速定位问题。

（3）硬件：主要包括服务器、安全设备、存储备份设备、音视频设备、终端设备及其他相关设备等，其中最为关键的是服务器设施，包括 Web 服务器、应用服务器、邮件服务器、文件服务器、FTP 服务器、DHCP 服务器、DNS 服务器、打印传真服务器、数据库服务器、域服务器等。对于不同规模的信息系统其服务器的分布也不尽相同，例如，小型企业可能将 Web 服务器和应用服务器合二为一，大中型企业可能采取多个服务器集群完成文件服务器的任务或采用基于云计算的分布式服务器管理模式。

（4）基础软件：主要包括操作系统、数据库系统、中间件及其他支撑系统。《信息系统技术服务规范》中将硬件设备又划分为计算机系统设备和外围设备，其中计算机系统设备是指一套可独立完成信息处理的自动化数据处理系统（这里将网络专用服务器的计算机系统纳入网络设备范畴）；外围设备指的是信息系统中除计算机主机外的其他设备，包括输入和输出设备，如打印机、磁盘驱动器、外置大容量存储设备等。

2. 信息系统设施运维的内容

信息系统设施运维主要包括信息系统设施的例行操作运维、响应支持运维、优化改善运维和咨询评估运维等内容，具体内容参见 3.2 节。

3. 信息系统设施运维的制度

信息系统设施运维应建立健全的制度体系并依照执行，具体制度按照运维对象主要有机房管理制度、网络基础设置管理制度、子网管理制度、数据存储设施管理制度、基础软件管理制度等；按照运维过程管理主要有设施运维人员和岗位职责管理制度、外来维护人员管理制度、运维记录管理制度、设备巡检、维护作业计划管理制度等。

4. 信息系统设施运维的人员

信息系统设施运维的人员包括管理人员、技术支持人员和具体操作人员，对各类人员的岗位要求如表 3-1 所示。

表 3-1　信息系统设施运维人员的技术要求

运维对象	管理人员	技术支持人员	具体操作人员
基础环境	具有丰富的运维服务项目管理经验，并有 IT 服务管理相关的中、高级培训认证证书	熟练掌握机房基础设施相关设备的安装、调试、配置和维护，拥有相关设备系统的中、高级培训认证证书	熟练掌握相关设备系统的操作文档，并经过相关专业系统的操作培训和资格认证
网络设备		熟练掌握相关网络设备、系统的安装、调试、配置和维护，拥有相关设备系统的中、高级培训认证证书	熟练掌握网络及网络设备相关操作文档，并经过培训考核
硬件设备		熟练掌握相关服务器、存储器的安装、调试、配置和维护，拥有相关设备系统的中、高级培训认证证书	熟练掌握服务器及存储相关操作文档，并经过培训考核
基础软件		熟练掌握相关软件的安装、调试、配置和维护，拥有相关软件的中、高级培训认证证书； 熟悉数据产生、处理的关键环节，并了解数据输入、输出、处理的相关步骤	熟练掌握基础软件相关操作文档，并经过培训考核

3.2　信息系统设施运维的环境管理

3.2.1　计算机机房设计

电子计算机系统是当前各种信息系统的基础运行环境，而计算机机房则是电子计算机系统的基础支撑环境。计算机机房是为计算机系统服务的，而计算机系统又是为某一应用目的而工作的，因此，计算机机房工程的设计既要满足计算机设备自身的要求，又要满足计算机应用目的的要求。为了确保信息系统稳定、安全、可靠地运行，以及充分保障信息系统运行管理工作人员有良好的工作环境，做到技术先进、经济合理、安全适用、确保质量，因此必须以科学化、标准化的思想进行电子计算机机房的设计和建设。

1．计算机机房的选址要求

电子计算机机房的地理位置一般应该选择水源充足，电力比较稳定可靠，交通通信方便，自然环境清洁的地点；要远离产生粉尘、油烟、有害气体以及生产或贮存具有腐蚀性、易燃、易爆物品的工厂、仓库、堆场等；要尽量远离强振源和强噪声源；要避开强电磁场干扰，远离电气铁道、高压线路、变电所、微波发射塔等强电强磁设施，如确实无法避开强电磁场干扰，为保障计算机系统的信息安全，应采取有效的电磁屏蔽措施。

计算机机房应选择坚固、宽敞、洁净、通风、有防雷击设施等条件较好的房间。如果是多层建筑或高层建筑物内宜设于第二、三层，应尽可能选用除顶层和底层以外的房间。要保证机房内有足够的空间安装所配设备并满足系统运行要求，一般使用面积最少不低于 60 平方米。除主机房外，还应配有必要的附属用房，并有合理的结构。

2．计算机机房的布局要求

电子计算机机房的布局组成应按计算机系统运行特点及设备具体要求确定，一般应该由主机房、基本工作间、第一类辅助房间、第二类辅助房间、第三类辅助房间等组成。电子计算机机房的使用面积应根据计算机设备的外形尺寸布置确定。基本工作间和第一类辅助房间面积的总和，宜等于或大于主机房面积的 1.5 倍。上机准备室、外来用户工作室、硬件及软件人员办公室等可按每人 $3.5 \sim 4m^2$ 计算。

系统的各种设备宜采用分区布置，一般可分为主机区、存储器区、数据输入区、数据输出区、通信区和监控调度区等。具体划分可根据系统配置及管理而定。需要经常监视或操作的设备布置应便利操作。容易产生尘埃及废物的设备应远离对尘埃敏感的设备，并宜集中布置在靠近机房的回风口处。主机房内通道与设备间的距离应符合下列规定：① 两相对机柜正面之间的距离不应小于 1.5m；② 机柜侧面（或不用面）距墙不应小于 0.5m，当需要维修测试时，则距墙不应小于 1.2m；③ 走道净宽不应小于 1.2m。

3．计算机机房的建筑要求

电子计算机机房的建筑平面和空间布局应具有适当的灵活性，主机房的主体结构宜采用大开间大跨度的柱网，内隔墙宜具有一定的可变性。主机房净高，应按机柜高度和通风要求确定，宜为 $2.4 \sim 3.0m$；机房的楼板荷载可按 $5.0 \sim 7.5kN/m^2$ 设计。电子计算机机房主体结构应具有耐久、抗震、防火、防止不均匀沉陷等性能，变形缝和伸缩缝不应穿过主机房。主机房中各类管线宜暗敷，当管线需穿楼层时，宜设技术竖井。室内顶棚上安装的灯具、风口、火灾探测器及喷嘴等应协调布置，并应满足各专业的技术要求。机房围护结构的构造和材料应满足保温、隔热、防火等要求。机房各门的尺寸均应保证设备运输方便。

电子计算机机房宜设单独出入口，当与其他部门共用出入口时，应避免人流、物流的交叉，入口至主机房应设通道，通道净宽不应小于 1.5m。电子计算机机房宜设门厅、休息室和值班室。人员出入于机房和基本工作间应更衣换鞋。主机房和基本工作间的更衣换鞋间使用面积应按最大班人数的每人 1～3m² 计算；当没有条件单独设更衣换鞋间时，可将换鞋、更衣柜设于机房入口处。

电子计算机机房的耐火等级应符合现行国家标准《高层民用建筑设计防火规范》《建筑设计防火规范》及《计算站场地安全要求》的规定。主机房、基本工作间及第一类辅助房间的装饰材料应选用非燃烧材料或难燃烧材料。当计算机机房与其他建筑物合建时，应单独设防火分区。计算机机房的安全出口，不应少于两个，并宜设于机房的两端。门应向疏散方向开启，走廊、楼梯间应畅通并有明显的疏散指示标志。

4．计算机机房的室内装饰要求

主机房室内装饰应选用气密性好、不起尘、易清洁，并在温、湿度变化作用下变形小的材料，并应符合下列要求：① 墙壁和顶棚表面应平整，减少积灰面，并应避免眩光。② 应铺设活动地板，活动地板应符合现行国家标准《计算机机房用活动地板技术条件》的要求。敷设高度应按实际需要确定，宜为 200～350mm。③ 活动地板下的地面和四壁装饰，可采用水泥砂浆抹灰。地面材料应平整、耐磨。当活动地板下的空间为静压箱时，四壁及地面均应选用不起尘、不易积灰、易于清洁的饰面材料。④ 吊顶宜选用不起尘的吸声材料，如吊顶以上仅作为敷设管线用时，其四壁应抹灰，楼板底面应清理干净；当吊顶以上空间为静压箱时，则顶部和四壁均应抹灰，并刷不易脱落的涂料，其管道的饰面，亦应选用不起尘的材料。

基本工作间、第一类辅助房间的室内装饰应选用不起尘、易清洁的材料。墙壁和顶棚表面应平整，减少积灰面。装饰材料可根据需要采取防静电措施。地面材料应平整、耐磨、易除尘。主机房和基本工作间的内门、观察窗、管线穿墙等的接缝处，均应采取密封措施。电子计算机机房室内色调应淡雅柔和。当主机房和基本工作间设有外窗时，宜采用双层金属密闭窗，并避免阳光的直射。当采用铝合金窗时，可采用单层密闭窗，但玻璃应为中空玻璃。当主机房内设有用水设备时，应采取有效的防止给排水漫溢和渗漏的措施。

机房应远离噪声源，当不能避免时，应采取消声和隔声措施。主机房内不宜设置高噪声的空调设备，当必须设置时，应采取有效的隔声措施。当第二类辅助房间内有强烈振动的设备时，设备及其通往主机房的管道，应采取隔振措施。

3.2.2　计算机机房的环境条件

1．温度

计算机机房室内温度要适当并维持在稳定状态，温度过高或过低都会影响计算机系统的正常工作。如果工作环境温度过高，特别是在南方气候炎热的夏天，很容易造成系统内部元器件的温度过高，轻者计算机系统工作不正常、死机，重者将烧毁部件。如果工作环境温度过低，过低的室温会引起凝聚和结露现象，从而引起器件生锈，温度过低还会使绝缘材料变硬、变脆。

机房的温度应保持在 15℃～35℃，安装空调来调节温度是解决此问题的最佳办法。对于没有条件安装空调的单位来说，假如机器已超频的话，在炎热的季节就应该把频率降下来了。其次要注意机房的通风，上机时尽量开窗开门，并借助于电风扇进行通风。机房室内布局要合理，各个设备之间不应该靠得太挤，保持一定的距离以保证正常散热，并且尽量为CPU选用合格的功能强的风扇。

2. 湿度

计算机机房室内湿度也要适当并维持在稳定状态，湿度过高或过低同样会影响计算机系统的正常工作。在计算机开关机和工作期间，若空气中的湿度过高，会引起电路板涨大变形，难以插拔；高温潮湿的条件还会使金属生锈、腐蚀而发生漏电、短路故障；湿度过高还会增加触点的接触电阻，影响机器的正常运行，使机器提前老化。若湿度过低，则极易产生静电，在低湿度的机房中，人在地板上行走、触摸设备、机械的摩擦部分等都会产生静电感应，对机器设备的正常工作带来不利影响。工作室里的湿度应保持在20%~80%为宜，在雨水季节要特别注意防水、防潮，对于长期间不使用的计算机要定期开机一段时间，以驱除机器内部的潮气，防止结露。为此计算机机房应配备湿度检测仪、除湿机、增湿机，定时测试空气中的湿度，以保证计算机在安全适宜的环境中工作。

电子计算机机房内温、湿度应满足下列要求，开机时主机房的温、湿度应执行A级，基本工作间可根据设备要求按A、B两级执行，其他辅助房间应按工艺要求确定。

（1）开机时电子计算机机房内的温、湿度，应符合表3-2的规定。

表3-2　开机时电子计算机机房内的温、湿度

项　　目	A 级		B 级
	夏 季	冬 季	全 年
温度	（23±）℃	（20±2）℃	（18~28）℃
相对湿度	45%~65%		45%~70%
温度变化率	<5℃/h 并不得结露		<10℃/h 并不得结露

（2）停机时电子计算机机房内的温、湿度，应符合表3-3的规定。

表3-3　停机时电子计算机机房内的温、湿度

项　　目	A 级	B 级
温度	（5~35）℃	（5~35）℃
相对湿度	40%~70%	20%~80%
温度变化率	<5℃/h 并不得结露	<10℃/h 并不得结露

（3）记录介质库的温、湿度应符合下列要求，常用记录介质库的温、湿度应与主机房相同，其他记录介质库的要求应按表3-4的规定。

表 3-4　记录介质库的温、湿度和磁场强度要求

项　目	介　质		磁　盘		磁　带	
	卡片	纸带	已记录数据	未记录数据	已记录数据	未记录数据
温度	（5～40）℃		（18～28）℃	（0～40）℃	（18～28）℃	（0～40）℃
相对湿度	30%～70%	40%～70%	20%～80%		20%～80%	
磁场强度			<3200A/m	<4000A/m	<3200A/m	<4000A/m

3．照明

计算机机房内要有足够的光照度，无眩光，亮度要均匀。照度是计算机机房环境设计中十分重要的环节，也是保证计算机操作人员工作环境的重要指标，照度标准应符合下列规定。

（1）主机房的平均照度可按 200Lx、300Lx、500Lx 取值。

（2）基本工作间、第一类辅助房间的平均照度可按 100Lx、150Lx、200Lx 取值。

（3）第二、三类辅助房间应按现行照明设计标准的规定取值。

照度的选择应符合表 3-5 的规定。

表 3-5　照度的选择

平均照度（Lx） 机房类型	200（100）	300（150）	500（200）
间歇运行	√		
持续运行		√	
连续运行			√
无窗建筑		√	√

表中括号内的照度为第一类辅助房间照度取值。其他照度为主机房照度取值。第二、三类辅助房间按照现行照明设计标准的规定取值。工作区内一般照度的均匀度（最低照度与平均照度之比）不宜小于 0.7，非工作区内一般照度的均匀度不宜小于 0.2。计算机机房故障照明照度为一般照明的 1/10，安全出口标志灯照度不低于 0.5Lx。

计算机机房眩光是操作人员产生视觉疲劳的重要原因，对眩光的限制可以分为如表 3-6 所列的三级。

表 3-6　眩光限制等级划分

眩光限制等级	眩光程度	适用场所
I	无眩光	主机房、基本工作间
II	有轻微眩光	第一类辅助房间
III	有眩光感觉	第二、三类辅助房间

主机房、基本工作间可以采用下列措施限制工作面上的反射眩光和作业面上的光幕反射。

（1）使视觉作业不处在照明光源与眼睛形成的镜面反射角上。

（2）采用发光表面积较大，亮度低，光扩散性好的灯具。

（3）视觉作业处家具和工作房间内应采用无光泽表面。

如果计算机机房照度等级以及眩光限制等级确定以后，参照下表 3-7 可以进行电光源的选择。

表 3-7   电光源的选择

光 源 种 类	光源平均亮度　1（×10cd/m）	眩光限制等级	遮 光 角
管状荧光灯	1<20	I	20°
		II、III	10°
透明玻璃白炽灯	1>500	II、III	20°

4. 防尘

计算机机房要求环境清洁无尘，因为灰尘对计算机的危害极大，如果平时不注意计算机的保养，到一定时间后，机箱内肯定会积满积尘。由于计算机在运行的过程中会产生很多的热量，而计算机散热都是采用风冷方式，这样空气中的灰尘就乘虚而入了。显示器工作时内有高压，会吸引空气的尘埃。水分和腐蚀物质会随着灰尘进入机器内，吸附在电子元件上，一方面它会使电子元件散热能力下降，另一方面，由于灰尘中含有水分，电子元件会变得潮湿甚至发生腐蚀。灰尘吸附在电路板表面，会使相邻印制线间的绝缘电阻下降，影响电路的正常工作，严重的还会引起短路故障，烧坏电源、主板和其他部件。我国颁布的《电子计算机机房设计规范》中明确提出"主机房内的空气含尘浓度，在静态条件下测试，每升空气中大于或等于 0.5μm 的尘粒数，应少于 18000 粒"。

预防灰尘的主要措施有：

（1）要注意保持微机房的清洁卫生，机房内应该设有吸尘器。

（2）不要在操作计算机时吸烟，烟脂对计算机的损坏是非常大的。

（3）使用完计算机后都要盖上防尘罩或者罩布。

（4）要定时清除计算机内的灰尘，可以先用吹风机将表面的灰尘吹尽，然后用无水酒精洗去上面较多的灰尘，对于一些很裸露的元器件最好是用散热硅油，在其表面轻轻涂上一层。对于显示器进行清洁一定要注意先断开电源，用镜头纸由屏幕中心向外擦拭。

（5）清洁显示器内部，应由有关专业人员进行操作，以免破坏显像管，造成损失。

5. 防静电

因为半导体设备对静电非常的敏感，电子元件可能受静电的影响而发生性能的下降和不稳定，从而引发各种故障。静电不仅会对计算机运行出现随机故障，而且还会导致某些元器件，如 CMOS、MOS 电路，双级性电路等的击穿和毁坏。此外，还会影响操作人员和维护人员的正常的工作和身心健康。

防止静电的措施主要有：

（1）保持室内一定的湿度，防止静电荷聚集。

（2）室内地面可铺设耐磨地砖或活动防静电地板，切忌铺设一般胶地板、地毯。

（3）计算机外设与地线要保持良好的接触，设置符合防静电要求的接地装置，接地装置可利用可靠的自然接地物，也可专门埋设接地物。

（4）安装接插件或更换电子元器元件时，先用手接触金属，释放掉人体所带的静电电荷后再进行操作。

（5）操作计算机时不要穿尼龙化纤织品衣服。

6. 防磁

磁场主要会对显示器和数据存储产生影响。在计算机机房中，首先要注意显示器防磁，一些磁性物体靠近显示器所形成的磁场反比地球磁场更有害，受到磁性不良影响的显示器可能会出现明显的屏幕晃动、水波纹、色斑、亮度不均匀、图形几何畸变等故障。所以显示器一定要注意远离磁性物体，如电话机、音箱、收录机、永久磁铁等等。

防磁的具体解决方案有：

（1）避开电磁场，计算机应尽量安装在远离电话机、音箱、收录机、永久磁铁等地方。

（2）远离高压线。

（3）将计算机和其外部设备的金属外壳接地，以起到屏蔽作用。

（4）定期对显示器进行消磁。

7. 防雷

由于机房通信和供电电缆多从室外引入机房，易遭受雷电的侵袭，机房的建筑防雷设计尤其重要。在中心机房所在的建筑物应当安装独立的避雷针、避雷网将整个中心机房所在的建筑物保护起来，将电流引入地下，现在有的建筑师把建筑物本身的钢筋作为雷电流引下线，这对于计算机通信设备较少的机房也是一种合理的方法，所有进入中心机房的金属管道，外壳，交换机柜，中心路电器应联成统一的电气整体，并与专门的统一地网相连。计算机通信电缆的芯线，电话线均应加装避雷器。

8. 防强光、防有害气体

不要把计算机放在强光照射的地方，因为计算机的机身受阳光或强光照射，时间长了，容易老化变黄，而且计算机的显示屏幕在强烈光照下也会老化，降低发光效率。为了避免造成这样的结果，就必须把计算机摆放在日光照射较弱或者没有光照的地方；或者在光线必经的地方，挂块深色的布减轻它的光照强度；墙面应采用浅色装修，反射系数应控制在 60% 以内。另外，在使用的过程中，在用户允许的范围内应尽可能降低显示器的亮度。设置屏幕保护程序以防止荧光粉长期发光而提前老化。

大气中有各种腐蚀性、导电性气体及冶炼、化工等工业排出的有害气体。例如，二氧化氮、一氧化碳、硫化氢等，这些气体不仅对人体会造成极大的危害，而且对机器设备也有腐蚀作用。因此机房要远离有害的化学气体，在化工厂附近的，计算机机房应装有空气过滤设备。另外，机房内也会产生一些有害气体，因此平时还要注意机房的经常性通风。

9. 防水

由于计算机机房内大多数是电子设备，必须注意防水。与主机房无关的给排水管道不得穿过主机房。主机房内的设备需要用水时，其给排水干管应暗敷，引入支管宜暗装。管道穿过主机房墙壁和楼板处，应设置套管，管道与套管之间应采取可靠的密封措施。机房内的给排水管道必须有可靠的防渗漏措施，暗敷的给水管道宜用无缝钢管，管道连接宜用焊接。主机房内如设有地漏，地漏下应加设水封装置，并有防止水封破坏的措施。机房内的给排水管道要采用难燃烧材料保温。机房应根据设备、空调、生活、消防等对水质、水温、水压和水量的不同要求分别设置循环和直流给水系统。循环冷却水系统应按有关规范进行水质稳定计算，并采取有效的防蚀、防腐、防垢及杀菌措施，循环冷却水管可采用工程塑料管或镀锌钢管。

10. 防鼠

在计算机机房设计时也应充分考虑鼠害，因为一方面老鼠可能咬断电线电缆，损坏设备；另一方面，老鼠的残留，会导致机房不清洁，严重的还可能导致断路断电。鼠害的防治应从两方面进行：

（1）计算机机房铺设线路时，应采用防鼠性能好的材料；

（2）机房内应禁止放食品、饮料等，一旦发现鼠踪，应及时采用一些方法将其消灭。

3.2.3 电气系统

1. 电气系统基本要求

计算机机房的电气系统是信息系统运行支撑环境中的重要组成部分，伴随着生产自动化水平的逐渐提高以及计算机在工程中的广泛应用，对电气系统设计的要求也就越来越高。概括起来，其基本要求可以归结为以下四个方面。

（1）保证计算机系统运行的可靠性

计算机系统是由许多复杂的高密度组装的电子器件组成的中央处理机（CPU）以及高精密的外部设备组成的。由于其系统的复杂性决定了计算机系统的某一环节很难避免发生故障。因此计算机系统的可靠性问题成为影响计算机发展与应用的核心问题。而计算机机房工程的可靠性与机房环境、供配电、接地等因素是密不可分的，对供配电系统和接地系统而言，如果处理不得当，诸如电网过渡引发直流电源振荡将会使计算机在运行过程中，该为"0"的变成"1"，使软件出现"奇偶位错误"，影响计算机系统的可靠运行，诸如此类的例子不胜枚举。

（2）保证计算机系统的设计寿命

对计算机机房内静电的影响而言，静电可以通过人体、导体触及计算机可导电外壳时，有可能击穿其电子器件而使计算机出现偶然性故障及器件损坏。

（3）保证信息安全的要求

据有关资料介绍，大部分计算机运行时频率介于 0.16～400MHz，如果供电电源质量没有保证，供电频率超出计算机要求的稳态频率偏移范围，将降低计算机抗干扰能力，辐射到空间的信息将面临有可能被干扰，被篡改，甚至被窃取的危险。

（4）保证计算机操作人员的工作环境

诸如计算机机房照明之类，如果处理得当，将会大大提高操作人员的工作效率，减缓操作人员的视疲劳程度，减少操作上的误动作。

在做计算机机房电气系统设计时，应该严格执行国家的有关规范和标准，如《电子计算机机房设计规范》GB50174—1993 等。

2．供配电系统

由于供电网络和负载的复杂性以及自然界雷击、地电等的影响，供给负载的交流电并不是稳定的标准的正弦波，由此既可能引发键盘锁定、硬件老化等相对较轻的不良影响，也可能导致数据完全丢失（如突然断电导致）或主板燃烧等较大事故。因此计算机房设计时计算机电源应该使用专用的线路，不要与其他大功率电器一起使用。电子计算机机房的用电负荷等级和供电要求应满足《供配电系统设计规范》GB50052—1995，其供配电系统应采用电压等级220V/380V，频率工频 50Hz 或中频 400～1000Hz 的 TN-S 或 TN-C-S 系统，电子计算机的主机电源系统按设备的要求确定。电子计算机机房供配电系统应考虑系统扩展、升级的可能，并应预留备用容量。

电网的供电质量对计算机系统的正常运行具有十分重要的意义，而供电质量主要包括以下几个方面，根据电子计算机的性能、用途和运行方式（是否联网）等情况可以划分为 A、B、C 三级，如表 3-8 所示。

表 3-8　供电质量等级划分

供 应 量	等　级		
	A	**B**	**C**
稳态电压偏移范围/（%）	±2	±5	＋7～13
稳态频率偏移范围/Hz	±0.2	±0.5	±1
电压波形畸变率/（%）	3～5	5～8	8～10
允许断电持续时间/ms	0～4	4～200	200～1500
三相电压不平衡度/（%）	0.5	1	1.5

为了提高电网的供电质量，计算机机房的供配电系统设计应该注意以下事项。

（1）机房容量较大时，应设置专用电力变压器，容量较小时，可采用专用低压馈电线路供电。

（2）电子计算机电源设备应靠近主机房设置。

（3）机房内其他电器的电力负荷不得由计算机主机电源和 UPS 供电。主机房内为计算机设备宜设置专用动力配电箱，与其他负荷应分别供电。

（4）单相负荷应均匀地分配在三相上，三相负荷不平衡度应小于20%。

（5）计算机电源系统应限制接入非线性负荷，以保持电源的正弦性。

为提高计算机设备的供配电系统可靠性，当有下列具体要求情况时，最理想的技术措施是在配电设备前端增加交流不间断电源系统UPS。

（1）对供电可靠性要求较高，采用备用电源自动投入方式或柴油发电机组应急自启动方式仍不能满足要求时。

（2）一般稳压、稳频设备不能满足要求时。

（3）需要保证顺序断电安全停机时。

（4）电子计算机系统实时控制时。

（5）电子计算机系统联网运行时。

不间断电源UPS（Uninterruptible Power Supply）具有稳频稳压的功能，而且具有抗干扰能力。配备UPS主要起到两个作用：一是为计算机系统提供备用电源，目的是防止电网供电突然断电时保持短时间的供电，让用户有时间来保存文件，然后正常关机，这对计算机和各种设备起到了很好的保护作用。二是消除电网供电上的"污染"（包括浪涌、波动、脉冲、噪声等），使计算机中的电子部件免受摧毁性损坏。

对于信息中心机房，为保证计算机系统连续运行，充分发挥UPS的作用，对市电电源供应采用一级供电，最好用一路备用线路，保证计算机可以连续运行（因为UPS一般最多只能维持7～8小时，如遇较长时间停电，则计算机系统无法运行，信息系统运行将发生停滞）。为确保电压恒定，最好在入机房电源之间增加联络，以尽量减少停电时间。

UPS基本是由整流器、蓄电池、静态开关等组成。UPS的本机占地面积并不大，但需配有蓄电池组则占地面积就要扩大，另外它的自重较大，所以在安排机房时应特别予以考虑其重量因素（在UPS放置的位置要对地板要加固，在地板铺置的地方应予以考虑）。UPS因发热量较大，噪音也不小，其本身内部结构紧凑，清洁困难，服务器机房通风要好，还要注意防尘与隔音。

3．设备选型

计算机机房内设备选型从形式上虽然没有具体要求，但根据《低压配电设计规范》GB50054—1995，并结合上述计算机设备的供配电特性，应注意以下几点。

（1）专用配电箱内保护和控制电器的选型应满足规范和设备的要求。

（2）专用配电箱应有充足的备用回路，用以计算机系统的扩容。

（3）专用配电箱进线断路器应设置分离脱扣器，以保证紧急情况下，切断所有用电设备电源。

（4）专用配电箱设置电流、电压表以监测三相不平衡度。

（5）专用配电箱设置足够的中线和接地端子。

4. 综合布线

由于计算机机房内部的各种电气设备很多，在进行综合布线时应该注意以下几点：

（1）电子计算机机房的电源进线应按照《建筑物防雷设计规范》采取过电压保护措施，专用配电箱电源应采用电缆进线，不得不采用架空进线时，在低压架空电源进线处或专用电力变压器低压配电母线处装设低压避雷器。

（2）主机房活动地板下部的低压配电线路宜采用铜芯屏蔽导线或铜芯屏蔽电缆。

（3）主机房活动地板下部的电源线应尽可能地远离计算机信号线，避免并排敷设，应采取相应的屏蔽措施。

（4）照明布线：照明配线宜穿镀锌薄壁钢管保护。

5. 接地系统

为了确保计算机正常运行，防止寄生电容耦合的干扰、保护设备及人身安全，在机房建设中要求有良好的地线系统。计算机机房的接地系统不仅对计算机运行的可靠性，而且对计算机系统的电气安全性都具有极大的影响。

电子计算机机房接地方式概括来讲，可以分成两类，一类是系统接地，还有一类是屏蔽接地。系统接地又可以细化成下面 4 种接地方式。

（1）交流工作接地（中性线），接地电阻不应大于 4Ω。

（2）安全保护接地，接地电阻不应大于 4Ω。

（3）直流工作接地（逻辑接地），接地电阻按照计算机系统具体要求确定，如 IBM 计算机要求接地电阻 $R \leqslant 2\Omega$，而 DEC 公司、太极系列机则要求接地电阻 $R \leqslant 1\Omega$，HP 公司则只要求接地电阻 $R \leqslant 3\Omega$ 就行。

（4）防雷接地，防雷保护地的接地电阻不应大于 10Ω，一般应按照现行的《建筑物防雷设计规范》GB50057—1994 设计。

接地是以接地电流量流动为目标，因此接地电阻越小越好。交流工作接地、安全保护接地、直流工作接地、防雷接地等四种接地宜共用一组接地装置，其接地电阻按其中最小值确定；若防雷接地单独设置接地装置时，其余三种接地宜共用一组接地装置，其接地电阻不应大于其中最小值，并应按现行国家标准《建筑防雷设计规范》要求采取防止反击措施。对直流工作接地有特殊要求需单独设置接地装置的电子计算机系统，其接地电阻值及与其他接地装置的接地体之间的距离，应按计算机系统及有关规范的要求确定。

计算机辅助设备中有许多静电屏蔽，如专用供电变压器的静电屏蔽层，局部空间或线路的屏蔽罩（设备外壳）。这些静电屏蔽的导体只有良好接地才能充分发挥作用。这就是所描述的屏蔽接地。系统接地和屏蔽接地宜共用一组接地装置，其接地电阻按照其中最小值确定。当单独设置防雷接地时，应采取《建筑物防雷设计规范》中规定的防止反击措施。电子计算机接地系统应采用单点接地并宜采取多个计算机接地系统经铜排网和 PE 线接至同一接地干线的等电位措施。

安全保护地在计算机系统中的处理方法也分为计算机房内、外两种情况。计算机房内的安全保护地是将所有机箱的机壳，用一根绝缘导线串联起来，再用接地母线将其接地或接到配电柜的中线上。计算机房外使用的交流设备的机壳按有关电气规定进行接地。

接地方法主要有两种：一是接地棒法：接地棒的材料可用角钢、槽钢、钢管等，接地棒长度为两米五以上，接地棒之间的距离不应小于 5m，接地棒多少应根据各地情况而定。实施方法：接地棒垂直埋入地下，水平埋入深度不小于 0.6m，然后用扁钢相连。二是埋设铜板：将一块铜板埋入离地面一米深处作为接地电极，铜板面积约一平方米以上，厚 1~2mm，铜板的周围放些木炭可吸收水分增加湿度，减小接地电阻。

防静电接地是电气设计中容易忽视但又不允许被忽视的组成部分，在生产和生活中有许多静电导致设备故障的事例，主机房内所有导静电地板、活动地板、工作台面和座椅垫套必须进行静电接地，不得有对地绝缘的孤立导体。静电接地可以经限流电阻及自己的连接线与接地装置相连，在有爆炸和火灾隐患的危险环境，为防止静电能量泄放造成静电火花引发爆炸和火灾，限流电阻值宜为 1MΩ。

3.2.4　空调系统

机房空调的任务是为保证计算机系统能够连续、稳定地运行，需要排出计算机设备及其他热源所散发的热量，维持机房内的恒温、恒湿状态并控制机房的空气含尘量，在进行机房空调系统设计时，应对计算机设备的功耗、发热量、设备的洁净度要求、设备进出口空气的温差以及机房内环境温湿度要求等有所了解，以便使机房的空调设计和整个机器设备的散热设计成为一个整体，使各级散热设计的效能得以更好地发挥。

一般情况下，主机房和基本工作间均应设置空气调节系统。当主机房和其他房间的空调参数不同时，宜分别设置空调系统。在空调系统设计时，首先应根据按产品的技术数据对计算机和其他设备的散热量进行热湿负荷计算。热湿负荷计算的内容包括：计算机和其他设备的散热；建筑围护结构的传热；太阳辐射热；人体散热、散湿；照明装置散热；新风负荷。

对于主机房和基本工作间空调系统的气流组织，应根据设备对空调的要求、设备本身的冷却方式、设备布置密度、设备发热量以及房间温湿度、室内风速、防尘、消声等要求，并结合建筑条件综合考虑。对设备布置密度大、设备发热量大的主机房宜采用活动地板下送上回方式。采用活动地板下送风时，出口风速不应大于 3m/s，送风气流不应直对工作人员。

计算机机房空气调节控制装置应满足电子计算机系统对温度、湿度以及防尘对正压的要求。对于计算机机房要求配备空调系统的房间应该集中布置；对于室内温、湿度要求相近的房间，也应该相邻布置。主机房不宜采暖散热器，如已经设置的散热器必须采取严格的防漏措施。计算机机房的风管及其他管道的保温和消声材料及其粘结剂，应选用非燃烧材料或难燃烧材料。冷表面需作隔气保温处理。采用活动地板下送风方式时，楼板应采取保温措施。风管不宜穿过防火墙和变形缝。如必须穿过时，应在穿过防火墙处设防火阀；穿过变形缝处，应在两侧设防火阀。防火阀应该既可手动又能自控。穿过防火墙、变形缝的风管两侧各 2m 范围内的风管保温材料，必须采用非燃烧材料。空调系统应设消声装置。主机房必须维持一定的正压。

主机房与其他房间、走廊间的压差不应小于 4.9Pa，与室外静压差不应小于 9.8Pa。

空调系统的新风量应取下列 3 项中的最大值。

（1）室内总送风量的 5%；

（2）按工作人员每人 400/h；

（3）维持室内正压所需风量。

主机房的空调送风系统，应设初效、中效两级空气过滤器，中效空气过滤器计数效率应大于 80%，末级过滤装置宜设在正压端或送风口。主机房在冬季需送冷风时，可取室外新风作冷源。

空调设备的选择应该符合运行可靠、经济和节能的原则。空调系统和设备选择应根据计算机类型、机房面积、发热量及对温度、湿度和空气含尘浓度的要求综合考虑。空调冷冻设备宜采用带风冷冷凝器的空调机。当采用水冷机组时，对冷却水系统冬季应采取防冻措施。空调和制冷设备宜选用高效、低噪声、低振动的设备。对空调制冷设备的制冷能力，应留有 15%～20%的余量。当计算机系统需要长期连续运行时，空调系统应配有备用装置。

3.2.5　消防与安全系统

计算机机房在设计时，应该重点考虑机房的消防灭火系统设计。设计时可以根据消防防火级别来确定机房的设计方案，建筑物内首先应具备常规的消防栓、消防通道等，按机房面积和设备分布装设烟雾、温度检测装置、自动报警警铃和指示灯、自动/手动灭火设备和器材。

对于电子计算机用于非常重要的场所或发生灾害后造成非常严重损失的电子计算机机房，在工程设计中必须采取相应的技术措施。具体措施包括，主机房出口应设置向疏散方向开启且能自动关闭的门，并应保证在任何情况下都能从机房内打开。机房内存放废弃物应采用有防火盖的金属容器。存放记录介质应采用金属柜或其他能防火的容器，动力布线也要有防火及人身安全方面的考虑。

主机房、基本工作间应设二氧化碳或卤代烷灭火系统。凡设置二氧化碳或卤代烷固定灭火系统及火灾探测器的机房，其吊顶的上、下及活动地板下，均应设置探测器和喷嘴。对于设有卤代烷灭火装置的机房还应配置专用的空气呼吸器或氧气呼吸器。

有条件的计算机机房，应设置火灾自动报警系统，并应符合现行国家标准《火灾自动报警系统设计规范》的规定。主机房宜采用感烟探测器，当设有固定灭火系统时，应采用感烟、感温两种探测器的组合。报警系统和自动灭火系统应与空调、通风系统连锁。空调系统所采用的电加热器，应设置无风断电保护。当主机房内设置空调设备时，应受主机房内电源切断开关的控制。机房内的电源切断开关应靠近工作人员的操作位置或主要出入口。计算机机房火灾报警还要求在一楼设有值班室或监控点。

由于企事业单位实现信息系统自动化，绝大多数信息都存放在计算机系统中，一旦发生盗窃，后果非常严重，不仅造成重大经济损失，还会导致难以挽回的数据资源损失。因此对于计算机机房的安全设计，应符合现行国家标准《计算站场地安全要求》的规定。机房安全系统设计应注意防盗设施的安装，具体可采用加装防盗门、防盗锁，门窗加装防盗护栏，有条件的可以设置自动报警系统、门禁系统、闭路电视监控系统等，此外还可以根据主机房的重要性，设置警卫室或其他保安设施。

3.2.6　系统支撑环境的参照标准

在进行信息系统支撑环境的构建过程中，可以部分参考下列标准进行。

1．国际标准

（1）IEEE802.3 Ethernet。
（2）IEEE802.5 TokenRing。
（3）EIA/TIA568　工业标准及国际商务建筑布线标准。
（4）ANSI X3T9.5。
（5）FDDI。

2．建筑部分参照标准

（1）国家标准《电子计算机机房设计规范》（GB50174—1993）。
（2）国家标准《计算站场地技术要求》（GB2887—1989）。
（3）国家标准《计算站场地安全技术》（GB9361—1988）。
（4）国家标准《计算机机房用活动地板的技术要求》（GB6650—1986）。
（5）部委标准《电子计算机机房施工及验收规范》（SJ/T30003）。

3．电力保障部分参照标准

（1）《低压配电设计规范》（GB50054—1995）。
（2）《电子计算机机房设计规范》（GB50714—1993）。
（3）《计算站场地技术要求》（GB2887—1989）。
（4）《供配电系统设计规范》（GB50052—1995）。
（5）《高层民用建筑设计防火规范》（GB50045—1995）。
（6）《电气装置安装工程接地装置施工及验收规范》（GB50169—1992）。

4．综合布线部分参照标准

（1）建筑与建筑群综合布线系统工程设计规范（GB/T50311—2000）。
（2）Lucent SYSTIMAX 结构化布线系统设计总则。

3.3　信息系统设施运维的内容

信息系统设施运维的内容可分为例行操作运维、响应支持运维、优化改善运维和咨询评估运维。

3.3.1 例行操作运维

例行操作运维是指设施运维人员通过预定的（如巡检、监控、备份、应急测试、设备保养等）例行服务，以及时获取运维对象状态，发现并处理潜在的故障隐患，保证信息系统设施的稳定运行。例行操作运维过程中需要关注的要素及内容如表 3-9 所示。

表 3-9 例行操作运维过程中需要关注的要素及内容

	关 注 要 素	要 素 内 容
1	例行服务范围、内容	根据运维对象的特点，制定例行服务的周期、范围、人员、内容和目标
2	例行服务指导手册	编制例行服务的指导手册，并指定专人负责更新和完善。指导手册包括： （1）例行服务的任务清单 （2）各项任务的操作步骤及说明 （3）判定运行状态是否正常的标准 （4）运行状态信息的记录要求 （5）制定异常状况处置流程，包括角色定义、处置方法、流转过程和结束要求 （6）例行服务的报告模板
3	与其他服务内容的接口	必要时创建与响应支持、优化改善和咨询评估服务的接口

例行操作运维过程将形成无形和有形两种形式的成果，如表 3-10 所示。

表 3-10 例行操作运维过程中的主要成果

	成 果 类 型	成 果 内 容
1	无形成果	（1）运维对象当前运行状态（正常、异常、存在潜在风险等） （2）运行状态从异常到正常的状态恢复 （3）对潜在风险的消除
2	有形成果	（1）运行状态信息记录 （2）运行状态异常处理记录 （3）趋势分析及可能的风险消除建议 （4）例行操作交付过程中的其他报告

例行操作作业包括设施监控、预防性检查和常规操作三种类型。

1. 设施监控

设施监控是指通过各类工具和技术，对设备的运行状态进行记录和分析，从而及时发现故障，以便于进行故障的诊断与恢复。设施监控的内容主要包括设备状态、运行状况和变化情况等。

1）基础设施的监控

基础设施监控的内容如表 3-11 所示。

表 3-11　基础设施监控的内容

系　　统	监　控　内　容
空调系统	环境温度、湿度、出风温度、回风温度及告警情况等
供配电系统	电流、电压、功率因数、有功功率、无功功率等
发电机	启停情况，电流、电压、负载率、控制系统供电情况等
UPS 系统	输入电流/电压、输出电流/电压、频率、功率因数、负载率、温度、告警情况等
消防系统	告警情况等
安全系统	告警情况、监控录像等

2）网络设施的监控

网络设施主要监控的内容如下。

（1）网络拓扑监控：在网络运维工作中，如果对网络的监控只是单点地针对设备进行观察及排错，或者仅有静态的逻辑拓扑图，均不利于运维人员对网络进行整体有效的认识或监控。网络运维需要能够反映网络中所有设备的工作状态、线路流量状态并能进行智能告警通知的拓扑图，我们称之为物理拓扑图。通过物理拓扑图能真实地反映网络设备的物理运行状态，运维人员可以及时地了解网络中的故障点和压力点，并对网络中的所有设备进行快速浏览及配置，提高工作效率。

（2）网络设备监控：监控网络整体运行状态、网络设备 IOS 版本、网络设备各硬件资源开销状况、网络设备 CPU 利用率、内存利用率、电源系统和通风系统运行状况、控制面板工作状况及数据面工作状态。

（3）网络链路监控：对物理链路连接状态进行监视和管理，监控端到端时延变化、链路端口工作稳定性、链路负载百分比、部署路由策略情况下端到端链路变化。通过运维平台可以对指定链路设定告警阈值，如链路带宽占用率阈值、链路速率阈值等。在链路连接发生故障或达到告警阈值时，链路以颜色的改变提醒运维人员，并产生相关告警。

（4）网络设备端口监控：监控网络设置端口、ICMP 连通性及 SNMP 监测等，其中以端口监测最为关键，主要监测端口的数据流量，包括入速率、出速率、入丢帧速、出丢帧速、单播入帧速、单播出帧速、非单播入帧速、非单播出帧速、入错误帧速、出错误帧速等，如图 3-2 和图 3-3 所示，通过监测及时发现异常的网络流量。

通过网络端口丢包率监测能够监测端口通信链路的稳定性、抖动率，及时发现系统隐患，保证业务正常。

3）硬件设施的监控

硬件设施监控的重点是服务器及存储设备的运行状态、性能、资源使用分配情况，以便了解其是否满足运行要求。

监控的类型主要分为状态监控、性能监控和可用性监控。

（1）状态监控：主要监控和管理服务器状态，如风扇转速、湿度、电压、CMOS 电池容量及电源与硬盘状态等。

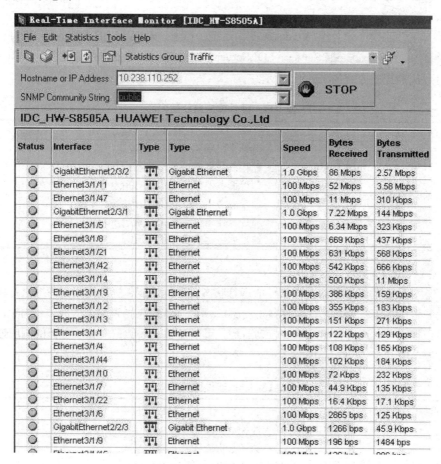

图 3-2 网络设备端口的数据流

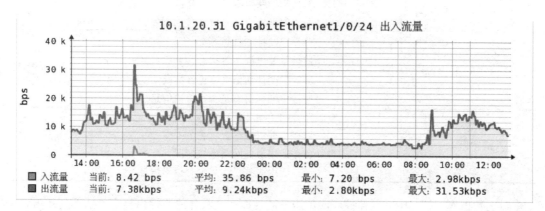

图 3-3 网络设备端口的实时流量图示例

（2）性能监控：主要监控服务器 CPU 负载、内存和磁盘使用量、并发会话数等性能指标和运行状态参数等。

（3）可用性监控：如对于 Windows 操作系统，可通过对 WMI 的支持监控 Windows 服务器的事件日志、MS Exchange Server、SQLServer、LDAP、IIS 等服务的可用性。

硬件设施监控的内容如表 3-12 所示。

表 3-12　硬件设施监控的内容

系　　统	监 控 内 容
服务器及存储设备	监控主机服务器 LED 面板运行错误码 监控服务器电源工作状态指示灯 监控服务器硬盘工作状态指示灯 监控服务器 CPU 使用比例情况 监控操作系统重要文件系统空间使用情况 监控服务器内存使用情况等

4）基础软件的监控

基础软件监控的重点是对基础软件的运行状态、运行性能、资源使用分情况进行监控，以便了解其是否满足运行要求，监控内容如表 3-13 所示。监控应当采用合适的装备与手段，分配专门人员定期或全时段进行手动或者自动监控，可以通过一些数据（如服务器的响应速度）来提前预知服务异常。

表 3-13　基础软件监控的内容

系　　统	监 控 内 容
数据库	监控数据库主要进程运行情况 监控数据库连接是否正常 监控数据库表空间使用情况 监控数据库日志是否有异常 监控数据库日常备份是否正常等
中间件	监控中间件运行状态 监控主要进程运行状态 监控中间件通信网络连接情况 监控中间件日志是否有报错信息
应用服务	监控应用服务运行状态 监控主要进程运行状态 监控应用通信网络连接情况 监控应用服务日志是否有报错信息

对于数据库监控、中间件监控和应用服务监控而言，具体的监控内容应包括下列几项。

（1）数据库监控：数据库监控主要监控包括数据库系统的性能、事务、连接等方面的数据，如数据库工作状态、数据库表空间的利用情况、数据文件和数据设备的读/写命中率、数据碎片的情况、数据库的进程状态、数据库内存利用状态等，如表 3-14 所示。

表 3-14　数据库监控的具体内容

监 控 内 容	监 控 说 明
基础监控	数据库是否装载，指定表或视图是否存在，制定指定表空间的使用率
基本信息采集	监测数据库服务器的基本信息，包括实例状态、主机名、DB 名称、DB 版本、位长、并行状态、例程名、例程开始时间、限制模式、归档模式、归档路径、只读模式、是否使用 Spfile 启动及启动路径
表空间监测	监测数据库服务器指定表空间的使用量、使用百分率、PSFI 值、读/写时间、扩展次数、Next 扩展大小
数据文件监测	监测指定文件大小及状态
回滚段监测	监测数据库服务器指定回滚段命中率、大小、压缩次数
SGA 配置监测	监测数据库服务器 SGA 性能、高速缓冲区大小、重做日志缓冲区大小、共享池大小、数据字典缓存大小、共享库缓存大小、SQL 缓存大小
链接会话监测	监测数据库服务器中会话的 CPU 时间、内存排序次数、提交次数、占用游标数、缓冲区命中率
安全访问监测	监测表空间使用率、连接会话数等
资源锁定监测	监测数据库服务器中指定资源的锁定时长
命中率监测	监测数据库服务器的高速缓存区命中率、共享库缓存区命中率、共享区字典缓存命中率、回滚段等待次数与获取字数比率、磁盘排序与内存排序比率
数据空间监测	监测指定数据空间
数据库大小监测	监测数据库实例当前大小

（2）中间件监控：中间件监控主要应监控中间件的各项运行状态参数，包括配置管理、连接池、线程队列、负载监测、通道情况监测等，具体如表 3-15 所示。

表 3-15　中间件监控的具体内容

监 控 内 容	监 控 说 明
系统信息采集	监测中间件的基本信息，包括操作系统、操作系统版本、当前可用堆栈及大小、当前目录、重启次数、开启线程数
JVM 使用监测	监测 JVM 的堆栈大小和使用率
JDBC 连接池监测	监测 JDBC 数据连接池资源分配情况
JTA 事务监测	监测中间件中数据处理事务的活动情况
线程池监测	监测指定线程类的线程平均数、空闲线程平均数及线程吞吐量
Servlet 监测	监测指定 Servlet 的执行和调用情况
EJB 监测	监测指定 EJB 激活次数、钝化次数、缓存个数、事务提交次数、事务回滚次数、事务超时次数、访问次数

监 控 内 容	监 控 说 明
通道情况监测	监测 MQ 的通道情况，包括每秒接收字节、每秒发送字节、通道状态、发送间隔、事务数
队列深度监测	监测 MQ 服务的消息队列的队列深度
Web 应用监测	指定 Web 应用中 Session 的当前个数、最大值及累积个数
JMS 队列深度监测	监测中间件中 JMS 消息队列的活动情况
Tuxedo 负荷监测	监测 Tuxedo 的机器状态是否被激活、每秒处理的队列服务数、每秒入队的队列服务数、当前客户端数、当前 WorkStation 客户端数
TongWeb 数据连接池	监测国产中间件 TongWeb 数据库连接信息，如最大、最小连接数，可用、创建、关闭、等待连接数等
TongWeb 应用性能监控	主要监测系统线程情况、请求队列情况、吞吐量、发送/接收字节数等信息

（3）应用服务监控：应用服务监控通过对信息系统基础应用平台（如 IIS、Apache 等）的基础信息、连接测试、基本负载等重要信息的监测，有效、实时地分析 HTTP/HTTPS、DNS、FTP、DHCP、LDAP 等常见通用服务的运行状态和参数，深入分析服务响应速度变化的技术原因和规律，从根本上解决服务响应性能的问题。

应用服务监控具体应包括的内容如表 3-16 所示。

表 3-16　应用服务监控的具体内容

监 控 内 容	监 控 说 明
Web 服务器可用性监测	监测 HTTP、HTTPS 和 Web Service 服务器是否连接及是否正常运行，可以检测指定 HTTP 的 URL 路径是否包含或不包含指定内容
标准邮件服务器检测	监测 IMAP、POP3、SMTP 邮件服务器是否连接及是否正常运行，可以监测具体的邮箱邮件数及邮箱使用量
Active Directory (AD) 服务监测	监测 AD 服务运行情况、请求的响应情况及服务复制列表情况等
基础服务监测	主要是对 DNS、FTP、LDAP 服务的监测，内容包括监测相关服务器是否连接，是否正常运行，以及连接时间等
通用资源监测	主要对 TCP 端口和 SNMP 进行监测，包括监测多个 TCP 端口，采集连接时间，可指定端口开启或关闭时告警和监测多个 SNMP 表达式（支持四则运算、时间差值运算等）对应的采集结果，并可设定告警阈值

2. 预防性检查

预防性检查是在信息系统设施监控的基础上，为保证信息系统设施的持续正常运行，运维部门根据设备的监控记录、运行条件和运行状况进行检查及趋势分析，以便及时发现问题并消除和改进。主要包括性能检查和脆弱性检查两个方面。

（1）基础设施的预防性检查：内容如表 3-17 所示。

表 3-17 基础设施的预防性检查

系　　统	性能检查内容	脆弱性检查内容
空调系统	高压压力、低压压力（风冷系统），冷冻水压力、温度，冷却水压力、温度（水冷系统），风机运行情况等	机房热点情况、室内机漏水检查、室外风机运转情况、加湿罐阳极棒检查、过滤网检查等
供配电系统	接地电阻、零序电流、器件发热情况等	导线、器件发热情况，防浪涌器件情况等
发电机	转速、发热情况等	油位，吸气、排烟通道等
UPS 系统	器件发热情况、电池情况（外观、液位、接线柱）等	器件、导线发热情况，电池放电时间等
消防系统	钢瓶压力、有效期、探头污染等	启动瓶、管道开关、气体压力等
安全系统	器件灵敏度、画面清晰度（不同照度情况下）	器件灵敏度、监控死角问题等

（2）网络设施的预防性检查：内容如表 3-18 所示。

表 3-18 网络设施的预防性检查

系　　统	性能检查内容	脆弱性检查内容
网络及网络设备	检查网络设备非业务繁忙期 CP 使用峰值情况 检查网络设备非业务繁忙期内存使用峰值情况 检查设备板卡或模块状态使用情况 检查设备机身工作使用情况 检查主要端口的利用率 检查链路的健康状态（包括 IP 包传输时延、IP 包丢失率、IP 包误差率、虚假 IP 包率）	检查设备链路的冗余度要求 安全事件周期性整理分析 设备生命周期与硬件可靠性评估 备件可用性、周期性检查

（3）硬件设施的预防性检查：内容如表 3-19 所示。

（4）基础软件的预防性检查：内容如表 3-20 所示。

表 3-19 硬件设施的预防性检查

系　　统	性能检查内容	脆弱性检查内容
服务器及存储设备	检查服务器非业务繁忙期 CPU 使用峰值情况 检查服务器非业务繁忙期内存使用峰值情况 检查操作系统重要文件系统空间使用情况 检查服务器、存储 I/O 读/写情况 检查数据流网络流量情况等	检查服务器、存储关键硬件部件是否满足运行冗余度要求 检查当前操作系统版本是否安装相关风险补丁 检查重要业务数据文件或操作系统文件空间使用是否达到预定阈值 检查关键机密系统数据安全防护设置是否满足要求 检查系统使用资源是否超过预定阈值

表 3-20　基础软件的预防性检查

系　　统	性能检查内容	脆弱性检查内容
数据库	检查数据库业务 CPU 使用情况 检查数据库业务内存使用情况 检查数据库业务锁情况 检查数据库业务会话数和操作系统进程数情况 检查数据库 buffer 等命中率情况 检查数据库业务等待事件情况	检查当前数据库版本是否安装相关风险补丁 检查表空间的使用是否达到了预定阈值 检查数据库关键文件是否做了镜像 检查数据库备份策略是否合理 检查数据库是否存在异常用户
中间件	检查中间件服务器业务 CPU 使用峰值情况 检查中间件服务器业务内存使用峰值情况 检查中间件服务器业务会话连接数情况	检查中间件服务器、存储关键硬件部件是否满足运行冗余度要求 检查当前中间件版本是否安装相关风险补丁 检查中间件的数据库连接密码配置文件是否存在明码 检查相关重要运行程序是否有保留备份 检查操作系统配置是否符合中间件运行的要求 检查系统使用资源是否超过预定阈值等

3．常规操作

常规操作运维是对信息系统设施进行的日常维护、例行操作，主要包括定期保养、配置备份等，以保证设备的稳定运行。

1）基础环境的常规操作

内容包括基础类操作、测试类操作和数据类操作三类。

（1）基础类操作：根据有关规定，执行基础环境的日常运行、维护和保养。

（2）测试类操作：根据有关规定，对基础环境各系统功能、性能进行测试。

（3）数据类操作：按事先规定的程序，对基础环境运行日志、记录等数据进行操作。基础环境常规操作的主要内容如表 3-21 所示。

表 3-21　基础环境常规操作的主要内容

系　　统	基础类操作	测试类操作	数据类操作
空调系统	启/停机，清洗、更换滤网，清洗、更换加湿系统，清洁冷凝器等	漏水报警测试等	运行日志备份，告警记录备份、清除等
供配电系统	除尘、合闸、分闸等	互投测试等	
发电机	更换三滤（燃油滤清器、机油滤清器、空气滤清器）、清洁等	空载测试、带载测试、切换演练等	运行日志备份，告警记录备份、清除等
UPS 系统	旁路、清洁等	旁路测试、电池放电测试等	运行日志备份，告警记录备份、清除等
消防系统	探头清洗等	启动测试、探头测试等	告警记录备份、清除等

续表

系　　　统	基础类操作	测试类操作	数据类操作
安全系统	门禁授权等	器件灵敏度、画面清晰度（不同照度情况下）、云台运行等	出入记录导出、备份，监控图像记录备份、清除，告警记录备份、清除等

2）网络设施的常规操作

网络设施的常规操作主要包括网络设备操作系统软件备份及存档；网络设备软件配置备份及存档；监控系统日志备份及存档；监控系统日志数据分析与报告生成；网络配置变更文件的审核；网络配置变更的操作；网络配置变更的记录。

3）硬件设施的常规操作

硬件设施常规操作的主要内容如表 3-22 所示。

表 3-22　硬件设施常规操作的主要内容

系　　　统	常规操作内容
服务器及存储设备	检查设备是否正常启动 检查硬件设备是否有运行告警灯或故障灯 检查设备运行日志是否有报错信息 检查业务系统运行是否正常（交易是否正常） 检查应用系统是否有运行错误日志 检查系统关键进程是否运行正常等

4）基础软件的常规操作

基础软件常规操作的主要内容如表 3-23 所示。

表 3-23　基础软件常规操作的主要内容

系　　　统	常规操作内容
数据库	检查数据库服务是否正常启动 检查数据库网络侦听是否正常 检查数据库运行日志是否有报错信息 检查数据库定时执行任务是否正常执行 检查数据库备份是否正常
中间件	检查中间件相关进程是否已正常启动 检查中间件运行日志是否有报错信息 检查业务系统交易运行是否正常

3.3.2　响应支持运维

响应支持运维是运维人员针对服务请求或故障申报而进行的响应性支持服务，包括变更管理、故障管理等。响应支持运维过程中需要关注的要素如表 3-24 所示。

表 3-24　响应支持运维过程中需要关注的要素

	关 注 要 素	要 素 内 容
1	明确响应支持受理的渠道	如电话、传真、邮件或 Web 方式
2	对响应支持的实施过程进行记录，甄别响应请求是否为有效的申请；对有效申请进行分类，并根据紧急程度、影响范围和重要程度判断优先级，然后分发给相应人员进行响应支持	响应支持优先级一般划分为： （1）紧急程度——响应支持处理的时间要求，如不紧急、紧急和非常紧急 （2）影响范围——响应支持涉及的运维对象规模，如个别对象、部分对象和全部对象 （3）重要程度——响应支持涉及的运维对象在信息技术或业务系统中的重要性，如不重要、重要和非常重要
3	在响应支持处理过程中设置预警、告警机制及升级流程	（1）预警——当响应支持在承诺时间即将到达时尚未结束，应提前预警或升级，以引起相关人员的关注，确保按时解决问题 （2）告警——当响应支持在承诺解决时间到达时尚未结束，应给予告警和升级，以通知相关人员关注，确保尽快解决问题 （3）升级——响应支持处理的升级，包含将初始设定的优先级上调；通知预先设定好的上级管理者，以调动更多资源解决该事件；通知预先设定好的高级专家，以调动更专业的人员解决该事件
4	在响应支持处理过程中的各个关键环节	将进展信息及时通知供需双方相关人员
5	与其他服务内容的接口	必要时创建与例行操作、优化改善和咨询评估服务的接口

响应支持过程将形成无形和有形两种形式的成果，如表 3-25 所示。

表 3-25　响应支持过程中形成的主要成果

	成 果 类 型	成 果 内 容
1	无形成果	（1）运行状态从异常到正常的状态恢复 （2）运维知识的传递
2	有形成果	（1）响应支持记录 （2）响应支持关键指标数据记录（响应事件量、问题数、故障时间/次数） （3）重大事件（故障）的分析改进报告 （4）满意度分析 （5）响应支持交付过程中的其他报告

响应支持作业根据响应的前提不同，分为事件驱动响应、服务请求响应和应急响应。

1．事件驱动响应

事件驱动响应是指由于不可预测原因导致服务对象整体或部分功能丧失、性能下降，触发将服务对象恢复到正常状态的服务活动。事件驱动响应的触发条件包括外部事件、系统事件和安全事件三种。外部事件指为信息系统设施运行提供支撑的、协议获得的、不可控的、非自主运维的资源，如互联网、租赁的机房等由服务中断引发的事件；系统事件指运维标的物范围内的、自主管理和运维的系统资源服务中断引发的事件；安全事件指安全边界破坏、安全措施或安全设施失效造成的安全等级下降和用户利益被非法侵害的事件。

1）基础设施的事件驱动响应

主要包括以下内容。

（1）空调系统：故障排查，关闭部分机组以维持机房最低温/湿度指标等。

（2）供配电系统：故障排查，投入备用电源回路，关闭非重要回路等。

（3）发电机：启动发电机，油料补充。

（4）UPS 系统：故障排查，旁路系统，关闭非重要输出等。

（5）消防系统：故障排查，系统启动，报警联动，疏散警示等。

（6）安全系统：手动开启或关闭门禁系统，检查告警或监视记录等。

2）网络设施的事件驱动响应

主要包括按预定义级别的网络通信相关故障发生所启动的响应支持，特定事件或时间所驱动的响应支持，信息系统变更所驱动的响应支持，信息系统故障所驱动的响应支持，灾难性事件所驱动的响应支持。

3）硬件设施的事件驱动响应

主要包括针对硬件设施故障引起的业务中断或运行效率无法满足正常运行要求等，例如：

（1）设备电源硬件故障导致设备宕机。

（2）服务器通信模块故障导致业务通信中断（如网卡损坏）。

（3）服务器文件系统异常导致操作系统运行缓慢，从而引起业务交易超时。

（4）数据库软件异常导致数据库停止，从而引起业务交易中断。

（5）主机、存储光纤卡异常引起数据无法读/写，导致业务无法正常执行等。

4）基础软件的事件驱动响应

主要包括针对基础软件故障引起的业务中断或运行效率无法满足正常运行要求，例如：

（1）数据文件坏块引起数据库异常。

（2）设备电源硬件故障导致数据库异常。

（3）主机、通信模块或网络设备故障导致数据库连接中断。

（4）主机硬盘、光纤卡或存储异常引起数据无法读/写，导致数据库宕机。

（5）主机 CPU、磁盘、数据库表空间等资源耗尽导致数据库系统运行缓慢。

（6）数据库产生死锁。

（7）数据库配置变更导致数据库系统异常或运行缓慢。

（8）主机通信模块或网络设备故障造成软件异常。

（9）由于操作系统原因导致中间件软件异常。

（10）由于数据库原因导致中间件软件异常。

2．服务请求响应

服务请求响应是指由于各类服务请求引发的针对服务对象、服务等级做出调整或修改的响应型服务。此类响应可能涉及服务等级变更、服务范围变更、技术资源变更、服务提供方式变更等。

1）基础设施的服务请求响应

主要包括以下内容。

（1）空调系统：调整温度、湿度参数等。

（2）供配电系统：增减回路，增减供电类型（如直流、110V）等。

（3）发电机：为指定负载供电等。

（4）UPS系统：旁路操作，为指定负载供电等。

（5）消防系统：增减终端设备，检查及提供告警及监控记录，备份或清除记录等。

2）网络设施的服务请求响应

指对网络及网络设备的操作作业请求，如增加、降低网络接入的数量或速度，更改网络设备配置等进行的响应服务。

3）硬件设施的服务请求响应

指对硬件设施的操作作业请求，如启动、关闭端口或服务；更换、更新或升级设备硬件等进行的响应服务，如设备搬迁、设备停机演练、设备清洁维护、系统参数调整和文件系统空间扩容等。

4）基础软件的服务请求响应

指针对基础软件，根据信息系统软件运行需要或相关方的请求而进行的响应服务。如数据库版本升级、数据库灾难恢复、数据库调优、数据库数据移植、数据清理、中间件服务器更换、中间件参数调整和软件版本升级等。

3．应急响应

应急响应是指组织为预防、监控、处置和管理运维服务应急事件所采取的措施和行为。信息系统设施运维应急事件是指导致或即将导致信息系统设施运行中断、运行质量降低或需要实施重点时段保障的事件。当出现跨越预定的应急响应阈值的重大事件，或由于政府部门发出行政指令或对运维对象提出要求时，应当启动应急处理程序。

应急响应是信息系统设施运维中的一个重要组成部分，针对突发公共事件，国家和地方政府出台的各项总体预案和专项预案，从整体或专业角度，对预防与应急准备、监测与预警、应急处置与救援、事后恢复与重建等方面进行了规定。但在信息技术运维领域，与之相对应的应急响应规范尚未建立起来。

应急响应的管理是为了避免无序运维，提升应急状态下的运维响应能力，提前发现和解决问题，降低突发事件造成的不良影响，以合理的投入创造更大的效益。

应急响应过程包括应急准备、监测与预警、应急处置和总结改进四个主要环节，如图 3-4

所示。

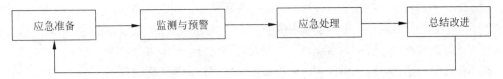

图 3-4　应急响应过程

每个环节中包括若干重点任务，这些任务覆盖了日常工作、故障响应和重点时段保障等不同类型的活动。应急响应的活动与任务如表 3-26 所示。

表 3-26　应急响应的活动与任务

主 要 环 节	重点任务	日常工作	故障响应	重点时段保证
应急准备	运维组织建立	√		
	风险评估与改进	√		
	事件级别划分	√		
	预案制定	√		
	培训与演练	√		
监测与预警	日常监测与预警	√	√	
	记录与报告	√		√
	核实与评估		√	√
	预案启动		√	√
应急处置	应急调度		√	√
	排查与论断		√	
	处理与恢复		√	
	升级与信息通报			
	持续服务与评价		√	√
	事件关闭		√	√
总结改进	事件总结		√	√
	应急管理体系的保持		√	√
	应急准备工作的改进	√	√	√

1）应急准备

（1）建立应急管理的组织和制度：建立应急管理组织，确保组建合适的组织以满足日常运维和应急响应的服务要求，明确应急响应组织中的角色及关系。应急管理组织建立后对应的应急管理制度包括负责制定应急响应方针（应急响应原则、范围等），明确应急响应的范围、要求、等级等。

（2）风险评估与改进：风险评估与改进的目的是系统地识别运维服务对象及运维活动中可能出现的风险并提前改进，包括风险识别与评估、风险应对。

运维人员从系统的角度识别风险要素，如运维对象、运维内容、组织及流程接口等。根据风险要素，应急响应组织按照一个确定的方法和流程来实施风险评估，明确其在其运维过程中的关键活动、所需资源、限制条件及组织面临的各种威胁，明确当威胁演变为应急事件时所产生的影响和后果，以及业务中断可能带来的损失。分析评估后应形成《风险评估报告》，报告应包括与服务水平目标相比较的运维要求、现状及趋势信息、风险要素、不符合项及问题等，并据此提出纠正措施建议，确认后的《风险评估报告》将作为风险应对预案。

对于识别出的各种风险，制定明确的应对策略，包括风险规避、风险转嫁、风险降低、风险接受等。根据《风险评估报告》，形成《系统改进方案》以降低风险，包括降低风险转变为应急事件的可能性，缩短应急事件的持续时间，限制应急事件的影响范围。

（3）应急事件级别划分：应急事件分级的主要参考要素为信息系统的重要程度、紧急程度、系统损失和社会影响。相关负责人按照以上要素对可能发生的事件进行评估。确定应急事件的级别。包括以下内容。

灾难事件（I级）：指由地震、火灾、恐怖袭击等原因造成主要IT设施毁灭性损坏，或者由于系统平台或业务数据遭受严重破坏，无法在短时间内恢复系统服务，造成核心业务服务中断超过48小时。

重大事件（II级）：指造成核心业务服务中断超过24小时，或重要业务数据丢失，或业务数据需要后退到上一备份状态。

严重事件（III级）：指造成核心业务服务中断超过12小时，或少量业务数据丢失。

一般事件（IV级）：指造成核心业务服务中断超过4小时，或管理支撑系统服务中断超过24小时。

（4）预案制定：预案制定的目的是提供应对运维应急事件的操作性文件。

根据风险评估和事件级别划分制定《应急响应预案》。预案可以分为总体预案和针对某个核心系统的专项预案及其附则；预案中应该考虑到各种应急资源的调配和预置，主要包括人员、备品备件、资金、系统工具等。《应急响应预案》的内容包括应急响应预案的编制目的、依据和适用范围；具体的组织体系结构及人员职责；应急响应的监测和预警机制；应急响应的启动；应急响应的处置；应急响应的总结；应急响应的保障措施；应急预案的附则等。

经过评审确认的应急响应预案，由责任者或授权管理者负责预案的分发，同时建立预案的版本控制。

（5）培训与演练：培训需要制定应急响应培训计划，并组织相关人员参与，将应急响应预案作为培训的主要内容。培训应使得相关组织及人员明确其在应急响应过程中的责任范围、接口关系，明确应急处置的操作规范和操作流程。

应急响应演练的目的，一是为了验证预案是否能够真正满足实际的需求，二是为了检验应急响应小组成员之间相互配合的默契程度和对运维事件应对步骤的熟练程度。演练的方式分为工具测试演练和场景模拟演练。

为了检验预案的有效性，同时使相关人员了解运维预案的目标和流程，熟悉应急响应的操作规程，应急响应的演练应做到：预先制定演练计划，在计划中说明测试工具或演练的场景；演练的整个过程有详细的记录，并形成报告；演练不能对业务运行造成负面影响；按照约定周期，进行完整演练（可以有被委托的第三方机构参与），周期建议可以设定为季度、一年或三年。

2）监测与预警

（1）日常监测与预警：日常监测与预警负责保障运维服务的可用和连续，及时发现运维服务应急事件并有效预警。结合运维服务级别协议和应急响应预案，开展日常监测与预警活动，主要包括设立服务台并保持运营；确定监测项、监测时间间隔与阈值；确定活动中的人员、角色和职责。可以采用运维工具与人工相结合的方式开展日常监测与预警活动。

（2）记录与报告：建立监测、预警信息登记和报告制度。对日常监测结果进行记录，发现运维服务应急事件时，应提交单独的报告，报告内容应包括故障或预警发生及发现的时间和地点；表象及影响的范围；原因初步分析；报告人等。对运维应急事件要保持持续性跟踪。

（3）核实与评估：核实与评估负责对出现的运维服务应急事件进行有效识别。其中核实是指接到报告的责任者应对报告内容进行逐项核实，以判别运维服务应急事件是否属实；事件级别评估是指负责人应参见应急准备活动中的事件级别划分，确定应急事件所对应的事件级别，同时将事件级别置于动态调整控制中。

（4）预案启动：确保以规定的策略和程序启动预案，并保持对应急事件的跟踪。

建立、审议预案启动的策略和程序，以控制预案启动的授权和实施。对预案启动可能造成的影响进行评估，在相关方之间就启动何种类型预案达成一致，过程包括一旦事件升级，与之相对应的预案调整的方式，同时记录预案启动的过程和结果。

信息通报内容包括预案启动的原因、事件级别、事件对应的预案、要求采取的技术应对或处置的目标、实现目标所应采取的保障措施，如人员、物资、环境、资金等；对应急处置过程及结果的报告要求，如报告程序、报告内容、报告频率等；信息通报的方式可以是电话、邮件、电视、广播和文件等。相关方对收到的通报信息进行确认和反馈。

应急响应人员根据调整后的状态开展监测与预警活动，并按一致约定的程序和监测范围、监测频率提供报告。

3）应急处置

（1）应急调度：在应急调度中明确应急调度手段，规范应急调度过程；在调度安排下，相关人员实施应急处置，责任者根据应急处置要求，对应急处置经费、应急处置人员、应急处置设施等统一调配和管理，并完成调度明细说明的整理和归档。应急调度的工作流程包括在规定时间要求内，迅速组织人员勘察、分析；通过网络、媒体、广播等多种手段快速获取应急事件的相关信息；及时组织并协调相关部门及人员召开应急处置工作会议；根据应急处置要求，对涉及应急处置组织下达调度命令；组织人员保护可追查的相关线索。

（2）排查与诊断：排查与诊断是基于已经启动的预案而开展的，在排查与诊断中，应建立多渠道的应急处置支持模式，如建立由服务商、供应商、生产制造商构成的应急处置支持模式。故障排查与诊断的流程包括：应急处置责任者调配处置人员进行现场故障排查；现场处置人员进行故障排查和诊断，必要时可寻求外协人员以现场或远程方式进行支持，在此过程中可借助各类排查、诊断、分析工具，如应用软件、电子分析工具、故障排查知识库等；现场处置人员应随时向处置责任者汇报故障排查情况、诊断信息、故障定位结果等；将排查与诊断的过程和结果信息进行整理与归档。

在实施应急处置过程中，各级责任者需要及时与相关利益方进行沟通，沟通的内容主要包括应急处置故障点、造成故障的原因、排查诊断等。及时完成对沟通信息及对应组织人员的核实与确认，同时对确认信息完成归档、上报、审批等事项。

（3）处理与恢复：负责对故障进行有效、快速的处理与恢复。应基于预案和知识库进行故障的处理与恢复，处理与恢复的原则应在满足相应服务级别协议要求的前提下，尽快恢复服务；采用的方法、手段不应造成新的事件发生。

必要时可启用备品备件、灾备系统等。对过程及结果信息进行记录，并及时告知相关方面和人员。责任者应组织对处理与恢复的结果进行初步确认。

（4）升级与信息通报：应急响应组织通过实施有效评审，实现对应急处置的升级与通报；故障处置责任者应组织相关人员对故障处置过程及结果情况进行评审；在评审中，参考服务级别协议中对事件处置内容情况的设定，同时结合应急故障处置的现场情况进行分析和比较。当应急故障现场处置的情况超过原应急预案中的事件处置级别要求时，应作为应急事件升级；建立、审议应急事件升级的策略和程序，以控制应急事件升级的授权和实施；就应急事件升级可能造成的影响进行评估；升级过程包含预案调整、人员调整、资金调整及相关设施调整，需要对应急事件升级的过程和结果信息进行整理与归档。信息通报内容包括事件升级的原因；事件升级后的级别；事件升级后与之对应的预案；根据升级事件处置的要求和目标，确定所需的技术应对措施；实现目标所应采取的保障措施，如人员、物资、环境、资金等；对升级事件处置过程及结果的报告，如报告程序、报告对象、报告内容、报告频率等；信息通报的范围和涉及接受者，信息通报的方式有电话、邮件、电视、广播和文件等形式。

（5）持续服务与评价：在完成对应急事件故障处置后，应组织运维人员提供持续性服务，同时应对持续性服务的效果进行评价。

（6）事件关闭：规范并明确应急处置的关闭流程，即申请关闭、核实、关闭通报。

关闭申请：建立、审议事件关闭的策略和程序，以控制事件关闭的授权和实施；对应急事件处置的过程文档和各评审/评价报告进行整理，由明确的责任者或授权管理者提出事件关闭申请，并提交相关文档资料。

关闭核实：接到事件关闭申请的责任者应逐项核实报告内容，以判别应急事件处置过程和结果信息是否属实。

关闭通报：建立、审议应急事件关闭通报制度，应急事件关闭的责任者向相关利益方通报信息，内容应包括应急事件的级别；事件对应的预案信息；应急事件处置的过程情况；事件的调整升级情况；持续性服务状况信息；事件处置评价信息；事件关闭申请的处理意见；关闭通报的范围和涉及接受者。

4）总结改进

（1）应急事件总结：在事件关闭之后，组织相关人员对本次事件的原因、处理过程和结果进行分析，总结经验教训，并采取必要的后续措施。事件总结应包含事件发生的原因分析、应急事件的处理过程和结果；评估应急事件造成的影响；降低事件发生频率、减轻损害和避免再次发生的方法。

调查和收证：当一个事件涉及责任认定、赔偿或诉讼时，应收集、保留和呈递证据。证据可用于内部问题分析；用做有关可能违反合同或规章要求的法律取证；与供应商或其他组织谈判赔偿事宜。

（2）应急体系的保持：为保证应急体系的有效性和时效性，需要对应急体系进行不定期及定期的维护和审核，以确保组织具有足够的应急响应能力。

体系维护主要是指当组织战略、业务流程、客户要求等发生重大变化时，对现有的应急体系，尤其是风险评估和应急预案进行修改。体系维护应该是不定期进行的，是由事件驱动的。

体系审核主要是指对组织当前的应急响应能力和管理模式进行评审，以确保它们符合预定的标准和要求，同时明确组织在应急响应方面的主要不足和改进方向。体系审核应该是定期进行的，组织应该至少一年进行一次体系审核。

体系维护：组织建立明确的应急体系维护计划，确保任何影响到组织应急管理的重大变更都能被识别出来，同时采取必要的措施对这些变更进行分析，并对应急管理体系做出相应调整，这种调整可能涉及应急管理的方针策略、流程、应急预案和资源配置。

体系维护流程的结果应包括关于应急体系维护活动的文档记录；确保应急响应的相关人员都已经明确应急体系的调整内容，并接受必要的培训；当需要对风险评估、组织架构、人员配备进行调整时，保留必要的文档记录。

体系审核：相关责任者按照预定的时间间隔对应急管理体系进行审核，以确保体系具有持续的适用性和有效性。体系审核包括评估体系不足和改进建议。同时，体系审核的结果应正式存档并通知给相关责任者。

体系审核的输入信息主要包括相关利益方的要求和反馈；组织所采纳的，用于支持应急响应的各种技术、产品和流程；风险评估的结果及可接受的风险水平；应急预案的测试结果及实际执行效果；上次体系评审的后续跟踪活动；可能影响应急体系的各种业务变更；近期在处置应急事件过程中总结的经验和教训；培训的结果和反馈。

体系审核的输出结果主要包括应急体系的改进目标；如何改进应急体系的有效性和效率；所需的各种资源，包括人员、软硬件、资金等。

（3）应急准备工作的改进：应急时间总结、体系维护和体系审核的结果将作为应急准备阶段的重要输入信息，组织应根据应急时间总结报告中给出的建议项和体系评审结果来调整应急准备及风险应对的策略。

3.3.3　优化改善运维

优化改善运维是指运维人员通过提供调优改进，达到提高设备性能或管理能力的目的。优化改善运维的相关要素如表 3-27 所示。

优化改善运维过程将形成无形和有形两种形式的成果，如表 3-28 所示。

表 3-27   优化改善运维的相关要素

关 注 要 素	要 素 内 容
优化改善方案	方案中应包含优化完善的目标、内容、步骤、人员、预算、进度、衡量指标、风险预案和回退方案等
对优化改善方案进行必要的评审	包括内、外部评审
安排试运行观察期	
对遗留问题制定改进措施	
在优化改善完成后进行必要的回顾总结	
与其他服务内容的接口	必要时创建与例行操作、响应支持和咨询评估服务的接口

表 3-28   优化改善运维形成的主要成果

成 果 类 型	成 果 内 容
无形成果	（1）设备和系统等运行性能的提升 （2）组织和流程等管理水平的提升
有形成果	（1）优化方案及相关评审记录 （2）变更和发布报告 （3）优化改善交付过程中的其他报告

优化改善运维包括适应性改进、纠正性改进、改善性改进和预防性改进四种类型。

1．适应性改进

优化改善运维中的适应性改进是指在已变化或正在变化的环境中可持续运行而实施的改造。

1）基础设施的适应性改进

主要包括以下内容。

（1）空调系统：调整温/湿度参数等。

（2）供配电系统：回路调整等。

（3）发电机：调整启动方式等。

（4）安全系统：调整授权模式、告警模式、云台运转周期等。

2）网络设施的适应性改进

主要包括路由策略调整，设备或链路负载调整，安全策略调整，监控对象覆盖范围调整，局部交换优化，局部可靠性优化等。

3）硬件设施的适应性改进

针对服务器及存储设备而言，主要包括服务器交换区 SWAP 容量调整，操作系统内核参数调整，存储 RAID 保护级别调整，文件系统使用空间调整划分等。

4）基础软件运维的适应性改进

指根据信息系统软件的特点和运行需求，对软件进行调整，如相关操作系统参数调整，中间件参数配置优化，数据库参数调整，临时表空间、用户表空间调整，数据库重命名，数据库日期格式调整等。

2. 纠正性运维

1）基础设施的纠正性运维

基础设施的纠正性运维主要包括以下内容。

（1）空调系统：调整温/湿度参数等，调整机组位置等。

（2）供配电系统：更换开关、导线以适配负载容量等。

（3）安全系统：调整终端位置，更换终端设备型号等。

2）硬件设施的纠正性运维

根据应用系统的特点和运行需求，分析服务器及存储设备的运行情况，调整服务器及存储设备不合理的初始容量配置、参数配置等，以满足信息系统的运行需求，如调整网卡通信速率模式，调整数据库表空间大小，调整数据库相关参数，调整操作系统相关内核参数等。

3. 改善性运维

优化改善运维中的改善性改进是指根据信息系统或相关设备的运行需求或设计缺陷，采取相应改进措施，以增强安全性、可用性和可靠性。

1）基础设施的改善性运维

基础设施的改善性运维主要包括以下内容。

（1）空调系统：增减机组、APU 单元等。

（2）供配电系统：增加回路、ATS 设备。

（3）UPS 系统：增加主机数量、电池数量等。

（4）安全系统：增加告警联动、终端数量、存储容量等。

2）网络设施的改善性运维

主要包括硬件容量变化（如网络设备硬件、软件升级、带宽升级等），整体网络架构变动，网络架构容量变化（如网络子系统的增减等），系统功能变化（如新增功能区、安全系统、审计系统等），路由协议应用及部署调整，整体安全策略收紧，交换优化，可靠性优化等。

3）硬件设施的改善性运维

指根据应用系统的特点和运行需求，通过对服务器及存储设备的运行记录、趋势的分析，对服务器及存储设备进行调整、扩容或升级等，包括存储磁盘容量增加，服务器 CPU 个数增加，服务器内存容量增加，服务器本地磁盘容量增加，网卡升级等。

4）基础软件的改善性运维

指根据应用系统的特点和运行需求，通过对数据库的运行记录、趋势的分析，对数据库进行调整、扩容或升级，主要包括软件版本升级、打补丁；由于主机 CPU 个数、内存容量增加调整软件相应的参数；由于主机存储设备的增加调整数据库表空间容量等。

4．预防性运维

优化改善运维中的预防性改进是指监测和纠正系统运行过程中潜在的问题或缺陷，以降低系统风险，满足未来可靠运行的需求。

1）基础设施的预防性运维

主要包括以下内容。

（1）空调系统：调整机组位置，调整出/回风方式等。

（2）供配电系统：更换开关，更换导线，调整回路等。

2）网络设施的预防性运维

主要包括以下内容。

（1）配置参数优化（如关闭不必要的服务，打开默认的增强功能（CEF 等），加快三层网络路由收敛速度，加快二层网络生成树收敛速度等）。

（2）安全优化（如密码加密，Telnet 控制等）。

（3）提高软件配置命令可读性。

3）硬件设施的预防性运维

根据对服务器及存储设备的运行记录、趋势的分析结合应用系统的需求发现服务器及存储设备的脆弱点，有针对性地进行改进性作业，如删除垃圾数据，释放数据空间；增加数据文件空间使用范围；增加电源供电模块冗余；调整存储 RAID 数据保护级别等。

4）基础软件的预防性运维

根据信息系统的特点和运行需求，分析软件的运行情况，调整软件的不合理初始配置、参数配置等，以满足应用系统的运行要求，如连接池参数调整，关键配置文件定期备份，调整数据库备份策略，数据库配置参数调整，数据库资源使用调整，数据库执行 SQL 调整，主机操作系统内核参数调整。

3.3.4　咨询评估运维

咨询评估运维指运维人员根据系统运行的需求，提供服务器及存储设备的咨询评估服务，并提出存在或潜在的问题和改进建议。咨询评估运维过程中需要关注的要素如表 3-29 所示。

表 3-29　咨询评估运维过程中需要关注的要素

关 注 要 素	要 素 内 容
在咨询评估开展前，制定咨询评估计划	包括目标、内容、步骤、人员、预算、进度、交付成果和沟通计划等
编写咨询评估报告	包括现状评估、访谈调研、需求分析、咨询建议等
制定报告的评审制度	包括组织内部评审和外部评审，并进行记录
持续跟踪咨询评估的落地执行情况	咨询评估的落地执行具体情况

咨询评估运维过程将形成无形和有形两种形式的成果，如表 3-30 所示。

表 3-30　咨询评估运维过程中形成的主要成果

成 果 类 型	成 果 内 容
无形成果	（1）运维对象的衡量评价 （2）运维对象的规划建议
有形成果	（1）咨询评估计划 （2）咨询评估的方案和评审记录 （3）咨询评估交付过程中的其他报告

具体来讲，咨询评估作业包括被动性咨询服务、主动性咨询服务。被动性咨询服务是根据需求，对服务对象进行现状调研和系统评估，识别出服务对象的运行健康状况和弱点，并提出改进建议；主动性咨询服务是根据应用系统的特点和运行需求，对服务对象的运行状况、运行环境进行分析和系统评估，提出改进或处理的建议和方案。

1）基础设施的咨询评估

主要包括以下内容。

（1）空调系统：机房环境指标分析及改进建议，机房热点分析及布置改进建议，机房送风、回风方式改进建议，辅助制冷单元配置建议等。

（2）供配电系统：机柜供电分析及改进建议，机房回路调整分析、调整建议，机房扩容建议等。

（3）发电机：发电机负荷分析及调整建议等。

（4）UPS 系统：UPS 运行分析及扩容建议等。

（5）安全系统：图像监控系统分析及改进建议（如增加存储设备、增加摄像头等），报警系运行分析及改进建议等。

2）网络设施的咨询评估

主要包括以下内容。

（1）网络实际负荷与承载能力分析。

（2）网络预期负荷与承载能力分析与建议。

（3）网络架构变动分析与建议。

（4）网络路由策略变动分析与建议。

（5）网络安全策略变动分析与建议。

（6）网络配置调优分析与建议等。

3）硬件设施的咨询评估

指通过对服务器及存储设备的运行记录、趋势分析，发现服务器及存储设备存在或潜在的问题，提出改进或处理的建议和方案。

3.4　信息系统设施的故障诊断与修复

设施故障是一个令人头痛而又不得不面对的难题，也是运维人员最直接面对的问题，并需要做到快速定位问题、合理分析故障成因、找出排查方案，本节主要介绍信息系统设施的常见故障排除过程、诊断方法及故障诊断的原则和注意事项。信息系统设施常见故障按照区域大致可以分为机房内故障和机房外故障。机房内故障主要包括网卡断线或降速故障、网线断线或降速故障、交换机整体故障/单口故障或 VLAN 故障、机柜级联故障等，机房外故障主要包括区域行网络故障和 DNS 解析故障等。按照故障性质则可分为链路故障、配置故障、协议故障和服务器故障四类。链路故障通常由接插件松动或设备硬件损坏所致，而其他故障则往往由人为的设置所致。在检查和定位故障时，必须认真考虑可能出现故障的原因，以及应当从哪里开始着手，一步一步进行追踪和排除，直至最后恢复设施的正常运行。

3.4.1　主要故障原因与现象

虽然故障现象千奇百怪，故障原因多种多样，但总的来讲都可以归纳为硬件问题和软件问题，即连接性问题、配置文件和选项问题、网络协议问题及网络拓扑问题等。

1．网络链路

网络链路是故障发生后首先应当考虑的原因。链路的问题通常是由网卡、跳线、信息插座、网线、交换机等设备和通信介质引起的，其中，任何一个设备损坏，都会导致网络连接中断。

链路通常可采用软件和硬件工具进行测试验证，如当某一计算机不能浏览 Web 时，首先想到的就是网络链路的问题。到底是不是呢?这要通过测试进行验证——FTP 可以登录吗？看得到网上邻居吗?可以收发电子邮件吗?用 Ping 命令可得到网络内同一网段的其他计算机吗?只要其中一项回答为"Yes"，那就不是链路问题。当然，即使回答为"No"，也不能表明链路肯定有问题，而是可能会有问题，因为如果计算机网络协议的配置出了毛病也会导致上述现象的发生。另外，看一看网卡和交换机的指示灯是否闪烁及闪烁是否正常。

当然，如果排除了由于计算机网络协议配置不当而导致故障的可能之后，接下来要做的事情就比较麻烦了，需要查看网卡和交换机的指示灯是否常，测量网线是否通畅，检查交换机的安全配置和 VLAN 配置，直至最后找到影响网络链路的原因。

2．配置文件和选项

所有的交换机和路由器都有配置文件，所有的服务器、计算机都有配置选项，而其中任何一台设备的配置文件和配置选项设置不当，都会导致网络故障。如路由器的访问列表配置不当会导致 Internet 连接故障;交换机的 VLAN 设置不当会导致 VLAN 间的通信故障，彼此之间都无法访问，更不用说访问 Internet 了;服务器权限设置不当，会导致资源无法共享或无法获得足够权限的故障;计算机网卡配置不当，会导致无法连接的故障等。因此在排除硬件故障之后，就需要重点检查配置文件和选项的故障了。

当某一台计算机无法接入网络，或无法与连接至同一交换机的其他计算机通信时，应当检查接入计算机的配置;当某台接入层交换机无法连接至网络时，应当检查该交换机级联端及汇聚层交换机的配置;当同 VLAN 或几个 VLAN 内的交换机无法访问时，应当检查接入、汇聚或核心交换机的配置；当所有交换机都无法访问 Internet 时，就应当检查路由器或代理服务器的配置；当个别服务无法实现时，应当检查提供相应服务的服务器配置。

3．网络协议

网络协议是在网络设备和计算机网络中彼此"交谈"时所使用的语言。网络协议的配置在网络中有着举足轻重的地位，决定着网络能否正常运行。任何一个网络协议配置不当，都有可能导致网络瘫痪，或导致某些服务被终止，从而出现网络故障。

4．服务故障

服务故障主要包括三个方面，即服务器硬件故障、网络操作系统故障和网络服务故障。所有的网络服务都必须进行严格的配置或授权，否则就会导致网络服务故障。例如，服务器权限设置不当，会导致资源无法访问；主目录或默认文件名指定错误，会导致 Web 网站发布错误；端口映射错误，会导致无法提供某种服务等。

因此，当排除硬件故障之后，就需要重点检查配置文件和选项；当网络内所有的服务都无法实现时，应当检查网络设备的配置，尤其是连接网络服务器的交换机的配置；如果只有个别服务无法实现，则应当检查提供相应网络服务的相关配置。

3.4.2　故障排除步骤

在开始动手排除故障之前，应当养成一种良好的习惯，即进行故障排除时就开始做好记录，而不是在事情做完之后才来记录，认真而翔实的记录不仅有助于一步一步地记录问题、跟踪问题并最终解决问题，而且也为自己或其他运维人员以后解决类似问题提供了完整的技术文档和帮助文件。

1．识别故障现象

识别问题是排除故障的关键。运维人员在排除故障之前，必须确切地知道网络上到底出了什么毛病，是不能共享资源，还是不能浏览 Web 页，或是不能使用 QQ 等。对一名优秀运维人员的最基本要求，就是能够对问题进行快速定位。为了与故障现象进行对比，必须非常清楚网络的正常运行状态，即了解网络设备、网络服务、网络软件、网络资源在正常状态下的表现方式，了解网络拓扑结构，理解网络协议，掌握操作系统和应用程序，都是故障排除必不可少的理论和知识准备。识别故障现象时，应该询问以下几个问题。

（1）故障的表现是什么？无响应？报错？

（2）故障是什么时候发现的？

（3）故障是否可重现？

（4）有没有出现的规律（如每小时出现一次）？

（5）故障影响的特定用户群是什么样的（已登录的、退出的、某个地域的……）？

（6）最后一次对整个平台进行更新的内容是什么（代码、服务器等）？

（7）当被记录的故障现象发生时，正在运行什么进程？

（8）这个进程以前运行过吗？

（9）以前这个进程的运行是否成功？

（10）这个进程最后一次成功运行是什么时候？

（11）基础架构（物理的、逻辑的）的文档是否能找到？

（12）是否有监控平台？是否可用？

（13）是否有日志可以查看？

2．对故障现象进行详细描述

在处理由用户报告的问题时，对故障现象的详细描述显得尤为重要。例如，运维人员接到用户电话，说无法浏览 Web 网站，那么仅凭这些信息，恐怕任何人都无法做出明确的判断。这时，就要亲自到现场去试着操作一下，运行一下程序，并注意出错信息。例如，在使用 Web 浏览器进行浏览时，无论输入哪个网站都返回"该页无法显示"之类的信息；或者使用 ping 程序时，无论 ping 哪个 IP 地址都显示超时连接信息等，诸如此类的出错消息会为缩小问题范围提供许多有价值的信息。注意每一个错误信息，并在用户手册中找到它们，从而得到关于该问题更详细的解释，是解决问题的关键。另外，亲自到故障现场进行操作，也有机会检查用户操作系统或应用程序是否运行正常，各种选项和参数是否被正确地设定。如果在操作时没有任何问题，那就可能是操作者的问题了。不妨让用户再试一次，认真监督他的每一步操作，以确保所有的操作和选项都被正确地执行和设置。当然，在亲自操作时，应当对故障现象做出详细的描述，认真记录所有的出错信息，并快速记录所有有关的故障迹象，制作详尽的故障笔记。分析这些究竟表明了什么，这些故障现象是否相互联系，在寻找问题答案的过程中，很有可能又导致更多的故障现象产生。所以在开始排除故障之前，应按以下步骤执行。

（1）收集有关故障现象的信息。

（2）对问题和故障现象进行详细的描述。

（3）注意细节。

（4）把所有的问题都记下来。

3．列举可能导致错误的原因

接下来要做的就是列举所有可能导致故障现象的原因了。运维人员应当考虑，导致无法用 Web 浏览器的原因可能有哪些，是网卡硬件故障、网络设备故障，还是 TCP/IP 协议设置不当等。在这个阶段不要试图去找出哪一个原因就是问题的所在，只要尽量多地记录下自己所能想到的，而且是可能导致问题发生的原因就可以了，也可以根据出错的可能性把这些原因按优先级别进行排序，不要忽略其中的任何一个细节。

4．缩小搜索范围

运维人员必须采用有效的软硬件工具，从各种可能导致错误的原因中一一提出非故障因素。对所有列出的可能导致错误的原因逐一进行测试，而且不要根据一次测试就断定某一区域的网络是运行正常还是不正常。另外，当确定了一个错误后也不要自以为是地停下，而不再继续测试。因为此时既可能是搞错了，也可能是存在的错误不止一个，所以，应该使用所有可能的方法来测试所有的可能性。

除了测试之外，还要注意以下几件重要的事情。

（1）检查网卡、交换机和路由器面板上的 LED 指示灯。通常情况下，绿灯表示连接正常；红灯表示连接故障；不亮表示无连接或线路不通；长亮表示广播风暴；指示灯有规律地闪烁才是网络正常运行的标志。

（2）检查服务器、交换机或路由器的系统日志，因为在这些系统日志中往往记载着产生的错误及错误发生的全部过程。

（3）利用网络管理软件检查问题设备。如 Cisco Works、HP OpenView 等网管软件，具有图形化的用户界面，交换机各端口的工作状态可以一目了然地显示在屏幕上。更进步，许多网络管理软件还具有故障预警和告警功能，从而使在缩小搜索范围时省下不少的力气。

当然，在这一步骤中要及时记录下所有的观察及测试的手段和结果。

5．定位错误

运维人员经过反复的测试，明确故障源，假设可能是计算机出错，则首先检查该计算机网卡是否安装好，TCP/IP 协议是否安装并设置正确，Web 浏览器的连接设置是否得当等一切与已知故障现象相关的内容。然后就是排除故障。在排除之前需要对发生的故障有充分的了解，这样故障排除也就变得简单了。但是，不要就此匆忙地结束工作，因为还有更重要的事情——故障分析。

6．故障分析

故障处理完之后，作为运维人员必须搞清楚故障是如何发生的，是什么原因导致了故障的发生，以及如何避免类似故障的发生，应拟定相应的对策，采取必要的措施，制定严格的规章制度。

对于一些对于非常简单明显的故障，上述过程看起来可能会显得有些烦琐。但对于一些复杂的问题，这却是必须遵循的操作规程。

最后，记录所有的问题，保存所有的记录。另外，经常回顾曾经处理过的故障也是种好的习惯，这不仅是一种经验的积累，便于以后处理类似故障，而且还会启发思考许许多多与此相关联的问题，从而进一步提高理论和技术水平。

3.4.3　故障诊断方法

信息系统设施的故障多种多样，不同的故障有不同的表现形式。在分析故障时要透过各种现象灵活运用诊断方法，如排除法、对比法、替换法等。在实际应用中，要根据不同的故障现象使用不同的方法，或者几种方法综合使用。

1．排除法

排除法主要是根据所观察到的故障现象，尽可能全面地列举出所有可能导致故障发生的原因，然后逐一分析、诊断和排除。

使用排除法虽然可以应付各种各样的设施故障，但要求运维人员拥有深厚的理论功底、丰富的实践经验和较强的逻辑思维能力，且全面了解、掌握并灵活运用各种网络测试工具和管理工具软件，善于分析问题和解决问题。同时，由于导致故障现象发生的因素比较复杂，往往是一因多果或一果多因，因此，在解决和排除故障时会耗费较多的时间。由此可见，应当仔细观察故障现象，并根据经验依次排列可能的故障原因，先从最可能导致故障的原因开始调查，从而缩短故障定位和解决问题所用的时间。归根到底，其他所有故障排除方法都是从排除法演变而来的，包括对比法和替换法，只是对比法和替换法在某些场合中比排除法更具有针对性而已。

2．对比法

顾名思义，就是对比故障设备和非故障设备之间的"软""硬"差异，从而找出可能导致故障的原因。可用于对比的内容包括网络设备、端口、线卡、系统配置和系统映像。

使用与所怀疑发生故障的网络设备完全相同的设备进行替换，或者使用相同的端口、插槽或模块进行替换，并对两台设备或端口的不同连接进行对比，在对比结果中找出故障点并进行排除。这种方法虽然简单有效，但有时可能出现故障的设备不止一台，那么排除起来就可能非常麻烦了。

3．替换法

"替换法"从某种意义上来说与"对比法"是相同的，都是使用已知正常的设备或设备部件进行替换，并找出故障的部件进行排障。替换法主要用于设备硬件故障的诊断，需要注意的是，替换的部件必须是相同品牌、相同型号的同类网络设备。同时，替换法还是平时维修计算机的一种方法，该方法在硬件维护方面的应用非常广泛。

3.4.4　故障诊断与修复原则

在排除设备故障时，决不能没有目的地乱碰运气，而应当遵循应有的规则和策略，只有如此，才能有条不紊地以最快速度定位和排除故障。

1．先易后难

排除网络设备故障应当和平时工作一样，先从最简单、最有可能的导致故障的原因开始，逐一进行排除。运维人员应将导致某种故障的所有原因一一列出，然后从中挑选出发生概率最大、可能性最高且最易于诊断和排除的原因，并由此入手，这样才能提高故障排查的速度。

例如，当某个端口所连接的计算机发生通信故障时，应当先使用网络管理软件，或者远程登录至该网络设备，查看故障端口的工作状态，或许故障原因就是端口由于某种原因宕掉了。

这样，只需"enable"该端口，即可恢复该端口的连接。

当使用"enable"无法解决问题时，再查看网络设备的配置，看是否有访问列表或其他设置影响到该计算机的访问。

确认配置没有错误后，到发生故障的网络设备处，将发生故障的跳线连接到其他同类型和配置的端口，查看故障是否恢复。

如果故障仍未恢复，再查看用户计算机网卡工作状态是否正常，驱动是否正确安装，IP 地址信息设置是否正确。

如果客户端确认无误，再测试故障计算机整体链路（包括水平布线、信息插座至计算机的跳线、配线架至网络设备的跳线）的连通性。

2．先软后硬

所谓"软"，就是指应当先借助网络管理工具软件，远程查看设备的各种配置（包括层路由配置、访问列表配置、端口属性配置、VLAN 和 VLANTrunk 配置等）、客户端的 IP 地址信息、端口的工作状态、网络设备的性能（CPU 和内存占用情况等）和运行状态，确认是否由系统软件和系统配置等"软"因素导致了网络设备故障。然后，再用视图修改系统配置文件，升级系统软件，重新激活端口或 VLAN 的方式，修复网络设备的"软"故障。

所谓"硬"，是指在"软"的手段不能奏效，进而怀疑端口、模块、板卡甚至网络设备本身，以及网络链路发生故障时，以替换相应硬件或链路的方式，修复网络设备的"硬"故障，恢复正常通信。

3．先边缘后核心

所谓先边缘后核心，是指在诊断和隔离网络故障时，应当先从最边缘的客户端开始，向接入层、汇聚层和核心层进行，进而定位发生故障的位置，判断发生故障的设备，分析发生故障的原因。

4．先链路后设备

通常情况下，网络设备发生故障的可能性比较小。与之相对应，网络链路由于接插件比较多，而任何一个接插件的松动或故障都可能导致物理链路的中断。因此，在发生网络故障时，如果确认是物理硬件故障，则应当先检查链路的完整性，然后再查看端口或设备是否发生故障。

3.4.5　故障诊断与恢复注意事项

故障排查是一项压力极大的工作，但完成之后却能帮助 IT 运维团队积累宝贵的处理经验。相对于日常运维来说，故障排查会给运维人员带来极大的恐慌感。此外，压力的存在还可能导致愚蠢的低级失误，这就更加需要运维人员以有条不紊的方式逐一开展尝试。故障诊断与修复工作还应特别注意以下两个方面。

（1）应保证所有修复操作可恢复：为了保障全部具有潜在价值的数据，需要备份当前配置、保存虚拟机或 SAN 快照、留存也许会丢失或被覆盖的日志文件副本等，将可能受到影响的数据复制到正常系统当中，以便应对故障修复工作可能带来的进一步恶化的情况，或在故障修复成功后进一步针对原始故障数据研究分析，从而找出故障的深层次原因。

（2）重视记录：运维人员需要详细记录故障观察结果及尝试过的故障排查操作步骤，这样能够防止运维人员一再尝试无效的修复工作，或便于进一步针对故障现象和修复措施进行统计分析。

3.5　信息系统设施运维系统与专用工具

3.5.1　信息系统设施运维管理系统功能

设施运维管理系统的功能主要包括资源管理、监控管理及故障预警管理功能，具体功能如下。

1. 资源管理

1）设施快照

运维人员通过设备快照功能以图形化的形式实时获取设备当前的基本管理信息，包括设备名称、IP 地址、网络掩码、类型、分类、系统描述、所运行的服务名称、服务的状态、服务占有的端口、服务响应的时间、接口的基本信息及主机资源参数的基本信息等。

2）设施视图

以图形方式呈现信息系统相关设施的信息，能够动态实时显示各类资源的运行状态了解资源的分布与状态信息，以及对网络中的资源进行监控。系统一般支持以下几方面的视图。

（1）网络拓扑图：以地理视图、层次图等方式显示物理、逻辑网络拓扑结构。

（2）机房平面图：提供机房内设备物理摆放位置的视图。

（3）机架视图：提供设备在机架上物理摆放位置的视图。

（4）设备面板图：对被管理的设备应以与设备同样的物理构成直观进行显示，设备面板图应同时可以显示正面面板和背面面板。

通过设备面板管理实现对于交换机运行状态、端口流量、端口丢包率等性能参数的监视与管理，以及对交换机端口的操作，如交换机端口的管理与取消管理，对于端口的开启和关闭等。

设备面板图包括真实面板和仿真面板两种视图方式。

视图管理能够将拓扑视图与故障、性能等功能关联，能够在拓扑图上直观地显示被管理资源的运行状态，并且支持告警的传递显示。

3）设备活动及安装软件信息

该功能既可作为运维人员管理服务器、关键主机等设备的一个管理对象，同时也可以作为网络或设备发生异常时，辅助运维人员进行故障分析的一种手段。比如，一台关键服务器的流量异常增大，产生告警，运维人员可以通过对其活动进程的查看初步了解该服务器目前正在运行的进程，以初步确定造成流量异常增大的可能原因等。设备活动进程信息列表如图 3-12 所示。

4）网络设备端口分布

对于网络设备（路由器、交换机等），用户通过双击设备图标，获悉该网络设备端口分布管理的详细情况。

5）交换机端口分布

交换机端口分布管理是针对用户在日常管理维护工作中，需要实时查看某一台交换机的所有端口或某几台交换机的所有端口的进出流量等信息而提供的一个参考分析的功能。例如，用户感觉网络堵塞，想快捷明了地获悉究竟是哪台交换机、哪个端口所连的设备流量较大，可以通过此功能将所有交换机的所有端口进出流量进行排序，从而及时得到一个准确的结果。

2．监控管理

通过设施的监控及数据的采集和分析，能够及时对影响服务器运行性能的故障事件发送警告，并采取相应的故障处理措施，保证设施的正常安全运行。

1）基础环境监控

主要包括机房温度、空调工作状态及 UPS 监控等。

2）网络设备监控

主要包括网络设备监控、网络设备端口丢包监控、ICMP 连通性监控等，以及时发现隐患，具体内容参见 3.3.1 节。

3）硬件设备监控

对硬件设备的 CPU、内存、硬盘、网卡等硬件的关键运行参数进行分类扫描监测，如 CPU 性能监控、内存占用监测等，具体内容参见 3.3.1 节。

（1）CPU 性能监测：及时了解硬件 CPU 资源占用情况，如图 3-5 所示。

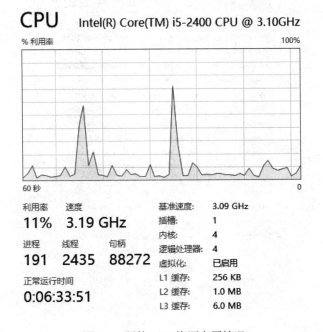

图 3-5　硬件 CPU 资源占用情况

（2）内存占用监测：及时了解硬件内存资源占用情况，如图3-6所示。

图3-6　硬件内存资源占用情况

4）基础软件监控

对软件和应用程序的进程、服务、端口等的运行状况进行分类扫描监控，具体内容参见3.3.3节。

（1）基础应用监控：监测基础软件进程的性质，CPU、内存的使用情况，分析进程的安全状态，监测制定服务的状态。对应用进程运行状态的监测如图3-7所示。

进程资讯CPU前十			
进程名	状态	应用类型	运营时间
"System Idle Process"	running	operatingSystem	20463天11小时39分钟15秒
"mysqld-nt.exe"	running	application	6348天8小时10分钟19秒
"natreceiver.exe"	running	application	5753天7小时45分钟27秒
"seccenterserver.exe"	running	application	1158天1小时11分钟21秒
"syslogreceiver.exe"	running	application	371天0小时15分钟14秒
"System"	running	operatingSystem	161天5小时54分钟15秒
"svchost.exe"	running	application	25天20小时52分钟56秒
"snmp.exe"	running	application	6天19小时57分钟25秒
"receiverv0.exe"	running	application	6天3小时30分钟55秒
"csrss.exe"	running	application	5天16小时57分钟47秒

进程资讯内存前十			
进程名	状态	应用类型	占用内存
"natreceiver.exe"	running	application	410992 KBytes
"mysqld-nt.exe"	running	application	188648 KBytes
"seccenterserver.exe"	running	application	154044 KBytes
"svchost.exe"	running	application	143684 KBytes
"TrustedInstaller.exe"	running	application	108144 KBytes
"syslogreceiver.exe"	running	application	40640 KBytes
"svchost.exe"	running	application	27108 KBytes
"svchost.exe"	running	application	23804 KBytes
"svchost.exe"	running	application	17096 KBytes
"receiverv9.exe"	running	application	16920 KBytes

图3-7　应用进程运行状态监测图示

（2）数据库监控：针对数据库的各种指标进行监控。

3．故障预警管理

在做好设施监控与分析的同时，要能够做到故障发生前的性能预警，当某参数超过预置的门限时，产生告警。

1）资源预警

可以针对资源参数，如 CPU 使用率、内存使用率等设定合理的门限值，在性能越界的时候给出性能预警，如图 3-8 所示。

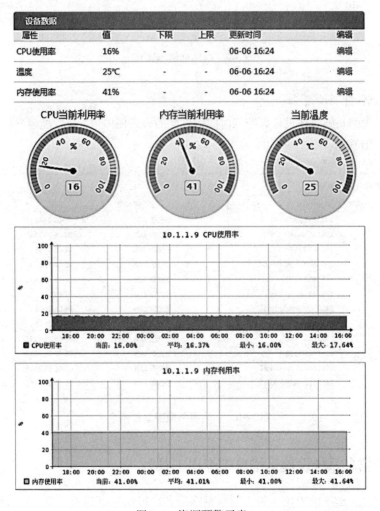

图 3-8   资源预警示意

2）网络性能预警

针对网络性能参数，如进/出流量、错误率、丢包率等设定合理的门限值，在性能越界的时候给出性能预警。对于网络性能参数的性能预警，不仅仅只是针对整个设备，同时对于设备上的端口也可以做更为细化的门限和性能预警设置。如交换机，既可以对交换机总流量进行性能预警，同时又可以对其相应的端口做门限设置后性能预警，如图3-9所示。

接口利用率监控						
						添加
IP	接口	监控属性	最大阈值	最小阈值	编辑	删除
10.0.0.1	Te1/1	出流量比值	67%	0%	编辑	删除
10.0.0.1	Te1/1	入流量比值	50%	8%	编辑	删除
10.0.0.1	Te1/2	入流量比值	50%	9%	编辑	删除

图 3-9　网络性能预警示意

3）基础软件性能预警

针对所监视的基础软件设定如响应时间等性能的合理门限值，在性能越界的时候给出性能预警，如图3-10所示。

• 当前位置: 告警 > 告警事件 > 事件列表						
事件	名称	IP	事件参数	时间	恢复时间	恢复
⚠ 监控点		198.145.20.140	丢包率: 18%	06-05 23:41:12	06-05 23:46	
⚠ 监控点		198.145.20.140	丢包率: 14%	06-05 23:21:11	06-05 23:26	
⚠ 监控点		198.145.20.140	丢包率: 26%	06-05 23:01:12	06-05 23:16	
⚠ 监控点		2404:6800:4005:c00::67	丢包率: 14%	06-05 22:31:12	06-05 22:46	
⚠ 监控点		198.145.20.140	丢包率: 22%	06-05 22:26:12	06-05 22:36	
⚠ 监控点		198.145.20.140	丢包率: 12%	06-05 22:06:12	06-05 22:21	
⚠ 监控点		2404:6800:4005:c00::67	丢包率: 20%	06-05 22:01:12	06-05 22:11	
⚠ 监控点		2404:6800:4005:c00::67	丢包率: 18%	06-05 21:46:11	06-05 21:51	
⚠ 监控点		198.145.20.140	丢包率: 12%	06-05 21:41:11	06-05 21:46	
⚠ 监控点		198.145.20.140	丢包率: 16%	06-05 21:26:12	06-05 21:31	
⚠ 监控点		2404:6800:4005:c00::67	丢包率: 12%	06-05 21:26:11	06-05 21:36	
⚠ 监控点		2404:6800:4005:c00::67	丢包率: 14%	06-05 21:16:12	06-05 21:21	

图 3-10　网络服务预警事件示意

3.5.2　典型信息系统设施运维典型专用工具

信息系统设施运维的专用工具主要包括在准备阶段的运维部署工具、过程中的运维配置工具和运维监控工具，优化改善过程中的日志分析工具及其他辅助专用工具等，具体如表3-31所示。

表 3-31　典型运维专用工具

阶段	准备阶段	过程阶段 （配置管理与自动化）	过程阶段（监控）	优化改善
类型	例行操作运维部署工具	例行操作运维配置工具	例行操作运维监控工具	日志分析工具
工具	Kickstart Cobbler OpenQRM SpaceWalk	Puppet Func Chef Cfengine Capistrano ControlTiger	Nagios Zabbix Cacti Gandia Hyperic OpenNMS	Splunk Loggly Airbrake Graylog

1. 典型例行操作运维配置工具

当系统环境稳定运行后，可采用运维配置工具辅助管理网络、服务器、应用程序、后台程序及各种服务，帮助运维人员更加方便地完成升级软件包、管理配置文件、系统服务、计划执行任务、添加新的配置、修复错误等重复工作。另一方面，随着 IT 产业向云计算迈进，配置管理工具除了在提高效率方面发挥作用外，也会成为一种更有效的使用云计算的方式。

当前主流的运维自动化配置管理工具大部分为开源软件，主要包括 Puppet、Func、Chef、Cfengine 及 Capistrano 等，其中以 Puppet、Func 和 Chef 最为常用，如表 3-32 所示。

表 3-32　主要运维配置工具 Puppet、Func 和 Chef

工具名称	来源	特　　点
Puppet	开源	主流运维集中配置管理系统，也是目前应用最为广泛的一个运维工具。典型用户包括淘宝、新浪、Google、RedHat、Amazon 等。Puppet 能够采用自己的声明语言自动化重现任意的系统，其最大的优势在于简单，运维人员几乎可以通过使用 Puppet 来处理所有的管理细节
Func	开源	全称为 Fedora Unified Network Controller，可以用在 RedHat 系列产品上，是为了解决统一管理问题而设计开发的自动化的远程服务器管理框架。该工具的优势在于可让运维人员在主控机上一次管理任意多台服务器，或任意多个服务器组，另外，通过 Func 的命令行可以直接发送远程命令或者远程获取数据
Chef	开源	是一个系统集成配置框架，可以用 Ruby 等代码完成服务器的管理配置并编写自己的库。典型用户包括 Twitter、Amazon 等

2. 典型例行操作运维监控工具

信息系统设施运维通常采取基于反应的问题解决方案，但往往效率低下，而设施运维监控工具能够通过对各种设施的监测及数据的采集，及时对影响设施运行性能的事件（包括故障）发送告警，以便采取相应的处理措施，保证设施的正常安全运行。一个相对完善的运维监控工具应能够记录基础设施中运行的所有服务器和机器，能够在小问题变大之前发出警告；能从一个中心地点运行，而减少必须到每台物理设施才能解决问题的需求；能提供有关全系统状态、未解决问题等直观视图。

但是，没有任何的监控工具可以监视运维所需的一切内容，因此首先需要根据需求制定明确的监控策略。

1）设施运维监控基本策略

为更好、更有效地保障系统上线后的稳定运行，对于信息系统设施中的硬件资源、性能、带宽、端口、进程、服务等都必须有一个可靠和可持续的监测策略和机制，需要明确定义监控的对象、方式，设定告警的优先级、标准等，具体策略包括以下内容。

（1）监控对象：在一个规模较大的网络中，监控的对象可能包括服务器、防火墙、交换机、路由器等设备及运行在各对象上的服务，不需要将所有的对象都放到监控系统中，监控策略的设计首先应明确监控对象。

（2）故障告警方式：对监控系统而言，一定要有合适的故障告警机制。目前常用的告警机制包括邮件、短信、MSN、Web页面显示等几种手段，这几种手段中，短信告警最佳。

（3）告警时效和间隔的选择：由于网络通信等不可控因素，可能存在故障误报的情况，不应将告警发送设置成一次探测不成功就发送。此外，故障告警开始发送以后，在收到确认排除前会持续发送，因此需要合理设置告警发送的间隔。

告警时效和间隔的策略参考建议：探测4次失败开始告警，告警间隔10分钟，总共发送8次，然后停止发送，假如第3次没有人去处理，监控工具电话通知，没有回应则取消该对象的监控，并记录该次事件。

（4）监控平台地点的选择：对于一个规模较大的网络，为解决南北互连问题一般会采取在多个地点建立数据中心的方法，这时需要对不同地理位置的服务器进行监控，也会遇到访问慢的问题。解决这个问题有几种方式：①选择一个到各个位置访问都顺畅的数据机房；②采取分布式监控平台，各处自己收集监控信息，然后到一处汇总；③各数据中心单独建立监控平台。

（5）定义告警优先级策略：对于监控到的事件，通常将访问网页出错、连接不到Socket等故障设置为优先告警。此外，对返回的延时、内容的信息，如访问网页的时间、访问网页取到的内容及其他数据指标等，可自定义告警条件，如对Ping监控的返回延时一般是10～30ms，当延时大于100ms时，表示网络或者服务器可能出现问题，引起网络响应慢，需要立即检查是否有流量过大或者服务器CPU太高等问题；当监控到磁盘空间超过一个阈值时，可能会引起数据库损坏，服务响应变慢等问题，需要告警进行检查和处理。

（6）定义告警信息内容标准：当服务器或应用发生故障时告警信息内容非常多，如告警运行业务名称、服务器IP、监控的线路、监控的服务错误级别、出错信息、发生时间等。预先定义告警内容及标准能使收到的告警内容具有规范性及可读性。这一点对于用短信接收告警内容特别有意义，短信内容最多是70个字符，要用70个字符完全明确故障内容比较困难，更需要预先定义内容规范。例如，"视频直播服务器10.0.211.65在2012-10-18 13:00电信线路监控到第1次失败"，清晰明了地告知故障信息。

（7）通过邮件接收汇总报表：设计固定周期收到网站服务器监控的汇总报表邮件，运维人员只需花很少的时间就能大致了解网站和服务器状态。

（8）定义故障告警主次：对于监控同一台服务器的服务，需要定义一个主要监控对象，当主要监控对象出现故障时，只发送主要监控对象的告警，其他次要的监控对象暂停监控和告警。例如，用 Ping 来做主要监控对象，如果 Ping 不通出现 Timeout，表示服务器已经宕机或者断网，这时只发送服务器 Ping 告警并持续监控 Ping，因为再继续监控和告警其他服务已经没有必要。这样既能大大减少告警消息数量，又可以让监控更加合理、更加有效率。

（9）规范本地部署的监控脚本，并归纳总结：对在本地部署的监控脚本要进行统一规范的部署并记录到知识管理系统中以便沉淀及优化。

（10）实现对常见性故障业务自我修复功能：实现对常见性故障业务自我修复功能脚本进行统一部署，并对修复后的故障进行检查，一般告警检查频次不多于 3 次。

（11）对监控的业务系统进行分级：如设置类似"一级系统 7×24 小时告警，二级系统 7×12 小时告警，三级系统 5×8 小时告警"这样的业务系统分级标准。

2）常用运维监控工具

当前主流的运维监控工具主要包括 Nagios、Zabbix、Cacti、Gandia、Hyperic 等，其中以 Nagios、Zabbix 和 Cacti 最为常用，如表 3-33 所示。

表 3-33　主要运维监控工具 Nagios、Zabbix 和 Cacti

工具名称	来源	特　　点
Nagios	开源	是一个监控系统运行状态和网络信息的监控系统，能有效监控系统、应用、服务及各种进程的运行状况，目前已经成为很多公司必备的监控工具；告警机制包括短信、邮件等，可由用户自行定义。主要功能包括：① 监控网络服务（SMTP、POP3、HTTP、NNTP、PING 等）；② 监视本地或者远程主机资源（内存、进程、磁盘等）；③ 允许用户编写自己的插件来监控特定的服务；④ 具备定义网络分层结构的能力，用"Parent"主机定义来表达网络主机间的关系，这种关系可被用来发现和明晰主机宕机或不可达状态；⑤ 具备定义事件句柄功能，可以在主机或服务的事件发生时获取更多问题定位；⑥ 自动的日志回滚；⑦ 可支持对主机的冗余监控；⑧ 可选 Web 界面用于查看当前的网络状态、通知和故障历史、日志文件等
Zabbix	开源	基于 Web 界面的用于监控网络上的服务器/服务及其他网络设备状态的网络管理系统，能监视各种网络参数，保证服务器系统的安全运营；并提供柔软的通知机制以让系统管理员快速定位/解决存在的各种问题；由两部分构成：zabbix server 与可选组件 zabbix agent。zabbix server 可以通过 SNMP、zabbix agent、ping、端口监视等方法提供对远程服务器/网络状态的监视、数据收集等功能。zabbix agent 须安装在被监视的目标服务器上，它主要完成对硬件信息或与操作系统有关的内存、CPU 等信息的收集，主要功能包括：① 监控 CPU 负荷；② 监控内存使用；③ 监控磁盘使用；④ 监控网络状况；⑤ 监控端口和日志
Cacti	开源	是基于 PHP、MySQL、SNMP 及 rrdtool 的网络流量监测图形分析工具，能统计网络设备的流量、CPU、系统负载等参数，也可以自定义监测的指标，提供非常强大的数据和用户管理功能，运用 SNMP 采集数据，使用 rrdtool 绘图；可以让运维人员在主控机上一次管理任意多台服务器，或任意多个服务器组

3．典型优化运维工具——日志分析

日志在信息系统中是一个非常广泛的概念，任何程序都有可能输出日志，如操作系统内核、各种应用服务器等。日志分析工具是运维人员在响应支持运维中进行问题定位的有效辅助工具，也可以作为优化改善中预防性改进的有效辅助，越来越为运维人员所重视。

当前主流的运维日志分析工具包括 Splunk、Loggly、Airbrake、Graylog 等，其中以 Splunk 和 Loggly 最为常用，如表 3-34 所示。

表 3-34　主要运维日志分析工具 Splunk 和 Loggly

工具名称	来　源	特　点
Splunk	非开源	能够实时从日志文件获取事件，能够监听 syslog 或获取 Windows 事件，并且采用通用方式索引任何内容格式的数据，不需要连接器。主要功能包括：① 搜索和报表，问题定位：可与 Nagios 配合使用，如 Nagios 告警某台 RegionServer 端口不可达，系统收到 Notification 后，登录 Splunk，直接搜索 shutdown 和 host 名称，找到 RegionServer 退出的日志，单击详细信息，分析日志，就能快速定位问题。② 日志分析预警：可以通过日志分析实现事件预警，如利用 Splunk 实时检测日志中的关键字，定义关键字规则，如监控"shutdown"等，一旦出现，利用 Splunk 的 Notification 功能，通知管理员，管理员通过 Splunk 定位问题，就可以在系统真正出现问题之前对系统进行调整，防患于未然
Loggly	开源	将机器生成的日志文档整理为可进行搜索的格式，可以分析日志数据，进而可以是任何应用程序、系统或平台来解决业务系统的问题。主要功能包括：① 完成应用程序的信息收集和汇总分析，了解自己的用户群和应用软件的未来发展；② 快速地找到问题的根源并消除它，在开发过程中不断地寻找和修复 bug；③ 提前监控应用程序的威胁点并设置警报条件，将问题消除在萌芽中

4．其他运维工具

除了以上列举的运维专用工具之外，其他设施运维专用工外还包括信息资源管理工具（如 glpi）、交互式拓扑绘制工具（如 Network Notepad）、性能测试工具（如存储子系统读/写性能测试工具 Iometer、网络性能测试工具 Netperf）等。

（1）信息资源管理工具 glpi。它是 Linux 环境下的资源管理器工具，通过 glpi 可以建立设施资产清单（计算机、软件、打印机等）数据库，其功能可以简化管理员的日常工作，如带有邮件提醒功能的工作跟踪系统等。

（2）交互式拓扑绘制工具 Network Notepad。可以通过第三方工具自动发现网络拓扑，例如，使用 CDP 工具可以支持自动发现网络中所有思科的设备。在使用 Network Notepad 绘制网络拓扑图之前，应同时安装它的一些图形库，这些图形库中包含许多基本的网络设备图形，直接以拖曳的方式进行绘制即可。

（4）存储子系统读/写性能测试工具 Iometer。Iometer 是 Windows 系统下对存储子系统的读/写性能进行测试的软件，可以显示磁盘系统的最大 I/O 能力、磁盘系统的最大吞吐量、CPU 使用率、错误信息等。用户可以通过设置不同的测试参数，如存取类型（如 sequential、random）、读/写块大小（如 64KB、256KB）、队列深度等，来模拟实际应用的读/写环境进行测试。

（5）网络性能测试工具 Netperf。Netperf 可以测试服务器网络性能，主要针对基于 TCP 或 UDP 的传输。Netperf 根据应用的不同，可以进行不同模式的网络性能测试，即批量数据传输（bulkdata transfer）模式和请求/应答（request/response）模式。Netperf 测试结果所反映的是一个系统能够以多快的速度向另外一个系统发送数据，以及另外一个系统能够以多快的速度接收数据。

Netperf 工具以 Client/Server 方式工作。Server 端是 Netserver，用来侦听来自 Client 端的连接，Client 端是 Netperf，用来向 Server 端发起网络测试。在 Client 与 Server 之间，首先建立一个控制连接，传递有关测试配置的信息，以及测试的结果；在控制连接建立并传递了测试配置信息以后，Client 与 Server 之间会再建立一个测试连接，用于来回传递特殊的流量模式，以测试网络的性能。

（6）端口扫描器 Unicornscan。通过尝试连接用户系统分布式 TCP/IP 堆栈获得信息和关联关系的端口扫描器，该工具试图为研究人员提供一种可以刺激 TCP/IP 设备和网络并度量反馈的超级接口，主要功能包括带有所有 TCP 变种标记的异步无状态 TCP 扫描、异步无状态 TCP 标志捕获，通过分析反馈信息获取主动/被动远程操作系统、应用程序、组件信息等。

3.6　云环境下的信息系统设施运维

云计算是一种新型的共享基础架构平台，它将 IT 的能力转换成自助服务、随时取用、可自动伸缩的灵活的基础设施，这样的能力需要将计算、存储、网络等能力融合在一起。云计算能为一个组织带来崭新的消费模式和交付模式。从消费模式方面讲，组织的 IT 需求不必再通过购买 IT 硬件设备和软件来满足，它们可以从云计算提供商那里租赁所需的 IT 资源来满足自己的 IT 需求；从交付模式讲，组织也不必再像在云计算出现之前的 IT 技术那样，建设一套软硬件基础设施，加上机房等配套的物理建设和电力资源，而是可以通过网络从云计算提供商那里获取所需的计算和企业应用资源。

从信息系统设施运维层面，IaaS 和 PaaS 提供商需要更加具备系统性、敏捷性；云服务使用者的设施运维工作更多交给云服务提供商，本质上可以认为随着硬件的交付，设施运维也大部分随之交付。

3.6.1　云环境下信息系统设施运维的优势

云计算具有资源配置动态化、需求服务自助化、网络访问便捷化、服务可计量化、资源虚拟化的特征。在云计算环境下，信息系统运维的重点将不仅是原先的设备运行正常、网络畅通，对云服务提供商而言，运维更需要关注资源的主动供给、自动配置、可持续性及可追踪的实时配置管理；此外，云计算的发展也推动了云服务使用方信息化管理观念的不断发展成熟。

　　具体而言，云环境下信息系统设施运维的优势表现为以下 3 点。

　　（1）设施运维工作更加专业、敏捷。在云环境中会由更加专业的运维人员（如云服务商的运维人员）从事基本的设施运维工作，云应用单位的运维职责将转向业务本身，而不是传统运维中要求的"多面手"，这也符合云计算这种新型服务化计算模式的基本诉求。

　　（2）设施运维单机故障影响更小。由于云计算虚拟化的特征，少数服务器宕机对系统几乎没有影响，这与传统设施运维中要求的快速响应处理截然不同，运维人员不再需要像救火队员一样，用原始的命令在多台机器间疲于奔命。

　　（3）设施运维成本更低。对云服务提供商而言，通过虚拟化技术可以整合硬件资源，通过规模化、自动化的运维节约运维成本，此外，云环境下的高度自动化也使得运维人力成本大幅度降低；对云服务使用方而言，云计算可以满足他们业务量动态增减和工作尖峰情况的需求，从而为企业降低了基础设施的投入成本和维护成本。

3.6.2　云环境下信息系统设施运维的挑战及要求

1．云环境下信息系统设施运维的挑战

　　云计算的虚拟化特性使得在信息系统设施运维中需要以一个统一的整体来看待计算、存储和网络资源，因而在与传统信息系统设施运维相比时呈现出在专业化、低成本等方面的优势，但云环境下需要面对动辄上百台的性能强劲的服务器，因其极大的存储量、全天候的访问压力、随时可能突变的用量，信息系统设施运维在架构复杂度、故障处理难度方面面临新的挑战。

　　（1）设施架构复杂度更高。与传统设施运维相比，云环境下的用户数多，设施规模大且往往呈极速膨胀状态，还有设施部署关联度大，因此架构复杂度更高。

　　（2）设施故障可能造成更大范围的损失。云计算的核心是虚拟化技术，其设施环境一般为多机房、多服务器环境，系统规模庞大，因此虚拟机一旦出现故障，若不能及时恢复，损失将可能远远超过节省的费用。

　　（3）运维故障处理难度更大。由于云计算虚拟化的特性，业务系统可以位于服务器集群中的任何计算节点，可以利用任何存储设备上的存储空间，可以使用虚拟网络，也可以进行转移以满足性能或运营需求，这样的伸缩性优势使得信息系统设施的位置不明确，掌控难度大，加之基础架构的高复杂度，使得云环境下的设施故障处理的复杂度比传统设施运维要高。

2．云环境下信息系统设施运维的要求

　　云计算环境特有的高可靠性、高可用性、快速响应支持、高质量及低成本等特性，使得信息系统设施运维的重点从设施本身转向设施整体的把控和优化。从体系层面，云环境下的运维应做到自动化、规模化、智能化及数字化；从技能层面，在自动化运维大大提高运维工作效率的同时，运维团队需要更多了解系统底层，时刻考虑如何优化，如何提升运维价值。

　　（1）整体性要求。虚拟化的云计算环境加上云环境中的高应用密度，需要信息系统的设施运维将计算、存储和网络系统作为一个整体，合作应对。

（2）自动化、规模化要求。由于运维对象规模庞大，架构复杂度高，因此在部署、监控、资源配置等方面要求实现全面自动化与规模化，而在传统设施运维中，规模相对小，自动化并不是其必然要求。

（3）数字化要求。要求运维工作充分重视自动化工具积累的真实数据，要能分析挖掘数据，进而能够预测问题，实现"数字化运维"。

（4）智能优化要求。云计算环境下的设施运维要求能实现整体智能优化，具体而言包括机房网络性能、带宽指标、服务器性能的智能优化及服务器成本优化等。

本章要点

本章主要介绍有关信息系统设施运维的管理体系、管理对象、运维内容、运维系统和辅助工具，以及故障的诊断与修复。要点如下。

（1）信息系统设施运维的管理体系；

（2）基础环境、网络设备、硬件设备和基础软件的运维；

（3）信息系统设施运维的环境管理；

（4）信息系统设施例行操作运维、响应支持运维、优化改善运维和咨询评估运维内容；

（5）信息系统设施的主要故障原因与现象，故障排除步骤与方法；

（6）信息系统设施的运维管理系统与运维工具。

思考题

（1）信息系统设施包括哪些？设施运维的管理体系是怎样的？

（2）信息系统设施运维的对象包括哪些？

（3）信息系统设施运维的具体内容是什么？

（4）信息系统设施运维的环境管理包括哪些部分？

（5）简述信息系统设施运维管理系统的功能。

（6）简述信息系统设施运维系统与运维辅助工具的关系。

（7）简述信息系统设施的故障诊断步骤与修复方法。

（8）云计算技术趋势下信息系统设施的运维将有哪些变化？

第4章 信息系统软件运维

信息系统软件是信息系统运行的核心，其运维的目的是保证信息系统软件能正常而可靠地运行，并能使系统不断得到改善和提高，以充分发挥作用。信息系统软件运维存在的各种问题，如运维工作量大、响应要求高、效率低下等，日益为人们所重视，也对信息系统软件运维的理论性和科学性提出了更高的要求。

本章主要介绍信息系统软件运维的基本概念、体系框架、管理流程，以及运维管理系统和专用工具，旨在提高信息系统软件运维的效率和客户满意度、降低运维成本。

4.1 信息系统软件运维概述

4.1.1 信息系统软件运维的概念

信息系统软件运维是指信息系统软件在开发完成投入使用后，对信息系统软件进行的改正性维护、适应性维护、完善性维护、预防性维护等软件工程活动。信息系统软件在完成系统实施、投入正常运行之后，就进入了信息系统软件运行与维护阶段。一般信息系统软件的使用寿命短则 4~5 年，长则可达 10 年以上。在信息系统软件的整个使用寿命中，都将伴随着软件运维工作的进行。

人们往往热衷于信息系统软件的开发，当开发工作完成以后，多数情况下开发队伍被解散或撤走，而在软件开始运行后并没有配置适当的运维人员。随着信息系统应用的深入，以及使用寿命的延长，软件运维的工作量将越来越大。因此有人曾以浮在海面的冰山来比喻信息系统软件开发与运维的关系，开发工作如同冰山露出水面的部分，容易被人看到而得到重视，而运维工作如同冰山浸在水下的部分，体积远比露出水面的部分大得多，但由于不易被人看到而常被忽视。

4.1.2 信息系统软件的可维护性及维护类型

信息系统软件维护工作直接受到软件可维护性的影响。软件可维护性是指软件产品被修改的能力，修改包括纠正、改进或软件对环境、需求和功能规格说明变化的适应。对软件可维护性的度量可以从以下几个方面进行。

（1）可理解性。可理解性描述了通过阅读源代码和相关文档来了解系统功能及其如何运行情况的难易程度。一个可理解性高的软件系统一般应具备以下的特征：模块化（系统各个模块结构良好、功能完整），程序代码清晰，编程风格具有一致性（代码风格及设计风格的一致性），完整性（对输入数据进行完整性检查），使用有意义的数据名和函数名等。

（2）可靠性。可靠性表明一个软件系统在给定的一段时间内正确执行的概率。度量可靠性的方法，主要有两类：第一类是根据程序错误的统计数字来进行可靠性预测。比如用一些可靠性模型，根据程序测试中发现并排除的错误数来预测平均失效间隔时间（Mean Time To Failure，MTTF）。第二类是当系统的可靠性与复杂性有关时，可以根据程序的复杂性来预测软件的可靠性。

（3）可测试性。可测试性表明能够用测试的方法来验证程序正确性的难易程度。软件系统的可测试性取决于系统的可理解性、复杂性、设计合理的测试用例的难易程度等方面的内容。

（4）可修改性。可修改性描述了程序能够被正确修改的难易程度。一个可修改的程序应当是可理解的、通用的、简单的、灵活的。通用性是指程序适用于各种功能变化而无须修改。灵活性是指能够容易地对程序进行修改。

（5）可移植性。可移植性表明程序从一个运行环境移植到另一个新的运行环境的可能性的大小。一个可移植性好的程序应具有结构良好、灵活、不依赖于某一具体计算机或操作系统的特性。

在信息系统运行过程中，软件需要维护的原因是多样的，根据维护的原因不同，可以将软件维护分为以下 4 种类型：

（1）纠错性维护。由于系统测试不可能揭露系统存在的所有错误，因此在系统投入运行后频繁的实际应用过程中，就有可能暴露出系统内隐藏的错误。诊断和修正系统中遗留的错误，就是纠错性维护。纠错性维护是在系统运行中发生异常或故障时进行的，这种错误往往是遇到了从未用过的输入数据组合或是在与其他部分接口处产生的，因此只是在某些特定的情况下发生。有些系统运行多年以后才遇到这种情况，暴露出在系统开发中遗留的问题，这是不足为奇的。

（2）适应性维护。适应性维护是为了使系统适应环境的变化而进行的维护工作。一方面计算机科学技术迅速发展，硬件的更新周期越来越短，新的操作系统和原来操作系统的新版本不断推出，外部设备和其他系统部件经常有所增加和修改，这就必然要求信息系统能够适应新的软硬件环境，以提高系统的性能和运行效率；另一方面，信息系统的使用寿命在延长，超过了最初开发这个系统时应用环境的寿命，即应用对象也在不断发生变化，机构的调整、管理体制的改变、数据与信息需求的变更等将导致系统不能适应新的应用环境。如代码改变、数据结构变化、数据格式以及输入输出方式的变化、数据存储介质的变化等，都将直接影响系统的正常工作。因此有必要对系统进行调整，使之适应应用对象的变化，以满足用户的要求。

（3）完善性维护。在系统的使用过程中，用户往往要求扩充原有系统的功能，增加一些在软件需求规范书中没有规定的功能与性能特征，以及对处理效率和编写程序的改进。例如，有时可将几个小程序合并成一个单一的运行良好的程序，从而提高处理效率；增加数据输出的图形方式；增加联机在线帮助功能；调整用户界面等。尽管这些要求在原来系统开发的需求说明书中并没有，但用户要求在原有系统基础上进一步改善和提高；并且随着用户对系统的使用和熟悉，这种要求可能不断提出。为了满足这些要求而进行的系统维护工作就是完善性维护。

（4）预防性维护。系统维护工作不应总是被动地等待用户提出要求后才进行，应进行主动的预防性维护，即选择那些还有较长使用寿命，目前尚能正常运行，但可能将要发生变化或调整的系统进行维护，目的是通过预防性维护为未来的修改与调整奠定更好的基础。例如将目前尚能应用的报表功能改成通用报表生成功能，以应付今后报表内容和格式可能的变化。

根据对各种维护工作分布情况的统计结果，一般纠错性维护占21%，适应性维护占25%，完善性维护达到50%，而预防性维护及其他类型的维护仅占4%。可见在系统维护工作中，一半以上的工作是完善性维护。

4.1.3　信息系统软件运维的体系

信息系统软件运维主要包括需求驱动、运维流程、运维过程、运维支撑要素等方面，体系如图4-1所示。

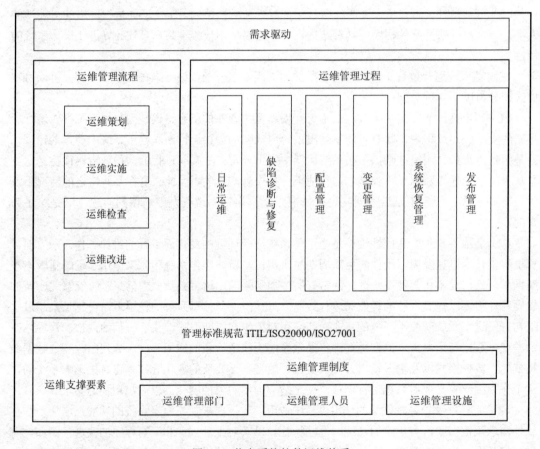

图4-1　信息系统软件运维体系

1．需求驱动

信息系统软件运维工作是由用户的需求驱动的，其目的是为了更好地满足用户的改正性、适应性、完善性、预防性需求。因此，用户需求是信息系统软件运维工作的起点，由用户的需求变化驱动信息系统软件运维，进一步驱动信息系统软件的发展变化。

2．运维流程

信息系统软件运维流程可以分为运维策划、运维实施、运维检查、运维改进四个阶段，这四个阶段构成一个迭代的循环过程。信息系统软件运维提供方应对运维服务进行整体策划，提供必要的资源支持并实施运维服务内容，保证交付质量满足服务要求的软件，对运维服务结果、运维过程以及相关管理体系进行监视、测量、分析和评审，并实施持续的改进。

3．运维过程

信息系统软件运维的过程主要包括：日常运维、缺陷诊断与修复、配置管理、变更管理、系统恢复管理、发布管理等。

4．运维支撑要素

信息系统软件运维管理应该遵从 ITIL、ISO20000、ISO27001 等国内外先进的服务管理理论的要求，管理制度、管理部门、管理人员、管理设施是开展运维工作的必要基础。

（1）运维管理制度。运维工作的各个流程能顺利执行的关键就是建立一套全面覆盖整个运维工作的、有一定的约束和强制执行力的管理制度。应该将管理制度的各项指标细化、分解到每个流程中，建立指标的采集、分析、评估和报告的整体流程，并与绩效考核制度联动起来，以促进服务质量的提高。另外，运维管理制度也应该与运维流程一起持续的改进。

（2）运维管理部门。运维管理部门具体管理信息系统软件运维的各项工作，审批软件运维申请，确定运维报告，评价运维工作并制定运维管理制度。

（3）运维管理人员。主要包括软件运维工程师、系统管理员、技术服务经理等。软件运维工程师具体负责软件的运维，根据管理制度和手册，执行运维服务各过程完成信息系统使用中软件问题的维护、更新、安装等工作，评估运维过程中和业务相关的内容，从业务角度提出修改或优化意见；系统管理员规划、检查运维服务的各个过程，对运维服务的策划、实施、检查、改进的范围、过程和成果负责；技术服务经理组织如何进行变更修改，由熟悉计算机编程的软件技术人员担任。

（4）运维管理设施。主要包括信息系统软件运维所需的基础环境、网络设备、硬件设备和基础软件等。

5．运维管理原则

信息系统软件运维要遵从以下原则。

（1）遵守各项规章制度，严格按照制度办事。

（2）与运维体系的其他部门协同工作，密切配合，共同开展运维工作。

（3）遵守保密原则，运维人员对运维单位的网络、主机、系统软件、应用软件等的密码、核心参数、业务数据等负有保密责任，不得随意复制和传播。

（4）在保证信息系统数据和系统安全的前提下开展工作。

（5）若在运维过程中出现暂时无法解决的问题或其他新的问题，应告知用户并及时上报，寻找其他解决途径。

（6）信息系统软件运维完成后、要详细记录运维的时间、地点、提出人和问题描述，并形成书面文档、必要时应向信息系统用户介绍问题出现的原因、预防方法和解决技巧。

4.1.4　信息系统软件运维的趋势——DevOps

DevOps 一词的来自于 Development 和 Operations 的组合，突出重视软件开发人员和运维人员的沟通合作，通过自动化流程来使得软件构建、测试、发布更加快捷、频繁和可靠。维基百科中关于 DevOps 的定义是"DevOps 是一组过程、方法与系统的统称，用于促进开发、运维和质量保障（QA）部门之间的沟通、协作与整合。"它的出现是由于软件行业日益清晰地认识到：为了按时交付软件产品和服务，开发和运维工作必须紧密合作。

1. DevOps 的提出

传统运维的一种极端情况可以被描述为"黑盒运维"。在这种文化中，运维与开发是分开的，相互间一般不合作，就算合作，也是极为不情愿的。其特点就是开发和运维有着相反的目标。开发团队的任务是为产品增加新功能、不断升级产品，并以此制定绩效。运维团队的目标，则是稳定第一。如果没有进行足够的沟通交流，两个团队就会产生矛盾，当开发人员兴致勃勃的快速开发新功能的时候，运维人员可没什么心情去部署新功能。对稳定系统实施任何类型的变更，都会导致系统产生隐患，因此运维人员会尽可能避免变更。产生这种鸿沟的原因如下。

（1）开发人员经常不考虑自己写的代码会对运维造成什么影响，他们在交付代码之前，并不邀请运维人员参与架构决策或代码评审。

（2）开发人员对配置或环境进行修改之后，经常没有及时与运维人员沟通，导致新的代码不能运行。

（3）开发人员在自己的机器上手工修改配置，而没有记录所有需要的步骤，想找到必要的配置参数，通常需要尝试很多不同的参数。

（4）开发人员倾向于使用有利于快速开发的工具，这样的工具集与运营人员面对的目标运行时环境非常不同（后者对稳定性和性能的要求远胜于灵活性）。

（5）开发人员平时使用桌面电脑，他们倾向于使用为桌面用户优化的操作系统，生产环境系统通常都运行在服务器操作系统上。

DevOps 需要在组织内部进行文化和技术的改变。从团队文化角度来说，运维和开发的传统思维需要改变，这样才能更开诚布公的进行沟通，实现目标的统一。从技术角度来讲，开发人员需要了解运维团队的工作方式，并加深对系统架构的认识。运维人员需要明白开发流程，并深入了解代码内容。

2. DevOps 的原则

（1）基础架构即代码。基础架构即代码（IaC）是大部分通用 DevOps 实践的前提要求，这一概念涉及计算基础架构（虚拟机、网络、软件安装等）的管理和供应，以及通过机器可处理的定义文件或脚本对其进行自动配置，交互式配置工具和手工命令的使用已经不合时宜了。通过代码表示环境的相应状态，以免手动配置环境，同时确保一致性。通过代码实现的基础结构部署是可重复的，从而快速、可靠、大规模地交付应用程序及其支持基础结构。

借助基础结构即代码，可以在开发周期的早期在类似生产的环境中测试应用程序。这些团队希望按需预配多个可靠的测试环境。还可以验证和测试表示为代码的基础结构，以防出现常见的部署问题。

（2）持续交付。持续交付是一种可以帮助团队以更短的周期交付软件的方法，该方法确保了团队可以在任何时间发布出可靠的软件。该方法意在以更快速度更高频率进行软件的构建、测试和发布。通过对生产环境中的应用程序进行更高频次的增量更新，这种方法有助于降低交付变更过程中涉及的成本、时间和风险。足够简单直接并且可重复的部署流程对持续交付而言至关重要。

（3）协作。DevOps 文化的主要特征在于开发和运维角色之间日益增加的协作。这是一种在团队内部以及组织层面上很重要的文化变迁，通过这样的变迁才能促进更好的协作。

3. DevOps 的价值

DevOps 的价值主要体现在以下方面。

（1）产品高效交付：DevOps 理念指向"高度的自动化"，试图制定一条从开发到运维的流水线，最大限度地摆脱人工的束缚。

（2）改善公司组织文化、提高员工的参与感。员工们变得更高效，也更有满足和成就感。

4. DevOps 的工具

DevOps 希望做到的是软件产品交付过程中 IT 工具链的打通，使得各个团队减少时间损耗，更加高效地协同工作。DevOps 需要的工具主要分 3 类。

（1）版本控制软件库。它可以确保所有系统产品在整个版本发布生命周期中被很好地定义，并且能够实现一致性共享，同时保持最新信息。开发和 QA 机构能够从中取得相同平台版本，生产机构部署已经被 QA 机构验证过的相同版本。

（2）深层模型系统。它的版本系统清晰地描述了软件系统相关的所有组件、策略和依赖性，从而可以简单地根据需要复制一个系统或在无冲突的情况下引入变化。

（3）人工任务的自动化。在依赖关系发现、系统构造、配置、更新和回滚等过程中减少人工干涉。自动操作变为高速、无冲突和大规模系统管理的命令和控制基础。

在从开发到运维的生命周期中存在许多不同的工具，工具选择需要结合公司业务需求和技术团队情况而定。

4.2 信息系统软件运维的管理

4.2.1 管理流程

信息系统软件交付之后就进入了运维阶段，该阶段短则 4～5 年，长则可达 10 年以上。运维的目的是保证信息系统软件能正常而可靠地运行，并能使系统不断得到改善和提高，以充分发挥作用。运维的过程也就是不断满足用户各种维护需求的过程。用户的维护需求是不断变化的，所以需要持续地对信息系统软件进行修改和维护。这一过程从本质上来说是一个 P、D、C、A（P-Plan，策划；D-Do，实施；C-Check，检查；A-Act，处理）循环，不停顿地周而复始地运转。按照戴明质量控制理论，信息系统软件运维的管理流程如图 4-2 所示。

信息系统软件运维服务的四个关键要素是：人员、资源、技术和过程，每个要素通过关键指标反映运维服务的能力。在运维服务提供过程中，通过应用 PDCA 的方法论，在运维的策划、实施、检查、改进等不同阶段，通过对人员、资源、技术和过程四个服务要素的统一管理，来实现运维服务能力的持续提升。

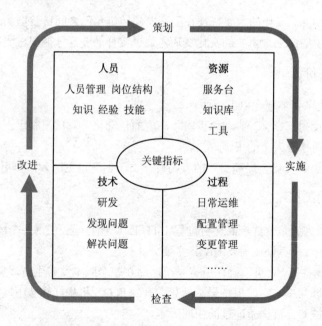

图 4-2 信息系统软件运维管理流程

4.2.2 人员

确保提供信息系统软件运维服务的相关人员具备应有的运维服务能力，主要从人员管理、岗位结构以及知识、技能和经验等方面进行衡量。

1．人员管理

（1）人员规划。针对新的或扩展的运维服务人员配备需求，考虑因使用新技术，或因预期的人员离职所导致的人员缺口，制定相应的策略。

（2）人员培训。运维服务的人员应充分了解运维体系相关的知识，而且可能还会不断涉及新的理念、新的流程、新的工具。所有这些都需要对新知识的学习、消化和运用。因此，需要建立运维服务相关的培训体系和机制，并提供及时、有效的培训。

培训的内容如下。

* 理论培训：对运维服务的理论模型和标准规范进行培训。
* 流程培训：对实际运维过程中的各种具体流程的操作实践进行培训。
* 工具培训：对运维过程中使用的各种工具进行培训。

（3）绩效考核。应建立与运行维护服务相关的绩效考核体系或机制，并能够有效组织实施。

2．岗位结构

应设置专职团队负责信息系统软件运维服务的工作，对运行维护服务中的不同角色有明确分工和职责定义。一个完整的运行维护服务团队应包括管理、技术支持、操作等主要岗位。

（1）管理岗职责如下。

* 在运行维护服务中负责管理运行维护服务；
* 与需方建立顺畅的沟通渠道，准确地将需方的需求传递到运行维护服务团队；
* 规划、检查运行维护服务的各个过程，对运行维护服务能力的策划、实施、检查、改进的范围、过程、信息安全和成果负责。

（2）技术支持岗职责如下。

* 在运行维护服务中负责技术支持，包括网络、操作系统、数据库、中间件、应用开发、信息安全等；
* 对运行维护服务过程中的问题做出响应，保障信息安全并对处理结果负责。

（3）操作岗职责如下。

* 在运行维护服务中负责日常操作的实施；
* 根据规范和手册，执行运行维护服务的过程，并对其执行结果负责。

3．知识、技能和经验

保证信息系统运维服务人员应具备运维服务相关的知识、技能和经验。

4.2.3　资源

资源配置为信息系统运维服务提供基础保障，主要包括服务台管理、运维工具管理和知识库管理三个方面。

1. 服务台管理

服务台是客户与信息系统运维部门的单一接触点，客户有任何需求都直接与服务台联系，由服务台负责协调和解决，并将最终解决的结果反馈给客户。服务台是客户和运维服务组织沟通的桥梁，是缺陷诊断与修复、配置、变更、发布等运维实施的发起者或记录者，是运维服务组织对外的主要窗口，它不仅为客户和运维人员在运维服务的整个生命周期内提供沟通渠道，也为衡量运维绩效提供了数据支撑。对于服务台，应该做到下述基本要求。

- 设置专门的沟通渠道作为与客户的联络点；
- 设定专人负责接收服务请求；
- 建立服务台的管理制度，包括服务请求的接收、记录、跟踪和反馈等机制，以及日常工作的监督和考核。

2. 运维工具管理

运维工具是在信息系统运维管理过程中能够借助的用来提高服务质量和效率的工具的总称，有利于提高运维组织的管理效率和风险防范能力，从而提升运维保障能力和运维服务质量。运维工具主要包括监控工具和过程管理工具两大类。

- 监控工具：对信息系统软件的运行状态、配置参数，操作系统的 CPU、内存、磁盘、网络状态等进行实时监控，使运维服务由被动型向主动型发展；
- 过程管理工具：使信息系统软件运维服务组织能够对运维服务过程进行系统化管理，包括日常运行维护管理、记录、测量、监督和评估等功能。

3. 知识库管理

知识库是运维组织技术技能积累的重要体现，对运维服务组织的技术能力和运维效率有重要影响。系统化管理的知识库管理系统的有效利用，不仅可以提升服务人员的技术共享能力，也能降低运维组织的实施成本。

在信息系统软件运维过程中，一定可以产生大量的可重复利用的知识和经验，如何以一种机制化的手段对这些知识和经验进行收集、整理、再利用是所有组织都必须考虑的问题。尤其是在组织规模达到一定程度，人员流动性风险逐步加大之后，进行系统的知识管理是一件刻不容缓的事情。知识库的价值主要体现在以下几方面。

- 提升服务台解决问题的能力。
- 降低对关键技术人员的依赖。
- 提高故障、缺陷恢复的效率。
- 有助于团队整体技能水平的提高。

4.2.4 技术

在信息系统软件运维服务实施过程中，可能面临各种问题、风险以及新技术和前沿技术应用所提出的新要求。应根据需求或技术发展趋势，具备发现和解决问题、风险控制、技术储备以及研发、应用新技术和前沿技术的能力。

4.2.5　过程

信息系统软件运维的过程主要包括：日常运维、缺陷诊断与修复、配置管理、变更管理、系统恢复管理、发布管理等（详见 4.3 节）。

4.2.6　运维策划

信息系统软件运维策划是指对信息系统软件运维活动过程中的服务内容、组织、资源、标准、改进等进行全局策划，以确保信息系统软件运维活动顺利高效完成，具体内容如下。

（1）内容：内容策划是根据信息系统软件所涉及的业务定位和管理范围，策划信息系统软件运维服务对象的业务内容与要求，并形成服务目录。信息系统软件运维的要求常常来自于系统的一个局部，而这种运维要求对整个信息系统来说是否合理，应该满足到何种程度，应从整个信息系统的全局进行权衡。对所能提供的运维服务制定服务目录和说明性文件。服务目录内容最好详细描述服务种类、服务级别等信息，便于和用户交流所要进行的运维服务。

（2）组织：软件运维和软件开发一样，技术性强，要有完善的组织管理作为保证。信息系统软件对稳定性和安全性要求高，数据保密，版本更新快，再加上运维人员流动性大，必须实施严格有效的管理，运维组织由业务管理部门人员和信息系统技术管理部门人员共同组成，以便从业务功能和技术实现两个角度控制运维内容的合理性和可行性。

（3）资源：资源策划是指对信息系统软件运维所涉及的人力资源、环境资源、财务资源、技术资源、时间资源等的分析。

（4）标准：信息系统软件运维工作涉及范围广，影响因素多，所以要用软件工程的方法，结合信息系统软件运维的实际，制定出一套运维标准，包括运维流程、运维安全、运维各阶段所要完成的文档、考核评估体系等。

（5）改进：策划如何管理、审核并改进运维服务质量，并建立内部审核评估机制。

4.2.7　运维实施

信息系统软件运维策划完成后，就应该按照整体策划实施。在具体实施过程中应保证：
（1）制定满足整体策划的实施计划，并按计划实施。
（2）建立与客户的沟通协调机制。
（3）按照运维规范要求实施管理活动并记录，确保服务过程实施可追溯，服务结果可计量或可评估。
（4）提交满足质量要求的交付物。

4.2.8　运维检查

信息系统软件运维实施执行后要检查是否符合运维计划的要求和目标，对运维管理过程和实施结果进行监控、测量、分析和评审。分析运维工作的影响，包括对信息系统软件当前业务工作的影响、对系统其他部分的影响、对其他系统的影响等，要做好以下工作。

（1）定期评审运维过程及相关管理体系，以确保运维能力的适宜和有效。

（2）调查客户满意度，并对运维结果进行统计分析。

（3）检查各项指标的达成情况。

4.2.9　运维改进

信息系统软件运维经过策划、实施、检查之后，要对信息系统软件运维管理情况进行重新评估，以改进运维管理过程中的不足，修改和优化运维管理计划和标准，如果有必要则需要修订相关的方针、目标，为信息系统软件运维下一阶段的管理明确方向，提供持续改进建议和提升运维能力，这就是信息系统软件运维管理持续改进的思想。具体包括以下内容。

（1）建立信息系统运维管理改进机制。

（2）对不符合策划要求的运维行为进行总结分析。

（3）对未达成的运维指标进行调查分析。

（4）根据分析结果确定改进措施，分析评估结果中需要改进的项，确定改进目标，制定信息系统软件运维管理改进计划，按照计划对改进结果和改进过程执行监控管理、评审并记录，保留记录文档，以评估改进的有效性和持续性。

4.2.10　文档管理

信息系统软件运维文档是对运维服务参与各方主体从事信息系统软件运维实施及运维管理提供决策支持的一种载体。在信息系统软件运维过程中，能及时、准确、完善地掌握与运维有关的大量信息，处理和管理好各类运维策划、实施、检查和改进信息，是运维管理的重要工作内容。

文档能提高软件运维过程的能见度，把用户反映的问题、用户提交的报告、用户增加的需求、对用户反映问题的维护反馈记录、运维过程中发生的事件以某种可阅读的形式记录在文档中，管理人员可把这些记载下来的材料作为检查软件运维进度和运维质量的依据，正确统计运维的工作量，实现对信息系统软件运维的工程管理，提高运维效率。文档作为运维人员一定阶段的工作成果和结束标志，记录运维过程中的有关信息，便于管理人员、运维人员、操作人员、用户之间的协作和交流，使信息系统软件运维更科学、更有成效。

信息系统软件运维文档管理应注意如下方面。

（1）文档管理制度化。形成一整套完善的文档管理制度，根据这一套制度来协调控制、评价信息系统软件运维中各类人员的工作。

（2）文档标准化、规范化。在信息系统软件运维前要选择或制定文档标准，在统一的标准约束下来规范地建立各类文档。

（3）落实文档管理人员。应设专人负责集中保管与信息系统软件运维相关的文档，他人可按一定的流程向文档管理员借阅文档。

（4）保持文档的一致性。信息系统软件在运维过程中如果修改了原来的需求和设计，但是文档却没有进行同步修改，造成交付的文档与实际信息系统软件不一致，使用户在使用信息系统软件参考文档对软件进行维护时出现许多误解，这将严重影响系统的质量和维护的效率。所以，在信息系统软件运维过程中，如果修改部分涉及设计文档或用户手册的，一定要及时更改，这样才能达到事半功倍的效果。

（5）维护文档的可追踪性。由于信息系统软件运维的动态性，软件的某种修改最终是否有效要经过一定的时间检验，所以运维文档也应与相应的信息系统软件一样要分版本进行管理，这样软件和文档就具有可追踪性，便于持续地运维与改进。

4.3　信息系统软件运维的过程

信息系统软件运维的过程主要包括：日常运维、缺陷诊断与修复、配置管理、变更管理、系统恢复管理、发布管理等。

4.3.1　日常运维

1．日常运维的内容

信息系统软件日常运维的主要内容包括：监控、预防性检查、常规操作。

信息系统软件监控的主要内容有 CPU、内存、磁盘、进程状态；服务或端口响应情况；日志是否存在异常；资源消耗情况；数据库连接情况等。

信息系统软件预防性检查的主要内容有典型操作响应时间；病毒定期查杀；口令安全情况；日志审计、分析；关键进程及资源消耗分析等。

信息系统软件常规操作的主要内容有日志清理；启动、停止服务或进程；增加或删除用户账号；更新系统或用户密码；备份等。

2．日常运行

日常运行是信息系统软件运维服务的常规活动和常规流程，应当按规范定时间、定点启动。日常运行流程示例如图 4-3 所示。

日常运行流程的关键点主要包括如下方面。

（1）日常运行开始前应先查阅系统日常运行记录。

（2）在日常运行工作中，系统操作人员处理运行过程中的随机事件，对不能解决的事件移交给维护工程师处理。

（3）维护工程师对在维护后发现系统有缺陷，则向技术服务经理申请转入缺陷诊断与修复流程。

（4）日常运行完成后应编制日常运行报告，并与日常运行过程中产生的文档一并归档。

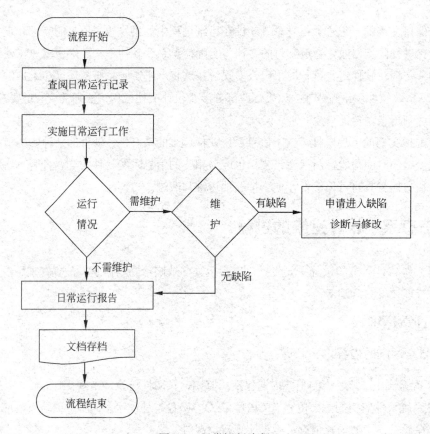

图 4-3   日常运行流程

3．例行测试维护

例行测试是按照信息系统软件运维服务协议或规则进行，例行检查软件执行的常规测试活动。例行测试流程如图 4-4 所示。例行测试流程的关键点主要包括如下 5 个方面。

（1）开展例行测试前应先制定测试计划及测试用例。

（2）测试人员按计划依据用例执行测试。

（3）测试人员对测试结果进行分析，对有需维护的功能则移交给维护工程师处理。

（4）维护工程师在软件维护后发现有缺陷不能解决，申请进入缺陷诊断与修复。

（5）例行测试完成后应编制例行测试报告，并与例行测试过程中产生的文档一并归档。

例行维护是按照信息系统软件维护手册或软件测试规程实施的例行软件维护活动。例行维护流程如图 4-5 所示。例行维护流程的关键点主要包括如下 3 个方面。

（1）开展例行维护前应制定例行维护实施方案。

（2）维护工程师对记录的维护情况进行分析，对在维护后发现系统有缺陷，则向技术服务经理申请进入缺陷诊断与修复流程。

（3）例行维护完成后应编制例行维护报告，并与例行维护过程中产生的文档一并归档。

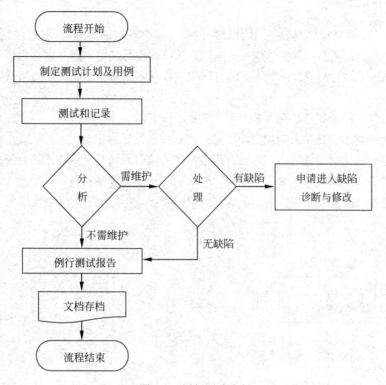

图 4-4　例行测试流程

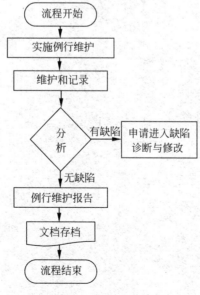

图 4-5　例行维护流程

4．定期测试维护

定期测试维护指按照信息系统软件开发或提供厂商规定的维护周期进行信息系统软件的测试与维护活动。定期测试维护的周期依据信息系统软件的使用手册和运行规范设定。其周期一般有周测试维护、月测试维护和季度测试维护三种基本类型。不同周期的测试内容详略程度可有所不同。

定期测试维护基本流程如图 4-6 所示。其要点如下。

（1）定期测试维护开始前应先查阅信息系统软件日常运行记录。

（2）对定期测试记录进行分析，对有需要维护的信息系统功能则申请进行维护处理。

（3）维护后发现系统存在缺陷，则申请转入缺陷诊断与修复流程。

（4）定期测试维护完成后应编制定期测试维护报告，并与定期测试运维过程中产生的文档一并归档。

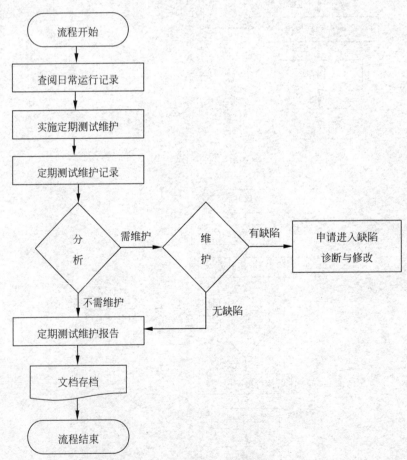

图 4-6　定期测试维护流程

4.3.2　缺陷诊断与修复

1. 信息系统软件缺陷的概念

信息系统软件缺陷是信息系统软件中存在的某种破坏正常运行能力的问题、错误，或者隐藏的功能缺陷。缺陷的存在会导致软件产品在某种程度上不能满足用户的需要。从信息系统软件内部看，缺陷是软件产品开发或维护过程中存在的错误、毛病等各种问题；从信息系统软件外部看，缺陷是系统所需要实现的某种功能的失效。

一旦发现信息系统软件缺陷，就要设法找到引起这个缺陷的原因，分析对软件质量的影响，然后确定软件缺陷的严重性和处理这个缺陷的优先级。缺陷严重性和优先级是表征软件缺陷的两个重要因素，是含义不同但相互联系密切的两个概念。它们都从不同的侧面描述了软件缺陷对软件质量和最终用户的影响程度和处理方式。但是，严重性和优先级并不总是一一对应。有时候严重性高的软件缺陷，优先级不一定高，甚至不需要处理，而一些严重性低的缺陷却需要及时处理，具有较高的优先级。例如，如果某个严重的软件缺陷只在非常极端的条件下产生，则没有必要马上解决。另一方面，如果软件缺陷的严重性很低，例如，界面单词拼写错误，但是如果是软件名称或公司名称的拼写错误，则必须尽快修正，因为这关系到软件和公司的市场形象。

软件缺陷的严重性顾名思义就是软件缺陷对软件质量的破坏程度，即此软件缺陷的存在将对软件的功能和性能产生怎样的影响。各种缺陷所造成的后果是不一样的，有的仅仅是不方便，有的可能是灾难性的。一般缺陷越严重，其处理优先级就越高，可以概括为以下四种级别。

（1）微小的：一些小缺陷如有个别错别字、文字排版不整齐等，对功能几乎没有影响，软件产品仍可使用。

（2）一般的：不太严重的缺陷，如次要功能模块丧失、提示信息不够准确、用户界面差和操作时间长等。

（3）严重的：严重缺陷，指功能模块或特性没有实现，主要功能部分丧失，次要功能全部丧失，或致命的错误声明。

（4）致命的：致命的缺陷，造成系统崩溃、死机，或造成数据丢失、主要功能完全丧失等。

软件缺陷的优先级是表示处理和修正软件缺陷的先后顺序的指标，即哪些缺陷需要优先修正，哪些缺陷可以稍后修正。软件缺陷的优先级也可以分为四种级别。

（1）最高优先级：需要立即解决的缺陷。例如，软件的主要功能错误或者造成软件崩溃，数据丢失的缺陷。

（2）较高优先级：需要在指定时间内解决的缺陷。例如，影响软件功能和性能的一般缺陷。

（3）一般优先级：需要在产品开发、维护计划内解决的缺陷。例如，本地化软件的某些字符没有翻译或者翻译不准确的缺陷。

（4）低优先级：资源充沛时解决的缺陷。例如，对软件的质量影响非常轻微或出现概率很低的缺陷。

软件缺陷在其处理流程中存在多种状态，以便于及时跟踪和管理。主要的状态如下。

（1）新建：新发现的缺陷。

（2）延后处理：如果这个缺陷跟当前发布的这个版本没有直接关系，或者当前版本无法修复，或者这个缺陷不是很严重，不需要立刻修复，那么项目经理可以把状态设为"延后处理"。

（3）已指派："指派给"这个值是由项目组长或者项目经理来填写，指定给具体的某个开发人员。

（4）已修复：当开发人员做了某些必要的代码改动，并且确认修改之后，那么他/她就可以把状态改为"已修复"，然后就交给测试组进行回归测试。

（5）无法重现：如果根据缺陷报告里面描述的步骤，无法重现这个缺陷的时候，那么开放人员可以把这个缺陷标为"无法重现"。

（6）需要更多信息：如果开发人员认为缺陷重现步骤不够清晰，因而无法重现缺陷的时候，那么可以把状态标记为"需要更多信息"。

（7）重新打开：如果在修复之后，依然出现同样的问题，那么可以把状态标记为"重新打开"。

（8）关闭：如果已经验证过这个缺陷的修复结果，并且问题是已经得到了解决的，那么可以把状态改为"关闭"。

（9）驳回：如果缺陷的产生只是由于误解而引起的，那么可以把这些缺陷标记为"驳回"。

2．信息系统软件缺陷的分类

从软件测试观点出发，信息系统软件缺陷可以分为五大类，如表 4-1 所示。

表 4-1　信息系统软件缺陷类型

类　型	细　分	内　容
功能缺陷	需求说明书缺陷	需求说明书可能不完全，有二义性或自身矛盾。另外，在设计过程中可能修改功能，如果不能紧跟这种变化并及时修改需求说明书，则产生需求说明书错误
	功能缺陷	程序实现的功能与用户要求的不一致，包含错误的功能、多余的功能或遗漏的功能
	测试缺陷	软件测试的设计与实施发生错误。特别是系统级的功能测试，要求复杂的测试环境和数据库支持，还需要对测试进行脚本编写。因此软件测试自身也可能发生错误。另外，如果测试人员对系统缺乏了解，或对需求说明书做了错误的解释，也会发生许多错误
	测试标准引起的缺陷	对软件测试的标准要选择适当，若测试标准太复杂，则导致测试过程出错的可能就大
系统缺陷	接口缺陷	软件内部模块接口或与外部通信接口之间的缺陷
	软件结构缺陷	由于软件结构不合理而产生的缺陷。这种缺陷通常与系统的负载有关，而且往往在系统满载时才出现
	控制与顺序缺陷	如忽视了时间因素而破坏了事件的顺序；等待一个不可能发生的条件；漏掉先决条件；规定错误的优先级或程序状态；漏掉处理步骤；存在不正确的处理步骤或多余的处理步骤等

类　型	细　分	内　容
系统缺陷	资源管理缺陷	由于不正确地使用资源而产生的缺陷。如使用未经获准的资源；使用后未释放资源；资源死锁；把资源链接到错误的队列中等
加工缺陷	算法与操作缺陷	是指在算术运算、函数求值和一般操作过程中发生的缺陷。如数据类型转换错；除法溢出；不正确地使用关系运算符；不正确地使用整数与浮点数做比较等
	初始化缺陷	如忘记初始化工作区，忘记初始化寄存器和数据区；错误地对循环控制变量赋初值；用不正确的格式、数据或类类型进行初始化等
	控制和次序缺陷	与系统级同名缺陷相比，它是局部缺陷。如遗漏路径；不可达到的代码；不符合语法的循环嵌套；循环返回和终止的条件不正确；漏掉处理步骤或处理步骤有错等
	静态逻辑缺陷	如不正确地使用 switch 语句；混淆"或"与"异或"等
数据缺陷	动态数据缺陷	动态数据是在程序执行过程中暂时存在的数据，它的生存期非常短。各种不同类型的动态数据在执行期间将共享一个共同的存储区域，若程序启动时对这个区域未初始化，就会导致数据出错
	静态数据缺陷	静态数据在内容和格式上都是固定的。它们直接或间接出现在程序或数据库中，有编译程序或其他专门对他们做预处理，但预处理也会出错
	数据内容、结构和属性缺陷	数据内容是指存储于存储单元或数据结构中的位串、字符串或数字。数据内容缺陷就是由于内容被破坏或被错误地解释而造成的缺陷。数据结构是指数据元素的大小和组织形式。在同一存储区域中可以定义不同的数据结构。数据结构缺陷包括结构说明错误及数据结构误用的错误。数据属性是指数据内容的含义或语义。数据属性缺陷包括对数据属性不正确地解释，如错把整数当实数，允许不同类型数据混合运算而导致的错误等
代码缺陷		包括数据说明错、数据使用错、计算错、比较错、控制流错、界面错、输入输出错，及其他的错误

3．信息系统软件缺陷诊断与修复流程

在发现信息系统软件缺陷后，应根据其严重性和优先级尽快修复。信息系统软件缺陷发现或修复得越迟，信息系统软件运维的成本也就越高。

信息系统软件诊断与修复是指按照标准的测试检查方法、测试检查工具或第三方测试工具，按测试规范对软件进行缺陷诊断与修复的活动。对于诊断流程发现的缺陷按缺陷诊断和处理办法能够解决的缺陷问题在此流程范围内解决。如果不能由客服人员和维护工程师解决的重大缺陷，则申请重大缺陷处理程序。信息系统软件诊断与修复流程如图 4-7 所示。

缺陷诊断与修复流程的关键点主要包括如下 4 个方面。

（1）接受问题申请后，应对问题进行初步诊断。

（2）经检查分析，对属于异常的缺陷则进行修复，对于属于常见问题则由相关人员进行技术支持。

（3）对不能修复的异常缺陷申请重大缺陷处理。

（4）缺陷诊断与修复完成后应编制缺陷诊断与修复报告，并与缺陷诊断与修复过程中产生的文档一并归档。

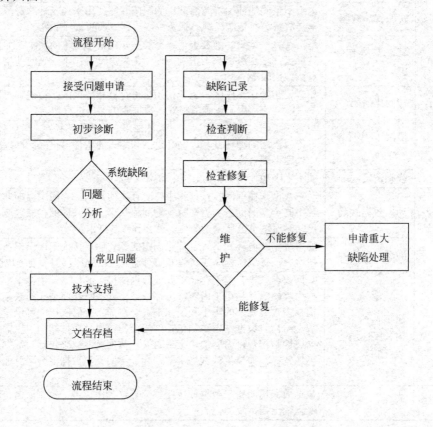

图 4-7　信息系统软件缺陷诊断与修复流程

4.3.3　配置管理

随着信息系统软件版本不断变化，开发时间的紧迫以及多平台开发环境的采用，使得软件开发、维护面临越来越多的问题，其中包括对当前多种软件的开发和维护、保证产品版本的精确、重建先前发布的产品、加强开发政策的统一和对特殊版本需求的处理等等。

信息系统软件配置管理是一种应用于整个软件工程过程的标识、组织和控制修改的围绕软件资产的管理技术。界定软件的组成项目，对每个项目的变更进行管控（版本控制），并维护不同项目之间的版本关联，以使软件在开发过程中任一时间的内容都可以被追溯。其关键活动包括：配置管理计划、配置项管理、版本控制、变更控制、配置审计、状态报告等。

1．配置管理计划

根据信息系统软件运维制度和规范、标准，制定配置管理计划，主要包括以下内容。

（1）该项目对配置管理的要求。

（2）实施配置管理的责任人、组织及其职责。

（3）需要开展的配置管理活动及其进度安排。

（4）采用的方法和工具等。

2. 配置与配置项

"配置"是在技术文档中明确说明并最终组成软件产品的功能或物理属性。因此"配置"包括了即将受控的所有产品特性，及其内容及相关文档，软件版本，变更文档，软件运行的支持数据，以及其他一切保证软件一致性的组成要素。

为了方便对"配置"进行管理，"配置"经常被划分为各类配置项，这类划分是进行软件配置管理的基础和前提。配置项是一组软件功能或者物理属性的组合，在配置管理过程中，配置项被作为一个单一的实体对待。配置项包括各种管理文档和技术文档，源程序与目标代码，以及运行所需的各种数据等。同时，应该建立配置库来管理所有的配置项。

3. 版本控制

版本是表示一个配置项具有一组定义的功能的一种标识。随着功能的增加，修改或删除，配置项的版本随之演变。应当记录每个软件配置项的所有历史记录，并记录该软件配置项由何人创建，何人在何时因何原因进行了修改等信息，以及对这些软件配置项版本的进行检索和信息查询等活动。

4. 变更控制

变更在信息系统软件运维过程中是不可避免的。变更控制是配置管理的一个重要组成部分，包含评估、协调、批准/拒绝、实施对配置项的变更。

5. 配置审计

配置审计是对配置管理的独立的查检过程，确认受控软件配置项满足需求并就绪。其内容如下。

（1）功能审计：配置项的变更控制是否和配置管理计划中的描述相一致。

（2）物理审计：配置项的完整性、正确性、一致性和可跟踪性。

6. 状态报告

状态报告用来记录和报告有效管理配置所需要的必要信息。这些信息包括一个已批准的配置标识清单，变更请求当前的处理状态，以及批准的变更的实现情况。配置状态报告可以跟踪对软件的更改的过程，它保证对正在进行和已完成的变更进行记录、监视并通报给相关人员。

4.3.4　变更管理

信息系统软件运维过程中要满足用户的各种需求，而用户的需求总是不断变化的，所以变更是不可避免的。信息系统软件变更管理是指项目组织为适应项目运行过程中与项目相关的各种因素的变化，保证项目目标的实现而对项目计划进行相应的部分变更或全部变更，并按变更后的要求组织项目实施的过程。但变更管理并不是单纯的一个数据库记录，做个备忘而已。在这么一个简单的流程中，变更管理要能体现出它的两个重要用途，一个是控制变更，保证项目可控；一个是变更度量分析，帮助组织提供自己的开发能力。变更管理的主要目标如下。

（1）使用标准化的方法和程序，用于有效处理所有变更。

（2）在配置管理系统中记录配置项的变更。

（3）降低变更的风险。

（4）响应不断变化的客户需求，使价值最大化，减少破坏和重复工作。

（5）确保通过受控的方法对变更进行记录、评估、授权、实施和评审等活动。

变更管理的主要流程包括了变更请求、评审、评估、授权、实施、评审和关闭变更等（如图 4-8 所示）。为了保证对变更整体的控制，都应该建立专门的变更控制委员会。变更控制委员会是对变更进行评审、评估、授权等操作的团体。

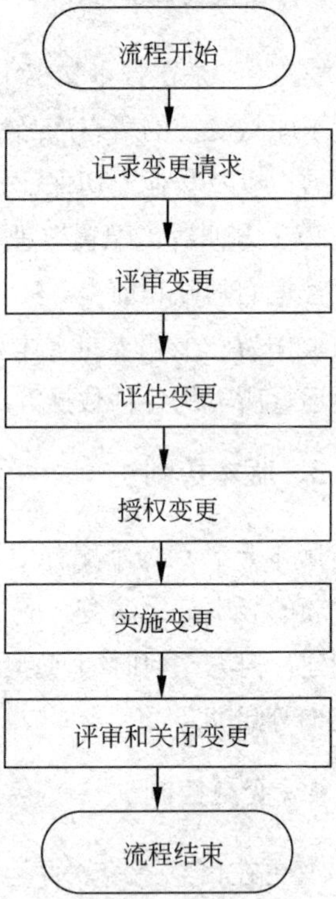

1．变更请求

变更请求可能有不同的来源（用户、客户、运维人员等），但变更请求不是一个简单的记录，而应该记录变更的详细信息（比如缺陷发生时的环境，要变更的功能等）。

图 4-8　信息系统软件变更管理流程

2．评审变更

对于变更请求的评审工作，主要是筛选不符合规定的变更请求。

● 不切实际的变更请求；

● 重复的变更请求；

● 不完善的提交（如信息不全）。

这些变更请求应连同拒绝原因一起返回给变更请求提交者，同时记录在日志中。

3．评估变更

变更的评估中要充分考虑失败的变更对服务、服务资产和配置的影响，所有变更都需考虑如下因素。

- 是谁提出的变更；
- 变更的理由是什么；
- 变更有什么回报；
- 变更有什么风险；
- 交付变更需要些什么资源；
- 谁来负责构建、测试和实施变更；
- 本次变更与其他变更的关系。

评估者应基于变更的影响度、紧急度（优先级）、风险、收益和成本来综合评估变更，并要就是否支持该变更做出评估意见。同时，还应该制定详细的变更计划、时间安排以及补救方案。

4．授权变更

由相应的人员授权变更的实施。正式的授权涉及角色、人员等方面的定义，一些特定类型的变更授权级别还需要根据变更的类型、规模或风险来确定。

5．实施变更

变更实施应当采取规范、正式的方式进行，组织协调相关技术部门完成变更的实施。在实施过程中，应保证变更实施是完全而彻底的，比如提了一个需求变更，不能只改了需求文档而不改代码或者用户文档。

6．评审和关闭变更

变更实施完成后，应该报告变更实施效果，便于对变更进行评估和管理，同时，还应该将结果展示给利益相关者（比如客户）。所以需要进行评审后再关闭这个变更。

4.3.5　系统恢复管理

信息系统软件出现不能正常工作的情况时，需对系统实施恢复安装操作，使软件系统尽快恢复正常、稳定运行。它属于维修性质的服务管理，通常涉及恢复安装与发布的原因分析、检查、审核、用户沟通过程跟踪、记录、测试，以及测试的关闭等流程。信息系统软件恢复管理流程如图 4-9 所示。

信息系统软件恢复管理流程的关键点主要包括如下方面。

（1）系统操作员提出系统恢复申请。

（2）维护工程师分析系统故障原因。

（3）维护工程师对恢复安装前检查、恢复系统后测试。

（4）技术服务经理对恢复安装过程进行跟踪、确认。

（5）系统恢复申请单、故障原因分析记录、恢复安装记录等过程文档的存档。

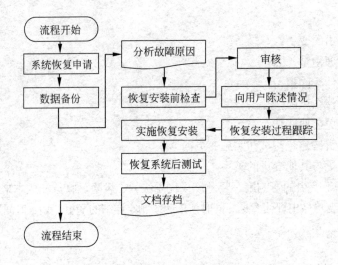

图 4-9　信息系统软件恢复管理流程

4.3.6　发布管理

　　信息系统软件发布是变更的后继过程，指的是将变更实施到生产环境中的过程。发布管理是通过项目规划的方式来实施变更，确保只有经过测试的、正确无误的信息版本才能发布到运行环境中，保证运行环境的安全可靠。发布管理的目的在于控制发布过程中存在的风险，避免或减少发布失败对生产系统造成的影响。发布管理的主要过程包括了发布的规划、准备、测试、执行、验证、回滚、回顾和关闭等（如图 4-10 所示）。

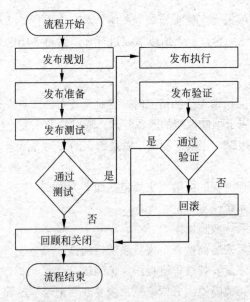

图 4-10　信息系统软件发布管理流程

4.4　信息系统软件运维系统与专用工具

4.4.1　信息系统软件运维系统的功能

信息系统资源的不断增长，使信息系统软件面临着巨大的运维压力，利用人工的日常巡检来发现与排除故障已不能满足信息系统业务持续的可用性和性能要求，为了获得更高的性能和可用性，就需要借助运维管理系统自动实现对信息系统各类资源的数据采集、状态监控和性能分析。

传统的信息系统运维管理系统主要面向资源层面的监控，关注各种资源的运行状况，没有对业务系统实施端到端的、从客户体验角度的可用性监测，不能全面地反映信息系统软件的运行状况，一旦出现问题也难以快速有效判断问题的根源。所以要利用信息系统运维管理系统对信息系统软件的业务进行监控和管理，这种监控立足于业务视角，以客户体验监测为起点，从业务可用性和资源健康性双重角度来检视信息系统，从而满足在复杂的信息系统环境下面向业务服务实施监控的需求，帮助运维管理部门建立主动管理模式，保障信息系统软件业务服务的质量达到用户的最佳期望。管理层通过这些流程制定管理方针目标，测量目标的执行，监督流程管理效果，执行 P、D、C、A 循环，以改进信息系统绩效，管理信息系统各类资料文件。

信息系统运维系统是站在运维的整体视角，以流程、技术、服务为导向的业务服务管理和运维支撑平台，其中针对信息系统软件运维的管理内容如下。

1. 信息系统软件信息采集

可以快速查询网络内各计算机中安装信息系统软件的详细信息，也可以查询出某信息系统软件在整个网络中的安装数量。查询结果可以报表形式输出，也可导出为 Excel 或文本文件。

可以记录信息系统软件变更情况。当终端 PC 信息系统软件有新变化后，例如，安装删除某个信息系统软件，可以统计终端 PC 信息系统软件的变更情况。信息系统软件运维管理架构能够较实时地反映信息系统软件变更的信息，当客户端信息系统的任何软件发生变化时，管理员可以通过报警设置获得配置变化的详细信息。能够以日志及报警的方式及时通知管理人员，同时还支持以邮件、SNMP 陷阱等多种方式提供报警，也支持调用运行程序进行自我修复，充分确保信息系统软件的运行安全。

2. 信息系统软件监控

信息系统软件监控功能可以让信息系统软件管理者对信息系统软件运行使用情况了如指掌，并赋予信息系统软件管理者控制客户端是否能够运行某些信息系统软件的能力。

信息系统软件监控的目的是使单位内部的计算机能够根据单位工作需要而发挥作用，杜绝不相干的信息系统软件运行，降低系统故障的概率，同时也对信息系统软件的运行历史记录进行统计分析，让管理人员了解网络内信息系统软件运行频度等信息。

信息系统软件监控包括如下功能。

（1）信息系统软件汇总及对信息系统软件进行分组。

（2）信息系统软件执行许可策略设定、黑白名单设置。

（3）信息系统软件运行的历史记录查询。

（4）信息系统软件运行的历史记录统计分析和导出。

（5）信息系统软件运行的时长统计和导出。

（6）信息系统软件运行的次数统计和导出。

3．信息系统软件分发功能

传统的信息系统软件分发，对信息系统的系统管理人员来说，是将一个更新软件分发到大量工作站上，这无疑是最烦琐的任务。随着工作站数量的增加，从一个系统到另一个系统、登录、安装软件和回答用户问题变得烦琐费事，因此，引进软件分发工具的首要任务是在降低支持成本的同时提高桌面应用质量和可用性。

软件分发主要是为信息系统管理人员提供对客户端信息系统软件补丁、信息系统软件升级信息、文件传送等的自动化批量操作功能，使信息系统管理人员不用到每台机器亲自动手，从而以最省时、省力的方法来完成那些烦琐的任务，能够自动给信息系统指定的或全部终端计算机批量分发及安装信息系统软件包，保证终端计算机始终处于最佳工作状态，大大减轻信息系统管理员批量部署程序的负担。每一个信息系统软件分发都要有明晰的过程跟踪和记录，管理员可实时查询分发的即时状态，并且在不影响客户端工作的同时更新软件。平台软件分发需获取信息系统客户端授权，在客户端授权范围内自由下载安装信息系统软件。如此一来，信息系统管理员的工作量将大大降低，不用再四处奔走以完成信息系统软件安装的任务。

信息系统软件分发程序包用于创建要执行的分发包，设定要执行的分发包的各项参数，设定任务执行时间。信息系统软件分发程序带来了批量分发软件的便利，同时也杜绝了私自安装软件导致病毒源的入侵或安全隐患的发生。

4.4.2　信息系统软件运维专用工具

信息系统软件运维专用工具主要包括版本控制工具、构建工具、部署工具、配置管理工具、系统监控工具等。

1．版本控制工具

没有版本控制系统的话，代码可能被别人或自己不小心覆盖或遗失、也不知道是谁因为什么原因改了这段代码、也没办法可以复原以前的修改。有了版本控制系统，开发人员只要将每次程式码的变更记录下来，并且透过版本控制系统中进行更新。我们可以浏览所有开发的历史纪录，掌握团队的开发进度，而且做任何修改都不再害怕，因为可以轻易地恢复之前正常的版本。我们也可以透过分支和标签的功能来进行软件发行的不同版本，例如稳定版本、维护版本和开发中版本。

目前，主流的版本控制工具可以分为集中式的 CVS、SVN，以及分布式的 GIT、Mercurial 等。

2．构建工具

构建工具是一个把源代码生成可执行应用程序的过程自动化的程序。构建包括编译、连接并将代码打包成可用的或可执行的形式。目前，主流的构建工具包括 Ant、Gradle、maven 等。

3．安装部署工具

在软件维护过程中，经常批量部署几十甚至上百台服务器时，实现自动化安装操作系统及其相关组件尤为重要。目前，常用的自动化批量安装工具包括 Kickstart、Cobbler、OpenQRM 等。自动化部署工具则旨在帮助用户完成应用的快速部署，按照用户指定的策略将软件部署在一组服务器上。目前，典型的自动化部署工具包括 Capistrano、CodeDeploy 等。

4．配置管理工具

随着虚拟化和云计算的发展，导致了企业内外需要加以管理的服务器数量大幅增长。配置管理工具主要用于配置和维护数十台、数百台、乃至数千台服务器。目前，主要的服务器配置管理工具包括 Ansible、Chef、Puppet、SaltStack 等。

5．系统监控工具

系统监控工具对信息系统软件的运行状态、配置参数，操作系统的 CPU、内存、磁盘、网络状态等进行实时监控。目前，主要的监控工具包括 Datadog、Graphite、Icinga、Nagios、AppDynamics、New Relic 等。

本章要点

本章主要介绍信息系统软件运维的基本概念、体系框架、管理流程，以及运维管理系统和专用工具等内容；要点如下。

（1）信息系统软件运维的概念。

（2）信息系统软件的可维护性及维护类型。

（3）信息系统软件运维体系框架。

（4）信息系统软件运维的管理流程。

（5）信息系统软件运维的过程。

（6）信息系统软件运维系统与专用工具。

思考题

（1）信息系统软件运维服务的关键要素有哪些？

（2）信息系统软件运维管理可以分为几个阶段？如何理解这几个阶段是一个循环迭代的过程？

（3）信息系统软件运维过程主要包括哪些环节？

（4）日常信息系统软件运维的内容有哪些？

（5）为什么要进行配置和变更管理？其主要内容是什么？

（6）为什么要使用信息系统软件运维工具？你了解的工具有哪些？

第 5 章　信息系统数据资源维护

信息系统的稳定运行不仅取决于完善的硬件设施和软件环境，还依赖于数据资源的完整性、可用性、易用性与安全性。数据存储策略不当，存储介质损毁，误操作等均有可能破坏信息系统数据资源，导致信息系统出错或不可持续使用。为预防潜在的内外部风险，保障数据资源的高可用性、高可靠性，使得信息系统持续稳定的运行，信息系统数据资源维护成为信息系统运行和维护的重要内容之一。本章着重讲述信息系统数据资源运行和维护体系及其主要工作内容，介绍常用的数据备份与恢复技术、在云环境下数据资源维护的技术和难点，并简要介绍利用数据挖掘技术分析数据资源。

5.1　信息系统数据资源维护体系

数据是信息系统管理的对象与结果，信息系统在运行过程中会不断产生各类数据，反映组织发展过程中有关的组织状态、特征、行为、绩效，是组织生存和发展的重要战略性资源。数据资源管理包括数据资源运行和维护的全过程管理活动，是对各种数据进行收集、整理、存储、分类、汇总等一系列活动的总称。从制度的角度来看，主要有日常管理流程和应急管理制度等。从技术上来看，主要有数据备份技术、数据恢复技术、数据管理技术、数据利用技术等。

信息系统数据资源的维护包括建立数据运行与维护相关的管理制度，规范运行与维护业务流程，有效开展运行监控与维护、故障的诊断和排除、数据的备份和恢复、数据的归档和检索等，保障数据资源处于高可用状态，使信息系统可持续稳定高效地运行。信息系统数据资源维护管理体系如图 5-1 所示。

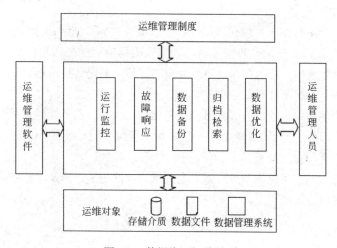

图 5-1　数据资源运维体系

5.1.1　数据资源维护的管理对象

信息系统数据资源维护的对象包括数据文件、数据管理系统和存储介质。数据文件是数据资源的物理表现形式，通常以文件形式存储在存储介质上。数据管理系统是实现数据收集、更新、存储的管理系统，如操作系统、数据库管理系统等。存储介质是存储数据的物理载体，包括磁盘、磁带、光盘和 U 盘等。

5.1.2　数据资源维护的管理类型

数据资源的维护工作主要包括运行监控、故障响应和数据优化 3 类。

1．运行监控

运行监控指数据维护人员进行周期性、预定义的维护活动，及时获取数据资源状态，包括实时监控、预防性检查和常规作业。

（1）实时监控：利用系统提供的工具化管理模块，如数据库日志管理或第三方提供的各类监测管理工具，对数据资源的存储与传输状态和相关设备进行记录和监控。主要监控内容包括数据的完整性；数据变化的速率；数据存储状态；数据对象应用频度；数据引用的合法性；数据备份的有效性；数据产生、存储、备份、分发、应用过程；数据安全事件等。

（2）预防性检查：为保证信息系统的稳定运行，维护管理人员根据监控记录、运行条件和运行状况进行预先检查及趋势分析，及时发现其脆弱性，以便消除和改进。数据的预防性检查包括数据完整性的检查、数据冗余的检查及数据脆弱性的检查。

2．故障响应

故障响应是系统维护管理人员针对服务请求或故障申报而进行的响应性支持服务。响应支持服务根据响应的前提不同，分为事件驱动响应、服务请求响应和应急响应。

（1）事件驱动响应：由于不可预测的原因导致服务对象整体或部分功能丧失、性能下降，触发将服务对象恢复到正常状态的服务活动。事件驱动响应的处理过程中首先要启用备用资源，保障系统可持续应用，然后对事件进行分析和评估，制定防控措施。事件驱动响应的触发条件包括外部事件、系统事件和安全事件 3 种。

（2）服务请求响应：由于需方提出各类服务请求引发的，需要针对服务对象、服务等级做出调整或修改的响应型服务。此类响应可能涉及服务等级变更、服务范围变更、技术资源变更、服务提供方式变更等。

（3）应急响应：当发生重大事件、重大自然灾害，或由于政府发出行政命令，或需方提出要求时，应当启用应急处理程序。

3．数据备份

对数据产生、存储、备份、分发、销毁等过程进行的操作，或对数据的应用范围、应用权限、数据优化、数据安全等内容按事先规定的程序进行的例行性作业，如数据备份、数据恢复、数据转换、数据分发、数据清洗等。

4．归档检索

根据需求对归档的数据进行查找的工作，它是开展提供利用工作的基本手段，是开发归档数据资源的必要条件。

5．数据优化

数据优化是系统维护人员通过优化改进，达到提高设备性能或管理能力的目的。例如，维护人员通过调整数据库索引或空间提高用户访问速度；通过增强设备投入或调整备份与恢复策略降低数据丢失风险，提高业务的可持续性等。

5.1.3　数据资源维护的管理内容

具体来说，数据资源维护管理包括以下内容。

1．维护方案

明确数据资源运行与维护管理的组织体系，确定职责任务，确定防范重点和关键环节及产生的破坏程度、经济损失度。

根据信息系统的应用需求、可能产生的破坏程度、经济损失、社会影响程度，划分应急处理等级和响应时间，并制定数据运行与维护总体方案。广义地说，信息系统、信息系统产生的数据文件和信息系统的支撑系统都可以纳入数据资源维护的范畴。用户不希望系统崩溃、数据丢失而带来高昂损失，所以保障数据的高可用性变得越来越重要。高可用性意味着更高的维护投入，用户必须在经济合理的原则下，平衡可接受的损失和保障成本的关系，对数据资源的重要性进行划分，对重要程度不同的数据采用不同的维护手段和策略。

2．例行管理

对数据资源载体（存储介质）和传输、转储的设备进行有效管理，对历史数据进行定期归档。

对数据库管理系统和数据库维护，确保数据库得到经常性的监控、维护和优化。包括：数据库一致性检查，数据目录和索引更新与重建，系统冲突性检查，监测批处理，检查数据查询作业是否正确执行，整理数据库碎片，对各系统进行维护和性能调优等。

对数据资源的备份与恢复管理。建立备份系统，实现数据备份的统一管理；选择合理的备份设备及数据传输设备并考虑其扩展性；制定组合的备份策略和计划，确定各类数据资源需备份的内容、频次及方式；根据产生故障的类型，对数据进行恢复，如前滚恢复、日志恢复和崩溃恢复等。

3．应急响应

应急响应的主要目标是在面临事故和灾难时能保障数据的高可用性和系统的可持续性，而事故和灾难具有时间上和程度上的高度不确定性，维护人员在充分考虑各类风险、损失和保障成本的情况下，要预先制定应急预案并配置各类数据资源保障措施，以便在事故和灾难发生后，根据应急预案执行对数据资源的保护与恢复等工作，具体如下。

（1）制定应急故障处理预案，设立应急故障处理小组，确定详细的故障处理步骤和方法。

（2）制定灾难恢复计划，进行灾难演练，以防备系统崩溃和数据丢失。

（3）灾难发生后，应急故障处理小组能及时采取措施实现数据保护及系统的快速还原与恢复。

4．数据资源的开发与利用

随着信息系统的持续运行，用户会积累越来越多的数据，这些数据不仅反映了用户的各类行为，更重要的是，数据蕴含着许多有价值的信息和知识。对数据资源进行整理和分析，采用知识发现工具有目的地挖掘数据，可以从中获取新的信息或知识。数据资源的开发和利用已经得到广泛重视，大数据发展变成了国家战略。2015 年 9 月，经李克强总理签批，国务院印发《促进大数据发展行动纲要》，系统部署了大数据发展工作。纲要明确，推动大数据发展和应用，在未来 5 至 10 年打造精准治理、多方协作的社会治理新模式，建立运行平稳、安全高效的经济运行新体制。对于一个想要创新的企业来说，要利用系统科学在大数据分析中的作用，使企业处在一条边缘地带，既不能过于激进，迷失方向；又别过于稳定，原地踏步；而要激发企业活力，使其维持可持续发展的动力。

5.2 信息系统数据资源例行管理

数据资源例行管理是一种预防性的维护工作，它是在系统正常运行过程中，定期采取一系列的监控、检测与保养工作，及时发现并消除系统运行缺陷或隐患，使系统能够长期安全、稳定、可靠地运行。

5.2.1 数据资源例行管理计划

不同类型的信息系统的数据资源运行维护的重点是不相同的，比如，针对多用户在线应用的电子商务管理系统就要重点监控并发数，检测并释放挂起的进程，优化主要数据库的访问速度等；针对大数据量吞吐的系统则重点监控磁盘空间，优化 I/O 读/写速度等。因此，数据资源维护人员应该根据信息系统的侧重点制定合理的例行管理计划。一般情况下，例行管理计划中需列出监控检测的对象、重要性等级以及常规操作方法，监控检测的频次或周期、正常状态值和报警阈值等，如表 5-1 所示。

表 5-1　例行管理计划示例

序号	管 理 任 务	操 作 内 容	重　要　性	检测时间
1	数据库检查	检查并记录数据库增长情况 检查数据库是否有死锁现象	重要（H）	
2	数据备份	检查备份内容的正确性 检查是否会出现数据备份失败的现象 检查是否存在大数据量备份记录条数丢失的现象	重要（H）	
3	数据恢复	检查是否会出现数据备份恢复失败的现象 检查在各个数据库中小数位长度不一致的现象	重要（H）	
……	……	……	……	

5.2.2　数据资源载体的管理

存放数据资源的介质必须具有明确的标识；标识必须使用统一的命名规范,注明介质编号、备份内容、备份日期、备份时间、启用日期和保留期限等重要信息。存储介质的管理包括借用、转储、销毁等环节。

1. 存储介质借用管理

对存储介质的访问一般设有权限控制,借用人需提出借用申请,填写使用时间、内容、用途,经信息系统责任人批准后,介质管理员方能借出备份。借用人员使用完备份后,应立即归还存储介质,由介质管理员检查确定介质是否完好,填写归还日期,介质管理员及借用人员分别签字确认。

存储介质借用流程如图 5-2 所示。

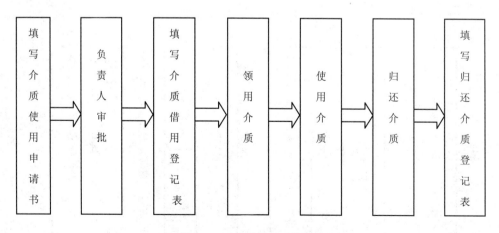

图 5-2　存储介质借用流程

2．存储介质转储管理

对长期保存的存储介质，应按照制造厂商确定的存储有效寿命进行定期转储处理。磁盘、磁带、软盘的介质一般有效期为两年，光盘的介质一般可设为五年。对频繁使用的介质一般需酌情更改有效期。需要长期保存的数据，应在介质有效期内进行转存，防止存储介质过期失效。存储介质转储流程如图 5-3 所示。

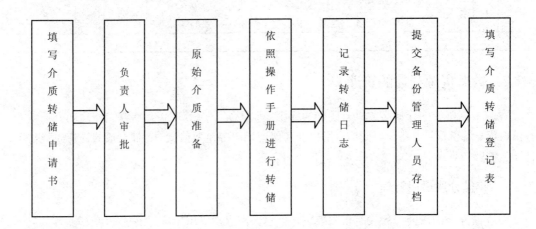

图 5-3　存储介质转储流程

3．存储介质销毁管理

存储介质需要废弃或销毁时，由介质管理员提出申请，由信息系统负责人审批执行。介质销毁流程如图 5-4 所示。

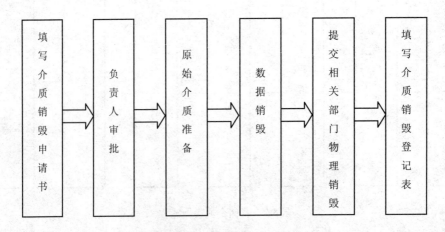

图 5-4　存储介质销毁流程

5.2.3　数据库例行维护

数据库文件是存储数据资源的重要形式，目前常用的数据库管理系统有 SQL Server、Oracle、Informix、Sybase 等，虽然各种数据库的具体维护方法不尽相同，但从共性管理的角度看，数据库例行维护一般包括以下内容。

1．健康检查

（1）数据库日志检查：在数据库系统中，对数据的任何更新操作（如增加、修改、删除），都要把相关操作的命令、执行时间、数据的更新等信息保存下来，这些被保存的信息就是数据库日志，即数据库日志是数据库系统中所有更新活动的操作序列。数据库系统根据事务处理来记录日志信息，日志内容包括：事务开始标记、事务的唯一标识、所操作数据项的唯一标识、数据项的写前值（数据插入操作不包含该项）、数据项的写后值（数据删除操作不包含该项）、事务提交或终止标记。任何数据库系统都遵循先写日志的原则，即在内存中被更新数据写入磁盘之前，要保证对应日志信息已经写入磁盘，存入日志文件。因此，数据库日志文件是数据恢复的重要基础。

（2）数据库一致性检查：对数据库的物理和逻辑一致性进行检查，以 SQL Server 2000 数据库管理系统为例，系统提供数据库控制台命令 DBCC，可用于数据库的一致性检查。DBCC 语句分类如表 5-2 所示。

表 5-2　DBCC 语句分类表

语 句 分 类	执　　　行
维护语句	对数据库、索引或文件组进行维护的任务
杂项语句	诸如启用行级锁定或从内存中删除动态链接库（DLL）等杂项任务
状态语句	状态检查
验证语句	对数据库、表、索引、目录、文件组、系统表或数据库页的分配进行的验证操作

2．数据库监测管理

从应用可用性、系统资源占用和数据库性能指标三个方面监测数据库应用相关的服务，确保数据库运行正常。数据库的关键参数有数据库系统设计的文件存储空间、系统资源的使用率、配置情况、数据库当前的各种资源情况、监控数据库进程的状态、进程所占内存空间、可用性等。包括监控并分析数据库空间、使用状态、数据库 I/O 及数据库日志文件等工作。

（1）数据库基本信息监测包括数据库的文件系统、碎片、死锁进程的监测，数据库可设置死锁检测进程执行的间隔时间，死锁检测进程负责监测、处理数据库系统中出现的死锁。

数据库管理员应当密切注意数据库系统中是否有死锁的发生。一旦有死锁存在，就应当查找原因，想办法避免死锁的发生。一般处理死锁的方法有两种：使用死锁预防措施，使系统永不进入死锁状态；或允许系统进入死锁状态，使用死锁检测与恢复机制进行恢复。

（2）数据库表空间监测。Oracle 数据库中提出了表空间的设计理念，Oracle 中很多优化都是基于表空间的设计理念而实现的。设置表空间可以用来控制用户的空间使用配额，可以控制数据库所占用的磁盘空间。数据库管理员还可以将不同类型的数据放置到不同的表空间中，这样可以明显提高数据库输入/输出性能，有利于数据的备份与恢复等管理工作。数据库表空间监测。

（3）数据库文件 I/O 监测。

3．数据库备份与恢复

1）数据库备份

数据库备份就是将数据库中的数据及数据库的物理和逻辑结构等相关数据字典信息，存放在其他的存储介质中进行保存。数据库的备份操作可以在脱机状态下进行，其他用户要断开和数据库的连接，不能访问数据库；也可以在联机状态下进行，允许其他用户同时操作数据库；既可以备份整个数据库，也可以只备份数据库的某些部分。对数据库备份方式的选择，与特有的应用系统、数据库的日志归档模式密切相关。

2）数据库故障及恢复

与数据库运行相关的故障一般包括事务故障、系统故障和介质故障。在各种故障发生以后，把数据库中的数据从错误状态恢复到某一已知的正确状态（也称为一致状态或完整状态），该过程称为数据库恢复。针对不同的故障情况，采取的恢复措施是不相同的。

（1）事务故障：事务故障是指由于事务内部的逻辑错误（如运算溢出、数据输入错、记录找不到等）或系统错误（如并发事务发生死锁而被选中撤销等）所引起的，使事务在未达到规定的终点以前就被迫中止的任何事件。逻辑错误和系统错误都可能造成事务执行失败，逻辑错误指事务由于某些内部条件而无法继续正常执行，这样的内部条件包括非法输入、找不到数据、溢出或超出资源限制等；系统错误指系统进入一种状态，使得事务无法继续执行。但该事务可以在以后的某个时间重新执行。事务故障在事务处理过程中发生时，应撤销该事务对数据库的一切更新。一般采取的措施是反向扫描日志文件，对增、删、改的操作进行逆向操作，直至该事务开始为止。

（2）系统故障：系统故障又称为软故障，是指使系统停止运转的任何事件，如特定类型的硬件错误（CPU 故障）、软件故障、停电等事件，使得系统需要重新启动。这类故障影响正在运行的所有事务，但不破坏数据库。出现系统故障后，首先需要重新启动操作系统或 DBMS，然后扫描日志文件，对重做队列中每个事务进行正向扫描日志文件，依据日志文件中的次序，重新执行登记操作。对撤销队列中每个事务进行反向扫描日志文件，依据日志文件中相反的次序，对每个更新操作执行逆操作，从而恢复原状。

（3）介质故障：介质故障又称为硬故障，主要指外存故障，如磁盘损坏、磁头碰撞、瞬时强磁场干扰等。这类故障将破坏数据库或部分数据库，并影响正在存取这部分数据的所有事务。出现介质故障后，必要时需重新安装修复系统，装入最新的备份副本，重新装入有关的日志文件副本，根据日志文件，重做最近备份以后提交的所有事务。

4．数据库性能优化

数据库维护人员根据用户需求和监测结果对数据库性能进行调整和优化，如执行空间释放、表的重构、索引重建、数据分片等操作。

1）空间释放

事务日志文件记录着用户的各种数据库操作，对于用户操作频繁的数据库，其事务日志空间膨胀速度非常快，数据库维护人员需定期检查事务日志的大小，减少磁盘空间的耗用。以 SQL Server2008 数据库管理系统为例，压缩数据库。一般步骤如下。

在 SQL2008 中清除日志就必须在简单模式下进行，等清除动作完毕再调回到完全模式。

方案一：完全命令模式

```
USE[master]
    GO
    ALTERDATABASE DNName SET RECOVERY SIMPLE WITH NO_WAIT
    GO
    ALTERDATABASE DNName SET RECOVERY SIMPLE    --简单模式
    GO
    USE DNName
    GO
    DBCC SHRINKFILE (N'DNName_Log' , 11, TRUNCATEONLY)
    GO
    USE[master]
    GO
    ALTERDATABASE DNName SET RECOVERY FULLWITH NO_WAIT
    GO
    ALTERDATABASE DNName SET RECOVERY FULL    --还原为完全模式
    GO
```

方案二：部分命令模式 + 任务-收缩-文件（单个数据库）

```
ALTERDATABASE DNName SET RECOVERY SIMPLE      --简单模式
GO
```

右键-任务-收缩-文件-确定，数据库的日志只保留了 1MB，如图 5-5 所示。

```
ALTERDATABASE DNName SET RECOVERY FULL  --还原为完全模式
GO
```

优点：清除日志所运行消耗的时间短，90GB 的日志在几分钟左右即可清除完毕，做完之后做个完全备份在几分钟内即可完成。

缺点：此动作最好不要经常使用，因为它的运行会带来系统碎片。普通状态下 LOG 和 DIFF

的备份即可截断日志。

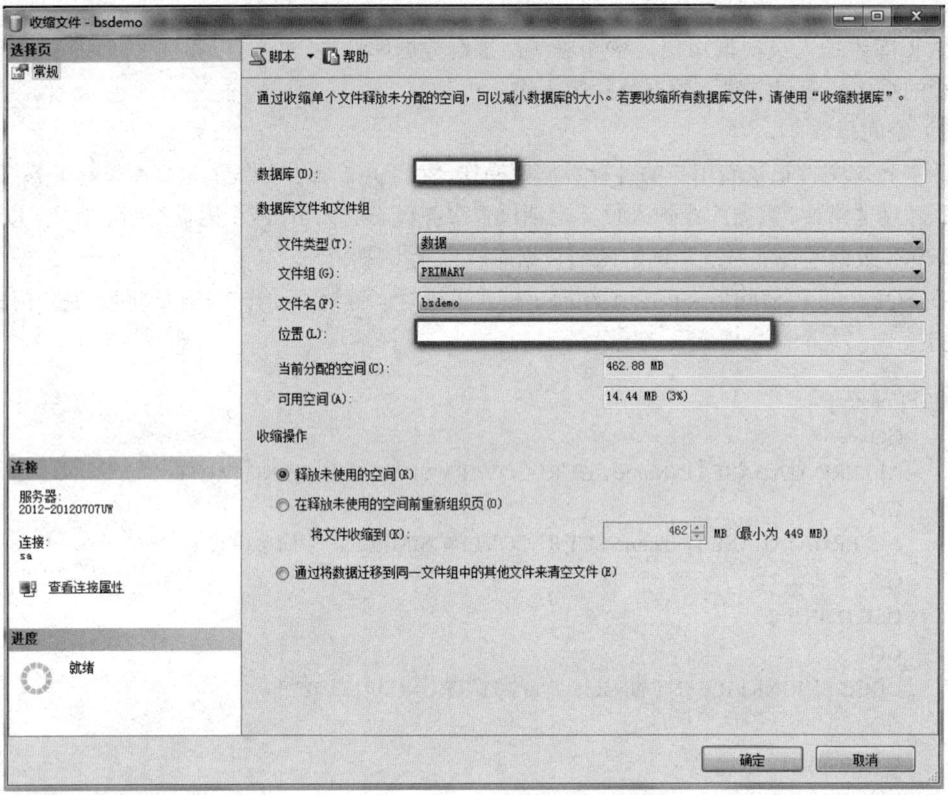

图 5-5　数据库收缩日志

此语句使用的恰当环境：当系统的日志文件异常增大或者备份 LOG 时间太长可能影响生产的情况下使用。

2）表的重构

对数据库中不断被更新的表，在经过一段事件的处理之后便出现以下问题：表中存在记录的转移，表的数据页中存在未回收的空间，表中的扩充不连续等；同时，数据字典中有关表的统计信息已不能准确反映表中数据的真实情况，优化器使用这些不准确的统计信息，就不能为相关 SQL 语句生成合理的执行计划。

对不断被更新的表，数据库管理员应当定期地或者在大批量的数据处理之后重新收集表的统计信息，检查表中数据及磁盘空间使用。如果发现大量记录的转移、未回收的空间，就需要重新构建表。在重构表时，首先需要导出表中数据，在删除并重建表后再装入数据。

3）索引重建

索引是提高数据查询最有效的方法，正确的索引可能使效率提高很多，而无效的索引可能是浪费了数据库空间，甚至大大降低查询性能。针对有频繁的插入/更新/删除操作的表，表和索引将产生较多的碎片，索引将变得非聚簇，性能也将下降，严重的时候会产生索引阻塞等问题，为此需要进行索引重建。索引重建的方法一般有两类：一种是删除并重建索引，如采用DROP INDEX 和 CREATE INDEX 或 ALTER TABLE 来删除并重建索引；另一种是在现有索引的基础上进行重新整理，如采用 DBCC INDEXDEFRAG 按照索引键的逻辑顺序，通过重新整理索引里的页来减少外部碎片，通过压缩索引页里的行并删除那些由此产生的不需要的页来减少内部碎片。

4）数据分片

数据分片是将海量数据根据一定的规则分布在多个存储设备上，这样每个存储设备的数据量相对就会小很多，由此实现并行的读/写操作，满足读/写量大的系统的性能需求。系统分片的策略有很多，如按记录编号的特征、按数据的时间范围、基于检索表等。这些数据分片策略之中没有哪个有绝对的优势，选择哪种策略完全是根据系统的业务或数据特征来确定的。值得强调的是：数据分片在对系统的性能和伸缩性带来一定好处的同时，也会大大增加系统开发和维护的复杂度。因此，数据分片只在特殊需要的时候才做，它带来的维护复杂度会比集中存储的方式高出很多。

5.2.4　Oracle 数据库监控

作为 Oracle 数据库管理人员，如何及时发现数据库系统潜在的问题，实时掌握系统运行的状况，提高工作效率，是一个值得注意的问题。Oracle 数据库的监控可以通过系统自带的语句或者一些监控软件如：Spotlight on Oracle。下面介绍通过系统自带的命令进行监控的方式。

1．检查数据库基本状况

包含：检查 Oracle 实例状态，检查 Oracle 服务进程，检查 Oracle 监听进程，共 6 个部分。

1）检查 Oracle 实例状态

select instance_name,host_name,startup_time,status,database_status from v$instance;

其中"STATUS"表示 Oracle 当前的实例状态，必须为"OPEN"；"DATABASE_STATUS"表示 Oracle 当前数据库的状态，必须为"ACTIVE"。

2）检查 Oracle 在线日志状态

select group#,status,type,member from v$logfile;

输出结果应该有 3 条以上（包含 3 条）记录，"STATUS"应该为非"INVALID"，非"DELETED"。注："STATUS"显示为空表示正常。

3）检查 Oracle 表空间的状态

select tablespace_name,status from dba_tablespaces;

输出结果中 STATUS 应该都为 ONLINE。

4）检查 Oracle 所有数据文件状态

select name,status from v$datafile;

输出结果中"STATUS"应该都为"ONLINE"。或者：

select file_name,status from dba_data_files;

输出结果中"STATUS"应该都为"AVAILABLE"。

5）检查无效对象

select owner,object_name,object_type from dba_objects where status!='VALID' and owner!='SYS' and owner!='SYSTEM';

如果有记录返回，则说明存在无效对象。若这些对象与应用相关，那么需要重新编译生成这个对象，或者：

SELECT owner, object_name, object_type FROM dba_objects WHERE status= 'INVALID';

6）检查所有回滚段状态

select segment_name,status from dba_rollback_segs;

输出结果中所有回滚段的"STATUS"应该为"ONLINE"。

2．检查 Oracle 相关资源的使用情况

包含以下检查：
- 检查 Oracle 初始化文件中相关的参数值。
- 检查数据库连接情况，检查系统磁盘空间。
- 检查 Oracle 各个表空间使用情况，检查一些扩展异常的对象。
- 检查 system 表空间内的内容，检查对象的下一扩展与表空间的最大扩展值，总共七个部分。

1）检查 Oracle 初始化文件中相关参数值

select resource_name,
max_utilization,
initial_allocation,
limit_value
from v$resource_limit;

若 LIMIT_VALU-MAX_UTILIZATION<=5，则表明与 RESOURCE_NAME 相关的 Oracle 初始化参数需要调整。可以通过修改 Oracle 初始化参数文件 $ORACLE_BASE/admin/CKDB/pfile/initORCL.ora 来修改。

2）检查数据库连接情况

查看当前会话连接数，是否属于正常范围。

```
select count(*) from v$session;
select sid,serial#,username,program,machine,status from v$session;
```

其中，SID 是会话（session）的 ID 号；SERIAL# 是会话的序列号，和 SID 一起用来唯一标识一个会话；USERNAME 是建立该会话的用户名；PROGRAM 是这个会话是用什么工具连接到数据库的；STATUS 是当前这个会话的状态，ACTIVE 表示会话正在执行某些任务，INACTIVE 表示当前会话没有执行任何操作。

如果建立了过多的连接，会消耗数据库的资源，同时，对一些"死锁"的连接可能需要手工进行清理。如果 DBA 要手工断开某个会话，则执行：

```
alter system kill session 'SID,SERIAL#';
```

注意：上例中 SID 为 1 到 10（USERNAME 列为空）的会话，是 Oracle 的后台进程，不要对这些会话进行任何操作（注意：一般不建议使用这种方式去杀掉数据库的连接，这样有时候 session 不会断开。容易引起死连接。建议通过 sid 查到操作系统的 spid，使用 ps –ef|grep spidno 的方式确认 spid 不是 ORACLE 的后台进程。使用操作系统的 kill -9 命令杀掉连接）。

3）检查系统磁盘空间

如果文件系统的剩余空间过小或增长较快，需对其进行确认并删除不用的文件以释放空间。

```
[oracle@AS14 ~]$ df -h
Filesystem Size Used Avail Use% Mounted on
/dev/sda5 9.7G 3.9G 5.4G 42% /
/dev/sda1 479M 16M 438M 4% /boot
/dev/sda2 49G 19G 28G 41% /data
none 1014M 0 1014M 0% /dev/shm
```

4）检查表空间使用情况

```
select f.tablespace_name,
a.total,
f.free,
round((f.free / a.total) * 100) "% Free"
from (select tablespace_name, sum(bytes / (1024 * 1024)) total
from dba_data_files
group by tablespace_name) a,
(select tablespace_name, round(sum(bytes / (1024 * 1024))) free
from dba_free_space
group by tablespace_name) f
```

```
WHERE a.tablespace_name = f.tablespace_name(+)
order by "% Free";
```

如果空闲率%Free 小于 10%以上（包含 10%），则注意要增加数据文件来扩展表空间而不要是用数据文件的自动扩展功能。请不要对表空间增加过多的数据文件，增加数据文件的原则是每个数据文件大小为 2G 或者 4G，自动扩展的最大限制在 8G。

5）检查一些扩展异常的对象

```
select Segment_Name,
Segment_Type,
TableSpace_Name,
(Extents / Max_extents) * 100 Percent
From sys.DBA_Segments
Where Max_Extents != 0
and (Extents / Max_extents) * 100 >= 95
order By Percent;
```

如果有记录返回，则这些对象的扩展已经快达到它定义时的最大扩展值。对于这些对象要修改它的存储结构参数。

6）检查 system 表空间内的内容

```
select distinct (owner)
from dba_tables
where tablespace_name = 'SYSTEM'
and owner != 'SYS'
and owner != 'SYSTEM'
union
select distinct (owner)
from dba_indexes
where tablespace_name = 'SYSTEM'
and owner != 'SYS'
and owner != 'SYSTEM';
```

如果记录返回，则表明 system 表空间内存在一些非 system 和 sys 用户的对象。应该进一步检查这些对象是否与应用相关。如果相关请把这些对象移到非 System 表空间，同时应该检查这些对象属主的缺省表空间值。

7）检查对象的下一扩展与表空间的最大扩展值

```
select a.table_name, a.next_extent, a.tablespace_name
from all_tables a,
```

```
(select tablespace_name, max(bytes) as big_chunk
from dba_free_space
group by tablespace_name) f
where f.tablespace_name = a.tablespace_name
and a.next_extent > f.big_chunk
union
select a.index_name, a.next_extent, a.tablespace_name
from all_indexes a,
(select tablespace_name, max(bytes) as big_chunk
from dba_free_space
group by tablespace_name) f
where f.tablespace_name = a.tablespace_name
and a.next_extent > f.big_chunk;
```

如果有记录返回，则表明这些对象的下一个扩展大于该对象所属表空间的最大扩展值，需调整相应表空间的存储参数。

3．检查 Oracle 数据库备份结果

包含：① 检查数据库备份日志信息；② 检查 backup 卷中文件产生的时间；③ 检查 Oracle 用户的 Email。

1）检查数据库备份日志信息

假设：备份的临时目录为/backup/hotbakup，需要检查 2017 年 7 月 22 日的备份结果，则用下面的命令来检查：

```
cat /backup/hotbackup/hotbackup-17-7-22.log|grep –i error
```

备份脚本的日志文件为 hotbackup-月份-日期-年份.log，在备份的临时目录下面。如果文件中存在 "ERROR:"，则表明备份没有成功，存在问题需要检查。

2）检查 backup 卷中文件产生的时间

```
#ls –lt /backup/hotbackup
```

backup 卷是备份的临时目录，查看输出结果中文件的日期，都应当是在当天凌晨由热备份脚本产生的。如果时间不对则表明热备份脚本没执行成功。

3）检查 Oracle 用户的 Email

```
#tail –n 300 /var/mail/oracle
```

热备份脚本是通过 Oracle 用户的 cron 去执行的。cron 执行完后操作系统就会发一条 Email 通知 Oracle 用户任务已经完成。查看 Oracle Email 中今天凌晨部分有无 ORA-，Error，Failed 等出错信息，如果有则表明备份不正常。

4．检查 Oracle 数据库性能

在本节主要检查 Oracle 数据库性能情况，包含：检查数据库的等待事件，检查死锁及处理，检查 CPU、I/O、内存性能，查看是否有僵死进程，检查行链接/迁移，定期做统计分析，检查缓冲区命中率，检查共享池命中率，检查排序区，检查日志缓冲区，总共 10 个部分。

1）检查数据库的等待事件

```
set pages 80
set lines 120
col event for a40
select sid, event, p1, p2, p3, WAIT_TIME, SECONDS_IN_WAIT
   from v$session_wait
  where event not like 'SQL%'
     and event not like 'rdbms%';
```

如果数据库长时间持续出现大量像 latch free，enqueue，buffer busy waits，db file sequential read，db file scattered read 等等待事件时，需要对其进行分析，可能存在问题的语句。

2）Disk Read 最高的 SQL 语句的获取

```
SELECT SQL_TEXT
FROM (SELECT * FROM V$SQLAREA ORDER BY DISK_READS)
WHERE ROWNUM <= 5;
```

3）查找前 10 条性能差的 SQL

```
SELECT *
FROM (SELECT PARSING_USER_ID
EXECUTIONS,
SORTS,
COMMAND_TYPE,
DISK_READS,
SQL_TEXT
FROM V$SQLAREA
ORDER BY DISK_READS DESC)
WHERE ROWNUM < 10;
```

4）等待时间最多的 5 个系统等待事件的获取

```
SELECT *
   FROM (SELECT *
          FROM V$SYSTEM_EVENT
          WHERE EVENT NOT LIKE 'SQL%'
          ORDER BY TOTAL_WAITS DESC)
```

```
WHERE ROWNUM <= 5;
```

5）检查运行很久的 SQL

```
COLUMN USERNAME FORMAT A12
COLUMN OPNAME FORMAT A16
COLUMN PROGRESS FORMAT A8
SELECT USERNAME,
       SID,
       OPNAME,
       ROUND(SOFAR * 100 / TOTALWORK, 0) || '%' AS PROGRESS,
       TIME_REMAINING,
       SQL_TEXT
  FROM V$SESSION_LONGOPS, V$SQL
 WHERE TIME_REMAINING <> 0
   AND SQL_ADDRESS = ADDRESS
   AND SQL_HASH_VALUE = HASH_VALUE;
```

6）检查消耗 CPU 最高的进程

```
SET LINE 240
SET VERIFY OFF
COLUMN SID FORMAT 999
COLUMN PID FORMAT 999
COLUMN S_# FORMAT 999
COLUMN USERNAME FORMAT A9 HEADING "ORA USER"
COLUMN PROGRAM FORMAT A29
COLUMN SQL FORMAT A60
COLUMN OSNAME FORMAT A9 HEADING "OS USER"
SELECT P.PID PID,
       S.SID SID,
       P.SPID SPID,
       S.USERNAME USERNAME,
       S.OSUSER OSNAME,
       P.SERIAL# S_#,
       P.TERMINAL,
       P.PROGRAM PROGRAM,
       P.BACKGROUND,
       S.STATUS,
       RTRIM(SUBSTR(A.SQL_TEXT, 1, 80)) SQLFROM V$PROCESS P,
       V$SESSION S,
       V$SQLAREA A WHERE P.ADDR = S.PADDR AND S.SQL_ADDRESS = A.ADDRESS(+)
       AND P.SPID LIKE '%&1%';
```

7）检查碎片程度高的表

```
SELECT segment_name table_name, COUNT(*) extents
  FROM dba_segments
 WHERE owner NOT IN ('SYS', 'SYSTEM')
 GROUP BY segment_name
HAVING COUNT(*) = (SELECT MAX(COUNT(*))
                     FROM dba_segments
                     GROUP BY segment_name);
```

8）检查表空间的 I/O 比例

```
SELECT DF.TABLESPACE_NAME NAME,
        DF.FILE_NAME          "FILE",
        F.PHYRDS              PYR,
        F.PHYBLKRD            PBR,
        F.PHYWRTS             PYW,
        F.PHYBLKWRT           PBW
   FROM V$FILESTAT F, DBA_DATA_FILES DF
  WHERE F.FILE# = DF.FILE_ID
  ORDER BY DF.TABLESPACE_NAME;
```

9）检查文件系统的 I/O 比例

```
SELECT SUBSTR(A.FILE#, 1, 2) "#",
        SUBSTR(A.NAME, 1, 30) "NAME",
        A.STATUS,
        A.BYTES,
        B.PHYRDS,
        B.PHYWRTS
   FROM V$DATAFILE A, V$FILESTAT B
  WHERE A.FILE# = B.FILE#;
```

10）检查死锁及处理
查询目前锁对象信息。

```
select sid,
       serial#,
       username,
       SCHEMANAME,
       osuser,
       MACHINE,
       terminal,
```

```
          PROGRAM,
          owner,
          object_name,
          object_type,
          o.object_id
     from dba_objects o, v$locked_object l, v$session s
    where o.object_id = l.object_id
      and s.sid = l.session_id;
```

Oracle 级 kill 掉该 session：

`alter system kill session '&sid,&serial#';`

操作系统级 kill 掉 session：

`#>kill -9 pid`

5．检查数据库 CPU、I/O、内存性能

记录数据库的 CPU 使用、IO、内存等使用情况，使用 vmstat,iostat,sar,top 等命令进行信息收集并检查这些信息，判断资源使用情况。

1）CPU 使用情况

```
[root@sale8 ~]# top
top - 10:29:35 up 73 days, 19:54, 1 user, load average: 0.37, 0.38, 0.29
Tasks: 353 total, 2 running, 351 sleeping, 0 stopped, 0 zombie
Cpu(s): 1.2% us, 0.1% sy, 0.0% ni,98.8% id, 0.0% wa, 0.0% hi, 0.0% si
Mem: 16404472k total, 12887428k used, 3517044k free, 60796k buffers
Swap: 8385920k total, 665576k used, 7720344k free, 10358384k cached

PID USER PR NI VIRT RES SHR S %CPU %MEM TIME+ COMMAND
30495 oracle 15 0 8329m 866m 861m R 10 5.4 7:53.90 oracle
32501 oracle 15 0 8328m 1.7g 1.7g S 2 10.6 1:58.38 oracle
32503 oracle 15 0 8329m 1.6g 1.6g S 2 10.2 2:06.62 oracle
```

注意剩余的 CPU 使用量，当其平均值下降至 10% 以下时视为 CPU 使用率异常，需记录下该数值，并将状态记为异常。

2）内存使用情况

```
# free -m
total used free shared buffers cached
Mem: 2026 1958 67 0 76 1556
-/+ buffers/cache: 326 1700
Swap: 5992 92 5900
```

如上所示，2026 表示系统总内存、1958 表示系统使用的内存、67 表示系统剩余内存，当

剩余内存低于总内存的 10%时视为异常。

3）系统 I/O 情况

```
# iostat -k 1 3
Linux 2.6.9-22.ELsmp (AS14) 07/29/2009
avg-cpu: %user %nice %sys%iowait %idle
    0.16 0.00 0.05 0.36 99.43
Device: tps kB_read/s kB_wrtn/s kB_read kB_wrtn
    sda 3.33 13.16 50.25 94483478 360665804
avg-cpu: %user %nice %sys%iowait %idle
    0.00 0.00 0.00 0.00 100.00
Device: tps kB_read/s kB_wrtn/s kB_read kB_wrtn
    sda 0.00 0.00 0.00 0 0
```

如上所示，"Device"行表示磁盘读写情况，"cug-cpo"行表示 CPU、"sda"行表示 IO 等待情况。

4）系统负载情况

```
#uptime
12:08:37 up 162 days, 23:33, 15 users, load average: 0.01, 0.15, 0.10
```

如上所示，15 表示系统负载，后面的 3 个数值如果有高于 2.5 的时候就表明系统在超负荷运转了，并将此值记录到巡检表，视为异常。

5）查看是否有僵死进程

```
select spid from v$process where addr not in (select paddr from v$session);
```

有些僵尸进程有阻塞其他业务的正常运行，定期杀掉僵尸进程。

6）检查行链接/迁移

```
select table_name, num_rows, chain_cnt
   From dba_tables
 Where owner = 'CTAIS2'
    And chain_cnt <> 0;
```

注：含有 long raw 列的表有行链接是正常的，找到迁移行保存到 chained_rows 表中，如没有该表执行../rdbms/admin/utlchain.sql 进行该表的创建，如果想统计表的链接记录和迁移记录，可使用：

```
analyze table tablename list chained rows;
```

可通过表 chained_rows 中 table_name，head_rowid 看出哪些行是迁移行。

```
create table aa as select a.* from sb_zsxx a,chained_rows b where a.rowid=b.head_rowid and b.table_name
```

='SB_ZSXX';

delete from sb_zsxx where rowid in (select head_rowid from chained_rows where table_name = 'SB_ZSXX');

insert into sb_zsxx select * from chained_row where table_name = 'SB_ZSXX';

7）定期做统计分析

对于采用 Oracle Cost-Based-Optimizer 的系统，需要定期对数据对象的统计信息进行采集更新，使优化器可以根据准备的信息作出正确的 explain plan。在以下情况更需要进行统计信息的更新。

- 应用发生变化。
- 大规模数据迁移、历史数据迁出、其他数据的导入等。
- 数据量发生变化。

查看表或索引的统计信息是否需更新，如：

Select table_name,num_rows,last_analyzed From user_tables where table_name ='DJ_NSRXX'

select count(*) from DJ_NSRXX 如 num_rows 和 count(*)

如果行数相差很多，则该表需要更新统计信息，建议一周做一次统计信息收集，具体如下所示。

exec sys.dbms_stats.gather_schema_stats(ownname=>'CTAIS2',cascade => TRUE,degree => 4);

8）检查缓冲区命中率

```
SELECT a.VALUE + b.VALUE logical_reads,
        c.VALUE phys_reads,
        round(100 * (1 - c.value / (a.value + b.value)), 4) hit_ratio
   FROM v$sysstat a, v$sysstat b, v$sysstat c
  WHERE a.NAME = 'db block gets'
    AND b.NAME = 'consistent gets'
    AND c.NAME = 'physical reads';
```

如果命中率低于 90%则需加大数据库参数 db_cache_size。

9）检查共享池命中率

```
select sum(pinhits) / sum(pins) * 100 from v$librarycache;
```

如低于 95%，则需要调整应用程序使用绑定变量，或者调整数据库参数 shared pool 的大小。

10）检查排序区

```
select name,value from v$sysstat where name like '%sort%';
```

如果 disk/(memoty+row)的比例过高，则需要调整 sort_area_size(workarea_size_policy=false)

或 pga_aggregate_target(workarea_size_policy=true)。

11）检查日志缓冲区

select name,value from v$sysstat where name in ('redo entries','redo buffer allocation retries');

如果 redo buffer allocation retries/redo entries 超过 1%，则需要增大 log_buffer。

6．检查数据库安全性

在本节主要检查 Oracle 数据库的安全性，包含：检查系统安全信息，定期修改密码，总共两个部分。

1）检查系统安全日志信息

系统安全日志文件的目录在/var/log 下，主要检查登录成功或失败的用户日志信息。

检查登录成功的日志。

[root@rac2 ~]# grep -i accepted /var/log/secure
Jan 8 08:44:43 rac2 sshd[29559]: Accepted password for root from ::ffff:10.10.10.6 port 1119 ssh2……

检查登录失败的日志。

[root@rac2 ~]# grep -i inval /var/log/secure &&grep -i failed /var/log/secure
Jan 9 10:30:44 rac2 sshd[3071]: Invalid user ydbuser from ::ffff:192.168.3.5
Jan 9 10:30:56 rac2 sshd[3071]: Failed password for invalid user ydbuser from ::ffff:192.168.3.5 port 36005 ssh2
Jan 9 10:30:56 rac2 sshd[3071]: Failed password for invalid user ydbuser from ::ffff:192.168.3.5 port 36005 ssh2
Jan 10 22:44:38 rac2 sshd[21611]: Failed password for root from ::ffff:10.10.10.6 port 1723 ssh2

在出现的日志信息中没有错误（Invalid、refused）提示，如果没有（Invalid、refused）视为系统正常，出现错误提示，应作系统告警通知。

2）检查用户修改密码

在数据库系统上往往存在很多的用户，如：第三方数据库监控系统，初始安装数据库时的演示用户，管理员用户等，这些用户的密码往往是写定的，被很多人知道，会被别有用心的人利用来攻击系统甚至进行修改数据。需要修改密码的用户包括：

数据库管理员用户 SYS，SYSTEM；其他用户。

登录系统后，提示符下输入 cat /etc/passwd，在列出来的用户中查看是否存在已经不再使用的或是陌生的账号。若存在，则记录为异常。

修改密码方法：

alter user USER_NAME identified by PASSWORD;

7. 其他检查

在本节主要检查当前 crontab 任务是否正常，检查 Oracle Job 是否有失败等共 6 个部分。

1）检查当前 crontab 任务是否正常

```
[oracle@AS14 ~]$ crontab -l
```

2）Oracle Job 是否有失败

```
select job,what,last_date,next_date,failures,broken from dba_jobs Where schema_user='CAIKE';
```

如有问题建议重建 Job，如：

```
exec sys.dbms_job.remove(1);
commit;
exec sys.dbms_job.isubmit(1,'REFRESH_ALL_SNAPSHOT;',SYSDATE+1/1440,'SYSDATE+4/1440');
commit;
```

3）监控数据量的增长情况

```
select A.tablespace_name, (1 - (A.total) / B.total) * 100 used_percent
    from (select tablespace_name, sum(bytes) total
              from dba_free_space
            group by tablespace_name) A,
          (select tablespace_name, sum(bytes) total
              from dba_data_files
            group by tablespace_name) B
    where A.tablespace_name = B.tablespace_name;
```

根据本周每天的检查情况找到空间扩展很快的数据库对象，并采取相应的措施：

（1）删除历史数据。系统规定数据库中至少保留 6 个月的历史数据，所以以前的历史数据可以考虑备份然后进行清除以便释放其所占的资源空间。

（2）扩表空间。

```
alter tablespace <tablespace_name> add datafile '<file>' size <size> autoextend off;
```

注意：在数据库结构发生变化时，如增加了表空间，增加了数据文件或重做日志文件这些操作，都会造成 Oracle 数据库控制文件的变化，DBA 应及时进行控制文件的备份，备份方法如下。

执行 SQL 语句：

```
alter database backup controlfile to '/home/backup/control.bak';
```

或：

alter database backup controlfile to trace;

这样，会在 USER_DUMP_DEST（初始化参数文件中指定）目录下生成创建控制文件的 SQL 命令。

4）检查失效的索引

```
select index_name, table_name, tablespace_name, status
   From dba_indexes
 Where owner = 'CTAIS2'
    And status <> 'VALID';
```

注：分区表上的索引 status 为 N/A 是正常的，如有失效索引则对该索引做 rebuild，如：

alter index INDEX_NAME rebuild tablespace TABLESPACE_NAME;

5）检查不起作用的约束

```
SELECT owner, constraint_name, table_name, constraint_type, status
   FROM dba_constraints
 WHERE status = 'DISABLE'
    and constraint_type = 'P';
```

如有失效约束则启用，如：

alter Table TABLE_NAME Enable Constraints CONSTRAINT_NAME;

6）检查无效的 trigger

SELECT owner, trigger_name, table_name, status FROM dba_triggers WHERE status = 'DISABLED';

如有失效触发器则启用，如：

alter Trigger TRIGGER_NAME Enable;

5.2.5　SQL Server 监控

以下介绍一下如何诊断 SQL Server 数据库性能问题。使用 SQL 事件探查器和性能监控工具有效地诊断性能问题

在 SQL Server 应用领域 SQL 事件探查器可能是最著名的性能故障排除工具，大多数情况下，当得到一个性能问题报告后，一般首先启动它进行诊断。

SQL 事件探查器是一个跟踪和监控 SQL Server 实例的图形化工具，主要用于分析和衡量在数据库服务器上执行的 TSQL 性能，可以捕捉服务器实例上的每个事件，将其保存到文件或

表中供以后分析。例如，如果生产数据库速度很慢，可以使用 SQL 事件探查器查看哪些存储过程执行时耗时过多。

1．SQL 事件探查器的基本用法

（1）启动 SQL 事件探查器，连接到目标数据库实例，创建一个新跟踪，指定一个跟踪模板（跟踪模板预置了一些事件和用于跟踪的列），如图 5-6 所示。

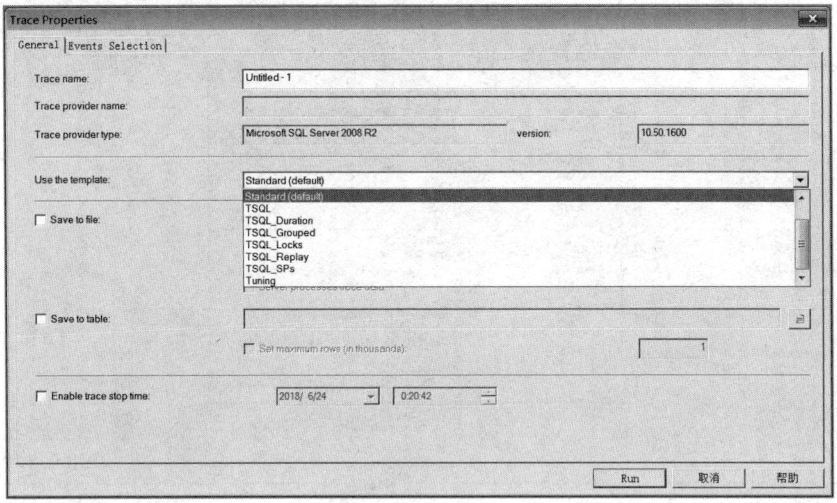

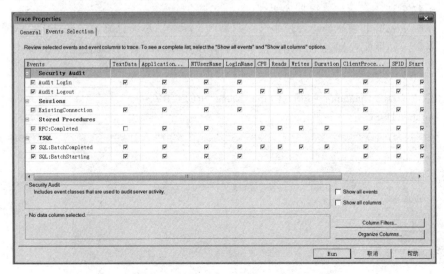

图 5-6　选择跟踪模板

（2）作为可选的一步，还可以选择特定事件和列，如图 5-7 所示。

图 5-7　选择跟踪过程要捕捉的事件

（3）另外还可以单击"组织列"按钮，在弹出的窗口中指定列的显示顺序，单击"列过滤器"按钮，在弹出的窗口中设置过滤器，例如，通过设置数据库的名称（在 like 文本框中），只跟踪特定的数据库，如果不设置过滤器，SQL 事件探查器会捕捉所有的事件，跟踪的信息会非常多，如图 5-8 所示。

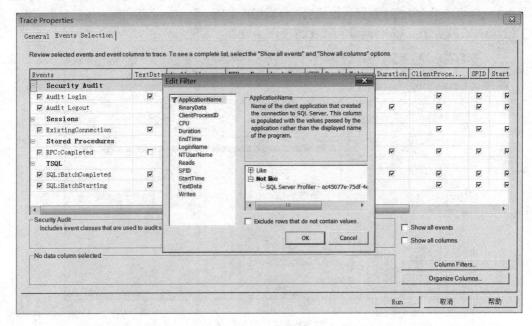

图 5-8　过滤器设置

（4）运行事件探查器，等待捕捉事件。

（5）跟踪了足够的信息后，停掉事件探查器，将跟踪信息保存到一个文件中，或者保存到一个数据表中，如果保存到表中，需要指定表名，SQL Server 会自动创建表中的字段。

（6）执行下面的 SQL 查询语句找出执行代价较高的 TSQL，如图 5-9 所示。

```
SELECT TextData,Duration,…, FROM Table_Name ORDER BY
    Duration DESC
```

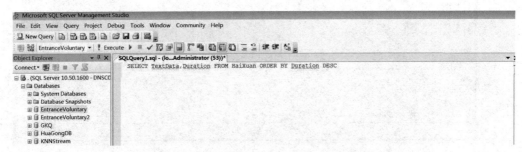

图 5-9　查找执行成本较高的 TSQL/存储过程

2．有效利用 SQL 事件探查器排除与性能相关的问题

SQL 事件探查器除了可以用于找出执行成本最高的那些 TSQL 或存储过程外，还可以利用它许多强大的功能诊断和解决其他不同类型的问题。当收到一个性能问题报告后，或者想提前诊断潜在的性能问题时都可以使用 SQL 事件探查器。下面是一些 SQL 事件探查器使用技巧。

1）使用现有的模板，但需要时应创建自己的模板

大多数时候现有的模板能够满足需求，但当诊断一个特殊类型的数据库性能问题时（如数据库发生死锁），可能需要创建自己的模板，在这种情况下，可以单击"文件"|"模板"|"新建模板"创建一个新模板，如图 5-10 所示。需要指定模板名、事件和列，如图 5-11 所示。当然也可以从现有的模板修改而来。

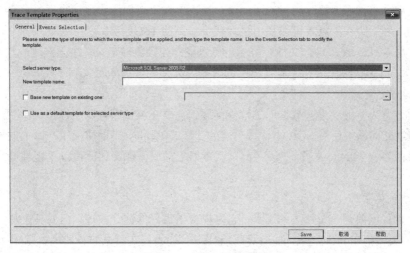

图 5-10　创建一个新模板

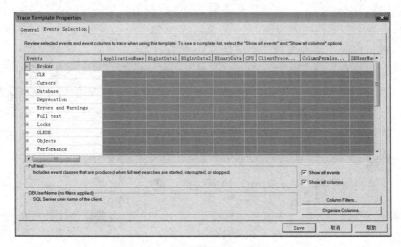

图 5-11　为新模板指定事件和列

2）捕捉表扫描（TableScan）和死锁（DeadLock）事件

可以使用 SQL 事件探查器监听这两个有趣的事件。

先假设一种情况，假设已经在测试库上创建了合适的索引，经过测试后，现在已经将索引应用到生产服务器上了，但由于某些不明原因，生产数据库的性能一直没达到预期的那样好，推测执行查询时发生了表扫描，希望有一种方法能够检测出是否真的发生了表扫描。

再假设另一种情况，假设已经设置好了将错误邮件发送到一个指定的邮件地址，这样开发团队可以第一时间获得通知，并有足够的信息进行问题诊断。某一天，突然收到一封邮件说数据库发生了死锁，并在邮件中包含了数据库级别的错误代码，需要找出是哪个 TSQL 创造了死锁。

这时可以打开 SQL 事件探查器，修改一个现有模板，使其可以捕捉表扫描和死锁事件，修改好后，启动事件探查器，运行应用程序，当再次发生表扫描和死锁事件时，事件探查器就可以捕捉到，利用跟踪信息就可以找出执行代价最高的 TSQL。

注意：从 SQL Server 日志文件中可能也可以找到死锁事件记录，在某些时候，可能需要结合 SQL Server 日志和跟踪信息才能找出引起数据库死锁的数据库对象和 TSQL。

3）创建重放跟踪

某些时候，为了解决生产数据库的性能问题，需要在测试服务器上模拟一个生产环境，这样可以重演性能问题。使用 SQL 事件探查器的 TSQL_Replay 模板捕捉生产库上的事件，并将跟踪信息保存为一个.trace 文件，然后在测试服务器上播放跟踪文件就可以重现性能问题是如何出现的了。

4）创建优化跟踪

数据库调优顾问是一个伟大的工具，它可以提供很好的调优建议，但要真正从它那获得有用的建议，需要模拟出与生产库一样的负载，也就是说，需要在测试服务器上执行相同的 TSQL，打开相同数量的并发连接，然后运行调优顾问。SQL 事件探查器的 Tuning 模板可以捕捉到这类事件和列，使用 Tuning 模板运行事件探查器，捕捉跟踪信息并保存，通过调优顾问使用跟踪文件在测试服务器上创建相同的负载。

5）捕捉 ShowPlan 在事件探查器中包括 SQL 执行计划

有时相同的查询在测试服务器和生产服务器上的性能完全不一样，假设遇到这种问题，应该仔细查看一下生产数据库上 TSQL 的执行计划。但问题是现在不能在生产库上执行这个 TSQL，因为它已经有严重的性能问题。这时 SQL 事件探查器可以派上用场，在跟踪属性中选中 ShowPlan 或 ShowPlan XML，这样可以捕捉到 SQL 执行计划和 TSQL 文本，然后在测试服务器上执行相同的 TSQL，并比较两者的执行计划，如图 5-12 所示。

3．使用性能监视工具（PerfMon）诊断性能问题

当数据库遇到性能问题时，大多数时候使用 SQL 事件探查器就能够诊断和找出引起性能问题的背后原因了，但有时 SQL 事件探查器并不是万能的。

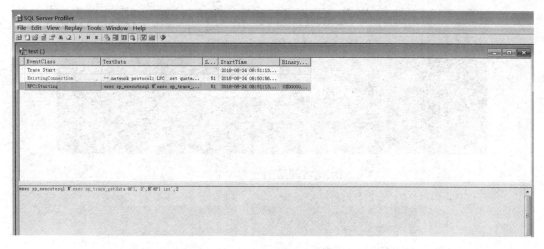

图 5-12　在事件探查器跟踪中的执行计划

例如，在生产库上使用 SQL 事件探查器分析查询执行时间时，对应的 TSQL 执行很慢（假设需要 10 秒），但同样的 TSQL 在测试服务器上执行时间却只要 200 毫秒，通过分析执行计划和数据列，发现它们都没有太大的差异，因此在生产库上肯定有其他问题，那该如何揪出这些问题呢？

此时性能监视工具（著名的 PerfMon）可以派上用场，它可以定期收集硬件和软件相关的统计数据，还有它是内置于 Windows 操作系统的一个免费的工具。

当向 SQL Server 数据库发送一条 TSQL 语句时，会产生许多相关的执行参与者，包括 TSQL 执行引擎、服务器缓存、SQL 优化器、输出队列、CPU、磁盘 I/O 等，只要这些参与者任何一环执行节奏没有跟上，最终的查询执行时间就会变长，使用性能监视工具可以对这些参与者进行观察，以找出根本原因。

使用性能监视工具可以创建多个不同的性能计数器，通过图形界面分析计数器日志，此外还可以将性能计数器日志和 SQL 事件探查器跟踪信息结合起来分析。

4．性能监视器基本用法介绍

Windows 内置了许多性能监视计数器，安装 SQL Server 时会添加一个 SQL Server 性能计数器，下面是创建一个性能计数器日志的过程。

（1）在 SQL 事件探查器中启动性能监视工具（"工具"|"性能监视器"），如图 5-13 所示。

（2）右击"数据收集器集"|"用户定义"|"新建数据日志"|"手动创建"，输入数据收集器集名称，单击"下一步"，如图 5-14 所示。勾选"性能计数器"复选框，单击"完成"按钮，创建一个新的性能计数器日志，如图 5-15 所示。

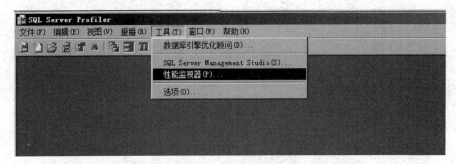

图 5-13 启动性能监视工具

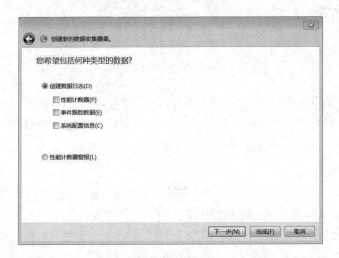

图 5-14 为性能计数器日志指定名字

图 5-15 创建一个性能计数器日志

（3）单击"添加"按钮，选择一个需要的计数器，可以指定收集计数器数据的间隔时间，如图 5-16 所示。

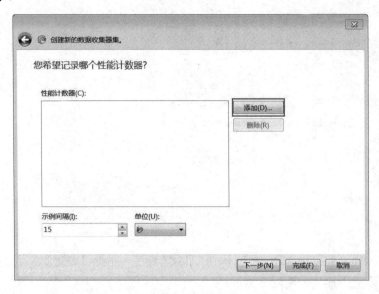

图 5-16　为性能计数器日志指定计数器

（4）从列表中选择要监视的对象和选定对象的实例，单击"确定"按钮，如图 5-17 所示。

图 5-17　指定对象和对应的计数器

（5）选择的计数器应显示在窗体中，如图 5-18 所示。

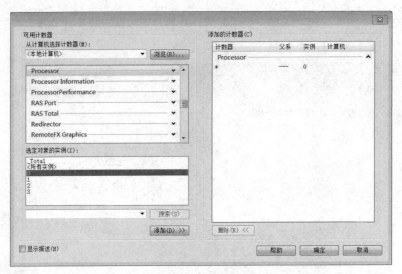

图 5-18　指定计数器

（6）右击刚建的数据收集器，然后单击"目录"标签，指定日志文件保存位置，如果需要还可以修改日志文件名，如图 5-19 所示。

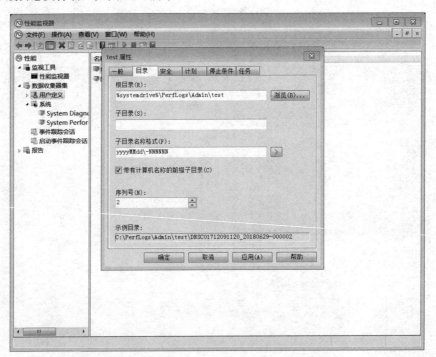

图 5-19　指定性能计数器日志文件保存位置

（7）右击"计划"标签，然后单击"添加"按钮，指定计数器开始和结束日期，如图 5-20 所示。

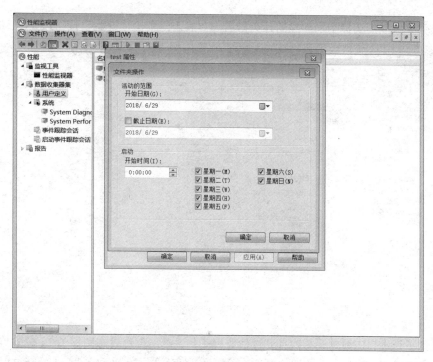

图 5-20　指定性能计数器日志运行时间

（8）单击"停止条件"标签，设置计数器停止条件，如图 5-21 所示。

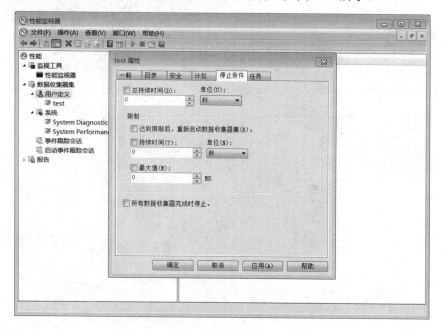

图 5-21　设置计数器停止条件

单击"完成"，选择刚刚创建的计数器日志，右击，单击"开始"按钮，如图 5-22 所示。

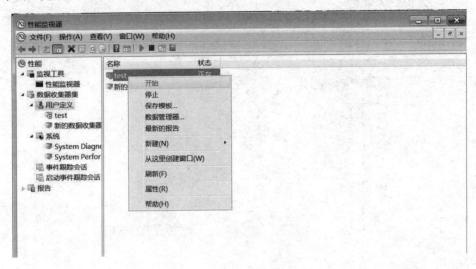

图 5-22　启动性能计数器日志

（9）为了查看日志数据，再次打开性能监视工具，单击查看日志图标（红色），在"来源"标签上选中"日志文件"单选按钮，单击"添加"按钮添加一个日志文件。如图 5-23 所示。查看日志数据时可以追加计数器，单击"确定"，如图 5-24 所示，返回图形化的性能计数器日志输出界面，如图 5-25 所示。

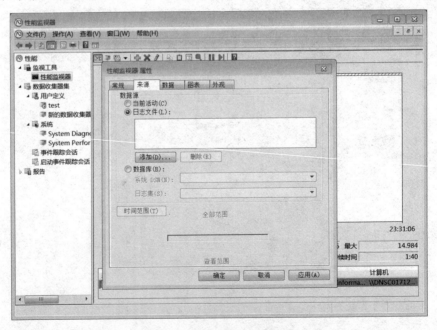

图 5-23　查看性能计数器日志

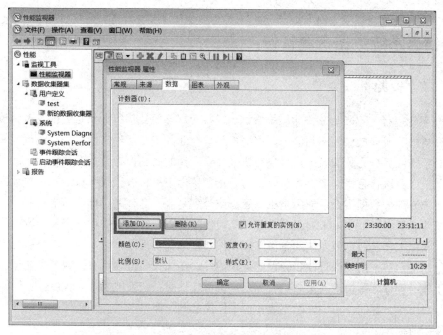

图 5-24　查看日志数据时追加计数器

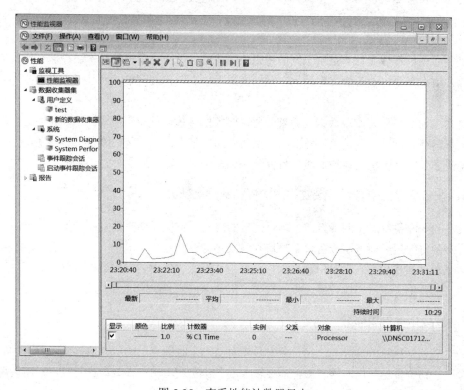

图 5-25　查看性能计数器日志

5.3　信息系统数据资源备份

5.3.1　数据资源备份类型

信息系统运行会不断累积产生各类数据，这些数据是系统运行非常重要的资源，数据一旦因存储介质损毁或误操作等原因丢失，将严重影响企业的正常运作，给生产造成巨大的损失。因此，为了降低数据丢失的风险，用户需要采取一系列的措施保障数据的安全性，常用的方法就是对数据资源进行备份。数据备份就是为防止系统出现操作失误或系统故障导致数据丢失，而将全系统或部分数据集合从应用主机的磁盘或阵列复制到其他的存储介质的过程。

数据备份系统由硬件和软件两部分组成，硬件是用于存放数据的物理介质和运行备份软件的平台，软件主要是通用或专用的备份管理软件。在选择备份硬件时，应考虑介质的容量、费用、备份速度、数据的易保管性和硬件的可维护性。在选择备份软件时，应考虑软件的可操作性、可用性；软件的备份管理策略是否健全；备份软件对系统性能的影响程度；软件的可扩充性及运行费用等。好的备份硬件是完成备份工作的基础，而备份软件则是保证备份硬件充分发挥其效能的前提。

数据备份技术有多种实现形式，可以从不同的角度对备份进行不同的分类。

1．按数据备份模式分

逻辑备份。每个文件都是由不同的逻辑块组成的。每一个逻辑的文件块存储在物理磁盘块上。该方法不需要将欲备份文件运行在归档模式下，不但备份简单，而且可以不需要外部存储设备。

物理备份。该方法实现数据的完整恢复，但数据必须运行在归档模式下（业务数据在非归档模式下运行），且需要较大的外部存储空间，如磁带库，具体包括冷备份和热备份。冷备份和热备份都是物理备份（也称低级备份），它涉及组成数据库的文件，但不考虑逻辑内容。

2．按备份过程中是否可接收用户响应和数据更新分

冷备份。冷备份是在欲备份数据运行完毕的情况下将关键性文件复制到另外位置的一种做法。对于备份的信息而言，冷备份是最快和最安全的方法。

热备份。热备份是在欲备份数据正在运行的情况下，采用的一种数据备份方式。由于是同步备份，热备份资源占用比较多，投资较大，但是它的恢复时间非常短。

3．按数据备份策略分

完全备份（Full Backup）。完全备份是指对某一个时间点上的所有数据或应用进行的一个完全拷贝。完全备份耗用时间较长，需要较大的备份空间。用户在数据恢复时，只需调用最近一次完全备份的文件。

增量备份（Incremental Backup）。增量备份是指在一次完全备份或上一次备份后，以后每次的备份只需备份与前一次相比增加或者被修改的文件。增量备份速度快，数据冗余度小。但用户在数据恢复时，需要调用最近一次的完全备份文件和从这次完全备份时点开始到最近的所有增量备份文件，首先恢复完全备份文件，然后按时序恢复各增量备份文件，数据恢复过程比较烦琐。

差异备份（Differential Backup）。先在某一时间点进行一次完全备份，后续备份只要记录当前数据与完全备份的差异。差异备份速度较快，冗余度较小。用户在数据恢复时，只需要最近一次的完全备份文件和最近一次的差异备份文件，首先恢复完全备份文件，然后再恢复差异备份文件。

4. 按备份的实现方式分

远程磁带库、光盘库备份。即将数据传送到远程备份中心制作完整的备份磁带或光盘。

远程关键数据+磁带备份。采用磁带备份数据，生产机实时向备份机发送关键数据。

远程数据备份。就是在与主数据库所在生产机相分离的备份机上建立主数据库的一个备份。

网络数据镜像。这种方式是对生产系统的数据库数据和所需跟踪的重要目标文件的更新进行监控与跟踪，并将更新日志实时通过网络传送到备份系统，备份系统则根据日志对磁盘进行更新。

远程镜像磁盘。通过高速光纤通道线路和磁盘控制技术将镜像磁盘延伸到远离生产的运方，镜像磁盘数据与主磁盘数据完全一致，更新方式为同步或异步。

5. 按数据备份的存储方式分

直接附加的存储方式 DAS（Direct Attached Storage）。是一种存储器直接连接到服务器的架构。应用程序使用块级的存取协议从 DAS 访问数据。按存储设备相对主机的位置，可分为内置 DAS 和外置 DAS。内置 DAS 是指存储设备通过串行或并行总线连接主机。外置 DAS 是指存储设备在主机外部，主机和存储设备之间使用 SCSI 或者光纤通道 FC(Fiber Channel)协议通信。主机的内部磁盘、磁带库和直接连接的外部磁盘组等均属于 DAS 方式。

存储区域网络方式 SAN（Storage Area Network）。SAN 则是通过光纤通道技术连接存储设备和应用服务器，它是 ANSI 为网络和通道 I/O 接口建立的一个标准集成，具有很好的传输速率和扩展性能。FC 技术支持 HIPPI、IPI、SCSI、IP、ATM 等多种高级协议，在光纤通道中，设备诸如主机、存储器和磁带库都被称作节点。每个节点就是其他一个或多个节点的信息源或目标。SAN 实现了存储整合，允许多个主机共享存储设备。因为 SAN 采用了光纤通道技术，所以它具有更高的存储带宽，存储性能明显提高。SAN 的光纤通道使用全双工串行通信原理传输数据，传输速率高。SAN 采用了网络结构，扩展能力更强，可以实现远距离的备份。

网络附加存储方式 NAS（Network Attached Storage）。NAS 是独立的存储节点存在于网络之中，通过网络（TCP/IP、ATM、FDDI）技术连接存储设备和应用服务器，以文件的 I/O 方式进行数据传输，这样数据存储就不再是服务器的附属，而是作为独立网络节点而存在于网络之中，可由所有的网络用户共享。NAS 采用一个面向用户设计的，专门用于数据存储的简化操作系统，内置了与网络连接所需要的协议，因此使整个系统的管理和设置较为简单。NAS 方式主要依赖于网络硬件资源的稳定性。

目前，为了进一步提高备份性能，实现高可靠性和更低的成本，降低管理复杂性，更多的数据存储解决方案趋向于将 NAS 和 SAN 进行融合。

5.3.2　常用备份相关技术

现在很多的信息系统，尤其是面向众多用户的在线系统，对数据的安全性、完整性和及时性等方面有很高的要求，需要具备较高的业务可持续性能力。普通的手工数据备份与恢复难以满足快速恢复和零数据丢失等的高要求，为增强系统的可持续性运行能力，用户往往会对系统的存储、传输等重要环节采用冗余设计，如为了应对常见的磁盘故障风险，用户往往会对存储关键数据的磁盘采用镜像等技术；为了应对服务器宕机等重大故障，用户则考虑采用双机热备份等服务器集群方式来保障系统可持续性运行。

1．磁盘阵列技术

磁盘阵列简称 RAID（Redundant Array of Independent Disk），是由很多价格较便宜的磁盘，组合成一个容量巨大的磁盘组，利用个别磁盘提供数据所产生加成效果提升整个磁盘系统效能。利用这项技术，将数据切割成许多区段，分别存放在各个硬盘上。

过去十几年来，CPU 的处理速度增加了 50 多倍，内存的访问速度也大幅增加，而数据存储装置（主要是指磁盘）的访问速度只增加了 3~4 倍，形成计算机系统的瓶颈。1987 年，加利福尼亚大学伯克利分校提出了磁盘阵列的概念，并设计出容错、逻辑数据备份等，从而产生了RAID 理论。

磁盘阵列中针对不同的应用使用的不同技术，称为 RAID 等级，每一个等级代表一种技术，等级并不代表技术的高低。目前业界最经常应用的 RAID 等级是 RAID0、RAID1、RAID5 或者这些技术的组合，如 RAID0+1 或 RAID1+0 或 RAID5+3。选择哪一种 RAID 技术取决于用户的操作环境及应用需求，部分 RAID 技术性能比较如表 5-3 所示。

表 5-3　RAID 常用级别的比较

	特　点	硬盘及容量	性能及安全	典型应用
raid 0	用于平行存储，即条带。其原理是把连续的数据分成几份，然后分散存储到阵列中的各个硬盘上。任何一个磁盘故障，都将导致数据丢失	硬盘数：一个或更多 容量：总的磁盘容量	性能：读写性能高，随机写性能高 安全：无冗余，无热备盘，无容错性，安全性低	无故障的迅速读写，要求安全性不高，如图形工作站等

续表

	特　　点	硬盘及容量	性能及安全	典型应用
raid 1	镜像存储。其原理是把相同的数据分别写入阵列中的每一块磁盘中，最大限度地保证用户数据的可用性和可修复性。缺点是存储成本高	硬盘数：两个或 $2×N$ 个 容量：总磁盘容量的 50%	性能：读写性能低，随机写性能低 安全：利用复制进行冗余，有热备盘，可容错，安全性高	随机数据写入，要求安全性高，如服务器、数据库存储领域
	特点	硬盘及容量	性能及安全	典型应用
raid 5	分布奇偶位条带。是一种存储性能、数据安全和存储成本兼顾的存储方案，也可理解为是 RAID 0 和 RAID 1 的折衷方案。其原理是把数据和相对应的奇偶校验信息存储到组成 RAID5 的各个磁盘上，并且奇偶校验信息和相对应的数据分别存储于不同的磁盘上。当 RAID5 的一个磁盘数据发生损坏后，利用剩下的数据和相应的奇偶校验信息去恢复被损坏的数据。相对于 RAID 0，只是多了一个奇偶校验信息。多个数据可对应一个奇偶校验信息	硬盘数：三个或更多 容量：(n-1)/n 的总磁盘容量(n 为磁盘数)	性能：随机和连续写性能低，读性能高 安全：利用奇偶校验进行冗余，可容错，安全性高	随机数据传输要求安全性高，如金融、数据库、存储等
raid 10	镜像阵列条带。兼顾存储性能和数据安全，提供了与 RAID 1 一样的数据安全保障，同时具备与 RAID 0 近似的存储性能。缺点是存储成本高	硬盘数：四个或 $4×N$ 个 容量：总磁盘容量的 50%	性能：读写性能适中 安全：利用复制进行冗余，可容错，安全高	适于于要求存取数据量大，安全性高，如银行、金融等领域

RAID 10 和 RAID 01 的区别。RAID 10 和 RAID 01 是两种逻辑方式不同的组合。RAID 10 是先镜像后条带，即先将硬盘纵向作镜像，然后再横向作条带。在这种情况下，只要不是同一个镜像组中的几块硬盘同时坏掉，RAID 组都不会崩溃。即同一个镜像组的硬盘不能同时坏掉。

RAID 01 是先条带后镜像，即先将硬盘横向作条带，然后再纵向作镜像。在这种情况下，只要不是两个条带上同时有硬盘坏掉，则整个 RAID 组都不会崩溃。不管发生介质损坏的两块硬盘是否是镜像盘。即不同条带组的硬盘不能同时坏掉。

RAID 10 和 RAID 01 在性能上基本相同，但 RAID 01 发生故障的概率要大于 RAID 10。所以一般情况下都选择 RAID 10。

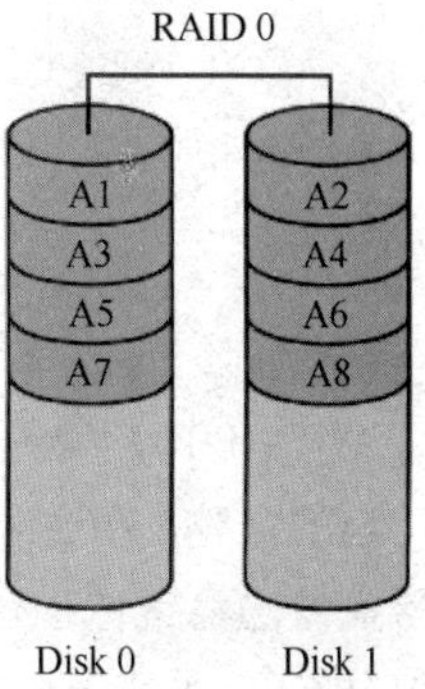

要实现 RAID0，如图 5-26 所示，必须要有两个或两个以上磁盘驱动器。RAID0 是把所有的磁盘并联起来成为一个大的磁盘组，其容量为所有属于这个组的磁盘的总和。所有数据的存取均以并行分割方式进行。由

图 5-26　RAID0

于所有存取的数据均以平衡方式存取到整组磁盘里，存取的速度非常快。磁盘数量越多的RAID0 阵列，其存取的速度就越快。缺点在于它和普通磁盘一样没有数据差错控制，如果一个驱动器中的数据发生错误，不能利用其他磁盘的数据重组还原回来。一般来讲，不应该将 RAID0 用于对数据稳定性要求高的场合，可用于一些已有原数据载体的多媒体文件的高速读取环境，如视频点播系统的数据共享部分等。

RAID1，如图 5-27 所示，是磁盘镜像备份操作，由两个磁盘组成。其中一个是主磁盘，另一个是镜像磁盘。主磁盘的数据会不停地被镜像到另外一个镜像磁盘上。由于所有主磁盘数据会不停地镜像到另外一个磁盘上，故 RAID1 具有很高的冗余能力，最高达到 100%。它的容量效率非常低，只有 50%。RAID1 技术支持"热替换"，即在不断电的情况下对故障磁盘进行更换，更换完毕只需恢复数据即可。当主磁盘损坏时，镜像磁盘就可以代替主磁盘工作。镜像磁盘相当于一个备份盘。RAID1 只支持成对磁盘操作，容量非常有限，故一般只用于操作系统中。

RAID5，如图 5-28 所示，也是一种具有容错能力的 RAID 操作方式，但与 RAID 3 不一样的是，RAID5 的容错方式不使用专用的容错磁盘，容错信息平均地分布到所有磁盘上。当阵列中有一个磁盘失效时，磁盘阵列可以从其他的几个磁盘的对应数据中算出已丢失的数据。由于需要保证失去的信息可以从另外的几个磁盘中算出来，就需要在一定容量的基础上多用一个磁盘以保证其他的成员磁盘可以无误地重组失去的数据。从容量效率来讲，RAID5 同样消耗了一个磁盘的容量，当有一个磁盘失效时，失效磁盘的数据可以从其他磁盘的容错信息中重建出来，但如果有两个磁盘同时失效，则所有数据将尽失。

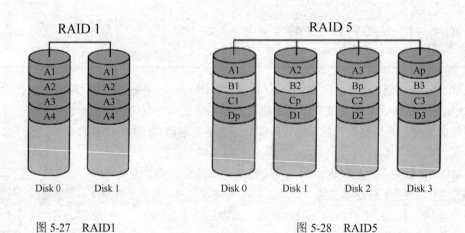

图 5-27 RAID1　　　　　　　　　　　　图 5-28 RAID5

RAID10，如图 5-29 所示，和 RAID01，如图 5-30 所示，实际是将 RAID0 和 RAID1 标准结合的产物，在连续地以位或字节为单位分割数据并且在并行读/写多个磁盘的同时，为每一块磁盘做磁盘镜像进行冗余。它的优点是同时拥有 RAID0 的超凡速度和 RAID1 的数据高可靠性，但是 CPU 占用率同样也更高，而且磁盘的利用率比较低。这种新结构的价格高，可扩充性不好，主要用于容量不大，但要求速度和差错控制的数据库中。

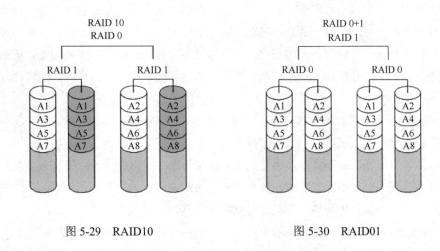

图 5-29　RAID10　　　　　　　　　图 5-30　RAID01

2．双机热备

双机热备包含广义与狭义两种意义。从广义上讲，就是对于重要的服务使用两台服务器，互相备份，共同执行同一服务，当一台服务器出现故障时，可以由另一台服务器承担服务任务，从而在不需要人工干预的情况下，自动保证系统能持续提供服务。从狭义上讲，双机热备特指基于 Active/Standby 方式的服务器热备，数据同时往两台或多台服务器写，或者使用一个共享的存储设备，在同一时间内只有一台服务器运行，当其中运行着的一台服务器出现故障无法启动时，另一台备份服务器会通过软件诊测（一般是通过心跳诊断）将备用主机激活，保证应用在短时间内完全恢复正常。

双机高可用按工作中的切换方式分为：主-备方式（Active-Standby 方式）和双活（或双运行）方式（Active-Active 方式）。主-备方式即指一台服务器处于某种业务的激活状态（Active 状态），另一台服务器处于备用状态（Standby 状态），业务只能在处于激活状态的服务器上运行，需要切换服务器运行时必须先转变两者的状态设置；而双活方式指两台服务器同时处于激活状态，因此可以同时运行应用软件，运行结果相互复制以随时保持作为对方远程备份的能力。一种或多种业务可根据预先设定的原则，按运行规定或按负载均衡要求，动态确定在其中一台服务器运行。双活方式有利于实现双向可切换，以及切换前状态可测试，但是为防止双方同时运行发生冲突，对应用种类及其管理制度必须有一定的限制要求。

热备软件是用来解决不可避免的系统宕机问题的软件解决方案，是构筑高可用集群系统的基础软件，对于任何导致系统宕机或服务中断的故障，都会触发软件流程来进行错误判定、故障隔离，以及联机恢复来继续执行被中断的服务。在这个过程中，用户只需要经受一定程度可接受的时延，就能够在最短的时间内恢复服务。组成双机热备的方案主要有两种：基于共享存储（磁盘阵列）的方式和基于数据复制的方式。

（1）基于共享存储（磁盘阵列）的方式。共享存储方式主要通过磁盘阵列提供切换后对数据完整性和连续性的保障。用户数据一般会放在磁盘阵列上，当主机宕机后，备机继续从磁盘阵列上取得原有数据，这种方式因为使用一台存储设备，往往被业内人士称为磁盘单点故障。但一般来讲，磁盘阵列存储的安全性较高。所以在忽略存储设备故障的情况下，这种方式也是业内采用最多的热备方式。

（2）利用数据库所带有的复制功能，比如 SQL Server 2000 或 2005 所带的订阅复制。订阅复制主要应用于数据快照服务。一般不建议采用订阅复制作为双机热备中的数据同步。主要原因有两方面：一方面是数据库执行订阅复制会增加服务器数据库的负载；另一方面是数据库的订阅复制在数据传输过程中并非实时同步主备机，而是先写到主机再写到备机，备机的数据往往不能及时更新，如果发生切换，备机的数据将不完整。

（3）磁盘数据拦截。目前比较成熟的双机热备软件通常会使用磁盘数据拦截技术，通常称为镜像软件，这种技术当前已非常成熟。

- 分区拦截技术。以 Pluswell 热备份产品为例，它采用的是一种分区磁盘扇区拦截的技术，通过驱动级的拦截方式，将数据先写到备用服务器，以保证备用服务器的数据最新，然后再将数据回写到主机磁盘。这种方式将绝对保证主备机数据库数据的完全一致，无论发生哪种切换，都能保证数据库的完整与连续。采用分区拦截技术可根据需要在一块磁盘上划分合适大小的分区来完成数据同步工作。
- 磁盘拦截技术。以 Symantec 的 Co-Standby 为例，它是一种有效的磁盘拦截软件，它的拦截主要基于一整块磁盘，往往在磁盘初始化时需要消耗大量时间。

目前最新的双机热备份软件可以通过捕获数据库修改操作，实现数据自动实时同步接管功能，可以在主服务器发生故障时，无须任何手动操作，在较短时间内实现备用机自动接管。

5.3.3　某公司数据备份管理制度实例

为规范公司数据备份管理工作，合理存储历史数据及数据及保证数据的安全性，防止因硬件故障、意外断电、病毒等因素造成数据的丢失，保障公司正常的知识产权利益和技术资料的储备。备份管理工作应由系统管理员安排专人负责。备份管理人员负责制订备份、恢复策略，组织实施备份、恢复操作，指导备份介质的取放、更换和登记工作。日常备份操作可由备份管理人员完成。

本制度适用范围为本公司所以数据的备份管理工作。

其具体流程如下。

（1）公司服务器等主要设备均由公司授权系统管理员负责数据管理和备份。

（2）根据公司情况将数据分为一般数据和重要数据两种。一般数据比如共享文件夹下面的数据，主要指：个人或部门的各种信息及办公文档、电子邮件等。重要数据主要包括：财务数据、技术本门图纸、合同、监控数据、用友 U8-ERP 服务器数据等。

（3）一般数据由各部门每月自行备份，部门经理负责整理归档，系统管理员每年对一般数据资料进行选择性收集归档，并填写《备份汇总记录表》（附件一）。

（4）重要数据由系统管理员负责，具体细则如下。

- 财务部每月底将当月电子账、表格等数据统一整理，系统管理员负责备份，由财务部保存。
- 研发部门已定稿的图纸，由各部门的专员做光盘或硬盘备份。
- 监控数据定期检查是否有自动备份。
- 定期检查 U8-ERP 数据是否有自动备份，每年对数据做好整理备份归档。

（5）当服务器、交换机及其他系统主要设备配置更新变动，以及服务器应用系统、软件修改后均要在改动当天进行备份。

（6）如遇网络攻击或病毒感染等突发事件，各部门应积极配合系统管理员进行处理，同时将其体情况记录到备份档案中。

（7）各部门负责人应严格执行公司规定，如发现不及时上传资料、故意隐瞒资料或没有及时执行备份任务的，将进行严肃处理。

（8）所有备份介质一律不准外借，不准流出公司，任何人员不得擅自取用，若要取用需经总经理或执行董事批准，并填写《备份介质借用登记表》（附件二）。借用人员使用完介质后，应立即归还。由备份管理员检查，确认介质完好。备份管理人员及借用人员须分别在《备份介质借用登记表》上签字确认介质归还。

（9）备份介质要每半年进行检查，以确认介质能否继续使用、备份内容是否正确。一旦发现介质损坏，应立即更换，并对损坏介质进行销毁处理。

（10）长期保存的备份介质，必须按照制造厂商确定的存储寿命定期转储，磁盘、光盘等介质使用有效期规定为三年，三年后更换新介质进行备份。需要长期保存的数据，应在介质有效期内进行转存，防止存储介质过期失效。

（11）存放备份数据的介质必须具有明确的标识；标识必须使用统一的命名规范，注明介质编号、备份内容、备份日期、备份时间、光盘的启用日期和保留期限等重要信息（如有备份软件，可采用备份软件编码规则）。

（12）备份介质存放场所必须满足防火、防水、防潮、防磁、防盗、防鼠等要求。备份介质必须有由专人负责进行存取，其他人员未经批准不能操作。

（13）存放数据的介质需要废弃或销毁时，应填写《介质冲洗/销毁登记表》（附件三），并履行审批、登记和交接手续，销毁时须两人以上在场，防止数据的泄漏。

（14）需要恢复备份数据时，需求部门应填写《数据恢复申请表》（附件四），内容包括数据内容、恢复原因、恢复数据来源、计划恢复时间、恢复方案等，由需求部门以及系统管理员相关负责人审批。

附件一　备份汇总记录

备份汇总记录

备份日期	备份内容	备份结果	备份人员签字	介质名称	介质存储位置	备注

附件二　备份介质借用登记表

备份介质借用登记表

借用部门		借用日期	
借用人		预计归还日期	
借用介质名称			
借用原因说明			

申请部门负责人签字		日期	
信息技术部负责人签字		日期	
介质保管人签字			
实际归还日期			
归还检查			

借用申请人签字		日期	
介质保管人签字		日期	

附件三　介质销毁登记表

介质销毁登记表

序号	介质名称	备份内容	存放位置	最近备份日期	冲洗/销毁	原因	操作人	操作日期

附件四 数据恢复申请表

数据恢复申请表

申请部门		申请日期	
申请人		计划恢复时间	
数据内容			
恢复原因说明			
申请部门负责人签字		日期	
信息技术部负责人签字		日期	

5.4 云环境下的数据资源存储及维护

5.4.1 云存储技术

云存储是通过采用网格技术、分布式文件系统、集群应用等功能将网络中海量的异构存储设备用软件来控制,并共同提供数据存储访问、处理功能的一个系统服务。云存储实际上是一个以数据存储和管理为核心的云计算系统,云存储采用数据统一集中存储的模式,一般需要将数据分配到多个节点的多个磁盘当中。从技术模型上看,云存储是基于网络,利用分布式协同工作的软件,将用户数据分散存储于若干通用存储服务器上,并通过副本或编码方法实现容错,向用户提供可靠的统一的逻辑存储空间;从业务模型上看,云存储是指将用户数据通过网络存储在共享存储空间里,方便用户使用各种终端访问和分享。云存储技术实际上是分布式文件系统技术、RAID 技术、FC 存储技术、虚拟化技术以及网络存储技术等多项存储技术的综合集成,云存储系统与传统的基于 PC 的存储技术最显著的区别是通过宽带网络将用户数据存放到远端网络上,并通过网络进行数据的访问和管理工作。

云存储系统通常采用大量的普通主机构建数据中心,系统采用并行读写操作和冗余存储等技术确保其稳定性和高可用性。云存储系统一般有命名服务器、元数据服务器、内容数据服务器。一个数据中心通常有多个命名服务器,以确保一个或多个命名服务器发生故障后仍能对外提供服务;元数据服务器一般采用主从热备的形式,备用元数据服务器与主元数据服务器保持同步读写,可随时切换作为主服务器;内容数据服务器采用硬件 RAID 技术或数据块编码技术对内容数据进行冗余存储,并记录各数据副本的存储位置,当某数据块所在的存储单元发生故障时,服务器将自动指到该数据块存储的副本位置。

作为云计算核心技术之一,虚拟化技术是各种计算与存储资源高效利用、充分整合的关键技术，云存储中的存储设备数量庞大，分布地域广，为了提供集中统一的基于异构网络和设备的存储资源，需要用到存储虚拟化技术。存储虚拟化是在逻辑上将存储系统集合起来，构成一个逻辑存储体（存储池），然后将存储池根据不同的需求划分为虚拟磁盘或虚拟卷。在虚拟存储环境下，单个存储设备的物理特性都被屏蔽掉。所有存储管理操作，如系统升级、改变 RAID 级别、初始化逻辑卷、建立和分配虚拟磁盘、存储空间扩容等均通过虚拟层管理软件实现。

5.4.2　云环境下的数据资源维护

云计算是一种以数据为中心的超级计算，在数据存储、数据管理和数据安全等方面具有独特的技术。

数据存储技术。为保证高可用、高可靠和经济性，云计算采用分布式存储的方式来存储数据，采用冗余存储的方式来保证存储数据的可靠性，即为同一份数据存储多个副本。另外，云计算系统需要同时满足大量用户的需求，并行地为大量用户提供服务。因此，云计算的数据存储技术必须具有高吞吐率和高传输率的特点。未来的发展将集中在超大规模的数据存储、数据加密和安全性保证，以及继续提高 I/O 速率等方面。

数据管理技术。云计算系统对大数据集进行处理、分析，向用户提供高效的服务。因此，数据管理技术必须能够高效地管理大数据集。云计算的特点是对海量的数据存储、读取后进行大量的分析，数据的读操作频率远大于数据的更新频率，云中的数据管理是一种读优化的数据管理。

数据安全技术。云计算的安全性问题主要体现在访问控制、加密算法、虚拟安全技术、数据保护等方面，其中最核心的是数据安全技术。伴随着云计算、云端应用、各种移动设备和社交网络的不断普及，各种基于云的应用系统产生的半结构化数据和非结构化数据正在以几何级的形式增量扩展，云环境下数据资源维护工作也面临着挑战，云计算需要面对海量数据交互，需要高效、稳定的数据通信、存储系统支撑，还需要实现对海量数据的安全保障和有效监控。其影响主要体现在以下方面。

（1）海量数据的高可用性保障的要求。支撑云计算的是大规模的集群计算系统，当系统规模增大后，可靠性和稳定性，就成为最大的挑战之一。需要通过有效的系统配置、监控、管理、调度、虚拟化等技术，实现一个强大的、动态的、自治的计算存储资源池，提供云计算所需要的大容量计算系统级的容错技术是系统技术方面的一个难点。大量服务器进行同一个计算时，单节点故障不应影响应用的正常运行。对类似数据检索这样计算节点间无通信的应用，这一点比较容易实现。但对那些有大量通信的紧耦合类应用，当前业内仍无有效的系统级容错方案。目前主要还是依赖应用层面的检查点和重启技术，一方面增加了开发的难度和工作量，另一方面对运行性能也有一定的影响。

（2）云环境下数据安全保障的要求。强大的安全和数据保护功能被视为是云服务提供商成功赢得业务的最关键因素。云环境面临着数据传输安全、数据资源隔离、数据的灾难恢复、安全事件管理和数据保护方面的挑战（包括虚拟机隔离、安全虚拟机迁移、虚拟网络隔离及安全事件和访问监控），因此对于数据安全保护提出了全新的要求。

（3）异构海量数据高效管理的要求。大数据时代的超大数据体量及占相当比例的半结构化和非结构化数据的存在，已经超越了传统数据库的管理能力，如何提高面向海量数据的更新速率、随机读速率和数据检索速度是云环境下数据管理的关键技术。目前，云计算的数据管理技术最著名的是谷歌的 BigTable 数据管理技术，同时 Hadoop 开发团队正在开发类似 BigTable 的开源数据管理模块，以实现对半结构化和非结构化海量数据的高效管理。

（4）面向新型存储技术的数据资源维护方法变革。为实现高可用性的大规模可扩展的冗余存储，业界提出了面向基于对象的存储及面向块存储等技术。可以预见，为了更高效管理异构海量数据，新型的数据存储技术还将不断涌现，与此对应的数据资源维护手段与方法也将不断改变。

5.5　信息系统数据资源的开发与利用

数据资源的开发与利用包含两个层面的含义。首先，数据应当得到有效的组织和管理，才能通过系统化的应用服务于组织的管理和决策；其次，对数据资源的利用存在一个由浅入深、由单一到综合的提升过程。

从信息系统对决策支持的程度可以划分为事务处理、分析处理和商务智能三个层次，应用的层次越高，对数据管理和集成性的要求也越高。事务处理围绕组织的基本业务自动化，对数据和信息进行加工和处理，在管理中，它能够回答"发生了什么"的问题。

分析处理围绕组织的分析和控制功能，对数据和信息进行回溯、分维、切片和 what-if 分析，从而回答"为何会发生"的问题。商务智能围绕组织的经营策略和竞争优势，对数据和信息进行挖掘及整理，以求获得支持决策的知识，从而回答"将会发生什么"的问题。这三个应用层次是围绕着对数据资源的开发、管理和利用而逐渐提升的。

5.5.1　数据仓库

如前所述，分析处理是数据资源开发与利用的第二个层次。在这个层次上，人们要求信息系统具有对多方面数据进行综合分析的能力，这就要求建立一个面向分析的、集成存储大量历史数据的新型数据管理机制，这一机制就是数据仓库（Data WareHouse, DW）、决策支持系统（DSS）和联机分析应用数据源的结构化数据环境，其特征在于面向主题、集成性、稳定性和时变性。

按功能结构划分，数据仓库系统至少应该包含数据获取、数据存储、数据访问三个关键部分。整个数据仓库系统是一个包含四个层次的体系结构。

5.5.2　数据挖掘

数据挖掘是通过挖掘数据仓库中存储的大量数据，从中发现有意义的新的关联模式和趋势的过程。从商业的角度定义，数据挖掘是一种新的商业信息处理技术，其主要特点是对商业数据库中的大量业务数据进行抽取、转换、分析和其他模型化处理，从中提取辅助商业决策的关键性数据。

面向管理决策的数据挖掘和商务智能（Business Intelligence，BI）的应用建立在数据资源高度集成的基础上，利用新型的海量数据分析方法，在数据资源中寻找潜在的、有助于管理决策的规律和知识。在人工智能领域，通常把数据挖掘又称为数据库中的知识发现（Knowledge Discovery in Database，KDD）。

数据挖掘方法一般都是基于机器学习、模式识别和统计方法的。通过对这些方法的综合和集成，来完成在海量数据中对潜在知识的挖掘工作。数据挖掘的基本目标是和描述。一般来说，可以根据知识类型将数据挖掘划分为以下几类。

（1）概念描述（归纳或简约）。包括对概念的识别和比较，它通过对数据进行一般化汇总或将可能矛盾的数据的特征进行说明，寻求对一个数据子集简约的描述。例如，销售经理把顾客的购买数据按年龄分组，观察每组顾客的购买频次和平均消费额。

（2）关联规则。发现数据之间的关联性、相关性和因果关系，从而进一步得出不同信息之间潜在的逻辑规律，为业务运作提供参考和决策支持。例如，某大型超市在利用数据挖掘方法对商品进行关联分析后，发现一部分滞销商品居然是消费额最高的 25%的客户的购买对象。于是为了能够使得效益最大化，该超市仍然继续供应这些滞销商品，而不是简单地撤下这些商品。

（3）分类和预测。对数据按类进行划分，挖掘出每类数据的描述和模型，根据已有信息和模式，来预测未来或未知的属性值。

（4）聚类。将数据按照某种标准进行汇总，形成新的类。聚类和分类不同，在分类中，数据事先是给出类标记的，然后选择分类算法对这些类进行划分，是一种监督学习的方式；而聚类则是将数据集合按特定属性测度的相似性进行聚合，并没有事先给定类别，是一种非监督学习的方式。

（5）时间序列数据分析。这是统计方法的直接应用，主要包括趋势和偏差分析、用户定义的模式匹配分析及周期数据分析。

5.5.3　数据挖掘在电子商务中的应用

由于数据挖掘能带来显著的经济效益，它在电子商务中（特别是金融业、零售业和电信业）应用也越来越广泛。

在金融领域，管理者可以通过对客户偿还能力以及信用的分析，进行分类，评出等级。从而可减少放贷的麻木性，提高资金的使用效率。同时还可发现在偿还中起决定作用的主导因素，从而制定相应的金融政策。更值得一提的是，通过对数据的分析还可发现洗黑钱以及其他的犯罪活动。

在零售业，数据挖掘可有助于识别顾客购买行为，发现顾客购买模式和趋势，改进服务质量，取得更好的顾客保持力和满意程度，提高货品销量比率，设计更好的货品运输与分销策略，减少商业成本。

电信业已经迅速地从单纯的提供市话和长话服务演变为综合电信服务，如语音、传真、寻呼、移动电话、图像、电子邮件、计算机和 Web 数据传输以及其他的数据通信服务。电信、计算机网络、因特网和各种其他方式的通信和计算的融合是目前的大势所趋。而且随着许多国家对电信业的开放和新型计算与通信技术的发展，电信市场正在迅速扩张并越发竞争激烈。因此，利用数据挖掘技术来帮助理解商业行为、确定电信模式、捕捉盗用行为、更好地利用资源和提高服务质量是非常有必要的。分析人员可以对呼叫源、呼叫目标、呼叫量和每天使用模式等信息进行分析，还可以通过挖掘进行盗用模式分析和异常模式识别，从而可尽早发现盗用，为公司减少损失。

1．数据挖掘的具体应用方面

（1）找到潜在客户。在对 Web 的客户访问信息的挖掘中，利用分类技术可以在因特网上找到未来的潜在客户。使用者可以先对已经存在的访问者根据其行为进行分类，并依此分析老客户的一些公共属性，决定他们分类的关键属性及相互间关系。对于一个新的访问者，通过在Web 上的分类发现，识别出这个客户与已经分类的老客户的一些公共的描述，从而对这个新客户进行正确的分类。然后从它的分类判断这个新客户是有利可图的客户群还是无利可图的客户群，决定是否要把这个新客户作为潜在的客户来对待。客户的类型确定后，可以对客户动态地展示 Web 页面，页面的内容取决于客户与销售商提供的产品和服务之间的关联。若为潜在客户，就可以向这个客户展示一些特殊的、个性化的页面内容。

（2）实现客户驻留。在电子商务中，传统客户与销售商之间的空间距离已经不存在，在因特网上，每一个销售商对于客户来说都是一样的，那么使客户在自己的销售站点上驻留更长的时间，对销售商来说则是一个挑战。为了使客户在自己的网站上驻留更长的时间，就应该全面掌握客户的浏览行为，知道客户的兴趣及需求所在，并根据需求动态地向客户做页面推荐，调整 Web 页面，提供特有的一些商品信息和广告，以使客户满意，从而延长客户在网站上驻留的时间。

（3）改进站点的设计。数据挖掘技术可提高站点的效率，Web 设计者不再完全依靠专家的定性指导来设计网站，而是根据访问者的信息特征来修改和设计网站结构和外观。站点上页面内容的安排和连接就如超级市场中物品的货架摆布一样，把具有一定支持度和信任度的相关联的物品摆放在一起有助于销售。网站尽可能做到让客户轻易地访问到想访问的页面，给客户留下好的印象，增加下次访问的概率。

（4）进行市场预测。通过 Web 数据挖掘，企业可以分析顾客的将来行为，容易评测市场投资回报率，得到可靠的市场反馈信息。不仅大大降低公司的运营成本，而且便于经营决策的制定。

2．面向电子商务的数据挖掘过程

一般的数据挖掘的流程如图 5-31 所示。

面向电子商务的数据挖掘过程可以分为以下 3 个步骤。

（1）准备数据。进行数据挖掘的时候，一般并不是对原始的数据进行挖掘，而是先要对数据作一些预处理，包括合并数据，将多个文件或多个数据库中的数据进行合并处理；选择数据，提取出适合分析的数据集合；数据清洗、过滤，剔除一些无关记录，将文件、图形、图像及多媒体等文件转换成可便于数据挖掘的格式等。

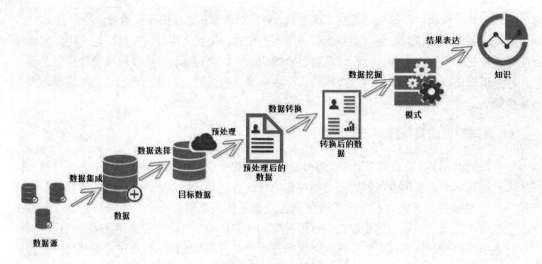

图 5-31　数据挖掘流程

（2）发现模式。根据不同的挖掘目标，可以相应采用不同的挖掘方法，得到有意义的数据模式。数据挖掘的方法有很多种，主要包括 3 大类：统计分析、知识发现、其他可视化方法。统计分析方法主要用于检查数据中的数据规律，然后利用统计模型和数学模型来解释这些规律，通常使用的统计方法有线性分析、非线性分析、线性回归、因子分析、单变量曲线和双变量统计以及时间序列分析等。知识发现方法源于人工智能和机器学习，利用数据搜寻过程，得到一个有意义的数据模式，从中可以发现规律。可视化方法可以给出多变量的图形分析，同时显示多变量间的关系，有助于分析以前挖掘的数据，进一步增强数据挖掘能力。

（3）分析、解释模式。通过技术手段，对得到的模式进行数据分析，得出有意义的结论。常用的技术手段有：①关联规则，揭示数据之间的内在的联系，发现用户与站点各页面的访问关系。②分类，给出类的公共属性描述，并将新的记录分配到预先定义好的类中去或分类新的项。③聚类，分类的逆过程，按照"类内相似性最大，类间相似性最小"的原则，对数据进行类的聚集，多指客户群体聚类和 Web 网页聚类。客户群体聚类将具有相似浏览模式的用户分在一组，而 Web 网页聚类提供有针对性的网络服务应用。④序列模式，侧重于挖掘出数据的前后时间顺序关系，分析是否存在一定趋势，以预测未来的访问模式。⑤路径分析，可以发现一个Web 站点中最经常被访问的路径。

5.5.4　数据挖掘在应用中面临的问题

1. 数据挖掘分析变量的选择

数据挖掘的基本问题就在于数据的数量和维数，数据结构显得非常复杂，数据分析变量即是在数据挖掘技术应用中产生的，选择合适的分析变量，将提高数据挖掘的效率，特别适用于电子商务中大量商品以及用户信息的处理。

针对这一问题，完全可以用分类的方法，分析出不同信息的属性以及出现频率进而抽象出变量，运用到所选模型中，进行分析。

2．数据抽取的方法的选择

数据抽取的目的是对数据进行浓缩，给出它的紧凑描述，如求和值、平均值、方差值等统计值，或者用直方图、饼状图等图形方式表示，更主要的是从数据泛化的角度来讨论数据总结。数据泛化是一种把最原始、最基本的信息数据从低层次抽象到高层次上的过程。可采用多维数据分析方法和面向属性的归纳方法。

在电子商务活动中，采用维数据分析方法进行数据抽取，他针对的是电子商务活动中的客户数据仓库。在数据分析中经常要用到诸如求和、总计、平均、最大、最小等汇集操作，这类操作的计算量特别大，可把汇集操作结果预先计算并存储起来，以便用于决策支持系统。

3．数据趋势的预测

数据是海量的，那么数据中就会隐含一定的变化趋势，在电子商务中对数据趋势的预测尤为重要，特别是对客户信息以及商品信息合理的预测，有利于企业有效的决策，获得更多地利润。但如何对这一趋势做出合理的预测，现在还没有统一标准可寻，而且在进行数据挖掘过程中大量数据形成文本后格式的非标准化，也给数据的有效挖掘带来了困难。

针对这一问题，可以在电子商务中应用聚类分析的方法，把具有相似浏览模式的用户集中起来，对其进行详细的分析，从而提供更适合、更令用户满意的服务。聚类分析方法的优势在于便于用户在查看日志时对商品及客户信息有全面及清晰的掌控，便于开发和执行未来的市场战略，包括自动给一个特定的顾客聚类发送销售邮件，为一个顾客聚类动态地改变一个特殊的站点等，这无论对客户和销售商来说都很有意义。

4．数据模型的可靠性

数据模型包括概念数据模型、逻辑数据模型、物理模型。数据挖掘的模型目前也有多种，包括采集模型、处理模型及其他模型，但无论哪种模型都不是很成熟存在缺陷，对数据模型不同采用不同的方式应用。可能产生不同的结果，甚至差异很大，因此这就涉及数据可靠性的问题。数据的可靠性对于电子商务来说尤为重要作用。

针对这一问题，我们要保障数据在挖掘过程中的可靠性，保证它的准确性与实时性，进而使其在最后的结果中的准确度达到最高，同时在应用模型过程中要尽量全面的分析问题，避免片面，而且分析结果要由多人进行评价，从而最大限度地保证数据的可靠性。

5．数据挖掘涉及数据的私有性和安全性

大量的数据存在着私有性与安全性的问题，特别是电子商务中的各种信息，这就给数据挖掘造成了一定的阻碍，如何解决这一问题成了技术在应用中的关键。

为此相关人员在进行数据挖掘过程中一定要遵守职业道德，保障信息的机密性。

6. 数据挖掘结果的不确定性

数据挖掘结果具有不确定性的特征，因为挖掘的目的不同所以最后挖掘的结果自然也会千差万别，因此这就需要我们与所要挖掘的目的相结合，做出合理判断，得出企业所需要的信息，便于企业的决策选择。进而达到提高企业经济效益，获得更多利润的目的。

数据挖掘可以发现一些潜在的用户，对于电子商务来说是一个不可或缺的技术支持，数据挖掘的成功要求使用者对期望解决问题的领域有深刻的了解，数据挖掘技术在一定程度上解决了电子商务信息不能有效利用的问题，但它在运用过程中出现的问题也亟待人们去解决。相信数据挖掘技术的改进将推进电子商务的深入发展。

5.5.5　Web 数据挖掘技术

1. 技术概述

电子商务产生的数据具备异构、不确定性、无结构或半结构、动态性和海量性等特点，复杂程度已远远超出了人类目前已有的分析能力。基于 Web 的数据挖掘与传统的数据挖掘有许多不同之处。Web 数据挖掘主要包括三种数据挖掘任务。

（1）对 Web 内容的挖掘。互联网电子商务数据呈指数形式飞速增长，然而当用户面对整个因特网的海量数据时，却感觉很难找到对自己有用的商业数据。例如：当买方在互联网寻找适合自己的商品和服务、比较商品价格和交易条件时，需要尽可能搜集此商品的相关 Web 页面，即以商品作为 Web 页面聚类或者分类的依据，以此提高电子商务交易过程尤其是前期交易过程的效率。总的来说为方便客户，应该为他们提供一步到位的查询解决方案，Web 页面的自动聚分类方法有助于压缩搜索空间，加快检索速度，提高查询精度，帮助客户快速找到相关信息。

（2）对 Web 结构的挖掘。Web 页面是半结构化的，在 Web 页面不仅有各种内容信息，而且存在特定的结构标记，其中最重要的标记就是超链接。Web 页面所包含的知识不仅存在于各个页面的内容中，也存在于页面之间的相互链接中。 对于电子商务而言，一个重要的问题是要找到对某个商业主题可以当作核心信息源的一些网站和网页。通过对 Web 电子商务进行数据挖掘时理解和利用超文本链接结构，可以此核心信息源为基础，优化供应链和虚拟企业产生和运作的效率，有助于网络电子商务社区的发现和利用。

（3）对 Web 访问的挖掘。对 Web 访问的挖掘是目前研究最深入的 Web 数据挖掘技术。在 Internet 电子商务中，电子时空下推拉互动的双向交互信息被记录在 Web 服务器的日志文件中。Web 日志一般可分为访问日志、代理日志和引用日志。

对于拓扑结构已知的特定商务站点，尽管用户在不同时期可能有不同的浏览模式，但就长期而言用户行为是有一定的规律及趋势的。通过分析 Web 日志文件，可以发现其中蕴涵的相似客户群体、相关 Web 重要页面和有关客户访问模式。以频繁访问路径和相关 Web 重要页面为依据优化商务站点结构，实现网站自适应；以客户分类为依据为客户提供个性化服务（如电子商品推荐系统），以挖掘销售数据发现交易关联性为依据提高营销活动效率和强化广告宣传效应。这里部分理论是以市场营销学的市场细分原理为基础，基本假定是"消费者过去的行为是其今后消费倾向的最好说明"。

2．Web 挖掘技术与流程

Web 挖掘指使用数据挖掘技术在 WWW 数据中发现潜在的、有用的模式或信息。Web 挖掘研究覆盖了多个研究领域，包括数据库技术、信息获取技术、统计学、人工智能中的机器学习和神经网络等。Web 挖掘可以在很多方面发挥作用，如对搜索引擎的结构进行挖掘，确定权威页面，Web 文档分类，Web log 挖掘，智能查询，建立 MetaWeb 数据仓库等。一般对 Web 数据挖掘做如下定义：Web 数据挖掘是指 Web 从文档结构和使用的集合 C 中发现隐含的模式 P。如果将 C 看作输入，P 看作输出，那么 Web 挖掘的过程就是从输入到输出的一个映射，与传统数据和数据仓库相比，Web 上的信息是非结构化或半结构化的、动态的、并且是容易造成混淆的，所以很难直接以 Web 网页上的数据进行数据挖掘，而必须经过必要的数据处理。

（1）查找资源。任务是从目标 Web 文档中得到数据，值得注意的是有时信息资源不仅限于在线 Web 文档，还包括电子邮件、电子文档、新闻组，或者网站的日志数据甚至是通过 Web 形成的交易数据库中的数据。信息选择和预处理任务是从取得的 Web 资源中剔除无用信息和将信息进行必要的整理。例如从 Web 文档中自动去除广告连接、去除多余格式标记、自动识别段落或者字段并将数据组织成规整的逻辑形式甚至是关系表。

（2）模式发现。自动进行模式发现，可以在同一个站点内部或在多个站点之间进行。

（3）模式分析。验证、解释上一步骤产生的模式。可以是机器自动完成，也可以是与分析人员进行交互来完成。

3．Web 数据挖掘技术在电子商务中的应用

在 Web 挖掘中有一个很重要的步骤就是要为挖掘算法找到合适的数据。以一个图书网站为例，在 Web 使用模式数据挖掘中，数据的来源主要有以下 3 个方面。

（1）服务器端数据的收集（Server Level Collection）。

可以从 Web 服务器、代理服务器的 Web log 文件中收集数据，此部分信息是最简单和最方便的数据来源，它记录了每一次网页请求信息。启动 Web 服务器的日志记录功能后，每当浏览者通过浏览器请求一个网页时，这个请求被记录在访问日志中。代理服务器就把所记录的信息保存在文本文件中，通常以".txt"或".log"作为文件的扩展名。Web 日志文件是由一条条记录组成，一条记录就记录了购书者对 Web 页面的一次访问。

另外，Web 服务器还可以存储其他的 Web 使用信息，比如 Cookie，以及购书者提交的查询数据。Cookie 是由服务器产生的，用于记录购书者的状态或者访问路径。由于涉及到购书者的隐私问题，使用 Cookie 需要客户的配合。

（2）包监测技术（packet sniffing technology）。辅之以监视所有到达服务器的数据，提取其中的 HTTP 请求信息。此部分数据主要来自购书者的点击流（Click stream），用于考察购书者的行为表现。

网络底层信息监听过滤指监听整个网络的所有信息流量，并根据信息源主机、目标主机、服务协议端口等信息过滤掉不关心的垃圾数据，然后进行进一步的处理，如关键字的搜索等，最终将购书者感兴趣的数据发送到给定的数据接受程序，存储到数据库中进行分析统计。

（3）后台数据库里的原有数据。后台数据库存储了购书者、图书和订单这三个方面信息，主要有 3 个数据表构成：第 1 个是 User（用户信息数据表），它用来存放登录的用户信息；第 2 个是 Book（图书数据表），用来记录图书的基本信息；第 3 个是 Orders（订单数据表），用来存放购买者在网上所下的订单情况。按照 Web 数据挖掘技术，将后台数据库与网络日志预处理后得到的数据相匹配建立数据挖掘库，即购书者特征数据仓库，将收集到的数据进行分门别类。依照此原理便可以将分布在不同功能模块中的信息抽取出来，然后清洗数据。

数据挖掘阶段。我们把以上信息转化为多维数据模型中的星型模式来表示如下，我们将用户的一次订书看作一个事务 T，采集到的多个订书记录 T 组成事务数据库 D，它由 N 个二维数组组成，数组的行集为所有 BBS 登录记录样本的集合，列集为特征集，事务的唯一标识符为 SrcIP。Web 数据挖掘技术实现的总体流程如下。

（1）确立目标样本，即由用户选择目标文本，作为提取用户的特征信息。

（2）提取特征信息，即根据目标样本的词频分布，从统计词典中提取出挖掘目标的特征向量并计算出相应的权值。

（3）网络信息获取，即先利用搜索引擎站点选择待采集站点，再利用 Robot 程序采集静态 Web 页面，最后获取被访问站点网络数据库中的动态信息，生成 WWW 资源索引库。

（4）信息特征匹配，即提取索引库中的源信息的特征向量，并与目标样本的特征向量进行匹配，将符合阈值条件的信息返回给用户。

Web 数据挖掘还有待进一步的研究，尤其是近来对 Web 内容挖掘方面集中在信息集成，如建立基于 Web 的知识库或基于 Web 的数据仓库的研究上，但这种访求同样存在很多的问题。但建立一个基于 Web 数据仓库的数据挖掘系统仍是一种值得研究的方法。

目前国内外主要研究内容如下。

（1）Web 页面聚分类应用研究。页面聚分类挖掘结果在电子商务各环节的应用问题；以 Web 内容挖掘为主结合 Web 结构挖掘和 Web 使用挖掘的多智能集成算法的 Web 页面聚分类模型的研究；如何改进文本聚分类挖掘算法以适合电子商务 Web 页面聚分类。

（2）客户群聚分类应用研究。客户聚分类在电子商务各环节的应用问题，研究对营销机制的影响；以 Web 访问挖掘为主的多智能集成算法的聚分类模型；电子商务推荐系统的研制与开发。

（3）客户频繁访问路径挖掘应用研究。以客户频繁访问路径挖掘结果为基础分析用户访问站点的规律、改进网站的组织结构及其性能，实现网站自适应；客户频繁访问路径挖掘算法。

（4）交易关联性挖掘应用研究。以交易关联性挖掘结果为基础研究对企业决策管理、协同商务管理、政府监管等方面的应用问题，研究影响识别交易关联性的关键或主要数据特征；基于多智能算法的交易关联性挖掘模型。

（5）异常客户与异常交易检测应用研究。异常监测在电子商务中的基本应用框架，异常交易或者电子欺诈所具备的数据特征,异常交易或电子欺诈的识别算法。

(6)互联网下供应链关系挖掘研究。主要研究电子供应链和虚拟企业形成效率等的关系,电子供应链关系挖掘的基本模型、算法和应用,如何解释和应用电子供应链挖掘结果以有效地优化电子商务供应链。

(7)电子商务数据挖掘的解释问题。电子商务数据挖掘涉及管理学、经济学、计算机科学、智能科学、数学等多领域、跨学科的理论知识,因此需研究 Web 数据挖掘结果的管理理论解释问题和经济理论解释问题中模型的建立机制、步骤和对挖掘结果和解释理论本身的互动影响;主要涉及管理学和经济学理论的选择;解释的立场问题;挖掘所获得新知识对解释理论本身的修正问题。

(8)商务数据挖掘过程改进。商务数据挖掘须启动过程改进,当前国内外无成熟的商务数据挖掘的过程研究。研究商务数据挖掘或商务智能项目实施过程,定义企业在该领域的标准过程,研究如何通过企业过程的改进不断提高 ERP 等商业数据系统的应用价值。

(9)电子商务数据集特征识别。必须在 Web 挖掘算法的挖掘前、挖掘中、挖掘后各阶段充分考虑电子商务数据集所独有的、区别于一般数据集的特征;根据识别出的商务数据特征设计新的数据挖掘算法或对原数据挖掘算法进行改进和优化,即特征结合问题。

本章要点

本章主要介绍有关信息系统数据资源的运维体系、例行管理、备份与恢复、开发与利用,要点如下。

(1)数据资源运维管理的对象、类型和内容。

(2)数据资源例行管理计划、数据资源载体的管理及数据库例行维护的概念和内容。

(3)数据资源备份的类型、备份相关技术,数据灾难恢复的管理。

(4)在云环境下数据资源存储及维护技术。

(5)数据资源开发与利用。

思考题

(1)数据资源运维管理工作的主要内容是什么?

(2)数据资源运维管理对象包括哪些?

(3)常见的数据备份策略有哪些?

(4)云环境下数据资源运维的特点有哪些?

第 6 章 信息系统安全

近年来，信息系统受到攻击的案例屡见不鲜，火灾、地震、设备故障、病毒干扰、黑客攻击、人为操作失误等都对信息系统构成极大的威胁，由于信息系统中存放的关键业务数据正在逐渐增多，系统运行的任何失误都可能带来巨大的经济损失。为避免或降低不可预测的灾难带来的损失，良好的信息系统安全管理已经成为信息系统运维的主要内容之一。本章主要介绍信息系统安全的相关概念，并从硬件、软件、数据、管理等方面阐述如何全面做好信息系统的安全运维。

6.1 信息系统安全概述

一个安全的信息系统必须能事先估计可能出现的威胁并制定预防措施，以防止蓄意或意外破坏网络、硬件设施或文件系统，防止蓄意滥用软硬件，防止信息失窃，保护数据完整，提供灾害恢复，实现授权用户在需要时可以增、删、改、查信息系统内容。在云计算环境下，信息系统安全运维的许多工作由云服务提供商承担。

6.1.1 信息系统安全的概念

信息系统安全是指保障计算机及其相关设备、设施（含网络）的安全，运行环境的安全，信息的安全，实现信息系统的正常运行。信息系统安全包括实体安全、运行安全、信息安全和人员安全等几个部分。

1．实体安全

实体安全也称物理安全，指保护计算机设备、设施（含网络）及其他载体免遭地震、火灾、水灾、雷电、噪声、外界电磁干扰、电磁信息泄露、有害气体和其他环境事故（如电磁污染等）破坏的措施和过程。实体安全包括环境安全、设备安全和媒体安全三个方面。

2．运行安全

运行安全的目标是保证系统能连续、正常地运行，包括系统风险管理、审计跟踪、备份与恢复、应急处理四个方面的内容。

3．信息安全

信息安全是指防止信息资产被故意或偶然地非法泄露、更改、破坏，或信息被非法辨识、控制，确保信息的保密性（Confidentiality）、完整性（Integrity）、可用性（Available）、可控性、真实性、可审查性。针对信息系统中信息存在的形式和运行特点，信息安全包括操作系统安全、数据库安全、网络安全、病毒防护、访问控制、加密与鉴别七个方面。

4. 人员安全

人员安全是指计算机使用人员的安全意识、法律意识及安全技能等。信息系统安全的任务是确保信息系统功能的正确实现。常见信息系统安全术语如表 6-1 所示。

表 6-1　常见信息安全术语

术　语	含　义
备份	复制数据和/或程序，并保存在安全的地方
解密	传输后将打乱的代码转换成可读的数据
加密	在进行传输之前将数据转换成打乱的代码
暴露	因信息系统中发生错误而可能产生的危害、损失或损害
容错	信息系统在发生故障的情况下保持运行的能力
信息系统控制	确保信息系统达到预期性能的规程、设备或软件
风险	产生威胁的可能性
威胁	系统可能面临的各种危险
脆弱性	在存在威胁的情况下，系统会因威胁遭受危害的可能性
保密性	确保信息在存储、使用、传输过程中不会泄露给非授权的用户或者实体
完整性	包括数据完整性和系统完整性。数据完整性是对数据的精确性、完全性和可靠性的保证；系统完整性是保证系统能正常实现其预期功能
可用性	确保授权用户或实体对信息及资源的正常使用不会被异常拒绝，允许其可靠而且及时地访问信息及资源
恶意软件	可能对计算机实施恶意行为的软件的统称

6.1.2　影响信息系统安全的因素

信息系统安全的影响因素可能来自组织内部、远程接入或者来自互联网，其安全面临故意威胁和非故意威胁。故意威胁一般是指信息系统所处的状态会出现以下问题：攻击者能够作为另一用户执行命令；攻击者能够访问到那些被限制访问的数据；攻击者能够伪装成另一个实体；攻击者能够执行拒绝服务攻击。非故意威胁一般是指信息系统会出现以下问题：存在某些弱点，一些能力会轻易丧失；存在可用来访问系统或内部数据的登入点等。

1. 产生故意威胁的因素

产生故意威胁的因素主要分为以下 5 类。

（1）盗取。包括盗取数据，盗取主机使用时间，以及盗取设备或程序。

（2）操纵。操纵数据的处置、输入、处理、传输和编排，以及各种信息系统滥用行为或欺诈。

（3）破坏。包括罢工、骚乱或破坏，故意破坏信息系统资源，使用病毒或类似攻击进行破坏。

（4）依赖。对硬软件、核心技术的严重依赖，也会导致网络安全比较脆弱。受信息技术限制，很多组织直接引进国外的信息技术设备，且对引进的硬软件无法进行技术改造，给他人入侵系统或监听信息等非法操作提供了可乘之机；我国网络系统的核心技术严重依赖国外，这使我国的网络安全性能大大减弱，网络安全处于极其脆弱的状态。

（5）恐怖袭击。恐怖袭击事件能严重毁坏信息系统的基础网络、软件系统，导致关键业务中断，发生在纽约的"911"事件就造成了这样的后果。

2．产生非故意威胁的因素

产生非故意威胁的因素主要分为以下3类。

（1）人为错误。在硬件或信息系统的设计过程中均可能出现人为错误，在编程、测试、数据收集、数据输入、授权及数据处理与输出过程中也可能发生人为错误。在许多组织的信息系统中，与安全性相关的问题大部分都是因人为错误产生的。

（2）环境灾害。包括地震、严重的风（如飓风、暴雪、风沙、闪电、龙卷风等）、洪水、电力故障、强烈振荡、火灾、空调故障、爆炸、辐射、制冷系统故障等。在发生火灾时，除燃烧本身会给计算机带来损害外，烟、热及水都会损害计算机资源。这些灾害可能会导致计算机运行中断。

（3）信息系统故障。信息系统故障可能因制造问题或材料缺陷引起，非故意性功能故障也可能因其他原因引起，如缺乏经验或测试不当等。

6.1.3　信息系统安全等级保护标准体系

全国信息安全标准化技术委员会和公安部信息系统安全标准化技术委员会组织制定了信息安全等级保护工作需要的一系列标准，主要包括GB17859—1999《计算机信息安全保护等级划分准则》、GB/T25058—2010《信息系统安全等级保护实施指南》、GB/T22240—2008《信息系统安全保护等级定级指南》、GB/T22239—2008《信息系统安全等级保护基本要求》等，形成了比较完整的信息系统安全等级保护标准体系。

信息系统安全等级保护标准体系由等级保护工作过程中所需的所有标准组成，整个标准体系可以从多个角度分析。从基本分类角度看，可以分为基础类标准、技术类标准和管理类标准；从对象角度看，可以分为基础标准、系统标准、产品标准、安全服务标准和安全事件标准等；从等级保护生命周期看，可以分为通用/基础标准、系统定级用标准、安全建设用标准、等级测评用标准和运行维护用标准等。

6.1.4　信息系统安全保护等级

国标GB/T22240—2008《信息系统安全保护等级定级指南》从信息系统所承载的业务在国家安全、经济建设、社会生活中的重要作用和业务对信息系统的依赖程度这两方面，提出了确定信息系统安全保护等级的方法。其中，等级保护对象是指信息安全等级保护工作直接作用的具体信息和信息系统；客体是指法律保护的、等级保护对象受到破坏时所侵害的社会关系，如国家安全、社会秩序、公共利益以及公民、法人或其他组织的合法权益；客观方面是指对客体造成侵害的客观外在表现，包括侵害方式和侵害结果等；系统服务是指信息系统为支撑其所承载业务而提供的程序化过程。

1．信息系统安全保护等级及定级要素

信息系统的安全保护等级分为以下 5 级。

第一级，信息系统受到破坏后，会对公民、法人和其他组织的合法权益造成损害，但不损害国家安全、社会秩序和公共利益。

第二级，信息系统受到破坏后，会对公民、法人或其他组织的合法权益造成严重损害，或者对社会秩序和公共利益造成损害，但不损害国家安全。

第三级，信息系统受到破坏后，会对社会秩序和公共利益造成严重损害，或者对国家安全造成损害。

第四级，信息系统受到破坏后，会对社会秩序和公共利益造成特别严重损害，或者对国家安全造成严重损害。

第五级，信息系统受到破坏后，会对国家安全造成特别严重损害。

信息系统的安全保护等级由两个定级要素决定：等级保护对象受到破坏时所侵害的客体和对客体造成侵害的程度。

等级保护对象受到破坏时所侵害的客体包括三个方面：公民、法人和其他组织的合法权益；社会秩序、公共利益；国家安全。

对客体的侵害程度由客观方面的不同外在表现综合决定。由于对客体的侵害是通过对等级保护对象的破坏实现的，因此，对客体的侵害外在表现为对等级保护对象的破坏，通过危害方式、危害后果和危害程度加以描述，等级保护对象受到破坏后对客体造成侵害的程度归结为三种：造成一般损害、造成严重损害和造成特别严重损害。

2．定级方法

1）定级的一般流程

信息系统定级针对从业务信息安全角度反映的业务信息安全保护等级和从系统服务安全角度反映的系统服务安全保护等级。确定信息系统安全保护等级的一般流程如下。

（1）确定作为定级对象的信息系统。

（2）确定业务信息安全受到破坏时所侵害的客体。

（3）根据不同的受侵害客体，从多个方面综合评定业务信息安全被破坏对客体的侵害程度。

（4）依据表 6-2，得到业务信息安全保护等级。

表6-2　业务信息安全保护等级矩阵表

受侵害的客体	对客体的侵害程度		
	一般损害	严重损害	特别严重损害
公民、法人和其他组织的合法权益	第一级	第二级	第二级
社会秩序、公共利益	第二级	第三级	第四级
国家安全	第三级	第四级	第五级

（5）确定系统服务安全受到破坏时所侵害的客体。

（6）根据不同的受侵害客体，从多个方面综合评价系统服务安全被破坏对客体的侵害程度。

（7）依据表6-3，得到系统服务安全保护等级。

（8）将业务信息安全保护等级和系统服务安全保护等级的较高者确定为定级对象的安全保护等级。

确定等级一般流程如图6-1所示。

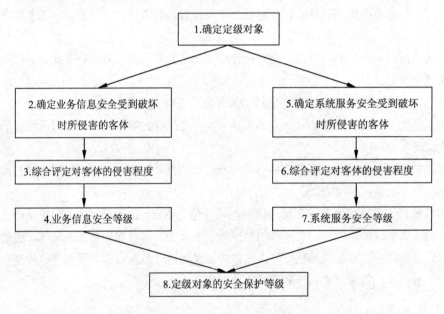

图6-1　确定等级一般流程

2）确定定级对象

一个单位内运行的信息系统可能比较庞大，为了体现重要部分重点保护，有效控制信息安全建设成本，优化信息安全资源配置的等级保护原则，可将较大的信息系统划分为若干个较小的、具有不同安全保护等级的定级对象。作为定级对象的信息系统应具有唯一确定的安全责任单位，具有信息系统的基本要素以及承载单一或相对独立的业务应用。

3）确定受侵害的客体

定级对象受到破坏时所侵害的客体包括国家安全、社会秩序、公众利益以及公民、法人和其他组织的合法权益。

侵害国家安全的事项包括：影响国家政权稳固和国防实力；影响国家统一、民族团结和社会安定；影响国家对外活动中的政治、经济利益；影响国家重要的安全保卫工作；影响国家经济竞争力和科技实力；其他影响国家安全的事项。

侵害社会秩序的事项包括：影响国家机关社会管理和公共服务的工作秩序；影响各种类型的经济活动秩序；影响各行业的科研、生产秩序；影响公众在法律约束和道德规范下的正常生活秩序等；其他影响社会秩序的事项。

影响公共利益的事项包括：影响社会成员使用公共设施；影响社会成员获取公开信息资源；影响社会成员接受公共服务等方面。

影响公民、法人和其他组织的合法权益是指由法律确认的并受法律保护的公民、法人和其他组织所享有的一定的社会权益。确定作为定级对象的信息系统受到破坏后所侵害的客体时，应首先判断是否侵害国家安全，然后判断是否侵害社会秩序或公众利益，最后判断是否侵害公民、法人和其他组织的合法权益。各行业可根据本行业业务特点，分析各类信息和各类信息系统与国家安全、社会秩序、公共利益以及公民、法人和其他组织的合法权益的关系，从而确定本行业各类信息和各类信息系统受到破坏时所侵害的客体。

4）确定对客体的侵害程度

在客观方面，对客体的侵害外在表现为对定级对象的破坏，其危害方式表现为对信息安全的破坏和对信息系统服务的破坏，其中信息安全是指确保信息系统内信息的保密性、完整性和可用性等，系统服务安全是指确保信息系统可以及时、有效地提供服务，以完成预定的业务目标。由于业务信息安全和系统服务安全受到破坏所侵害的客体和对客体的侵害程度可能会有所不同，在定级过程中，需要分别处理这两种危害方式。信息安全和系统服务安全受到破坏后，可能产生以下危害后果：影响行使工作职能、导致服务能力下降、引起法律纠纷、导致财产损失、造成社会不良影响、对其他组织和个人造成损失等。

侵害程度是客观方面的不同外在表现的综合体现，因此，应首先根据不同的受侵害个体、不同危害后果分别确定其危害程度。对不同危害后果确定其危害程度所采取的方法和所考虑的角度可能不同，例如系统服务安全被破坏导致业务能力下降的程度可以从信息系统服务覆盖的区域范围、用户人数或业务等不同方面确定，业务信息安全被破坏导致的财物损失可以从直接的资金损失大小、间接的信息恢复费用等方面进行确定。在针对不同的受侵害客体进行侵害程度的判断时，如果受侵害客体是公民、法人或其他组织的合法权益，则以本人或本单位的总体利益作为判断侵害程度的基准；如果受侵害客体是社会秩序、公共利益或国家安全，则应以整个行业或国家的总体利益作为判断侵害程度的基准。

不同危害后果的三种危害程度描述如下。

一般损害：工作职能受到局部影响，业务能力有所降低但不影响主要功能的执行，出现较轻的法律问题、较低的财产损失、有限的社会不良影响，对其他组织和个人造成较低损害。

严重损害：工作职能受到严重影响，业务能力显著下降且严重影响主要功能执行，出现较严重的法律问题、较高的财产损失、较大范围的社会不良影响，对其他组织和个人造成较严重损害。

特别严重损害：工作职能受到特别严重的影响或丧失行使能力，业务能力严重下降或功能无法执行，出现极其严重的法律问题、极高的财产损失、大范围的社会不良影响，对其他组织和个人造成非常严重的损失。

信息安全和系统服务安全被破坏后对客体的侵害程度，由对不同危害结果的危害程度进行综合评定得出。由于各行业信息系统所处理的信息种类和系统服务特点各不相同，信息安全和系统服务安全受到破坏后关注的危害结果、危害程度的计算方式可能不同，各行业可根据本行业信息特点和系统服务特点，制定危害程度的综合评定方法，并给出侵害不同客体造成一般损害、严重损害、特别严重损害的具体定义。

5）确定定级对象的安全保护等级

根据业务信息安全被破坏时所侵害的客体以及对相应客体的侵害程度，可以判断业务信息安全保护等级。其定级要素与信息系统安全保护等级的关系类同表 6-2。

根据系统服务被破坏时所侵害的客体以及对相应客体的侵害程度，可以判断系统服务安全保护等级。

作为定级对象的信息系统的安全保护等级由业务信息安全保护等级和系统服务安全保护等级的较高者决定。

3．等级变更

在信息系统的运行过程中，安全保护等级应随着信息系统所处理的信息和业务状态的变化进行适当的变更，尤其是当状态变化可能导致业务信息安全或系统服务受到破坏后的受侵害客体和对客体的侵害程度较大的变化，可能影响到系统的安全保护等级时，应重新定级。GB/T28449--2012《信息安全技术信息系统安全等级保护测评过程指南》规定了信息系统安全等级保护测评工作的测评过程，对等级测评的活动、工作任务以及每项任务的输入输出产品等提出指导性建议，适用于测评机构、信息系统的主管部门及运营使用单位对信息系统安全等级保护状况进行的安全测试评价。

6.2 信息系统硬件的安全运维

信息系统硬件是信息系统运行的物质基础，在使用信息系统时首先要注意做好硬件的安全防护。

6.2.1 硬件安全运行的概念

硬件安全运行的含义是保护支撑信息系统业务活动的信息系统硬件资产免遭自然灾害、人为因素及各种计算机犯罪行为导致的破坏。硬件安全通常包括环境安全、设备安全和介质安全。

1．环境安全

环境安全主要指信息系统核心设备的运行环境安全，安全要素包括机房场地选择、机房屏蔽、防火、防水、防雷、防鼠、防盗、防毁，供配电系统、空调系统、综合布线、区域防护等方面。组织应根据信息系统自身特点建立一个或多个专用机房，在机房中存放信息软件应用系统的服务器设备、网络设备、存储设备等相关硬件。机房的设计与建设应当参照 GB50174—1993《国家标准电子计算机机房设计规范》进行。

2．设备安全

设备主要包括系统数据库服务器、系统应用服务器、系统前置机服务器、磁盘阵列、磁带库、网络防火墙、网络交换机等。设备安全指保障设备正常运行，免受威胁。安全要素包括设备的标志和标记、防止电磁信息泄露、抗电磁干扰、电源保护，以及设备振动、碰撞、冲击适应性等方面。对于设计有冗余电源的设备，应当在购置设备时配置 N+1 个冗余电源，降低设备因单电源失效引起的宕机事故的概率。同时，系统管理人员要定期对信息系统的所有硬件设备进行运行巡检，检查并记录设备有无运行异常及告警信息，巡检过程要由专人负责。

3．介质安全

介质安全包括介质自身安全及介质数据的安全。

6.2.2　硬件安全运行的影响因素

硬件安全运行的影响因素主要有：
（1）自然及不可抗因素。
（2）人为的无意失误。如操作员安全配置不当造成的安全漏洞，用户安全意识不强等都会给网络安全带来威胁。
（3）人为的恶意攻击。这是网络环境下所面临的最大威胁，会造成极大的危害，并导致设备瘫痪。
（4）缺乏完整可靠的安全防线。即安全措施不完善，如硬件防火墙控制不到位。硬件防火墙是保障内部网络安全的一道重要屏障，它是一种建立在网络之间的互联设备。通过把防火墙程序做到芯片里面，由硬件执行这些功能，能减少 CPU 的负担，使路由更稳定，防止外部网络用户以非法手段进入内部网络访问或获取内部资源，过滤危险因素。

6.2.3　硬件安全运行的措施

为保障环境安全、设备安全和介质安全，一般采取的措施如下。

1．环境安全

应按照 GB50174—2008《电子信息系统机房设计规范》的要求，保证提供符合网络设备运行要求的场地封闭、防火、防盗、防静电、通风、温湿度控制，以及 UPS 供电等的物理环境。重点保证中心机房的安全，涉及机房场地的选择、机房内部安全防护措施、建筑材料防火安全措施、机房供配电安全措施、机房防水与防潮安全措施、机房温度控制、机房防静电安全措施、机房接地与防雷击安全措施和机房电磁防护措施。

机房场地设计。按一般建筑物的要求进行机房场地选择，避开易发生火灾和危险程度高的油库等地区，避开尘埃、有毒气体、腐蚀性气体、盐雾腐蚀等环境污染的区域；避开低洼、潮湿及落雷区域；避开强振动源和强噪声源区域；避开强电场和强磁场区域；避开有地震、水灾危害的区域；避免在建筑物的高层及用水设备的下层或隔壁。机房应只设一个常规出入口，并设置门禁系统；另设若干紧急疏散出口。

建筑材料防火安全措施，包括机房和重要记录介质存放间，其建筑材料的耐火等级应符合 GBJ45—1982 中规定的二级耐火等级；机房相关的其余基本工作房间和辅助房，其建筑材料的耐火等级应不低于 TJ16—1974 中规定的二级耐火等级；设置火灾自动报警系统，包括火灾自动探测器、区域报警器、集中报警器和控制器等，能对火灾发生的部位以声、光或电的形式发出报警信号，并启动自动灭火设备，切断电源，关闭空调设备等。

机房供配电、温度安全措施，将计算机系统供电与其他供电分开，并配备应急照明装置；配置抵抗电压不足的改进设备，如基本 UPS、改进 UPS、多级 UPS；建立备用的供电系统，以备常用供电系统停电时启用，完成对运行系统必要的保留；采用线路稳压器，设置电源保护装置，以防止/减少电源发生故障。机房应配置有较完备的中央空调系统，保证机房温度的变化在计算机系统运行所允许的范围内。

机房防水、防潮、防静电、防雷击安全措施。水管安装应采取可靠的密封措施；采取一定措施，防止雨水通过屋顶和墙壁渗透、室内水蒸气结露及地下积水的转移和渗透。安装对水敏感的检测仪表或元件，对机房进行防水检测，发现水害，及时报警。为计算机系统配置合理的防静电接地与屏蔽系统；控制机房温/湿度，使其保持在不易产生静电的范围内；机房地板从表面到接地系统的阻值，应在不易产生静电的范围；机房中使用的各种家具，工作台、柜等，应选择产生静电小的材料，包括采用接地的方法，防止外界电磁和设备寄生耦合对计算机系统的干扰。

机房电磁防护措施。采用屏蔽方法，减少外部电气设备对计算机系统的瞬间干扰；采用距离防护的方法，将计算机机房的位置选在外界电磁干扰小的地方和远离可能接收辐射信号的地方；采用必要措施，防止计算机设备产生的电磁泄漏发射造成信息泄露。

2．设备安全

为保证设备安全，应按照 GA/T681—2007《网关安全技术要求》、GA/T682—2007《路由器安全技术要求》、GA/T683—2007《防火墙安全技术要求》、GA/T684—2007《交换机安全技术要求》等提供设备的防盗和防毁、防止电磁信息泄露、防止线路截获、抗电磁干扰及电源保护等措施。

设备的防盗和防毁安全措施。计算机系统的设备和部件应有明显的无法除去的标记，以防更换和方便查找；计算中心应利用光、电、无源红外等技术设置机房报警系统，有专人值守，并具有防夜间从门窗进入的装置；机房外部的设备应采取加固防护等措施，必要时安排专人看管，以防止盗窃和破坏。

设备安全的可用措施。信息系统的所有设备应提供基本的运行支持，并有必要的容错和故障恢复能力，使系统即使一部分发生故障，整个系统仍然能够运行。包括磁盘阵列技术和硬盘镜像技术，通过网络设置双服务器、双电源，无论主服务器何时出现问题，从服务器都可以替代主服务器，保证系统在出现故障时能够连续运行，而且替代过程是瞬间的，网络用户感觉不到。某些品牌的 PC 提供了内置的电池，能够在发生停电事故时自动启用。

内外网隔离。许多信息系统都要求终端与互联网等外部网络物理隔离，但是有时却还需要上传部分信息至上级有关部门。对于这种情况，信息系统可以采用一台内网计算机、一台外网计算机，利用 KVM（Keyboard、Video、Mouse）切换器进行切换，在节约成本的同时更方便、安全。另外，网闸技术也是一个好的选择，作为连接两个独立网络系统的信息安全设备，网闸在任一时刻只与其中一个网络系统连接，可以从物理上隔离、阻断具有潜在攻击可能的一切连接，使得信息系统不被入侵，从而实现真正的安全。

3．记录介质安全

为保证记录介质安全，需要根据对介质安全的不同要求实施安全防护措施，针对存放重要数据的各类记录介质，如纸介质、磁介质、半导体介质和光介质等，采取较严格的保护措施，防止被盗、被毁和受损；对应该删除和销毁的重要数据，要有有效的管理和审批手续，防止被非法复制，应配备门卫、值班管理员、电子监控设备等，限制对网络设备的物理接触，避免攻击者利用物理接触网络设备的机会，非法更换闪存，改变设备硬件开关，重置管理员口令或恢复出厂设置等。

6.3　信息系统软件的安全运行

信息系统的正常运作依赖于信息系统软件的正确运行，但影响软件安全运行的因素很多，有的针对操作系统，有的针对信息系统软件。如果软件的安全问题不能得到良好和妥善的解决，信息系统建设必将失败。

6.3.1　软件安全运行的概念

软件包括系统软件（如操作系统、数据库系统、中间件等）和信息系统应用软件（包括 ERP 软件、SCM 软件、CRM 软件、OA 软件等）。

传统网络面临越来越多的攻击，信息系统安全问题日益严重。根据 Gartner 公司的调查，有近 75%的软件，由于软件程序的复杂性和多样性，在网络信息系统的软件中很容易有意或无意地留下一些不易被发现的漏洞。软件漏洞显然会影响网络信息的安全与保密。GB17859-1999《计算机信息系统安全保护等级划分准则》作为国家信息安全等级保护管理规定系列标准的基础性标准，把计算机信息系统安全保护能力划分为五个等级，如表 6-3 所示。

表 6-3　计算机信息系统安全保护能力等级

等　　级	说　　明
第一级	用户自主保护级
第二级	系统审计保护级
第三级	安全标记保护级
第四级	结构化保护级
第五级	访问验证保护级

据调查，目前几乎所有的 ERP 软件都能够达到该标准规定的第一级安全标准，部分 ERP 软件能够达到第二级安全标准，但极少能够完全达到第三级安全标准。这些软件对系统的安全性保护往往是通过用户口令规则、用户级别划分规则、操作权限规则等方法进行控制的，从而实现系统的自主访问控制、身份鉴别和数据完整性控制三方面信息安全的要求。

6.3.2　软件安全运行的影响因素

影响软件安全运行的因素归纳起来，常见的主要有两种，第一种是针对操作系统的安全漏洞实施攻击，第二种是针对基于 Web 的信息系统软件的攻击。

1. 操作系统的安全漏洞

操作系统的安全漏洞主要有以下 5 种。

（1）输入输出（I/O）非法访问。某些系统中，一旦 I/O 操作被检查通过后，该操作系统就继续执行下去而不再检查，从而造成后续操作系统的非法访问。某些操作系统使用公共的系统缓冲区，任何用户都可以搜索这个缓冲区。如果此缓冲区没有严格的安全措施，那么其中的机密信息（用户的认证数据、身份识别号、口令等）就有可能被泄露。

（2）访问控制的混乱。安全访问强调隔离和保护措施，但是资源共享则要求公开和开放，这是一对矛盾。如果在设计操作系统时，没有处理好这两者之间的关系，就会出现因为界限不清造成的操作系统安全问题。

（3）不完全的中介。完全的中介必须检查每次访问请求已进行适当的审批；相对而言，不完全的中介是指某些操作系统省略了必要的安全保护，比如，仅检查一次访问或没有全面实施保护机制。

（4）操作系统后门。所谓后门是一个程序模块秘密的、未记入文档的入口。设置后门的初衷是测试这个模块，或是为了连接将来的更改和升级程序，或是为了将来发生故障后为程序员提供方便等合法用途。通常在程序开发后期去掉这些后门，但是由于各种有意或无意的原因，后门也可能被保留下来。后门一旦被心存叵测的人利用，将会带来严重的安全后果。比如，利用后门在程序中建立隐蔽通道，甚至植入一些隐秘的病毒程序等。利用后门可以使得原来相互隔离的网络信息形成某种隐蔽的关联，进而可以非法访问网络，达到窃取、更改、伪造和破坏的目的，甚至有可能造成网络信息系统的大面积瘫痪。常见的后门有逻辑炸弹、遥控旁路、远程维护、非法通信和贪婪程序。

（5）操作系统型病毒。这种病毒会用它自己的程序加入操作系统或取代部分操作系统代码，有很强的破坏力，会导致整个系统瘫痪。而且由于感染了操作系统，这种病毒在运行时，会用自己的程序片段取代操作系统的合法程序模块，对操作系统进行破坏。同时，这种病毒对系统中文件的感染性也很强。

2．基于 Web 的信息系统软件攻击

针对 Web 环境应用系统软件攻击的常见方法和技术主要有：精心修改 Cookie 数据进行用户假冒；攻击者利用不安全的证书和身份来逃避管理；在动态网页的输入中使用各种非法数据，获取服务器敏感信息；攻击者利用超出缓冲区大小的请求和构造的二进制代码让服务器执行溢出堆栈中的恶意指令；强制访问未授权的网页；对网页中的隐藏变量进行修改，欺骗服务器程序；构造大量的非法请求，使 Web 服务器不能进行正常用户的访问；提交非法脚本，趁其他用户浏览时盗取其账号等信息；SQL 注入，即构造 SQL 代码让服务器执行，获取敏感信息，并获得相应的权限，Web 网页上的用户名表单往往是这类攻击的入口；由于输入检验不严，以及在错误的代码层中编码，使得攻击者可以对数据库进行查询、删除和修改等操作，在特定的情况下，甚至还可以执行系统指令。

3．主要攻击方式

实施上述针对操作系统和基于 Web 的信息系统软件的攻击时，攻击者经常采用欺骗的方式，包括：IP 欺骗、ARP（Address Resolution Protocol，地址解析协议）欺骗、DNS（Domain Name System，域名服务系统）欺骗、Web 欺骗、电子邮件欺骗、源路由欺骗（通过指定路由，以假冒身份与其他主机进行合法通信或发送假报文，使受攻击主机出现错误动作）、地址欺骗（包括伪造源地址和伪造中间站点）等。

攻击的方式归纳起来基本上分为两种：数据篡改和编程攻击。

（1）数据篡改（Data Tampering）是最常见的攻击手段，自计算机中输入错误的、欺骗性的数据，或者删除、更改现有数据。这种方法常为内部人员使用。

（2）编程攻击是计算机犯罪常用的一种攻击手段，即利用编程技巧直接或间接地修改计算机程序。要实施这种犯罪行为，拥有编程技能和了解目标系统是最基本的条件。编程攻击可以细分为多种方法，如表 6-4 所示，某些方法是专为攻击基于 Web 的信息系统软件而设计的。其中病毒攻击方法的使用频率最高，拒绝服务攻击对计算机网络的影响最广泛。此外，病毒、内部人员滥用互联网访问、内部人员未授权访问、盗窃笔记本电脑、拒绝服务攻击、系统渗透、破坏和盗窃专有信息是使用最为频繁的攻击方法。

表 6-4　编程攻击的方法

方　　法	定　　义
病毒	插入正常程序（或数据）中的秘密指令，这些秘密指令可以毁坏或修改数据，并可以在计算机系统内部或不同的系统之间传播
蠕虫	可以自我复制并渗透到计算机系统中的程序，可以在网络中传播，渗透到所有联网的计算机中
特洛伊木马	包含在其他程序中的一种非法程序，在特定时间发生前一直保持"沉睡"，被激活后会触发非法程序并造成损失
逻辑炸弹	用于触发延迟性恶意行为的指令
拒绝服务	发出大量服务请求，导致网站瘫痪
嗅探器	用于截取通过互联网传输的数据包中的口令或内容的程序
伪装欺骗	伪造电子邮件地址或网页，诱骗用户提供信息或汇款
口令破解	猜解口令密码（成功率很高）
后门	系统的入侵者设置多个登入点，即使有一个被发现和关闭，他们仍可进入系统
恶意小程序	滥用计算机资源、修改文件或发送虚假电子邮件的小型 Java 程序
数据包监测	通常被认为是一根窃听电话线在计算机网络中的等价物
ARP 攻击	通过目标设备的 IP 地址，查询目标设备的 MAC(Media Access Control)地址，以保证通信的进行

6.3.3　软件安全运行的措施

为保证软件的安全运行，必须建立安全的操作系统，在保证服务器上的操作系统软件、防病毒软件和防火墙软件安全的同时，保障信息系统软件安全，关注 Web 应用系统的上传漏洞和 SQL 注入防范，并结合使用相应的 Web 应用系统漏洞检测技术、防火墙技术和入侵检测技术。

1．操作系统的安全

为了建立安全的操作系统，首先，必须构造操作系统的安全模型（单级安全模型、多级安全模型、系统安全模型等）和实施方法；其次，应该采用诸如隔离、核化（最小特权等）和环结构（开放设计和完全中介）等安全科学的操作系统设计方法；最后，还需要建立和完善操作系统的评估标准、评价方法和测试质量。对付操作系统中常见后门的方法可归纳如下。

（1）加强程序开发阶段的安全控制，防止有意破坏并改善软件的可靠性。比如，采用先进的软件工程进行对等检查、模块结构、封装和信息隐藏、 独立测试和程序正确性证明及配置管理等。

（2）在程序的使用过程中实行科学的安全控制。比如，利用信息分割限制恶意程序和病毒的扩散；利用审计日志跟踪入侵者和事故状态，促进程序间信息的安全共享。

（3）制定规范的软件开发标准，加强管理，对相关人员的职责进行有效监督，改善软件的可用性和可维护性。

2．服务器上的操作系统软件、防病毒软件和防火墙软件的安全

信息系统软件都要依托于服务器设备。为保证安装在服务器上的操作系统软件、防病毒软件和防火墙软件的安全，必须做到以下 4 点。

（1）根据应用软件的需求和服务器硬件架构选择安装合适的操作系统，服务器操作系统软件应当定期更新操作系统的安全升级补丁。

（2）服务器应当安装防病毒软件，系统管理人员要定期更新防病毒软件补丁和病毒特征库。系统管理人员要为防病毒软件定制自动病毒扫描策略，定期检查策略的执行情况。

据国际计算机安全协会的统计，病毒的数量正在以每年 30% 的速度增加。组织如何保护自己免受病毒攻击已经成为一个紧迫的问题。最常见的解决方案是使用反病毒软件，但是反病毒软件只有在新病毒发起攻击之后，才能了解病毒的属性并提供保护机制，所以很难对新病毒的第一次攻击加以防范。常用防范病毒的策略如表 6-5 所示。

表 6-5　常用防范病毒的策略

病毒的进入途径	策　　略
病毒穿过防火墙且未被检测到（来自互联网）	用户在使用任何从网络上下载的程序和文档之前，必须进行扫描
病毒可能位于网络服务器上，所有用户都面临危险	每天进行病毒扫描；进行充分的数据备份；保留审计记录
软盘受病毒感染，本地服务器系统面临风险；共享的或放置在服务器上的文件可能传播病毒	使用反病毒软件在本地扫描软盘
移动或远程用户交换或更新大量数据，发生感染的风险较大	在上传文件之前和下载文件之后对文件进行扫描；频繁进行备份
已经检测到病毒	使用干净的启动盘或恢复盘

防范病毒的最佳方法是制定完善的计划。为将病毒带来的危害降到最小，可采取下列防范措施：安装优秀的反病毒软件；每周对硬盘进行一次病毒扫描；对 U 盘进行写保护，并在使用之前进行扫描；对程序磁盘进行写保护；完整和频繁地备份数据；不要信任外部 PC；在建立关联和同步文档之前进行病毒扫描；制定反病毒策略；在发生病毒攻击的情况下明确风险领域，包括：直接损失、因系统停机而损失的客户与供应商、因组织对外传播病毒（一般都是由于员工疏忽造成的）而损害了第三方等。

针对病毒的防范措施主要包括：为员工制定严格的处理电子邮件的相关规章制度，对接收到的电子邮件进行扫描；使用互联网服务提供商来提供病毒检测和控制服务，通过这种方式，可以使用最新的技术，使内部人员无法实施犯罪，并可以将风险转嫁给服务提供商；在合同中注明相应条款，避免客户/供应商因为你的系统受到攻击而蒙受损失，进而提起法律诉讼；指导员工对发送给业务合作伙伴的电子邮件进行扫描。

（3）服务器应当安装防火墙软件，系统管理人员要定期为防火墙软件更新补丁，配置出入操作系统的防火墙安全防护策略，阻止可疑访问。

（4）系统管理人员要定期对服务器操作系统进行安全检查（建议每周一次），并出具书面检查报告。

3．信息系统软件的安全

为保障信息系统软件的安全，应做到以下 4 点。

（1）因劣质软件而产生安全问题时，从组织上来说，是管理规范出了问题。最理想的情况下软件安全是组织成员共同的责任，较现实的解决方案是将责任和义务交给特定的小组。需要两种类型的人员来组成软件安全小组：进行"黑帽子"思维的人员和进行 "白帽子"思维的人员。如果幸运的话，能找到能够换"帽子"思维的人员。但是，更有可能的是，有一些很好的建设类型的人（他们本性上偏向"白帽子"一方）和一些狡猾的破坏类型的人（他们本性上偏向"黑帽子"一方）。但是，信息系统软件的运维同时需要他们，因为接触点需要这两种类型的人员。

（2）为了成功实施信息系统软件安全计划，可以雇用外部的咨询人员来帮助建立一个小组，但由于软件安全人员所具备的广泛的经验和知识非常宝贵，这种人员也极为少见，所以雇用成本很高。

（3）对于大型信息系统软件安全的运维，可以找到对操纵信息系统软件最熟悉的人员，投资培养其成为软件安全员，让其负责软件安全。

（4）应用系统服务器安装了信息系统软件，是应用系统的业务处理平台，是用户读取和写入数据的桥梁。应用服务器密码要由专人负责持有，不得转让他人，密码要符合复杂性要求且定期修改。

4．Web 应用系统上传漏洞和 SQL 注入防范

Web 应用系统的主要防范技术包括防范上传漏洞和 SQL 注入防范。

防范上传漏洞。文件上传漏洞在多个开源 Web 系统中存在，具有普遍性。由于未对用户输入的数据进行严格检查，因此，可以采取如下解决办法：服务器端路径参数尽可能使用常量，而不是变量，即将文件路径改为常量，而不是变量，这样有助于防范文件上传漏洞；对于用户提交的数据，应该进行全面检查，如检查文件后缀名；或者禁止用户自定义文件名；加强操作系统安全配置，限制某些可执行文件的执行权限。

SQL 注入防范。要防止这类攻击，必须在软件开发程序代码上形成良好的编程规范和代码检测机制，仅仅靠勤打补丁和安装防火墙是不够的。

5．Web 应用系统漏洞检测技术

Web 应用系统漏洞检测工具采用的技术主要有以下 4 种。

（1）爬虫技术。指搜索引擎利用的一种技术，它可以从一个页面去跟踪所有的链接，到达其他页面。利用这种技术，可以遍历所有的网页，达到分析整个应用系统的目的。

（2）Web 应用系统软件安全漏洞检测技术。主要利用爬虫，对目标系统的架构进行分析，

包括 Web 服务器基本信息、CGI（Common Gateway Interface）程序等，进而利用 Web 安全工具手段建立数据库，进行模式匹配分析，找出系统中可能存在的漏洞或问题。

（3）Web 系统应用软件安全漏洞验证技术。对发现的漏洞进行验证。

（4）代码审计。对 Web 应用软件代码进行检查，找出系统中可能存在的弱点。在理想的情况下，检测系统能够从有缺陷的代码行中找到安全漏洞，这种功能可能会像代码编辑功能一样成为开发工具的基本组件。为了提高代码安全性，一些厂商已经开始推出相应的开发工具，但这些工具的销售情况目前并不是太好，因为大多数这类工具不能提供完整的应用程序理解能力，而只能针对特定的模式进行操作。

6．防火墙技术

防火墙是放置在本地网络与外界网络之间的一道安全隔离防御系统，是为了防止外部网络用户未经授权的访问，用来阻挡外部不安全因素影响内部的网络屏障。它是一种计算机硬件和软件的结合，使 Internet 与 Intranet 之间建立起一个安全网关（Security Gateway）。防火墙主要由服务访问政策、验证工具、包过滤和应用网关 4 个部分组成。

美国有 98%的公司使用防火墙实施访问控制策略。防火墙按照严格的准则来允许和阻止流量。所以，防火墙只有拥有清晰、具体的规则，才能够正确地设定哪些访问是允许的。

一套信息系统中可以使用多个防火墙。防火墙的主要作用体现在以下几个方面：

（1）可以把未授权用户排除到受保护的网络外，禁止脆弱的服务进入或离开网络，过滤掉不安全服务和非法用户。

（2）防止各种 IP 盗用和路由攻击。

（3）防止入侵者接近防御设施。

（4）限定用户访问特殊站点。

（5）为监视 Internet 安全提供方便。随着对网络攻击技术的研究，越来越多的攻击行为已经或将被挡在防火墙之外。防火墙可以用来存储公开信息，使无法进入公司网络的访问者也可以获得关于产品和服务的信息，以及下载文件和补丁等。但值得注意的是，虽然防火墙很有用，却无法阻止潜伏在互联网上的病毒，病毒可以隐藏在电子邮件的附件中逃过防火墙的过滤。

7．入侵检测技术

入侵检测技术是指对计算机网络资源的恶意使用行为（包括系统外部的入侵和内部用户的非授权行为）进行识别和相应处理。为了保证计算机系统的安全而设计与配置的一种能够及时发现并报告系统中未授权或异常现象的技术，是一种用户检测计算机网络中违反安全策略行为的技术。许多政府机构及大型公司（如花旗集团等）都采用了入侵检测方法。入侵检测方法也能够检测到其他情况，如是否遵守安全规程等。人们经常忽略安全机制（加利福尼亚一架大型航空公司每月发生 2 万～4 万次违规事件），但系统能够检测到这些违规行为，及时改正违规行为。

从检测方法上，可将检测系统分为基于行为和基于知识两种；从检测系统所分析的原始数据上，可分为来自系统日志和网络数据包两种，前者一般以系统日志、应用程序日志等作为数据源，用以监测系统上正在运行的进程是否合法，后者直接从网络中采集原始数据包，其网络引擎放置在需要保护的网段内，不占用网络资源，对所有本网段内的数据包进行信息收集并判断。通常采用的入侵检测手段如下。

（1）监视、分析用户及系统活动。

（2）系统构造和弱点的审计。

（3）识别反映已知进攻的活动模式并向相关人士报警。

（4）异常行为模式的统计分析。

（5）评估重要系统和数据文件的完整性。

（6）操作系统的审计跟踪管理，并识别用户违反安全策略的行为。

6.4　信息系统数据的安全

数据是体现组织核心竞争力的重要资源，它如果因自然、计算机系统故障或人为因素遭受破坏，将造成难以估量的损失，甚至是灭顶之灾。维护系统数据的正确性，防止系统外部对系统数据不合法的访问，保证系统数据在发生意外时能及时恢复，是确保信息系统安全的重要工作。

6.4.1　数据安全的概念

数据安全是指保护数据不会被意外或故意地泄露给未经授权的人员，以及免遭未经授权的修改或破坏。数据安全是一个涉及计算机技术、网络技术、通信技术、加密技术、应用数学、信息论等多项技术的学科。数据安全是信息系统安全保障的核心问题之一，数据安全功能通过操作系统、安全访问控制措施、数据库/数据通信产品、备份/恢复程序、应用程序及外部控制程序来实现。

信息系统的建立把原先分散式的数据合并收拢，集中起来放在一个巨大的数据中心，信息系统授权用户可以访问这个数据中心，从而形成一个信息通畅、变化灵活的数字神经系统。例如，企业实施 ERP 系统后，以前按不同业务划分开的信息孤岛也被全面整合在以流程为中心的 ERP 中，企业生产经营活动产生的业务数据源源不断地流向企业的数据中心。在这个更充分和完整的数据仓库里，企业可以进行更多的数据挖掘和企业决策信息的智能分析，从而对市场的变化做出更敏捷、更有效的决策。数据的集中有利于降低成本，但遭遇危险的破坏性也在同步提高。另外，在云计算环境下，所有用户、数据都存放在云端，计算结果均通过网络回传至客户端，其数据安全问题还包括与云计算服务商之间做数据传输的安全、云计算服务商数据存储资源的安全，以及第三方认证机构实施数据审计的安全等。

数据安全必须反映以下两个基本原则。

（1）最低特权。用户只能获得执行任务所必需的信息，只知道他"应该知道的"。

（2）最少透露。用户在访问敏感信息后，即有责任保护这些信息，不向无关人员透漏这些信息。

数据安全技术不仅包括以保持数据完整性为目的的数据加密、访问控制、备份等技术，也包括数据销毁和数据恢复技术。数据销毁是指采用各种技术手段来完全破坏存储介质中数据的完整性，避免非授权用户利用残留数据恢复原始数据信息，以达到保护数据的目的。而所谓数据恢复，是指把原本保留在存储介质上的数据重新复原的过程。

6.4.2　数据安全的影响因素

随着大中型关系数据库的广泛使用，以 C/S、B/S 和多层应用为主的信息系统架构的共同特征是：用户在终端机上直接或通过中间层的应用服务器来访问数据，而数据则集中存放在数据库中。利用这些信息系统固有的弱点和脆弱性，信息系统中具有重要价值的信息可以被不留痕迹地窃取。非法访问可以造成系统内信息受到侵害，存储介质失控，数据可访问性降低等。保护数据成为一项复杂且成本高昂的任务。

影响数据安全的因素主要有以下 4 点。

1．物理环境的威胁

这主要包括支持数据库系统的硬件环境发生故障；自然灾害引起的系统破坏；系统软硬件，如操作系统、网络系统、数据库系统及计算机等，可能存在的许多不可知因素，如系统的"后门"、未公开的超级用户等。

2．病毒与非法访问的威胁

目前，通过网络对信息系统进行攻击的方法层出不穷，这使得网络环境下的数据库及其所处的软件环境没有安全保障。同时，网络技术的发展与普及带来了计算机病毒的发展，从而使得计算机病毒对系统的威胁日益严重。而非法访问的威胁主要指用户通过各种手段获取授权用户的口令等信息，假冒该用户身份获得对数据库的访问许可，从而可以对数据库进行任何该授权用户权限范围内的操作，对数据进行任意的读取、修改甚至删除。

3．对数据库的错误使用与管理不到位

这主要包括授权用户的失误，如错误地增加、删除或修改数据库中的数据，需要保密的敏感数据在输入数据库时已经泄露等；管理员由于自身能力或责任心问题不能很好地利用数据库的安全保护机制建立合理的安全策略，造成数据库安全管理的混乱；不能按时维护和审核数据库系统，从而不能发现系统受到的危害。

4．数据库系统自身的安全缺陷

组织所使用的数据库绝大部分都是国外研制的，如 Oracle、Sybase 和 SQL Server 等，由于外国政府的种种限制，出口的数据库都只是符合可信计算机系统评估准则和可信数据库管理系统解释中的 C 类安全标准，其基本特征就是自主访问控制。自主访问控制允许用户将自己拥有

的访问权限自主地转让给本来没有该访问权限的人，而系统无法对此进行控制。采用简单的基于用户口令的身份认证方式，用户信息通常以明文形式在网络中存储、传输，数据库系统存在自身的安全缺陷。

6.4.3 保证数据安全的措施

为保证信息系统中数据的安全，需要通过一定的控制机制来预防事故性灾害，遏制故意的破坏，尽快检测到发生的问题，加强灾难恢复能力和对存在的问题进行修正。控制机制可以在系统开发阶段集成到硬件和软件中（这是效率最高的方法），也可以在系统开始运行时或进行维护时加到系统中。防御的重点是预防。下面从容灾与数据备份、身份认证和数据加密角度讨论数据安全措施。

1. 容灾与数据备份

1）容灾系统：业务处理连续能力最高的是容灾系统。一般在容灾系统中处于激活状态的系统通常由一个双机热备份系统构成，由于数据同时保存在两个物理距离相对较远的系统中，因此当一个系统由于意外灾难而停止工作时，另外一个系统会将工作接管过来。

2）高可用群集系统：其业务连续性处理比容灾系统低。高可用群集系统是为了解决由于网络故障、应用程序错误、存储设备和服务器损坏等因素引起的系统停止服务问题。当越来越多的信息系统从庞大而昂贵的主机系统移植到开放系统上时，却面临开放系统服务器在安全性、工作连续性上的严重不足，为了解决这个问题，人们提出了高可用系统和群集系统。在一个高可用群集系统中，外置的磁盘阵列系统保证了在单个磁盘失效的情况下服务器依然可以访问数据，通过群集软件管理的多个服务器可以在其中任何一个服务器的软硬件故障的情况下将应用系统切换到另外一个服务器上。

3）智能存储系统：智能存储系统不仅仅是一个外置阵列系统，它还具有很多独特的功能，在进行数据备份、数据采集、数据挖掘和灾难恢复时不会影响业务系统的连续性。一般智能存储系统可以独立于服务器完成对数据的高级管理，如数据的远程复制和同步复制等。

4）备份系统：无论数据破坏出于何种原因，达到了何种严重程度，只要掌握着灾难发生前的数据备份，就可以保证信息系统数据的安全。因此，数据备份及灾难恢复是信息安全的重要组成部分，应与网络建设同期实施。备份系统通常是一个软硬件集成在一起的系统，一般包括备份软件、备份客户机、备份服务器和自动磁带库四个部分，随着光纤通道技术在存储系统中的广泛应用，以及存储区域网（Storage Area Network，SAN）的出现，渐渐形成了LAN自由备份（LAN Free Backup）和无服务器备份（Server Free Backup）的备份方式。实施数据备份应做到以下3点。

（1）系统管理人员要制定针对数据库、前置机服务平台、应用服务平台的详尽的备份策略。备份策略中应包含文件系统备份、数据库系统在线和离线数据备份、日志备份。应根据应用系统数据的重要程度和应用系统的工作负荷灵活制定数据备份的方式和频率。

（2）系统管理员应定期检查备份策略执行日志，检查备份执行情况。

（3）所有备份数据的介质集中保存在异地，并由专人保管。

2. 身份认证

身份认证的主要目标是检验身份，即确定合法用户的身份和权限，识别假冒他人身份的用户。认证系统可以与授权系统配合使用，在用户的身份通过认证后，根据其具有的授权来限制其操作行为。常见的系统身份认证方式主要有入网访问控制和权限控制。

1）入网访问控制

入网访问控制为网络访问提供了第一层访问控制，限制未经授权的用户访问部分或整个信息系统。用户要访问信息系统，首先要获得授权，然后接受认证。对信息系统进行访问包含三个步骤：第一步，能够使用终端；第二步，进入系统；第三步，访问系统中的具体命令、交易、权限、程序和数据。目前，从市场上可以买到针对计算机、局域网、移动设备和拨号通信网的访问控制软件。访问控制规程要求为每个有效用户分配一个唯一的用户身份标识（UID），使用这个 UID 对要求访问信息系统用户的真实身份进行验证。可以使用数字证书、智能卡、硬件令牌、手机令牌、签名、语音、指纹及虹膜扫描等生物特征鉴别。

其中，数字证书就是互联网通信中标志通信各方身份信息的一系列数据，提供了一种在 Internet 上验证身份的方式，其作用类似于司机的驾驶执照或日常生活中的身份证。它是由一个权威机构——CA 机构，又称证书授权（Certificate Authority）中心发行的，人们可以在网上用它来识别对方的身份。数字证书有两种形式，即文件证书和移动证书 USBKEY。其中移动证书 USBKEY 是一种应用了智能芯片技术的数据加密和数字签名工具，其中存储了每个用户唯一、不可复制的数字证书，在安全性上更胜一筹，是现在电子政务和电子商务领域最流行的身份认证方式。其原理是通过 USB 接口与计算机相连，用户个人信息存放在存储芯片中，可由系统进行读/写，当需要对用户进行身份认证时，系统提请用户插入 USBKEY 并读出上面记录的信息，信息经加密处理送往认证服务器，在服务器端完成解密和认证工作，结果返回给用户所请求的应用服务。

生物特征鉴别通过自动验证用户的生理特征或行为特征来识别身份。多数生物学测定系统的工作原理是将一个人的某些特征与预存的资料（在模板中）进行对比，然后根据对比结果进行评价。常见的测定方法如下。

（1）脸部照片。计算机对脸部进行照相并将其与预存的照片进行对比。这种方法能够成功地完成对用户的识别，只是在识别双胞胎时不够准确。

（2）指纹扫描。当用户登录时，可扫描用户的指纹并将其与预存的指纹进行对比，确定是否匹配。

（3）手型识别。这种方法与指纹扫描非常类似，不同之处在于验证人员使用类似于电视的照相机对用户的手进行拍照，然后将手的某些特征（如手指长度和厚度等）与计算机中存储的信息进行对比。

（4）虹膜扫描。这种技术是使用眼睛中有颜色的一部分来确定个人身份的方法，通过对眼睛进行拍照并对照片进行分析来确定用户身份，结果非常准确。

（5）视网膜扫描。这种方法对视网膜上的血管进行扫描，将扫描结果与预存的照片进行对比。

（6）语音扫描。这种方法通过对比用户的语音与计算机中预存的语音来验证用户身份。

（7）签名。将签名与预存的有效签名进行对比。

（8）击键动态。将用户键盘压力和速度与预存的信息进行对比。

（9）还有脸部温度测定等方法。

2）网络的权限控制

网络权限控制是针对网络非法操作所提出的一种安全保护措施。用户和用户组被赋予一定的权限。网络控制用户和用户组可以访问哪些目录、子目录、文件和其他资源；可以指定用户对这些文件、目录、设备能够执行哪些操作；可以根据访问权限将用户分为特殊用户（系统管理员）和一般用户，系统管理员根据用户的实际需要为他们分配操作权限。网络应允许控制用户对目录、文件、设备的访问。用户在目录一级指定的权限对所有文件和子目录均有效，用户还可进一步指定目录下子目录和文件的权限。对目录和文件的访问权限一般有八种：系统管理员权限、读权限、写权限、创建权限、删除权限、修改权限、文件查找权限、存取控制权限。

3. 数据加密

加密是实现数据存储和传输保密的一种重要手段。加密能够实现三个目的：验证身份（确定合法发送方和接收方的身份）、控制（防止更改交易或信息）和保护隐私（防止监听）。数字签名就是一种常见的数据加密，是解决网络通信中发生否认、伪造、冒充、篡改等问题的安全技术。该技术的原理是：发送方对信息施以数学变换，所得的信息与原信息唯一对应；接收方进行逆变换，得到原始信息。只要数学变换方法优良，变换后的信息在传输中就具有很强的安全性，很难被破译、篡改。这一过程称为加密，对应的逆变换过程称为解密。

数据加密的方法有对称密钥加密和非对称密钥加密。

（1）对称密钥加密。对称密钥加密指双方具有共享的密钥，只有在双方都知道密钥的情况下才能使用，通常应用于孤立的环境之中，比如在使用自动取款机（ATM）时，用户需要输入用户识别号码（Personal Identification Number，PIN），银行确认这个号码后，双方在获得密码的基础上进行交易。对称密钥加密的优点是加密/解密速度快，算法易实现，安全性好，缺点是密钥长度短，密码空间小，"穷举"方式进攻的代价小。如果用户数目过多，超过了可以管理的范围，则这种机制并不可靠。

（2）非对称密钥加密。非对称密钥加密也称为公开密钥加密，密钥是由公开密钥和私有密钥组成的密钥对，用私有密钥进行加密，利用公开密钥可以进行解密，但是由于公开密钥无法推算出私有密钥，所以公开密钥并不会损害私有密钥的安全。公开密钥无须保密，可以公开传播；而私有密钥必须保密，丢失时需要报告鉴定中心及数据库。

6.4.4　云环境下的数据安全

云计算会引发数据安全性的保护问题，体现为数据丢失/泄露、共享技术漏洞、供应商可靠性不易评估、身份认证机制薄弱、不安全的应用程序接口、没有正确运用云计算，以及其他未知的风险。为此，有必要了解云计算环境下数据的生命周期，并实施数据安全的应对策略。

1. 云环境下的数据安全策略

（1）建立以数据为中心的安全系统。云中的数据通常驻留在共享环境中，数据的所有者必须对谁有权使用数据和他们可以用它来做什么有全面的控制。为了使这些数据在云中可控，一个标准的以异构数据为中心的安全方法是至关重要的，它将从系统和应用上保证数据的安全。

（2）重视加密方法和使用策略规则。当有用户要访问数据时，系统应该检查其策略规则，并只有在满足后才给予访问权限。在某些情况下，有关特定硬件、组件的信息，必须相关联地存放为一个数据块。

（3）完善认证与身份管理体系。完善以用户为中心的身份管理体系，处理私密和关键的身份属性问题。以用户为中心，系统适当地根据用户的上下文身份信息，在保证数据安全的条件下，约束或者放松限制条件以便最好地响应用户请求。进一步研究与身份管理体系相结合的解决方案，结合企业现有的身份管理体系框架增强云环境的安全性。在某些情况下，采用隐私保护协议来验证各种身份的属性，构建所需的以用户为中心的联合认证与身份管理体系。

2. 云环境下的数据安全

（1）数据生成阶段。数据生成会涉及数据所有权的问题。在传统服务环境中，通常用户或企业拥有自己的服务器来创建和管理数据。但将数据平台迁移到云计算平台时，应该考虑如何保证数据所有权不被侵犯。对于相关的隐私信息，数据所有者有权了解哪些个人信息会被云计算提供商获取，并在某些情况下，要求提供商回避对敏感数据的采集。

（2）数据迁移阶段。在企业内部迁移数据时，传输通常并不需要加密或者只是内部约定一个简单的加密算法进行加密。当数据迁移在云计算平台进行时，数据机密性和完整性都应该得到保证。一方面应当采用更加复杂的加密算法，以防止数据泄露给未经授权的用户，另一方面还需要在传输协议中增加数据的完整性校验，以保证数据迁移仍保持完整。数据的机密性和完整性保证不只存在于企业存储和云存储之间，不同的云存储服务之间的数据传输也应当确保。

（3）数据使用阶段。在传统的数据存储模式中，可以为静态数据进行加密以保证数据安全。然而基于云计算的应用程序中的静态数据会被 PaaS 和 SaaS 模型使用，数据加密在很多情况下是不可行的，加密将会导致索引和查询等问题。因此静态数据的使用基于云计算的应用程序通常是不加密的。与此同时，云计算服务又基于多租户功能模型，数据的处理往往来自公共资源，未加密的数据在此过程中被使用将是一个严重的漏洞。

（4）数据共享阶段。数据共享扩大了数据的使用范围，使得对数据权限的控制变得更加复杂。云提供商可以按照一定规则对数据进行共享，访问者又可以对该数据进一步共享。然而在此过程中，特别是当与第三方共享时，数据所有者需要考虑第三方是否会继续维持原来的保护措施和使用限制。因此对于共享的私有数据，除了授权的数据以外，需要考虑其共享策略，这其中也包括共享时对敏感数据的过滤。

（5）数据存储阶段。云计算中的数据存储可以分为两种情况讨论，即在 IaaS 环境下的简单存储服务和在 PaaS 或 SaaS 环境下的作为应用程序运行基础的存储服务。数据存储在云环境中，需要考虑数据的机密性、完整性和可用性。通用的解决方案是采用数据加密，为了确保有效加密，需要考虑所使用的加密算法的可靠性。随着云计算环境涉及大型大量的数据传输、存储和处理，也需要考虑处理速度和计算效率，这种情况下，对称式加密算法更适合云计算平台。另一个问题是对数据加密方法及算法的管理，理想情况下，应当由数据所有者进行操作。然而因为通常用户没有足够的专业知识，他们通常委托云提供商管理密钥。随着云提供商需要为大量用户提供加密保证，管理也将变得更加复杂和困难。对于数据的完整性保证，不仅在数据传输的过程中需要校验，对于本地数据使用或再次迁移等情况，也同样需要考虑。

（6）数据销毁阶段。对于云计算数据的保护，如何能够安全删除数据同样重要。例如，普通的删除操作是最常用的销毁方式，但它没有真正将数据从硬盘上删除，其实质只是删除了文件的索引；与此类似的是磁盘格式化，它也仅仅是为操作系统创建一个全新的文件索引，将所有的扇区标记为未使用的状态，这样操作后的数据都可能被侵入者的数据恢复软件重新获得。对于企业级别的敏感甚至机密数据，云提供商应当考虑采用磁盘擦写、数据销毁算法及物理销毁等方法来对隐私数据进行保护。

6.5　信息系统安全管理

信息安全管理体系的三要素是：人、制度和技术；其中技术是基础，只有在技术有效时，制度和人才是关键，信息安全管理体系从用户的角度看更强调七分管理、三分技术，在实际运行中三要素就像一个三角支架，三条腿一样长，系统才能保持平衡。

6.5.1　信息安全管理体系

发达国家经过多年的研究，已形成完善的信息安全管理方法，并用可以普遍采用的标准形式表达出来，即：British Standard 7799 信息安全管理体系（ISO/IEC 17799）指出的安全管理的内容：信息安全政策、信息安全组织、信息资产分类与管理、个人信息安全、物理和环境安全、通信和操作安全管理、存取控制、信息系统的开发和维护、持续运营管理等等。面对如此庞大的管理技术体系，企业如何有效地建立自己的信息安全管理体系，从而真正达到信息安全的基本目标呢？从信息安全管理三要素看：计算机网络与信息安全=信息安全技术+信息安全管理体系（技术+人+制度）。在技术层面和管理层面的良好配合，是组织实现网络与信息安全系统的有效途径。其中，信息安全技术通过采用包括建设安全的主机系统和安全的网络系统，并配备适当的安全产品的方法来实现；在管理层面，则通过构架信息安全管理体系（落实制度和人员培训）来实现。

British Standard 7799 提出的信息管理过程如下。

- 确定信息安全管理方针和信息安全管理体系的范围。
- 进行风险分析。
- 根据风险分析，建立信息安全管理体系（制度和技术体系）。

- 建立业务持续计划并实施安全管理体系。

企业应根据自身的状况组织适合自身业务发展和信息安全需求的信息安全管理框架，并在正常的业务开展过程中具体实施构架，同时建立各种与信息安全管理框架相一致的相关文档、文件，并进行严格管理，对在具体实施的过程中出现的各种信息安全事件和安全状况进行严格的记录，并建立严格的回馈流程和制度。为确保信息系统的安全，必须从管理角度确定应采取的主要控制方法和措施，并将管理要求落实。

1. 确定信息安全管理方针和信息安全管理体系的范围

信息安全策略是企业理念及对保护企业关键数据和确保生产设计系统安全运行的寄予的厚望表征，它们通过精心编写、有效交流和实施得力的策略来帮助消除由不当使用系统、软件、电子邮件系统和 Internet 带来的风险。信息安全政策是组织信息安全的最高方针，应该简单明了、通俗易懂并直指主题，避免将组织内所有层面的安全方针全部揉在一个政策中，使人不知所云。必须形成书面文件，广泛散发到组织内所有员工手中，并要对所有相关员工进行信息安全政策的培训，对信息安全负有特殊责任的人员要进行特殊的培训，以使信息安全方针真正植根于组织内所有员工的脑海并落实到实际工作中。 信息安全策略在企业实施网络安全措施中具有主导作用，只有针对自身特点制定合理的安全策略，才能使企业的安全措施行之有效、有据可依，取得预期的效果。良好、合理的安全策略将帮助用户评估网络风险、制定安全目标、确定合理可行的安全级别以及选择和部署安全解决方案。

2. 进行风险分析

信息安全风险评估的复杂程度将取决于风险的复杂程度和受保护资产的敏感程度，所采用的评估措施应该与组织对信息资产风险的保护需求相一致。

资产评估是企业制定信息安全策略的前提条件，只有确定企业需要重点保护的资源，才能够制定出相应的切合实际的策略。公司首先要确定对公司目前成功和长期生存至关重要的数据、系统和网络，因为这些元素对企业而言兼具货币价值和内在价值。货币价值指起重要作用的关键、敏感数据设计资料、应用系统和网络，以及如果这些元素无法提供适当的功能，公司将遭受多大的损失。内在价值指各机构必须认真考虑安全问题可能带来的对信誉、声誉和与投资者关系的损害。

在评估过程，企业要采用能够充分利用结合优秀的传统方法及联网计算的新业务模式，才能获得竞争优势。而且对许多企业来讲，问题不在于数据安全是否必要，而在于怎样在预算范围内以安全的方式管理复杂计算机环境、多种计算机平台和众多集成式计算机网络上的数据。各机构必须独立确定所需的安全程度，以及哪种安全能最有效地满足其特殊业务需求。所以，有效的评估方法就是要根据不同企业特殊条件有针对性地进行操作。

组织在进行信息资产风险评估时，不可有侥幸心理，必须将直接后果和潜在后果一并考虑。对信息安全管理体系范围内的信息资产进行鉴定和估价，然后对信息资产面对的各种威胁和脆弱性进行评估，同时对已存在的或规划的安全管制措施进行鉴定，这就是一个风险评估的过程。

3. 根据风险分析，建立信息安全管理体系（制度和技术体系）

管制目标的确定和管制措施的选择原则是费用不超过风险所造成的损失。但应注意有些风险的后果并不能用金钱衡量（如商誉的损失等）。由于信息安全是一个动态的系统工程，组织应时时对选择的管制目标和管制措施加以校验和调整，以适应变化了的情况，使组织的信息资产得到有效、经济、合理的保护。

准备信息安全适用性申明：信息安全适用性申明记录了组织内相关的风险管制目标和针对每种风险所采取的各种控制措施。信息安全适用性申明的准备，一方面是为了向组织内的员工申明对信息安全面对的风险的态度，在更大程度上则是为了向外界表明组织的态度和作为，以表明组织已经全面、系统地审视了组织的信息安全系统，并将所有有必要管制的风险控制在能够被接受的范围内。

信息安全牵涉到方方面面的问题，是一个极其复杂的系统工程。要实施一个完整信息安全管理体系，至少应包括三类措施。一是社会的法律政策、企业的规章制度以及信息安全教育等外部软环境；二是信息安全的技术的措施，如防火墙技术、网络防毒、信息加密存储通信、身份认证、授权等；三是审计和管理措施，该方面措施同时包含了技术与社会措施有：实时监控企业安全状态、提供实时改变安全策略的能力、对现有的安全系统实施漏洞检查等，主要目的是使信息安全管理体系持续运行。企业要实施一个安全的系统应该三管齐下。其中法律、企业领导层的重视应处于最重要的位置。

安防制度是安全防护体系的基础。安防制度是这样一份或一套文档：它从整体上规划出在企业内部实施的各项安防控制措施。规章制度不是技术指标，它在企业里起的作用主要有 3 点。

- 明确员工的法律责任；
- 对保密信息和无形资产加以保护，使之免于盗窃、误用、非授权公开或修改；
- 防止浪费企业的计算机资源。

写在纸面上的规章制度不过是把公司纲领传达给各个员工的手段。规章制度一定要正式发布，正式发布的规章制度才能作为法律证据。

规章制度的生命周期（即制度的制定→推行→监督实施）是在制定、推行、和监督实施规章制度时所必须遵循的过程。规章制度的编制工作是以风险评估工作的结论为基础制定出消除、减轻和转移风险所需要的安防控制措施。要用简明易懂的文字来书写它们，不要弄得过于复杂。规章制度的推行阶段说的是企业发布执行规章制度的工作。必须保证对不遵守制度的行为的惩罚与该行为本身相匹配，对每次违反规章制度的行为都要进行惩罚。如果规章制度的推行工作不严格，安防体系将难以实施。监督实施工作需要常抓不懈。这项工作需要长期反复进行，必须要确保它们能够跟上企业的发展和变化。

规章制度的制定，从全局的角度看，规章制度的制定工作包括以下几个方面：明确关键性的商务资源和政策制度、界定企业中的各个岗位、确定企业各岗位人员的权利和义务。也可以以 British Standard 7799 信息安全管理体系（ISO/IEC 17799）为蓝本，这套标准把安防制度分为十大部分，内容覆盖信息系统决策和制度制定工作所涉及的一切问题。10 个部分及其作用如下。

（1）商务活动减灾恢复计划。从大多数失误和灾难造成的后果开始恢复企业运转及其关键性业务流程的行动计划。

（2）系统访问权限控制。

- 对信息的访问加以控制。
- 防止出现针对信息系统的非授权访问。
- 保护网络上的服务切实有效。
- 防止出现计算机硬件设备的非授权访问。
- 检测有无非授权访问。
- 保证人员旅行时或电信线路上的信息安全。

（3）系统开发和维护。

- 确保可以让人们操控的系统上都已建好安全防护措施。
- 防止应用系统里出现用户数据的丢失、修改和滥用现象。
- 保护信息的保密性。与用户身份的对应性和完整性。
- 确保 IT 项目及其支持性活动以一种受保护的方式来开发进行。
- 维护应用系统中的软件和数据的安全性。

（4）物理和环境的安防考虑。

- 防止出现针对企业根基和信息方面的非授权访问、损坏和干扰。
- 防止企业资产出现丢失、损坏、不正当使用，防止业务活动出现中断。
- 防止信息和信息处理设备的不正当使用和盗窃。

（5）遵守法律和规定。

- 避免违反一切刑事和民事法律。
- 避免违反法令性、政策性及合同性义务。
- 避免违反安防制度要求。
- 保证企业的安防制度符合国际、国内的相关标准。
- 最大限度地发挥企业监督机制的效能，减少它带来的不便。

（6）人为因素的安防考虑。

- 减少信息处理设备在人为失误、盗窃、伪造、滥用等方面的风险。
- 确保用户明白信息安全方面的威胁和关注重点，在其日常工作过程中懂得使用必要的设备来支持公司的安防制度。
- 把安防事故和意外的损失减少到最小，并从这类事件中吸取教训。

（7）企业组织的安防考虑。

- 加强企业内部的信息安防管理。
- 对允许第三方访问的企业信息处理设备和信息资产进行安全防护。
- 对外包给其他公司信息处理业务所涉及的信息进行安全防护。

（8）计算机和网络管理。

- 确保对信息处理设备的操作是正确和安全的。
- 减少系统故障方面的风险。
- 保护软件和信息的完整性。
- 注意维护在处理和通信过程中的完整性和可用性。
- 确保网上信息的安防监控以及相关支持体系的安全防护。
- 防止出现损坏企业资产和中断公司业务活动的行为。
- 防止企业之间的交流信息被丢失、修改或滥用。

（9）资产分类和控制。

对公司资产加以适当的保护措施，确保无形资产都能得到足够级别的保护。

（10）安防制度。

提供信息安防方面的管理方针和支持服务。

严格的信息安防制度必须包括以下几项重点内容。

- 必须有明晰信息所有权的条款。
- 必须规定员工/用户在保护信息资产方面的责任。
- 必须制定出对不遵守制度现象的惩罚措施。

为避免出现漏洞而给出了以下几条建议。

在制定信息安防制度时要注意考虑企业文化，许多安防方面的规章制度都是参考制度模板或者以其他企业的规章制度为样板而制定出来的。与企业文化和公司业务活动不相适应的信息安防制度往往会导致发生大范围的不遵守现象。

规章制度必须有现实意义，必须由管理层明确签发——在正式发布规章制度之前，应该先调查清楚用户对这套制度的接受程度如何，还应该把网络系统和业务流程改造多方面的开支计划安排好。不要低估规章制度宣传工作的作用。要想让员工自觉地遵守规章制度，就必须先把制定规章制度的道理向他们讲清楚。举办学习会，在会上宣布开始执行这套规章制度，并把企业领导签发的通知书下发给每一位员工。发布规章制度的时候，必须写明其监督实施办法，制定出正式执行这套规章制度的时间表。要把例外情况的审批手续和不遵守规章制度现象的汇报手续解释清楚，这是非常重要的。应该给员工发一些提醒他们遵守制度的小物品，甚至可以准备一些自查表好让员工和部门经理能够对制度的遵守情况进行自查。规章制度必须包括适当的监督机制，必须有对不遵守现象的纪律处罚手段，为了保证能够发现和纠正对规章制度的错误理解、保证能够发现和纠正不遵守规章制度的现象，安防制度里必须有相应的监督实施办法，企业应该尽可能采用一些自动化的工具对规章制度的执行情况做定期的检查。如果采用人工方法进行检查，就必须有一个定期的常规检查计划——对恶性事故的原因和责任必须做正式的追查；违反规定的行为要视情节轻重进行处罚；纪律面前，人人平等，事故处理办法里应该说明怎样来调查和收集证据，在什么情况下需要提请司法机关介入。最后，应该定期对遵守、例外、和违反规章制度的情况进行总结并与企业领导进行交流，让他们了解制度的执行情况，支持你的工作。要想制定出一套成功的信息安防制度，其关键在于以下几个问题的答案：员工理解正确使用情况和不正确使用情况之间的区别吗？对明显违反制度的行为，员工会报告吗？对明显违反制度的行为，员工知道应该怎样报告吗？

以下内容是安防制度里的几个重要组成部分。

计算机上机管理制度。计算机上机管理制度讨论和定义了公司计算机资源的正确使用办法。应该要求用户在开设账户时阅读和签署这份协议。用户有责任保护保存在计算机里的信息资料，这一点必须在协议里写清楚。用户的个人电子邮件的使用级别也要在协议里写清楚。这项制度要回答以下几个问题。

- 用户能否查阅和复制自己有访问权但不属于他们的文件。
- 用户能否修改自己有写权限但不属于他们的文件。
- 用户能否复制系统配置文件（如 etc/passwd 和 SAM）供个人使用或复制给其他人。
- 用户能否使用.rhosts 文件。可以设置使用哪几个数据项。
- 用户能否共享账户。

用户账户管理制度。用户账户管理制度给出的是申请和保有系统账户的要求。大公司里的计算机用户经常会在好几个系统上有账户，所以这个制度对它们来说非常重要。用户账户管理制度需要问答以下几个问题。

- 谁有权批准开设账户的申请？
- 谁（员工、配偶、儿童、公司访客等）被允许使用公司的计算机资源？
- 用户能否在一个系统上开设多个账户？
- 用户能否共享账户？
- 用户都有哪些权利和义务？
- 账户都会在什么时候被禁用和归档？

远程访问管理制度。远程访问管理制度规定了公司内部网络的远程连接办法。这个制度对今天的企业有很重要的意义，因为用户和网络可能分布在广大的地域上。这个制度应该把允许使用的远程访问内部资源的手段都包括进来，比如拨号（SLIP、PPP）、ISDN/帧中继、经过因特网的 Telnet 访问、有线电视调制解调器/DSL，等等。这项制度需要回答以下几个问题。

- 哪些人有权使用远程访问服务？
- 公司支持哪几种连接方法（比如只支持宽带调制解调器/DSL 或拨号）？
- 内部网络上是否允许使用向外拨号的调制解调器？
- 远程系统上有没有额外的使用要求——比如强制性的杀毒软件和安防软件？
- 员工家庭里的其他成员能否使用公司的网络？
- 对被远程访问的数据是否有限制？

信息保护管理制度。信息保护管理制度规定了用户在处理、保存和传输敏感数据时的正确做法。这个制度的主要目的是要确保受保护信息不会被在非授权的情况下被修改和公开。公司的现有员工都必须签署这份协议，新员工在岗位培训时必须学习这项制度、信息保护管理制度需要问答以下几个问题。

- 信息的敏感级别是如何设定的？
- 哪些人可以访问到敏感的信息？

- 敏感信息是如何保存和传输的？
- 哪个级别敏感信息允许在公共打印机上打印出来？
- 如何从存储介质上删除敏感信息（碎纸机、硬盘整理、软盘消磁等）？

防火墙管理制度。防火墙管理制度规定了防火墙硬件和防火墙软件的管理办法，规定了改变防火墙配置时的审批手续，这项制度需要问答以下几个问题。

- 哪些人有防火墙系统的访问权？
- 如果需要改变防火墙的配置情况，需要向谁提出申请？
- 如果需要改变防火墙的配置情况，申请将由谁来批准？
- 哪些人可以看到防火墙的配置规则和它的访问清单？
- 防火墙配置情况的检查周期是多长时间？

特殊访问权限管理制度。特殊访问权限管理制度规定了系统特殊账户（根用户账户、系统管理员账户等）的申请和使用办法。这项制度需要回答以下几个问题。

- 特殊访问权限需要向谁提出申请？
- 特殊访问权限需要由谁来批准？
- 特殊访问权限的口令字规则是什么？
- 多长时间改变一次口令？
- 什么理由或情况会导致用户的特殊访问权限被取消？

网络连接设备管理制度。网络连接设备管理制度规定了给网络增加新设备的要求，它需要回答以下几个问题。

- 哪些人有权在网络上安装设备？
- 安装新设备需要由谁来批准？
- 安装新设备时应该通知哪些人？
- 网络设备的增减情况由谁来记录？
- 对网络上新增加的设备有没有安防要求？

商业伙伴管理制度。商业伙伴管理制度规定了企业的商业伙计公司都应该具备什么样的安防条件。随着电子商务的发展，公司内部网络对商业伙伴、顾客、供应商的开放程度越来越大，商业伙伴管理制度也就越来越重要。这方面的规定在每一份商业伙伴协议里都会有很大的变化，但它至少需要回答以下几个重要的问题。

- 是否要求每一个商业伙伴公司都必须有一份书面的安防制度？
- 是否要求每一个商业伙伴公司都必须有个防火墙或其他网络边界安防设备？
- 通信交流是如何进行的（因特网上的 VPN 虚拟专用网、租用专线等）？
- 如果想访问商业伙伴的信息资源，应该如何提出申请？

其他重要规定。你可能还需要制定其他几项规章制度，比如说：

- 无线网络管理制度——帮助加强无线网络的安全防护措施，内容包括哪些设备可以无线接入、需要采取哪些安防措施，等等；
- 实验室管理制度——如果企业里有一个测试实验室，就要用这项制度来保护内部网络免受其影响而降低安全性。最好是让测试实验室另外使用一条完全独立的因特网连接，使它与公司内部的业务网络没有什么连接通路。

- 个人数字助理（PDA）管理制度——这项制度明确了是否允许 PDA 设备连接到公司的内部网络、怎样建立连接、是否允许把 PDA 软件安装在公司的系统上等问题。这些设备会给你的技术支持部门带来许多支持和混用方面的问题。

顾客管理制度。有此公司还向顾客、潜在顾客、和商业伙伴们提供其安全防护体系的概括性讨论报告。这有助于展示企业对安防环境的重视和经验。

信息安全管理系统基本技术框架。面向数据的安全概念是数据的保密性、完整性和可获性，而面向使用者的安全概念则是鉴别、授权、访问控制、抗否认性和可服务性以及在于内容的个人隐私、知识产权等的保护。综合考虑就是信息安全管理体系结构中的安全服务功能，而这些安全问题又要依靠密码、数字签名、身份验证技术、防火墙、安全审计、灾难恢复、防病毒、防黑客入侵等安全机制（措施）加以解决。其中密码技术和管理是信息安全的核心，安全标准和系统评估是信息安全的基础。

信息安全管理系统的安全保障体系可以分为三个层次：一是基本安全环节，这些安全环节是很多系统平台本身就提供的，如操作系统或者数据库；其次是对基本安全要素的增强环节，利用这些增强环节能够对系统起到更可靠的保护作用；再其次是扩充的安全机制，它们提供更强的安全监测和防御能力。

基本安全环节。用户身份标识和鉴别。计算机信息系统的可信操作在初始执行时，首先要求用户标识自己的身份，并提供证明自己身份的依据，计算机系统对其进行鉴别。

身份鉴别可以是只对主体进行鉴别，某些情况下，则同时需要对客体进行鉴别。目前在计算机系统中使用的身份鉴别的技术涉及 3 种因素：你知道什么（秘密的口令）、你拥有什么（令牌或密钥）、你是谁（生理特征）。

仅以口令作为验证依据是目前大多数商用系统所普遍采用的方法。这种简单的方法会给计算机系统带来明显的风险，包括利用字典的口令破解；冒充合法计算机的登录程序欺骗登录者泄露口令等。

任何一个单纯的口令系统都无法保证不会被入侵。一些系统使用口令与令牌相结合的方式，这种方式在检查用户口令的同时，验证用户是否持有正确的令牌。令牌是由计算机用户执行或持有的软件或硬件。令牌连续地改变口令，通过与验证方同步获得验证。

基于生理特征的验证是一项始终处于研究阶段的技术，验证的依据种类繁多，常见的如指纹、视网膜或虹膜、手掌几何学等。这类系统通常十分昂贵，并且出错率和性能还没有被广泛认可。

访问控制。访问控制分为"自主访问控制"和"强制访问控制"两种。

自主访问控制（DAC）是商用系统中最常见的一种类型，UNIX 和 NT 操作系统都使用 DAC。在基于 DAC 的系统中，主体的拥有者负责设置访问权限。自主访问控制的一个最大问题是主体权限太大，无意间就可能泄露信息，而且不能防备特洛伊木马的攻击。

强制访问控制（DMC）就是系统给每个客体和主体分配了不同的安全属性，而且这些安全属性不像由客体拥有者制定的 ACL（访问控制列表）那样轻易被修改。系统通过比较主体和客体的安全属性决定主体对客体的操作可行性。强制访问控制可以防范特洛伊木马和用户滥用权限，具有更高的安全性。

审计。审计是一个被信任的机制。安全系统使用审计把它的活动记录下来。审计系统记录的信息应包括主题和对象的标识，访问权限请求、日期和时间、参考请求结果（成功或失败）。审计记录应以一种确保可信的方式存储。大多数操作系统都提供至少能记录被用户访问的每个文件的审计子系统。

上面这些安全要素是一个安全系统最基本的和不可缺少的安全机制，这些要素的缺乏意味着系统几乎没有可信赖的安全机制。

对基本安全环节的增强机制。可以采取一些可行的技术手段以强化基本安全机制的作用，这些手段如下。

- 在普通操作系统中通过强化内核，增加强制访问控制能力，分解 ROOT 权限。
- 在网络上设置防火墙，由于防火墙可以在操作系统的外部增加一层防护，因而在商用操作系统安全性较弱的情况下，可以有效增加系统的安全性。
- 独立的网络和主机审计系统。
- 利用密码技术建立的身份鉴别体系：基于公钥算法和 PKI 的认证系统。

扩充的安全机制。这些安全机制采用了更有针对性的技术来提高系统安全的可控性，它们是建立高度安全的信息系统必不可少的。

（1）安全审核。其基本原理是在系统外部对受保护的系统自动地模拟各种访问动作，通过系统对这些动作的响应评估系统的安全状况。安全审核通过改善系统中的基本安全环节达到增强安全性的目的，典型的产品如网络扫描器。

（2）实时监控。实时监控系统依据系统积累的关于异常和入侵的知识（一组行为模式），实时监控系统中的事件，并可以在发生危害系统的事件发生时，产生预先定义的动作，终止危害事件的进行或报告异常事件。实时监控由于积累了大量关于入侵系统的知识，并对典型行为敏感，因而又被称为"入侵检测"。它强化了系统中的访问控制（产生动作）和审计机制（记录危险事件）。

（3）防病毒。防病毒系统利用病毒的已知特征发现病毒，并将其从系统中清除。

（4）信息加密。包括可信系统内部的加密存储以及跨越不可信系统在可信系统间传输受控信息的机制。通常使用信息加密技术以及建立在加密和通道技术上的 VPN 系统。

（5）安全系统的灾难恢复。数据的灾难恢复是保证系统安全可靠不可或缺的基础。如果定期对重要数据进行备份，那么在系统出现故障时，仍然能保证重要数据准确无误。

以上介绍的这些技术环节，有些是基本的，有些则并不一定都要部署，企业应该根据自身的信息系统的构成、信息系统本身的价值、威胁的主要来源等因素来决定取舍。

4. 建立业务持续计划并实施安全管理体系

信息安全管理系统的框架的建设只是第一步。在具体实施信息安全管理系统的过程中，必须充分考虑各种因素，例如，实施的各项费用（例如培训费、报告费等）、与组织员工原有工作习惯的冲突、不同部门/机构之间在实施过程中的相互协作问题等。

在信息安全管理系统建设、实施的过程中，必须建立起各种相关的文档、文件，例如，信息安全管理系统管理范围中所规定的文档内容、对管理框架的总结（包括信息安全政策、管制目标和在适用性申明中所提出的控制措施）、在信息安全管理系统管理范围中规定的管制采取过程、信息安全管理系统管理和具体操作的过程（包括 IT 服务部门、系统管理员、网络管理员、现场管理员、IT 用户以及其他人员的职责描述和相关的活动事项）等。文档可以按各种形式保存，但是必须划分不同的等级或类型。同时，为了今后的信息安全认证工作的顺利进行，文档必须能很容易地被指定的第三方（例如认证审核员）访问和理解。

组织必须对各种文档进行严格的管理，结合业务和规模的变化，对文档进行有规律、周期性的回顾和修正。当某些文档不再适合组织的信息安全政策需要时，就必须将其废弃。但值得注意的是，某些文档虽然对组织来说可能已经过时，但由于法律或知识产权方面的原因，组织可以将相应文档确认后保留。

必须对在实施信息安全管理系统的过程中发生的各种与信息安全有关的事件进行全面的纪录。安全事件的纪录为组织进行信息安全政策定义、安全管制措施的选择等的修正提供了现实的依据。安全事件记录必须清晰，明确记录每个相关人员当时的活动。安全事件纪录必须适当保存（可以以书面或电子的形式保存）并进行维护，使得当纪录被破坏、损坏或丢失时容易挽救。

信息安全管理体系标准（如 BS 7799 国际信息安全管理标准体系）毕竟仅仅提供一些原则性的建议，如何将这些原则性的建议与各个组织单位自身的实际情况相结合，构架起符合组织自身状况的信息安全管理系统，才是真正具有挑战性的工作。在构架安全的信息系统时，应牢记如下的指导思想："信息安全技术、信息安全产品是信息安全管理的基础，信息安全管理是信息安全的关键，人员管理是信息安全管理的核心，信息安全政策是进行信息安全管理的指导原则，信息安全管理体系是实现信息安全管理最为有效的手段。"

6.5.2　灾难备份与灾难恢复

灾难可能在没有任何预警的情况下发生，最好的防御就是做好充分的准备，所以在任何安全系统中，制定业务连贯性计划（Business Continuity Plan，BCP），也叫灾难恢复计划（Disaster Recovery Plan，DRP），是一项重要的措施。

1. 灾难备份与灾难恢复的概念

所谓信息系统灾难，是指由于人为或自然的原因，造成信息系统严重故障、瘫痪或其数据严重受损，使信息系统支持的业务功能停顿或服务水平达到不可接受的程度，并持续特定时间的突发性事件。而灾难恢复是指为了将信息系统从灾难造成的不可运行状态恢复到可以接受的状态而设计的活动或流程。相关的灾难备份指为了灾难恢复而对数据、数据处理系统、网络系统、基础设施、业务和技术等相关人员进行备份的措施。

灾难备份的目的是确保关键业务持续运行及减少非计划宕机时间。灾难备份与灾难恢复包括数据备份和灾难恢复，是指在发生灾难事故时，能够利用已备份的数据，及时对原系统进行恢复，以保证数据的安全和业务的连续。灾难备份与灾难恢复密不可分，灾难备份是灾难恢复的前提和基础，而灾难恢复是灾难备份的具体应用。灾难恢复的目标和计划决定了所需要采取的灾难备份策略。

2．灾难备份与灾难恢复的类型

按照距离的远近，可以将信息系统灾难备份（可简称灾备）与灾难恢复分为同城灾备与异地灾备。同城灾备的生产中心与灾备中心的距离比较近，比较容易实现数据的同步镜像，保证高度的数据完整性和数据零丢失。同城灾备一般用于防范火灾、建筑物破坏、供电故障、计算机系统及人为破坏引起的灾难。异地灾备主备中心之间的距离较远（一般在 100km 以上），因此一般采用异步镜像，会有少量的数据丢失。异地灾备不仅可以防范火灾、建筑物破坏等可能遇到的风险隐患，还能够防范战争、地震、水灾等风险。

由于同城灾备和异地灾备各有所长，为达到最理想的防灾效果，像银行这样的金融系统，可考虑采用同城和异地各建立一个灾备中心的方式解决。按照所保障的内容可以分为数据级容灾和应用级容灾（灾难备份与恢复系统也称为容灾系统）。数据级容灾系统需要保证用户数据的完整、可靠和安全，提供实时服务的信息系统，用户的服务请求在灾难中会中断。应用级容灾系统却能提供不间断的应用服务，让客户的服务请求能够透明（客户对灾难的发生毫无觉察）地继续运行，保证信息系统提供的服务完整、可靠、安全。因此金融行业应在数据容灾的基础上构建应用级容灾系统，保证业务系统的不间断运行，为用户提供更好的服务。

3．制定灾难恢复计划的主要观点

灾难恢复计划是指通过保护和恢复来确保业务连贯性的流程，下面是关于这个流程的主要观点。

（1）灾难恢复计划的目的在于当灾难发生后确保业务的运转，信息系统部门和职能经理均需参与制定该计划，应针对每一项职能制定有效的恢复计划。

（2）制定灾难恢复计划是资产保护的一部分，各级管理人员对其职责范围内的资产进行保护。

（3）灾难恢复计划的制定首先应关注在全部功能丧失的情况下如何进行恢复。

（4）对能力进行检验通常会涉及几种假设分析，分析的结果将表明当前应采取何种恢复计划。

（5）灾难恢复计划中必须标明所有的关键应用及其恢复规程，灾难恢复计划应是书面的，从而使其能够在发生灾难时具有效力，而不仅仅是为了满足审计人员的要求。

（6）灾难恢复计划应放置在安全的地点；应向所有关键的管理人员发放副本，或者将其放置在局域网上；应定期对计划进行审定。

（7）制定灾难恢复计划的过程可能是非常复杂的，需要数月时间才能完成，使用专用的软件可以提高计划制定工作的效率。

建议在制定灾难恢复计划（DRP）时按照最坏的情况，针对各种可能发生的灾难（如系统故障、黑客攻击、恐怖袭击等）进行测试，并就业务中断可能对技术、信息和人员构成的影响进行分析，找出灾难恢复计划可能存在的缺陷，包括：不全面（可能没有覆盖所有方面）、不充分或效力不足（无法提供补救）、不现实（如没有足够的时间和金钱）、过于细致（浪费时间和成本）、未进行沟通、缺乏明确的流程（没有明确的规定，步骤不清）、未经测试（可能看起来不错，但是实际效果不佳）、未经协调（不是由团队共同制定的，或者没有经过有效的协调）、过时（不适应当前状况）、缺乏关于恢复的思考（没有人进行过认真细致的思考）。

4．灾难恢复策略的制定

灾难恢复策略一般围绕支持灾难恢复各个等级所需的七个资源要素进行描述，组织应根据灾难恢复目标，按照成本风险平衡原则，确定这些资源要素的获取方式及要求。

5．灾难备份与灾难恢复系统的衡量指标

灾难备份的主要技术指标有恢复点目标（Recovery Point Object，RPO）和恢复时间目标（Recovery Time Object，RTO）。其中 RPO 代表灾难发生时丢失的数据量，为尽可能减少数据丢失，需要建立一个远程的数据存储系统，并与生产系统进行数据的镜像备份。RTO 代表系统恢复的时间，为减少系统恢复的时间，需要在数据容灾的基础上，在灾备中心建立一套完整的与生产系统匹配的备份应用系统。在灾难发生时，灾难备份中心可以迅速接管业务运行，不仅最大限度地降低数据丢失，还最大限度地减少系统恢复时间，提高业务系统的连续可用性。

但是用这两个指标还不能完全反映业务连续性的好坏，于是又有人提出另外两个辅助指标：恢复可靠性指标（Recovery Reliability Object，RRO）与恢复完整性指标（Recovery Integrity Object，RIO）。RRO 是指在系统切换或恢复过程中成功的可靠性。如果一个业务连续性系统在 10 次恢复/切换中会有两次失败，则其可靠性只有 80%。虽然成功的恢复/切换可能在几秒内就完成，但不成功的恢复/切换可能需要数小时甚至数天才能修复数据。因此，RTO 和 RRO 结合起来才能衡量业务连续性的控制能力。RIO 是指当系统因为逻辑因素出现脱机或数据丢失时，即使系统恢复到最新的时间点，系统仍可能处于逻辑上不正确或者不完整的状态。因此，单独的 RIO 不能有效衡量业务连续性系统对数据丢失的防范能力。考虑到逻辑因素对业务连续性的巨大影响，引入 RIO 指标。RIO 能够反映系统恢复到某个正确完整的逻辑状态的能力，这对评估业务连续系统的水平非常重要。

6．灾难备份与灾难恢复的等级

按照国际标准，根据数据中心对灾难恢复 RPO 与 RTO 要求的不同，信息系统灾难备份与恢复分为七个等级。

目前，大多数数据中心只达到 2~3 级备份，即在每天数据处理完成后，将数据磁带传输到异地保存，同时建立冷备份方式的数据中心。对于国家机关、金融部门等重要信息部门，数据中心的备份级别要求必须达到4级以上。一些特别重要的应用，在灾难发生时要保持业务的连续性，要求达到6级的标准，即建立无数据丢失，灾难发生时能够自动切换的数据中心，这也是未来容灾的发展方向。

7．数据灾难恢复的规范与标准

（1）国际标准：按国际标准SHARE78分成7个容灾等级，第0级为本地冗余备份，第1级为数据介质转移，第2级为应用系统冷备，第3级为数据电子传送，第4级为应用系统温备，第5级为应用系统热备，第6级为数据零丢失。

（2）国家标准：我国2007年开始实施GB/T20988—2007《信息安全技术信息系统灾难恢复规范》，对灾难恢复能力等级进行了规定，分为六个等级，第1级为基础支持，第2级为备用场地支持，第3级为电子传输和部分设备支持，第4级为电子传输和完整设备支持，第5级为数据实时传输和完整设备支持，第6级为零数据丢失和远程集群支持。每个等级对灾难恢复资源的各个要素进行了明确的规定。

6.5.3　涉密信息系统安全管理

国家秘密信息是国家主权的重要内容，关系到国家的安全和利益，一旦泄露，必将直接危害国家的政治安全、经济安全、国防安全、科技安全和文化安全。没有国家秘密信息的安全，国家就会丧失信息主权和信息控制权，所以国家秘密信息的安全是国家信息安全保障体系中的重要组成部分。

1．涉密信息系统的级别划分

涉密信息系统分级保护的对象是所有涉及国家秘密的信息系统，重点是党政机关、军队和军工单位，由各级保密工作部门根据涉密信息系统的保护等级实施监督管理，确保系统和信息安全，确保国家秘密不被泄露。因为不同类别、不同层次的国家秘密信息，对于维护国家安全和利益具有不同的价值，所以应当合理平衡安全风险与成本，采取不同强度的保护措施，这就是分级保护的核心思想。

涉密信息系统安全分级保护根据其涉密信息系统处理信息的最高密级，可以划分为秘密级、机密级和机密级（增强）、绝密级三个等级。

1）秘密级

信息系统中包含有最高为秘密级的国家秘密，其防护水平不低于国家信息安全等级保护三级的要求，并且还必须符合分级保护的保密技术要求。

2）机密级

信息系统中包含有最高为机密级的国家秘密。属于下列情况之一的机密级信息系统应选择机密级（增强）的要求。

（1）信息系统的使用单位为副省级以上的党政首脑机关，以及国防、外交、国家安全、军工等要害部门。

（2）信息系统中的机密级信息含量较高或数量较多。

（3）信息系统使用单位对信息系统的依赖程度较高。

3）绝密级

信息系统中包含有最高为绝密级的国家秘密，其防护水平不低于国家信息安全等级保护五级的要求，还必须符合分级保护的保密技术要求，绝密级信息系统应限定在封闭、安全可控的独立建筑内，不能与城域网或广域网联网。

2．涉密信息系统的管理要求

当前，包括云计算、3G 应用与移动网络、手机移动支付、RFID 技术应用与安全、面临破解挑战的某些国外商业密码技术、国家和公众对网络的安全与信息净化的要求等一系列信息化应用新概念、新技术、新应用、新问题相继出现，给信息安全产业不断提出新的挑战。这其中，涉密信息系统的信息内容安全问题作为信息安全的重要组成部分，越来越受到各级政府、企事业单位信息安全管理部门的高度重视。信息化条件下的保密管理要做到"集中管控、终端不存、个人不留"，这已经成为涉密信息系统重要的安全保密标准之一。即要求建立在应用安全理念基础上，实现集中存储、集中计算、集中管理三个层次的安全，将数据及处理数据的应用集中部署于服务器端，实现应用程序集中处理秘密信息及敏感信息，处理后的数据保存在服务器端。用户终端通过网络隔离与访问控制设备和服务器端隔离，通过虚拟技术访问应用及数据，秘密信息的存储和计算均在服务器端进行，终端没有秘密信息。

3．涉密信息系统分级保护的管理过程

涉密信息系统分级保护的管理过程分为 8 个阶段，即：

（1）系统定级阶段。

（2）安全规划方案设计阶段。

（3）安全工程实施阶段。

（4）信息系统测评阶段。

（5）系统审批阶段。

（6）安全运行及维护阶段。

（7）定期评测与检查阶段。

（8）系统隐退终止阶段等。

在实际工作中，涉密信息系统的定级、安全规划方案设计的实施与调整、安全运行及维护三个阶段，尤其要引起重视。

涉密信息系统要按照分级保护的标准，结合涉密信息系统应用的实际情况进行方案设计。设计时要逐项进行安全风险分析，并根据安全风险分析的结果，对部分保护要求进行适当的调整和改造，调整应以不降低涉密信息系统整体安全保护强度，确保国家秘密安全为原则。当保护要求不能满足实际安全需求时，应适当选择采用部分较高的保护要求；当保护要求明显高于实际安全需求时，可适当选择采用部分较低的保护要求。对于安全策略的调整及改造方案进行论证，综合考虑修改项和其他保护要求之间的相关性，综合分析，改造方案的实施及后续测评要按照国家的标准执行，并且要求文档化。在设计完成之后要进行方案论证，由建设使用单位组织有关专家和部门进行方案设计论证，确定总体方案达到分级保护技术的要求后再开始实施；在工程建设实施过程中注意工程监理；建设完成之后应该进行审批；审批前由国家保密局授权的涉密信息系统测评机构进行系统测评，确定在技术层面是否达到了涉密信息系统分级保护的要求。

4．涉密信息系统安全运行的隐患与防范

运行及维护过程的不可控性及随意性，往往是涉密信息系统安全运行的重大隐患。必须通过运行管理和控制、变更管理和控制，对安全状态进行监控，对发生的安全事件及时响应，在流程上对系统的运行维护进行规范，从而确保涉密信息系统正常运行。通过安全检查和持续改进，不断跟踪涉密信息系统的变化，并依据变化进行调整，确保涉密信息系统满足相应分级的安全要求，并处于良好安全状态。由于运行维护的规范化能够大幅度地提高系统运行及维护的安全级别，所以在运行维护中应尽可能地实现流程固化、操作自动化，减少人员参与带来的风险。还需要注意的是，在安全运行及维护中保持系统安全策略的准确性及其与安全目标的一致性，使安全策略作为安全运行的驱动力及重要的制约规则，从而保持整个涉密信息系统能够按照既定的安全策略运行。在安全运行及维护阶段，当局部调整等原因导致安全措施变化时，如果不影响系统的安全分级，应从安全运行及维护阶段进入安全工程实施阶段，重新调整和实施安全措施，确保满足分级保护的要求。当系统发生重大变更影响系统的安全分级时，应从安全运行及维护阶段进入系统定级阶段，重新开始一次分级保护实施过程。

本章要点

本章主要介绍有关信息系统安全方面的概念、影响信息系统安全的因素和安全运维措施及安全管理体系知识。

1．信息系统安全的概念和影响信息系统安全运维的因素；
2．影响硬件安全运行的因素及应对措施；
3．影响软件安全运行的因素及应对措施；
4．影响信息系统数据安全的因素及应对措施；
5．站在管理角度为实现信息系统的安全应采取的主要控制方法和措施。

思考题

1．信息系统安全与网络安全的联系与区别？
2．影响软件安全的因素有哪些？
3．影响数据安全的因素有哪些？
4．怎样建立安全运行管理信息系统的监测平台？
5．为实现涉密信息的安全管理，最首要的工作是什么？

第 7 章 物联网、云计算运维

从物联网概念的提出到现在，物联网技术飞速发展。世界各国都在开展物联网的研究。物联网被称为继计算机、互联网之后，世界信息产业的第三次浪潮。随着物联网产业链的飞速发展，物联网运维技术的标准化成为目前亟待解决的问题。

随着用户计算环境从传统自建 IDC 向公有云环境的转变，运维工作也从内网环境迁移到公网中。这对用户来说是一个非常大的转变，因为在传统环境下所有的 IT 基础设施和数据都是由用户自己掌控，从心理上来讲用户感觉会更安全，对公网的暴露面也更小。一旦用户将业务和数据都迁移到公有云，用户会感觉自己到了一个危险丛生的环境。虽然公有云在基础架构安全性方面远超一般用户自建 IDC，但在某些方面也会面临一些新的安全风险和挑战。比如公有云的运维管理工作都必须通过互联网去完成，如何安全的运维公有云上的系统。这将会面临以下几方面的风险。

运维流量被劫持：公有云场景下运维最大的变化就是运维通道不在内网，而是完全通过互联网直接访问公有云上的各种运维管理接口。很容易被嗅探或中间人劫持攻击，造成运维管理账号和凭证泄露。

运维管理接口暴露面增大：原来黑客需要入侵到内网才能暴力破解运维管理接口的密码，而现在公有云上的用户一般都是将 SSH、RDP 或其他应用系统的管理接口直接暴露在互联网。只能依靠认证这一道防线来保证安全，黑客仅需破解密码或绕过认证机制就能直接获取管理员权限。

账号及权限管理困难：多人共享系统账号密码，都使用超级管理员权限，存在账号信息泄露和越权操作的风险。

操作记录缺失：公有云中的资源可以通过管理控制台、API、操作系统、应用系统多个层面进行操作。如果没有操作记录，一旦出现被入侵或内部越权滥用的情况将无法追查损失和定位入侵者。

在云服务商通过大量工作增加安全方面的同时，市场上出现了一大批服务器、云主机运维管理平台，帮助企业节省运维成本、降低运维起点，让中小企业、初创企业能够简单高效地管理自己的阿里云、腾讯云等云主机。

7.1 物联网运维

早在 1995 年，比尔·盖茨首次在《未来之路》一书中提出物联网的概念。随后，在 1999年，麻省理工学院 Auto-ID 中心提出将"物联网"正式定义为：通过射频识别等信息传感设备把所有物品与互联网连接起来，实现智能化识别和管理。2005 年，国际电信联盟（ITU）发布了一份题为 The Internet of Things 的年度报告，正式将"物联网"命名为"The Internet of Things"，提出了任何时刻、任何地点、任意物体之间互联，无所不在的网络和无所不在的计算的发展愿景。2008 年，IBM 在物联网的基础上提出了"智慧地球"概念，得到了美国奥巴马政府的支持。随后，我国温家宝总理在中国感知中心无锡也提出了"感知中国"的计划。我国"物联网"的研究、开发和应用工作迅速掀起，江苏省无锡市率先建立了"感知中国"研究中心，中国科学院、各大高校、研究机构、企业、组织团体聚集在一起共同协力制定我国物联网的规划。我国正式将物联网作为今后国家七大战略性新兴产业之一，这带动了全国范围内物联网技术研发和产业化。目前，国家已将物联网列入《国家中长期科学技术发展规划（2006—2020）》和 2050 年国家产业路线图。在今后一段时间内，物联网产业的推广将会成为推进我国经济发展的强大驱动力，因而我国物联网各行业的发展前景将会十分广阔。物联网产业链，在世界各地都蓬勃发展开来。

物联网体系结构从低向高分为四层：感知层（通过 WSN、RFID 等设备来感知物体信息），传输层（通过互联网、移动无线网络进行传输），处理层（对从感知层采集到的信息进行处理）和应用层（将感知到的信息进行智能处理，应用在各行各业）。物联网的应用是广泛的，在工业、农业、商业、政府、交通、医疗、电网、建筑、家居和物流等方面都有广泛的应用。根据需求推动产业链发展的原则，物联网的运维管理重要性体现出来。如今，由于物联网运维管理软件的重要性及使用普遍性，全球和中国物联网运维管理软件市场非常巨大：从 2009 年开始，物联网管理软件的收入以两位数的百分比增长。随着物联网规模和复杂度增大，它们对物联网运维管理软件的需求越来越大。不同于普通网络管理软件，由于物联网运维管理软件规模比较大，今后一段时间内，物联网运维管理软件的客户群体将是大中型企业和一些政府组织机构。大中型企业对物联网运维管理软件产生巨大的需求。

物联网的应用因为行业的不同，导致了每个行业的物联网运维系统各不相同。进而导致了开发物联网运维系统的烦琐，浪费了大量的人力和物力。

在物联网运维系统应用行业中，电信、大型企业占据了中国网络管理软件市场的主要份额，而其他传统行业由于信息化建设速度的加快，在网络建设上也投入了一些资金，使得其市场份额有所提高。

随着国内企业信息化的逐渐深入、网络环境复杂程度变大，以及国内企业对信息安全和管理的日益重视，可以预见国内企业对物联网运维管理软件的市场需求将逐步增大。

最近几年，物联网运维管理技术得到了突飞猛进的发展，同时，随着网络规模和复杂性的增大，社会对物联网运维管理软件需求也呈高速发展的态势。物联网运维管理软件已成为物联网工程首先考虑的支撑软件。一些大的国外物联网运维管理软件公司，如 IBM、HP、SUN、AdventNet 等公司凭借其雄厚技术、资金实力，在我国尚无国产物联网运维管理软件抵挡的条件下控制了绝大部分份额的国内市场。但由于物联网运维管理软件不仅是一个重要的信息产业，而且涉及金融、电信、运输、物流等部门的信息安全。我国不能长期依赖进口物联网运维管理软件，因此，国家相关部门不止一次地要求重点支持研究开发具有自主知识产权的物联网运维管理软件（包括其底层核心协议开发平台）。

7.1.1　物联网的概念及特征

物联网是在计算机互联网的基础上，通过射频识别（RFID）、无线传感器、红外感应器、全球定位系统、激光扫描器等信息传感设备，按约定的协议，把物与物之间通过网络连接起来，进行信息交换和通信，以实现智能化识别、定位、跟踪、感知、监控和管理的一种网络概念。

物联网是互联网的延伸和扩展，将对传统 PC、网络设备、智能终端等的互联扩展到世界任何可编址物体之间的互联，通过智能系统无缝连接，实现所有设备的信息共享。因为终端将多元化，摆脱"人在上网"的束缚，网络世界和物理世界更加紧密的联系。相应地，信息获取方式也多样化了，不仅有信息设备的主动获取，还有非信息设备的被动告知。最终人类对物理世界的控制能力将得到前所未有的加强。

物联网的 3 大特征：① 全面感知；② 充分互联；③ 智能处理。

（1）全面感知：利用条码、射频识别（RFID）、传感器等随时随地对物体进行信息采集和获取。

（2）充分互联：通过互联网和各种无线网络的融合，将物体的信息实时准确地传递出去。

（3）智能处理：利用模式识别、海量数据检索、数据挖掘等各种技术，对海量的数据和信息进行分析和优化处理，并能从中提取出适合用户的有用数据，实现智能化的决策和控制。

以上 3 个特征要求物联网相连的每件物品均可寻址、可通信和可控制。

7.1.2　物联网的体系结构

物联网系统的层次体系结构如图 7-1 所示。

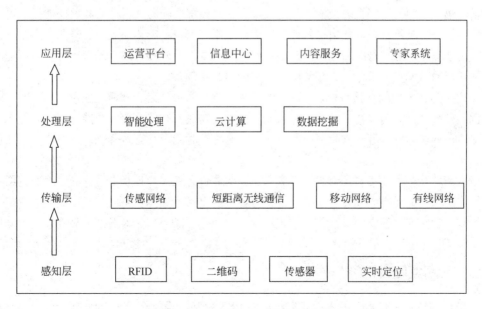

图 7-1　物联网层次体系结构图

物联网从低到高可分为四层：感知层、传输层、处理层和应用层，感知层相当于人体的皮肤和五官，进行信息获取；传输层相当于人体的血管和神经中枢，进行数据传递；处理层相当于人的大脑，进行智能处理；应用层相当于人的社会分工，参与不同的社会角色。

感知层是位于物联网四层模型的最下面一层，是上面各层的基础。它的作用是用来采集各种物体设备的数据，采集设备主要有 RFID 阅读器，无线传感器、GPS 定位系统和各种智能设备如智能手机、个人掌上电脑（PDA）、上网本、笔记本电脑等等。由于感知层的设备终端众多，因此采集到的数据是海量的。为了避免海量数据在网络中传输，造成网络负载过重，甚至在超大海量数据的时候造成网络传输层的堵塞，在进行网络传输之前，由各个感知系统对数据进行预处理，只传输预处理后的关键数据。这将大大减少网络层的传输负载。

传输层是物联网的交通命脉。它在物联网四层模型中处于感知层和处理层之间，起到承上启下的作用，负责稳定、高效、实时、安全地传输上下层的数据。

互联网是物联网的核心网络，新的 IPv6 技术扫清了可接入网络的终端设备在数量上的限制。无线通信网络包括：无线局域网（WiFi），无线城域网（WiMAX），无线个域网（Bluetooth 和 zigBee），无线广域网（3G）。因为其无线的特点以及覆盖范围广，遍及城市的各种办公和娱乐场所，因而为物联网提供了可靠并且不受设备终端位置限制的互联手段。实现"全面、随时、随地"传输感知层数据的作用。

处理层位于传输层和应用层之间，是物联网智能的源泉。物联网的各种应用之所以称为智能应用，其中的智能就来自于这一层。感知层生成的大量数据预处理后经过传输层传输到处理层，其数据量之巨大是令人惊叹的，如果不进行有效的整合、存储和检索使用，就无法驾驭，物联网系统就无法正常工作，更别谈什么智能。因此处理层必须完成数据的海量存储，对存储的海量数据还必须使用强大的搜索引擎进行检索。处理层应能设计合理的数据挖掘技术对用户需要使用的数据来进行提取使用，保证数据不被滥用，以及基于感知数据决策和行为的理论和技术。在处理层，可以借助云计算平台来对海量数据进行存储和处理，云平台可以作为物联网数据处理层的重要组成部分，也是应用层众多应用的基础。

应用层是物联网的终极目标，物联网的各种关键技术最终落脚在智能应用。物联网应用以物理世界和信息世界为中心，涵盖各行各业。如智能物流、智能医疗、智能家居、智能农业、智能交通、智能电网等等。物联网应用正处于快速增长时期，具有多样化、规模化、行业化等特点。

物联网应用层利用处理层存储的各种数据，为各行各业用户提供服务。物联网的应用可分为监管控制型（如污染监控），查询检索型（如智能电网远程抄表），智能控制型（智能交通路灯控制、智能家居控制等），智能扫描型（各种条码、RFID 标签扫描、手机钱包、交通运输码 ETC 应用）等。

7.1.3 物联网 RFID 关键技术

射频识别技术（RFID）的系统逻辑结构由 EPC 标签、读写器和 Savant 中间件、ONS 服务器、EPCIS 等组成，如图 7-2 所示。

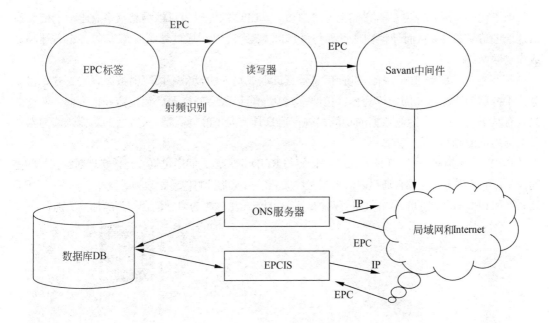

图 7-2　RFID 技术原理

RFID 系统对于物品进行信息检索的部件是：Savant 中间件；EPCIS（EPC Information System）；ONS（Object Name Service）服务器。其中 Savant 是连接 RFID 读写器和 Internet 的处理软件。EPCIS 是提供与 ID 相关联信息的服务器。ONS 服务器用来解析 EPC ID 与对应的 EPCIS 服务器，起到类似互联网中 DNS（Doman Name Server）的作用。其处理流程如下：一旦 Savant 检测到特定的 ID 以后，便向 ONS 服务器查询相应于 ID 的 EPCIS 服务器的地址。然后，根据得到的地址去查询 EPCIS 服务器，便可得到 ID 所对应的物品的准确信息。

EPC 标签是 RFID 系统的标识和部分数据载体，EPC 标签由标签专用芯片和标签天线（耦合元件）组成。依据供电方式的不同，EPC 标签可以分为有源 EPC 标签（又称主动标签）、无源 EPC 标签（又称被动 EPC 标签）和半有源 EPC 标签（又称半主动 EPC 标签）。有源 EPC 标签内装有电池，无源射频标签内部没有安装电池，半有源 EPC 标签的电路部分依靠电池工作，其他部分均处于休止状态。有源 EPC 标签和半有源 EPC 标签支持距离大，成本高，适合比较昂贵的物品；无源 EPC 标签识别距离小，成本低，适合价格低廉的物品。

EPC 标签依据频率的不同可分为低频 EPC 标签、高频 EPC 标签、超高频 EPC 标签和微波 EPC 标签，不同频段的产品会有不同的特性。

EPC 标签依据封装形式的不同可分为纸状标签、玻璃管标签、线形标签、圆形标签、信用卡标签及特殊用途的异形标签等。

EPC（Electronic Product Code，即为电子产品代码）唯一的信息载体是 EPC 标签。可实现二进制 96 位信息存储，其容量之大可以为全球每类产品的每个单品都能分配一个标识身份的唯一电子代码。形象地说，给它们上了"户口"。EPC 的提出为每件物品都享有唯一的信息通信地址创造了条件，从而使得物理世界与信息世界连接起来。通过粘贴 EPC 标签使得普通物品成为物联网终端。

读写器是实现对 EPC 标签进行信息数据读取或写入的设备。读写器按照设置方式，可以分为手持移动读写器和固定读写器；按照读写功能可以分为阅读器、编程器和读写器。阅读器只具有从 EPC 标签中读取数据的功能。编程器只具有向 EPC 标签写入数据的功能。读写器兼具数据的读取和写入的功能。

RFID 系统架构如图 7-3 所示，EPC 标签与 RFID 读写器之间通过耦合元件实现射频信号的空间（无接触）耦合。在耦合通道内，根据时序关系，实现能量的传递、数据的交换。发生在 RFID 读写器和 EPC 标签之间的耦合类型有两种：半无源或无源标签的电感耦合和有源标签的耦合。

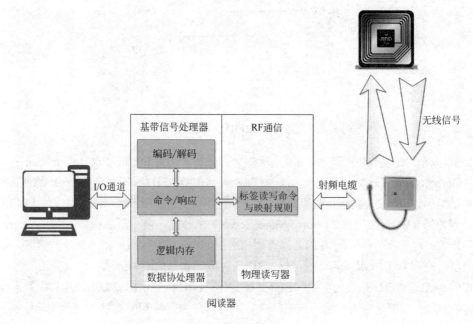

图 7-3　RFID 系统架构

手持移动读写器通过无线接入点（AP），固定读写器直接接入后台通信网络，然后与 Savant 系统相连。手持移动读写器支持 WiFi 或 ZigBee 等窝蜂通信协议，可以实现无缝通信连接。

神经网络系统（Savant 中间件）。Savant 是一种分布式操作软件，负责管理和传送 EPC 码相关数据。它是处于读写器和局域网与 Internet 之间的中间件，负责数据缓存、数据过滤、数据处理等功能。EPC 数据经过 Savant 处理后，传送给局域网和 Internet。其分布式结构主要体现在以层次化进行组织和管理数据。每一层次上的 Savant 系统将收集、存储和处理信息，并与其他的 Savant 系统进行信息交流，具有数据校对、读写器协调、选择数据传送、数据存储和任务管理的功能。首先处于网络边缘的 Savant 系统，直接与读写器进行信息交换，对漏读或误读的信息进行校对，接着对多个读写器传输过来的同样的 EPC 码信息进行冗余过滤。对从读写器采集到的数据进行预处理后，会将这些数据缓存起来。对特殊应用的供应链进行查询以了解需要将什么样的信息在供应链上、下进行传递，它将只传输必要的信息，对其他信息进行过滤，以减轻网络传输压力。Savant 的任务管理是指单个 Savant 系统实现的用户自定义的数据监控管理。比如，一个仓库的 Savant 系统可以通过独自编写程序实现当仓库中的某种商品数量降低到阈值时，会给仓库管理员发出告警提醒。

对象名解析服务（ONS）。EPC 编码中有两种信息：嵌入式信息和物品的参考信息，物品的参考信息存储在厂家维护的 EPC 信息服务器中，Savant 读取到 EPC 码之后，需要在局域网或 Internet 上利用 ONS 服务器来找到对应的物品的 EPC 信息服务器，然后利用物品 ID 在这个厂家维护的产品信息服务器中获取该件产品的参考信息。最后回传给 Savant 中间件。

EPC 信息服务器（EPCIS）与物理标记语言（PML）。EPC 信息服务器由产品制造商来维护，内部存放了产品制造商生产的所有物品相关数据信息的 PML 文件。PML（Phisical Markuped Language，物理标记语言）由 XML 扩展而来，PML 适合在物联网中进行数据的通信，它可能成为物联网数据通信的标准。PML 由 PML 核和 PML 扩展两部分组成。PML 核用来记录从底层设备获取到的物品的信息，比如：位置信息、成分信息和其他感知信息。PML 扩展用于记录其他各种附加信息。PML 扩展包括多样的编排和流程标准，使数据交换在组织内部和组织之间发生。

7.1.4　物联网 WSN 关键技术

无线传感器（WSN）是物联网的核心技术，用来进行感知作用，感知各种环境变量数据等。

1. IPv6 概述

IPv6 是互联网协议第四版（IPv4）的更新版，支持 2^{128} 个地址，这等价于在地球上每平方英寸有 4.3×10^{20} 个地址。物联网的前提是必须为物体赋以独一无二的地址，RFID 标签已经通过 EPC 编码方案解决。

现有标准 IPv4 只支持大概 40 亿（2^{32}）个网络地址，平均每个人不到 1 个，人都不够分，要为每个传感器分配一个网络地址仅靠 IPv4 远远不够，丰富的 IPv6 地址资源，使得为每个传感器芯片分配一个 IPv6 地址成为可能。IPv4 向 IPv6 的过渡采用了双栈技术和隧道技术。在 IPv6 设备中加入 IPv4 协议栈使得设备同时支持两种协议。但是它存在这样的问题：若通信过程中将 IPv6 数据包转换成 IPv4 数据包，则无法还原最初的 IPv6 数据包。隧道技术将 IPv6 数据包打包为 IPv4 数据包构建传输隧道，IPv6 数据包可以还原。

2. WSN 信息感知方法

传感器（Sensor）是一种把物理量转换成电信号的器件，其代表了物理世界与电气设备世界的数据接口。传感器应根据实际需测量物理量和传感器本身的性能特征来选取。

无线传感器网络（WSN），由部署在监测区域内大量的传感器节点组成，通过无线通信方式形成的一个多跳自组织网络，并通过基站与其他网络互联起来，遵循 IEEE 提出的 802.15 标准，如图 7-4 所示。

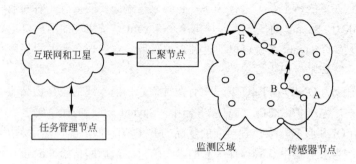

图 7-4　无线传感器网络

WSN 基于低速无线网络，具有功耗低的特点。对人无法接近的各种地点可以通过抛洒传感器节点，然后这些传感器节点会自组网络，通过基站与网关连接，最后连接到其他网络中。因此在军事，农业，林业以及医疗等等方面都有大量的应用，是实现感知世界的基本动力，是物联网不可或缺的部分。

7.1.5　物联网运维系统体系结构

物联网的飞速发展推动了物联网的应用，物联网运维系统是物联网应用的支撑软件，是用来对物联网中的系统、主机、传感器、嵌入式系统等软硬件性能、品质进行监测和控制的过程，通过高度的监测、控制与流程管理，达到物联网可靠、安全和高效的运行目的。它是物联网安全控制、管理、指挥、调度中心。在以物联网为核心的新信息时代，对物联网运行的监测、控制、管理和调度，直接关系到国家、商业乃至个人的安全。物联网运维系统基于 ITIL（Information Technology Infrastructure Library）理念，集成了先进的侦测技术、端口分配工具、高级连接分析、配置管理工具和设备与网络诊断工具等多层面的技术和工具，实现了对物联网终端、服务器、应用程序、业务（服务）等的综合管理，最终体现为对物联网应用（业务）的安全、高效的全面保障。随着物联网规模和复杂性日趋增加，运维管理的任务越来越重，物联网运维系统将越来越受到人们的重视。

1．物联网运维系统体系结构

物联网运维系统的体系结构如图 7-5 所示。

控制系统层是物联网运维管理要集成的对象，包括 RFID 操作系统，传感器管理系统，网络管理系统，监控系统等，这些系统都独立运行，它们对外提供不同种类的接口。

数据处理层提供运维管理系统所需的经逻辑处理后的所有数据。该层对运维系统的数据进行处理。根据底层各个控制系统提供的数据的特点进行分类，根据分类的结果及每类的数据特点选择合适的数据存储系统存储到数据中心。根据用户需要，对数据中心进行检索和数据挖掘，提取和挖掘出有用的信息。它控制与其他子系统的通讯和数据中心的连接并为业务层提供服务等。

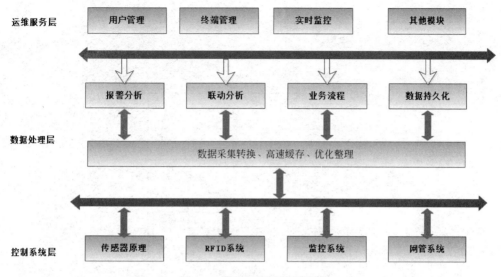

图 7-5　物联网运维体系结构

运维服务层是整个系统的对外展现窗口，包括各种监控、查询、配置的功能界面模块，如报警监控、实时监控、视频监控、业务管理等通用功能组件，还包括各种业务流程处理界面。这一层提供个性化的用户界面。

2．物联网运维系统功能模块

物联网运维系统的功能模块为：服务台、用户管理、终端管理、拓扑图、知识库管理、资产管理、流程处理、设备巡检、智能告警管理、报表管理、日志管理、实时监控展示等。

下面对其中的几个特色模块来进行解析。

1）终端管理

终端管理包括终端的接入、终端参数配置、终端故障管理、终端软件升级、终端注销等。

（1）终端接入。终端接入是对新来的终端进行接入的过程，其流程如图 7-6 所示。

（2）终端参数配置。终端参数指终端保存的配置信息，终端参数配置包括终端参数的远程设置和终端参数的查询等功能。终端参数包括与运维系统通信有关的参数及与应用有关的参数两种类型。

（3）终端故障管理。终端故障包括通信故障和设备故障，通信故障可由运维系统主动检测并保存；设备故障由终端检测上报到运维系统，运维系统保存故障信息。运维系统将终端故障进行分级管理，不同级别的故障采取不同的处理方式。当故障解除后，运维系统更新故障状态。故障发生、故障解除信息可通过短信或 E-mail 的方式自动发送到管理员的手机或 E-mail 邮箱。系统管理员、客户、用户可通过门户查询故障信息，并对故障信息进行统计。

（4）终端软件升级。软件下载流程主要是终端软件更新通知及更新结果通知（运维→终端），分为两个阶段：下载通知流程和终端下载流程。

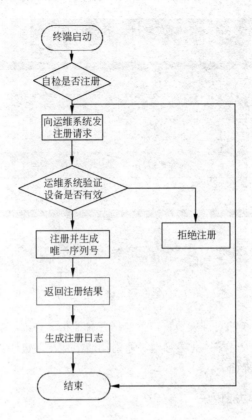

图 7-6　终端接入流程图

在下载通知流程中，运维将下载通知发送给终端，终端判断是否可以立即下载并将通知响应包发送给运维系统。

在终端下载流程中，终端根据下载通知的内容指示向系统请求下载。

（5）终端注销。终端注销就是运维系统解除终端序列号与通信模组的绑定关系，而终端序列号仍然保持有效。终端注销可由终端主动发起，也可通过系统管理员发起。注销后的终端不能再登录平台。平台更新终端注册标识为已注销，并生成注销日志备查。

2．实时监控展示

实时监控展示模块可以直观地展示传感器采集的数据，包括实时的显示现场数据和存储在数据库中的历史数据的查询。如图 7-7 所示。

其功能如下。

（1）将数据处理模块采集处理的数据直接提取显示此部分将在数据采集模块采集到的数据经过传输层传输过来之后放置在高速缓存中，在这些数据入库之前直接展示给用户。

（2）历史数据查询。将高速缓存中的数据存储到数据中心，用户根据需要输入查询的字段，通过搜索引擎从数据中心提取出数据来实现历史数据查询工作。

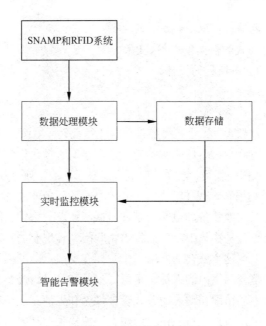

图 7-7　实时监控流程图

通过数据的显示，管理人员可以了解设备当前和历史状态，对于出现问题的设备，实时监控模块将这些设备的数据转交给智能告警模块，在智能告警模块进行处理，使其恢复正常状态。

3．智能告警管理

智能告警管理是对数据处理层处理后的数据进行检索，若超过了阈值，则产生告警事件。具体包括以下功能。

（1）阈值设置功能。可以设置某一指标的阈值，即上限和下限，系统依据此阈值来判断数据的合法性。

（2）自动报警功能。根据对应指标设置的阈值自动判断各类数据是否在正常范围，如果超出正常范围，则报警提示，并进行相应存储。

（3）报警处理功能。对产生的报警信息，系统能自动处理的将自动处理，不能处理的将以短信等形式通知指定用户来进行处理，并将处理结果进行记录存储。

4．物联网运维系统特点

（1）基于 B/S 模式的物联网运维管理平台。物联网运维管理平台以 B/S 模式来给用户使用，便于用户通过网络浏览器直接进行访问。

（2）对传感节点信息进行实时展示，通过手动设置阈值对周围感知环境产生各种告警事件，再通过事件流程进行处理。

（3）对物品跟踪时，能够实时更新物品和标签的对应关系，能够实时对物品运行路径进行设置，能够实时维护读写器信息。

（4）运维系统支持分布式的数据采集和处理。

（5）基于 ITIL 框架的业务流程的设计。

4．物联网应用案例

物联网用途广泛，遍及教育、工程机械监控、建筑行业、环境保护、政府工作、公共安全、平安家居、智能消防、环境监测、路灯照明管控、景观照明管控、楼宇照明管控、广场照明管控、老人护理、个人健康、花卉栽培、水系监测、食品溯源、敌情侦查和情报搜集等多个领域。

展望未来，物联网会利用新一代 IT 技术充分运用在各行各业之中，具体地说，就是把传感器、控制器等相关设备嵌入或装备到电网、工程机械、铁路、桥梁、隧道、公路、建筑、供水系统、大坝、油气管道等各种物体中，然后将"物联网"与现有的互联网整合起来，实现人类社会与物理系统的整合，在这个整合的网络当中，拥有覆盖全球的卫星，存在能力超级强大的中心计算机群，能够对整合网络内的人员、机器、设备和基础设施实施实时的管理和控制，在此基础上，人类可以以更加精细和动态的方式管理生产和生活，达到智慧化管理的状态，提高资源利用率和生产力水平，改善人与城市、山川、河流等生存环境的关系。

下面列举了集中具体的应用案例，以供参考。

1）教育物联网

应用于教育行业的物联网首先要实现的就是，在适用传统教育意义的基础之上，对已经存在的教育网络中进行整合。对教育的具体的设施，包括书籍、实验设备、学校网络、相关人员等全部整合在一起，达到一个统一的、互联的教育网络。

物联网产业需要复合型人才，至少具备四方面的特征，包括掌握跨学科的综合性的知识与技能、掌握物联网相关知识与技术、掌握特定行业领域的专门知识以及具备创新实践能力。目前国内已有 30 余所大学开设了物联网专业。有超过 400 所高校建立物联网实验室（如图 7-8 所示）。

2）工程机械物联网

"工程机械物联网"是借助全球定位系统（GPS）、手机通信网、互联网，实现了工程机械智能化识别、定位、跟踪、监控和管理，使工程机械、操作手、技术服务工程师、代理店、制造厂之间异地、远程、动态、全天候"物物相连、人人相连、物人相连"。

工程机械物联网目前应用广泛。以 NRS 物联网智能管理系统平台为例，提升原本工程机械物联网服务由"信息采集服务"向"数据咨询服务转变"。由原来的现场管理升级为远程监控，由传统的制造转变为制造服务，由原来的被动服务提升为主动服务。功能涉及信息管理、行为管理、价值管理三大方面。

图 7-8　物联网实验室

信息管理，例如：故障预警及远程诊断、车辆运维主动式服务、金融按揭安全性服务。

行为管理，例如：作业人员统计管理、作业工时效率性分析、行为与工效油耗分析、操作规范与工效分析。

价值管理，例如：产品全寿命周期成本管理、行为与员工绩效管理、多维大数据决策支持。

以福田的农机信息管理平台（如图 7-9 所示）为例，可以对农业所需相关机械车辆进行全球 GPS 定位、锁车、解锁车、设备工时查询、故障报警等操作，这对促进农业生产，提高工作效率有着至关重要的作用。

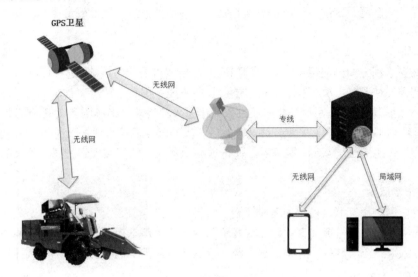

图 7-9　福田农机管理平台

3）建筑行业物联网应用——塔机监控

塔机智能化的监控管理系统，主要针对检测状态、危险距离预警、故障诊断、信息回传、工程调度等方面工作。例如塔机下面危险区域禁止站人实时提示、与其他高空建筑物距离过近、超出安全距离范围、内部故障预警、诊断、实时显示额定载重量、当前风速、回转角度、当前载重等。

4）建筑行业应用——商用混凝土搅拌站

对生产设备的远程诊断和远程维护已经成为当前自动化技术中的一部分。尤其对于那些错误容易诊断和容易排除的情况，派一个服务工程师到现场解决，既增加工程师的工作负荷，又花费时间。而且费用也相应增加。为了缩短故障的诊断与恢复时间，提高有经验的高级工程师的工作效率，那么远程诊断和编程就是必备的部分。例如："商用混凝土搅拌站产品远程售后服务系统"，可以在远程实现对 PLC 站进行编程和调试。可以实现混凝土搅拌站的远程控制和数据监控。

值得一提的是三维虚拟仿真技术在物联网的应用，给商用混凝土搅拌站的物联网应用开创了新的时代。系统实现搅拌站与车辆实时运行状态模拟功能。以动画形式呈现搅拌站实时动态信息，其中可包括：工程名称、施工配比、搅拌站配料情况及其他原材料配料情况。

5）石油

石油行业物联网系统主要是使用监控设备和信息系统采集运输油轮数据、码头设备和环境数据、油库数据、原油管道数据等，对这些数据进行整理和分析，将原油运输各个环节的数据进行关联和分析，合理安排船期、实现计算机排罐，提高整个原油运输的效率，同时通过对相关设备和环境的监测，及时掌握设备运行情况，保证整个运输过程的安全可靠。

石油行业物联网系统的总体解决方案包括：油库监测系统、原油管道监测系统、原油管道无人机巡线系统等。

6）水利

物联网在水利方面的应用主要是对闸门的液压启闭机的状态检测、远程控制、故障预警等，利用水下机器人对大坝、水库等水下状态进行状态监控、信息回传等工作。

例如："远程信息服务系统"能够通过智能信息采集终端，将液压启闭机 PLC 控制器的控制信息通过物理端口（串口）采集到终端，然后通过 GPRS 通信模块，利用 2G/3G 网络或者互联网络将信息传递到远程 Web 服务器，使得远端管理人员能够实现远程感知闸门启闭的运行信息。

7）城市物联网

城市物联网利用互联网的信息管理平台、二维码扫描、GPS 定位等技术，是更贴近人们生活的一种应用，现在变得更加直观。比如儿童和老人的行踪掌控、公路巡检、贵重货物跟踪、追踪与勤务派遣、个人财务跟踪、宠物跟踪、货运业、各类车辆的防盗等 GPS 定位、解锁车、报警提示应用。

针对环卫车辆可以对车辆进行实时的 GPS 定位、状态监控、车辆信息查询、运行状态查询等工作，例如：需要知道目前城市的某区有多少环卫车辆，处于哪条街道，操作员工作情况，计划任务等，同时又可以根据实际情况进行工作调度，对故障做提前的预警，对突发情况应急处理，对重要的问题着重处理等。

环卫车辆物联网如图 7-10 所示。

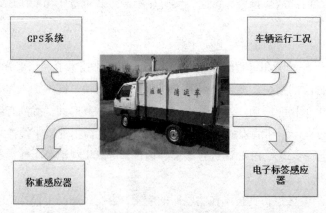

图 7-10　环卫车辆物联网

8）农业物联网

农业物联网的应用比较广泛的是对农作物的使用环境进行检测和调整。例如：大棚（温室）自动控制系统实现了对影响农作物生长的环境传感数据实时监测，同时根据环境参数门限值设置实现自动化控制现场电气设备，如：风扇、加湿器、除湿器、空调、照明设备、灌溉设备等，亦支持远程控制。常用环境监测传感器包括：空气温度，空气湿度，环境光照，土壤湿度，土壤温度，土壤水分含量等传感器。亦可支持无缝扩展无线传感器节点，如：大气压力、加速度、水位监测、CO、CO_2、可燃气体、烟雾、红外人体感应等传感器。

9）智能家居

这方面的应用更加贴近人们的生活，这是关系到人们生活起居、与生命安全息息相关的应用，我们可以通过智能家居的物联网络，进行室内到室外的电控、声控、感应控制、健康预警、危险预警等，比如声控电灯、窗帘按时间自动挂起、感应器感应到煤气泄漏、空气污染指数过高、室内的光线被家具遮挡严重、室内家居摆放设计、马桶漏水、电量煤气不足报警、车库检测、室外摄像检测、未来天气预测、提醒带雨伞、生活备忘录电子智能提醒等多方面的功能应用。

智能家具物联网如图 7-11 所示。

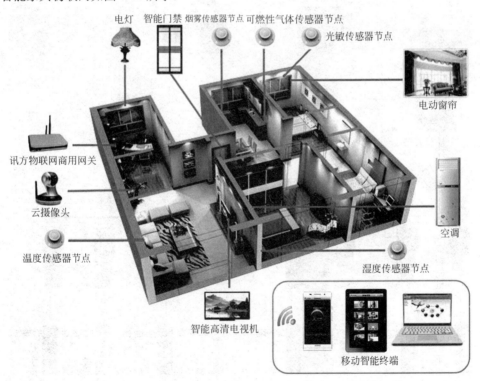

图 7-11　智能家具物联网

10）智能停车场管理系统

我们常在停车场亲身经历或看到这样的情景，车主在道闸前停车，摇开车窗玻璃按下读卡机的按钮得到一张停车卡片，然后在读卡区域晃动几下后道闸开启，车主驾车通过道闸。这个再熟悉不过的动作对于临时出入停车场一次的车主来说只是麻烦一次，而对于每天出入停车场多次的固定车主无疑是耗时费力的烦琐手续。

为解决此问题，可以采用智能停车场管理系统。该技术是国际上最先进的自动识别技术，它具有识别距离远、识别准确率高、识别速度快、抗干扰能力强、无源卡片使用寿命长等特点，可以真正实现停车场的不停车收费管理，大大提高了月卡用户的出入车场的通行效率。

本系统的远距离识别系统使用的无源射频卡，发放给停车场固定用户。用户把月票卡贴在汽车挡风玻璃上，每次车辆到达停车场闸口时，由远距离读卡设备判断是否有授权，控制道闸自动抬起，因此固定用户车辆可以不必停顿、长驱直入。这极大地提高了车辆的通行效率，减少了污染；同时免除了刮风下雨等恶劣天气造成的种种不便。临时用户还是采用老的管理方式，进出停车场时驾驶人员摇开玻璃窗，伸手取卡进入车场。

智能停车场管理系统结构图如图 7-12 所示。

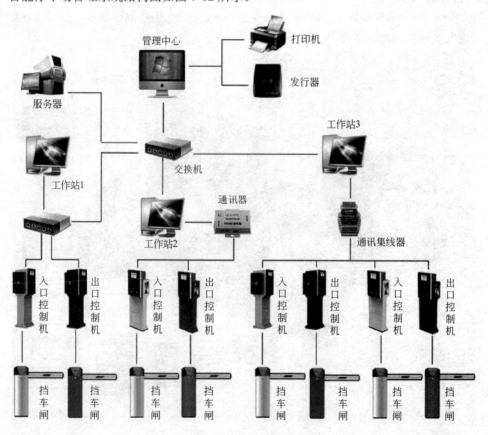

图 7-12 智能停车场系统结构

系统的实际结构图如图 7-13 所示。

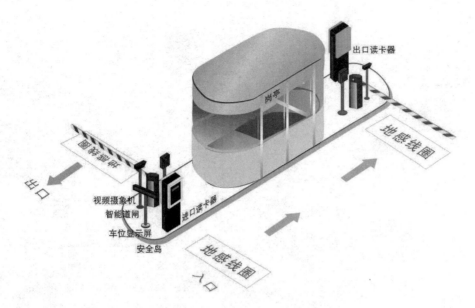

图 7-13　智能停车场物理结构

11）物联网在食品安全中的应用

近年来，由于食品安全（食物中毒、疯牛病、口蹄疫、禽流感等畜禽疾病以及严重农产品残药、进口食品材料激增等）危机频繁发生，严重影响了人们的身体健康，引起了全世界的广泛关注，如何对食品有效跟踪和追溯，已成为一个极为迫切的全球性课题。

RFID 食品追溯管理系统是利用 RFID 技术并依托网络技术、数据库技术，实现信息融合、查询、监控，为每一个生产阶段及分销到最终消费领域的过程提供针对每件货品安全性、食品成分来源及库存控制的合理决策，实现食品安全预警机制。RFID 技术贯穿于食品安全始终，包括生产、加工、流通、消费各环节，全过程严格控制，建立了一个完整的产业链的食品安全控制体系，以保证向社会提供优质的放心食品，并可确保供应链的高质量数据交流，让食品行业彻底实施食品的源头追踪以及在食品供应链中提供完全透明度的能力。

食品追溯系统结构。RFID 食品追溯管理系统可以保障食品安全及可全程追溯，规范食品生产、加工、流通和消费四个环节，将大米、面粉、油、肉、奶制品等食品都颁发一个"电子身份证"，全部加贴 RFID 电子标签，并建立食品安全数据库。从食品种植养殖及生产加工环节开始加贴，实现"从农田到餐桌"全过程的跟踪和追溯，包括运输、包装、分装、销售等流转过程中的全部信息，如生产基地、加工企业、配送企业等都能通过电子标签在数据库中查到。

图 7-14 为 RFID 食品追溯管理系统结构示意图。

RFID 食品追溯管理系统由以下各系统组成：中心数据库系统、种植养殖安全管理系统、安全生产与加工管理系统、食品供应链管理系统、监控系统、食品安全基础信息服务系统等。通过种植养殖生产、加工生产、流通、消费的信息化建立起来的信息链接，实现了企业内部生产过程的安全控制和对流通环节的实时监控，方便必要时的食品追溯与召回。

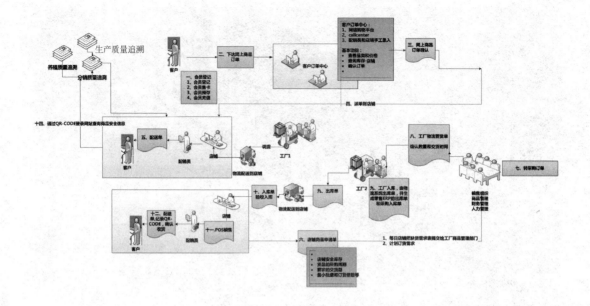

图 7-14　食品追溯管理系统

　　食品追溯系统适用领域。本系统可广泛应用于农、林、渔、牧、副各类食品的安全追溯管理，适用粮油食品、畜禽食品、果蔬食品、水产食品、调味品、乳制品、方便食品、婴幼儿食品、食品添加剂、饮料、化妆品、保健食品等。

　　食品追溯系统特点。利用 RFID 的优势特性达到对食品的安全与追溯的管理，相比记录档案追溯方式具有高效、实时、便捷的优点。

　　（1）在食品供应链中提供完全透明的管理能力，保障食品安全全程可视化控制、监控与追溯，并可对问题食品招回。

　　（2）可以全面监控种植养殖源头污染、生产加工过程的添加剂以及有害物质、流通环节中的安全隐患。

　　（3）可以对有可能出现的食品安全隐患进行有效评估和科学预警提供依据。

　　（4）数据能够通过网络实现实时、准确报送，便于快速高效做更深层次的分析研究。

　　（5）通过网络，消费者可查询所购买食品的完整追踪信息。

7.2　云计算运维

　　自云计算诞生以来，在学术界、产业界以及各国政府已引起了广泛的关注和讨论。在 Gartner 评出的 2011 年全球十大战略技术中，云计算位居首位。云计算的实现必须依赖新一代数据中心，通过数据中心将企业的业务需求转换成 IT 资源，迅速的分配给业务部门。

　　云计算数据中心的 IT 开支从硬件转移到整体管理及运营，在这种情况下提升 IT 服务能力和服务水平、缩减能耗、降低运维管理成本，迫切需要一套有针对性管理及运维体系。

云计算技术的快速发展，给传统数据中心带来了挑战，人们对 IT 基础设施——新一代数据中心话题的关注度持续上升，无论是 IT 专业人士，还是关注企业业务的 CIO，不仅需要了解满足云计算需求新一代数据中心规划建设，同时也需要重点考虑如何更有成效地进行数据中心运维管理。对他们而言，云计算数据中心已经不单纯是硬件和软件的组合，数据中心的管理更多成为一种服务模式，它可以在低成本的情况下帮助提高 CIO 的 IT 管理能力与商业洞察力。

云计算的 IT 开支从硬件转移到整体管理及运营，如何尽可能缩减能耗、降低运维管理成本、提升 IT 服务能力和服务水平，这都迫切需要一套云计算数据中心的管理及运维体系。ITIL 作为 IT 服务管理的实际标准及最佳实践，已经多次证明为企业创造价值、扩大业务、降低风险提供了成功指导。通过引入 ITIL 到云计算数据中心的运维管理可以覆盖数据中心选址咨询、规划设计、施工建设、运营管理和后期维护等阶段，形成数据中心生命周期服务能力，这方面的研究将推动并保证企业云计算战略得以成功，实现 IT 的可持续发展，确保企业的长期竞争力。

在云计算庞大的商业前景的驱动下，目前各大计算机巨头公司纷纷加入到云计算的行列中，比如 Microsoft、Google、Amazon、IBM 等主流 IT 企业都开始提供云计算服务平台。Google 搜索引擎就建立在分布在 200 多个地点、超过 100 万台服务器的支撑之上，这些设施的数量正在迅猛增长。Google 地球、地图、Gmail、Does 等也同样使用了这些基础设施。从 2009 年 6 月份 IBM 推出 Cloud Burst 以来，虚拟计算环境联盟（VCE）、HP、Oracle 也先后推出了私有云的整体解决方案，各大厂商推出的这些解决方案有着一个共同的特点，都是集合硬件、软件和服务于一体的整体解决方案。微软 CEO 史蒂夫·鲍尔默于 2011 年 3 月 10 日在剑桥能源周上发表演讲，将云计算称为"未来浪潮"。在国内，云计算的步伐明显慢于其他国家。2008 年 6 月 24 日，IBM 在北京 IBM 中国创新中心成立了 IBM 大中华区云计算中心。2009 年 9 月 10 日，在阿里巴巴十周年庆典晚会上，阿里巴巴云计算团队以独立身份出现，命名为"阿里云"的子公司正式成立。2010 年，新浪、百度相继推出了各自的 App Engine 平台，为中国的开发者提供了一个属于国人的云计算开发平台。2010 年 8 月上海公布云计算发展战略。未来 3 年，在中国市场，云计算应用将以政府、电信、金融、石油石化、电力、教育和医疗等行业为重点，逐步被越来越多的企业和机构采用，市场规模也将从 2009 年的 92.23 亿元增长到 2012 年的 606.78 亿元，年均复合增长率达 87.4%。云计算的快速发展给用户业务模式带来巨大变化。一方面，业务低谷期，闲置资源造成了巨大浪费，需要智能化软件实现资源的合理分配；另一方面，新业务、新应用（如 SNS 社交网站、团购模式）的出现，势必带来巨大的业务压力，考验商业用户必须提高部署速度，要求设备必须具备快速扩容的能力，使数据中心更具弹性与灵活性。2010 年 10 月 27 日成立了开放数据中心联盟（ODCA），旨在利用其成员的集体购买力，基于开放和兼容的原则，确立起数据中心和云基础设施的技术标准。联盟由一个指导委员会领导，到 2011 年 4 月已经有超过 100 家全球领先企业加入 ODCA，其中包括宝马、中国人寿、德意志银行、JP 摩根、洛克希德马丁公司、阿里云计算、百度、腾讯、壳牌、瑞银等。

到今天为止，中国的云计算企业仍不具备与国外企业竞争的实力与条件，国内还没有出现像 HP、VMware、IBM、Oracle、Mircrosoft 等拥有底层云计算架构的企业，而云计算的核心还是基础架构。因为像虚拟化、自动负载平衡、随需应变等功能都是需要基础架构来实现，国外垄断就意味着中国云计算要长期依靠国外厂商。

7.2.1　云计算的概念

云计算并不是一个全新的名称。1961 年，图灵奖得主 John McCarthy 提出计算能力将作为一种像水、电一样的公用事业提供给用户。2001 年，Google CEO Eric Schmidt 在搜索引擎大会上首次提出"云计算"的概念。云计算目前没有统一的定义，当前云计算的定义主要有如下几种。

（1）云计算是一种基于互联网的计算新模式，通过互联网上异构、自治的服务为个人和企业用户提供按需即取的计算。云计算的资源是动态易扩展而且虚拟化的，通过互联网提供，终端用户不需要了解"云"中基础设施的细节，不必具有相应的专业知识，也无须直接进行控制，只关注自己真正需要什么样的资源以及如何通过网络来得到相应的服务（Wiki）。

（2）云计算利用互联网技术把大量可扩展和弹性的 IT 相关的能力作为一种服务提供给多个用户（Gartner）。

（3）中国云计算网将云计算定义为：云计算是分布式计算、并行计算和网格计算的发展，或者说是这些科学概念的商业实现。

结合上述定义，可以总结出云计算的一些本质特征，即分布式的计算和存储特性，高扩展性，用户友好性，良好的管理性，用时付费等，其有如下 4 个关键要素。

（1）硬件、平台、软件和服务都是资源，通过互联网以服务的方式提供给用户。在云计算中，资源已经不限定在诸如处理器机时、网络带宽等物理范畴，而是扩展到了软件平台、Web 服务和应用程序的软件范畴。传统模式下自给自足的 IT 运用模式，在云计算中已经改变成为分工专业、协同配合的运用模式。

（2）这些资源都可以根据需要进行动态扩展和配置。云计算可以根据访问用户的多少，增减相应的 IT 资源（包括 CPU、存储、带宽和中间件应用等），使得 IT 资源的规模可以动态伸缩，满足应用和用户规模变化的需要。

（3）这些资源在物理上以分布式的共享方式存在，但最终在逻辑上以单一整体的形式呈现。对于分布式的理解有两个方面。一方面，计算密集型应用需要并行计算来实现的，此类的分布式系统，往往是在同一个数据中心中实现的，虽然有较大的规模，由几千甚至上万台计算机组成，但是在地域上仍然相对集中。另一方面，就是地域上的分布式。例如，一项关键业务的存储可以设在位于北京的金融街，但是它的数据备份却由位于成都的数据中心完成。

（4）用户按需使用云中的资源，而不需要管理它们。即付即用的方式已广泛应用于存储和网络宽带技术中（计费单位为字节）。虚拟化程度的不同导致了计算能力的差异。例如，Google 的 App Engine 按照增加或减少负载来达到其可伸缩性，而其用户按照使用 CPU 的周期来付费。

7.2.2　云计算体系结构

传统的系统架构以客户/服务器（C/S）模型为主，一般是一套系统对应一套服务器。这种架构作为业务支撑系统中最重要的体系结构，曾为企业的业务发展、营销服务提供了强有力的支撑，至今仍被广泛使用，但该体系架构在使用过程中也越来越体现出架构的可扩展性差。

云计算是由分布式计算、网格计算等技术发展而来，并融合了虚拟化、分布式数据库、SOA、SaaS 和 Web 2.0 等技术。云计算体系架构作为一种新兴的共享基础架构方法，虽然现在没有一种标准可循，但本质上都是通过将企业计算动态分布到集群计算机上，根据业务发展和应用使用情况对软硬件资源进行灵活调配，以实现按需访问，对内对外提供各种 IT 服务。

如果概括云计算的发展之路，则可以作如下说明。

（1）实现硬件设备的虚拟化，比如服务器的虚拟化。

（2）实现分布式虚拟化，将一个企业分散在各地的多个数据中心进行虚拟化，实现资源的灵活调配。

（3）构建企业的私有云。

（4）从私有云过渡到混合云。

（5）最终实现公共云。云计算不仅能够降低 IT 系统的整体拥有成本，实现绿色节能，更重要的是，能够让企业实现业务的创新。

1．云计算技术层次

从技术层次来看云计算构成为：IT 基础资源、虚拟化资源、中间件管理部分和服务接口。

服务接口：将云计算服务接入点的各种规范标准进行统一规定，形成客户端与云资源相互操作的接口，主要承担用户注册服务、查找、定制和使用的功能。

中间件管理：在云计算服务与 IT 基础资源中间提供丰富管理及服务行为就是云计算中间件管理系统。中间件管理主要包括资源管理、安全管理、用户管理、映像管理等行为。

IT 基础资源：支持云计算系统正常运行的一些 IT 基础设施及技术，可以是性能卓越价格不菲的服务器、存储磁盘阵列、高速交换路由等设备，也可以是大规模性价比高的普通 PC，技术手段可采用网络技术、分布式技术等，将分散的 IT 资源组成超强功能的集群用于云计算操作。

虚拟化资源：对 IT 基础资源进行虚拟化而获得更为灵活可靠的功能，比如网络资源池、存储资源池、计算资源池、数据库资源池。

2．云计算服务层次

云计算可描述从硬件到应用程序的任何层级的服务集合，归纳起来可划分成四个不同层次的：应用层，平台层，基础设施层，虚拟化层；每一层都对应着一个服务集合，包括如下服务。

软件即服务（Software as a Service，SaaS）通过网络进行提供程序服务，是最接近用户的服务，便于用户通过互联网托管、部署及接入。用户可以在各种设备上通过瘦客户端界面访问，如浏览器。消费者不需要管理或控制任何云计算基础设施，包括网络、服务器、操作系统、存储等等。

平台即服务（Platform as a Service，PaaS）提供给消费者的服务是把客户采用提供的开发语言和工具（例如 Java，python，.Net 等）开发的或收购的应用程序部署到供应商的云计算基础设施上去。客户不需要管理或控制底层的云基础设施，包括网络、服务器、操作系统、存储等，但客户能控制部署的应用程序，也可能控制运行应用程序的托管环境配置。

基础设施即服务（Infrastructure as a Service，IaaS）将基础设施（计算资源、存储资源、网络资源）出租，提供虚拟集群的快速计算能力和稳定储存能力。消费者不管理或控制任何云计算基础设施，但能控制操作系统的选择、储存空间、部署的应用，也有可能获得有限制的网络组件（例如，防火墙，负载均衡器等）的控制。

硬件即服务（Hardware as a Service，HaaS）是将硬件资源作为服务提供给用户的一种商业模式，它的出现加速了云计算客户端向"瘦客户端"的发展过程。

3．云计算部署模式

对于提供者而言，云计算的体系结构也需要发生改变，根据部署模式，云计算可以分成公有云、私有云和混合云。

公有云是指为外部客户提供服务的云，它所有的服务是供别人使用，而不是自己用。对于使用者而言，公有云的最大优点是，其所应用的程序、服务及相关数据都存放在公有云的提供者处，自己无须做相应的投资和建设。目前最大的问题是，由于数据不存储在自己的数据中心，其安全性存在一定风险。同时，公有云的可用性不受使用者控制，这方面也存在一定的不确定性。

私有云是指企业自己使用的云，它所有的服务不是供别人使用，而是供自己内部人员或分支机构使用。相对于公有云，私有云部署在企业自身内部，因此其数据安全性、系统可用性都可由自己控制。但其缺点是投资较大，尤其是一次性的建设投资较大。

混合云是介于公有云和私有云之间的一种云。它所提供的服务既可以供别人使用，也可以供自己使用。相比较而言，混合云的部署方式对提供者的要求较高。

IT 服务运营商将以公共云形式对企业和个人提供软件应用和服务。同时，对于大型企业来说，未来物理数据中心也将逐步迁移到虚拟数据中心，即以私有云形式提供 IT 基础架构和服务。在两种业务模式日渐普及时，用户将根据应用需求的不同和出自节约成本的考虑，在私有云和公共云之间灵活选择或并用，形成混合云的应用模式。

大型企业对数据的安全性有较高的要求，他们目前更倾向于选择私有云方案。未来几年，公有云受安全、性能、标准、客户认知等多种因素制约，在大型企业中的市场占有率还不能超越私有云。并且私有云系统的部署量还将持续增加，私有云在 IT 消费市场所占的比例也将持续增加。

7.2.3　云计算数据中心发展历史

传统的数据中心无论应用层次还是规模大小，都是相互孤立，没有形成一个统一的有机整体，各种资源都没有得到有效充分地利用，其资源配置和部署大多采用人工方式，没有相应的平台支持，使大量人力资源耗费在繁重的重复性工作上，缺少自助服务和自动部署能力，既耗费时间和成本，又严重影响工作效率。因此传统数据中心资源并不能满足当前多样、高效和海量的业务应用需求。

回顾世界领先的集团、互联网企业数据中心发展历史，其主要经历了 3 个阶段：大集中、虚拟化、云计算。

1．大集中过程

该阶段将企业分散的数据资源、IT 源进行了物理集中，形成了规模化的数据中心基础设施。在数据集中过程中，不断实施数据与业务整合，大多数企业的数据中心基本完成了自身的标准化，使得既有业务的扩展和新业务的部署能够规划、可控，并以企业标准进行业务的实施，解决了数据业务分散时期的混乱无序问题。在这一阶段中，很多企业在数据集中后期也开始了容灾建设，特别是在雪灾、大地震之后，企业的容灾中心建设普遍受到重视，以金融为热点行业几乎开展了全行业的容灾建设热潮，并且金融行业的大部分容灾建设的级别都非常高，面向应用级容灾（数据零丢失为目标）。第一阶段过程解决了企业 IT 分散管理和容灾的问题。

2．实施虚拟化

随着企业的快速发展，数据中心 IT 基础设施扩张很快，但是系统建设成本高、周期长，即使是标准化的业务模块建设（哪怕是系统的复制性建设），软硬件采购成本、调试运行成本与业务实现周期并没有显著下降。标准化并没有给系统带来灵活性，集中的大规模 IT 基础设施出现了大量系统利用率不足的问题，不同的系统运行在独占的硬件资源中，效率低下而数据中心的能耗、空间问题逐步突显出来。因此，以降低成本、提升 IT 运行灵活性、提升资源利用率为目的的虚拟化开始在数据中心进行部署。

虚拟化屏蔽了不同物理设备的异构性，将基于标准化接口的物理资源虚拟化成逻辑上也完全标准化和一致化的逻辑计算资源（虚拟机）和逻辑存储空间。虚拟化可以将多台物理设备（服务器、存储、网络设备）整合成单台，实现物理资源利用率的提升，由于虚拟化环境可以实现计算、存储、网络资源的逻辑化变更，使得数据中心 IT 实施的灵活性大幅提升，数据中心服务器数量可大为减少且计算能效提升，使得数据中心的空间与能耗问题得到控制。总的来说，第二阶段过程提升了企业 IT 架构的灵活性，数据中心资源利用率有效提高，运行成本降低。

3．云计算阶段

对企业而言，数据中心的各种系统（包括软硬件与基础设施）是一大笔资源投入。新系统（特别是硬件）在建成后一般经历三五年即面临逐步老化与更换，而软件技术则不断面临升级的压力。另一方面，IT 的投入难以匹配业务的需求，即使虚拟化后，也难以解决不断增加的业务对资源的变化需求，在一定时期内扩展性总是有所限制。

于是企业 IT 产生新的期望蓝图：IT 资源能够弹性扩展、按需服务，将服务作为 IT 的核心，提升业务敏捷性，进一步大幅降低成本。因此，面向服务的 IT 需求开始演化到云计算架构上。云计算架构可以由企业自己构建，也可采用第三方云设施，但基本趋势是企业将逐步采取租用

IT 资源的方式来实现业务需要，如同水力、电力资源一样，计算、存储、网络将成为企业 IT 运行的一种被使用的资源，无须自己建设，可按需获得。

从企业角度，云计算解决了 IT 资源的动态需求和最终成本问题，使得 IT 部门可以专注于服务的提供和业务运营。

这三个阶段中，大集中与容灾是面向数据中心物理组件和业务模块，虚拟化是面向数据中心的计算与存储资源，云计算最终面向 IT 服务。这样一个演进过程，表现出 IT 运营模式的逐步改变，而云计算则根本改变了传统 IT 的服务结构，它剥离了 IT 系统中与企业核心业务无关的因素（如 IT 基础设施），将 IT 与核心业务完全融合，使企业 IT 服务能力与自身业务的变化相适应。

数据中心通过将企业的业务需求如业务部门提出应用、运行时间、用户数、业务连续性、备份和安全等要求转换成 IT 资源，迅速分配给业务部门，缩短业务系统上线时间。

由此可见，随着信息化的进一步深入，计算资源整合程度的不断提高诸如云计算等新模式的应用，新一代数据中心无疑成为应用运行的最好载体。新一代数据中心作为云计算的基础设施，需要考虑方方面面，从机房的建设、供电、制冷设施的设计和安装，再到内部走线、服务器、存储、网络等 IT 设备的选择和调配，这些底层的基础平台搭建起来后，还需要进一步考虑到上层数据及应用的高效管理，因此它的建设将直接关系到企业云计算战略的成败。

在 2010 年，云计算市场进一步接近爆发期。据 IDC 的调查显示，未来几年云计算服务将呈现急速增长的态势。作为一种新的、正在成为主流的 IT 应用模式，云计算将对 IT 领域的方方面面产生实际的影响。具体到 IT 管理领域，支撑 IT 管理技术体系的 ITSM（IT 服务管理）方法论和 ITIL 最佳实践也必将因云而变。

ITIL 即 IT 基础架构库（Information Technology Infrastructure Library），是基于流程的方法论，它提供了一套适于 IT 服务管理的实践指南，为企业的 IT 服务管理实践提供了一个客观、严谨、可量化的标准和规范。2005 年 12 月，ITIL 正式发布成为 ISO 国际标准：ISO20000，被国际广泛接受。

在云的应用环境中，企业只需关注数据的使用，而对数据的计算存储方式和效率均采用云服务来实现和提升。云服务商则将核心业务重点放在 IT 架构的运营上。因此，企业和云服务商在实施 ITSM 流程时实际的关注重点是不同的。

ITSM 围绕云计算环境中全新服务交付模式所做出的调整，将会出现新型的 ITIL 最佳实践。

ITIL 目前在国内应用的主要是 V2 版本。通过对该标准的整理，可以将其概括为一个职能、六大模块和十个流程。一个管理职能是服务台，六大模块包括服务管理、IT 基础设施管理、服务管理规划与实施、应用管理、安全管理和业务视角。

服务管理是 ITIL 的核心，由服务支持和服务交付两个部分组成。

服务交付描述了客户需要用来支持其业务运作的服务以及为提供这些服务所需要的资源，服务交付关注的重点是 IT 组织如何签订服务等级协定（SLA），并监控 SLA 目标的实现，主要管理活动包括明确需求、制定计划、变更提升等。

服务支持描述了参与这些任务的人员角色、各个流程的任务分解和注意事项，同时还定义了联系用户和流程的"服务台"功能。

具体来说服务管理包含以下 5 方面内容。

（1）安全管理。安全管理的目标是按照保密性、完整性和可用性的要求保护信息的价值。其描述的是如何规划和管理信息以及 IT 服务安全流程以达到规定的安全水平，评估和管理现存的风险和薄弱点并以合理的代价加以解决。

安全管理保护 IT 基础架构，对其采取合适的保护措施，使其免受未经授权的使用。

（2）IT 基础设施管理。IT 基础设施管理主要论述了为提供一个稳定的 Oracle 11r 和通信基础设施所需的流程、组织和工具，这个 IT 和通信基础设施需要以合理的成本满足业务需求。IT 基础设施管理介绍从业务需求的定义到最终的 ICT 业务解决方案的部署和实施这样一个工作流，它是以技术为中心的。

（3）应用管理。应用管理描述的是如何对应用的整个生命周期进行管理，为企业用户、开发人员以及服务经理了解如何从服务管理的角度对应用系统进行管理提供指导。它可视为向业务运作提供信息服务的核心，强调 IT 项目及其策略与业务在整个应用周期里及时同步。

（4）服务管理规划与实施。服务管理规划与实施检查组织计划、实施、改善服务管理流程中的问题和任务，把服务管理提升与组织及文化变革、愿景及战略制定过程相结合，为客户如何确立远景目标，如何分析和如何实施活动的优先级，以及如何实施一个能够带来可量化和持续的服务改进的变更方案提供全面指导。

（5）业务视角。业务视角所强调的核心思想是应该从客户（业务）而不是 IT 服务交付者（技术）的角度理解 IT 服务需求、为业务管理提供建议和指导来帮助 IT 人员明白如何为商业目标做出贡献，如何调整他们的角色和服务内容以使贡献最大。

如何对云计算数据中心进行 IT 资源管理、IT 业务管理、IT 运维管理，全面有效的应对云计算数据中心运维的复杂性，已经成为新一代数据中心运维管理面临的挑战。而面向服务型数据中心框架，将很好解决这个难题，其由基础架构框架和服务管理框架组成，并通过管理服务层将这两部分内容连接起来。

7.2.4　构架数据中心的关键技术

1．关键技术分类

使用 IT 电信基础设施构架数据中心，需要集合多种关键技术，包括虚拟化技术、资源管理技术、任务管理技术等，虚拟化是适用于所有云架构的一种基础性设计技术，是云计算的核心技术。

它可以实现计算、存储、网络资源的逻辑化变更，使得数据中心 IT 实施的灵活性大幅提升，是企业用户迈向云计算数据中心的第一步，下面将重点介绍虚拟化技术。

2．虚拟化技术

通俗意义上，虚拟化将物理硬件与操作系统分离，是一个逻辑层，它可使 IT 资源更为灵活使用，利用率更高。计算、存储和网络等 IT 基础资源被抽象成标准化的虚拟资源，与操作系统和应用程序一起作为完整的运行环境封装在虚拟架构中。虚拟化允许将服务器、存储设备和其他硬件视为一个资源池，而不是离散系统，这样就可以根据需要来分配这些资源。虚拟化技术作为一种物理资源封装手段有以下多个具体优势。

更高利用率。在虚拟化还未使用时，企业数据中心的服务器和存储资源通常的利用率为 10%～15%，平均还没有 50%。在使用虚拟化之后，业务处理就会一同被转移到闲置的系统，整体上可以推迟或避免盲目扩展更多服务器容量。整合资源虚拟化可以整合多个 IT 资源。除服务器和存储整合之外，虚拟化提供一个整合系统架构、应用程序基础设施、数据和数据库、接口、网络、桌面系统甚至业务流程，因而可以节约成本和提高效率。

节省能耗与成本。运行企业级数据中心所需的电能不再无限制地使用，而成本呈螺旋式上升趋势。利用虚拟化进行整合使得降低总能耗和节约大量资金成为可能。

节约空间。服务器膨胀仍然是多数企业数据中心面临的一个严重问题，可扩大数据中心并不总是一个良好的选择，因为每增大一平方英尺空间，就会平均增加数千美元建筑成本。虚拟化通过把多个虚拟系统整合到较少物理系统上，可以缓解空间压力。

灾难恢复/业务连续。虚拟化可提高总体服务级利用率，并提供灾难恢复新的解决方案选择。

以实现层次来分：平台虚拟化，操作系统虚拟化，应用程序虚拟化。

以被应用的领域来划分：计算虚拟化、存储虚拟化、网络虚拟化、安全虚拟化、桌面虚拟化等。

以某类衍生出来的划分：比如 CPU 虚拟化、文件虚拟化等。

7.2.5　不同实现层次上的虚拟化

1. 平台虚拟化

平台虚拟化允许任意操作系统以及结果产生的应用程序环境运行于特定系统之上。它通过使用软硬件分时服务，模拟与仿真、执行等技术，达到在单个计算机物理设备上模拟出多个相互隔离的硬件执行环境的目的。这个相互隔离的虚拟执行环境也被称为虚拟机（VM）。虚拟化的目的是虚拟化出一个或多个相互隔离的执行环境，用于运行操作系统及应用，并且确保在虚拟出的环境中操作系统与应用的运行情况与在真实的物理设备上运行的情况基本相同。根据其提供的平台类型，将虚拟机监控器 VMM 分为两类：完整虚拟化（或全面模拟基本硬件）和准虚拟化（提供基本硬件的接近相似的模式）。这两种虚拟化模式区别如下。

完整虚拟化也即硬件虚拟化：在 Host OS 上通过软件创建虚拟硬件，并以虚拟硬件安装虚拟机操作系统运行（VMware、Virtual PC、Hyper-V）。

准虚拟化也即半虚拟化：在一个 Host OS 系统（目前只能是 Linux）的基础上，同时启动多个 Guest OS 系统并行运行（Xen）。

作为服务器虚拟化技术的当前热点内容，VMware 推出的相关产品，VMware ESXi，有称为 VMotion 的技术可以解决了业务在运行过程中的动态迁移问题，使得应用可以根据计算容量需求动态调整计算资源。

2．操作系统虚拟化

操作系统虚拟化就是从一个母体系统为样本，通过虚拟化软件，灵活地克隆多个子系统。克隆所得到的子系统与母系统除了 ID 标识等一些个性因素外，其他都相同。操作系统虚拟化强调在单一操作系统内核实例的基础上实现虚拟化。

在云架构中使用操作系统级虚拟化或分区技术有助于解决一些核心的安全、隐私和管理问题。操作系统虚拟化是同构的，虚拟环境是宿主系统的一部分，比如 Parallels Virtuozzo Containers、Sun Solaris Containers。

3．应用程序虚拟化

随着虚拟化技术的发展，逐渐从企业往个人、专业往大众应用的趋势发展，便出现了应用程序虚拟化技术，简称应用虚拟化。前两种虚拟化的目的是虚拟完整的真实的操作系统，应用虚拟化的目的也是虚拟操作系统，但只是为保证应用程序的正常运行而虚拟系统的某些关键部分，如注册表、C 盘环境等，所以较为轻量、小巧。应用到个人领域，可以实现很多非绿色软件的移动使用，如 CAD、3ds Max、Office 等；可以让软件免去重装烦恼，不怕系统重装。有绿色软件的优点，但又在应用范围和体验上超越绿色软件。

7.2.6　基于 ITIL 的数据中心运维的实现—服务运营

数据中心 IT 基础设施运营管理，概言之就是为保证承载在数据中心内的各种 IT 应用能够持续、可靠运行，为提高数据中心整体的运行、管理效率，所提供的具有运营管理功能的各种软硬件或 IT 服务，帮助用户实现 IT 创新甚至业务创新。

为实现业务目标提供高质量的支持服务，降低提供和使用 IT 服务的总体成本，提高用户满意度，必须选择一个以客户为中心，为业务、流程和技术的变革提供全面支持的自动化管理软件——服务台功能，实现主动的管理复杂的异构数据中心环境，提供端到端的服务器、存储、网络、应用的运营管理，以及随后发生的审计及迁移管理。

目前业界主流的自动化管理软件主要以网管平台的形式出现，如：IBM Tivoli、HP OpenView、H3C iMC、Cisco Works2000、CA Unicenter、BMC 等。

在本文中选择 H3C 的 iMC 智能管理平台作为切入点进行阐述。iMC 结合了 ITIL，依据"智能融合、业务协同、架构开放"理念，在架构的扩展性、用户易用性、业务融合管理等方面都有着卓越表现，帮助客户实现网络业务的端到端管理，是一款以融合、统一为发展方向的面向服务的综合型数据中心管理工具。

下面将通过 iMC 智能管理平台从基础设施管理、业务管理、用户管理几个方面展开介绍新一代数据中心 ITIL 最佳实践。

7.2.7　基础设施拓扑视图

新一代的 iMC（H3C 智能管理中心，如图 7-15 所示）V5 能对数据中心网络中的路由、交换、无线、安全、语音等网络设备、存储设备、服务器设备等 IT 基础设施进行管理，支持 IP 拓扑视图外，支持全网物理拓扑、三层拓扑、二层拓扑、邻居拓扑、机房机架拓扑、数据中心拓扑等视图。iMC 数据中心拓扑实现了平面机房设计和立体机房监控，支持 180°旋转机房拓扑和仿真机架拓扑，并支持物理和虚拟网络一体化的资源可视性，能提供各种虚拟资源的从属关系，为进一步施加管理奠定了基础。

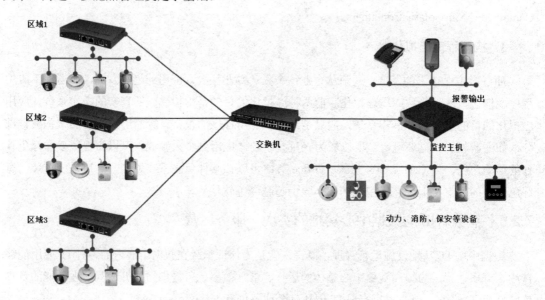

图 7-15　H3C 智能管理中心

7.2.8　虚拟化管理

iMC 的虚拟化管理主要包括虚拟化网络管理和虚拟化服务器管理两部分。

虚拟化网络管理实现一个 IRF（Intelligent Resilient Framework）中多台物理设备的协同工作和统一管理。简化拓扑结构，用◇图标表示包含多个物理网络设备；支持链路聚合，上下层 IRF 之间的聚合链路拓扑；提供 IRF 多设备面板管理，在一张设备面板中显示多台设备；简化设备配置和软件管理，对 IRF 设备提供了统一的软件升级管理，在操作上和一台设备相同，提供统一的配置备份恢复等操作，同时也可对 IRF 中每个成员的配置进行管理。

虚拟化服务器管理目前主要实现基于 VMware 架构的管理，包括虚拟服务器（ESX/ESXi Server）、虚拟交换机（vSwitch）、虚拟机（VM）等虚拟资源的管理及虚拟机迁移管理。通过 iMC 可以树形结构，层次化地展示出 ESX/ESXi Server、vSwitch、VM、端口组之间的从属或连接关系及相应的详细信息（CPU、内存、磁盘 I/O、网络性能），进行虚拟资源监控；以拓扑方式展示 ESX/ESXi Server、虚拟交换机（vSwitch）、虚拟机（VM）之间的从属或连接关系；同时，通过 ESX/ESXi Server 和物理交换机之间的连接关系，展示 ESX/ESXi 所在的物理位置。

iMC 在如何对虚拟资源施加更为有效地管理也有延伸。由于在虚拟机迁移时需要对应的网络配置也进行动态的实时调整，对此 iMC 特别加强了虚拟化迁移、自动化配置等方面的功能，使虚拟设备可如同物理设备般进行统一的网络配置管理，定期自动备份，并且支持虚拟网络环境（VLAN、ACL、QoS 等）的迁移和部署，满足快速部署、业务迁移、新系统测试等不同场景的需求。

1．应用管理

iMC APM（Applications Manager，应用管理组件）可以监视各种应用程序和服务器，包括多种 Web 服务器（Apache 服务器、IIS 服务器等）、应用服务器（Microsoft NET、WebLogic、WebSphere 等）、操作系统（Windows、Linux、Sun Solaris、FreeBSD、IBM AIX、HP—UX、Tin64 Unix、Mac OS 等）、数据库（Oracle、MySQL、MS SQL Server、IBM DB2、Sybase 等）、各种服务，对于任何提供 JMX 或者 SNMP 接口的应用，通过自定义方式，均可进行监控，可以为整个业务基础架构提供统一的视图。APM 还提供监视器分组功能，可以将相关的设备关联到一个监视器组中，方便管理。

iMC APM 与 iMC 智能管理平台实现了完美的融合，不仅可以从业务的角度进行管理，也可以从网络的角度直接监控业务。在 iMC 管理平台的拓扑图中可以选择被监控的服务器，直接查看被监控的各种业务系统的运行信息。也可调用 APM 的应用监控功能，查看进一步的应用名称、应用类型、可用性状态和健康状况。

2．统一数据管理平台

iMC UDM（Unified Data Manager，统一数据管理平台）以存储业务管理和存储业务流程模型为核心，采用面向服务（SOA）的设计思想，为客户提供存储业务、存储资源和存储用户的融合管理解决方案，帮助客户实现存储业务的端到端管理。UDM 为最终用户提供了存储自助服务功能，存储资源和业务的使用者可以通过自助服务平台查询资源的使用情况，各种数据业务的运行情况等。

3．iAR 智能分析报表管理

iMC iAR（Intelligent Analysis Report，智能分析报表）系统能帮助 IT 管理者清晰了解当前 IT 环境中业务、资源和用户的详细状况，通过智能分析、报表数据挖掘和个性化展示，为管理者提供足够的依据保障和决策支持。利用 iAR 可以方便地创建简单的报表，不仅如此，它还拥有生成复杂报表或专用报表所需的一整套工具，满足用户的定制报表需求和 iMC 的专业报表设计人员的开发需求。对于自动化生成的周期性报表，可以根据需要发送给不同角色的用户，比如决策人、投资人、管理员等。如果采用手工的操作，将是一件繁重的工作，iMC 报表方案提供了自动化的 Email 发放报表方式。

H3C iMC 用户管理在新的用户管理模型—6A 的基础上，提供了统一的认证管理、全面的网络准入、精细的权限控制、基于用户的行为审计、桌面外设和资产管理、可扩展的计费管理等功能，实现了 iMC 平台、EAD 准入、防病毒产品、补丁产品、桌面产品等各种资源之间的智能联动，为实现一体化、可信可控、可审计、可维护的用户管理打下了基础。

7.2.9 银行卡组织云运维平台案例

某银行卡组织十年前以 ITIL（Information Technology Infrastructure Library, 信息技术基础架构库）为基础构建了流程平台，变更、事件、问题、服务等流程通过这个平台进行流转。在五年前从开放平台转化为云运维平台，在这个过程中，建立了 IaaS（Infrastructure as a Service, 设施即服务）虚拟化资源平台，同时他们也跟业界一样构建了 CMDB（Configuration Management Database，配置管理数据库），用于统一管理运维数据。但是在运转一段时间以后，发现还有很多需求要实现，主要体现在以下 3 个方面。

（1）软硬件节点数目不断增加，日常运维迫切需要一个适应各种运维场景的高效自动化平台，减少重复劳动。

（2）运维人员的经验需要在一个平台沉淀，形成一个智能化场景库，将运维服务或能力复用，从而提高整体的运维质量和运维效率。

（3）在传统流程化运维的基础上，注入智能化场景，将运维工作从依靠人工判断、流程决策，逐步转为依靠机器智能分析判断。

所以基于这三方面需要，建设了一个云计算环境下面向规模化运维的平台，如图 7-16 所示。

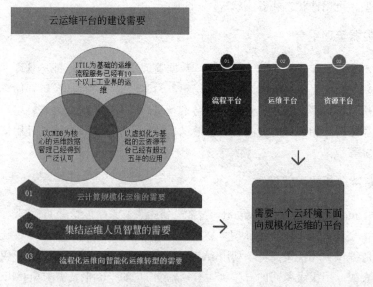

图 7-16　云运维平台

云运维平台主要解决的是以下几个问题。

- 互联网业务在公司发展特别快，还会有一些营销活动，需要运维能够快速地响应。
- 硬件数目呈几何级增长。
- 最近几年频繁使用一些开源架构和新兴技术，对运维技术增加了要求。
- 运维工具散乱，缺乏统一管理。
- 运维数据没有统一的展示。
- 在审计中发现人工维护有安全性方面的问题。

出于这些方面考虑，运维平台的愿景（如图 7-17 所示）是运维的质量以及可运维设备的数量不因运维人员的数量或者是技能的变化改变，从而实现运维的数量和质量都可控的目的。

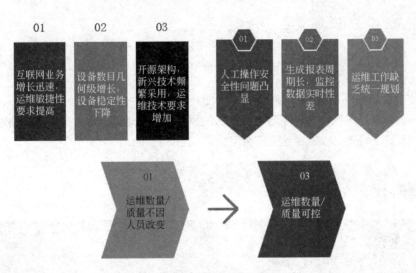

图 7-17　云运维平台愿景

这个运维平台产品（如图 7-18 所示），主要有 4 方面功能。

第一，是资源统一调度，可以将资源整合，通过资源平台提供的 API 包括，包括 Openstack、数据库管理平台、容器管理平台、分布式存储管理平台、网络管理平台、安全管理平台，将常用的运维操作，都整合在这个运维平台中，将运维流程尽量的简化，实现自助化运维。

第二，借助运维平台实现自动化管理，减少手工操作，实现数据的自动收集、自动应用安装、自动配置和更新、自动数据分析、自动扩展、自动备份恢复、自动故障处理等。

第三，多维可视化，让各个角色在平台上都有一个独立的视角，以角色重定义运维。如网络管理视图、系统管理视图、监控视图、报表视图等。统一报表系统，统一全局数据并提供可自定义多维报表。

最后一点就是实现高性能，希望这个运维平台可以满足万级节点的并发收集、执行。

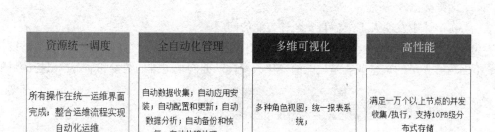

图 7-18　云运维平台产品功能

云运维平台场景规划如图 7-19 所示。下面是一个核心的调动模块。包括执行、采集以及和其他流程的对接，中间是运维平台主要要做的事情，叫做运维 OS，全生命周期管理使得应用系统从上线到下线都可以通过这个平台自动实施。

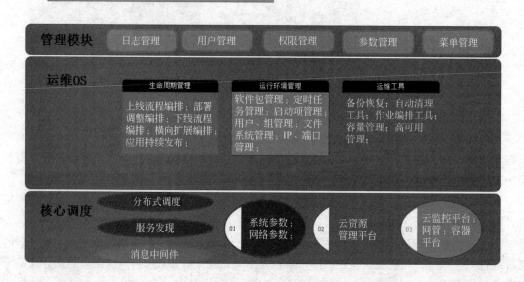

图 7-19　云运维平台场景规划

运行环境管理和运维工具给实际的运维人员提供一个比较便利的操作环境，包括备份比对，作业编排以及参数管理等。

重点介绍一下运维 OS 的几个管理模块。

（1）生命周期管理。在以前的部署过程中，通常是这样的，开发人员写一个是需求文档通过内部流程给运维接口人员，由他来协调各资源管理员分配资源，形成部署方案，最后将这个部署方案通过人工构建变更的方式实施。这里面存在两个问题，一是传递过程中可能有偏差，第二是传递周期比较长。借助云运维平台实现参数级别的电子化传递，以及自动化的部署。也就是用户在平台上面选择需要的组件，以及资源需求，由管理员分配、确认实际的部署资源。最后由平台进行一个自动化的部署，并在部署过程中自动进行各项规范标准的实施。这样可以大大减少偏差，提高效率。

（2）运行环境管理。包括资源类的 CPU、内存、IP、端口、访问关系等，以及运维人员关注的定时任务、备份策略、自启动项目等。通过云运维平台对运行环境进行管理，替代原有 Excel表格，并进行自动化设置。

（3）持续部署管理。传统部署方式会遇到一些问题，包括：应用版本通过版本服务器多次人工传递，各应用的配置、维护脚本没有统一标准；通过表格人工维护各环境的参数差异，不同环境人工修改参数；安装过程的异常告警没有统一标准，回退方式不统一等。为此，做了一个持续发布的标准，而且将这些标准借助这个平台实施，包括：统一版本传递路线，版本标准化；构建生产、测试、研发环境配置差异库，平台根据所在环境自动生成对应参数；标准化应用部署过程，多节点安装顺序自由编排，按照编排顺序进行安装；标准异常告警；故障时按照编排顺序逆向回退。

（4）运维工具集成。包括常用的应用重启、健康检查、隔离、恢复工具、服务器的一些物理测试，以及自动装机后自动接入 OpenStack 或者是其他资源管理平台的自动对接，网络设备的健康检查，还有一些定期的安全检查，把这些工具集成在云运维平台上。

云运维平台技术方案。在硬件资产层面通过 SNMP 类工具获取状态及操作，虚拟资源层面借助 OpenStack 及其他管理平台提供的接口进行管理，操作系统之上通过自主开发的核心调度系统对 Linux 及应用进行管理。

整个平台是使用权的一个部署，除了下面的缓存和 MySQL 其他所有的组件都是全容器的部署，前端使用 Apache、Haproxy、Keepalived；后端使用 Jboss、Rabbitmq、Ansible、ZooKeeper；数据存储采用 MySQL、Redis、Ceph 等；另外还有一个安全服务模块，用于检查是否会有一些高危操作。

图 7-20 表现了一个具体的业务流程，左边是这个云运维平台的界面，一个运维请求会被封装为一个消息会放到消息队列里面，Schedule 模块接收到消息后按照调度算法，自动分配给Ansible 节点，Ansible 节点通过 SSH 到服务器上执行，并将执行结果异步返回给消息队列。

Schedule 的调度算法与 Ansible 分布式架构。schedule 的调度算法考虑到生产环境存在很多的分区，会根据请求者的 IP 自动生成一个所属区域的 Tag，Schedule 在发现这些消息以后，会针对 Tag 以及目标机器数据进行拆分，把这个消息详细拆分为几个消息，Ansible 去订阅处理自己的消息。在 Ansible 上进行一个改造，所有任务均有唯一的 id，处理完成后返回消息，从而实现多任务的并发异步执行。

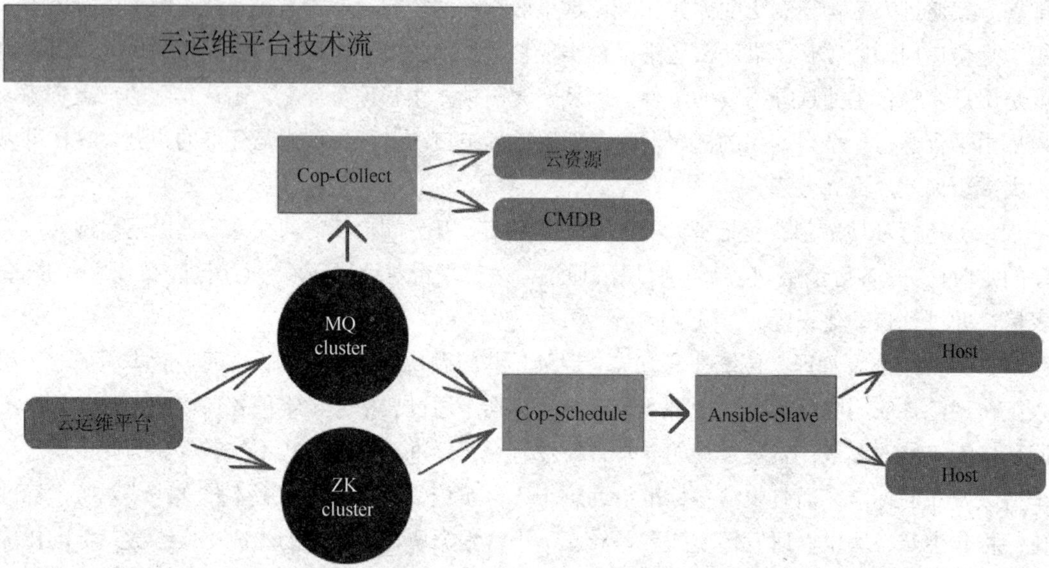

图 7-20　云运维平台业务流

数据可视化。在数据可视化方面，通过采集器采集信息，通过同步器同步其他平台信息，存储在核心数据库，通过阈值库产生对比告警，通过分析函数库进行性能分析，并产生一些运维需要的报表进行可视化管理。

本章要点

本章主要介绍了物联网和云计算的基础知识、物联网运维体系结构、云计算关键技术、云计算虚拟化管理等，要点如下。

（1）物联网的体系结构。

（2）物联网 RFID 技术。

（3）物联网运维体系结构。

（4）云计算体系结构。

（5）云计算关键技术。

（6）虚拟化管理。

思考题

（1）物联网与互联网相比，具有哪些主要特征？

（2）感知层可能遇到的安全挑战有哪些？

（3）物联网和物流的关系？

（4）数字城市、智慧城市和城市信息化的关系？

（5）请描述你对云计算发展的看法。

（6）云计算六种服务方式是什么？

（7）对传统企业来说，云计算的转移成本和转移路径。

第8章　银行信息系统运维

在当今信息时代，金融信息化已成为现代金融市场的重要基础，信息技术在金融业发挥着举足轻重的作用。对于我国的商业银行而言，其信息技术发展各有千秋，同时，IT 运维风险已成为商业银行面临的最主要风险，如何提高银行 IT 运维服务能力，组建一个日益完备的 IT 运维服务体系，是目前我国商业银行亟待解决的问题。

日益复杂的 IT 运维风险越来越成为商业银行面临的最主要风险，银行在信息、产品、创新、服务等方面对信息技术的依赖程度不断增加，如何提高银行 IT 运维服务能力，组建一个日益完备的 IT 运维服务体系，提高银行抵抗操作风险能力，有效防控操作风险系统中断和失效事件发生，保障银行提供 7×24 小时银行 IT 服务支持体系，保持业务的连续可用性，成为银行亟待解决的问题。另一方面，对于银行的 IT 运维部门来说，面对不断增加的设备和应用系统，运行维护人员"救火式的维护"带来了用户不满。如何使运行维护人员从容应对故障、快速处理故障成为银行 IT 运维中的关键。

此外，随着 IT 应用的不断深入和 IT 系统建设进程的加快，应用软件开发已由传统的自主开发逐步向合作开发、外包开发过渡，如何实现低成本、低风险运行维护是当前业界讨论的又一个热点，构建一个"安全、稳定、有序、高效"的银行 IT 运维服务体系是非常有必要的。

8.1　银行信息系统

银行是通过存款、贷款、汇兑、储蓄等业务，承担信用中介的金融机构。银行信息系统是银行生存和发展的必要条件，没有先进的信息系统，就不可能有现代化的银行服务和种类繁多的金融产品。信息系统的广泛应用，一方面降低了银行运营成本，促进了多种金融产品和金融工具的产生、推广和应用；另一方面也使银行运营突破了时间和空间上的限制，实现了银行服务和产品的网络化与全球化。

8.1.1　银行信息系统目标

从信息和信息处理的角度来看，银行最核心和最本质的内容是信息，银行就是靠信息技术来传递信息、积累资金，又利用信息系统来进行信息存储和处理的。与制造业相比，银行业的生存和发展对信息系统的依赖也更强，信息系统的安全和稳定运行对银行服务具有至关重要的作用。具体而言，银行信息系统要实现以下目标。

（1）数据实时处理。银行信息系统实时处理与反馈信息，同时为多个用户提供多种服务，要求数据处理必须在规定的时间内处理完成并返回结果，其处理结果能立即作用或影响正在被处理的过程本身。在这种处理方式中，时间的限制与系统服务的对象和具体物理过程紧密相关，如果超出限定时间就可能丢失信息或影响到下一批信息的处理。这对信息系统的正确性、可靠性要求极高。

（2）支持对大规模数据的并发处理。由于银行覆盖范围广、网点众多、业务类型多样，导致银行数据量巨大，而且增长速度快。有统计数据表明，银行的数据量每隔 12～18 个月就会翻番。因此银行业信息系统需要能够处理和存储规模巨大的数据量，而且要支持对大规模数据的并发处理。

（3）数据集中管理。在银行大集中的背景下，银行信息系统大多采用数据集中存放、集中处理的模式代替多分区、多数据中心的数据分散存储和处理的模式。数据的集中管理可以有效降低银行的运营成本，提高银行的集约化管理水平，也有助于信息共享、新产品开发和运行维护费用的降低。然而，数据的集中管理模式对银行信息系统的稳定性也提出了更高的要求，如何化解数据集中管理模式带来的高运营风险，确保业务连续稳定，是对银行信息系统提出的重要目标之一。

（4）高度安全性。银行信息系统存储的不仅有客户的大量存款和各种账务信息，还有涉及国家机密的大量数据，因此要求银行信息系统必须具有高度的安全性。为提高银行信息系统的安全性，必须综合应用防火墙技术、加密型网络安全技术、漏洞扫描技术和入侵检测技术等手段，确保人民和国家的财产安全。

8.1.2　银行信息系统功能

银行信息系统是通过多种渠道，以核心模块和应用程序对客户信息和账户信息进行输入、处理、传输、存储和输出的系统的总称。银行信息系统的处理对象是客户资料和业务资料；核心模块包括会计核算、账户管理和客户信息等，应用服务系统包括存款业务系统、贷款业务系统、结算业务系统、卡业务系统、中间业务系统、投资业务系统、产品管理系统、费率管理系统、利率管理系统等；服务渠道涵盖柜面、ATM、POS、自助银行、网上银行和管理终端等。

目前，银行信息系统的功能已经较为完善，根据其业务性质可分为后台处理系统、前置处理系统、柜面业务系统和自助服务系统四大类。

（1）后台处理系统。后台处理系统是指银行为及时而全面地掌握营业状况，防范和控制金融犯罪，方便地保存和查阅业务档案，分析和挖掘潜在的客户数据等方面需求而建立的系统，是银行系统中一个重要的处理环节。目前银行已经形成了以各省市分行或区域为数据处理中心，来承担所辖全行所有营业网点的业务处理任务，形成了以核心账务系统为统一后台运行的全行账务处理系统，核心后台是业务数据大集中后的银行数据处理中心，该数据处理中心包括了银行所有的客户信息和账务信息，是银行业务运行的关键和应用服务系统运行的基础。后台处理系统的硬件设备主要以大型主机为核心，连接海量存储器、各类通信设备、高速打印机等外部设备。

（2）前置处理系统。前置处理系统是面向各业务应用系统进行统一接入管理、判断的转发系统，它将核心账务系统有效屏蔽，一方面减轻了核心账务系统的负荷，另一方面也简化了系统开发和维护的投入。根据银行业务柜面的不同，前置处理系统可以配置为一台，也可以配置为相同结构的多台前置机，分别承担不同区域的业务接入请求。前置处理系统硬件设备一般采用小型机，一些业务规模较小的前置处理系统也可以选择 PC 服务器做前置机。

（3）柜面业务系统。与前置处理系统相接的是柜面业务系统、银行应用系统等。当前银行逐渐依据综合柜员制采用综合柜面系统。所谓综合柜员制是指建立在银行柜面业务高度信息化基础上，前台人员打破柜组间的分工界限，由单独柜员综合处理会计、出纳、储蓄、信用卡等业务。它具有操作业务直观、快捷、责任明确、组合优化等优点，是一种简便、快捷、高效的劳动组合形式，国内银行已普遍采用。

（4）自助服务系统。银行自助服务系统为客户提供一种完全自助的，没有银行柜员直接参与的、全新的服务方式，它能够使客户不受时间、空间的限制，随时随地使用银行的相关服务。自助服务系统极大地方便了客户，也降低了银行的运营成本，提高了银行工作的效率和灵活性。自助服务系统采用柜面终端、POS、ATM、电话银行、自助终端和多媒体查询机等形式向客户提供服务。

8.1.3　银行信息系统结构

为实现信息资源共享、数据集中管理和降低维护成本，银行信息系统一般采用多层结构，包括基础框架层、数据层、应用系统层、渠道整合层和客户服务层。

1. 基础框架层

基础框架层规定了银行信息系统开发、运行和维护的基本规范和规章制度，包括存储服务、容灾备份策略、安全体系架构、标准管理、运维体系和系统管理等。

2. 数据层

数据层主要包括银行信息系统的处理对象——客户数据和账务数据。当前，银行普遍采用总行数据大集中的管理模式。为了充分发挥数据大集中管理和综合前置平台的功能，需要对数据分布进行合理规划，明确哪些数据放置在总行数据大集中服务器，哪些数据放置在分行前置平台。银行信息系统中的数据包括：

（1）客户信息数据。包括授信客户的各种风险评估资料和经营状况资料在内的客户信息数据存放在总行数据大集中服务器上，便于全行集中式风险控制和数据仓库技术的应用。

（2）综合账务数据。包括对公、对私账务数据，由于账务系统是运行在总行数据大集中服务器上的，所以这些数据全部应存放在总行数据大集中服务器上。

（3）信用卡账务数据。信用卡系统也运行在总行数据大集中服务器上，所以这些数据也应存放在总行数据大集中服务器上。

（4）中间业务的客户数据。由于中间业务是本地化特色很强的金融业务，所以中间业务的客户资料数据在不同分行会有不同的表述，很难由总行统一实现，这些数据主要存储在各地分行的前置平台上。

（5）清算和对账数据。在金融交易中，银行会与金卡、券商等银行客户进行对账，与本地网上支付网关进行对账。在对账时，分支行负责和所有的清算单位（金卡、电信等）对账，主要通过勾对流水的方式来进行处理，然后与总行统一勾对账务信息。所以在下属分行的前置平台应存放清算与对账的交易流水信息。

（6）地方性安全认证数据。出于对各地安全措施千差万别的考虑，例如，各地分行对公同城通兑方式不同，IC 卡安全论证方式不同等，对交易进行合法性校验的安全认证信息最好应存放在下属分行的前置平台，由下属分行负责这些数据的安全。

3. 应用系统层

应用系统层是指对银行数据进行处理的应用程序，主要包括核心业务系统、业务辅助支持系统和经营管理系统。其中核心业务系统包括总账系统、客户信息系统、信贷管理系统、现金管理系统等；业务辅助支持系统包括财务管理系统、综合报表平台、人力资源系统、知识管理系统等；经营管理系统是指支持银行经营管理的相关系统，包括客户关系管理系统、风险管理系统、绩效管理系统、管理会计系统、审计管理系统等。

4. 渠道整合层

渠道整合层的主要目的是实现客户服务与应用系统层的连接，该层承担连接银行各种设备和外部系统（渠道服务：银联、电信、税务等）的设备及交易数据的转接，它是银行数据交换的枢纽，也是银行安全保障的核心部分。渠道整合层包括综合前置平台和银行统一门户平台。

5. 客户服务层

客户服务层主要包括综合前端服务平台、网上银行系统、电话银行、自助服务设备、手机银行等。该层的主要目的就是通过多种方式满足客户需求。

除此之外，银行信息系统还需要提供多种外部互连接口，实现与其他金融机构的通信，主要包括人行接口、中国银联接口、环球金融通信网接口（SWIFT）、银监会接口、第三方接口、金融咨询接口等。

从网络架构上看，银行主要采用浏览器/服务器（Browser/Server，简称 B/S）结构，通过总行、省级分行、地市级分行、支行和网点五级不同层次的网络，实现银行信息系统的网络化。

8.2　某银行信息系统实例

按照高起点、高标准、高质量的要求，采用先进的 IT 资源管理技术实施网络与系统管理，对现有的 IT 系统运行环境进行信息采集、管理和监控，并在此基础上构建一个平台化、智能化、集成化、高可靠性的集中管理运行系统，用于信息中心日常运行管理。

项目的特色如下。

- 建立了在统一平台架构下，实现面向系统和应用的采集域监控、实现对服务器、数据库、中间件、虚拟机、存储、标准应用服务等的故障监控、性能分析和配置数据的采集。

- 实现了与 HPOpenviewNNM 网络管理系统的告警事件的集成和解析。
- 实现了 IT 资源的可视化管理，根据业务和设备等多种维度输出各类监控拓扑，快速发现和定位故障。
- 通过各类运行统计分析报表，了解和掌握 IT 资源运行状况，分析决策运维管理工作。
- 实现对各物理隔离的网段内的设备的监控全覆盖。

该项目提升了该银行的 IT 运维管理水平，实现了信息网络和设备的全面监控和管理，具有完整和行业领先的 IT 集中监控运维平台，为中心业务信息系统的有序运行提供有力的保障。

8.2.1 系统架构

总体上来说，平台的架构设计既从现有的应用需求出发，又要面对未来业务和技术发展的要求，在技术方案的先进性、实用性、扩展性、稳定性等方面保持一个良好的平衡。平台确保为用户的信息化建设提供长期的支撑，保证用户 IT 运维管理的不断发展需要。系统可监测并管理常见的网络设备、服务器、数据库、中间件、虚拟化资源、通用服务等 IT 资源，支持 SNMP、CLI（Telnet、SSH）、WMI、JMX、CORBA 等远程非代理监测和 Agent 代理监测两种手段，还支持分布式采集、集中管理模式，为业务网络提供 7×24 不间断监测服务。

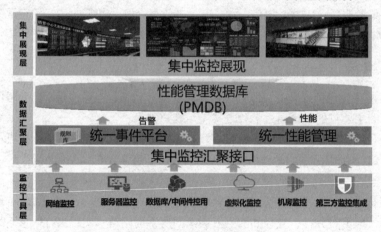

图 8-1　系统架构图

如图 8-1 所示，系统在技术架构上包含集中展现层、数据汇聚层和监控工具层。

- 集中展现层：包括了可视化展示、统一运维门户、统计、权限管理、通知中心等主要模块，目的是保证平台不同角色的运维人员可以通过浏览器访问到与自身职责对应的功能和视图，是信息的集中呈现窗口和日常工作的平台。
- 数据汇聚层：系统基于集中监控汇聚接口实现监控性能、告警数据的汇聚采集与集中存储，并提供统一事件平台及统一性能管理功能。
- 监控工具层：系统提供了面向网络设备、安全设备、服务器、存储、数据库、中间件、业务应用系统、虚拟化资源的资源监控采集。

- 系统接口：系统接口包括与第三方系统的数据、功能的接口以及上线级联接口和展现接口。以满足与其他系统的对接、功能集成以及未来业务发现的需要。同时支持与第三方系统（如 OpenviewNNM 网管系统等）集成。

针对上述要求，为了加强用户对网络、业务的管理，提高用户的网络、业务管理水平，达到维护系统正常运行的目的，在遵循先进性、开放性、可靠性、集成性、安全性和可扩展性的设计原则下，建立一个维护管理简便、便于扩展、可以进行更深层次拓展的 IT 运维监控系统。

8.2.2　网络监控管理

1. 网络设备管理

系统主要通过 SNMP（V1、V2/V2C、V3）、ICMP、NetBIOS、ARP、Traceroute、RemotePing、CDP、NDP、LLDP 等协议来实现对网络、安全设备和链路的自动发现和监控，能够实现对网络、安全设备的基本状态信息、实时运行性能进行监控和数据采集。具有网络拓扑自动发现、网络设备添加与监控、VLAN 管理、动态视图管理、网络路径检测等功能。

- 提供跨厂商、跨类型的设备管理机制，包括路由器、交换机、防火墙、负载均衡等网络设备。
- 从各类可管理设备中收集安全事件、警告，差错和日志并将各类含义相同的信息统一标准入库，可以直接发送到其他功能模块中。图 8-2 展示了第三方告警事件的介入。

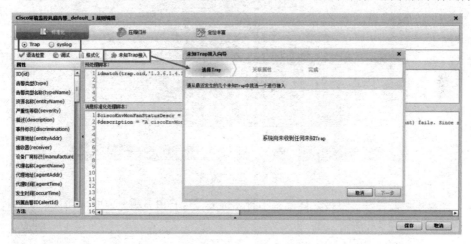

图 8-2　第三方告警事件的接入

- 能够自动识别和展示各网络设备背板图，反映设备类型、端口使用状况和下联节点信息。如图 8-3 所示。端口使用情况如图 8-4 所示。
- 支持 SNMP/TELNET 等方式获取网络设备配置信息，支持网络设备的配置文件的手动和自动上传恢复。
- 支持设备配置管理备份策略，可自定义每月、每周、每天等时间进行设备的自动及人工备份，并支持备份文件的查询、删除和对比，如图 8-5 所示。

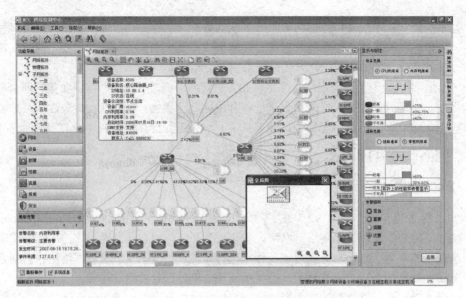

图 8-3   设备连接情况

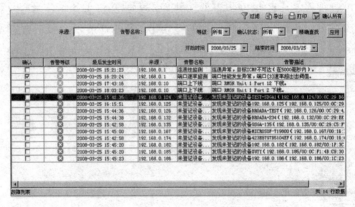

图 8-4   端口信息

- 能够生成监控统计报告，提供每小时、每天、每月以及自定义时间段内的设备性能趋势图，如图 8-6 所示。

2. 网络拓扑管理

系统能够持续、自动地发现、正确识别和跟踪被管范围内的网络设备、信息安全设备（含防火墙、入侵监测系统、日志审计系统、防病毒系统等安全设备或系统）、服务器等支持 SNMP 协议的设备，支持广泛的网络设备厂商及类型，包括对 Cisco、Huawei、Juniper、H3C、F5BIG-IP、Netscreen、SonicWALL、HDS、NetApp、北电、中兴、博达、迈普、神州数码、锐捷、天融信、绿盟、飞塔、EMC-CX 系列、IBM 磁带库、CiscoASA 防火墙、天融信防火墙、ArrayNetworks 等厂商设备的监控。支持 IPv4、IPv6 双协议的设备发现和管理，并结合设备的交换表、ARP

表、路由表等，自动计算出网络拓扑，采集网络设备的运行状态和性能参数，全面、直观地反映出网络设备和线路的整体状态。能对入侵监测系统等安全设备的在线状态、引擎及管理端口在线情况的监测。

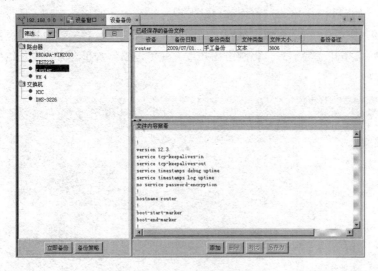

图 8-5　配置备份管理

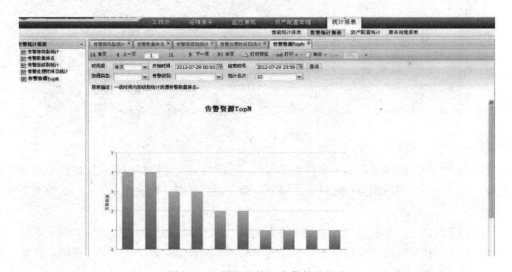

图 8-6　配置备份管理告警统计报表

- 提供 Ping、Tracert、Telnet、Mib 浏览器、Web 等设备管理工具。

系统可自动发现以下信息。

- 第二层、第三层网络设备。
- 网络协议，包括：TCP/IP、Ethernet、FDDI、ATM、帧中继、令牌环等。

- 设备状态信息（如：板卡、端口、接口、IP、MAC）。
- 设备之间的物理和逻辑关系。
- 设备连接信息（如：电缆、中继、网络连接和 VLAN）。

网络拓扑（如图 8-7 所示）监控能够自动发现网络设备间的拓扑连接，展现设备节点和链路的实时运行信息，能够自动生成广域网、局域网（二、三层设备）、主机的网络拓扑；并实时跟踪和更新网络拓扑变更信息，将网络拓扑重大变更，以告警事件方式发送给统一的运维监控系统予以展现。

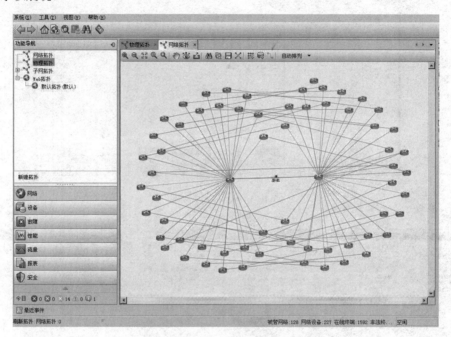

图 8-7　网络拓扑

物理拓扑图（如图 8-8 所示）支持手工添加、删除自定义链路和设备，支持全屏展示、支持鹰眼定位，还可以对网络进行展开和收缩、自动布局、打印、导出图片等，帮助管理人员快速管理。

同时，系统还支持拓扑自定义功能，用户能够根据需要定制子网络，能够为单个子网制定拓扑图，也可以根据行政管理划分定制不同的子网拓扑，方便管理。系统支持使用 Ctrl 键或者框选同时选中多个设备，可仅对选中的设备进行分组拓扑构建。

网络拓扑图生成后，管理人员可以直接在拓扑上查看设备和链路详细信息，鼠标悬停在需要查看的设备上，即可查看设备的详细信息，包括设备名、设备型号、IP 地址、CPU 利用率、网络接口连接，链路的速率、丢包率、错包率情况等；支持颜色变化表示设备不同的运行状态，支持线路粗细表示带宽的不同，帮助管理人员快速了解网络运行情况，如图 8-9 所示。

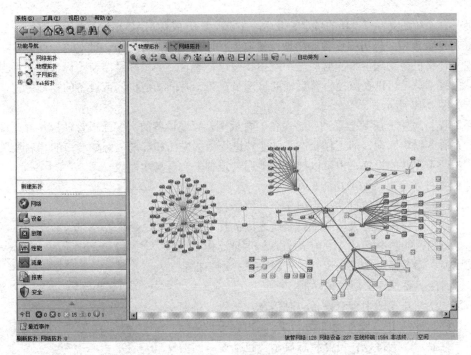

图 8-8　物理拓扑

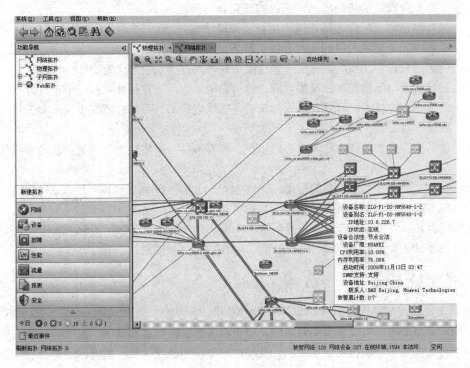

图 8-9　设备信息查看

此外，系统还支持对设备的自定义描述，并能根据 IP 或者 MAC 地址等对设备进行搜索。

在日常管理中，机房中设备的物理位置监控往往与网络拓扑脱节。针对这一问题，综合监控管理平台将机柜物理位置的监控与网络拓扑图进行整合，当鼠标悬浮在图标上，显示当前机房物理位置信息，可以在监控报警后辅助管理员在第一时间知道机器或设备的物理位置，方便处理，如图 8-10 所示。

系统支持对主流厂商全系列网络设备的背板图，实现设备的真实面板管理，并可直接在背板图上查看各模块和端口的工作状态，并能够进行相关操作和管理，例如端口的开启及关闭操作，对与暂不支持的设备，也可以很方便地通过定制来实现真实面板管理。

除此之外还可支持如下功能。

- 能准确和完整的自动拓扑出整个网络结构，包括路由、交换、防火墙和主机系统之间的物理连接链路；能够进行 IP 层的子网发现，展现路由、交换、服务器、主机和子网的逻辑关系；网络扩容时应具备快速扩展发现功能。

图 8-10　位置显示

- 支持拓扑视图中查看设备实时信息，提供设备名称、设备 IP、设备端口数、CPU、内存等设备信息显示，支持设备告警状态显示，包括设备间的连接带宽和实时流量等。

- 支持多种形式的拓扑展示，提供物理拓扑、网络拓扑和自定义拓扑等拓扑图；拓扑视图能够与监控管理功能模块关联同步，并能支持通过多种颜色来区分设备、线路运行状态和性能负载，并提供颜色区间定义。

- 拓扑视图与配置管理和设备管理、监控功能关联，可在拓扑视图中单击打开对应设备的详细监控页面，可以直接看到该设备的性能状态、可用性状态以及配置变更项和问题事件等。

- 支持多级管理功能，能实现不同拓扑、告警事件、网络性能等数据信息的多级传递与呈现。

- 支持拓扑图中网络设备的搜索，提供 MAC 地址和 IP 地址定位，通过 MAC 地址或者 IP 地址找到计算机连接的网络交换机的端口。

- 支持拓扑视图全局查看，并提供放大、缩小功能；支持 Visio 转化导出；支持设备状态统计，如最近 24 小时事件统计、TOP10 告警信息统计。

3. 网络性能监控

系统主要通过 SNMP（v1、v2/v2C、v3）、ICMP、NetBIOS、ARP、Traceroute、RemotePing、CDP、NDP、LLDP 等协议来实现对网络、安全设备和链路的自动发现和监控，能够实现对网络、安全设备的基本状态信息、实时运行性能进行监控和数据采集。具有网络拓扑自动发现、网络设备添加与监控、VLAN 管理、动态视图管理、网络路径检测等功能。

- 支持对现市场上主流以及常见厂商设备的监控，至少包括路由器、二层交换机、三层交换机、防火墙、安全网关、VPN 设备和网络负载均衡等设备。
- 支持简单网络管理协议 SNMPv1、v2、v3 轮询监控；支持 ICMP、TELNET 和 TRACEROUTE 协议；支持 SYSLOG 方式监控设备日志。
- 具备可用性监控管理功能，支持网络设备、网络接口、网络链路可用性状态监控，提供可用性统计分析报表。
- 支持网络设备的配置变更管理，当设备硬件模块发生变化或配置文件发生变化时，将产生告警信息，并支持设置基线和分组。
- 支持设备实时分析功能，图形化展现当前网络设备运行指标和参数信息；可以实时监控网络接口的总流量、出入流量，出入包流量、总广播包、出入广播包、总错包、出入错包、总丢包、出入丢包等信息，如图 8-11 所示。

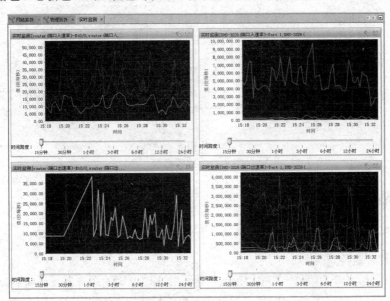

图 8-11　网络实时性能监控

网络设备可监控项包含但不限于下所列指标（见表 8-1），支持图形界面的动态展示。

表 8-1　网络设备可监控项

监测项	监测指标
网络设备监测	CPU 利用率、内存利用率、并发连接数、风扇状态、电源状态和温度、路由表、吞吐量、PING 时延等 端口 ARP 包率、单播包率、发送利用率、发送丢包率、发送错包率、发送速率、广播包率、组播包率、接收速率、接收的错率、接收的丢包率等
网络链路监测	接口状态、接口收发流量、接口广播、组播、接口丢包率等 带宽、带宽利用率、发送接收利用率、发送接收速率、ARP 包率等
网络协议监测	包括 STP、VTP、OSPF、BGP 协议

4. 网络故障监控

系统支持对各类网络事件的统一收集和管理，包括网络性能管理分析后的质量事件和各网络设备自行发出的异常事件，通过对事件的接入、压缩、归并、关联等分析最终分析出故障根源，实现对网络故障的集中分析和管理。

实现对网络故障事件的监测和定位，实时采集故障信息，实时发现那些可能导致网络运行不正常的事件，如网络设备故障、网络链路故障、网络协议故障等，并通过告警阈值设置、实时告警显示等，准确预警和定位网络中的故障，如图 8-12 所示。

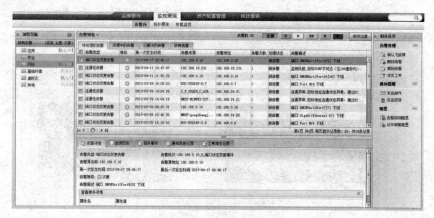

图 8-12　故障告警

8.2.3　系统应用监控

1. 主机设备监控管理

1）服务硬件监控

系统支持包括惠普、戴尔、IBM、浪潮等国内外主流品牌的服务器硬件的监控。对于服务器的监控通过 IPMI 协议实现，IPMI 是智能型平台管理接口（Intelligent Platform Management Interface）的缩写，是管理基于 Intel 结构的企业系统中所使用的外围设备采用的一种工业标准，该标准由英特尔、惠普、NEC、美国戴尔电脑和 SuperMicro 等公司制定。用户可以利用 IPMI 监视服务器的物理健康特征，如温度、电压、风扇工作状态、电源状态等（见图 8-13～图 8-16）。而且更为重要的是 IPMI 是一个开放的免费标准。

系统对服务器硬件监控支持包括：服务器电流、传感器风扇、传感器状态、传感器温度、服务器电流、服务器电源功率等。

状况	探测器名称		读数	警告阈值		故障阈值	
				最小	最大	最小	最大
☑	system board ambient		24 C	8 C	42 C	3 C	47 C

图 8-13　服务器温度监控

动态监测信息(服务器温度)		
实例名	传感器状态	传感器温度
Ambient Temp0	ok	21.00
Ambient Temp1	ok	20.00
Ambient Temp2	ok	24.00

图 8-14　传感器状态、温度

动态监测信息(风扇转速)		
实例名	传感器风扇(RPM)	传感器状态
FAN MOD 1A RPM	5160.00	ok
FAN MOD 1B RPM	3840.00	ok
FAN MOD 2A RPM	6360.00	ok
FAN MOD 2B RPM	4680.00	ok
FAN MOD 3A RPM	6120.00	ok
FAN MOD 3B RPM	4800.00	ok
FAN MOD 4A RPM	5040.00	ok
FAN MOD 4B RPM	3840.00	ok
FAN MOD 5A RPM	5160.00	ok
FAN MOD 5B RPM	3840.00	ok
FAN MOD 6A RPM	5160.00	ok
FAN MOD 6B RPM	3960.00	ok

图 8-15　传感器风扇

电源监控

状况	探测器名称	读数	警告阈值	故障阈值
☑	system board System Level	245W | 836 BTU/hr	917W | 3130 BTU/hr	966W | 3297 BTU/hr

图 8-16　服务器功率

2）服务器操作系统监控

系统支持实现对 Microsoft Windows 2003、Microsoft Windows 2008 等 Windows 操作系统，Sun Solaris、IBM AIX、HP-UX、SCO UnixWare 等 UNIX 操作系统监控，及各种版本 Linux 操作系统的监控。

系统具有不同防火墙隔离网段分布式监控策略，实现远程监控和本地代理 Agent 监控结合的策略。

服务端可发布采集策略到探针并对探针进行管理；监控探针具备本地数据存储能力，防止网络临时中断引起数据丢失；监控服务器能力与监控探针之间实现扩展监控脚本、配置信息的同步，实现多个服务器与探针间保持信息的一致性。

监控展现适用多种通用浏览器，多种终端平台，并做到按用户权限分工监控。

具有采集指标阈值自定义功能，可对每一项监控指标定义不同的阈值。

管理和监测主流操作系统的服务器或集群的运行状态和性能数据，包括服务器的基本信息、CPU 负载、内存利用率、应用进程、文件系统、磁盘空间和吞吐、事件与错误日志等信息的分析与监视。帮助用户及早发现服务器系统的性能瓶颈与故障隐患。

系统采用 SNMP 协议、CLI（Telnet/SSH/WMI 等）或安装 Agent 的方式对被管对象进行监控，监控的内容如下。

针对 UNIX 和 LINUX 系统，能够实现但不限于以下功能。图 8-17 是一个 HP-UX 的监控视图实例。图 8-18 是一个 Windows 系统的监控实例。

（1）磁盘监控。

- 监控文件系统当前 Inode 总数，当前使用数量、剩余数量、使用百分比、可用百分比等。

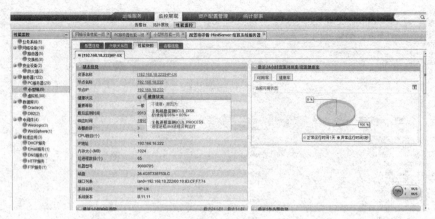

图 8-17　HP-UX 监控视图

- 监控文件系统占用磁盘空间大小、文件系统剩余空间、剩余空间百分比等。
- 繁忙百分比、磁盘读、写速率、传输率。
- 卷监控：监控系统物理卷大小、卷组名、当前状态、分区数量、可用空间大小等。
- 配置信息：硬件类型、系统名、处理器数量、处理器速度等。

（2）内存监控。

- 监控当前可用物理内存容量，剩余空间百分比，虚拟存储容量。
- 监控可用 SWAP 容量，空间使用百分比。
- 监控每秒平均换入/换出率，平均页扫描率，出错率、回收率。

（3）网卡监控。

- 监控网络接口 IP 地址、接口状态，传输率。
- 监控每分钟平均发送，接收包率，包平均错误率，平均冲突率等。
- 监控网卡上传输包的最大尺寸，统计值包括平均、最大、最小及总计使用率等。

（4）进程监控。

- 监控进程 CPU 时间，CPU 使用率，内存百分比，占用内存 Heap 大小，占用虚拟内存大小。
- 进程名，进程 ID，进程用户 ID，Nice 值，父进程 ID，进程指令行，开始时间，开始客户端名。
- 进程读/写字符数，进程规模监控，占用堆栈大小，等待 CPU 时间，等待锁时间。
- 监控处于不存在、活动、正在运行、停止、睡眠、等待状态的进程等。

（5）处理器监控。

- 每分钟 CPU 平均繁忙百分比，Idle CPU 百分比；
- CPU 状态包括 CPUID、Online、Offline 状态。
- 空闲百分比，系统百分比，用户百分比，等待百分比。
- 用户监控：用户状态监控，监控登录名，Idle 时间。
- 日志监控：监控系统日志，过滤其中关键错误信息，并告警。
- HACMP 集群状态监测：监测集群的可用状态及子节点的状态。
- 主机重要文件监测：监测主机系统中指定的文件大小。
- Job 基本信息采集（AS/400）：监测 Job 的名称、CPU 使用率、类型、状态、所属用户等。

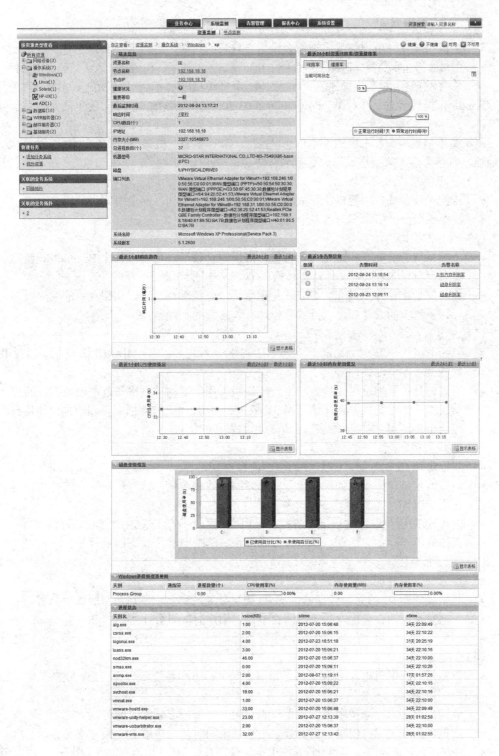

图 8-18　Windows 监控

（6）系统服务监测：监测主机系统中指定服务的运行状态。

- 主机当前登录用户信息：当前登录用户登录的时间、终端 IP、终端名称。
- 主机端口速率监测：监测主机系统中指定端口的入速率、出速率、入丢帧速、出丢帧速、单播入帧速、单播出帧速、非单播入帧速、非单播出帧速、入错误帧速、出错误帧速等。

Windows 监控管理。针对 Windows2000\2003\2008\2012 系统，能够实现包括但不限于以下功能。

主机基本信息采集：主机的基本信息，包括：CPU 数目、机器型号、系统名称、系统版本、IP 地址、内存大小、总线程数目、磁盘名称等。

（1）磁盘监控。

- 监控文件系统占用磁盘空间大小，文件系统剩余空间，剩余空间百分比；
- 监控磁盘分区信息，分区映射等。

（2）内存监控。

- 监控系统当前物理和虚拟内存容量，可用内存数量，可用百分比 PagingFile 监控：监控当前可用 NT 换页文件，每秒换入/换出率，页读或页写每秒。
- 如监控 Cache 字节峰值，Cache 使用率等，监控缓存活动，如缓存页的读取频率，缓存拷贝请求的成功率，以及缓存快速写入磁盘的页面数量。

（3）网卡监控。

- 监控网络接口 IP 地址、接口状态、DNS 名、系统名，监控 IPv4/IPv6 地址，以及 IPv6 地址链接本地地址；
- 监控每分钟平均发送，接收包率，平均错误率，平均冲突率等，网段监控：监控一个网段上的数据利用率和传输状态 3、监控使用 IP 协议的数据流量和碎片统计信息，监控一个 TCP/IP 连接上的字节和信息包的发送和接收速率。

（4）进程监控。

- 监控进程 CPU 时间，CPU 使用率，内存百分比等。
- 监控特定进程信息，如进程运行的总时间，线程数量，该进程对实际或者虚拟内存的使用情况等。
- 进程读/写字符数，进程规模监控，占用堆栈大小，等待 CPU 时间，等待锁时间。
- 监控处于不存在、活动、正在运行、停止、睡眠、等待状态的进程等。

（5）处理器监控。

- 每分钟监控处理器的 I/O 状态。包括 I/O 读写每秒。
- 包括处理器 ID 信息，处理器设备 ID 信息，处理器名，制造商，版本信息等。
- 包括空闲时间百分比，系统时间百分比，用户时间百分比等。
- 服务监控：监控系统常见服务可用性及性能，DHCP，FTP，IIS，WINS，NTTP 等。

（6）日志监控。

- 监控写入应用日志，DNS 服务器日志，安全日志和系统日志的信息，过滤其中关键字段并告警。
- 监控当前日志空间使用率，最大日志空间，老旧日志删除时间等。
- 主机当前登录用户信息：当前登录用户登录的时间、终端 IP、终端名称。
- 主机端口速率监测：监测主机系统中指定端口的入速率、出速率、入丢帧速、出丢帧速、单播入帧速、单播出帧速、非单播入帧速、非单播出帧速、入错误帧速、出错误帧速等。

- 主机重要文件监测：监测主机系统中指定的文件大小。

2. 数据库监控管理

能够根据监控策略实现对 Oracle、Microsoft SQL Server、MySQL、DB2、Informix 等主流数据库的监控，按照属性相关性分为数据库工作状态、数据库表空间的利用情况、数据文件和数据设备的读写命中率、数据碎片的情况、数据库的进程状态、数据库内存利用状态等属性监测组，分组监测数据库系统的性能、事务、连接等性能数据。

针对数据库，能实现包括但不限于以下功能。图 8-19 展示了一个 Oracle 系统的监控实例。图 8-20 展示了一个 SQL Server 系统的监控实例。

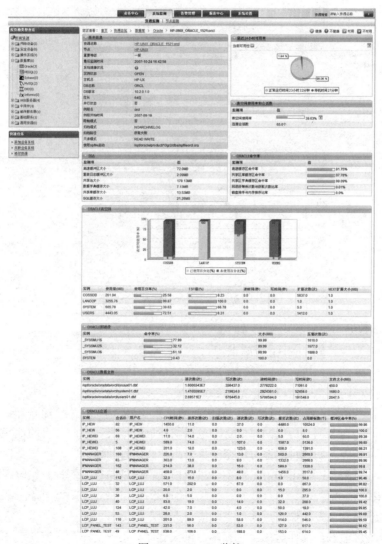

图 8-19　Oracle 监控

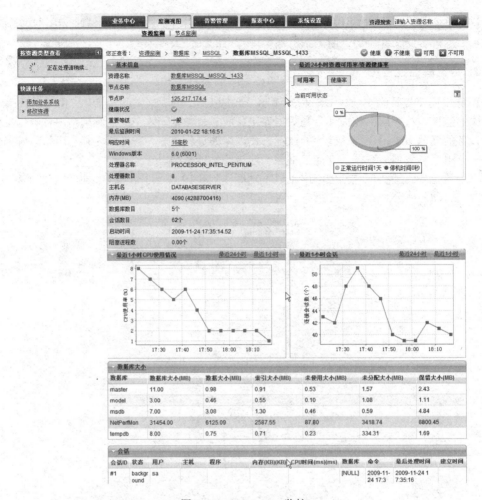

图 8-20　SQLServer 监控

1）Oracle 数据库监测

- 支持对 Oracle 9i/10g/11g 等版本。
- 监控当前 Server Parameter 参数内容，如 SGA、PGA、Process、Sessions 等关键指标。
- 基础监测：表空间使用率、连接会话数。
- 高级队列监测：ready 消息数、错误的消息数、消息平均访问时间、消息总数。
- 归档目的地监测：历史归档信息，包括归档目的地类型、归档目的地状况、归档目的地可用空间、归档目的地可用空间百分比、归档目的地位置，归档文件的备份状态。
- 基本信息采集：使用 spfile 启动、只读模式、归档路径、例程开始时间、限制模式、归档模式、例程名、并行状态、位长、DB 版本、DB 名称、主机名、实例状态。
- 检查点监测：发生检查点数、完成检查点数。
- 数据文件监测：文件名称、状态等，包括文件大小、读次数、写次数、读时间、写文件块数、读文件块数、读写文件块数、写时间，监控数据文件的缺省参数，监控数据文件空间使用信息，超过阈值后进行预警。

- 全表扫描配置：RSRATIO 值、LTSCANRATIO 值。
- 资源锁定监测：监控锁信息，锁定时长。
- 监控 UNDO 空间信息：监控 UNDO 表空间及其缺省参数，监控 UNDO 表空间及其相关的数据文件，UNDO 表空间使用信息，超过阈值后进行预警。
- 碎片监测：FSFI 值。
- 监控用户状态：监控单个用户的安全状况，连接时间、数据流量。
- 监控当前活动进程信息，当前会话列表信息，每一会话的 I/O 流量，监控跟踪文件及 ALERT 文件错误信息。
- 进程资源消耗监测：可用 PGA 百分比、可用 PGA、已分配 PGA、已使用 PGA。
- 命中率监测：共享区字典缓存区命中率、多次解析（重装）的条目比率、高速缓存区命中率、共享区库缓存区命中率、磁盘排序与内存排序比率、回退段等待次数与获取次数比率。
- 递归调用信息监测：递归调用百分比、时间间隔的递归调用百分比、用户调用数、递归调用数、递归-用户调用比率、递归调用速率。
- Redo 日志配置：监控在线重做日志信息，重做日志文件组及成员信息；重做条目的平台大小、多种请求成功/失败比率、错误次数等。
- Rman 备份监测：增量备份大小、全备份大小。
- 回滚段：大小命中率、等待率、等待次数、活动事务数、翻转次数、扩展次数、一致更改率、收缩次数、用户回滚率。
- 会话监测：会话 ID、用户名、CPU 时间、排序次数、缓冲区命中率、读次数、写次数、提交次数、占用游标数、扫描次数。
- SGA 配置：共享库缓存大小、SQL 缓存大小、数据字典缓存大小、共享池大小、重做日志缓冲区大小、高速缓冲区大小。
- SQL 监测：使用内存、执行时间、TopNSQL 语句、用户。
- 转存空间监测：转储空间使用率。
- 表空间监测：未使用 Extent 数量读时间、最大 Extent 数量、已使用率、已使用量、未使用量、未使用百分率、允许最大空间、是否自动扩展、写时间、Segment 管理方式、表空间类型、当前 Extent 数量、下一个 Extent 大小。
- 表状态监测：增长速度、索引大小、数据大小、表空间、用户，对于单表超过 10M（可进行设置）的表进行监控。
- 撤销空间监测状态监测：快照太旧错误计数、无空间计数。
- 作业队列监测：监控数据作业中的所有作业及当前的作业状态，包括破损作业数量、过期作业数量、失败作业数量。

2）SQLServer

- 支持对 SQL Server 2000/2005/2008/2012 等版本。
- 基础监测：连接会话数、CPU 使用率、数据文件大小、日志文件大小，可用性。
- 基本信息：阻塞进程数、处理器名称、Windows 版本、处理器数目、主机名、内存（MB）、数据库数目、会话数目、启动时间。
- 缓冲区监控：缓存区管理统计，缓存明细。
- 锁的监控：闭锁明细、连接统计、锁明细。
- 数据库明细：数据大小、数据库大小、未分配大小、未使用大小、索引大小、保留大小。
- 文件监测：路径、增长方式、容量、文件组、数据库、大小。
- 会话监测：最后处理时间、命令、数据库、CPU 时间（ms）、内存（KB）、程序、建立时间、用户、状态、主机、SQL 统计、访问方法明细。

3）MySQL 数据库监测

系统支持监测 MySQL 5.x 的可用性、连接时间、请求统计、连接统计、线程明细、缓存大小、数据库明细、事务处理、查询缓存命中率、查询统计、请求缓存命中、表锁统计等详细数据。

- 基础监测：数据库名称、版本、数据库状态。
- 负载监测：缓存查询数。
- 数据库大小监测：数据库大小。
- 数据库的会话情况，连接数。

4）DB2 数据库监测

系统支持监测 IBM DB2 8.x/9.x 等版本的可用性、连接时间、活动代理数、数据库状态、死锁率、日志使用率、事务统计、缓冲区性能、缓冲统计、表空间状态等详细数据，如图 8-21 所示。

- 基础监测：最后一次备份时间、数据库状态、数据库激活时间、当前连接数、连接总次数。
- 缓冲池信息监测：各缓冲读写次数、命中率。
- 锁监测：死锁数、锁等待率、锁升级率。
- 锁表信息：锁状态、锁模式、表空间、Schema。
- 排序信息监测：应用排序数、排序溢出百分比。
- 表空间监测：已使用页、表空间类型、页长、总页数、表空间状态、空闲率、空闲页、使用率、预取大小、扩展数据块大小。
- 表空间容器监测：使用率、总页数、已使用页、容器类型、表空间名称。

5）Informix 数据库监测

系统支持监测 Informix 9.x/10.x/11.x 等版本的数据空间、进程、磁盘 IO、chunk、会话、告警、日志、锁信息等详细数据。

- 基础监测：回滚数、死锁数、写缓存命中率、读缓存命中率、数据库连接数。

图 8-21　DB2 监控

- 检查点监测：检查点速率、检查点等待速率。
- DbSpace 监测：数据空间使用率。
- 磁盘读写监测：页写速率、页读速率、物理磁盘写速率、物理磁盘读速率。
- 锁监测：锁请求速率、锁超时率、锁等待率、死锁率。
- 日志读写监测：物理日志页面写速率、物理日志写速率、逻辑日志页面写速率、逻辑日志写速率、逻辑日志记录写速率。
- 共享内存监测：块写速率、缓冲区写命中率、缓冲刷新到磁盘速率、Foreground 写速、缓冲区等待速率、LRU 写速率、顺序扫描速率、Latch 等待速率、缓冲区读命中率。
- 排序监测：内存排序速率、磁盘排序速率。
- 事务监测：事务提交速率、事务回滚速率。

3. 应用与中间件监控管理

系统提供对基础应用平台的基础信息、连接测试、基本负载等重要信息的监测。能够有效实时地分析 HTTP/HTTPS、DNS、FTP、DHCP、LDAP、IIS、.net 等常见通用服务的运行状态和参数，深入分析服务响应速度变化的技术原因和规律，从根本上解决服务响应性能的问题。

- 支持对常见的 Web 应用、邮件服务、DNS、FTP 等应用服务运行情况的监控。
- Apache 监测：监测服务状态、响应时间、CPU 负载、每秒请求数以及累计访问数、数据处理量、运行时间、作业数等。
- HTTP 监测：监测服务状态、校验页面内容。
- IIS 监测：监测运行时间、连接信息、传输字节数、登录和连接用户信息、每秒 Web 请求数。
- HTTPS 监测：监测服务状态、校验页面内容。

- Domino 监测：监测版本、文件路径、交易数、用户数、缓冲池信息、邮件大小、邮件数、Mail 速率、文档信息、CPU 信息、内存占用、数据库占用等。
- POP3 监测：监测服务运行状态、登录情况、邮箱邮件数、邮箱空间使用情况等，如图 8-22 所示。
- SMTP 监测：监测服务运行状态、响应时间等。
- DNS 监测：监测服务运行状态、域名解析成功与否等，如图 8-23 所示。
- FTP 监测：监测服务运行状态、响应时间、登录用户信息、文件是否存在等，如图 8-24 所示。

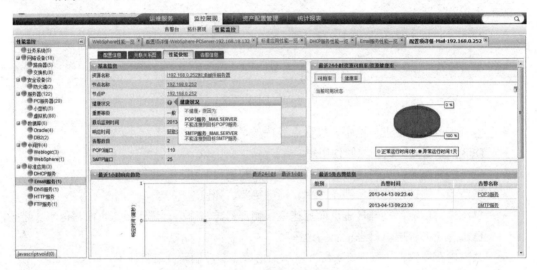

图 8-22　标准邮件服务详细监控视图

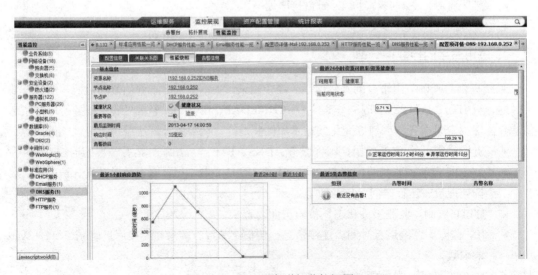

图 8-23　DNS 服务详细监控视图

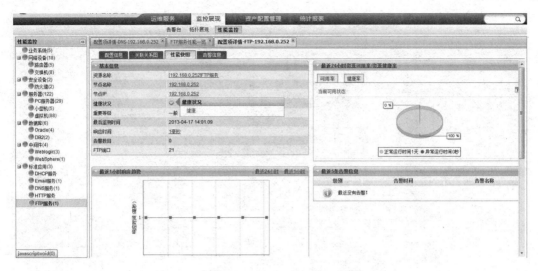

图 8-24　FTP 服务详细监控视图

　　系统支持对各类不同中间件的运行监控，提供包括配置信息、连接池、线程队列、负载监测、通道情况监测等多类监测组，分析与监测中间件的各项运行状态参数。

　　产品还支持对 Websphere、WebLogic、MQSeries、Tomcat、Tuxedo、Resin、TongWeb 等各类不同中间件，提供包括配置信息、连接池、线程队列、负载监测、通道情况监测等多类监测组，分析与监测中间件的各项运行状态参数。

- 支持对 Tomcat、WebLogic、Websphere、Resin、MQ 等主流中间件的监控和分析。
- 支持监测 Tomcat 5.0.x/5.5.x/6.0.x 等多个版本监测，监测项包括可用性、响应时间、CPU 内存使用率、并发连接、Web 应用、类装载、连接器状态、活动线程等详细数据。
- 支持监测 WebLogic 7/8/9/10 等多个版本的可用性、CPU 内存使用率、线程池、EJB、数据库连接池、Web 应用等详细数据，如图 8-25 所示。
- 支持监测 Websphere 6/7 等版本的可用性、事务明细、活动时间、服务响应时间、Web 应用、线程池等详细数据，如图 8-26 所示。
- 支持监测 Resin 3.0.x/4.0.x 等版本的可用性、CPU 内存使用率、会话数、响应时间、JVM 线程、数据库连接池、内存使用情况、Web 应用、类装入趋势等详细数据。
- 系统支持监测消息中间件 MQ 的队列管理器（名称、状态等）、队列名、队列路径、队列深度、队列长度、队列类型、队列状态、通道（名称、类型、状态）、监听队列状态等详细数据。

其中具体的监测项如下。

- 系统信息采集：监测中间件基本信息，包括：操作系统、操作系统版本、当前可用堆栈及大小、当前目录、重启次数、开启线程数。
- Weblogic 监控：服务器状态、服务器实例、磁盘空间、CPU、内存、I/O、网络吞吐情况、Error 等级等。

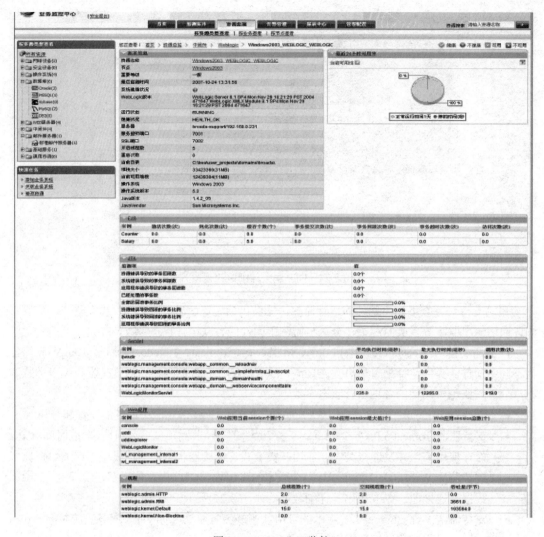

图 8-25　Weblogic 监控

- JVM 使用监测：监测 JVM 的堆栈大小和使用率。
- JDBC 链接池监测：监测指定 JDBC 连接池资源连接情况。
- JTA 事务监测：监测中间件中数据处理事务的活动情况。
- 线程池监测：监测指定线程类的线程平均数、空闲线程平均数以及线程吞吐量。
- Servlet 监测：监测指定 Servlet 执行和调用情况。
- EJB 监测：监测指定 EJB 激活次数、钝化次数、缓存个数、事务提交次数、事务回滚次数、事务超时次数、访问次数。
- WEB 应用监测：监测指定 Web 应用中 Session 的当前个数、最大值以及累积个数。
- JMS 队列深度监测：监测中间件中 JMS 消息队列活动情况。

图 8-26　Websphere 监控

- MQ 通道情况监测：监测 MQ 的通道情况，包括每秒接收字节、每秒发送字节、通道状态、发送间隔、事务数。
- MQ 队列深度监测：监测 MQ 服务的消息队列的队列深度。
- Tuxedo 负荷监测：监测 Tuxedo 的机器状态是否被激活、每秒处理的队列服务数每秒入队的队列服务数、当前客户端数、当前 WorkStation 客户端数。
- TongWeb 数据连接池监测：监测国产中间件 TongWeb 数据库连接信息，如最大、最小连接数，可用、创建、关闭、等待连接数等。
- TongWeb 应用性能监控：主要监测系统线程情况、请求队列情况、吞吐量、发送接收字节数等信息。

……

4. 虚拟化监控管理

系统能够对主流虚拟机（如：VMware、Citrix、Hyper-V 等）的运行状态进行监控，监测虚拟主机以及每个虚拟机是否运行正常（即是否死机），管理人员能够根据具体的虚拟主机及主机下每个虚拟机情况，设置相应的监测频率和监测周期，自动对虚拟主机及主机下每个虚拟机是否正常运行的状态进行监测，并将检测结果保存至监控管理数据库。

系统广泛支持国内外主流厂家的虚拟机，能够对这些虚拟机进行集中监控管理，实时展现虚拟主机和虚拟主机下各虚拟机的运行性能，帮助管理人员了解和评估虚拟机当前运行状态。

系统支持定义监控策略设置，能够针对不同的虚拟主机以及主机下各虚拟机灵活设置或调整监控频率、周期、方式和监控指标等。

针对虚拟机系统，系统能够实现以下方面的深度监测。

- 基本信息采集：虚拟机的操作系统类型、虚拟机的总体状态、vCenter 中的物理机、虚拟机、Cluster、Datastore 等物理/逻辑对象、虚拟机的电源状态、虚拟机的配置文件路径、虚拟机名称、主机的基本信息或状态等。如图 8-27 和图 8-28 所示。

图 8-27　虚拟机监控一览

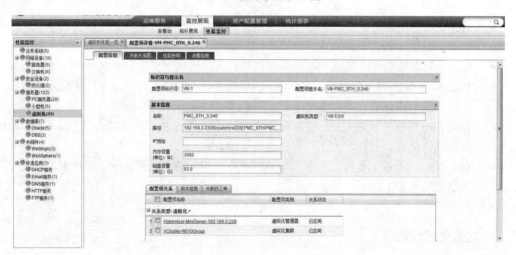

图 8-28　虚拟机配置信息监控

- 虚拟机 CPU 监测：虚拟机可使用的 CPU 数量、虚拟机的 CPU 频率、虚拟机的 CPU
  使用率。
- 集群信息采集：通过 vCenter/SystemCenter 等获取虚拟机和虚拟化集群的基本配置信息。
- 虚拟机关系发现：在操作系统上安装虚拟化管理工具的基础上，自动发现虚拟机和操
  作系统、虚拟机和集群之间的配置关系。
- 虚拟机内存监测：虚拟机的内存使用率、虚拟机可已使用的内存量。
- 虚拟机磁盘监测：存储置备大小、已分配使用率、未共享大小、已分配大小、虚拟机名称。
- 获取虚拟机相关的告警信息，并发送给事件汇总平台进行集中处理。

8.2.4　统一事件平台

事件汇总平台提供了清晰的、集中的事件管理，运维管理平台的核心功能之一。它将 IT

系统中各种设备或管理系统产生的事件作为原始事件，按照预定义的事件规则，经过过滤、分类、分级、转换等处理环节，形成有效的预警或故障告警信息，按预定的方式通知管理人员或自动响应，对生成的告警提供升级、自动或手工消除等管理手段，支持用户自定义故障类型升级策略。监控系统能够将告警传递到告警视图、拓扑图、业务影响度视图中。

通过事件汇总平台，实现运维事件的集中管理。建立统一的事件汇总服务，将应用系统、数据库中间件、主机存储系统、网络安全系统和机房环境的运维事件信息，通过标准通信接口（API、JMS、SOAP、Syslog、邮件）进行事件汇集。

系统可针对重复事件进行实时压缩，结合系统定义的规则（时间窗口、频率、次序等）进行符合关联分析，能够根据资源影响关系和监控要素关联性减少误报、漏报、多报的情况，通过实现尽可能少的事件关联规则，处理事件类的故障相关性分析。

事件汇总平台具有极强的针对事件的处理能力，提供了多种开箱即用的事件处理规则，当一个事件到达时，它会经历以下几个环节。

- 事件接收：按照数据汇聚接口设计，接入 Syslog、SNMPTrap、标准定义的 Web Service 接口的原始事件。
- 事件标准化：对事件的内容进行标准化翻译，采用基于规则的标准化识别，根据原始事件内容的不同，转换成标准的事件分类和格式，一个事件包含多个字段，事件的字段定义可根据实际需求调整，使事件描述的更丰富。
- 事件过滤：对于部分无须关注的事件，通过事件分类、级别、描述等信息进行匹配和抛弃，避免影响后续事件的分析。
- 事件压缩：对于标准化后的事件，设置事件的压缩规则，可以将事件的各类字段信息综合，形成重复事件的压缩标识，事件平台自动对重复事件进行压缩，只形成一条告警，并标识告警对应的第一次发生时间、最后一次发生时间、压缩事件的梳理。
- 告警消除：设置告警消除规则，如果接收到消除事件，便可将原有告警进行自动消除，例如：端口 Up 事件自动归并消除端口 Down 告警。
- 告警升级：支持告警的时间窗规则，对于未处理完成关闭的告警，如果发现告警长时间未处理完成或消除，系统按规则自动升级告警级别，并进一步通知用户。
- 告警丰富：支持告警的丰富规则，通过告警的相关信息来匹配配置库里的配置项，从而形成告警资源定位，并支持将定位资源的信息作为补充信息赋予告警，实现告警丰富和关联业务信息，如告警设备所在的物理位置、责任人、所属部门等。
- 告警根源分析：根据告警源（发出告警事件的配置项）之间的依赖关系，结合配置管理库和告警信息库，分析出告警的根源事件，快速定位告警源头，排除故障。
- 告警联动通知：处理后的告警支持多种策略，可以按照告警类别、告警对象、告警属性、告警时间等信息，定义告警的动作，告警的动作主要包含通知和处理两种情况；告警通知可以按照规则预警相关责任人，从而进一步催办人工处理；告警处理可以按照规则触发自动派单等接口、脚本或程序，作为辅助人工处理的一种自动化手段。

系统具有从监控工具或第三方系统获取各类事件信息进行统一处理功能。以事件为驱动，实现对各类告警的接收、识别、标准化、过滤、压缩、告警等功能，并与流程平台衔接进行工单派发。

具有图形化规则处理界面，通过该界面，管理人员能够自定义事件处理规则；当规则发生变化时，相应的告警类型树节点出现变化标识。

能够装载 MIB 信息，实现对 SNMPTrap 的事件预定义，提供 Trap 事件定义向导；具有告警分析规则，能够实现资源定位和告警丰富；具有多条分析规则的建立，告警分析规则的排序、告警条件判断等设置。

具有告警升级功能，能够升级到指定级别，或者按照递增指定等级升级到相应告警等级。

具有未知告警列表，对接入的未识别的事件可生成未识别事件列表，方便用户选择相应的未知 Trap 进行接入解析；未识别事件列表只维护最近发生的指定个数未知事件，减少系统负担。

按照告警类型 ID 或告警类型名称快速检索告警类型及其规则。

1. 事件统一采集格式化

事件进入事件汇总平台的第一步，便是事件统一格式化，将从各接口接收到的各种格式的事件格式化为标准格式的事件，以便进行后续统一处理。

事件汇总平台支持多种原始事件的接入，包括：

- 原始的告警日志事件，例如 SNMPTrap、Syslog 等。
- 智能阈值事件，基于运行基线设置阈值，每个监控元可以根据不同时间段设置不同的阈值，当超出阈值后产生的事件。

事件统一格式化采用基于规则的标准化识别方法，根据原始事件内容的不同，通过转换规则转化为统一格式，格式化规则配置如图 8-29 所示。

图 8-29   统一格式化规则配置

实现对网络设备的 Syslog，服务器 Syslog 等日志进行收集和分析，通过采集、过滤、展现、报表分析等功能模块将日志分析的一整套流程串联在一起，从海量的日志信息数据中提取有价值的信息。并对日志内容进行分析，一旦出现关键字，则产生故障事件并告警。

具有日志过滤、日志压缩、日志屏蔽、日志映射、日志事件规则等策略的定义。

2. 事件过滤汇聚

事件标准化之后会根据过滤规则设定进行过滤汇聚，将部分无须关注的事件过滤掉，避免过多无关事件的干扰，延误重要事件的处理。

事件的过滤基于过滤规则进行，可根据事件的各种信息进行过滤，规则配置如图 8-30 所示。

图 8-30　事件过滤规则配置

3. 事件压缩分析

根据设置的压缩规则，可以将事件的各类字段信息综合，形成重复事件的压缩标识，事件平台自动对重复事件进行压缩，只形成一条告警，并标识告警对应的第一次发生时间、最后一次发生时间、压缩事件的梳理。

事件压缩（事件转告警）规则配置如图 8-31 所示。

能够定制压缩策略，对某段时间内同一报警进行压缩。压缩方式可以按照计时或计次进行累计。

例如：在 personapp1 服务器 CPU 使用率高连续报警 5 次，在综合事件展现平台上不会显示 5 条 personapp1cpu 报警而是只显示一条，但在累计次数或时间字段显示为 5 次。

图 8-31   事件压缩规则配置

4. 事件告警自动消除

平台能根据设定的告警消除规则判断告警事件是否为消除事件，如果为消除事件则自动消除相应的告警，进行联动通知处理，结束告警的处理。

告警消除（关闭）规则的配置界面如图 8-32 所示。

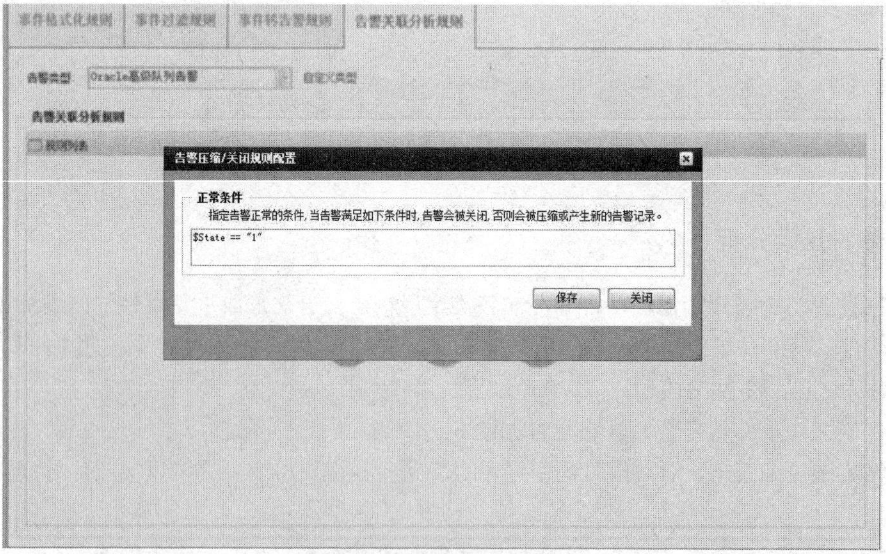

图 8-32   告警消除规则配置

5. 告警定位与丰富

告警丰富主要指将告警源或其他外部信息丰富告警信息的过程，告警丰富包括告警源定位和告警属性丰富两个步骤，支持丰富规则，通过告警的相关信息来匹配配置库里的配置项，从而形成告警资源定位，并支持将定位资源的信息作为补充信息赋予告警，实现告警丰富和关联业务信息，如告警设备所在的物理位置、责任人、所属部门等，如图 8-33 所示。告警信息如图 8-34 所示。

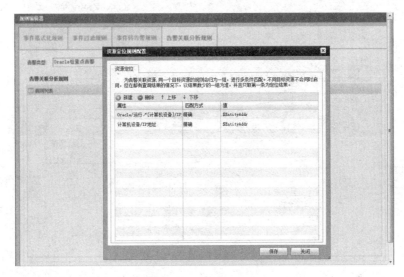

图 8-33　告警源定位规则配置

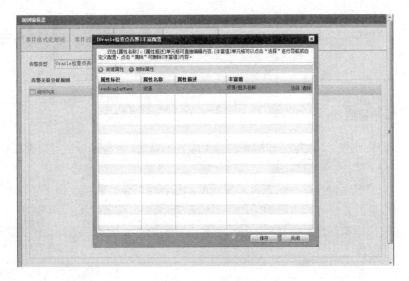

图 8-34　告警信息丰富

6. 告警影响分析

同时在告警台上通过右键菜单，可以单击打开业务影响分析视图，系统可自动或者手动定义 CMDB 中业务之间的逻辑、物理关系，进行可视化拓扑建模，实现 IT 事件出现时，能够迅速评估监控要素影响那些业务，以及影响规模，直接查看该告警对其他配置项产生的影响。如图 8-35 所示。

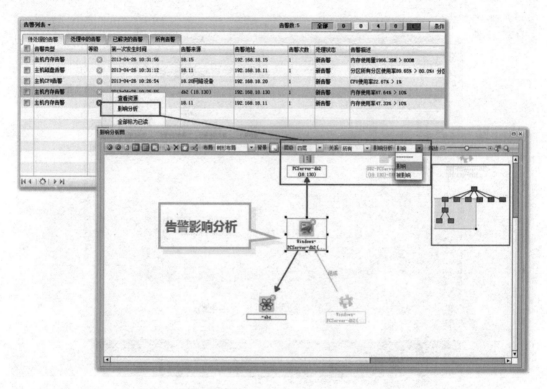

图 8-35　告警业务影响分析

7. 告警动作与通知

告警影响分析完成后，根据处理结果和预先配置的策略，平台可以进行告警联动通知处理，包括颜色、声音、邮件、短信等。

告警动作策略包括触发动作的条件和执行的动作，触发条件包括告警类型、告警发生时间和告警业务属性判断条件等；告警的动作主要包含通知和处理两种情况，默认提供发送短信、发送邮件、播放声音和创建工单几种动作，平台以插件的方式构建，支持快速扩展动作方式。如图 8-36 所示。

系统提供对告警动作的扩展定义和定制，以实现对事件管理功能的自动化，自动进行派单和联动，提高监控管理系统的运行效率，如图 8-37 和图 8-38 所示。

图 8-36 动作策略告警类型配置

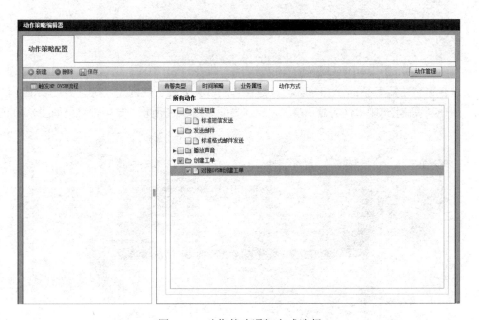

图 8-37 动作策略通知方式选择

8. 事件汇总平台界面-告警台

集中告警台是统一事件处理子系统的前端交互界面，为用户提供了简洁、集中的告警驱动处理机制，通过告警台可以让管理人员对整个 IT 基础架构的实时事件信息收集，对各类事件信息进行过滤、相关性分析与处理，实时呈现出完整的事件信息，并将这些信息分发给负责服务水平监视的操作管理员。有效地提高事件管理的效率，减少事件的定位及解决时间，保证提供高质量的服务。

图 8-38　告警派发工单

集中告警台主要包括：告警导航、告警查看、告警处理、规则定义等几方面功能。同时可根据用户的实际需求定制事件的显示格式。整体界面如图 8-39 所示。集中告警页如图 8-40 所示。

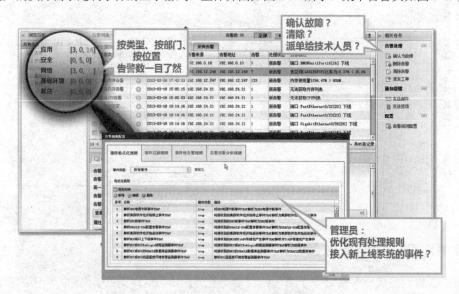

图 8-39　集中化的告警台工作界面

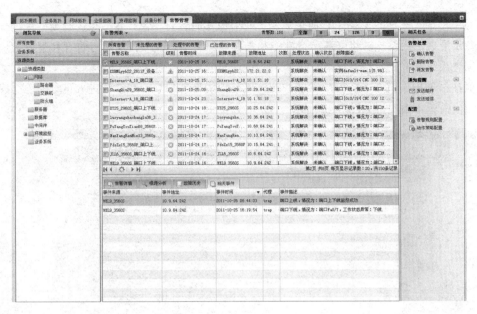

图 8-40　集中告警

8.2.5　统一性能管理

统一性能管理（PMDB）是集中监控子系统性能监控指标处理核心，实现对监控数据自动汇聚和分析处理，最终为上层展现应用提供业务数据支撑。

系统存放了所有监控对象的当前运行状况、重要告警、重要 KPI 性能指标等数据，可以进行扩展，为监控对象的可视化展现提供数据支持，如图 8-41 所示。

图 8-41　性能监控管理

　　系统能够汇聚所有监控工具所采集的被管对象实时运行信息，并按照资源类型进行分类统计和分析展现，系统能够将资源运行性能和配置项信息进行关联，从运行管理和配置管理角度共同描述系统状态。

　　系统能够展现每一个资源的性能快照，以及性能告警信息，帮助管理人员全面、准确地掌握资源当前运行情况，如图8-42所示。

图8-42　性能快照及告警

　　此外，系统还支持展现列的定制，能够根据需要定制所展现的内容。

8.2.6　监控可视化

1. 可视化设计工具

　　可视化平台为运维管理员提供了在线可视化建模设计器，以统一的资源配置库 CMDB 库为基础，联邦运行监控指标库，基于 Flex 展现技术，显示了动态的、变化的数据和图形，提高了技术人员在 Web 平台上的交互式操作能力。整体界面如图8-43所示。可视化设计器提供了超过 600 个基础模具库，涵盖了普通图形、各种厂商设备图标、设备面板等各类图形组件，还支持资源展现组件，即使用资产配置或基础监控数据定义后的组件，应用于资源展现模板、仪表板、拓扑图、机柜图。通过将这些图形组件组合在一起，并为其关联恰当的业务数据源，按需表现多种逻辑物理环境。

　　系统支持实现基于 CMDB 的运维数据网状逻辑呈现。系统应以图形方式呈现 IT 基础设施和应用系统的信息。各类视图之间应能灵活进行关联。系统应提供网络拓扑视图、机房平面视图、机架视图、应用拓扑视图以及自定义展现视图等。

　　具备级联汇总统计视图，可以根据实际的机构分布进行展现。

　　可视化的 Web 视图设计器，能够简单、灵活设计和修改视图，应支持 2D、3D 和矢量图形，基于 Flash 和推送技术，可以设计各类直观的拓扑、图表、仪表盘视图，拓扑图中的图元支持自定义大小。

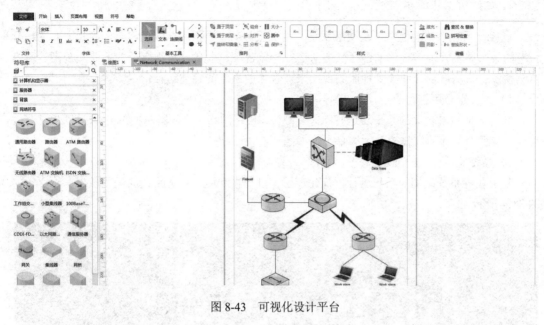

图 8-43　可视化设计平台

系统应内建内存级数据模型，对各类视图、业务的数据进行缓存和高速处理，告警展示与统一事件平台的告警保持一致，从接收告警到呈现变化可以控制在 10s 以内。

视图所对应的数据发生变化时，数据源（性能数据、资产配置数据）将自动发送通知，设计器自动查询并更新数据和计算表达式。

视图设计器应内置图元组件库，提供各类形状、资源模具、图表组件等；还支持资源展现组件，即使用资产配置或基础监控数据定义后的组件，应用于资源展现模板、仪表板、拓扑图、机柜图；同时还应支持用户导入新的模具组件。

视图设计器中，用户可方便的拖拽 CMDB 资源到视图中，并快速将资源的性能和告警进行绑定，形成各种直观的监控拓扑视图，设计器可以自动辅助生成网络拓扑线路，减轻大量的拓扑线路绘制工作。

视图设计器中，用户可方便地拖曳设计各类展现图表，并将图表快速与 CMDB 资源对应的性能、状态指标关联，形成具备数据变化感知能力的温度计、半圆图、柱状图、曲线图，并可以将这些图表混合展现在视图中，形成可视化的仪表盘。

视图设计器中应可定义视图中各类节点展现时的交互方式，可定义鼠标浮动显示框的展现；可定义鼠标单击节点的动作，包括右键菜单、单击查看下层视图、点击查看监控详情等。

展现视图应实现视图之间告警层级传递，当下层视图出现告警时，可以在上层视图中进行多层预警展示。

具有视图授权功能，能够对每一张视图进行单独授权，让不同角色的人员查看和监控不同的视图。

2. 运行可视化展示

可视化展现系统的提供了从网络系统、主机服务器、数据库、应用、安全等几方面的运行状况的集中展示管理平台，平台提供当前运行一览视图、业务一览视图、业务监测视图、网络监测视图、机房展现视图等多种监测视图来查看当前系统的整体运行情况。

1）大屏综合可视化展示

实时方便查看企业信息平台运行状态。例如，可将网络、服务器、业务应用、机房等信息，在同一界面全屏显示，投放到大屏幕上，如图 8-43 所示。

2）系统监控可视化展示

基于业务系统架构的系统运行可视化展示，可以直观展示业务系统的运行状态与水平，如图 8-44 所示。

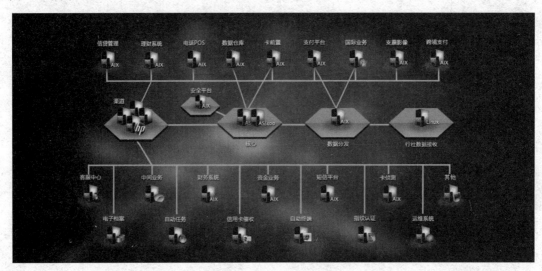

图 8-44　业务系统运行可视化展示（某省级金融单位）

3）网络监控可视化展示

基于网络拓扑结构的网络运行可视化展示，可以直观展示网络的运行状态与水平。

8.2.7　综合管理

1. 统一门户

运维门户（如图 8-45 所示）是运维管理的人机交互接口，提供了面向不同角色人的友好界面，方便操作。使得相关人员只要通过门户登录系统，就可以将角色所需的信息和功能推送到浏览器上，与其工作职责相关的最新信息，包括待办事宜、系统通知、作业计划以及个人信息等都一目了然，能够办理与该用户相关的所有待办的工作事宜。

- 系统支持单点登录功能，提供基于 Web 的统一管理访问入口，支持统一登录、统一认证。
- 支持与监控、资产配置和流程等管理系统的数据集成，进行统一展示。
- 具备全文检索功能，快速查询工单、知识、配置项等信息。
- 支持用户身份认证、授权检查等功能，具备完整的权限管理功能，实现面向组用户组织架构（部门）、角色的单独授权，授权范围包括功能模块、IT 资源、展现视图、统计报表、告警列表等。
- 针对不同的登录用户，提供个人桌面，定位不同用户各自关注的工作内容。

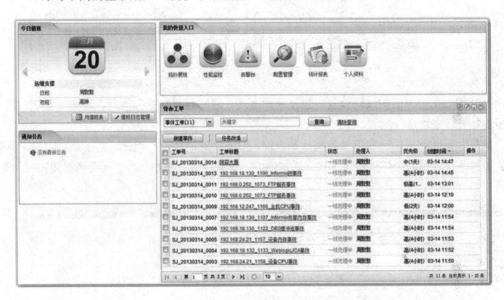

图 8-45　统一门户

2. 通知中心

系统提供了集中统一的通知中心（如图 8-46 所示），将用户关注的信息通过通知中心进行集中展现。

- 具备统一的通知中心，实现监控、事件告警、资产配置、流程工单的统一通知。
- 提供集中的通知页面，按通知发送时间的倒序、分页显示成功发给当前用户的通知记录。
- 支持通知策略的定义，包括通知对象、通知方式、业务场景、通知内容等。
- 提供邮件通知方式、提供短信通知方式、提供声音通知方式、提供 Web 弹窗通知方式等。

系统支持按照权限展现相关通知内容，即技术人员登录系统后只能看到其权限范围内的通知内容，管理人员通过"我的工作台"——"我的通知"即可查看和他有关的通知信息。系统支持按通知发送时间的倒序、分页显示成功发给当前用户的通知记录；帮助管理人员方便、快捷的了解当前需要完成的工作内容。

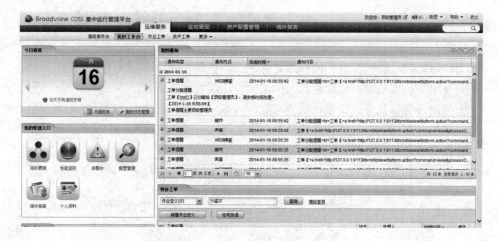

图 8-46　通知中心

　　通知中心支持灵活的策略设置，包括通知方式、通知对象、业务场景、通知内容等，均可按照实际管理需求进行配置。

　　此外，系统还提供通知记录的统计和查询，方便后续的跟踪和追溯，对于通知记录，系统提供多种条件查询，包括按通知方式、通知内容、消息等级、通知状态、接受者、通知时间等，如图 8-47 所示。

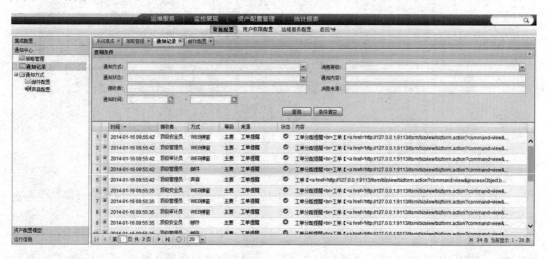

图 8-47　通知记录与查询

3. 报表平台

　　该维护管理系统包含运行监控、资源配置、运维管理各方面应用的大量原始数据，并支持从多角度综合展现这些数据。广通运维系统内置了大量的运行分析报表，内容包括：资源故障分类统计报表、资源在线率统计报表、资源运行正常率统计报表、资源 PKI 性能指标分析报表、网络链路性能报表、业务可用性报表，系统用户可通过这些报表和图表，了解 IT 资源的运行状况和运行趋势。如图 8-48 所示为系统内容统计分析报表。

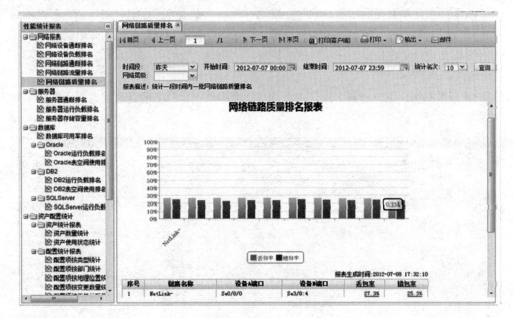

图 8-48　运维统计分析报表

- 支持多数据源的报表统计分析功能，能够生成各类资源报表、监控报表和运维报表等。
- 具备常用报表模板，通过设置能自动产生各类型报表功能，包括日报表、周报表、月报表等。报表模板支持表格、柱状图、饼图等图形方式。
- 报表支持 PDF、Excel、Word、TXT、Flash 样式呈现；支持导出为 Word、Excel、PDF等文档格式。
- 报表打印支持套打表样、打印控制功能，提供全面的页面打印控制：强制分页，补足空行，行列前后分页、自由分栏、重复标题、PDF 打印、服务器打印等。

4. 权限管理

权限管理为整体平台及后续管理提供统一的账户管理和授权管理等功能，支持地域、权限、角色和组织的管理。

- 支持部门管理：支持多级部门（如处、科）。分配给部门的角色，将被该部门下的所有用户所继承，如图 8-49 所示。
- 支持账户管理：对账户能够进行管理维护，包括增加、删除、修改、查询账户信息，如图 8-50 所示。
- 支持角色管理：角色表示一类特定的权限的集合，包括可以进行的操作和可以管理的资源，通过角色管理可以动态地创建、删除和修改角色，形成新的权限集合，以便分配给账户，达到控制账户权限的目的，如图 8-51 所示。

- 支持授权管理：实现细粒度的权限控制，将权限分为操作权限和资源权限两种。操作权限如对表单数据的增加、删除、修改、查询、审核等，资源权限包括被管设备或资源分组、监控视图分组、报表分组等。通过操作权限和资源权限的有机组合及授权，可以实现对用户权限的细颗粒度的控制。

1）用户管理

用户管理包括组织架构管理、账户角色管理，能够根据用户实际管理架构设定整个平台的管理架构。

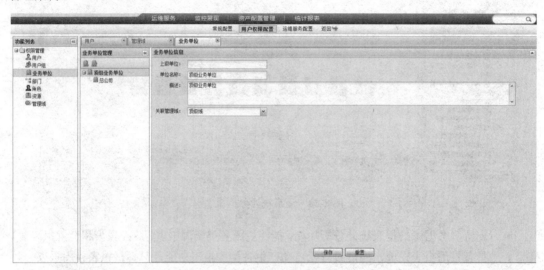

图 8-49　业务单位管理

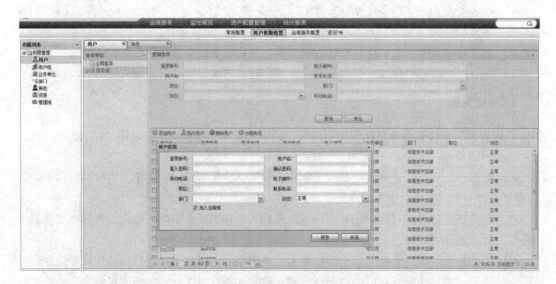

图 8-50　账户管理

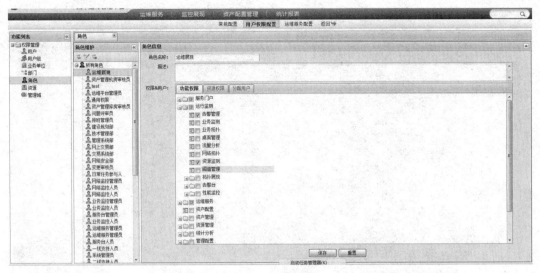

图 8-51　角色管理

2）授权管理

系统将权限分为操作权限和资源权限两种。操作权限如对表单数据的增加、删除、修改、查询、审核等，资源权限包括被管设备或资源分组、监控视图分组、报表分组等。通过操作权限和资源权限的有机组合及授权，可以实现对用户权限的细颗粒度的控制，如图 8-52 和图 8-53所示。

8.2.8　系统接口与集成方案

一套系统是否完善的评价标准除了现有功能是否可以满足当前需要外，还有一个重要指标就是系统的可扩展性。本系统不仅具备标准的对外接口，以便与其他的对接、具备经过实际项目验证的与 HP 网管系统进行完美对接的集成接口；同时系统预留了满足未来运维需要的其他运维模块。

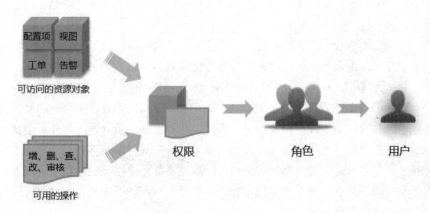

图 8-52　细粒度的权限控制

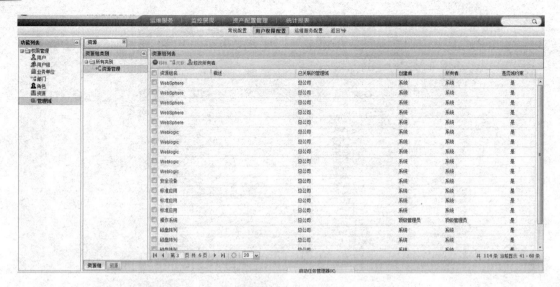

图 8-53　对资产资源（操作对象）的操作授权管理

系统提供众多标准化接口：包含 JMS、WebService 接口和 Java 体系的二次开发接口体系，便于外部系统集成和功能扩展。

同时系统具备多级机构的级联及与 HPOpenView NNM 网管软件集成的标准接口。

1. 系统接口

1）接口设计原则

为了保证系统集中管理的优势，同时保证二次开发的稳定易用，系统在接口规范设计上遵循开放性、先进性、标准性、高效性、安全性、稳定性、易实现性和易维护性原则。

开放性。接口的设计上本着开放的原则，提供多种方式的接口，第三方系统可以灵活的根据自己的技术要求，选择符合自己的对接方式实现无缝对接。

先进性。接口的设计尽量遵循业界最新标准，让接口具有更长久的生命力，同时保证接口的高效。

标准性。在当前计算机系统更新换代的周期越来越短、技术实现也越来越多的现实前提下，为了使系统易于对接，接口在设计过程中坚持标准化的原则，首先采用国家标准和国际标准，其次采用软件界广为流行的通用标准和 IT 服务的规范，确保数据对接的规范化、标准化。

高效性。IT 全方位监控管理系统是数据集中的中心，需要接入各监控系统的监控采集和运维数据，所以系统的接口需要保证高效性，保证接口的调用能高效处理，避免影响其他系统。

安全性。系统在设计开发时非常注重系统的安全性，在对外系统接口层面，为了保证数据的安全，访问时加入访问验证避免数据非法获取，通过事务完整性保证数据不丢失。

稳定性。系统接口具有较高的可靠性，数据正确提交后保证不丢失，长时间运行后保证接口服务稳定提供，数据完整正确。

易实现性。IT 全方位监控管理系统的一大目标是可以对接各种监控系统,实现数据的统一处理和展现,所以在横向数据接口实现上采用简单、广泛使用的技术标准。

易维护性。各层接口需要进行较好的解耦,互相之间不能构成网状依赖,只允许单向依赖,让各级之间可以较好地升级维护。

2)整体接口设计

系统具有很好的开放性,在监控工具层、数据处理层、运行展现层等不同架构层面都提供了扩展接口,便于和第三方产品集成,提供整体化的平台,同时提供丰富的二次开发接口,以满足全方位监控管理的要求。

在监控工具层,系统提供一体化监控平台的同时通过插件机制,允许客户定制个性化监控能力。监控框架提供强大的基于脚本扩展的通用监控器和丰富的二次开发监控协议库,可通过脚本配置或二次开发,满足特定环境的监控管理需求。

在数据处理层,系统具有良好的横向扩展能力,通过数据汇聚接口能够和主流网管软件平台、监控采集软件、机房管理软件、SAP Solution Manager 系统、存储备份管理系统、其他业务应用系统等进行对接,接收第三方系统的配置数据、性能数据和告警事件信息进行综合处理和统一运行展现。

在提供数据汇聚的同时,系统也提供数据输出接口,第三方系统可通过系统的北向接口获取统一配置数据、性能数据和告警事件信息,以便满足个性化的数据处理需求。同时第三方报表统计和分析工具可以通过系统内置的数据仓库,完成更丰富的统计分析报表。

在运行展现层,系统内的可视化展现平台、统一访问门户提供统一运行展现接口,可以集成其他运维管理系统的展现界面,使本系统成为 IT 信息化管理的门户系统。

系统整体平台扩展能力结构如图 8-54 所示。

图 8-54　平台整体扩展能力结构图

从系统整体平台扩展能力结构图可以看出,本次 IT 全方位监控管理解决方案在以下几大功能层面为用户提供了二次开发扩展接口。

- 监控采集扩展：提供了基于 SNMP 协议和基于脚本的监测扩展能力，对于支持 SNMP 协议管理的设备和系统，用户可以直接通过界面配置扩展直接完成监控；对于一些提供标准远程访问协议或管理命令行的设备和系统，可以通过基于脚本的监测器扩展完成监控；另外监控框架本身以插件体系构建，同时提供丰富的协议 API 接口，可以基于监控插件框架扩展开发满足特定的业务监控需求。

- 数据汇聚和管理扩展：数据汇聚和管理层对外提供了数据汇聚和管理接口，第三方系统可以通过配置集成接口提交和查询配置项数据，通过性能集成接口提交和查询运行状态、性能指标数据，通过事件集成接口提交故障事件和查询告警信息、触发运维服务流程。

- 事件接收处理扩展：事件接收处理扩展可以扩展告警事件的接收、处理和通知动作，通过事件解析和告警处理规则的扩展，系统可以接入和处理更多的故障事件，进行统一的联动通知和展现处理。

- 运维流程扩展：运维流程模块提供工单创建和查询接口供第三方系统进行集成，可以通过第三方系统直接创建运维工单；同时系统提供配置扩展能力，可以通过配置界面添加新的业务模块流程，也可以对现有的业务流程、对象信息和展现界面进行调整。

- 报表展现集成：在运行展现层，通过统一报表平台可提供各种统计分析报表的扩展定制；通过统一运维门户和 MVC 技术结合，可集成第三方运维系统和业务系统的界面，更好的、全方位的监控管理。

- 数据仓库：系统内置 ETL 工具从综合监控管理层抽取和汇聚数据，最终形成可快速面向各种运维分析主题进行分析的数据仓库，同时可对第三方报表分析工具提供接口，提供更丰富的运维分析能力。

- 上下级联接口：在多级级联部署的模式下，下级系统可通过上下级联接口将统一分析后的关键数据上报至上级系统进行关联分析展现，上级系统也可以通过级联接口访问下级系统，进行统一管理和运维监督。

在系统提供平台扩展接口的同时，公司提供了丰富的 Java 二次开发包和二次开发说明文档，便于第三方厂商和客户完成系统扩展开发。

8.2.9　系统扩展性设计

Broadview 运维管理平台在设计之初即考虑系统的可扩展性和开放性，在管理范围、管理深度和管理功能上均支持平滑升级和扩展，同时预留标准接口，确保系统具有良好的集成性和二次开发能力，能够根据用户当前以及未来信息化管理发展需求进行扩展和客户化定制开发，为用户量身打造灵活、实用的管理平台，如图 8-55 所示。

1. 监测能力扩展

系统提供了强大的监测插件体系，可不断扩展系统的监测范围和内容。监测插件之间相互独立，互不影响，可保证整个监测体系的稳定运行。系统监测能力扩展包括：

图 8-55　平台扩展性与二次开发能力

- 通用监测器扩展：系统提供了通用监测器编写界面，允许用户通过编写 Shell 或者 Groovy 脚本满足个性化监测指标的需求。
- SNMP 协议扩展：支持 SNMP 协议扩展，能够收录最新的设备 OID 实现对设备特性的监控；还支持 SNMPTrap 接入，获取其他设备主动发动的消息，进行统一处理。
- 监测器开发：依托良好的二次开发体系，针对用户的实际管理需要，进行监测器的定制开发，满足个性管理需求。
- EXP 设备交互扩展：支持以 Expect 方式与设备进行交互，以扩展管理能力，例如编写一个脚本实现和设备的交互。

2. 事件处理扩展

支持对 IT 环境中海量异构事件的统一处理，能够获取多来源原始事件进行统一处理，并支持告警策略的扩展，具体如下。

- 支持多来源事件接入，系统能够获取其他管理系统采集产生的原始进行，并进行统一的标准化和后续处理。
- 支持接收第三方网管软件的性能数据，实现各类性能数据的集中处理。
- 支持 SNMPTrap 和 Syslog 方式：接收 SNMPTrap 和 Syslog 信息。
- 支持信息总线方式：提供信息包格式规范，由第三方管理软件根据该规范生成信息包，写入信息总线投递到统一事件平台。
- 支持 WebService 方式：提供 WebService 接口，第三方管理软件往指定的 WebService

发送事件信息。

8.3　银行灾备体系

随着金融业务对信息系统的依赖性日益增强，商业银行越来越重视生产中心信息系统的高可用性，投入了大量资源和人员。但是，在灾备体系建设方面，一方面由于起步较晚，另一方面由于我国还没有发生过导致银行生产中心瘫痪的灾难性事件，所以各家商业银行的经验并不是很丰富。

对企业来说，造成关键业务功能或流程中断的时间超过企业最大容忍程度的突发事件，都可以认为是灾难。对商业银行来说，由于几乎所有金融业务都依赖于信息系统的支撑，所以灾备管理通常是指信息系统的灾难备份与恢复管理，目的是为了应对生产中心信息系统发生严重故障或者瘫痪，已不能在可接受的时间内在生产中心本地恢复，通常需要将信息系统切换到灾备中心运行的情况。

灾备管理、应急管理、业务连续性管理和风险管理是经常容易混淆的几个概念。业务连续性管理主要针对可能导致业务中断的风险或者已经发生并导致业务中断的事件进行管理。应急管理主要关注对各种突发事件的应急处置，该突发事件不一定会导致业务中断，但一定会对业务造成影响。可见，业务连续性管理和应急管理都是风险管理的组成部分，并且业务连续性管理与应急管理之间存在一部分交集，这个交集就是对导致业务中断的突发事件的管理。灾备管理是业务连续性管理和应急管理交集中的一种极端特殊情况，是专门针对 IT 灾难的。上述各个概念之间的关系及举例如图 8-56 所示。

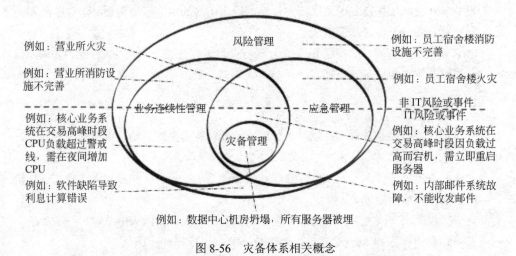

图 8-56　灾备体系相关概念

8.3.1　灾备体系参考框架

灾备体系建设是一项庞大而复杂的系统工程，必须在清晰、合理的框架指导下，协调有序地开展工作。灾备体系建设需要从管理技术、管理和业务三个方面进行，三者之间相辅相成，是灾备体系不可或缺的有机组成部分。

1. 技术体系

灾备技术体系包括恢复信息系统所需的数据、人员、系统、网络、环境和预案等，其中数据和人员是灾难恢复的前提条件，系统、网络和环境是灾难恢复的技术资源保障，预案是灾难恢复的行动方案。

（1）数据备份。数据备份是灾难恢复的最基本前提，但银行普遍存在数据总量非常大的情况，所以必须按照成本与风险平衡的原则，对不同数据采取不同的备份策略，包括数据备份范围、备份周期、备份技术、备份介质、备份线路带宽、保存时间等。比如，对核心账务数据要采用实时的远程备份，尽量保证数据的完整性；对经营管理数据采用定期批量备份，容忍少量的数据丢失；对可以通过备份数据生成的其他数据不做备份。

（2）运行和技术保障。运行和技术保障是灾难恢复的另一前提，因为人是实施灾难恢复工作的主体。灾难恢复后，灾备生产运行需要运行人员来操作，灾备系统的维护管理需要技术保障人员来支持。合理设置灾备组织机构和岗位，对运行和技术保障人员进行生产技能培训，都是灾备体系建设的重点工作内容。

（3）备用数据处理系统。备用数据处理系统指备用的计算机软硬件及外围设备等。为节约成本，灾备中心的设备资源配置一般会低于生产中心，并且在平时可以用于软件开发和测试，只是在演练或发生灾难时，才进行资源临时调配，暂停开发和测试工作，全力支持灾备生产运行。

（4）备用网络系统。备用网络系统的关键是要使灾备中心的网络架构能够支持应急生产，比如当生产中心的网络中断时，各分行可以通过参数配置的调整，改连灾备中心。备用网络系统与生产网络系统应该作为一个整体同时规划，否则灾难发生后再向运营商紧急申请线路，或者紧急调整灾备网络架构，将是非常耗时的工作。

（5）备用基础设施。备用基础设施主要是指灾备机房、办公场地、生活设施等，其中最重要的是灾备机房。一般来说，灾备机房都是提前准备好的，并且一直在使用当中，用于支持开发和测试工作。所以，灾备机房的重点工作就是提前规划好在不同情况下的机房使用策略。

（6）灾难恢复预案。灾难恢复预案是定义信息系统灾难恢复所需组织、流程、资源等预先制定的行动方案，用于指导相关人员在预定的灾难恢复目标内恢复信息系统支持的关键业务功能。预案应准确描述灾难恢复组织机构及职责，准确描述灾备基础资源的技术配置和恢复流程。

2. 管理体系

灾备管理体系主要是指组织机构的各个层面，在日常状态和灾难状态下的各种管理工作，至少包括以下 5 个方面。

（1）灾难恢复组织机构。商业银行应结合本行机构设置的具体情况，设立灾难恢复组织机构，包括灾难恢复规划建设、运行维护、应急响应和灾难恢复等各阶段工作所需的人员，有关人员可为专职，也可为兼职，关键岗位的人员应有备份。商业银行可以参考《JR/T0044 2008 银行业信息系统灾难恢复管理规范》，设置灾难恢复组织机构，包括决策层、管理层和执行层，各层之间分工明确、职责清晰。

（2）岗位与培训管理。灾备中心的应急生产岗位应与生产中心对等，只不过可以按照人员复用的原则，由灾备管理人员、开发测试人员或系统运维人员专职或兼职担任。对不同层次、不同部门的岗位，在灾难恢复策略规划、系统建设与运维、预案制定、演练和更新维护等不同阶段，应按照不同的培训目标，安排不同的培训计划。

（3）灾难恢复预案管理与演练。灾难恢复预案要长期保持有效性，必须在灾难恢复策略发生变化、演练发现问题、生产系统发生变更、人员出现调整等情况下，及时修订维护预案，做好变更管理、版本管理，以及发布管理等，确保合适的人员及时获得最准确、最合适的信息。演练验证灾难恢复预案有效性的最佳手段。演练管理就是要对演练的计划、场景、人员、过程、总结评估和后续完善调整等进行全面管理，通过演练来培养灾难恢复团队面对复杂环境的信心和冷静心态，验证灾难恢复能力，改进灾难恢复流程，发现并纠正灾备体系中的缺陷。

（4）灾备中心日常运维、灾难响应与重续运行管理。灾备中心应随时做好接替生产中心的准备，因此，必须像生产中心一样，对灾备中心的系统、网络和环境等基础资源进行运行维护，按照备份策略按时完成数据备份，完成灾备系统与生产系统的同步。当灾难发生后，灾难恢复组织机构的各层人员立即响应，在指挥报告、协调、联络、保障等工作机制的保障下，按照灾难恢复流程步骤，一步步地恢复信息系统及其支撑的关键业务功能。在生产系统成功切换到灾备中心运行后，要按照生产中心的规章制度、操作流程、技术规范来管理，保障生产系统安全稳定运行，直至生产中心重建并恢复了生产运行能力。

（5）外部资源管理。外部资源主要指商业银行的合作伙伴、服务商、设备商和外协人员等。当发生灾难时，可能需要这些外部资源的支持才能完成灾难恢复，比如，从设备供应商紧急采购灾备生产设备，从电信运营服务商紧急租用通信线路，从银联借调交易流水等。因此，需要与这些外部资源建立日常联系或签订协议，并不定期地测试其支持能力，以保证在灾难恢复期间，外部资源可以提供有效的支持。

3. 业务体系

业务体系主要指业务恢复预案。在极端灾难情况下，业务处理流程可能会与正常情况下有所不同，比如无卡取现、无证挂失等。因此，要制定灾难情况下的业务管理制度或操作流程，使得业务可以依法办理；要提前思考灾难情况下的业务流程变化，并改造相应的信息系统或做好相应的技术准备，以适应新的业务流程；另外，有些通过技术手段不能解决或者非常难以解决的问题，可能需要从业务角度寻找解决方案。

8.3.2　灾备体系建设步骤

灾备体系建设是一项复杂的系统工程，必须按照一定的策略，在灾备体系框架的指导下，由简单到复杂，从小范围到全局，优先为关键信息系统建设灾备系统，有计划地不断建设和完善灾备体系。具体步骤如下。

步骤 1：制定灾难恢复策略。

极端的灾难情况属于极小概率事件，我国商业银行在当前发展阶段，尚不可能为应对这种极小概率事件而安排与生产中心对等的灾备中心，所以必须按照灾难恢复所需的资源成本与灾难可能造成的损失之间取得平衡的原则，即成本风险平衡原则，制定灾难恢复策略，不同的业务功能采用不同的灾难恢复策略，包括布局模式、资源保障策略、业务恢复范围和恢复时间目标等。灾难恢复策略是灾备体系建设的指导方针，应由商业银行的风险管理部门、业务管理部门、技术管理部门、资源管理部门等共同参与制定。

步骤 2：按照灾备体系框架，从技术、管理和业务三个方面建设灾备体系，实现灾难恢复策略。

在技术层面，需要建设或租用灾备机房，培养运行和技术保障团队，搭建数据备份系统、备用数据处理系统和备用网络系统，制定灾难恢复预案等。在管理层面，要成立灾难恢复组织机构，制定并执行灾备管理制度。在业务层面，要制定业务恢复预案，并且要特别注重在没有信息系统支撑的情况下如何开展业务，以及如何从业务操作上配合信息系统恢复，比如手工补录数据。

步骤 3：组织灾难恢复演练。

通过坚持不懈地组织不同形式、不同深度、不同范围的灾难恢复演练，检验灾难恢复组织机构、灾备系统和灾难恢复预案的有效性，并不断完善和改进。演练可以是桌面演练、模拟演练、实战演练等多种形式，可以是系统级演练、应用级演练和业务级演练等不同深度，可以是计划内演练和计划外演练等。

步骤 1 到步骤 3 是一个循环迭代、不断完善和演进的过程。如果灾难恢复策略进行了调整，就需要重新审视和调整灾备体系，重新组织演练，并对灾备管理制度进行适应性修订。

灾备体系作为生产运行体系的重要组成部分，是商业银行全面风险管理体系的重要一员。在商业银行竞争日趋激烈的今天，构建完善的灾备体系成为提高银行核心竞争能力的重要手段之一。正所谓"居安思危，思则有备，有备无患"，商业银行灾备体系建设工作任重而道远。

本章要点

本章主要介绍银行信息系统的目标、功能和结构，然后分别以某银行信息系统为实例和银行信息系统的灾难备份体系为例，阐述银行信息系统运维的技术、流程和工作规则，要点如下。

（1）银行信息系统的目标、功能和结构。

（2）银行信息系统结构。

（3）银行信息系统的硬件基础设施、统一监控平台、综合管理。

（4）银行信息系统灾难备份与恢复的框架和步骤。

思考题

（1）银行信息系统的主要特点有哪些？

（2）按照业务性质，银行信息系统可以分成哪几类？

（3）银行信息系统可以分成几层？每个层次的主要功能是什么？

（4）银行信息系统灾难备份与恢复的基本流程是什么？

第9章　大型网站运维

随着互联网的高速发展，网络流量的日益增大和网络服务的不断进步，互联网行业对网站系统运维有了更高的要求，看上去精彩纷呈的网站和服务的背后，有成百上千台服务器 24 小时不停地运转，还有无数服务端程序在不停地应答各种请求。

本章对大型网站系统的运维从共性到个性进行案例分析，阐述大型网站运维的现状，运维团队建设、明晰网站运维的目标和主要职责，根据网站技术架构，分析典型大型网站运维的体系框架和技术关键。以要求较为严格的政府网站为例，分析运维的职责、体系架构、重点及关键机制等，结合案例分析了大型网站自动化运维的机制、数据运维策略选择、故障响应机制等。

9.1　大型网站概述

本书所述的大型网站基于运维复杂性角度，即网站运维相关的指标，如网站规模、知名度、服务器规模、页面浏览量 PV（Page View，简称 PV）等达到一定量级，这里大型网站的量级界定为服务器规模大于千台，日 PV 量上千万，如 Sina、Baidu、Taobao 等。任何一个大型网站的用户和数据规模都有一个逐步积累的过程。在这一过程中，性能和数据正日益成为其核心的价值体现，前者将成为一个新兴的互联网产业方向——网站性能优化（Web Performance Optimization，WPO）；数据方面，大型网站越来越多地由数据驱动。用户产生和消费的数据比以往更加推动了信息技术的创新，如 Google 的网络爬虫数据，Amazon 的产品数据，MapQuest 的地图数据等。

互联网技术的创新正不断进化和升级，这给互联网产业的发展带来了颠覆性的变革。不难发现，目前跻身"大型网站"行列的都无一例外将核心放在了"用户体验"上，即力求通过友好的界面、好用的功能，让网站足够有黏度，足够有吸引力，网站力图通过功能需求引领网站技术创新为客户需求服务。技术升级又推动网站的发展，如新浪凭借微博走向社区型互动服务而超越了老门户网站，Twitter 通过微博服务大幅提升用户黏度，成为全球首屈一指的 SNS（Social Network Site）网站等。

9.1.1　大型网站分类

1. 按发展阶段划分

按照网站技术的发展阶段，分为 Web 1.0、Web 2.0 及云计算时代的 Web 3.0 网站，如表 9-1 所示。

表 9-1　网站发展阶段

分　类	内　涵
Web 1.0	以静态、单向阅读为主，网站内信息可以直接和其他网站信息进行交互，能通过第三方信息平台同时对多家网站信息进行整合使用
Web 2.0	以分享为特征的实时网络，用户在互联网上拥有自己的数据，并能在不同的网站上使用
Web 3.0	将以网络化和个性化为特征，提供更多人工智能服务，完全基于 Web，用浏览器即可实现复杂的系统程序才具有的功能。微内容(Widget)的自由整合与有效聚合；适合多种终端平台，实现信息服务的普适性；良好的人性化用户体验，以及基础性的个性化配置；有效和有序的数字新技术

2. 按应用类型划分

按照应用类型，网站分为资讯类网站、交易类网站、社会性网站、游戏类网站、功能类网站等。

（1）资讯类网站（新闻门户）：以提供信息资讯为主要目的，是目前最普遍的网站形式之一。这类网站信息量大，访问群体广，功能相对简单，如新华网、凤凰网等。

（2）交易类网站（电子商务）：以实现交易为目的的网站，交易对象可以是企业、政府、个人消费者等，该类网站功能相对复杂，因为涉及交易和支付，数据精确性要求高，如淘宝网、当当网等。

（3）社会性网站（SNS）：指基于社会网络关系的网站，目前很多 Web 2.0 的应用都属于 SNS，该类网站支持用户的高频输入，因此要求网站能支持高并发写入，相对而言对数据一致性要求较弱，如网络聊天（IM）、交友、视频分享、博客、网络社区、音乐共享等方面的应用。比较典型的 SNS 网站有开心网、人人网（校内网）、豆瓣网、新浪微博、飞信、Facebook、Twitter 等。

（4）游戏类网站：一种相对比较新的网站类型，该网站的投入根据其承载游戏的复杂度决定，有的已经形成了独立的网络世界（虚拟现实），如盛大游戏网、17173 网等。

（5）功能类网站：将一个广泛需求的功能扩展，开发一套强大的支撑体系，将该功能的实现推向极致的网站，如搜索引擎类的 Google、百度。

9.1.2　大型网站的特点

随着国内互联网行业的高速发展，我国的大型网站系统的特点也更加鲜明和集中了，而目前，发展最快、用户量最大的莫过于电商网站和生活服务网站了，从性能的角度来看，他们基本上都有以下的特点。

- 并发用户数多、流量大：2012 年的双 11，淘宝就出现了因并发用户数过高而导致的系统宕机问题。
- 系统 24 小时不间断服务的高可用性：几乎所有的大型电商网站和生活服务网站都是 7×24 小时不间断服务的。
- 需要使用大量服务器以存储和管理海量数据：据悉阿里光数据库服务器就有几千台。

- 用户分布广泛、网络情况复杂：从一线城市到乡村、从高原到盆地，用户遍布全国各地，同时网络运营商的服务质量却参差不齐。

- 层出不穷的安全问题：2014 年底出现的 12306 大量用户信息被泄露的事件就是互联网安全问题的一个典型案例。

- 产品更新、需求变更快，发布频繁，以适应不断变化的用户需求：腾讯不断推出的各类新产品使得他们始终拥有着庞大的用户量，但这背后付出的产品设计、开发、测试、运维的工作量也是巨大的。

- 系统架构由简到繁的不断变化：最初的阿里巴巴就是在马云家的客厅诞生的，经过了逐渐的演化和发展才变成了今天的阿里。

9.1.3　大型网站架构的演化

一个成熟的大型网站（如淘宝、京东等）的系统架构并不是开始设计就具备完整的高性能、高可用、安全等特性，它总是随着用户量的增加，业务功能的扩展逐渐演变完善的，在这个过程中，开发模式、技术架构、设计思想也发生了很大的变化，就连技术人员也从几个人发展到一个部门甚至一条产品线。所以成熟的系统架构是随业务扩展而完善出来的，并不是一蹴而就；不同业务特征的系统，会有各自的侧重点，例如淘宝，要解决海量的商品信息的搜索、下单、支付，例如腾讯，要解决数亿的用户实时消息传输，百度要处理海量的搜索请求，它们都有各自的业务特性，系统架构也有所不同。尽管如此我们也可以从这些不同的网站背景下，找出其中共用的技术，这些技术和手段可以广泛运行在大型网站系统的架构中，下面就通过介绍大型网站系统的演化过程，来认识这些技术和手段。

1. 最开始的网站架构

最初的架构，应用程序、数据库、文件都部署在一台服务器上，如图 9-1 所示。

2. 应用、数据、文件分离

随着业务的扩展，一台服务器已经不能满足性能需求，故将应用程序、数据库、文件各自部署在独立的服务器上，并且根据服务器的用途配置不同的硬件，达到最佳的性能效果，如图 9-2 所示。

图 9-1　网站简单架构

3. 利用缓存改善网站性能

在硬件优化性能的同时，也通过软件进行性能优化，在大部分的网站系统中，都会利用缓存技术改善系统的性能，使用缓存主要源于热点数据的存在，大部分网站访问都遵循 28 原则（即 80% 的访问请求，最终落在 20% 的数据上），所以我们可以对热点数据进行缓存，减少这些数据的访问路径，提高用户体验，如图 9-3 所示。

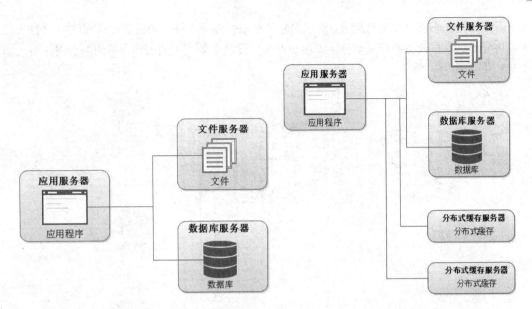

图 9-2　应用与数据库、文件分离后的结构　　　图 9-3　具备缓存服务器的网站结构

缓存实现常见的方式是本地缓存、分布式缓存。当然还有 CDN（Content Delivery Network，内容分发网络）、反向代理等。本地缓存，顾名思义是将数据缓存在应用服务器本地，可以存在内存中，也可以存在文件，OS Cache 就是常用的本地缓存组件。本地缓存的特点是速度快，但因为本地空间有限所以缓存数据量也有限。分布式缓存的特点是，可以缓存海量的数据，并且扩展非常容易，在门户类网站中常常被使用，速度按理没有本地缓存快，常用的分布式缓存是 Memcached、Redis。

4. 使用集群改善应用服务器性能

应用服务器作为网站的入口，会承担大量的请求，我们往往通过应用服务器集群来分担请求数。应用服务器前面部署负载均衡服务器调度用户请求，根据分发策略将请求分发到多个应用服务器节点，如图 9-4 所示。

常用的负载均衡技术硬件的有 F5，价格比较贵，软件的有 LVS、Nginx、HAProxy。LVS 是四层负载均衡，根据目标地址和端口选择内部服务器，Nginx 是七层负载均衡和 HAProxy 支持四层、七层负载均衡，可以根据报文内容选择内部服务器，因此 LVS 分发路径优于 Nginx 和 HAProxy，性能要高些，而 Nginx 和 HAProxy 则更具配置性，如可以用来做动静分离（根据请求报文特征，选择静态资源服务器还是应用服务器）。

5. 数据库读写分离和分库分表

随着用户量的增加，数据库成为最大的瓶颈，改善数据库性能常用的手段是进行读写分离以及分表，读写分离顾名思义就是将数据库分为读库和写库，通过主备功能实现数据同步。分库分表则分为水平切分和垂直切分，水平切分是对一个数据库特大的表进行拆分，例如用户表。垂直切分则是根据业务不同来切分，如用户业务、商品业务相关的表放在不同的数据库中，如图 9-5 所示。

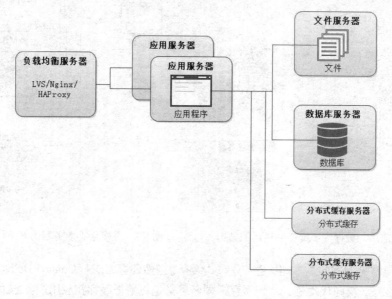

图 9-4　集群方式的服务器

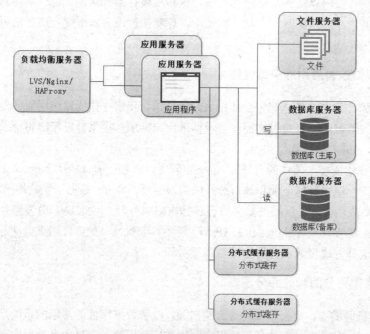

图 9-5　数据库读写分离

6. 使用 CDN 和反向代理提高网站性能

假如我们的服务器都部署在成都的机房，那么对于四川的用户来说访问是较快的，对于北京的用户访问则是较慢的，这是由于北京用户访问需要通过互联路由器经过较长的路径才能访问到成都的服务器，返回路径也一样，所以数据传输时间比较长。对于这种情况，常常使用 CDN解决，CDN 将数据内容缓存到运营商的机房，用户访问时先从最近的运营商获取数据，这样大大减少了网络访问的路径，如图 9-6 所示。

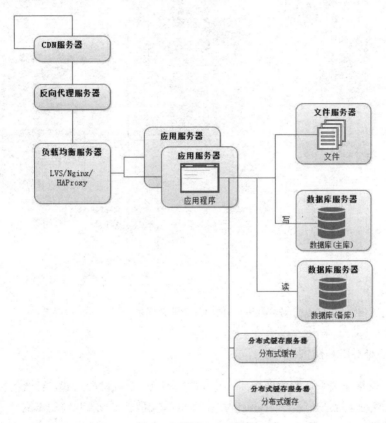

图 9-6 使用 CDN 优化

而反向代理，则是部署在网站的机房，当用户请求到达时首先访问反向代理服务器，反向代理服务器将缓存的数据返回给用户，如果没有缓存数据才会继续通过应用服务器获取，也减少了获取数据的成本。反向代理有 Squid，Nginx。

7. 使用分布式文件系统

用户一天天增加，业务量越来越大，产生的文件越来越多，单台的文件服务器已经不能满足需求。需要分布式的文件系统支撑。常用的分布式文件系统有 NFS，如图 9-7 所示。

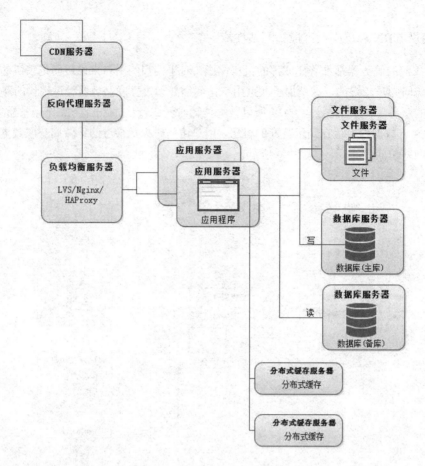

图 9-7　使用分布式文件系统

8. 使用 NoSQL 和搜索引擎

　　NoSQL，泛指非关系型的数据库。随着互联网 Web 2.0 网站的兴起，传统的关系数据库在应付 Web 2.0 网站，特别是超大规模和高并发的 SNS 类型的 Web 2.0 纯动态网站已经显得力不从心，暴露了很多难以克服的问题，而非关系型的数据库则由于其本身的特点得到了非常迅速的发展。NoSQL 数据库的产生就是为了解决大规模数据集合多重数据种类带来的挑战，尤其是大数据应用难题，如图 9-8 所示。

　　对于海量数据的查询，我们使用 NoSQL 数据库加上搜索引擎可以达到更好的性能。并不是所有的数据都要放在关系型数据中。常用的 NoSQL 有 Mongodb 和 Redis，搜索引擎有 Lucene。

9. 将应用服务器进行业务拆分

　　随着业务进一步扩展，应用程序变得非常臃肿，这时我们需要将应用程序进行业务拆分，如百度分为新闻、网页、图片等业务。每个业务应用负责相对独立的业务运作。业务之间通过消息进行通信或者同享数据库来实现，如图 9-9 所示。

10. 搭建分布式服务

各个业务应用都会使用到一些基本的业务服务，例如用户服务、订单服务、支付服务、安全服务，这些服务是支撑各业务应用的基本要素。我们将这些服务抽取出来利用分布式服务框架搭建分布式服务。淘宝的 Dubbo 是一个不错的选择，如图 9-10 所示。

大型网站的架构是根据业务需求不断完善的，根据不同的业务特征会做特定的设计和考虑。

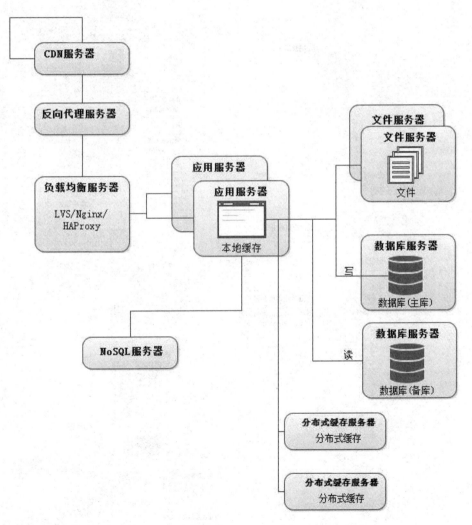

图 9-8　使用 NoSQL

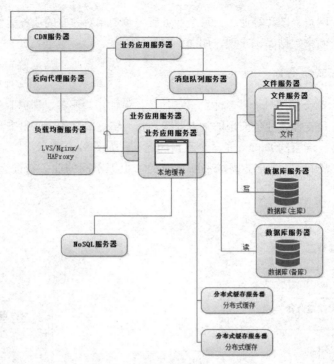

图 9-9　拆分业务

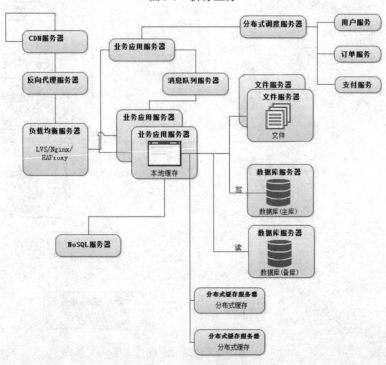

图 9-10　搭建分布式服务

9.2　大型网站运维背景知识

9.2.1　大型网站运维的定义

我们定义的大型网站，服务器规模大于 1000 台，PV 每天至少上亿（至少国内排名前 10），如 Sina、Baidu、QQ、51.com 等；其他小型网站可能没有真正意义上的运维工程师，这与网站规范不够和成本因素有关，更多的是集合网络、系统、开发工作于一身的"复合型人才"，如有些公司把一些采购合同都纳入了运维职责范围，还有如网络规划也纳入运维职责。所以，运维对其他关联工种必须非常了解熟悉：网络、系统、系统开发、存储、安全、DB 等。

为了了解和大型网站相关的技术，首先要了解大型网站的产生过程。

（1）首先公司管理层给出指导思想，产品经理定位市场需求（或复制成熟应用）进行调研、分析、最终给出详细设计。

（2）架构师根据产品设计的需求，如 PV 大小预估、服务器规模、应用架构等因素完成网络规划、架构设计等。

（3）开发工程师将设计 code 实现出来、测试工程师对应用进行测试。

（4）运维工程师进行运维。首先明确一点，前三步与运维关系很大。应用的前期架构设计、软/硬件资源评估申请采购、应用设计性能隐患及评估、IDC（Internet Data Center）、服务性能、安全调优、服务器系统级优化（与特定应用有关）等都需运维全程参与，并主导整个应用上线项目；运维工程师负责产品服务器上架准备工作，服务器系统安装、网络、IP、通用工具集安装。运维工程师还需要对上线的应用系统架构是否合理、是否具备可扩展性及安全隐患等因素负责，并负责最后将产品（程序）、网络、系统三者进行拼接并最优化的组合在一起，最终完成产品上线提供用户使用，并周而复始：需求→开发（升级）→测试→上线（性能、安全问题等之前预估外的问题随之慢慢体现出来）；应用上线后，运维工作才刚开始，具体工作可能包括：升级版本上线工作、服务监控、应用状态统计、日常服务状态巡检、突发故障处理、服务日常变更调整、集群管理、服务性能评估优化、数据库管理优化、随着应用 PV 增减进行应用架构的伸缩、安全等。

信息系统运行管理员日常有如下工作。

（1）尽量将日常机械性手工工作通过工具实现（如服务监控、应用状态统计、服务上线等），提高效率。

（2）解决现实中服务存在的问题，如高可靠性、可扩展性问题等。

（3）大规模集群管理工具的开发，如 1 万台机器如何在 1 分钟内完成密码修改或运行指定任务；2000 台服务器如何快速安装操作系统；各分布式 IDC、存储集群中数 PT 级的数据如何快速的存储、共享、分析等一系列挑战都需运维工程师的努力。

在此说明一下其他配合工种情况，在整个项目中，前端应用对于网络/系统工程师来说是黑匣子，同时开发工程师职责只是负责完成应用的功能性开发，并对应用本身性能、安全性等应用本身负责，它不负责或关心网络/系统架构方面事宜，当然软/硬件采购人员等事业部其他同事也不会关心这些问题，各司其职，但项目的核心是运维工程师！他是其他部门的桥梁。

运维工程师的职责，就是"确保线上稳定"。看似简单，但实则不容易，运维工程师必须在诸多不利因素中进行权衡：新产品模式对现有架构及技术的冲击、产品高频度的升级带来的线上 bug 隐患、运维自动化管理程度不高导致的人为失误、IT 行业追求的高效率导致流程执行上的缺失、用户增长带来的性能及架构上的压力、IT 行业宽松的技术管理文化、创新风险、互联网安全性问题等因素，都会是网站稳定的大敌，运维工程师必须把控好这最后一关，需具备高度的责任感、原则性及协调能力，如果能做到各因素的最佳平衡，那就是一名优秀的运维工程师了。

各公司业务方向不一样，会导致运维模式或方法都不一样，如 51.com 和 baidu 运维肯定区别很大，因为它们的业务模式决定了其架构、服务器量级、IDC 分布、网络结构、通用技术都会不一样，主打新闻门户的 Sina 与主打 SNS 的 51.com 运维模式差异就非常大，甚至职责都不大一样；但有一点，通用技术及大致架构上都大同小异。

9.2.2　运维工作师需要什么样的技能及素质

作为一名运维工程师需要什么样的技能及素质。首先说说技能，运维是一个集多 IT 工种技能于一身的岗位，对系统、网络、存储、协议、需求、开发、测试、安全等各环节都需要有一定了解，但对于某些环节须熟悉甚至精通，如系统（基本操作系统的熟练使用，如 Linux，Windows Server 系列）、协议、系统开发（日常很重要的工作是自动化运维相关开发、大规模集群工具开发、管理）、通用应用（如 lvs、ha、web server、db、中间件、存储等）、网络、IDC 拓扑架构。

1. 技能方面总结

（1）开发能力，这点非常重要，因为运维工具都需要自己开发，开发语言：C/C++（必备其中之一）、Perl、Python、PHP（其中之一）、Shell（Awk、Sed、Expect…等），需要有过实际开发经验，否则工作效率会比较低。

（2）通用应用方面需了解：操作系统（目前国内主要是 Linux、BSD）、WebServer 相关（Nginx、Apahe、PHP、Lighttpd、Java）、数据库（MySQL、Oracle）等。

（3）系统、网络、安全、存储、CDN、DB 等需要相当了解，知道其相关原理。

2. 个人素质方面

（1）沟通能力、团队协作。运维工作跨部门、跨工种工作很多，需善于沟通、并且团队协作能力要强；这应该是现代企业的基本素质要求。

（2）工作中需胆大心细。胆大才能创新、不走寻常路，特别对于运维这种新的工种，更需创新才能促进发展；心细，运维工程师是网站 admin，最高线上权限者，一不小心就会对系统或者数据造成破坏。

（3）主动性、执行力、意志力。由于 IT 行业的特点之一就是变化快；往往计划赶不上变化。运维工作就更突出了，比如国内各大公司服务器往往是全国各地，哪里便宜性价比高，就往哪里搬。进行大规模服务迁移（牵扯的服务器成百上千台），工作量很大；往往时间非常紧迫，如限 1 周内完成，这种情况下，运维工程师的主动性及执行力就有很高的要求了。计划、方案、服务无缝迁移、机器搬迁上架、环境准备、安全评估、性能评估、基建、各关联部门沟通，7×24 小时紧急事故响应等。

（4）做网站运维需要有探索创新精神，通过创新型思维解决现实中的问题，因为这是一个处于幼年的职业（国外也一样，但比国内起步早点），没有成熟体系或方法论可以借鉴，只能靠自己摸索努力。

3. 合格的运维工程师

（1）保证服务达到要求的线上标准，保证线上稳定，这是运维工程师的基本职责所在。

（2）不断地提升应用的可靠性与健壮性、性能优化、安全提升；这方面非常考验主动性和创新思维。

（3）网站各层面监控、统计的覆盖度，软件、硬件、运行状态，能监控的都需要监控统计，避免监控死角、并能实时了解应用的运转情况。

（4）通过创新思维解决运维效率问题。目前各公司大部分运维主要工作还是依赖人工操作干预，需要尽可能地解放双手。

（5）运维知识的积累与沉淀、文档的完备性。运维是一个经验性非常强的岗位，好的经验与陷阱都需积累下来，避免重复性犯错。

（6）计划性和执行力。工作有计划，计划后想方设法达到目标，不找借口。

（7）自动化运维。能对日常机械化工作进行提炼、设计并开发成工具、系统，能让系统自动完成的尽量依靠系统；让大家更多的时间用于思考、创新思维。

4. 运维职业的现状与发展前景

运维岗位不像其他岗位，如研发工程师、测试工程师等，有非常明确的职责定位及职业规划，比较有职业认同感与成就感；而运维工作可能给人的感觉是哪方面都了解一些，但又都比不上专职工程师更精通、感觉平时被关注度比较低（除非线上出现故障），慢慢地大家就会迷惘，对职业发展产生困惑，为什么会有这种现象呢？除了职业本身特点外，主要还是因为对运维了解不深入、做得不深入导致；其实这个问题其他岗位也会出现，但运维更典型，更容易出现这个问题。

运维岗位的现状。运维岗位处于刚起步的初级阶段，各大公司有此专职，但重视或重要程度不高，可替代性强；小公司更多是由其他岗位来兼顾做这一块工作，没有专职，也不可能做得深入；技术层次比较低，主要处于技术探索、积累阶段，没有形成体系化的理念、技术；体力劳动偏大。很多事情还是依靠人力进行，没有完成好的提炼，对于大规模集群没有成熟的自动化管理方法，在此说明一下，大规模集群与运维工作是息息相关的，如果仅有几十台服务器，那运维的需求并不大；优秀运维人才的极度缺乏；目前各大公司基本上都靠自己培养，这个现状导致行业内运维人才的流动性非常低，非常多好的技术都局限在各大公司内部，导致业内先进运维技术很难流通、贯通与借鉴，并最终将限制了运维发展；很多优秀的运维经验都掌握在大公司手中。这不在于公司的技术实力，而在于大公司的技术规模、海量 PV、硬件规模足够大，这些因素决定了他们遇到的问题都是其他中/小公司还没有遇到的，或即将遇到。但大公司可能针对自己遇到的问题已有了很好的解决方案。

运维岗位的发展前景。从行业角度来看，随着中国互联网的高速发展（目前中国网民数量已跃升为全球第一）、网站规模越来越大、架构越来越复杂；对专职网站运维工程师、网站架构师的需求会越来越急迫，特别是对有经验的优秀运维人才需求量大；目前国内基本上都是选择毕业生培养（限于大公司），培养成本高，技术更新缓慢。运维工程师技术含量及要求会越来越高，网站运维将成为一个融合多学科（网络、系统、开发、安全、应用架构、存储等）的综合性技术岗位，给从业者提供一个很好的个人能力与技术广度的发展空间。运维工作的相关经验将会变得非常重要，而且也将成为个人的核心竞争力，运维人员需要具备很好的各层面问题的解决能力及方案提供、全局思考能力等。由于运维岗位所接触的知识面非常广阔，更容易培养或发挥出个人某些方面的特长或爱好，如内核、网络、开发、数据库等方面，可以做得非常深入精通、成为这方面的专家。如果真要以后不想做运维了，转到其他岗位也比较容易，不会有太大的局限性。运维人员的技术发展方向可以是网站/系统架构师。

9.2.3 运维关键技术点

首先是大规模集群管理问题。我们要明确集群的概念，集群不是泛指各功能服务器的总合，而是指为了达到某一目的或功能的服务器、硬盘资源的整合（机器数大于两台），对于应用来说它就是一个整体，目前常规集群可分为：高可用性集群（HA），负载均衡集群（如 LVS），分布式存储、计算存储集群（DFS，如 Google GFS、Yahoo Hadoop），特定应用集群（某一特定功能服务器组合、如 DB、Cache 层等），目前互联网行业主要基于这四种类型；对于前两种类似，如果业务简单、应用上 Post 操作比较少，可以简单地采用四层交换机解决（如 F5），达到服务高可用/负载均衡的作用,对于资源紧张的公司也有一些开源解决办法如 lvs+ha,非常灵活；对于后两种，那就考验公司技术实力及应用特点了，第三种 DFS 主要应用于海量数据应用上，如邮件、搜索等应用，特别是搜索要求就更高了，除了简单海量存储，还包括数据挖掘、用户行为分析；如 Google、Yahoo 就能保存分析近一年的用户记录数据，而 Baidu 应该少于 30 天、Soguo 就更少了。这些对于搜索准备性及用户体验是至关重要的。

接下来，我们再谈谈如何科学管理集群，有以下关键几点。

1. 监控

主要包括故障监控和性能、流量、负载等状态监控，这些监控关系到集群的健康运行及潜在问题的及时发现与干预。

（1）服务故障、状态监控：主要是对服务器自身、上层应用、关联服务数据交互监控；例如针对前端 Web Server，就可以有很多种类型的监控，包括应用端口状态监控，便于及时发现服务器或应用本身是否崩溃、通过 ICMP 包探测服务器健康状态，更上层可能还包括应用各频道业务的监控，这些只是一部分，还有多种监控方式，依应用特点而定。还有一些问题需解决，如集群过大，如何高性能地进行监控也是一个现实问题。

（2）集群状态类的监控或统计，为合理管理调优集群提供数据参考，包括服务瓶颈、性能问题、异常流量、攻击等问题。

2. 故障管理

（1）硬件故障问题。对于成百上千或上万机器的集群，服务器死机、硬件故障概率是非常大的，几乎每时每刻都有服务硬件问题。死机、硬盘损坏、电源故障、内存故障、交换机故障等问题随时可能出现。针对这种情况，我们在设计网站架构时需要充分考虑到这些问题，并将其视为常态；更多地依靠应用的冗余机制来规避这种风险，给系统工程师足够宽裕的处理时间。这就是考验运维工程师及网站架构师的地方了，好的设计能达到 Google 所描述的自恢复能力，如 GFS，糟糕的设计就是一台服务器的死机可能会造成大面积服务的连锁故障反映，直接对用户拒绝响应。

（2）应用故障问题；可能是某一 Bug 被触发，或某一性能阈值被超越、攻击等情况不一而定，但重要的一点是要有对这些问题的预防性措施，不能想当然，它不会出问题，如真出问题了，如何应对？这需要运维工程师平时做足功夫，包括应急响应速度、故障处理的科学性、备用方案的有效性等。

3. 自动化

简而言之，就是将我们日常手动进行的一些工作通过工具，系统自动来完成，解放我们的双手，例如：没有工具前，我们安装系统需要一台一台裸机安装，如 2000 台，可能需要 10 人/10 天，而现在通过自动化工具，只需几个简单命令就能解决这个问题。还有如机器人类程序，自动完成以往每天人工干预的工作，使其自动完成、汇报结果，并具备一定的专家系统能力，能做一些简单的是/非判断、优化选择等。应该说，自动化运维是运维工程师职业化的一个追求，利己利公，虽然这是一个异常艰巨的任务，不断变更的业务、不规范化的应用设计、开发模式、网络架构变更、IDC 变更、规范变动等因素，都可能会对现有自动化系统产生影响，所以需要模块化、接口化等工作。自动化相关工作，是运维工程师的核心重点工作之一，也是价值的体现。

总结一下运维中关键技术：大量高并发网站的设计方案；高可靠、高可伸缩性网络架构设计；网站安全问题，如何避免被黑？南北互联问题，动态 CDN 解决方案；海量数据存储架构。

9.3　政府门户网站运维案例分析

9.3.1　运维服务总则

1. 安全性

（1）门户网站及内容管理平台应用的安全性。确保网站能够正常访问；确保网站群动态应用正常，并能够提供正常的服务。

（2）门户网站及内容管理平台数据的安全性。确保数据库中的信息跟网站发布的信息一致；确保数据库数据正确，不被非法破坏，并且及时做数据库和网站数据的备份，当意外发生时，网站能够及时、完全恢复；未经许可，不得将网站数据泄漏给其他个人或组织；由专人负责，保证数据的安全。

2. 稳定性

运维要求系统不间断服务，即提供 7×24 不间断服务，专人值守，监控网站；意外情况下，及时通知信息中心相关负责人，并做好各项应急准备。定期向信息中心相关负责人汇报网站运营情况。另外，对于响应时间也有要求，所以要监控网站群访问速度，如访问响应时间过长，及时查找原因，并向信息中心相关负责人汇报；监控网站群动态应用，对影响应用性能方面因素及时预警，并提出相应解决方案，及时汇报给信息中心相关负责人。

1）IT 服务体系整体结构

只有高效、稳定、个性化的本地化服务模式才能满足用户随时随地的服务需求；也只有迅速的维护响应才能真正保证用户的利益不受损害。因此在自身服务体系的基础上，针对政府门户网站内容管理平台运维项目，特定 IT 服务体系，由响应体系、维护体系和质量监督体系构成。

（1）客户需求。在服务协议规定范围内的任何服务请求，包括咨询、问题申报、投诉等。

（2）响应体系。第一时间受理客户的需求，以最快的速度解决问题，保障客户系统尽快恢复正常。

（3）维护体系。对客户系统进行主动式服务，发现并解决系统隐患，优化系统性能，并提出合理的改进和升级建议。

（4）质量监督体系。为保障服务的质量制定相关的服务协议，通过满意度调查等方式评估服务的提供是否正常。

IT 服务体系最终都可以通过本次项目建设的 ITIL 运维体系落实，响应体系对应 ITIL 运维体系的"事件管理"，维护体系对应 ITIL 运维体系的"问题管理"，质量监督体系则通过"运维管理"来实现。

2）响应体系

响应体系包含服务台和突发事件管理，主要任务是受理客户的服务需求，尽快恢复客户系统的正常运行。

客户有问题可以通过热线电话、Email 与服务台联系，服务台负责接听技术服务电话、受理客户问题，进行记录，分类并转给相应的工程师处理。二线工程师负责处理服务台分配的事件或问题，当二线工程师需要技术支持时，可以从公司总部或第三方获得到技术支持和实验室环境支持。

3. IT 运维体系的建立

ITIL 提供了一个概念化、模块化的优秀框架，与其说是解决方案，不如说它更像理论。它提出了建立 IT 服务管理体系时要考虑哪些流程，提到了应该做哪些，好处在哪儿，但并不详细介绍怎样去做，因此它本身不具备实际操作可能性。

在长期的运维项目中积累的丰富的经验，根据政府门户网站的实际情况，对 ITIL 进行适当选取、适应和扩展。

（1）导入 ITIL 是一个长期过程，运维初期，以"系统日常运行和支持"为主，重点解决服务支持（Service Support）流程，对发生的问题进行维护和处理。在运维后期，运维的服务支持流程步入正轨后，再关注运维服务的长期计划和改进，考虑服务提供（Service Delivery）。

（2）针对政府门户网站，运维的主要任务是解决发生的问题，对 IT 基础架构进行基本的配置管理，因此主要实现"服务台""事件管理""问题管理"和"配置管理"，至于变更管理在实际运维中，暂时没有系统工具支持。

（3）由于初期运维工作内容多，系统繁杂，人员少，为提高运维人员解决问题的能力和效率，运维体系扩展加设"知识库"，以提高运维技术的积累、传承、利用。

经过对 ITIL 体系进行适当选取、适应和扩展，从适合政府门户网站，适合运维团队完成任务目标为主，制定了个性化的运维体系。

个性化的政府门户网站运维体系设置"服务台"统一接受各种故障受理，包括最终用户直接电话或邮件传来的求助信息和运维监控软件传过来的自动报警信息，然后对服务台问题分析并归类，力求初步解决用户或系统的故障；不能在线解决的需求问题，启动"事件管理"和"问题管理"流程，运维人员按照既定的流程，在"知识库"和"配置管理"的支持下，解决故障，并把积累的经验知识归入知识库。问题解决后，运维体系反馈到 IT 系统，促使其更好更稳定运行，并促进其优化和完善。

其中，"知识库"和"配置管理"可以依托运维监控工具实现信息化作业，而"服务台""事件管理"和"问题管理"则仍然依照对应的制度人工操作，暂时没有信息化系统辅助运行，可以考虑在后期建设运维平台时优先实现。

所有的事件都应该基于影响度、紧急度和优先级进行分类分级，并提供相应的解决方案和临时方案，如表 9-2 所示。

表 9-2　系统运维故障级别定义

故障级别	服务请求时间	响 应 方 式
一级故障	7×24	服务台接到服务请求后，即刻响应，服务人员工作时间内马上到达现场，非工作时间 1 小时内到达，进行现场服务。
二级故障	7×24	服务台接到服务请求后，对于电话未解决故障，15 分钟内再次回应，提供电话技术支持，工作时间内服务人员 1 小时到达现场。
三级故障	7×24	服务台接到服务请求后，30 分钟内再次回应，提供电话技术支持，工作时间内服务人员 2 小时到达现场，或与用户协商。

一级故障是指系统发生严重故障，业务发生中断，或虽然业务未中断但已经无法保证及时、正确的情况，对用户业务的运行有严重影响。

二级故障是指对于系统发生的非严重故障，业务并未中断，业务仍然及时、正确的情况，但性能有所下降。

三级故障是指系统发生轻微的故障，系统有警告信息等，对系统没有较大影响的故障。

4. 系统运维制度建设

在信息化运维中，制度建设是一道必要的保障。信息化不能一蹴而就，在信息化发展到一定阶段，建设重点应该要从系统实施转向以应用运维提升为主，运维质量保障、安全机制变得重要起来，这时除了技术的保障以外，制度保障越显得重要。

对于 IT 运维团队来说，可从以下几个方面来进行 IT 运维制度化。

（1）转变运维观念，树立规范化意识。只有建立制度化的 IT 运维意识，才能在日常繁杂琐碎的工作中有效的区分任务的优先级，将有限的资源投入到最能满足"客户"需要的工作中。

为保证运维工作，把运维工作和制度化紧紧地捆绑到一起。运维工作很琐碎，关键在于规范而不是创新。只有各级运维技术人员一丝不苟、老老实实按规范做，才能够把事情做好。

（2）建立事件处理流程，强化规范执行力度。首先需要建立故障和事件处理流程，利用表格工具等记录故障及其处理情况，以建立运维日志，并定期回顾从中辨识和发现问题的线索和根源。建立每种事件的规范化处理指南，减少运维操作的随意性，在很大程度上降低故障发生的概率。

同时，建立 IT 运维制度非常重要，但是有了制度还要有人去执行，要强化执行制度比建立制度更重要的观念和意识。

9.3.2　运维团队组织

1. 组建原则

（1）项目运维团队将提供 7×24 小时应急响应服务能力，在遇到突发情况时及时响应解决问题。

（2）项目实施人员具有良好的职业道德，不损害用户利益。

（3）驻场工程师配置具备完全的稳定性，不出现一个岗位角色频繁更换人员的问题，以便保证工程师对系统的了解和认知，保证运维工作的质量。

（4）美工配置具有良好的网页及平面设计能力、丰富的网站制作经验，精通美工软件 Photoshop、Illustrator 等，熟悉 HTML、CSS、Dreamweaver 等。

（5）在项目实施过程中不随意变换所拟派的项目经理。

基于以上组建团队原则，本次项目的团队将由某公司的政府网站运维技术人员组建，科学地分析运维任务，拟定角色职责，设立工作岗位，组成运维机构；再根据人员的技术组成，指定其角色和岗位，这样三定（定人员、定角色、定岗位）后，形成的运维团队专人专职、人尽其才、角色交叉、技能备份，能高效、可控地执行运维工作。

2. 人员角色

IT 服务管理是以流程为中心的，针对每个流程，定义了一系列的角色，每个角色被赋予特定的职责和任务，实现责权利的统一。一个角色可能需要多个运维人员来承担，同样一个运维人员有时也可能承担多个角色。

1）任务需求

（1）网站应用系统日常维护。维护人员对所管理的网站应用系统进行每日巡检，包括对磁盘空间、系统日志、系统资源占用、访问性能等的检查。

（2）网站系统日常监控。对网站系统每天的运行进行监控，及时发现系统的故障，确保系统的可靠稳定运行，并在日常监控的基础上进行安全事件积累、分析。

（3）网站内容监控。维护人员每日完成对网站栏目、内容的巡检，对每日网站信息发布工作进行监控，为网站信息发布提供技术咨询和技术支持，解答和解决网站发布系统使用过程中出现的问题。

（4）网站内容维护。完成网站主站页面、英文版及相关栏目内容的维护；公众互动板块各栏目的维护；网站内容管理系统用户管理等工作。

（5）网站栏目调整。指导各单位完成网站栏目、图片和样式的管理，提供阶段性栏目或栏目内容调整、程序修改、信息发布等服务。

（6）数据统计。在对网站系统和内容进行监控的基础上，对网站访问量等基础数据进行统计，提供每日统计报表，并根据实际工作需要，进行网站数据统计工作。

（7）网站应用系统完善。针对使用过程中提出的网站应用系统改进和完善需求，及时响应小范围应用软件调整的需求，不断完善网站应用系统。

（8）网站系统安全测试。积极配合信息中心开展网站系统安全性测试工作，并协助对测试中发现的应用系统问题进行改进。

（9）网站信息系统调整。积极配合信息中心开展网站信息系统建设调整工作，包括实现网站信息的分库存储、备份网站系统完善方案和测试系统建设、网站部分历史数据的梳理、补充及信息中心根据网站工作需要提出的其他调整任务。

（10）完成信息中心交办的与网站系统相关的其他工作。

2）所需角色及职责

（1）运维经理。职责：根据客户方的需求，协调资源完成客户方交办的各项工作。

（2）技术支持工程师。职责：对网络设备资源信息、服务器资源及网络带宽资源利用综合管理，进行网络拓扑监管、拥塞监测、端口管理、路由管理、性能监视、流量分析、状态监视。

负责操作系统、数据库系统、应用中间件系统、邮件系统等基础系统软件的维护和监管，包括监控数据库系统、Web、文件、进程、Mail、应用中间件、FTP、DNS、HTTP 等。

（3）流媒体工程师。职责：根据客户方的需求，编辑、录制视频并进行发布。

（4）网站开发工程师。职责：对用户发现的系统中的 Bug 和小的系统调整进行程序修改和完善；对现行互联网站中新增版块的需求，应协助进行需求分析，起草需求分析报告，然后根据需求组成开发小组，完成模块的开发、上线工作；适当参与内部新建互联网站的开发工作，了解系统的整体架构和设计开发的全过程。

协助信息中心进行新开发的互联网站的用户测试工作；对新增版块，完成模块的测试，协助上线工作。

（5）美工设计。职责：业务系统的页面美术设计改善，新增模块的美术设计。

（6）中文编辑。职责：负责网站主站页面及相关栏目内容的维护。

（7）英文编辑。职责：负责英文网站页面及相关栏目内容的翻译、维护的工作。

3. 工作岗位设置

1）管理岗

运维管理岗配置运维经理，主要职责如下。

- 负责整个运维服务项目的具体组织和管理。
- 制作详细的运维方案，在运维过程中及时动态地调整方案，提高工作效率，保证服务质量。
- 给各个管理小组分配任务，随时监控每个小组的运维管理情况，控制服务质量。
- 作为与用户间的接口，负责向用户汇报运维情况、变更需求等情况，并及时将有关要求反馈给管理小组。
- 接受用户投诉和协调用户需求的变化，及时反馈制订应急计划，报告项目领导小组和用户负责人。
- 召集季度总结会和工作协调会。

2）技术岗

（1）技术支持工程师。主要职责如下。

- 负责网站软、硬件平台日常运维。
- 负责网络设备、服务器、存储设备、安全设施等硬件平台的运行和监控。
- 负责服务器操作系统、数据库系统、应用中间件系统等基础系统软件的安装、配置和应用系统接口、运维及关闭。
- 负责维护数据报表系统的运行，管理数据库表，清除垃圾数据，按时数据更新，产生临时报表。

（2）中文编辑。主要职责如下。

- 负责网站主站页面及相关栏目内容的维护。
- 负责中文版网站主站栏目日常信息编辑、更新发布。
- 负责网站专题专栏选题、栏目策划，信息编辑发布工作。

（3）流媒体工程师。主要职责：负责编辑、录制视频并完成在线发布工作。

（4）网站开发运维工程师。主要职责如下。

- 负责软件开发等应用软件相关的运维工作。
- 负责对现有应用系统进行二次开发工作。

（5）美工。主要职责如下。

- 负责网站页面设计及专题、专栏页面设计工作。
- 负责网站 LOGO 图片设计制作、页面动画制作等工作。

（6）英文编辑。主要职责如下。

● 负责英文网站页面及相关栏目内容的翻译、日常信息维护的工作。

4. 组织机构

在运维组织设计中，重点考虑人员、角色、岗位三个因素。运维公司将综合职能型组织、矩阵型组织和项目型组织，建立组合型组织架构，既有职能部门完成日常运维工作，又可以为完成各项临时小规模项目开发而设立矩阵型组织或项目型组织。

信息中心和运维公司共同组建成立"运维联合领导小组"，由双方相关领导组成，主要进行高层协调，制定战略、划清目标，保障运维工作顺利完成。

运维公司将按照组织机构的工作岗位及角色职责，统筹人力资源，抽调精兵强将，组建专门部门"政府门户网站运维部"，下设工作台、硬件集成支持组、软件集成支持组、软件开发支持组和内容维护组。"政府门户网站运维部"实际派驻不少于 4 人在工作现场，属于"一线"支持人员。

疑难问题会商解决、小规模软件开发等将协调公司总部的其他人员参加，如项目中心、研发中心的技术骨干、软件开发工程师等，属于"二线"支持人员。

个别问题还会涉及第三方支持，包括原厂商、合作伙伴、其他专家顾问等，属于"三线"支持人员。

"二线"和"三线"支持人员不派驻现场，仅是在运维流程需要的时候才参与其中，流程结束，人员也将退出。

针对政府门户网站内容管理平台运维服务项目，我们将组建现场一线、公司总部二线、外援三线不同技能和专业水平的服务团队，按照基于 ITIL 的服务流程提供服务。

（1）一线。服务台是面向客户的统一服务接口，负责受理客户提出的服务需求（包括故障申告）；负责对服务范围内的服务需求（包括故障申告）进行处理和任务分派，并跟踪和反馈处理情况；派驻现场一线的技术支持人员接受故障任务分派后，进行不同岗位的处理和协作。

（2）二线。由公司总部技术专家、技术骨干、软件工程师组成，负责解决现场派驻服务不能解决的问题。

（3）三线。由第三方供应商、高级技术专家、顾问等组成，负责协助现场服务组处理故障，必要时赴现场处理故障；主动发现、分析和解决问题；负责提供远程监控及按需现场服务中的其他相关服务。

运维人员的技术掌握全面，涵盖软硬件整个层面。硬件方面掌握主流多种网络设备、服务器设备、安全设施、存储器设备等；系统软件方面熟悉 Windows、UNIX、Linux 三大主流操作系统，Oracle、SQL Server、DB2 等大型数据库，WebSphere、WebLogic、Tomcat、IIS 等多种应用中间件；软件开发方面深入掌握 J2EE 和 Net 两大体系，精通 B/S 开发，精通多种语言。

运维项目中主要涉及的技术角色有"硬件集成""软件集成""数据管理""内容维护""软件开发""软件测试"和"美工设计"等，在关键角色职责方面，大部分都可以由 2 人以上担任，即关键角色重叠备份，提高技术储备能力和实际运维水平，同时也可以防范人员流动造成的部分技术空白风险。

5. 人员安排

政府门户网站运维团队人员安排见表 9-3。

表 9-3　运维团队人员组成

序　号	类　型	人　数	主要工作内容	经　验	认　证
1	运维经理	1	根据客户方的合理需求，协调资源完成客户方交办的各项工作	6年工作经验，具有政府网站运维管理经验。	PMP 认证
2	系统架构工程师（技术支持工程师）	1	网站软、硬件平台日常运维	7 年政府网络、系统、数据库、中间件运维经验。	高级程序员
3	系统架构工程师（技术支持工程师）	1	网站软、硬件平台日常运维	6 年政府网站网络、系统、数据库、中间件运维经验。	网络工程师
4	中文编辑	2	网站主站页面及相关栏目内容的维护。	6 年政府网站从业经验，能够熟练使用政府网站信息管理系统。	CEAC 国家信息化计算机教育认证
5	英文编辑	1	英文网站页面及相关栏目内容的翻译、维护的工作	5 年相关工作经验。	英语专业八级
6	流媒体工程师	1	编辑、录制视频并进行发布	6 年政府网站从业经验，熟悉各类媒体文件特性。	高级程序员
7	网站开发工程师	1	网站系统改版开发	8 年网站开发经验；具备基于 XXX 网站现有内容管理系统进行二次开发能力。	高级软件工程师证书
8	美工	1	网站页面设计及专题、专栏页面设计	6 年以上相关工作经验。	网页设计师,信息产业部通信行业职业技能鉴定指导中心

9.3.3　运维服务内容

1. 网站内容保障服务

公司应遵照现行的政府网站内容管理系列制度及工作流程完成以下工作。

按照政府网站内容管理规范，完善和改进政府网站主站及机关各子网站建设和管理工作；进行网站的日常内容采集、加工、上传、分发、管理；完成年度内不少于一次的网站改版工作。

- 英文版网站内容维护，包括网站内容翻译、互动留言收集整理翻译、英文信息发布等。
- 公众互动板块各栏目的维护。
- 网站内容管理系统用户管理。
- 实施"网站业务工作单"中指定的工作内容。
- 网站整体版面优化、结构调整的建议、策划和实施。
- 国家重大节日、重大会议、重大事件期间的 24 小时编辑响应服务。
- 视频信息的数据发布工作。
- 制作网站工作简报（每月）。

2. 日常巡检服务

现场日常巡检服务是公司对政府数据库设备进行全面检查的服务项目，通过该服务可使客户获得设备运行的第一手资料，最大可能地发现存在的隐患，保障设备稳定运行。同时，公司将有针对性地提出预警及解决建议，使客户能够提早预防，最大限度降低运营风险。

1）日常巡检安排

公司安排定期（每月/每天/上午下午各一次）例行巡检和预防性维护，内容包括：

（1）设备运行物理状态（每月/次）。

（2）电源稳定性和线路检查（每天/次）。

（3）系统性能检查（每月/次）。

（4）逻辑卷检查（每月/次）。

（5）内存交换区检查（每月/次）。

（6）系统硬件诊断（每月/次）。

（7）数据安全存储检查（每天/次）。

（8）数据备份状况（每天/次）。

（9）系统错误报告的分析、记录和清理（每天/次）。

（10）及时更换损坏的或有潜在故障的部件（每月/次）。

（11）设备物理检查（包括机体、风扇、风道及过滤器等）与清洁（每月/次）。

（12）针对巡检工作应提交完善的巡检报告，并且存档、编辑成册，每月月初提交，以便日后清查。

（13）网站数据库的巡检工作，网站数据库日常监控，每日至少 2 次，分上下午分别进行。

2）出具巡检报告提供故障报告等触发性报告。

（1）日常巡检报告等日常报告。

（2）周报、月报、季报、半年报、年报等总结性报告。

报告内容包括：检查内容、操作步骤、检查结果、操作人、操作时间、意见与建议等。

3）硬件巡检列表（在用）

序号　设备型号　设备用途　数量（台）

1

2

3

4）虚拟机巡检列表（在用）

序号

1

2

3

5）软件巡检列表（在用）

序号

1

2

3

3. 网站安全服务

网站安全服务主要包括以下几点。

- 网站 7×24 小时网站监控服务。
- 网站安全性检查。
- 按照政府网站技术规范和安全管理规范，对网站应用软件、中间件以及数据库进行日常安全性检查。
- 网站服务器以及网络安全性检查。
- 按照政府网站技术规范和安全管理规范，定期对服务器操作系统进行安全性检查以及进行系统杀毒；负责内网论坛（discuz）安全；负责网页防篡改软件（IGuard）安全。
- 数据库备份及备份验证。
- 按照网站技术规范和安全管理规范，对网站数据库进行定期备份以及备份恢复验证，保证数据的安全性、准确性、完整性和可用性。网站数据备份及数据恢复，根据网站情况目前均采用本机进行数据备份及恢复。

1）监控原则

（1）对系统进行 7×24 不间断监控。

（2）监控岗保证一直有人值守。

（3）每日分别于上、下午对服务器进行巡检，并于当天提交运维监控报告。

2）监控方案

（1）网站访问监控。在网站访问监控功能中，系统监控内容包括网站名称、网址、监控类型、最后检测时间、响应时间及本日产生的上传下载流量等。单击"查看"后可查看更详细的网址监控项目，包括响应时间、连接数、网络流量，以及浏览用户在网站提交的纠错内容等。

- 响应时间。每间隔指定时间 Ping 指定的网址，并从返回的值中计算指定网站的响应时间。

监控详情：单击菜单"网站访问监控"→"网站访问监控详情"，系统在列表中显示每个已经添加并指定需要监控的网址，并在列表中显示该网址的响应时间。

数据采集：系统按照在"监控网址管理"中的设置，按指定间隔 Ping 出该网址的响应时间，并将数据保存至监控数据库中。

- 连接数。每间隔指定时间，取得指定网站的连接数。

监控详情：单击菜单"网站访问监控"→"网站访问监控详情"，系统在列表中显示每个已经添加并指定需要监控的网址，并在列表中显示该网址的当前连接数量。

数据采集：系统按照在"监控网址管理"中的设置，按指定间隔测试该网址的当前连接数量，并将数据保存至监控数据库中。

- 网络流量。每间隔指定时间，取得并统计指定网站的网络流量，上传和下载流量分别显示。

监控详情：单击菜单"网站访问监控"→"网站访问监控详情"，系统在列表中显示每个已经添加并指定需要监控的网址，并在列表中显示该网址的累计网络流量。

数据采集：系统按照在"监控网址管理"中的设置，按指定间隔测试该网址的累计网络流量，并将数据保存至监控数据库中。

- 网站页面纠错。在特定（或全部）页面嵌入脚本，当浏览的用户发现页面内容有误时提交后，管理员可以从此功能中发现有误的内容并根据实际情况修正。

监控详情：单击菜单"网站访问监控"→"网站内容纠错"，系统在列表中按日期显示每个页面链接及提交的错误内容，以供管理员参考并更正。

数据采集：当浏览的用户发现页面内容有误时，可以通过选中内容然后按一个快捷键（如 Ctrl+Enter）提交，页面直接保存相关信息至数据表中。

- 统计分析。针对网站监控中的各项指标进行统计分析，统计的条件包括时间范围、网址及指标值范围等。

监控情况统计表：统计指定时段内，网站各项监控指标的监控值。

监控预警趋势表：统计指定时段内，网站监控指标的统计值及趋势走向，同时以表格和图表形式展示。

监控预警统计表：统计指定时段内，全部（或指定）网站中，已经产生的（邮件或短信）预警的次数。

- 监控网站管理。添加需要监控的网站，从网址或 IP 确定需要监控的网站页面。可以选择哪些设备需要发送告警信息。预警级别分为两级，预警级别（蓝色）及告警级别（红色），达到告警级别后系统将按设置发送邮件或短信对管理员进行提醒。

可以更改每个网址的序号，在网址访问监控界面列表显示时，以序号为顺序升序显示。勾选"是否监控"并保存后，系统开始以指定的频率读取相关的监控数值并保存。

（2）设备监控。在设备监控界面中，列表显示了全部设备的最近一次监控情况，包括设备名称、IP、最后检测时间、各项监控数值及设备状态是否正常等。可以在左上方选择不同的分组以关注不同分组的设备，也可以勾选右上方的"仅显示异常服务器"以迅速找到运行异常的设备。

- Ping 返回时间。每隔一段时间，首先 Ping 设备判断设备是否能正常连接，以及连接所需的时长等，较长的返回时间或无响应通常表示设备可能已经发生故障。

监控详情：单击菜单"设备监控"→"设备监控详情"，系统在列表中显示每台已经添加并指定需要监控的计算机设备，并在列表显示该计算机设备的 Ping 返回时间。

数据采集：系统按照在"监控设备管理"中的设置，按指定间隔读取该计算机设备的监控数值，并将数据保存至监控数据库中。

- CPU 使用率查询。每隔一段时间，检测目标计算机上 CPU 的使用率情况。CPU 使用率反映的是当前 CPU 的繁忙程度。

监控详情：单击菜单"设备监控"→"设备监控详情"，系统在列表中显示每台已经添加并指定需要监控的计算机设备，并在列表显示该计算机设备的 CPU 使用率情况。

数据采集：系统按照在"监控设备管理"中的设置，按指定间隔读取该计算机设备的 CPU 使用率，并将数据保存至监控数据库中。

- CPU 负载。每隔一段时间，检测目标计算机上 CPU 的负载情况。CPU 负载指某段时间内占用 CPU 时间的进程和等待 CPU 时间的进程数，这里等待 CPU 时间的进程是指等待被唤醒的进程，不包括处于 wait 状态进程。

监控详情：单击菜单"设备监控"→"设备监控详情"，系统在列表中显示每台已经添加并指定需要监控的计算机设备，并在列表显示该计算机设备的 CPU 负载情况。

数据采集：系统按照在"监控设备管理"中的设置，按指定间隔读取该计算机设备的 CPU 负载，并将数据保存至监控数据库中。

- 内存使用率。每隔一段时间，检测目标计算机上内存情况。内存使用率指已经使用的物理内存与全部物理内存的比率。

监控详情：单击菜单"设备监控"→"设备监控详情"，系统在列表中显示每台已经添加并指定需要监控的计算机设备，并在列表显示该计算机设备的内存使用率情况。

数据采集：系统按照在"监控设备管理"中的设置，按指定间隔读取该计算机设备的内存使用率，并将数据保存至监控数据库中。

- 磁盘空间使用率。每隔指定时间，检测目标计算机上磁盘空间使用率情况。

监控详情：单击菜单"设备监控"→"设备监控详情"，系统在列表中显示每台已经添加并指定需要监控的计算机设备，并在列表显示该计算机设备的磁盘使用率情况。

数据采集：系统按照在"监控设备管理"中的设置，按指定间隔读取该计算机设备的磁盘使用率，并将数据保存至监控数据库中。

- 网络流量。间隔指定时间，检测目标计算机上网络流量情况，包括网络上传流量与网络下载流量。流量可简略反映计算机的网络传输流量是否在正常范围内。

监控详情：单击菜单"设备监控"→"设备监控详情"，系统在列表中显示每台已经添加并指定需要监控的计算机设备，并在列表显示该计算机设备的网络上传下载流量。

数据采集：系统按照在"监控设备管理"中的设置，按指定间隔读取该计算机设备的网络流量，并将数据保存至监控数据库中。

- 系统进程数。每隔一段时间，检测目标计算机上系统进程数量。系统进程数量表示当前监控的计算机在运行中的进程，进程越多，通常占用的 CPU 及内存资源也越多。

监控详情：单击菜单"设备监控"→"设备监控详情"，系统在列表中显示每台已经添加并指定需要监控的计算机设备，并显示该计算机设备的系统进程数量。

数据采集：系统按照在"监控设备管理"中的设置，按指定间隔读取该计算机设备的，并将数据保存至监控数据库中。

- 统计分析。针对设备监控中的各项指标进行统计分析，统计的条件包括时间范围、设备名称及指标值范围等。

监控情况统计表：统计指定时段内，设备各项监控指标的监控值。

监控指标趋势表：统计指定时段内，设备监控指标的统计值及趋势走向，同时以表格和图表形式展示。

监控预警统计表：统计指定时段内，全部（或指定）设备中，已经产生的（邮件或短信）预警的次数。

- 监控设备管理。添加需要监控的设备，从 IP 及端口唯一指定需要监控的设备，并加以描述。可以选择哪些设备需要发送告警信息。预警级别分为两级，预警级别（蓝色）及告警级别（红色，达到告警级别后系统将按设置发送邮件或短信对管理员进行提醒。

可以更改每个网址的序号，在网址访问监控界面列表显示时，以序号为顺序升序显示。

在列表中可以设置每个设备的分组信息，如"外网服务器""内网服务器"或"网络设备"，以查看监控情况时能迅速查看及判断设备监控情况。

勾选"是否监控"并保存后，系统开始以指定的频率读取相关的监控数值并保存。

（3）应用服务监控。监控指定应用服务（如 Apache、WebSphere 及 Tomcat 等）的运行情况，并对无法连接的应用服务，以及监控指标超过指定阈值的情况进行邮件或短信告警。

对于 WebSphere 的监控，很可能无法取得相关的监控项目值，在这种情况下可能需要通过 Tivoli Performance Viewer 工具来获得监控项目和数据。

（4）数据库监控。监控指定数据库实例的运行情况，并对无法连接的数据库，以及监控指标超过指定阈值的情况进行邮件或短信告警。

3）网站安全性检查

公司按照网站技术规范和安全管理规范，对网站应用软件、中间件以及数据库进行日常安全性检查。确保网站能够正常访问；确保网站内容正确，发布内容一致；确保网站动态应用正常，并能够提供正常的服务。

针对政府门户网站系统，我们采取有效的方法防止网页被攻击或恶意篡改，杜绝因攻击而带来的恶性事件发生。针对更为重要的信息数据，我们更需要提高安全防护的水平，确保网站系统的数据不被恶意修改，敏感的数据不被非法访问或泄露。具体内容从以下几个方面进行阐述。

（1）阻断应用攻击。采用专业的应用防护设备进行防护，通过对输入内容的过滤及请求过滤实现对网站的保护。防止跨站脚本攻击、SQL 注入等常见攻击。

（2）屏蔽安全隐患。为了防止服务端敏感信息泄露，我们通过对现有网站的敏感信息进行屏蔽，如备份文件的下载、敏感数据库下载，管理后台的外网尝试等，另外还屏蔽编写程序过程中遗留下的程序注释，对服务出错信息进行有效屏蔽。

（3）防止网页篡改。应用网页防篡改系统有效的防护机制，实时监测网站服务器的相关信息是否被非法更改，一旦发现被改则第一时间通知管理员，并形成详细的日志信息。但对外仍显示篡改前的正常页面，用户可正常访问网站。事后可对原始文件及篡改后的文件进行本地下载比较，查看篡改记录，恢复被篡改的页面。

（4）网站服务器以及网络安全性检查。公司按照网站技术规范和安全管理规范，定期对服务器操作系统进行安全性检查以及进行系统杀毒；负责内网论坛（discuz）安全；负责网页防篡改软件（IGuard）安全。确保网站网络连接正常；定期对服务器操作系统进行安全性检查以及进行系统杀毒，确保服务器设备正常，对具有安全隐患的设备及时更换，并向相关领导及时汇报。

4. 数据库备份及备份验证

公司按照网站技术规范和安全管理规范，制定科学有效的数据备份与灾害恢复计划，对政府门户网站内容管理平台范围内要求的网站、应用及数据进行备份。

根据网站情况目前采用"某容灾备份系统"为主、服务器数据备份及恢复为补充的方式。具体情况如下。

（1）系统备份：每个月对服务器进行系统备份一次。

（2）文件备份：每月进行一次服务器完全备份，重要服务器每天有 1 次增量备份，非关键业务每周进行 1 次增量备份。部分占用存储量大的业务按空间进行相应调整。

（3）数据库备份：每天进行增量备份，每周进行一次完整备份。部分关键业务可以进行两次完整备份。

服务器数据备份可以采用以下 3 种方式。

（1）备份数据按每日备份一次。备份到存贮空间服务器的备份数据存放期为一个月，本机备份数据存放期为一年，备份数据保存量由各个服务器的可用空间决定。

- 网站新闻发布数据库服务器相关 Oracle 数据。
- 网站互动内容管理服务器相关应用数据及 Oracle 数据。
- 网站新闻发布数据库服务器相关应用。

（2）备份数据每日备份一次。备份到存贮空间服务器的备份数据存放期为一个星期，本机备份数据存放期为一年，备份数据保存量由各个服务器的可用空间决定。

- 网站 Web 服务器相关应用数据。
- 网站 APP 服务器相关应用数据。
- 日志服务器相关应用数据。

（3）备份数据每日备份一次。备份到存贮空间服务器的备份数据存放期为一个星期，本机备份数据存放期为一个月，备份数据保存量由各个服务器的可用空间决定。

- 网站内网论坛管理服务器相关应用数据及 MySQL 数据。
- 网站内网网站管理服务器相关应用数据。
- 门户网站流媒体管理服务器相关流媒体应用数据。
- 网站公众留言相关公众留言应用数据及 Oracle 数据。
- 全国工业生产许可证查询服务器相关应用数据及 Oracle 数据。

5. 应对黑客攻击和网站故障

公司按照网站技术规范和安全管理规范应对黑客攻击，保证网站防篡改系统正常运行且发挥作用，确保网站不被黑客攻破，防止黑客篡改网站内容及数据的破坏。

公司定期监控系统访问记录，及时查找异常访问记录并查找原因，消除隐患；并及时修复不安全漏洞，消除隐患；定期出具服务器运行情况及被攻击情况报告。

（1）工作时间内，发现黑客攻击应在第一时间通知具体责任人。

具体责任人接到通知后，应详细记录有关现象和显示器上出现的信息，将被攻击的服务器等设备从网络中隔离出来，保护现场。同时通知总负责人，召集相关技术人员共同分析攻击现象，提供解决方法，主机系统管理员和应用软件系统管理员负责被攻击或破坏系统的恢复与重建工作。视情况向领导汇报事件情况。

（2）非工作时间内发现的攻击事件，值班人员应首先立即切断被攻击外网服务器的网络连接，并做好相关记录；然后通知具体责任人按流程处理。

网站在运维过程中出现的系统故障，公司应进行紧急处理和故障修复。在故障处理和修复过程中，公司负责系统故障分析、问题定位并提供系统故障修复方案，主管单位认可后执行系统故障修复方案，在系统故障修复方案中涉及购买的第三方服务，需负责协调第三方服务人员配合公司进行系统故障恢复。

故障恢复后，需要对故障的发生、处理过程和结果进行记录，并形成故障报告，汇报给主管单位。

6. 灾备演练

依据政府信息中心灾难应急预案进行灾备演练。

发生安全事件时，公司人员需 1 小时内到达现场，一般及较大故障要在 1 小时内恢复网站页面的正常浏览；对于特别重大而涉及面广的安全事件，要在 4 小时内恢复网站页面的正常浏览。

发现网站页面和各司局站点页面无法浏览；被黑客攻击等故障现象，经验证之后立刻给网站管理处打电话报告情况，判断为黑客攻击情况得到领导指示，可用 VPN 关闭 XXX8.11 和 XXX8.12，并第一时间赶到现场。

7. 应急处理流程

首先进行事件定级。信息安全突发事件级别分为四级：一般（IV 级）、较大（III 级）、重大（II 级）和特别重大（I 级）。

- 一般（IV 级）：指能够导致较小影响或破坏的信息安全事件。
- 较大（III 级）：指能够导致较严重影响或破坏的信息安全事件。
- 重大（II 级）：指能够导致严重影响或破坏的信息安全事件。
- 特别重大（I 级）：指能够导致特别严重影响或破坏的信息安全事件。

对于处理故障时间，遇到信息安全突发事件按以下四个级别执行。

- 一般（IV 级），处理故障时间不能超过 4 个小时。
- 较大（III 级），处理故障时间不能超过 8 个小时。
- 重大（II 级），处理故障时间不能超过 12 个小时。
- 特别重大（I 级），处理故障时间不应超过 24 小时。

故障解决后 24 小时内，提交故障处理报告。说明故障种类、故障原因、故障解决中使用的方法及故障损失等情况。

"IV/一般"级别的信息安全事件由部门通过预警信息沟通，自行处置。

当项目实施小组成员得到 "三级/较大" "二级/重大" "一级/特别重大"级别的信息安全事件的报告时，应报请网站处领导，启动应急预案并进入相应的应急响应工作程序。

在"三级/较大" "二级/重大" "一级/特别重大"安全事件发生或可能发生的情况下，按照以下流程进行处理。

（1）项目实施小组向网站处领导通报信息安全事件情况，得到指令后立即启动相应的应急处理程序。

（2）项目实施小组及时向网站处领导报告信息安全事件的发展情况，网站处领导应将情况及时上报中心主任。

1）组织机构与职责

（1）应急处理领导小组。职责：组织编制应急处理方案、领导指挥应急处理过程，向上级部门汇报处置情况。

（2）值班巡检小组。职责：根据日常巡检制度对系统进行巡检和监控，发现问题及时根据预案启动应急流程。

（3）应急处理小组。职责：执行应急处理措施，向应急领导小组汇报处理过程和结果，并填写应急处理记录。

（4）系统运维小组。职责：在非应急状态下负责系统的功能更新、安全加固，并根据环境配置变化及时更新应急处置手册并进行培训。

当接到报警电话，项目实施小组系统工程师迅速做出判断并验证故障现象。例如：发现XXX 网站页面和各司局站点页面无法浏览；被黑客攻击等故障现象，经验证之后立刻给网站管理处打电话报告情况，判断为黑客攻击情况得到领导指示，可用 VPN 关闭 XXX8.11 和 XXX8.12，并第一时间赶到现场。

详细应急处置流程如下。

（1）接到报警。

- 当收到发送的服务器报警短信息后，第一时间联系应急处理领导小组，请示相应处理意见。如有网络可以进行相关页面查看，查看是否出现相关问题。
- 得到相关指示要求处理时，最快时间到达现场进行相关业务排查。

（2）业务排查。

① 查看服务器是否正常连通，检查相关服务器 ping 服务（如：ping XXX8.22）。

② 如果正常能够 ping 通，检查访问服务器的进程是不是正常（如：ps – ef | grep tomcat）。

③ 查看服务器的相关进程是不是正常启动。

- 查看网站情况是否正常

内网浏览器访问 XXX8.47 和 XXX8.49 是不是正常，如果正常说明属于网络的问题，如果不正常说明是服务器的问题。

XXX.47 和 XXX.49 查看 iguard 服务进程，查看命令为：

ps –ef | grep iguard

如果有相应进程说明 igrad 同步端正常。

查看一下 CPU 及其负载情况。查看命令为：top　是不是负载过高引起系统运转缓慢。

查看一下硬盘占用空间是不是已经满了。查看命令为：df –h 查看空间是不是已经写满。

查看内存情况是不是有剩余，查看命令为：free。

查看 igurad 日志是不是正常。查看命令为：

more /usr/local/iguard/syncserver/logs/syncd.log

查看有无异常情况出现。

如果 Apache 服务有问题，可以进行重新启动，命令如下。

service httpd stop(apache 关闭)
service httpd start（apache 启动）

如果 iguard 进程出现问题，可以联系相关 iguard 厂商协助解决。

- 查看发布平台。

内网浏览器访问 XXX8.153/wcm 是不是正常，如果正常说明 XXX 服务正常，如果不能访问需要查看相应服务器服务是否正常。

登录 XXX.153 查看 tomcat 进程是否正常 ps –ef | grep Tomcat。查看 iguard 发布端是否正常 ps –ef | grep iGurad。

如 tomcat 进程不正常可以执行下面的代码。

```
cd /opt/XXXWCMV65/Tomcat/bin
./stop 进行关闭
./start.sh 进行启动
```

如依然不正常可以联系工程师协助解决。如 igurad 不正常可以联系 iguard 工程师协助解决。如遇到重大情况无法及时解决，将发布系统维护中 index.htm 页面暂时替换首页进行发布。等待问题解决后，按领导指示进行相应替换为正常页面。

查看 iguard 日志文件。

```
cd/usr/local/iguard/stagingd/logs/
```

查看相应的日志文件 alert-201209XX。log 进行分析。

查看 wcm 日志文件

```
cd /opt/XXXWCMV65/Tomcat/logs/
```

查看相应 tail -f catalina.out 或者 more catalina.out 文件日志。

查看 CPU 及其负载状况，执行命令为：top 查看是否运转正常。

查看磁盘运转是否正常，执行命令为：df –k。

查看监听情况，执行命令为：

```
netstat –ntlp
```

查看 22 端口和 80 端口是否正常。

- 查看发布平台数据库

查看 Oracle 进程，执行命令为：

```
ps  – ef | grep oracle
```

查看是否运行正常。

```
ps – ef | grep LISTENER
```

查看监听是否正常运转。

查看监听端口，执行命令为：

```
netstat  – ntlp。
```

查看是否为 1521 端口开放。

查看相应日志文件

tail -f /home/oracle/admin/WWW/bdump/alert_WWW.log。

- 数据备份

将数据库文件和网页文件备份到相应数据库。

发生安全事件时，应急处置工作人员 30 分钟内到达现场（判断为黑客攻击情况，并得到领导指示，可用 vpn 关闭 XXX8.11 和 XXX8.12），一般情况下一小时内解决故障，恢复运行；对于有些特别重大而涉及面广的安全事件，也要在 4 小时内解决，不能解决的要及时上报中心领导，并说明原因和处理办法，需要请求中心支援的及时向中心领导报告。

2）常见故障诊断及处理

（1）服务器物理设备故障。

- 故障现象。服务器无法正常连接，且设备面板指示灯有异常提示（细节参考服务器随机文档）。
- 检查及处理方式。观察服务器指示灯信号，并根据设备随机手册查找故障说明。

处理方式——检查设备的网线、电源线、光纤线缆是否松脱。如外接设备无松脱现象，应尽快联系设备售后服务机构现场处理，不得随意拆卸设备部件自行维修。

（2）网络设备/链路故障

注：此类故障发生概率一般较小，且通常会被总部先监控到。但当发生网站无法访问的故障时，维护人员应先排除是否由此类故障的可能性之后，再进行下一步排查工作。

- 故障现象。互联网访问链路中断，网站服务器无法被外部访问到。故障现象是内网访问网站正常，但不能通过互联网访问网站。
- 检查及处理方式。检查服务器自身服务是否正常运行在服务器控制台桌面（注意：指通过服务器设备直连的显示器、键盘、鼠标等设备访问服务器）。

打开 IE 或其他 Web 浏览器，访问 XXX88.10，如能正常显示首页，则表示服务器自身服务运行正常，可能是网络故障引起。

在监控终端中，使用如下命令。

ping XXX.47
ping XXX.49

如果返回超时，则表明网络故障可能发生在机房，请联系运行处协助处理。

如果返回正常，则表明网络故障可能发生在上一环节，可能是前端的负载均衡设备工作异常或网络链路中断，请同时联系运行处处理。

（3）网站未能正常运行。

- 故障分析。当前网络环境正常，但无法通过内、外网访问网站首页。客户端浏览器显示网站无法访问之类的错误提示。

导致该故障的可能原因有：服务未启动或启动了错误的 Apache 版本。系统自带软件防火墙或安全策略干扰。

- 检查及处理方式。检查服务器自身服务是否正常运行。

分别登录到两台 Web 服务器（XXX.47/XXX.49）的远程 SSH 终端或服务器控制台终端，并切换到 root 账户，输入如下命令：

ps aux|grep httpd

如果返回结果表明无 httpd 进程运行，需要重启 Apache 服务，操作命令为：

service httpd start

如经过以上方式的排查，仍未能解决问题，则可能是 Apache 配置错误导致网站服务工作不正常，可通过 error_log 文件进行详细检查。

（4）网站响应缓慢。

- 故障分析。网站能访问，但响应极其缓慢，打开网页时间远超正常范围。

导致该故障的可能原因有：服务器磁盘设备故障导致 I/O 性能低下；服务器网卡故障；网络设备或线路繁忙；服务器忙于处理大规模的并发请求（很可能是 DDoS 攻击）；IHS 自身不稳定导致资源耗尽而不能正常工作。

- 检查及处理方式。检查机房网管监控中是否有网络流量异常现象。检查服务器硬盘指示灯是否有故障提示。检查当前的 CPU 和内容占用情况，观察 httpd 进程是否占用资源过多，操作命令：

top

检查服务器当前 tcp 连接情况，观察对 80 端口的访问请求是否过多（正常情况一般在 1000以下）。

netstat –an|grep :80 |wc –l
统计访问日志中的 IP 地址，观察是否有可疑的 IP 活动（访问次数明显过高）。
cat access_log | awk '{print $1F}' | sort |uniq -c|sort -n

断开网线后，在服务器控制台桌面访问 XXX88.10，如果访问速度正常，则表明服务器软、硬件工作正常。

（5）网站页面更新不及时。

- 故障分析。网站能访问，但网站中页面与后台发布信息不一致。

导致该故障的可能原因有：WCM 发布引擎未能正常生成 HTML 静态页面；文件未能正常同步到 Web 服务器中；未能正常监控到 WCM 发布目录中文件变化情况。

- 检查及处理方式。直接访问 WCM 服务器 XXX88.10，检查页面是否更新正常。如果

WCM 服务器中网页也未能正常更新，可重新在 WCM 中发布页面，或重新启动 WCM 服务器。如果 WCM 服务器中网页更新正常，则登录到 XXX.153 服务器 SSH 终端，检查文件 iguard 服务是否工作正常：

ps aux|grep iguard

如该服务未能正常启动，可通过如下命令启动：

/usr/local/iguard/stagingd/admtool start

如果监控服务已经在运行，则检查 Web 服务器端 iguard 服务是否工作正常。
通过 SSH 终端登录到 XXX.47/XXX.49 中，检查 iguard 服务是否工作正常。

ps aux|grep iguard
如 iguard 服务未工作，可启动 iguard 服务
/usr/local/iguard/syncserver/admtool start

如以上方式均检查无问题，可在 iguard 服务器端，运行同步命令强制同步，并观察是否有错误信息输出。同时检查 Web iguard 服务器端中是否有错误提示。

（6）搜索引擎工作不正常。

● 故障分析。网站能访问，但网站搜索引擎页面出现错误信息且无法正常返回查询结果。

导致该故障的可能原因有：搜索引擎中未正常配置搜索相关路径反向代理；搜索引擎服务运行故障。

● 检查及处理方式。检查 IHS 配置文件是否加入对 XXX8.21 服务器的反向代理。

vi /etc/httpd/conf/httpd.conf

如未能加入，则加入相关配置后重新运行。

Apache service httpd restart

如已经正确配置，则检查文本搜索引擎是否工作正常，并重启相关服务。

（7）WCM 集群版中用户文件不一致

● 故障分析。用户上传的文件无法正常访问。

导致该故障的可能原因有：WCM 集群中的应用通过 NFS 方式共享文件，如果某一节点中未能正常装载（mount）上/opt/XXXWCMV65/WCMData 目录，则可能造成用户无法访问上传的文件。

● 检查及处理方式。分别登录到 XXX.20 和 XXX..42 服务器中，检查相关目录是否绑定到 NAS 存储中。

如发现未能正常绑定，则重新运行 mount 命令。mount-tnfsXXX.20:/opt/XXXWCMV65/WCMData//opt/XXXWCMV65/WCMData/。

（8）WCM 集群中应用工作不正常。

- 故障分析。网站能访问，但登录"工作平台"出现系统异常页面。

导致该故障的可能原因有：WCM 集群中的应用工作不正常。

- 检查及处理方式。登录 XXX8.20 或 XXX8.42 集群服务器执行命令 ps-ef | grep Tomcat 查看 Tomcat 服务。重新启动 Tomcat 服务。

/opt/XXXWCMV65/Tomcat/bin/stop.sh
/opt/XXXWCMV65/Tomcat/bin/start.sh

（9）应急预案演练。

为提高突发事件应急响应水平，应急领导小组应定期组织一次预案演练；检验应急预案各环节之间的通信、协调、指挥等是否符合快速、高效的要求。通过演练，进一步明确应急响应各岗位责任，对预案中存在的问题和不足及时补充和完善。

- 模拟紧急事件发生。

模拟可能的软、硬件故障等；

由监控人员通知应急小组负责人；

小组负责人安排启动应急措施、通知各相关单位人员。

- 故障排查。

应急小组各角色根据模拟事件说明自己的工作，操作步骤，汇报对象；

应急小组负责人判断故障处理情况；

完成应急处理。

- 恢复环境。

应急小组各角色说明自己的工作，操作步骤；

应急小组负责人宣布应急工作完成，安排值守人员，解散应急小组；

负责人向领导小组汇报。

8. 技术支持

将按照信息中心要求，完成与政府门户网站及内容管理云服务平台运维相关的技术支持工作。包含但不限于以下内容。

- 负责对网站软、硬件系统进行风险评估及性能优化，提出系统优化可行性方案，经业主认可后，负责完成系统优化实施工作。
- 针对网站改造部署及迁移工作，制定系统改造方案、系统迁移及安全加固方案，内容管理平台改造的各种实施方案，主要包括环境测试方案、内容管理平台测试方案，环境切换测试方案；完成相关测试环境的搭建与维护，以及切换测试和正式切换工作。
- 负责对系统升级及网站年度改版所涉及的软件功能二次开发的实施工作。
- 负责与网站相关的其他技术支持工作。

1）系统优化

我方将对政府网站内容管理云服务平台的软、硬件系统进行风险评估，性能进行分析，增加系统扩容性，并提出性能优化可行性计划。与在信息中心认可相关计划的基础上，完成相关实施工作。同时实现与其他系统接口的对接。

2）系统改造

针对网站改造部署及迁移工作，制定系统改造方案、系统迁移及安全加固方案，内容管理平台改造的各种实施方案，主要包括环境测试方案、内容管理平台测试方案，环境切换测试方案；完成相关测试环境的搭建与维护，以及切换测试和正式切换工作。

应用软件的运维开发涉及对现有系统的改造，再通过软件测试阶段后，我们已经能够评测新建功能是否能够满足门户网站的实际需求，针对不同的版块我们将定制不同的过渡方案（新增功能上线试运行方案）。

我们坚持原系统备份策略，即在新功能上线后出现系统异常、原有功能出错等故障时，应及时实施系统回滚，恢复到系统原有状态。

3）二次开发

公司负责对系统升级及网站年度改版所涉及的软件功能二次开发的实施工作。

在二次开发工作中，我们将提供专业的页面美工人员，结合的实际需求，为各业务系统设计和美化页面版式，制作 LOGO 和页面动画等。

对二次开发实现的功能，公司负责测试工作，具体内容如下。

将以修复的程序和新增功能模块部署在测试环境中，通过各种测试手段和测试流程对其进行包括：单元测试、功能测试、性能测试、压力测试、安全测试等。

测试过程由运维经理全权负责，制定详细的测试方案，待测试完成后提交测试报告给信息中心，由信息中心决定此已修复程序或是新增功能模块是否上线使用。

4）其他

按照要求，完成与网站运维相关的日常工作。包括但不限于以下内容：

（1）网络设备日常运行维护。

（2）主机系统日常运行维护。

（3）存储设备日常运行维护。

（4）数据库日常运行维护。

9．网络设备日常运行维护

做好标记，方便维护。鉴于本项目涉及局域网内部的计算机与网络通信设备相对比较多，包括测试机等，网线繁多，如果发生故障了也不知道是哪条线搭哪条线，所以对于连接计算机与路由器的网线要做好标记，在路由器端要标示连接哪台主机，在计算机端要标示是连接到路由器的哪个端口，以方便维护工作。

为路由器提供一个良好工作环境。在路由器的说明书中厂商已经明确了路由器正常运转的环境指标，所以在使用的过程中应尽量为路由器提供一个符合厂商规定的环境指标的工作环境，不然的话将影响路由器的正常工作，甚至还有可能会损坏路由器。一般需注意的是电源的电压、工作温度、存储温度、工作的相对湿度、存储的相对湿度等方面。

防电磁干扰。数据在传输过程中，会受到多方面因素的影响，电磁干扰就是其中主要的一个方面，例如音箱、无线电收发装置等设备若与路由器靠得太近的话，网络信号将可能会受到外界辐射的影响，因而尽量把路由器放在一个独立的地方，离那些会产生电磁干扰的设备远一些。

在路由器通电过程中，不要随意插拔。当路由器加电以后，就尽量不要进行带电插拔的操作，因为这样的操作很容易造成电路损坏，尽管有很多路由器的生产商已采取了一定的防护措施，但仍需分外注意，以免对路由器造成不必要的损坏。

做好防雷击措施。如果没有相应的接地保护措施，路由器就很容易遭受雷击等自然灾害的破坏，严重影响网络的稳定运行。所以要切实做好防雷击措施，用户可以通过做好设备接地装置和安装有效的防雷保护系统这两种方法来防雷击。

防断电。最好的方法就是为路由器配备性能优良稳定的 UPS 电源系统。UPS 电源可以有效解决电网存在的诸如：断电、雷击尖峰、浪涌、频率震荡、电压突变、电压波动、频率漂移、电压跌落、脉冲干扰等等问题，若为路由器配备了 UPS 电源系统后，就不用再担心电压的不稳或者是突然断电会使路由器遭受损坏了。

尽量避免撞击、震荡。当路由器受到撞击和震荡时，有可能造成路由器设备的零部件松动，甚至会直接造成硬件损坏，因此在移动路由器后重新安装时，建议最好把路由器固定在特定的机架上，这样做不仅可以避免路由器受到撞击、震荡，还可以使线缆不易脱落，确保路由器正常通信。

有效预防路由器遭受静电的入侵。静电放电时很容易对路由器造成硬件损坏，随着网络设备芯片工艺的不断进步，芯片的速度和功能都有所提升，但芯片却变得更加脆弱。一个不太高的静电电压就能将晶体管击穿，一个不太大的静电电流就能将连线熔断，而静电是无处不在的，静电是网络设备的无形杀手，所以要对路由器进行有效的维护，必须采取正确的防范静电的措施。具体的做法有以下两点。

（1）路由器应保持良好的接触，要有可靠的接地装置。

（2）对于一些气候干燥的地方（如北方地区）在干燥季节应适当使用加湿器，保持空气的一定湿度，以避免静电在设备、办公设备和网络使用人员的身上大量积累。

定期进行路由器的数据备份。在网络设备中路由器使用量比较高，网络是否通畅需要对路由器进行定期检查；路由器中配置了大量的网络划分数据和网络配置数据，防止路由器损坏造成的配置丢失，需要对路由器配置数据进行备份，当路由器出现故障可以及时进行替换，减少因录音配置而浪费的时间。

10. 主机系统日常运行维护

用户权限检查。为防止无关人员访问系统，Administrator/root 密码仅限少数人知道；所有用户不允许远程登录；新建用户单独用户可以远程登录。

系统服务检查。为防止系统不必要服务引起问题，停止所有不必要服务。

系统状态指示灯。为确认系统运行正常，检查人员每日一次到机房，观察系统前面板上的指示灯。如果所有指示灯为绿色或不亮，为正常。则在报告上标明正常。如果有指示灯为黄色、橙色或红色，则说明系统异常。在报告上标明异常，并立即通知此系统负责人。

文件系统空间使用情况。为了保证文件系统的使用率不超过 96%。检查人员每日一次执行命令查看文件系统的使用率，如果所有文件系统的使用率小于 96%，为正常。则在报告上记录其使用率。如果有文件系统的使用率大于或等于 96%，则在报告上标明异常。并通知此系统负责人。如果有文件系统的使用率达到 100%，要立即通知此系统负责人。如果有文件系统的使用率虽然没有达到 96%，但其使用率每天增长超过 2%，则需要在报告上注明。

CPU、内存、I/O、网络。为了记录系统负载状况，以备故障处理参考。检查人员每日一次检查 CPU、内存、I/O、网络状况，并在报告上记录获得的数据。

错误日志。为确认系统运行正常，检查人员每日一次执行命令查看系统日志中是否有硬件报错信息。日志信息中无硬件报错信息，为正常，则在报告上标明正常。如果有硬件报错信息，则说明系统异常，在报告上标明异常，并立即通知此系统负责人。

双机热备软件运行情况检测。为了确认双机热备软件运行正常。检查人员每日一次执行命令查看双机热备软件运行状况。如果状态为正常，则在报告上记录其正常。如有异常，请通知此系统负责人。

系统整体使用情况周报。对每周系统运行情况作整体评估，发现问题，提出改进方案。检查人员每周记录一次系统整体使用情况周报，在报告中记录评估情况，记录发现的问题，并提出改进建议。

系统备份。为了对主机操作系统做磁带备份，以备系统崩溃时可以快速恢复，维护人员每月一次使用磁带对操作系统进行备份，并将备份好的磁带妥善保存。

填写报告。对于硬件故障，需填写"故障记录单"，对于系统参数调整，需填写"系统调整记录单"。

11．存储设备日常运行维护

不必停止应用的参数修改，包括备件支持在线更换、参数修改可立即生效，且不影响应用软件的正常使用两种情况。

必须停止应用的修改，包括备件更换必须停机、必须停止应用软件后才可修改参数、参数修改重启后才能生效等情况。

不必停止应用的维护。更换时间必须在业务空闲时段。不得在正常工作时间内进行。如有实验用机，系统参数修改最好先在实验用机上实施，确认不会造成不良影响。

必须停止应用的维护。事前与业务系统维护工程师、中间件工程师、数据库工程师共同制定实施计划。若非紧急，尽可能安排在定期检修时进行。尽可能不在正常工作时间内进行。

填写报告。对于硬件故障，需填写"故障记录单"，对于系统参数调整，需填写"系统调整记录单"。

12. 数据库日常运行维护

检查 INSTANCE 状态。每天定时登录各数据库服务器，通过 SQL 语句检查数据库 INSTANCE 状态，并填写每日数据库维护报告。如果发现 INSTANCE 状态异常，则进行检查处理并填写故障处理报告。

检查警告日志等文件。每天定时登录各数据库服务器，通过 vi 检查数据库警告日志文件，并填写每日数据库维护报告。如果发现警告日志文件有 ORA-?????和 WARNING 错误，则进行检查处理并填写故障处理报告。

检查 SQL*NET 日志文件。每天定时登录各数据库服务器，通过 vi 检查数据库警告日志文件，并填写每日数据库维护报告。如果发现警告日志文件有错误，则进行检查处理并填写故障处理报告。

检查数据库会话情况。每天定时登录各数据库服务器，通过 SQL 语句检查会话情况，确认是否有死的会话占用数据库资源，并填写每日数据库维护报告。如果发现异常会话，则进行检查处理并填写故障处理报告。

检查表空间使用情况。每天定时登录各数据库服务器，通过 SQL 语句检查数据库表空间的使用情况（表空间名称、总大小、已用空间、未用空间、使用率、空闲率），并填写每日数据库维护报告。如果发现表空间有异常，则进行检查处理并填写故障处理报告。

监控数据库文件状态。每天定时登录各数据库服务器，通过 SQL 语句检查数据库各表空间数据文件的使用情况（数据文件名称、状态），并填写每日数据库维护报告。如果发现数据文件有异常，则进行检查处理并填写故障处理报告。

监控数据库临时表空间。每天定时登录各数据库服务器，通过 SQL 语句检查数据库查看数据库中临时表空间文件的状态（如被误删除），并填写每日数据库维护报告。如果发现临时表空间异常，则进行检查处理并填写故障处理报告。

监控数据库回滚段表空间。每天定时登录各数据库服务器，通过 SQL 语句检查数据库回滚段表空间数据文件的使用情况（数据文件名称、状态），并填写每日数据库维护报告。如果发现。回滚段表空间有异常，则进行检查处理并填写故障处理报告。

监控数据库联机日志。每天定时登录各数据库服务器，通过 SQL 语句检查数据库联机日志文件数据文件的使用情况（组别、是否归档，状态，归档时间），并填写每日数据库维护报告。如果发现异常，则进行检查处理并填写故障处理报告。

监控数据库 JOB。每天定时登录各数据库服务器，通过 SQL 语句检查 JOB 运行状况，并填写每日数据库维护报告。如果 JOB 运行异常，则进行检查处理并填写故障处理报告。

监控数据库数据文件的 I/O 情况。每天定时登录各数据库服务器，通过 SQL 语句检查数据库数据文件 IO 是否正常（数据文件名、物理读，物理写），并填写每日数据库维护报告。如果发现某个数据文件 I/O 异常，则进行检查处理并填写故障处理报告。

检查文件系统使用情况。每天定时登录各数据库服务器，通过执行 df-k 名令，取得各文件系统的使用情况，并填写每日数据库维护报告。如果发现有异常增长或空间使用率过高，则进行检查处理并填写故障处理报告。

监控数据库服务器性能。每天定时登录各数据库服务器，通过使用 vmstat，iostat，glance，top 等命令监控 CPU、IO、内存等方面的系统性能，并填写每日数据库维护报告。如果发现系统性能较低时及时预警，则进行检查处理并填写故障处理报告。

逻辑备份。每天定时登录各数据库服务器，通过查看备份服务器上的备份日志，并填写每日数据库维护报告。如果发现没有成功备份，则进行检查处理并填写故障处理报告。

逻辑备份恢复测试。每天定时登录各数据库服务器，通过回复测试服务器对备份文件进行恢复，并填写每日数据库维护报告。如果发现没有成功恢复，则进行检查处理并填写故障处理报告。

检查对象增长情况。每周定时登录各数据库服务器，通过执行 SQL 来检查大表、分区表、大表索引、分区索引的增长情况，并填写每日数据库维护报告。如果有异常增长，则进行检查处理并填写故障处理报告。

监控 top sql 情况。每周定时登录各数据库服务器，通过执行 SQL 来检查是否有需要优化的 SQL 语句，并填写每日数据库维护报告。如果有效率低下的 SQL 语句，则进行检查处理并填写故障处理报告。

数据库空间扩展。每周根据每天的表空间增长情况报告分析出合理的表空间增长趋势，确定扩表空间方案。并填写数据库维护报告。

系统健康检查。每周定时登录各数据库服务器，通过执行 SQL 来检查数据文件、控制文件是否正常，并填写每日数据库维护报告。如果有异常，则进行检查处理并填写故障处理报告。

检查无效对象。每周定时登录各数据库服务器，通过执行 SQL 来检查无效的数据库对象、不起作用的约束、检查无效的 trigger 等，并填写每日数据库维护报告。如果有无效对象，则进行检查处理并填写故障处理报告。

将所有的警告日志存档。每周定时登录各数据库服务器，为减少文件系统使用，便于查看告警日志及对历史问题的回顾及跟踪，定期备份清理所有告警日志。并填写数据库维护报告。

物理备份。每周定时对各数据库服务器，对数据库进行物理备份。如果备份有异常，则进行检查处理并填写故障处理报告。

本章要点

本章主要介绍大型网站及其运维，结合大型政府门户网站的典型实例，介绍大型网站的运维现状、运维特点、运维要求和运维体系，要点如下。

（1）大型网站的概念、分类、特点与架构。

（2）大型网站运维的概念、现状、目标、典型架构、容量规划与知识积累。

（3）大型电子商务网站运维的概念、要求、特点、体系和关键技术。

（4）用案例展示大型网站的运维服务原则、团队建设及运维内容。

思考题

（1）本书所述大型网站是指什么？简述大型网站的分类及特点。

（2）何为体系架构？简述大型网站体系架构及其特点。

（3）简述大型网站运维的现状、目标和典型框架。

（4）结合案例阐述不同类型、规模大型网站的自动化运维、数据运维的关键机制与技术。

（5）试结合具体情境设计相应的网站故障响应机制。

第 10 章 智 能 工 厂

21 世纪以来，全球出现了以物联网、云计算、大数据、移动互联网等为代表的新一轮技术创新浪潮。当前，新兴经济体快速崛起，全球市场经济交流合作规模空前，多样化、个性化需求快速发展，用户体验成为市场竞争力的关键要素。在此背景下，各国将智能制造视为振兴实体经济和新兴产业的支柱和核心、提升竞争力和可持续发展能力的基础和关键。美国、德国、日本和韩国等国家相继提出了智能制造方面的计划，我国在制定"九五"计划时已将先进制造技术（包括智能制造技术及智能制造系统）作为重点发展的支柱产业之一。；2015 年国务院发布"中国制造 2025"战略、《关于积极推进"互联网＋"行动的指导意见》，标志着中国迎来了智能制造的时代。而智能制造的核心就是智能工厂。

在智能工厂里，人、机器和资源如同在一个社交网络里自然地相互沟通协作；生产出来的智能产品能够理解自己被制造的细节以及将如何使用，能够回答"哪组参数被用来处理我""我应该被传送到哪里"等问题。在智能工厂里，智能辅助系统将从执行例行任务中解放出来，使它们能够专注于创新、增值的活动；灵活的工作组织能够帮助工人把生活和工作更好地结合起来，个体顾客的需求将得到满足。

10.1　智能工厂的定义

在 2013 年 4 月的汉诺威工业博览会上，德国政府正式推出"工业 4.0"战略，工业 4.0 是一个高科技战略计划。该项目由德国联邦教育局及研究部和联邦经济技术部联合资助，投资预计达 2 亿欧元。旨在提升制造业的智能化水平，建立具有适应性、资源效率及人因工程学的智能工厂，在商业流程及价值流程中整合客户及商业伙伴。其技术基础是网络实体系统及物联网。

德国所谓的工业四代（Industry 4.0）是指利用物联信息系统（Cyber-Physical System CPS）将生产中的供应，制造，销售信息数据化、智慧化，最后达到快速、有效、个人化的产品供应。"工业 4.0"概念即是以智能制造为主导的第四次工业革命，或革命性的生产方法。而智能工厂将是构成未来工业体系的一个关键特征。通俗地理解，就是生产制造人机一体化。今后的制造系统将不再单由人主宰设备，而是机器具有自适应能力，满足甚至超出人们的愿望。

德国在推动工业 4.0 这一国策时将重点放在智能工厂上，这与德国制造业在德国经济中有着举足轻重的地位分不开。德国拥有强大的设备和机床制造能力，是最具竞争力的国家之一，推动智能工厂这个项目，可以全方位地提升德国工业界的整体实力，对于整个制造产业链（信息技术、生产物流管理技术、自动化控制技术、机电一体化技术、工业科技产品的科研和开发、3D 技术、复杂工业过程的管理技术和电子嵌入式系统技术等）产生颠覆性的变化。

美国 ARC 顾问集团是一家专注于工业领域的咨询机构。他们定义的智能工厂是以制造为中心的数字制造、以设计为中心的数字制造、以管理为中心的数字制造，并考虑了原材料、能源供应、产品销售的销售供应，能够用工程技术、生产制造、供应链这三个维度来描述工程师的全部活动。通过建立描述这三个维度的信息模型，利用适当的软件，能够完整表达围绕产品设计、技术支持、生产制造以及原材料供应、销售和市场相关的所有环节的活动。

10.1.1　工业 4.0 提出的时代背景

近年来，全球主要经济体目前都把关注目标放回到了工业上。工业将成为未来经济的一个重要的增长点。典型表现就是全球四大经济体对工业 4.0 有很高的关注度，原因如下。

美国在 2008 年金融危机遇到了产业空心化问题，于是提出了①"先进制造伙伴计划"以振兴制造业；②美国页岩气、页岩油战略。因为美国很多工业都是能源密集型工业，如果能源价格下降，那么美国工业的竞争力将大大提升；③打造全球制造业的创新网络。德国在装备制造业领域一直以来都是领头羊。但他们受到了来自中国等国的低成本廉价设备的竞争压力及来自美国低廉能源成本的竞争压力。面对这两方面竞争，德国要想维持现在的领先地位变得越来越难。因此德国提出了一个整体战略。工业 4.0 就是这个整体战略中的指导性原则。中国的经济结构调整、产业升级、环境保护等问题备受关注，所以主要目标是产业升级。日本是一个专注于出口市场的国家，且 20%的 GDP 来自于制造业。因此，日本对制造行业的关注相比其他三个经济体而言是有过之而无不及。

10.1.2　当前全球制造业面临的四大挑战及应对方法

当前制造业面临的四大挑战：一是能源资源利用效率的提高。因为这与制造业的发展相辅相成。效率是一个决定性因素；二是在产品越来越复杂情况下，交货期却越来越短。这也是全球都会面临的挑战；三是现在小批量、多批次的定制化或半定制化生产的需求越来越多。因此对生产线提出了柔性制造的要求。四是劳动力的短缺，特别是成熟的或熟练的劳动力短缺。

其中最重要两点是：在产品越来越复杂的情况下，交货期却越来越短；柔性化的需求（即小批量、多批次的需求）越来越多。其主要原因是当今处在网络化与数字化的时代。网络化与数字化对商业模式进行重构。在移动互联网、互联网金融这个领域，阿里巴巴、淘宝等平台崛起，消费者的需求变得越来越多元，产品的生命周期越来越短。

美国企业采取的解决方法如下。如艾默生是一个关注于流程制造的公司（如石化），提出了普适测量的观点。因为流程制造更多是为了提取数据，观测数据，进行监测的状态，所以他提出在上面加上传感器、测量仪，把所有数据集中到一个云端；GE 提到工业物联网，将物联网技术运用到工业。

中国企业采取的方法如下。如两化融合、数字工厂、先进制造装备，2015 年 3 月 5 日，李克强总理在全国两会上作《政府工作报告》时首次提出"中国制造 2025"的宏大计划。《中国制造 2025》提出，坚持"创新驱动、质量为先、绿色发展、结构优化、人才为本"的基本方针，坚持"市场主导、政府引导，立足当前、着眼长远，整体推进、重点突破，自主发展、开放合作"的基本原则，通过"三步走"实现制造强国的战略目标。第一步，到 2025 年迈入制造强国行列；第二步，到 2035 年中国制造业整体达到世界制造强国阵营中等水平；第三步，到新中国成立一百年时，综合实力进入世界制造强国前列。

10.1.3　工业 4.0 相关概念

工业 1.0 的标志是机械替代人工，蒸汽机的发明。工业 2.0 的标志是电力替代普通蒸汽的机械力。工业 3.0 的标志是利用电子和 IT 技术达到设备和制造过程的高度自动化，也是目前大部分国家的制造业所处的状态。这其中典型的代表就是 PLC（Programmable Logic Controller，可编程逻辑控制器）应用，PLC 是 DEC 在 1969 年发明，包括机器人、数控机床这样单台设备都应该放在 3.0 概念里。

工业 4.0 里最重要的框架是信息物理系统，其最核心的理念就是将原来自动化的元器件、工业以太网、数据分析建模仿真等技术进行系统化的整合。工业 4.0 不是创新某一项技术，而是进行组合式的创新，搭建一个新的平台或者说一个新的时代。它是一个系统性的智能、分析过程，信息物理系统是主要框架。

德国机械设备协会 VDMA、德国电气电子协会 ZVEI、BITKOM 德国信息通信协会三个协会提出工业 4.0 的框架和平台，它们是这个体系框架的核心。西门子、博世、IBM、惠普、费斯通、菲尼克斯、ABB、SAP 都加入其中，将其产品或解决方案实现工业 4.0。这些公司的参与，希望实现工业 4.0 的共同目标：第一就是希望工业 4.0 能够拥有产品制造过程中所必需的数据。也就是说产品的设计、制造等等环节中，需要什么数据都能够实时的提取出来。第二就是网络化的生产设备加入到价值创造的过程中。原来的生产设备只是在生产或加工的环节进行应用，把零件加工出来。但网络化的设备有自稳定或者说自组织的功能，如生产流程如何安排。生产设备具有一定的智能，能够根据不同的订单、不同的需求自动调整生产次序。原来的生产设备只有在图纸工艺卡片制作完整之后转化为机器语言，才能知道下一步怎么做。但现在的生产设备可能在设计的阶段或图纸还没有定稿阶段就参与一些仿真或者测试性的运行。第三个目标是能够基于当前环境实现柔性的制造系统。第四个是人类担当创造、管理及决策的职能。

工业 4.0 采用的网络技术、数字化技术、人工智能技术并不是全新的。工业 4.0 只是将这些原有技术进行整合的组合式创新框架。

10.1.4　工业 4.0 的应用意义与逻辑

工业 4.0 的应用可以解决如下几个问题。

（1）满足个性化的需求。在网络化信息化时代。个性化的需求会越来越多。

（2）柔性。这也是随着小批量多批次的需求增多而产生的调整。

（3）策略优化。简单举例：每个人手上都有手机或移动智能终端，每个人对汽车、电子产品有偏好，可以通过移动终端掌握消费习惯，将这些消费习惯收集到企业中。企业通过人工智能或大数据等方法对数据进行分析，就能准确地预测未来市场对企业产品的需求是多少。而原来的生产计划都是由销售或决策层决定。未来消费者习惯变化的越来越快，企业越来越难以把握市场需求。如果能够通过数字化、网络化拿到最终端消费者的消费习惯，就能用预测模型进行生产计划。这样能够使物料、资源、财产达到最优化状态。这是策略优化的一个典型例子。

（4）资源的最佳利用。包括材料、能源的高效利用。

（5）形成新的服务架构。原来是传统行业，网络、信息化、互联网还没有很好地与工业化对接。一旦对接就能够产生一些新的领域。如未来可能会出现工业类 APP。其实已有厂商开始在移动端上做很多 APP。能够随时随地掌握生产状态。甚至当消费者装上 APP 后，能达到随时了解市场动态的目的。这样数字化的链条就接通了。那么在这个链条中创造出的两个空白领域就会是未来一个新产业产生的地方，从而产生新的价值。这就是通过新的服务产生价值。

（6）应对人口结构变化。人口老龄化、劳动力短缺的问题。

三个集成是工业 4.0 最核心的内容。每家公司都有自己的产品和解决方案，但都是向三个集成方面发展的。也就是说只要实现了三个集成，就可以建立一个好的信息物理系统：

价值网络的横向集成，主要指公司外部的商业模式和协作伙伴关系的集成。简单来说，就是指重塑现有的商业模式，主要是对企业外部环境的重塑与整合。原本和服务商、和供应商、和协调制造商、和客户或和设计、生产等环节的关系，都会发生颠覆。现在有一些理念如"众包工厂"也在这里有所运用。比如，以后会在工业界出现像富士康这样的代工厂专门从事伺服电机的生产，不管是贝加莱、西门子还是其他的工业自动化企业包括像国内的汇川等，他们可以把最核心的技术设计掌握在自己手里，品牌、市场掌握在自己手里，然后把制造环节交给最有经验的、制造管理系统最完善的制造商来专业地执行。而一些大的企业，具有自己的设计部门和市场团队，可以承担的起建立工厂的费用。但有一些小企业，可能只是在某一零件上具有自己的独到之处和专注力，如 Adept 机器人公司，最专注的是控制算法，就有可能将其他的设计或生产外包，生产可以外包，设计其实也可以外包，包括整体结构的设计，也包括机械电气集成的工程设计，都可以从外部寻找资源来做。而和外部第三方资源的联系也会重新加入到 4.0 的第一种集成中来，就是重塑商业模式。服务商可能在设备、工厂里装了很多传感装置，可以随时掌握自己公司设备的运行状况。在设备遭遇故障性停工前，就可以准确预判设备是不是该更换零件。这样就会在设备还未遭遇故障停工时，就进行一些预防维护，如在工厂大修时一次性把该换的零件全换了，让设备可以顺利运转。

全价值链的端到端的工程数字化集成，主要指的是产品的生命周期过程的集成，从设计到生产，再到后期服务等这一个价值链整体的集成。就产品而言，产品生产过程由设计研发、生产计划、制造的工程化、服务等等一系列环节组成。整个过程在原来都是由若干部门共同工作和协调完成，希望通过工业 4.0 将整个过程串联，让数字世界和现实世界实现整合。未来设计和制造过程可实现实时互联，后期服务和设计等也可以实现完美互联，而不像以前，用户反馈可能要先到质量部门，然后才到设计部门。以后就会有一个数字化平台，可以把反馈发送给多个部门，可以随时了解、跟踪客户状态及最新需求，以便进行改善调整。

垂直整合和网络化制造系统的集成，将整个生产网络和软件，包括数字化平台，进行垂直整合，且在每一个车间建立一个网络化的制造系统。这主要是为了创建一个柔性自适应的生产系统，这和第一点有明显区别，第一点强调的是重塑商业模式，打造的是企业外围的价值链，而第三个集成是指企业内部的融合，打造柔性生产系统。主要是利用信息物理系统，应用网络的、虚拟的或仿真的一些技术及人工智能等来创建柔性的生产系统。

通过以上三个集成就可以实现工业 4.0 的智能工厂。

10.1.5 西门子公司实例

很多公司已开始执行三个集成,西门子是一个代表。

西门子将潜在客户进行划分。它将客户进行两种细分,一种是流程化的过程制造的客户,另一种是离散制造的客户。过程制造客户主要是能源、水处理、化工、石油天然气、造纸等客户,而离散制造主要包括电子、机械、汽车、航空、造船等。而有些行业诸如食品饮料、太阳能、金属冶炼就属于过程和离散之间。该公司会进行判断,客户究竟属于离散制造类还是过程制造类。然后会提出两套解决方案,一是 i4.0 的 plant,针对过程自动化;一是 i4.0 的 factory,针对离散自动化。他们最新公布的资料显示,公司打造了两个部门,一是 Digital Factory,数字化工厂,负责离散自动化制造;另一是 Process Industries and Drives,PD 部门,负责过程自动化制造。两块业务部门单独独立出来,和其他医疗、新能源、电力、建筑等自动化部门放在同一个级别。就目前制造业来说,所有的生产流程都是按照计划来安排的,先计划好才能执行;且生产环境包括周围的设备、生产车间,都要按照尽可能多的复杂性来设计,就是说要设计到可以把工厂设备调整成只要换一个设备、换一个单元就可以生产多种不同规格的产品。这就要求设备、厂房设计要有很多很多冗余,以及这种转换的功能。

另外,目前总的生产状况是任何与原计划的偏差或调整都会导致生产环节的调整。如果要做到柔性化的流程,那么生产计划就不一定必须定死,而柔性化指的是设备具有一定的智能,可以将整个生产过程进行自组织。

柔性制造的一个方向是当订单或计划产生任何变化时,都可以及时调整和更改,如一个订单已经做了 40%,那剩下 60% 完全可以按照新标准新需求完成。而在以前系统,如已经做了 40%,可能经过更改需求,改完设计再落实到机器工艺的话,100% 已经都生产完了。

另一个方向是能够根据环境来自适应,比如说更改产品规格,可能要很多工艺参数的调整,需要很多人现场去调,也需要对设备进行一定更改,原来可能用普通的机器,而现在可能换成机器人等。在未来比如用机器人,机器人所有加工路径都已预存进去,或是自己计算出来,当整个生产过程或环境发生改变,或规格切换时,它会自动去改变生产工艺,这是非常重要的功能。

还有一个方向是点对点的决策,比如原来在某个生产环节一旦出现问题,或产品出现瑕疵,要一个个去排查,要花很多时间找出问题出在哪里。一旦有了工业 4.0,那么每个设备的工作状态、运行情况及每个产品上一步由谁生产,出现的瑕疵由哪台机器导致,就能快速地判断出问题在哪里,实现点对点决策。这样可以准确找出问题点,不需要太多时间就可以发现问题并解决。

智能工厂如何实现,西门子公司提出了一张路线图。西门子公司认为工业 4.0 并不是一场革命而是一场变革,是一次良性的改良。因为公司已有的产品已很丰富,肯定不会希望把已有产品推掉重新创造。改良过程有三个方面,一是生产网络化,一是虚拟和现实世界的融合,一是 CPS 系统的打造。结合产品来详细解释三个方面是怎么做的。

首先构建生产网络，以前的生产网络中，企业和供应商、和外协的厂家间的信息沟通并不及时，需要通过和供应商的销售通电话或 Email 等方式沟通，且是需求和问题出现时才去沟通。西门子打造了一个 MOM 平台，将常见的研发、质量管理，企业制造的智能管理、生产管理和监控等功能都包含在内，这个平台与原来原来每个企业的 ERP，PLM 等系统连接。原来这些系统都是独立的，属于信息孤岛，没有一个软件或平台可将其串联起来，还有现场有很多 PLC、HMI、BCS、传感器、驱动、现场总线还有数控系统，这些都是单独的局部的智能装备，这些东西都没有连接。而西门子做的系统 MOM 可以将 PLM，ERP 这样管理层的软件和现场的 automation 自动化的设备软件进行结合，且管理层的 PLM 和 ERP 也可以通过这个平台有效地连接。MOM 平台就像三通阀，将这三点全部都贯通起来。这就是构造柔性化的生产网络。如果供应商也采用了这个系统，那就可以准确地了解到生产库存多少，当原材料库存一旦低于一个阈值，系统就会自动下单来进行自发生产，且会给物流公司进行联系，让供应商将原材料发送到仓库去，这就是柔性的生产网络。

第二是将虚拟世界和现实世界结合。西门子采用一款新产品生命周期管理软件——PLM，这和以前小的 PLM 软件不一样，这种软件是一个非常大的平台，串联了产品的整个价值链。将这个软件和原来现有的现场自动化的软件 TIA（Total Integrated Automation）进行对接，PLM 掌握的是虚拟世界，TIA 掌握的是现实世界，因为 TIA 主要包含很多硬件设备，而 PLM 是纯软件，这两块系统一旦结合起来，就可把虚拟化生产和现实化生产实现完全实时交互。举例，当进行设计时，设计完后，图纸还需要工艺部门的转化，将其做成工艺卡片并发放到工人和现场去，对机器进行新工艺的编写，然后才能进行生产。但如果采用了新系统，未来设计的软件可以实现无缝对接，设计出来的图纸及所有参数都能转化成机器能读懂的语言，变成工艺。少了编译环节，减少错误发生概率，缩短研发、生产时间。

第三是打造模块化、柔性的生产单元，能与虚拟模型进行全面、一致性匹配。例如，把所有生产设备 1:1 建模、仿真，达成一套整合软件，考虑到热力学，也考虑到系统，也即生产过程消耗多少能源、材料，让设计人员在设计阶段就能考虑制造生产阶段的问题，可以在虚拟世界里进行尝试。落实机器执行的工艺之前，可以让产品实现材料最省、能源最少；由于事先了解了各种问题，在调试安装的时候就能避免这些问题，缩短时间。做的仿真样板通过模拟现实，生产效率提升 10%，调试和设计实际设备的时间节省 80%。

10.1.6　智能工厂的基本架构

数字化工厂是实现智能制造的基础和前提，在组成上主要分为企业层、管理层、操作层、控制层和现场层。在企业层对产品研发和制造准备进行统一管控，与 ERP 进行集成，建立统一的顶层研发制造管理系统。管理层、操作层、控制层、现场层通过工业网络（现场总线、工业以太网等）进行组网，实现从生产管理到工业网底层的网络连接，实现管理生产过程、监控生产现场执行、采集现场生产设备和物料数据的业务要求。除了要对产品开发制造过程进行建模与仿真外，还要根据产品的变化对生产系统的重组和运行进行仿真，在生产系统投入运行前就了解系统的使用性能，分析其可靠性、经济性、质量、工期等，为生产制造过程中的流程优化和大规模网络制造提供支持。

物联网和服务网是智能工厂的信息技术基础。与生产计划、物流、能源和经营相关的 ERP、SCR、CRM 等，和产品设计、技术相关的 PLM 处在最上层，与服务网紧紧相连。与制造生产设备和生产线控制、调度、排产等相关的 PCS、MES 功能通过 CPS 物理信系统实现。这一层和工业物联网紧紧相连。从制成品形成和产品生命周期服务的维度，还需要具有智慧的原材料供应、智慧的售后服务，构成实时互联互通的信息交换。智慧的原材料供应和售后服务，需要充分利用服务网和物联网的功能。

智能工厂由许多智能制造装备、控制和信息系统构成。智能制造装备有许多智能部件和其他相关基本部件构成。数字化工厂可理解为：

（1）在生产制造的维度发展基于制造智能化的自动化生产线和成套装置。

（2）将这些装置纳入企业业务运营系统（ERP）和制造执行系统（MES）的管理之下。

（3）建立完善的 CAD、CAPP、CAM 基础上的 PDM、PLM，并延伸到产品售后的技术支持和服务。

10.1.7　智能工厂管理需求

智能工厂首先需要运维管理类的产品，如：集成质量信息管理系统（IQS）、企业资源计划管理系统（ERP）、成本管理系统（CST）、制造执行系统（MES）、多项目管理系统；还需要工程信息化管理类的产品，如集成研发平台解决方案、数据适配器、数据采集 Agent；客户服务信息化产品线，如维护维修大修管理信息系统、数字档案馆、知识工程、企业标准信息化解决方案、固定资产投资项目管理系统、保密业务管理系统、客户关系管理系统、运营管控系统、知识管理平台、网上报销系统、财务管控系统等；信息安全产品线需要 IT 运维管理与支持系统；业务基础平台等。

智能工厂运维任务包括：网络与应用系统的运行与维护、IT 架构规划、日常运维、整体优化和紧急故障救援等。

10.1.8　智慧制造的特征

系统具有自主能力，可采集与理解外界及自身的信息，并以之分析判断及规划自身行为。整体可视技术的实践，结合信息处理、推理预测、仿真及多媒体技术，将实时展示现实生活中的设计与制造过程。协调、重组及扩充特性，系统中各组可依据工作任务，自行组成最佳系统结构。自我学习及维护能力：透过系统自我学习功能，在制造过程中落实资料库补充、更新，及自动执行故障诊断，并具备对故障排除与维护的能力。人机共存的系统，人机之间具备互相协调合作关系，各自在不同层次之间相辅相成。

10.2　智能工厂架构实例

智能工厂应包括智能计划排产（该生产什么？）、智能生产过程协同、智能设备互联互通、智能生产资源管控、智能质量过程控制、智能大数据分析与决策支持等模块，见图 10-1。

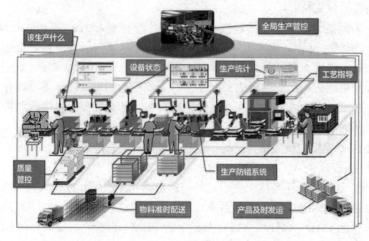

图 10-1 智能工厂架构

1. 智能计划排产

首先从计划源头上确保计划的科学化、精准化。通过集成，从 ERP 等上游系统读取主生产计划后，利用 APS 进行自动排产，按交货期、精益生产、生产周期、最优库存、同一装夹优先、已投产订单优先等多种高级排产算法，自动生成的生产计划可准确到每一道工序、每一台设备、每一分钟，并使交货期最短、生产效率最高、生产最均衡化。这是对整个生产过程进行科学管理的源头与基础。图 10-2 是 JobDISPO 排产系统，采用图形化的高级排产算法，最大限度地优化生产计划。方便直观的图形看板的形式， 以即时和实时的方式提供了真实的交货日期。只要看一眼，便可知道落后于计划的作业，鉴别出哪里是瓶颈、在哪里停工。

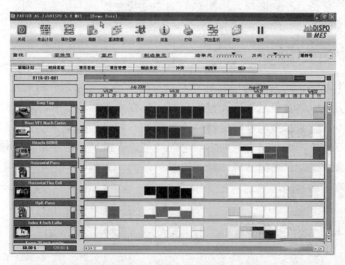

图 10-2 图形化的 JobDISPO APS 高级排产

2．智能生产过程协同

为避免贵重的生产设备因操作工忙于找刀、找料、检验等辅助工作而造成设备有效利用率低的情况，企业要从生产准备过程上，实现物料、刀具、工装、工艺等的并行协同准备，实现车间级的协同制造，可明显提升机床的有效利用率。

还比如，随着 3D 模型的普及，在生产过程中实现以 3D 模型为载体的信息共享（如图 10-3 所示），将 CATIA、PRO/E、NX 等多种数据格式的 3D 图形、工艺直接下发到现场，做到生产过程的无纸化，也可明显减少图纸转化与看图的时间，提升工人的劳动效率。

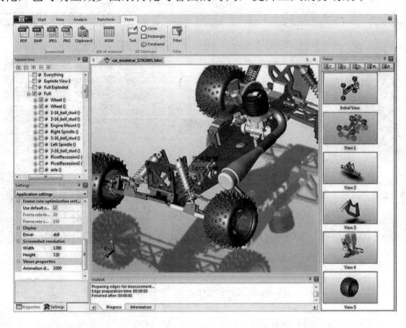

图 10-3　3D Viewstation 可视化在智能制造中的应用

3．智能的设备互联互通。

无论是工业 4.0、工业互联网、还是"中国制造 2025"，其实质都是以信息物理系统为核心，通过信息化与生产设备等物理实体的深度融合，实现智能制造的生产模式。对企业来讲，将那些贵重的数控设备、机器人、自动化生产线等数字化设备，通过 DNC/MDC 的机床联网、数据采集、大数据分析、可视化展现、智能决策等功能，实现数字化生产设备的分布式网络化通信、程序集中管理、设备状态的实时监控等，就是信息物理系统在制造企业中最典型的体现。

DNC 是 Distributed Numerical Control 的简称，意为分布式数字控制，国内一般统称为机床联网。DNC 系统通过一台服务器可实现对所有数控设备的双向并发通信，支持 Fanuc、Siemens、Heidenhain 等上百种控制系统，兼容 RS232、422、485、TCP/IP、无线等各类通信方式，具有远程通信、强制上传等常见功能，将数控设备纳入整个 IT 系统进行集群化管理。

管理学大师彼得·德鲁克曾经说过"你如果无法度量它，就无法管理它"，我们不仅需要通过 DNC 解决互联的问题，更需要通过 MDC（Manufacturing Data Collection，直译为制造数据采集，俗称为机床监控）解决数据自动采集、透明化、量化管理的问题。DNC/MDC 系统结构图如图 10-4 所示。

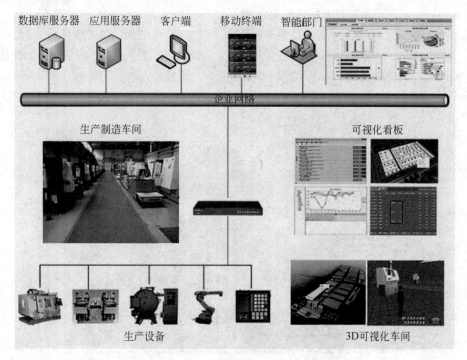

图 10-4　DNC/MDC 系统架构图

MDC 通过一台计算机可以同时自动采集 4096 台数控设备，兼容数控机床、热处理设备（如熔炼、压铸、热处理、涂装等设备）、机器人、自动化生产线等各类数字化设备，兼容西门子等所有机床控制系统，以及三菱、欧姆龙等各类 PLC 的设备。

对高端带网卡的机床，可直接采集到机床的实时状态、程序信息、加工件数、转速、报警信息等丰富的信息。图 10-5 展示了海尔数字工厂机床图形化显示的实例。绿色表示机床正在运行，黄色表示机床开机没干活，灰色表示没开机，红色表示故障，鼠标在机床图形上一点，相关的机床详细信息就全部实时地显示出来，实现对生产过程的透明化、量化管理。

如果要实现更逼真的显示效果，可通过 3D 虚拟技术以立体的形式展现车间、设备、人体模型等，可以实现人体的行走、机床的放大缩小、设备信息的实时显示等各种操作，给用户一个更直观、形象的展现。

4. 智能生产资源管理

通过对生产资源（物料、刀具、量具、夹具等）进行出入库、查询、盘点、报损、并行准备、切削专家库、统计分析等功能，有效地避免因生产资源的积压与短缺，实现库存的精益化管理，可最大限度地减少因生产资源不足带来的生产延误，也可避免因生产资源的积压造成生产辅助成本的居高不下。

图 10-5　MDC-Max 设备远程监控界面

5. 智能质量过程管控

除了对生产过程中的质量问题进行及时的处理，分析出规律，减少质量问题的再次发生等技术手段以外，在生产过程中对生产设备的制造过程参数进行实时的采集、及时的干预，也是确保产品质量的一个重要手段。

通过工业互联网的形式对熔炼、压铸、热处理、涂装等数字化设备进行采集与管理，如采集设备基本状态，对各类工艺过程数据进行实时监测、动态预警、过程记录分析等功能，可实现对加工过程实时的、动态的、严格的工艺控制，确保产品生产过程完全受控。

当生产一段时间，质量出现一定的规律时，我们可以通过对工序过程的主要工艺参数与产品质量进行综合分析，为技术人员与管理人员进行工艺改进提供科学、量化的参考数据，在以后的生产过程中，减少不好的参数，确保最优的生产参数，从而保证产品的一致性与稳定性。

6. 智能决策支持

在整个生产过程中，系统运行着大量的生产数据以及设备的实时数据，企业一个车间一年的数据量就高 10 亿条以上，这是一种真正的工业大数据，这些数据都是企业宝贵的财富。对这些数据进行深入的挖掘与分析，系统自动生成各种直观的统计、分析报表，如计划制订情况、计划执行情况、质量情况、库存情况、设备情况等，可为相关人员决策提供帮助。这种基于大数据分析的决策支持，可以很好地帮助企业实现数字化、网络化、智能化的高效生产模式。

总之，通过以上 6 个方面智能的打造，可极大提升企业的计划科学化、生产过程协同化、生产设备与信息化的深度融合，并通过基于大数据分析的决策支持对企业进行透明化、量化的管理，可明显提升企业的生产效率与产品质量，是一种很好的数字化、网络化的智能生产模式。

10.3　某重工智能工厂案例

某重工集团主要从事工业万向轴、传动机械、冶金制造以及智能制造，是一家集研发、生产、销售与服务的国家火炬计划高新技术企业，其代表性产品万向轴在国内市场排名前列。

该集团从 2008 到 2014 年开始基础的信息化建设，包括机房、网络通信、信息安全和私有云平台的建设。业务方面主要运用 ERP、用友 U8、PDM、OA、一卡通、WMS 系统。2015 年开始实施管理信息化，分可视化工厂、数字化工厂、智能工厂三个阶段。

可视化工厂的定位是管理可视化，决策智能化，这一期主要运用了用友的 NC，MES，还有报表系统，对系统进行数据打通。

数字化工厂主要是 ERP 的推广使用，包括 CRM、移动化和电子商务。

到了 2018 年，计划开展智能化工厂建设，朝"工业 4.0"以及"中国制造 2025"方向发展，将投入更多的精力在 BI 商务智能。

在基础架构上，该重工集团从网络、融合通信，将电话系统与 IM 终端打通，将服务器虚拟化，做了超融合虚拟化平台，包括所有的计算存储、资源都虚拟化，为未来尝试 Hadoop 结构化、分析化的大数据分析打下了很好的基础。

图 10-6 是整个集团的信息化安全的一个体系，从管理、运用、数据安全以及网络安全出发。

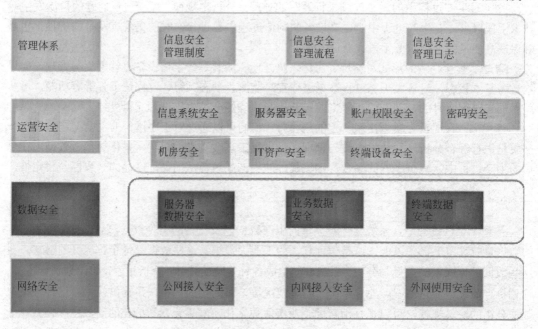

图 10-6　智能工厂信息化安全体系

目前集团信息部越来越偏向业务。每个模块,不同的内容都有专员负责,包括财务、成本、生产、人力以及供应链。管理信息化工作从底层出发,从公司的战略到业务模式运营来考虑如何利用信息化系统去承接。目前该重工集团的信息化就是紧紧围绕交互性能、成本、资产这三类指标去开展。

10.3.1 业务系统

该重工集团有自己的管理模型。顶端按照工业 4.0,集团管控,包括阿米巴经营模式;相应的流程制度,岗位职责,工作标准,成本绩效。左边是信息化管控,右边是智能化建设,下面是精益管理,底下是企业文化。这样的管理需要用信息化系统去实现。

在这架构中,ERP 系统是基础,利用 CRM 系统和客户对接,SRM 管理供应链,MES 监控生产。利用 OA 把所有业务打通,而后利用专业软件,实现前端的商务智能分析。

图 10-7 的物联网设想把 MES 系统和机床、物流以及检测设备连起来,做成物联化,把 ERP 升级到 CRM 或者 SCRM,把供应商和客户打通,形成企业的互联网。

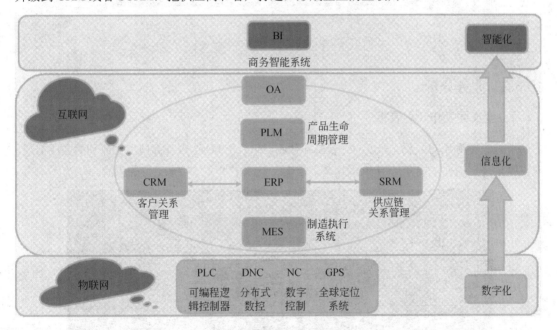

图 10-7 智能工厂物联网体系

图 10-8 是整个业务系统的总体架构图。一个平台、两级部署、三层应用,包括商业分析、移动应用、企业门户和协同管理。

在业务系统这块,先后上线了 ERP 系统、PLM 系统、OA 系统和 MES 系统。上线的这些系统,虽然参与了生产、管理,打通了业务,却没有让领导层参与,反馈报告依然采用 Excel、PPT。作为决策者,领导层更应该参与数据的可视化呈现过程。所以,2014 年上线了帆软报表系统,提升了数据前端展示,利用某报表软件承担的 BOSS 系统决策,将领导层纳入管理体系。

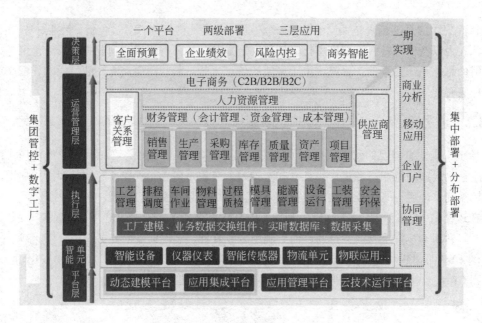

图 10-8   智能工厂业务系统整体架构

10.3.2   业务分析

1.   全集团工作计划看板

此看板是利用 OA 系统开发的一套工作体系。可以通过这个查看部门工作计划的完成情况，交付质量评定绩效，如图 10-9 所示。一定程度上记录了员工一年来工作的点滴。

图 10-9   智能工厂工作计划看板

2．营销主题分析

营销过程中，利用报表查看营销中最基本的的三大指标，开票、下订单等，从销售过程到结果，全面掌握，如图 10-10 所示。

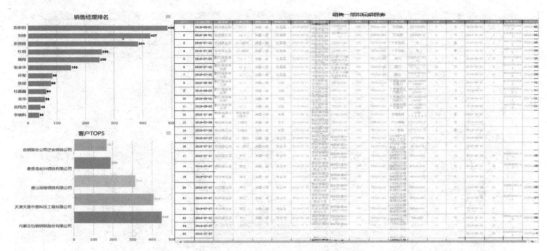

图 10-10　智能工厂营销信息

3．供应商平台

以往的采购单都是以邮件或者合同的形式发给供应商，对于长期合作的供应商可以通过 ERP 对接，利用报表展示供货明细，管理供应商以及整个供应链体系，如图 10-11 所示。

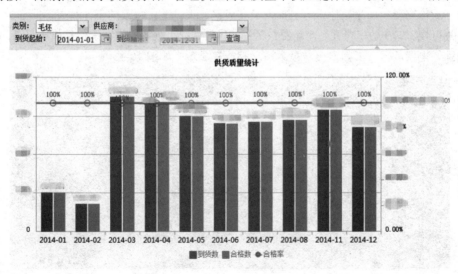

图 10-11　智能工厂供应商平台

4. 工时平台

利用报表软件建立的工时计算系统（如图 10-12 所示），车间工人可以每天知道自己的工资，提前计算工时，避免工资发放延迟带来的矛盾。

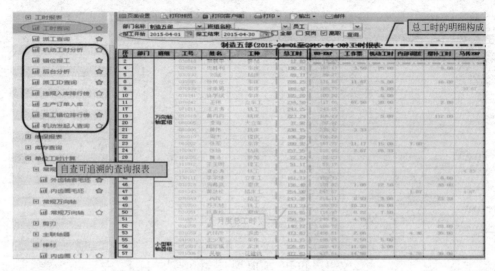

图 10-12　工时平台

5. 透明工厂

生产现场的数据我们也通过报表展现出来。每个班组都有一个电子看板，显示着生产订单是哪些，工作物料、工序是什么？包括人员完成率、不良率。每天的工作结果都能分析出来。做到计划可视、工作效率可视、产品质量可视、异常情况可视。异常情况包括机床设备的问题、机器故障、电器故障、工艺情况、技术情况都能有显示，如图 10-13 所示。

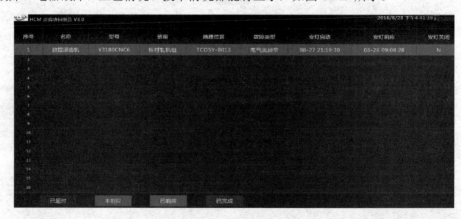

图 10-13　生产现场数据看板

以上就是某重工集团的数据可视化建设的案例展示,通过该案例得到的启示是:数据的变化可能影响整个管理思想模式。

10.4　智能工厂车间生产案例

该项目重点是实现生产组织全过程中技术准备,生产计划及调度,产品加工,资源保障等部门的信息共享协同工作,保证设备利用率,合理配置和调度资源,提高生产能力。实现业务流程的可视化,促进业务流程的持续优化。

当前所面临的问题主要焦点集中在"针对计划、物料、生产过程问题的解决"。计划层与执行层存在空隙,造成这种空隙的是资源物料,计划,生产过程的不断更新导致。主生产计划及物料需求计划都是建立在理想稳定的状态基础上,然而计划、资源等会在计划到生产这段时间内发生改变,制造环境也可能发生变化,设备的突然故障或者更换以及不合格品率不符合要求都会导致计划的混乱。那么需要计划排产来规避这些问题的发生,有机地将计划,资源,生产串联起来,做到实时化,智能化,集成化的更新。

为了更好地管控车间现场,需要对生产车间内生产设备进行监控管理,并由设备管理延伸到整个车间的生产管控。故需要一套适合机修厂自身的生产管理软件结合设备监控系统来提高工厂对生产现场的管控能力,优化生产。

10.4.1　项目目标

以柔性制造系统、敏捷制造等信息化改造为建设目标,利用传感器技术、无线通信技术、计算机网络技术、智能数字化技术、物联网应用服务平台技术等多种现代化技术,打造基于物联网的综合示范平台,建立起一个示范性应用基地。

通过 WIP(在制品管理)+SCADA(设备联网)实现敏捷制造的生产管理目标,以信息可视化提供的数据支撑,准确掌握各类生产的资源负荷状况,提高瓶颈资源利用率,提升原料工装夹具配送精准度、提升生产应变能力。以信息可视化达到问题预判、问题预防,减少生产问题。及时传递操作中的生产作业状态信息,促使解决问题流程的实施及现场管理组体系的完善。以信息化手段,实现可视化全息车间管理。提供多种统计分析,为决策者提供充足的数据依据。打造具有先进性、科学性、前瞻性的现代化生产体系。

可视化的车间管理可以提升效益。通过原料准备、生产计划信息、加工过程的透明化、实时化,提升配送精准度,监控生产设备运行情况,确保及时生产配送,提高效率。以设备信息可视化,提高设备信息化水平,提升效率,降低不合格品率,提高用户满意度。以产品生命周期可视化,分析流程瓶颈,有效推进生产协调,降低生产执行出错率,提升部门协作效率。以工艺内容可视化,加强员工自主性,提高数据共享效率,增加产线应变能力。以异常信息可视化,快速响应并有效解决,避免停线,降低风险。通过库存信息透明化、实时化,避免信息传递延时而导致的物料出入库出错,降低仓储成本。形成透明化、实时化、现代化的智慧车间。目标总结如下:

（1）打造具有先进性、科学性、前瞻性的现代化生产标杆。

（2）通过信息化手段实现智能调度排产、生产数据跟踪，提高生产协同效率。

（3）通过信息可视化促进精益生产以提升管理过程的问题解决能力，达到问题预判、问题预防的效果，可视化包括：

- 生产进度可视化：实时对生产进度进行跟踪，挖掘生产瓶颈，提升交期把控。
- 生产质量可视化：分析生产过程中的不良问题，归纳总结不良原因，整理解决方案，提高生产质量。
- 异常信息可视化：提高异常情况响应速度，保证生产过程流畅性，提高生产效率。

（4）打造信息化工艺流程，生产排产、生产过程高度自动化，将生产工艺标准化，准确化。

（5）通过信息化，智能化，缩减人工成本，提升设备高度协同能力。

（6）通过物联网技术实现设备数据自动采集，设备数据和生产数据自动报工。

（7）提供多种统计分析，为决策者提供充足的数据依据。

10.4.2　适用规范标准

依据设计施工图纸和技术要求，本项目的材料、设备、施工必须达到下述规范、标准的要求，如下述标准及规范要求相互间有出入时则以最新的较严格者为准。本设计遵循的相关标准规范包括：

（1）GB/T 18725—2008 制造业信息化 技术术语。

（2）GB/T 18757 2002 工业自动化系统企业参考体系结构与方法论。

（3）GB/T 10113 2003 分类与编码通用术语。

（4）GB/T 22124.3—2010 面向装备制造业产品全生命周期工艺知识 第 3 部分 通用制造工艺描述与表达规范。

（5）GB/T 26327—2010 企业信息化系统集成实施指南。

（6）GB/T 26335—2010 工业企业信息化集成系统规范。

（7）GB/T 25486—2010 网络化制造技术术语。

（8）GB/T 25487—2010 网络化制造系统应用实施规范.pdf。

（9）GB/T 25489—2010 网络化制造系统功能规划技术规范(1)。

（10）GB/T 26119—2010 绿色制造 机械产品生命周期评价。

（11）GB/T 25111—2010 网络化制造环境下的制造资源分类。

（12）JB/T 8823—1998 机械工业企业计算机辅助管理信息分类编码导则。

（13）GB/T 22454—2008 企业集成 企业建模构件。

（14）GB/T 16642—2008 企业集成 企业建模框架。

（15）GB/T 18726—2011 现代设计工程集成技术的软件接口规范。

（16）GB/T 18729—2011 基于网络的企业信息集成规范。

（17）GB/T 20720.3—2010 企业控制系统集成 第 3 部分：制造运行管理的活动模型。

（18）GB/T 20720.2—2006 企业控制系统集成 第 2 部分：对象模型属性。

（19）GB/T 20720.1—2006 企业控制系统集成　第 1 部分：模型和术语。

（20）GB/T 16642—1996 计算机集成制造系统体系结构。

（21）GB/T 18999—2003 工业自动化系统　企业模型的概念与规则。

（22）GB/T 25109.3—2010 企业资源计划　第 3 部分：ERP 功能构件规范。

（23）GB/T 25109.4—2010 企业资源计划第 4 部分：ERP 系统体系结构。

（24）SJ/Z 11362—2006 企业信息化技术规范　制造执行系统(MES)规范。

（25）SJ/T 11293—2003 企业信息化技术规范　第 1 部分　企业资源规划系统(ERP)规范。

（26）GB/T 25485—2010 工业自动化系统与集成　制造执行系统功能体系结构。

（27）GB/Z 18727—2002 企业应用产品数据管理(PDM)实施规范。

（28）GB/T 16664—1996 企业供配电系统节能监测方法。

（29）GB T 15587—2008 工业企业能效管理导则。

（30）GB/T 8222—2008 用电设备电能平衡通则。

（31）GB 17167— 2006 用能单位能效计量器具配备和管理通则。

（32）GB/T 2589—2008 综合能效计算通则。

（33）GB/T 23331—2009 能效管理体系要求。

（34）GB/T 3484—2009 企业能量平衡通则。

（35）GB/T 7119—2006 节水型企业评价导则。

（36）GB/T 13471—2008 节电技术经济效益计算与评价方法。

（37）GB50174—2008 电子信息系统机房规范。

（38）GB 50311—2007 综合布线系统工程设计规范。

（39）GB 50115—2009 工业电视系统工程设计规范。

（40）GB 50464—2008 视频显示系统工程技术规范。

（41）GB 50348—2004 安全防范工程技术规范。

（42）GB 50395—2007 视频安防监控系统工程设计规范。

（43）GB 50394—2007 入侵报警系统工程设计规范。

（44）GB 50396—2007 出入口控制系统工程设计规范。

（45）GB 50371—2006 厅堂扩声系统系统设计规范。

（46）GB 50174—2008 电子信息系统机房设计规范。

（47）GB50635—2010 会议电视会场系统工程设计规范。

（48）GB50799—2012 电子会议系统工程设计规范。

（49）GB 50343—2012 建筑物电子信息系统防雷技术规范。

除执行国家的有关标准外，还应执行机械制造行业的相关标准。无规范和标准时，以设计部门提出经业主同意的标准执行。

10.4.3　功能简介

1. 计划管理

根据订单和生产计划制定详细排程和车间生产作业计划（是一种资源分配的决策活动。考虑订单优先级、交货期、库存、加工路径、产品特性、加工工序、设备负荷、资源限制等条件，将生产计划与用户订单转化为具体的生产作业计划，排出高效率的作业顺序）。

在系统设计过程中主要有以下需求：

- 总厂计划（系统集成）：在系统设计过程中需要考虑整厂对各类订单的加工生产计划和交货期，并在 MES 中进行车间现场详细排产工作。
- 手动排产：该功能模块主要是根据从总厂中读取的主计划进行分解，企业工作人员根据现场设备负荷、交货期等情况在系统中进行手动排产、派工等操作，可具体到人员、设备、工位等。
- 生产进度跟踪：可实时了解车间生产线现场的各订单的实际进度。

2. 工艺管理

工艺管理是 MES 系统中必不可少的一个重要环节，工艺管理是企业重要的基础管理，是稳定、提高产品质量、提高生产效率、保证安全生产、降低消耗、增加经济效益、发展生产的重要手段和保证。

该部分可根据企业已有 PDM 系统中功能进行集成，把 MES 需要的信息从 PDM 系统中读取出来，其功能如下。

- 工艺文件和图文的管理：可在系统中对生产工艺图文和相关文件进行统一管理。
- 工艺流程管理：可在系统中自定义工艺路线等。
- 工艺版本管理：可通过版本管理工艺路线等。
- 审批管理：当系统中工艺流程或工艺版本变更时需进行审批，审批流程可自定义。

3. 设备管理

设备管理是一套对生产设备、操作规程、管理制度、运行监控、故障诊断、维修维护、运行统计等进行全面管理的模块。该模块需要和设备联网系统集成，一起完成该功能。其主要功能如下。

- 设备台账管理。
- 实时运行监控（设备联网 PLC 系统）。
- 设备故障报警（设备联网 PLC 系统）。
- 设备运行统计分析（设备联网 PLC 系统）。
- 点巡检信息化管理（MES 中实现）。
- 维修维护管理（MES 中实现）。
- 备品备件管理（MES 实现）。
- 零配件采购（MES 实现）。

4. 生产报工

生产进度的实时报工在 MES 系统中是最重要的一个节点，每一个工序或零件的完成与否将直接决定整个生产任务是否能够完成，甚至影响整个企业的计划安排，所以通过车间实时数据报工，能最大限度地贯彻好调度结果的有效执行。其主要功能如下。

- 操作终端：每条线关键工位或每几台设备放置一条工位终端，用来进行任务查看、生产进度提交、异常呼叫、图文查看等。
- 生产任务查看：在车间现场指定位置放置操作终端，员工在现场终端刷卡来了解自己的生产任务，并查看相关工位文件、操作说明等。
- 生产进度提交：通过现场工位机或设备数据采集直接提交生产数量。

5. 异常管理

生产过程中有可能出现异常情况，如设备故障、缺料、加工异常等情况。出现异常时，系统进行异常报备、异常跟踪处理、异常紧急预案处理设置及异常短信通知设置，并定时生成异常处理报告和报表。当品质、工艺、设备、设备参数出现异常报警时，系统会根据预先设定的人员、处理时间及提醒方式，若责任人在规定时间内未处理报警则逐级进行提醒。其主要功能如下。

- 可在系统中自定义设置异常类型。
- 可以通过短信、邮件、看板的方式通知相关人员，根据故障类型的不同设定不同的处理人员。
- 当出现异常时，处理人员处理超时时可以逐级上报。
- 可以通过现场操作终端进行异常呼叫，呼叫时需要刷员工卡记录呼叫人员信息、呼叫时间、呼叫工位、处理人员、处理时间等。

6. 质量管理

生产质量管理主要是为了控制产品生产过程质量，降低生产风险，提高合格率和客户满意度，针对关键工序设置检验指导内容、质检项及参数供质检人员对比确认，大大降低了因上道工序存在的质量问题继续加工生产而带来的损失。其主要功能如下。

- 通过现场终端可以提交生产过程中产品自检、报废、返修等数据。
- 移动检验：检验人员配备移动终端，如 PDA，PAD 等。通过移动终端选定生产任务进行检验，并提交检验数据。
- 工作人员可通过系统实时查看当前生产任务的检验记录和统计结果。
- 通过设备数据采集，可自动获取检验设备的检验数据并向系统提交。

7. 看板管理

看板是把相关人员需要的数据直观地展示出来，需要了解这些信息的员工能一目了然地看到这些信息，帮助操作人员和管理人员进行生产管控。在每条生产线、关键工位、关键部门放置对应的看板。图 10-14 展示了一个车间的生产看板，看板展示了各个工位的计划产量、实际产量等信息。

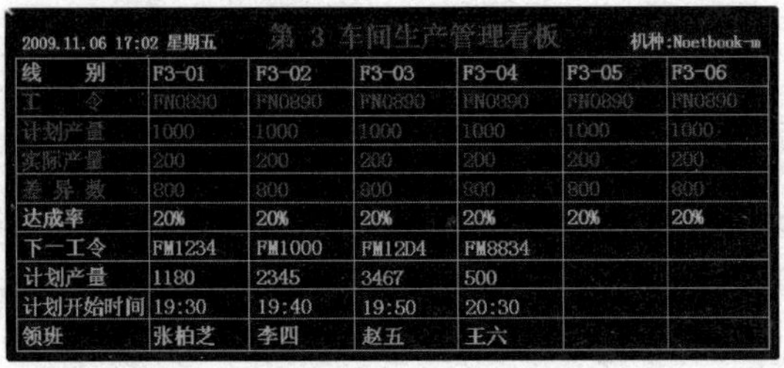

2009.11.06 17:02 星期五　第 3 车间生产管理看板　机种:Noetbook-m

线　别	F3-01	F3-02	F3-03	F3-04	F3-05	F3-06
工　令	FN0890	FN0890	FN0890	FN0890	FN0890	FN0890
计划产量	1000	1000	1000	1000	1000	1000
实际产量	200	200	200	200	200	200
差 异 数	800	800	800	800	800	800
达成率	20%	20%	20%	20%	20%	20%
下一工令	FM1234	FM1000	FM12D4	FM8834		
计划产量	1180	2345	3467	500		
计划开始时间	19:30	19:40	19:50	20:30		
领班	张柏芝	李四	赵五	王六		

图 10-14　生产看板

8. 统计报表

在企业中，只有把收集的统计数字经过多次加工处理，进行系统地、深入地分析，才能转换成各种有用的信息，使大量的统计数据完全实现它们的使用价值，才能发挥统计的服务和监督作用。

本系统可根据各种数据源生成各种报表，如设备故障统计报表，设备运行统计报表等，并支持自由选取时间跨度，对象进行统计等功能。具体报表内容和报表展示方式需详细调研后系统根据已有数据及企业需要生成。

9. 系统安全管理

企业生产管理系统在设计过程中需要考虑到系统权限划分功能，每个菜单、每个操作、每个登录人员都需要进行详细的权限划分。

如果一个对系统都不清楚的人拥有过高的权限，对系统，对数据任意的操作，很可能导致系统崩溃，数据紊乱，造成不可预估的损失。相反，对于管理层来说，没有足够的权限及时查看数据，进行分析总结，那么就会导致信息获取屏障，问题发现不及时，响应迟缓等问题。由此可见，系统权限的设置必不可少，这是软件安全运行的基础条件。

在权限划分中，采取等级制，明确权限高低、操作范围、信息知晓范围等，从而保证系统信息及运行安全。达到精确控制信息的私密性，独立性。

10. 系统接口

系统在设计、分析、开发过程中，一方面应充分考虑到企业已有信息系统的对接（如 OA、PDM、CAPP、ERP、DNS 等），确保客户的投资；另一方面，还应考虑到系统的后续扩展，为以后的扩充预留接口。

已有系统的数据对接主要如下。

- 与 ERP 系统的接口：把 MES 中需要，且 ERP 中存在的内容通过集成读取到 MES 系统中，如设备管理、BOM 管理等模块的部分或全部信息。
- 与 PDM 系统的接口：实现生产现场加工任务和零件工艺图纸、工艺路线等的无缝连接。

- 与 PLC 系统的接口：由于 PLC 系统可作为一个独立的系统存在，故 PLC 和 MES 直接的数据交互需通过系统集成的方式实现。

10.4.4　系统解决方案

本小节介绍实现该智能工厂车间的底层解决方案，主要包括网络构建、数据采集架构、PLC 数据采集平台等内容。

1. 网络拓扑图

图 10-15 是本智能工厂的网络拓扑结构，通过一个交换机连接了各车间的数字设备、服务器、各种电子看板。

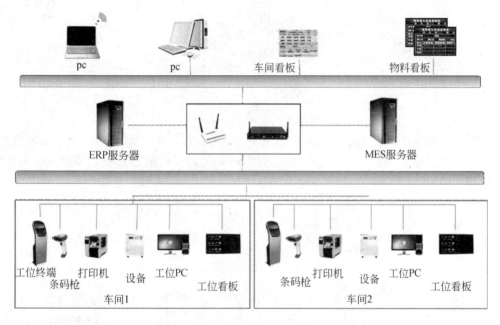

图 10-15　网络拓扑图

2. 数据采集应用架构示意图

各车间局域网连接了各类需要数据采集的设备，局域网向上连接到整个工厂的主干网，服务器连接在主干网。整个应用架构如图 10-16 所示。

3. PLC 设备数据采集平台

生产线现场加工设备为西门子等国际通用的 PLC，采用 DAServer 的方式与现场 PLC 进行通信交互，将现场加设备中的工艺参数，报警信息、产量等设备信息采集到系统历史数据库中，与当前的生产工单、加工工序、加工产品、加工时间相对应，通过报表的形式展示。

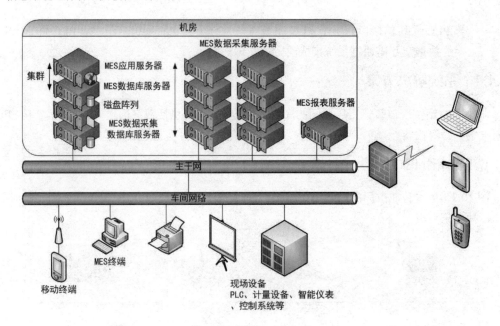

图 10-16　数据采集架构

　　原料、工装夹具扫描确认无误后，在工位终端（触摸屏）点击开始加工，现场工控机实时获取加工过程中的工艺实时数据，上传到系统服务器中，并显示在工位终端，供加工工人查看，业务流程如图 10-17 所示。

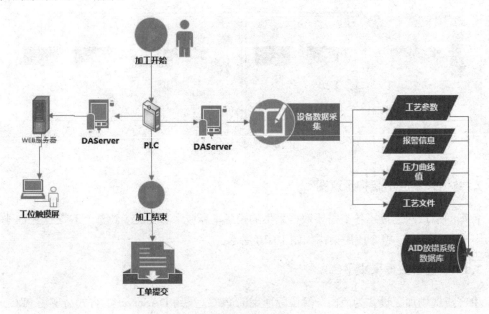

图 10-17　数据采集处理流程

4. 系统方案结构图

系统整体方案如图 10-18 所示。系统模块较多，重点介绍其中的计划排产模块。

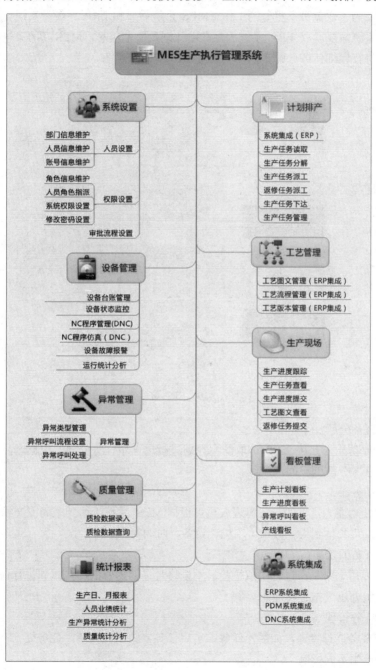

图 10-18　生产管理系统整体方案

生产计划排产模块主要包含了五个功能，具体如下。

1）ERP 集成

由于企业存在多个管理系统，包括 ERP 和 PDM 等。MES 中的部分功能是和 ERP 中的一些功能重合的，为了避免员工重复的工作，MES 系统需要和 ERP 系统做系统集成。在生产计划方面 MES 系统需要读取 ERP 系统的生产主计划及交期信息，MES 系统再根据从 ERP 中得到的主计划进行详细任务分解。图 10-19 为 ERP 集成示意图。

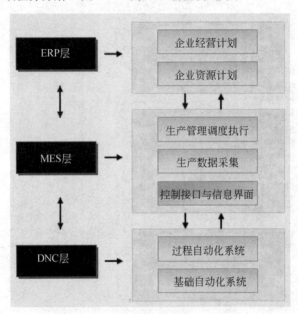

图 10-19   ERP 集成

2）生产任务分解

该模块主要功能为把从 ERP 读取的主计划进行进一步任务分解，根据产品的工艺路线或工艺标准，把任务分解到车间或产线。

3）生产任务派工

该模块主要功能为，车间一线管理人员可根据 MES 系统下达到车间或产线的任务进行进一步详细分解，可具体到人、数量、工位、设备、时间等。

4）返修任务派工

该模块主要用来对生产过程中或检验后不合格且需要返修的产品重新进行任务派工，可派工到原生产人员处也可指定其他人员。

5）生产任务管理

可对生产任务进行管理，如暂停任务，重启任务，关闭任务等，任务处于不同的状态时，会对生产过程产生不同影响。

10.4.5　系统运行环境

1. 软件运行环境

1）服务器运行环境
- 支持的操作系统：Windows 2003 Server 及以上版本。
- 采用的网络协议：TCP/IP 协议。
- 数据库：Oracle 9i 以上或 MySQL。
- 运行环境：微软公司.NET Framework 4.0。

2）客户端运行环境
- 支持的操作系统包括：Windows XP Professional 及以上版本。
- 采用的网络协议：TCP/IP 协议。
- 运行环境：微软公司.net Framework 2.0。
- IE10 或以上。

2. 硬件配置要求

1）服务器硬件要求
- 中央处理器主频 3.0GHz 以上，6 核。
- 可以运行 Windows 2000 Server 或以上版本的机器。
- 系统内存至少 8GB，建议 8GB 以上。
- 100M/1000Mb/s 网卡。
- 硬盘剩余空间 500GB 以上，由于服务器存在大量的数据库文件，需要保留足够的空间，建议自由空间 1TB 以上。

2）客户端硬件要求
- 计算机数量根据实际需要情况配置。
- 中央处理器主频 2.0GHz 以上。
- 可以运行 Windows XP 及以上版本的机器。
- 系统内存至少 1GB，建议 2GB 以上。
- 硬盘剩余空间最小 2MB，建议自由空间 4GB 以上。
- 显示器分辨率达到 1024×768 及以上配置。

10.4.6　系统技术架构

1. 系统平台整体业务架构

系统整体分为工厂基础设施层、数据资源层、基础应用层、核心应用层和用户平台 5 部分，如图 10-20 所示。

2. 系统技术设计思路

在本系统的软件体系结构中，通过采用业界最新的分布式多层体系结构、J2EE、XML、

XSL 技术、业务逻辑构件化技术，采用业界经典的 MVC（Model-View-Controller） 设计模式
（如图 10-21 所示），实现系统表现逻辑（用户界面）与业务逻辑（具体的业务逻辑）的分离，
从而实现客户端应用系统的"零维护"，并能够支持多种客户端接入设备；通过采用 Java 技术，
使得网站应用服务器中的应用系统可以编写一次，到处运行（Write once，Run anywhere）；通
过采用网络安全技术；通过采用硬件设备（Web 服务器、应用服务器等）集群技术，实现了系
统的可扩展性。

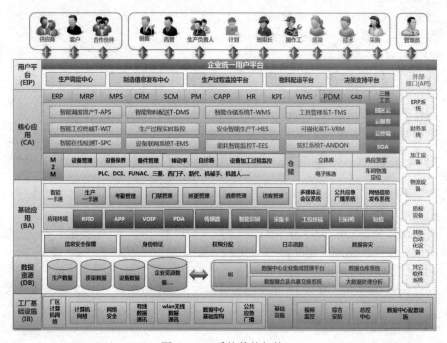

图 10-20　系统整体架构

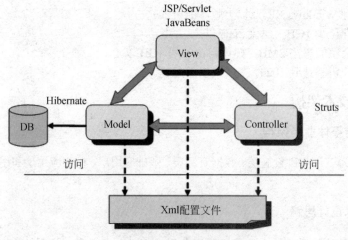

图 10-21　软件设计模式

3. 系统软件架构体系

软件系统结构体系是按照系统设计目标与要求,采用多层矩阵结构体系(如图 10-22 所示)。

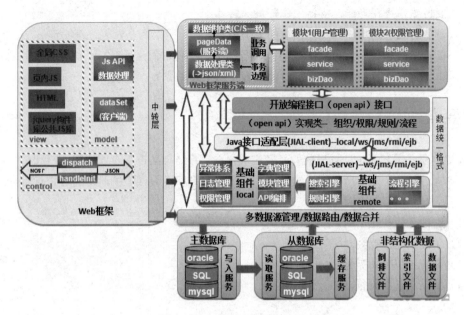

图 10-22　系统软件架构体系

该结构从系统处理功能横向分类分为三层结构,即:门户表示层、中间应用层、数据处理层,其中:门户表示层按照应用纵向分类为工作层、管理层、决策层。

视图层:视图控制层通过网络传输层的 TCP/IP 传输协议与数据链路层进行数据交互,持久化数据。

中间应用层:系统由一组软件及体系框架组成,有助于快速构建客户化的应用系统,并保证该系统的可扩展性、易修改性、互联性及系统平台的独立性,它包含 J2EE、最小业务数据单元组件、业务商业模型处理组件,以及集成服务引擎、内容服务引擎、规则服务引擎、工作流引擎组成。

数据处理层:以数据库技术为核心的数据存取、备份、处理层。采用 MySQL/SQL Server 数据库。

4. 系统技术特点

- 通过工作流运行跟踪监控功能,以及工作流运行分析,支持业务流程优化(BPI)和信息重组,支持工作流跨平台机制。
- 以核心工作流为主线,结合各专业工序流,划分各类最小管理单元。体现业务处理机构(或部门)无关性,直接反映工作流和动作唯一性,使得系统应用由被动转变为主动，即：信息驱动工作。

- 以方便、灵活、可视化的工作流管理机制，支持自定义流程，提供完整的安全及权限设计。
- 通过工作委托功能，支持工作任务的转移。
- 具备目录管理功能，实现信息的多类型管理。
- 以设备最小单元为对象进行整体数据建模，并按照企业管理特点动态的逻辑划分工作单元对象和设备包容单元（对象包容了若干子对象）。

本章要点

本章主要介绍智能工厂提出的背景及相关概念，并结合某重工企业智能工厂和某制造业车间生产案例对制造企业信息化的日常运维、集成性运维和升级改造的具体内容进行了介绍，要点如下。

（1）智能工厂提出的时代背景。

（2）工业 4.0 的概念。

（3）智能工厂基本架构。

（4）智慧制造的特征。

思考题

（1）制造企业设计信息化、管理信息化的主要内容有哪些？

（2）制造企业信息化的基本进程有何规律？

（3）制造企业信息系统硬件、软件日常运维的内容主要有哪些？

（4）CAD/CAPP/PDM/ERP/MES 系统间集成的主要内容主要有哪些？

第 11 章　信息系统开发的用户支持信息

11.1　用户支持信息系统建设的意义

　　信息系统的最终用户是各级各类系统运行及管理人员，满足这些用户的信息需求，支持他们的管理决策活动，是系统建设的直接目的。然而，一个组织内各类机构和管理人员的信息需求不尽相同，有些需求可能相互冲突，另一些往往十分含混，同时，用户需求在建设过程中也会发生变化。信息系统建设的目标就是寻求使各类用户都比较满意的方案。

　　由于系统本身和系统建设工作的复杂性，用户的需求往往不可能一次表达清楚，随着建设进程的推移和工作的深入，用户需求的表达和系统建设的专业人员对用户需求的理解才能够逐步明确、深化和细化。尤其要指出的是，信息系统是典型的人-机系统，在实现系统各种功能时，系统使用者和计算机的合理分工与密切配合是至关重要的。因此，一方面，系统用户要对信息系统的功能、结构和运行规律有较深入的了解，另一方面，信息系统在分析设计和实现时也必须要符合用户的特点和使用方面的习惯与要求。包括系统运行管理人员在内的各类用户必须作为信息系统主要建设者的一部分在系统各个阶段直接参与工作，为系统开发建设和运行维护各个阶段提供必要的辅助支持工作。实践证明，用户与信息系统建设工作相脱节，常常是导致信息系统建设工作失败的重要原因。

　　信息系统的建设关系到一个组织的信息处理能力和管理决策的水平，是涉及该组织的全局、与近期和长远发展密切相关的战略问题。此组织的主要领导必须予以高度重视，并亲自领导和直接参与这一工作，特别是要由用户的高层领导主持并制定信息系统规划和建设计划，协调和组织内各个部门之间的关系，调配所需资源，审核系统建设的阶段性成果。国内外实践经验表明，各级管理人员、特别是主要决策者的参与和重视，是信息系统建设成功的重要条件。

11.2　对系统分析工作的支持

11.2.1　系统分析阶段的目标和任务

　　按照软件工程的思想，信息系统开发是整个信息系统建设工作中任务最为繁重、耗费资源最多的阶段，而其中的第一阶段就是系统分析阶段。系统分析是对需要用信息系统去解决的问题的分析。它包括对问题的定义、原因的确定、解决办法的说明以及解决该问题所需提供的信息的确定。

　　系统分析阶段的目标，就是在信息系统规划阶段所设定的某个开发项目范围内，明确信息系统开发的目标和用户的信息需求，提出系统的逻辑方案。系统分析在整个系统开发过程中，是要解决"做什么"的问题，把要解决哪些问题、满足用户哪些具体的信息需求调查、分析清楚，从逻辑上，或者说从信息处理的功能需求上提出系统的方案，即逻辑模型，为下一阶段的系统开发提供依据。

系统分析阶段的主要任务包括：系统初步调查，可行性分析，现行系统详细调查，新系统逻辑方案的提出。

系统初步调查的目标是明确系统开发的目标和规模。其关键问题是决定是否开发该信息系统，如果开发，那么就要提出该信息系统的目标、规模、主要功能的初步设想，并粗略估算出系统开发所需要的资源，这一工作任务的主要成果是《系统开发建议书》。

系统可行性分析的目标是进一步明确信息系统的目标、规模和主要功能，提出系统开发的初步方案与计划。其关键内容是进行系统开发的技术可行性分析、经济可行性分析、营运可行性分析，并制定出系统开发的初步方案与开发计划。这一工作任务的主要成果是《可行性分析报告》和《系统开发（设计）任务书》。

现行系统详细调查的目标是详细调查现行系统的工作过程，建立现行系统的逻辑模型，发现现行系统存在的主要问题。其主要内容是详细分析现行系统的结构、功能和数据流，确认具体问题的。这一工作任务的主要成果是《现行系统的调查报告》。

提出新系统逻辑方案的目标是明确用户信息需求，提出以《系统分析说明书》为主要工作成果的系统逻辑方案，其关键问题是做好用户需求分析，建立新系统的逻辑模型。

11.2.2　系统用户对系统分析的支持

1. 系统用户支持系统分析的重要性

信息需求分析也叫用户需求分析，这也许是系统分析中最困难的任务，是确定满足所选择方案的特定的信息需求。它是许多大型信息系统花费精力最多的领域。一个信息系统的信息需求至少应该包括：谁、在什么地方、什么时间、用什么方式、需要什么信息等。需求分析要仔细地定义出新系统的目标，要详尽地描述出新系统必须完成的各项功能，还要考虑经济的、技术的以及时间上的各种约束，当然还不能忽略组织原有的目标、业务过程和决策过程。错误的需求分析是导致系统失败以及系统开销过高的主要原因。依据错误的需求分析所设计的系统要么因性能差而不得不放弃，要么就需大幅度地修正。因此，需求分析的重要性绝不能轻视。

因此，开发大型信息系统的关键之一是能否对原系统和其所属的组织有一个彻底的理解，这是系统分析员在系统分析阶段的主要任务，而这一任务的圆满完成必须有包括系统运行管理人员在内的系统用户的大力支持和全面配合。

信息系统规模越大，系统分析工作就越复杂，这些分析工作不仅涉及复杂的技术背景，而且涉及复杂的组织管理背景，进行系统开发的计算机专业技术人员和系统运行与管理人员由于专业背景不同，而往往在信息交流方面存在巨大困难。因此专业的系统分析员是系统分析工作的主持者和主要承担者，他要担任系统运行与管理人员（即用户）和计算机技术人员之间的桥梁。

　　同时，在这一阶段中，系统用户也必须充分参与和配合系统分析人员以及计算机技术人员的分析工作。这主要是因为信息系统分析工作中的信息需求分析涉及面广，不确定性因素多，而且主要是面向组织的管理问题，分析工作的方式主要是调查和协商，就是要与直接或间接使用该系统的人打交道。系统分析就是要明确信息系统在支持组织的管理与决策方面要解决什么问题，因而必须对信息系统进行描述。由于信息系统是以人为主体的系统，人的思想与行为，如决策过程、信息需求的描述是系统分析的主要困难之一。必须综合运用定性、定量分析方法和有关知识与经验，对组织行为和管理决策过程进行科学分析，对各级各类管理人员的信息需求进行深入了解。在系统分析工作中，大量的工作是需要各级、各类管理人员和进行系统开发的系统分析员以及计算机技术人员进行联系和交流，这是明确问题，获取信息需求的主要方式。在系统分析工作中一般会涉及的系统用户主要包括：

　　（1）信息系统用户单位决策层的主要领导成员；

　　（2）使用信息系统的各级职能部门的负责人；

　　（3）信息系统用户单位中主管信息管理工作的高层负责人，例如首席信息官（CIO）、主管信息工作的副总经理、信息中心主任等等；

　　（4）具体负责运行、维护信息系统的管理人员、技术人员和操作人员。

　　这些人员往往具有不同的专业背景、利益与习惯，因此在与系统分析人员和计算机技术人员的交流和协调以及它们之间的交流与协调过程中往往造成困难与冲突。因此，必须作为系统用户必须要与各类人员建立相互理解与信任的关系，善解人意，并努力促进人与人之间的相互理解、交流和协调。这是保证系统分析工作，进而保证整个信息系统建设工作能够比较顺利、圆满完成的重要因素。

2. 用户在系统分析阶段的具体工作

1）提供组织的信息

　　系统分析工作中需要用户提供的信息大致可以分为 4 类：关于组织的信息、关于人的信息、关于业务工作的信息和关于工作环境的信息。

　　（1）关于组织的信息。组织的信息主要包括：

- 组织的使命、目标和发展战略。具体来说，就是关于组织的使命、宗旨的总陈述，组织在未来若干年（比如 5—7 年内）的发展方向与目标，为实现组织整体和长远目标而制定的发展战略与主要措施。一般在大、中型组织中都有相应的正规文件、资料记载这方面的情况，而对于某些中小组织和正在进行重大调整和改革的组织，就需要由组织的现任主要决策者予以提供这类信息。

- 组织的结构。组织结构的信息反映了组织内部的管理体制、职能分配和各管理部门、层次之间的关系。信息系统是为实现组织的目标服务的，了解组织结构问题的重点在于组织目标与结构的关系。如果现有组织在支持组织的整体目标方面存在矛盾与冲突，就必须收集相关信息以明确问题所在。一般的组织都有组织结构图等相关资料，如果没有或资料已经过时而不符合实际情况，就必须进行修改或重建。

- 职能部门的目标与宗旨。职能部门是整个组织的子系统。各个班组、科室、处、部以及其固定的和临时的下属组织都有其自己的目标和宗旨。在实际情况中，往往这些下属组织的目标与宗旨并不与组织的整体目标相一致，因此，必须明确了解这些职能部门的目标是怎样符合或不符合整个组织目标的，只有对组织结构有较为深入的了解才能更好地认识系统中各类信息的内容和流向。有关职能部门的这类信息一般应该由各级职能部门的负责人予以提供。

- 规章制度与政策。这些资料能够反映一个组织进行业务活动的规则与指导方针，信息系统应该贯彻执行这些规章制度与政策。在实际情况中，明文规定的和实际执行的规章制度与政策可能会有所差别，因此，需要由具体负责运行、维护信息系统的管理人员、技术人员和操作人员予以提供并解释这类信息。

（2）关于人的信息。

- 权利与责任。这类信息可以从组织结构图和某些正式的组织文件中体现出来一些，但往往实际的工作关系与组织结构图和文件上的规定有所差别，在某些问题的实际决策者可能与形式上的职务并不相同，而与具体的人的情况、传统和环境有着很大关系。有时这类信息可能需要保密，但必须要提供给系统建设的主要负责人，否则建立的系统就不可能反映管理者的实际需要。

- 岗位任务。主要是指在组织的业务工作进行过程中，每个人实际在做什么。因此系统用户除了要提供各项描述业务工作内容的文件，还要说明各种岗位的实际工作情况。

- 人际关系。主要是指反映了一个组织内部人们在工作中处于何种关系，如何相互协调与配合。由于在实际工作中，任何组织都有非正式的组织和人与人之间的联系渠道，信息的实际传递途径可能与组织结构图上所描述的并不一致。系统用户需要说明相关的实际情况，以促进新建信息系统对组织发展与业务工作的优化，保留合理的人际交流，消除不合理、容易引发混乱和失误的问题。

- 信息需求。系统用户要提供每个人、每个工作岗位的信息需求给系统分析人员，使之能够了解系统所涉及的每个人、每个岗位需要哪些信息以及目前实际能够得到哪些信息，为以后系统数据流图的建立与分析提供依据。系统用户应该帮助系统分析人员评价出哪些是必要的信息，哪些是无用的信息。

（3）关于业务工作的信息。

- 任务和工作流程。主要是指现有系统的业务处理的全过程，有关数据资料在系统中传递与变换的步骤和每一步的任务，特别是在上述过程与步骤中数据的结构和内容的变化。

- 进行工作的方法与程序。主要是指每个工作岗位做些什么，由哪些人做，使用什么设备，遵循什么规则，业务的作业如何安排。关于任务和工作流程的信息集中描述数据形式与内容，而这里集中描述行为和程序。

- 工作安排和工作量。主要是指在给定时间内完成多少工作，说明工作的高峰期和低谷期。

- 绩效准则。主要是指工作评价标准，这些标准不只是用于计划进度和工作量，而且包括质量、可靠性、准确性以及其他信息处理工作希望得到的指标。可以在现有系统中设置某些检测点或控制点，以了解系统表现并按特定准则进行评价。

（4）关于工作环境的信息。

主要是指工作场地的设施布局方面的信息与文件、表格、传输数据和人员在工作场地的设置和流动情况以及可用的公共设施、专用仪器设备等资源。

需要说明的是，以上只是对系统分析所需信息类型的一般性描述，并不是在每种情况下都要提供上述所有类型的信息，哪些方面的信息是要提供的重点内容，应该根据系统开发的目标和现有系统的实际情况而定。

在系统分析阶段，系统用户提供信息的方法主要包括：

（1）提供现有文件，包括组织结构图、规章制度与政策、工作方法与程序等有关手册、岗位说明、各类表格与报告、文件处理流程与工作流程图、现有系统流程图、现有信息系统的计算机程序文档、数据字典、计算机操作手册等。

（2）采取面谈的方式，即与信息系统分析人员直接面对面交谈来提供有关信息。面谈是和系统开发人员交流思想的好方法，它有助于双方建立相互信任的良好关系。面谈一般适合提供一些定性信息，而不太适合提供定量信息。可以考虑采取开调查会的方式，约定一个大多数用户都空闲的时间，通过大家的讨论互相补充所提供的信息内容。面谈的缺点是容易受到用户自身素质与工作性质的影响，可能有些用户不愿意当面发表自己的意见，或者由于交谈时间比较短，或者由于受条件限制无法多次面谈等原因，而使得面谈所提供的信息精确度较差。面谈可以采取两种方式：第一，自由式交谈，即自由提问和回答的方式；第二，结构式交谈，即按照事先准备的谈话提纲进行交谈，这种方式可以对给定问题提供较为可靠的回答，问题可以分层次。

（3）回答系统分析人员所提供的调查问卷。先由系统分析人员把需要调查的内容制成问卷式表格，然后由系统用户进行填写。调查表一般包括自由式和选择式两种，对于前者用户可以对所调查的问题进行自由回答，一般适用于中层管理干部对定性问题的回答；对于后者用户需要从几种备选答案中选择合适的答案，一般适用于具体工作人员或基层干部对哪些过程简单、规程清晰的业务问题做出回答。

（4）引导系统分析人员进行实地观察与实践，即带领系统分析员或计算机技术人员直接观察或参加现行系统的业务实践。这种方式有助于缩短用户与开发人员的距离，取得共同语言，提供的信息也比较准确、可靠，但是花费时间太多，而且有些业务不可能让系统分析人员亲自观察和动手操作。

2）对系统逻辑模型进行评价

当系统分析员建立好系统逻辑模型后，系统用户要承担对该模型的评价任务。评价的主要内部包括：第一，建立的系统逻辑模型是否全面准确地反映了组织对信息系统的整体目标与功能的要求；第二，建立的系统逻辑模型是否反映了各级人员的具体的信息需求。在评价过程中，系统用户进行逻辑模型评价的方式主要是，和系统分析人员就系统逻辑模型充分的交换意见，反复讨论，并进一步提出用户的意见和建议，并必须最终使用户和系统分析人员对系统的逻辑功能达成共识。在此过程中，一定要遵循用户直接参与的原则，这是系统分析工作成功的关键，也是今后系统设计与实施阶段用户与系统建设的其他人员相互支持与配合的基础。

在对系统逻辑模型进行评价的过程中，系统用户应该明确一个原则，就是系统分析工作追求的是有限目标。在信息系统建设中，由于用户单位各部门各类人员的信息需求和目标的多样性，往往造成有些目标和需求不一致，甚至相互冲突。例如，在工业生产企业中，生产部门常常希望销售部门能够尽早提供比较准确的产品市场需求信息，以便对产品的生产制定合理的安排，而销售部门则希望生产部门跟踪市场的变化来及时调整生产计划。而且，信息系统的建设是长期任务，不是一次项目开发就能够全部完成的。因此，在一次系统开发中，系统分析工作实现的目标是有限的，不可能把现有系统中所有问题都提出来，更不可能全部都去解决。一次系统开发只能满足用户的部分信息需求，做到各个相关用户大体满意，其他问题需要留待后续的系统开发项目再解决。所以，在系统分析中，既要明确本次系统开发项目要集中力量解决哪些问题，即"做什么"，也要清醒地认识这次开发中哪些问题暂时不去解决，即"不做什么"，明确系统开发任务的边界。信息系统各部分之间联系密切，如果系统开发的边界不明确，就可能造成系统开发任务在开发过程中不断扩展而使得主要任务难以完成。

系统用户还应该理解，所有软件功能都是有成本的，业务人员所希望的某些软件特性可能在技术上行不通，或者实现它需要付出极高的代价，而某些需求则是在试图达到在操作环境中不可能达到的性能，或试图得到一些根本得不到的数据。此外，有些问题并不需要一个信息系统的解决方案，而是需要做一些管理上的调整，或者是做一些附加的培训，或者是对当前组织进行精简。

11.3　对系统设计工作的支持

11.3.1　系统设计阶段的目标和任务

信息系统设计阶段的主要目标是将系统分析阶段所提出的反映了用户信息需求的系统逻辑方案转换成可以实施的基于计算机与通信系统的物理（技术）方案。

这一阶段的主要任务是从信息系统的总体目标出发，根据系统分析阶段对系统的逻辑功能的要求，并考虑到经济、技术和运行环境等方面的条件，确定系统的总体结构和系统各组成部分的技术方案，合理选择计算机和通信的软、硬件设备，提出系统的实施计划，确保总体目标的实现。

系统设计工作的主要依据包括：系统分析的成果，主要是《系统分析说明书》；现行可用的计算机硬件技术、软件技术、数据管理技术和数据通信与计算机网络技术；现行的信息管理和信息技术的标准、规范和有关的法律制度；用户需求，特别是在操作使用方面的要求；系统运行环境，如基础设施的配置情况、直接用户的空间分布情况、工作地点的自然条件以及安全保密方面的要求等。

　　系统设计阶段的主要活动包括：第一，系统总体结构设计，具体有系统总体布局方案的确定、软件系统总体结构的设计、计算机硬件方案选择和设计、数据存储的总体设计；第二，系统详细设计，具体有代码设计、数据库设计、输出设计、输入设计、用户界面设计和处理过程设计；第三，系统实施进度与计划的制定；第四，《系统设计说明书》的编写。

11.3.2　系统用户对系统设计的支持

1．系统用户支持系统设计的重要性

　　信息系统设计不能仅仅由技术专家独自承担，它要求系统用户的高度参与和控制。系统设计就是提出合理的计算机软硬件系统的技术方案，并采取具体的技术措施来满足用户需求，因此大量工作是技术性的。系统设计人员必须要对系统的逻辑功能和用户的各类需求有着深刻的、切实的理解。尽管《系统分析说明书》对系统的逻辑功能进行了详细的说明，但是在系统设计阶段仍然需要就一些可能出现的含糊不清、模棱两可的细节问题来征求用户的意见，以便进一步了解用户对系统分析阶段提出的信息需求的解释，用户也可以对已经提出的信息需求做非原则性的修改和补充，如果有原则性的修改，则必须提出对系统分析说明书的修改意见。同时，一些在系统分析说明书中没有反映的用户在操作使用和运行环境等方面的具体要求，也要在系统设计阶段加以明确并在系统的技术方案中得到反映。因此，系统用户在设计阶段仍然需要和系统设计人员打交道。这一阶段工作的重要特点就是系统设计的环境是管理环境和技术环境的结合。

　　用户的信息需求决定并且推动着所有的系统开发工作。用户对系统的设计过程必须有足够的控制，以确保系统反映出他们的业务和所需要的信息，而不是技术人员的某种偏见。用户参与设计工作，增加了用户对系统的理解程度和系统的可接受性，减少了因权力转换、部门间的冲突以及对新系统功能和流程的不熟悉而可能引发出的各种问题。所以说，在系统设计阶段，用户不充分地参与也是导致系统可能失败的主要原因之一。

　　有一些信息系统的专家提出，系统设计应该是用户导向，但是其他一些专家则指出系统开发不是一个完全理性的过程。更多的情况是，用户参与设计往往会受个人好恶的影响或者渗入了个人对权力的兴趣，而不是为了强化组织的目标。用户介入设计可能会破坏或严重妨碍系统的构造。实际上，在设计过程中用户的参与性和程度应该随系统不同而变化。精细、复杂、需求定义模糊的系统需要更多的用户参与，而对于那些简单和明确的需求，则不一定需要用户的过多参与。一般来说，与战略规划、决策支持系统相比，事务处理和操作控制系统需要用户的参与就比较少，而结构化程度差的系统需要用户参与应该多，这样有助于共同完成需求定义和对设计方案的修改。

2．用户在系统设计阶段的具体工作

1）参与系统总体结构设计

系统的总体结构是指整个系统由哪些部分组成，以及各部分在物理上、逻辑上的相互关系，

包括硬件和软件两大部分。系统设计首先要确定系统的总体布局，即系统的软、硬件资源和数据资源在空间上的分布特征，一般包括以下几种方案可以选择。

按信息资源管理的集中程度可以作如下选择。

- 集中式系统：是指把设备、软件资源、数据集为一体的集中管理系统。如，单机处理系统，主机终端分时系统（终端无处理能力），主机-智能终端系统（终端有处理能力）。这种系统优点是管理与维护控制方便、安全保密性较好、人员集中使用、资源利用率高。主要缺点是应用范围与功能有限，可变性、灵活性、开扩展性差。
- 分布式系统：是指把整个系统分成若干个在地理位置上分散设置、在逻辑上具有独立处理能力，但在统一的工作规范、技术要求和协议指导下进行工作、通信和控制的相互联系且资源共享的子系统。这种系统优点是：资源分散管理与共享使用，主机压力小，与应用环境配合较好，各个节点机具有一定的独立性和自治性，可变性、灵活性、开扩展性好。主要缺点是：安全性较差，由于地理上的分散，系统维护难度较高，管理工作负担较重。

按信息处理的方式包括以下系统。

- 批处理系统。
- 联机处理系统。

在选择系统总体布局方案时应主要考虑以下几个问题。

- 系统类型——是采用集中式还是分布式。
- 处理方式——是采用单一方式，还是混合方式。
- 数据存储——是分布式存储还是集中式存储，数据量大小，采用何种存储方式，是数据文件还是数据库管理系统等。
- 计算机系统——包括硬件设备类型、性能价格指标、工作方式，软件系统的配置情况，用户培训计划，系统技术支持可靠性，系统可扩展性，系统经济成本等等。

系统用户要对以上问题与系统设计人员进行充分讨论和论证，提出意见和建议，并最终达成共识。

2）参与代码设计

计算机信息系统设计的基本前提条件是把管理对象数字化或符号化，这就是代码设计。代码的作用有：第一，标识和确定某个具体的对象；第二，当按对象的属性或类别进行编码时，易于优化对象的统计和检索；第三，可以用代码标明对象所处的状态。

代码设计的基本原则如下。

- 适应性：即设计的代码要适应计算机的处理。
- 合理性：代码结构要与所描述的对象的分类体系相匹配。
- 简明性：代码应尽量简单、明了，以便降低误码率。
- 系统性：是指代码可以分组，并有一定的分组规则，在整个系统中具有通用性和一贯性。

- 稳定性：代码定义和描述应具有相对稳定性，以避免重复劳动。
- 可扩充性：代码空间应比较充裕，要保留一定的后备余量，以利今后扩充。
- 标准化：应尽量采用已经标准化的编码，如国际、国家和行业的有关标准，且系统内部使用的代码也应该统一。
- 便于识别和记忆：为了同时适合计算机和人，代码不仅要有逻辑含义，还应该便于识别和记忆，对于一些容易混淆的字符和数字应尽量少用。

代码一般包括如下几种。

- 无含义码：是只起代替编码对象名称的作用，而不提供其他信息的代码。如顺序码，即按顺序的自然数和字母赋予对象；无序码，即将无序的自然数和字母赋予对象，一般随机产生。
- 有含义码：如系列顺序码，即用连续数字代表编码对象的码，如张平的职工号是 0001，王励的职工号是 0002，……；数值化字母顺序码，即按编码对象名称的字母排列顺序编写代码，如表 11-1 所示。

表 11-1　按英文字母顺序排列

代　　码	名　　称
01	Apples（苹果）
02	Bananas（香蕉）
03	Cherries（樱桃）
……	……

- 层次码：是指按分类对象层次的从属、层次关系为排列顺序的一种代码。编码时，将代码分为若干层次级别，并与分类对象的层次相对应，代码从左到右表示的层次有高到低，每个层次的代码可以采用顺序码或序列顺序码，如图 12-1 所示。

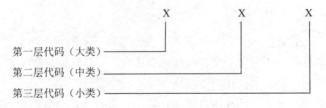

图 12-1　层次码示例

- 特征组合码：是指将分类对象按其属性或特征分为若干个"面"，每个"面"内的诸类目按其规律分别编码，"面"之间的代码没有层次关系，也没有隶属关系。使用时，根据需要选择各"面"中的代码，并按预先确定的"面"的顺序将代码组合，以表示类目。例如，对机制螺钉可选用材料、螺钉直径、螺钉头形状和螺钉表明处理四个"面"，每个"面"内又分为若干类目，并分别编码，如表 11-2 所示。

表 11-2   按特征组合编码排列

第 一 面	第 二 面	第 三 面	第 四 面
1—不锈钢	1—0.5 mm	1—圆头	1—未处理
2—黄铜	2—1 mm	2—平头	2—镀铬
3—钢	3—1.5 mm	3—六角形头	3—镀锌
		4—方形头	4—上漆

使用时，代码"2342"即表示黄铜、直径 1.5mm 的方形头镀铬螺钉。

- 复合码：是一种应用较广泛的有含义编码，通常由两个或两个以上完整的、独立的代码复合而成。例如，分类部分和标识部分组成的复合码是将编码对象的代码分成分类部分和标识部分两个部分，分类部分表示分类编码对象的属性或特征的层次属性关系，标识部分起分类编码对象注册号的作用，常用顺序码或系列顺序码。例如，美国物资编码就是采用 13 位数字复合码，其代码结构如图 12-2 所示。

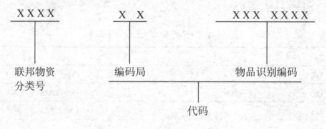

图 11-2   复合码示例

系统用户应该向系统设计人员提供和解释目前已经在使用着的各类代码，以保证与现有业务相一致。如果没有代码，则应该根据工作需要提出代码设计的建议和意见，采用符合信息要求的代码设计方案。

3）参与数据库设计

所谓数据库设计是指在要使用数据库管理系统进行信息系统数据存储与管理时，对数据库系统的模式、子模式、数据库应用程序、数据库等进行分析设计的过程。它的核心问题是如何从系统的观点出发建立一个数据模式，使其满足以下几个条件。

（1）符合用户的信息要求，反映用户的工作环境，包括用户要处理的所有数据，并支持用户需要进行的所有数据加工。

（2）与所选用的 DBMS 所支持的数据模式相匹配。

数据组织合理，容易操作，容易维护，容易理解。

在数据库设计的过程中，系统用户需要提供用户需求，主要包括对各类数据存储的要求，加工的要求以及各种限制条件（如取值范围、安全指标、响应时间等）。对用户需求的分析和设计是数据库设计的基础。

4）参与用户界面设计

目前，界面设计已经成为评价软件质量的一条重要指标，所谓用户界面是指软件系统与用户交互的接口，通常包括输出、输入、人-机对话的界面与方式等。

（1）输出设计。输出设计的主要职责和目标是，由计算机对输入的原始信息进行加工处理后形成具有一定格式的输出方式，提供给用户使用。

输出设计主要涉及：第一，输出信息内容，如输出项目、数据格式；第二，输出设备，如显示器、打印机、绘图仪、多媒体音像设备等；第三，输出介质，如磁盘、磁带、纸张或其他存储介质；第四，输出信息的使用，如使用者、使用目的、报表数量、使用周期、有效期、保管方式等。

选择什么样的数据输出方式，主要取决于系统用户使用什么样的输出设备和输出介质。常用的一种方式就是报表输出。系统用户应该根据需要提出对报表格式的要求，还可以考虑现有输出设备的支持环境，必要时应该建议购置新的输出设备。

（2）输入设计。输入设计的目标是，在保证输入信息正确性和满足需要的前提下，令输入方法简单、快捷、经济和方便使用。

系统用户应该提供关于当前系统已经在使用的输入记录表格，并详细说明输入信息的内容，包括输入数据项名称、数据类型、数据精度或倍数、数值范围以及输入格式，此外还应该提出有利于自己方便信息输入的建议和意见与界面要求。

（3）人-机对话设计。人机对话主要是指在信息系统运行过程中，使用者与计算机系统之间通过终端屏幕或其他装置进行一系列交替的询问与应答。对话设计的任务是与系统用户共同确定对话方式、对话内容与具体格式。

人机对话的方式有很多种，如键盘－屏幕方式、光笔－屏幕方式和自然语音对话方式等。具体的形式包括命令行方式和图形界面方式。命令行方式是早期信息系统中经常采用的一种人机交互方式，其特点是有用户向计算机中输入命令字符串，系统根据命令执行后显示执行结果，缺点是要求用户记忆烦琐的命令，容易输入错误，界面友好性差。图形用户界面目前已经成为软件设计中非常流行的一种界面设计技术。图形用户界面一般采用了 4 种基本图形元素，即窗口、图标、菜单和鼠标指针，其优点主要是界面直观、清晰易懂、操作方便、提供鼠标指针支持，拥有友好的界面和漂亮的表现形式。当然由于图形界面占用系统资源较多，处理速度较慢，对于响应时间要求较高的或硬件设备档次较低的系统一般不宜采用图形用户界面。

在对话设计中，系统用户应该参与到设计过程中，对设计好的对话格式要加以评价，要与系统开发人员达成共识。

11.4　对系统测试工作的支持

11.4.1　系统测试阶段的目标和任务

系统测试是信息系统开发周期中一个十分重要的阶段，它是系统质量与可靠性的保证，是对整个信息系统开发过程的最终审查。尽管在系统开发周期的各个阶段均已采取了严格的技术审查，希望尽早发现问题予以修正，但仍然难免遗留下差错，如果在投入运行前的系统测试阶段被发现并纠正，问题迟早会在运行中暴露出来，而到那时再进行纠正错误将会付出更大的代价，甚至会造成严重的后果。

在很多组织中，软件测试占软件开发费用的 30%到 50%。但大多数人仍然认为软件在交付之前没有进行充分的测试。这一矛盾源于两个明显的事实。第一，测试软件十分困难。给定程序具有无数的不同行为方式。第二，测试通常是在没有明确的方法，不采用必需的自动化手段和工具支持的情况下进行的。由于软件的复杂性，无法实现完全测试，但采用周密的方法和最新技术水平的工具可以明显提高软件测试的生产率和有效性。

对于失败将导致人员伤亡这类"安全至上"的系统（如空中交通管制系统、导弹制导系统，或医用输送系统）来说，高质量的软件是系统成功的要素。而对于典型的 MIS 系统，上述情况不是非常明显，但是消除缺陷造成的影响将需要相当昂贵的开支。在软件生命周期的早期启动的执行良好的测试，将明显降低完成和维护软件的开支。它还可以大大降低与部署质量低劣的软件相关的责任或风险，如用户的生产率低下、数据输入和计算错误，以及令人无法接受的功能行为。现在，许多 MIS 系统是"任务至上"的，也就是说，当出现失败时，公司将无法正常运转并导致大量损失。例如：银行或运输公司。测试任务至上的系统时，必须使用安全至上的系统所采用的类似严格方法。

系统测试的对象应该是整个软件，包括需求分析、概要设计、详细设计以及程序设计各个阶段的开发文档，如需求规格说明、总体设计说明、详细设计说明、源程序代码等。系统测试的目的和任务就是尽可能地发现软件中的错误，包括功能错误、系统错误、过程错误、数据错误、程序编码错误等。

在信息系统测试周期的各个阶段中，通常需要对不同类型的目标应用测试。这些阶段是从测试小的构件（单元测试）到测试整个系统（系统测试）不断向前发展的。

（1）单元测试。单元测试通常在早期实施，侧重于核实软件的最小可测试元素，一般指程序中的一个模块或一个子程序。单元测试的目的是核实该模块是否已覆盖了逻辑模型中控制流和数据流，以及模块是否可以按照预期工作。测试人员在模块的开发期间执行单元测试。

（2）集成测试。执行集成测试是为了确保当多个模块集成起来执行测试用例时，这些模块能够正常运行。测试对象是系统中的由多个模块组成的一个包或一组包。集成测试的目的是找出模块之间的接口规约中不够完全或错误的地方。

（3）系统测试。当将软件作为整体运行或实施明确定义的软件行为子集时，即可进行系统测试。这种情况下的目标是整个待测试的软件系统。

（4）验收测试。验收测试是部署软件之前的最后一个测试操作。验收测试的目的是确保软件准备就绪，并且可以供最终用户用于执行软件的既定功能和任务。

系统测试的主要活动包括：第一，成立专门的测试小组，测试人员应该避免由原来的软件开发人员担任，必要时应该包括系统最终用户；第二，设计测试方案，不仅要包括确定的输入数据，还要包括从系统功能出发预期的测试结果；第三，设计测试用例，测试用例是指为某个特殊目标而编制的一组测试输入、执行条件以及预期结果，以便测试某个程序路径或核实是否满足某个特定需求，其中不仅要包括合理、有效的输入数据，还要包括无效的或不合理的数据；

第四，进行具体系统测试工作，根据测试方案采用各种测试方法进行测试活动；第五，保留测试文档，并作为软件文档的重要组成部分，以便于进行重复测试和追加测试。

11.4.2　系统用户对系统测试的支持

1. 系统用户对制定测试计划的支持

制定测试计划的目的是确定和描述要实施和执行的测试。测试计划主要包含测试需求和测试策略。可以制定一个单独的测试计划，用于描述所有要实施和执行的不同测试类型，也可以为每种测试类型制定一个测试计划。完成测试计划制定后可以评测和管理测试工作。

在制定测试计划的过程中，需要由系统用户代表参与进来。因为系统用户是对信息系统建设项目的结果能够产生重大影响的角色。不同的系统用户通常会对问题持有不同的观点，因而必须用所提供的解决方案来满足他们不同的需要。在制定测试计划时，有时涉及的是系统的直接用户，而有时是系统的间接用户，或者只受到系统所影响的业务结果影响的人，还有的时候是系统的经济型买主或开发支持者。例如，业务客户（或客户代表）、最终用户（或用户代表）、项目投资者、股东、生产经理、买方等。一般情况下系统用户为制定测试计划提供正确信息的方法有：访谈、填写调查问卷、实施功能监测等。

制定测试计划的一般步骤如下。

（1）确定测试需求。

（2）评估风险。

（3）制定测试策略。

（4）确定资源。

（5）创建时间表。

（6）生成测试计划。

在不同步骤中，系统用户的参与形式与具体支持活动有所不同。

在确定测试需求阶段，系统用户需要与测试设计员通过访谈的形式来确定测试需求信息。

在评估风险阶段，系统用户首先要参与复审每一项测试需求并帮助确定风险因子（例如高、中或低）。测试工作需要平衡资源约束和风险，最重要的测试需求必须能够反映最高的风险。系统用户可以根据业务特点帮助测试设计人员评估哪些模块在发生错误或失效时将带来何种程度的不良后果。再者，大多数应用程序都有某些功能是经常使用的，而另外一些则是较少使用的。因此要对应用程序进行合理的测试，必须确保不仅测试具有最高风险的测试需求，而且还应测试经常使用的功能，因为这些功能通常是最终用户最频繁使用的。这类信息可以由测试设计人员与系统最终用户及其经理访谈来完成。还有一种方法是观察最终用户与系统的交互行为或者使用监视/记录软件来记录最终用户与系统的交互行为，以供分析使用。

在测试计划被制定完成并生成报告后，系统用户应该获取一份该报告的副本。

2. 系统用户对验收测试的支持

验收测试是部署软件之前的最后一个测试操作，验收测试为系统准备实际投入使用提供最终的证明。验收测试的目的是确保软件准备就绪，并且可以让最终用户将其用于执行系统的既定功能和任务。它不是检验系统某个方面的质量，而是要进行全面的质量检验，最终决定所开发的系统是否合格，因此验收测试是一项严格的正式测试活动。需要根据事先制订的计划，进行软件配置评审、功能测试、性能测试等多方面检测。验收测试由用户评估，当用户认为各个部分都令人满意时，则该系统达到了验收的标准，可以被实际安装部署了。

用户验收测试可以分为两个大的部分：软件配置审核和系统运行测试。其大致顺序可分为：文档审核、源代码审核、配置脚本审核、测试程序或脚本审核、系统运行测试。

要注意的是，在系统开发方将所开发的信息系统提交用户方进行验收测试之前，必须保证开发方本身已经对软件的各方面进行了足够的正式测试。用户在按照合同接收并清点开发方的提交物时（包括以前已经提交的），要查看开发方提供的各种审核报告和测试报告内容是否齐全，再加上平时对开发方工作情况的了解，基本可以初步判断开发方是否已经进行了足够的正式测试。

用户验收测试的每一个相对独立的部分，都应该有目标（本步骤的目的）、启动标准（执行本步骤必须满足的条件）、活动（构成本步骤的具体活动）、完成标准（完成本步骤要满足的条件）和度量（应该收集的产品与过程数据）。在实际验收测试过程中，收集度量数据，不是一件容易的事情。

1）软件配置审核

对于一个信息系统开发项目而言，系统开发方通常要提供如下相关的软件配置内容。

- 可执行程序、源程序、配置脚本、测试程序或脚本。
- 主要的开发类文档：《需求分析说明书》《概要设计说明书》《详细设计说明书》《数据库设计说明书》《测试计划》《测试报告》《程序维护手册》《程序员开发手册》《用户操作手册》《项目总结报告》。
- 主要的管理类文档：《项目计划书》《质量控制计划》《配置管理计划》《用户培训计划》《质量总结报告》《评审报告》《会议记录》《开发进度月报》。

在开发类文档中，容易被忽视的文档有《程序维护手册》和《程序员开发手册》。

《程序维护手册》的主要内容包括：系统说明（包括程序说明）、操作环境、维护过程、源代码清单等，编写目的是为将来的维护、修改和再次开发工作提供有用的技术信息。

《程序员开发手册》的主要内容包括：系统目标、开发环境使用说明、测试环境使用说明、编码规范及相应的流程等，实际上就是程序员的培训手册。

对于不同大小的信息系统开发项目，都必须具备上述的文档内容，只是可以根据实际情况进行重新组织。对上述的提交物，最好在合同中规定阶段提交的时机，以免发生纠纷。

通常，正式的审核过程分为 5 个步骤：计划、预备会议（可选）、准备阶段、审核会议和问题追踪。预备会议是对审核内容进行介绍并讨论。准备阶段就是各责任人事先审核并记录发现的问题。审核会议是最终确定工作产品中包含的错误和缺陷。

审核要达到的基本目标是：根据共同制定的审核表，尽可能地发现被审核内容中存在的问题，并最终得到解决。在根据相应的审核表进行文档审核和源代码审核时，还要注意文档与源代码的一致性。

在实际的验收测试执行过程中，常常会发现文档审核是最难的工作，一方面由于市场需求等方面的压力使这项工作常常被弱化或推迟，造成持续时间变长，加大文档审核的难度；另一方面，文档审核中不易把握的地方非常多，每个项目都有一些特别的地方，而且也很难找到可用的参考资料。

2）系统运行测试

在文档审核、源代码审核、配置脚本审核、测试程序或脚本审核都顺利完成，就可以进行验收测试的最后一个步骤——系统运行测试，它包括功能、性能等方面的测试，每种测试也都包括目标、启动标准、活动、完成标准和度量等五部分。

要注意的是不能直接使用开发方提供的可执行程序用于测试，而要按照开发方提供的编译步骤，从源代码重新生成可执行程序。

在真正进行用户验收测试之前一般应该已经完成了以下工作（也可以根据实际情况有选择地采用或增加）。

- 软件开发已经完成，并全部解决了已知的软件缺陷。
- 验收测试计划已经过评审并批准，并且置于文档控制之下。
- 对软件需求说明书的审查已经完成。
- 对概要设计、详细设计的审查已经完成。
- 对所有关键模块的代码审查已经完成。
- 对单元、集成、系统测试计划和报告的审查已经完成。
- 所有的测试脚本已完成，并至少执行过一次，且通过评审。
- 使用配置管理工具且代码置于配置控制之下。
- 软件问题处理流程已经就绪。
- 已经制定、评审并批准验收测试完成标准。

具体的测试内容通常可以包括：安装（升级）、启动与关机、功能测试（正例、重要算法、边界、时序、反例、错误处理）、性能测试（正常的负载、容量变化）、压力测试（临界的负载、容量变化）、配置测试、平台测试、安全性测试、恢复测试（在出现掉电、硬件故障或切换、网络故障等情况时，系统是否能够正常运行）、可靠性测试等。

性能测试和压力测试一般情况下是在一起进行，通常还需要辅助工具的支持。在进行性能测试和压力测试时，测试范围必须限定在那些使用频度高的和时间要求苛刻的软件功能子集中。由于开发方已经事先进行过性能测试和压力测试，因此可以直接使用开发方的辅助工具。也可以通过购买或自己开发来获得辅助工具。

进行系统测试时所采用的测试用例应该以实际应用数据为基础，而不再使用模拟数据，并且还应该设计一些与用户使用步骤和操作相关的测试用例。由于系统测试中采用的方法、标准和技巧在很大程度上依赖于具体的被测试系统，因此应该根据被测系统的实际特点和运行环境，以及用户的特殊需求进行系统测试，以使系统真正满足用户的需求。

如果执行了所有的测试案例、测试程序或脚本，用户验收测试中发现的所有软件问题都已解决，而且所有的软件配置均已更新和审核，可以反映出软件在用户验收测试中所发生的变化，用户验收测试就完成了。

11.5　对系统转换工作的支持

11.5.1　系统转换的任务

新的信息系统开发完毕并经过测试后，并不能马上投入运行，还存在一个新老系统转换的问题。系统转换就是指以新系统替换老系统的过程，即老系统停止使用，新系统开始使用。系统转换的任务就是保证新老系统进行平稳而可靠的交接，最后使整个新系统正式交付使用。系统转换过程需要项目开发人员、系统操作人员、用户单位领导以及相应业务部门的通力协作才能够完成，这是整个系统建设周期中动用人力物力资源最多的一个步骤，非常需要相互间的配合与协调。

11.5.2　系统转换的方式

系统转换是指由手工处理系统或者老的信息系统向新的信息系统转变的过程。通常可以采用三种转换方式：平行转换方式、直接转换方式和分阶段转换方式。

1．平行转换方式

平行转换方式是指新老系统并存且同时工作一段时间，直到确定新系统性能良好后，再以新系统正式全面代替老系统，如图 11-3 所示。采用平行转换方式，用户可以一方面继续使用习惯的方法操作老系统，另一方面也开始使用新系统。这样既可以保证业务工作的延续性，两个系统可以进行对比，相互校对结果，从而使用户对新系统有一个逐渐认识和接受的过程。

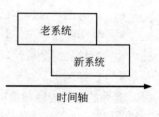

图 11-3　平行转换

平行转换是最安全、最保险的转换方式，因为一旦出现故障或新系统崩溃的情况，老系统仍然可以作为备份系统来使用，从而保证了过渡阶段的平稳可靠。但是，采用平行转换方式开销非常大，费用很高，需要配备额外的人员和资源以运行另外一套系统，而业务工作量是正常情况下的两倍。因此，平行转换过程的时间不能太长，一般不超过几个月。此外，由于用户在心理上存在惯性，习惯于依赖老系统，对系统转换在心理上存在障碍，因此很可能使新系统运行不顺利，从而延长平行工作的时间。

2．直接转换方式

直接转换方式是指在老系统停止运行的那一时刻立即运行新系统，由新系统完全替代老系统，因此也称为系统切换，如图 11-4 所示。直接转换方式最为简单，而且似乎比平行转换方式成本较低。但是，它要承担的风险很大，因为如果新系统发生严重的问题而无法正常运行的话，将会给业务工作带来混乱，带来极大的不良影响。因此采用直接转换反而可能比平行转换的耗费更大，因为一旦没有其他系统可以回到初始状态，那么因业务混乱、数据崩溃以及系统修正而需要付出的代价可能是非常巨大的。所以，如果采用这种方式进行系统转换，必须制定谨慎的转换计划，做好各种准备工作，安排充分的时间去修正可能出现的问题，并事先制定一些应急预案和预防性措施，例如使老系统保持在随时可以启动的状态。

直接转换方式通常适用于小型的不太复杂的信息系统，或对信息时效性要求不太高的系统，并且新系统应该已经经过了详细完整的测试和模拟运行。这种转换方式可以从心理上克服用户对老系统的依赖，促使他们努力使用好新系统进行工作。

3．分阶段转换方式

分段转换方式有逐步转换、试点过渡等具体形式。逐步转换方式是把系统分阶段引入，或按功能，或按组织单元，一部分一部分地逐步替代老系统，如图 11-5 所示。例如，如果分阶段引入一个新的工资系统，开始时可用于每周开支的计时工，六个月后再应用于每月开支的薪金工。如果系统按组织单元引入，公司总部可能首先使用，四个月以后，再进行基层单位的系统转换。试点转换方式是把新系统引入一个组织的有限地域，例如一个单一的部门或某个操作单元，当系统在那儿运行状态良好时，再逐步地或同时地安装到组织的其他部分。

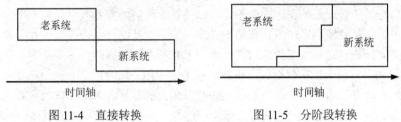

图 11-4　直接转换　　　　　　图 11-5　分阶段转换

由于分阶段转换方式是一个渐进的过程，转换过程中没有正式运行的部分，可以在部分并行的模拟环境下进行考验。这种方式的转换可靠性比较高而且成本并不很高。当然，这种方式下也会带来新的问题，即增加了部分转换中的接口问题，也就是部分新系统和部分老系统之间的衔接问题，这类接口有时在系统转换中是相当麻烦的，必要时还需要编制临时接口程序。

分阶段转换方式比较适用于大型信息系统的转换，不仅可以保证过渡平稳、转换可靠，而且在管理上也是可行的。分阶段转换过程中，第一批新老功能转换的效果至关重要，如果效果良好，将会给其他部分的转换带来积极的影响；否则将会产生用户的猜疑和抵触，而这些消极影响将大大延长转换的过渡过程。

11.5.3　系统转换的实施

1．系统转换前的准备工作

1）新系统的安装部署

新的信息系统在开发完成以后，应该根据所确定的系统转换方案，做好组织准备、物质准备，将新的信息系统安装部署到实际的工作环境中。主要包括计算机系统及相关硬件设备、网络基础设施及通信设备的安装调试与试运行；计算机软件系统的安装与配置；信息系统软件的安装与初始化配置；信息系统管理组织机构的设立，系统管理人员与运行操作人员的选拔与配备等等。

2）数据准备

数据准备是从老系统中整理出新系统运行所需的基础数据和资料，即把老系统的文件，数据加工成符合新系统要求的数据，其中包括历史数据的整理，数据口径的调整，数据资料的格式化、分类、编码、数据的增删改等。特别是对于那些采用手工方式进行信息处理的老系统，由于在新系统投运时需要大量的基础数据，因此所需数据的准备、整理与数字化的工作量相当巨大，应当提早准备，尽快完成，否则将大幅延迟系统转换的进程。

3）文档的准备

在系统开发结束后，应该有一套完整的开发文档资料，它记录了开发过程的整个开发轨迹，既是系统开发人员工作的依据，也是系统用户运行系统、维护系统的依据。文档资料要与开发方法相一致，且符合一定的规范。在信息系统投入运行之前要准备齐全，并形成正规的文件。

4）人员培训

系统转换不仅仅是机器硬件的转换，软件程序的转换，更重要的是人工的转换，必须提前做好对使用新系统的各级用户的培训工作。人员是信息系统的重要组成部分，包括组织的各级管理人员、信息系统管理人员、运行操作人员以及系统维护的专业人员。每一个与新系统有关的人都应该了解信息系统的运作方式和运作过程。培训就是使有关管理人员和技术人员了解和掌握新系统的有效途径之一。因此，培训工作关系到新系统的成败。

信息系统的开发与应用不仅是计算机在组织中的应用，同时也是一种组织变革。由于组织管理的传统思想及方法与信息系统的要求之间有着巨大的差异，组织管理人员对这种新的管理思想和管理方法有一个熟悉、适应和转变观念的过程。如果管理人员对即将使用的新系统的管理过程不了解，不能确定新系统是否适用于自己的工作，那么就有可能消极地对待新系统，甚至阻碍系统的推广应用。

对于自行开发信息系统的组织来说，通过系统开发过程来培养一批既懂管理业务，又懂信息系统的组织专业人员也应是组织开发信息系统的主要目标之一。

在系统转换阶段要制定出为培训和将来日常使用所需的详细文档和说明书，应当从用户和系统技术人员的角度分别描述该系统是如何工作的。由于信息系统的知识非常广泛，组织不同类别人员的培训内容应各有侧重。管理人员的培训重点应该是信息技术基本概念与一些结合具体项目的基础知识，例如：

（1）信息系统的基本概念，包括信息概念、性质与作用、系统概念与特点、信息系统开发方法与开发过程等。

（2）计算机基本知识，包括计算机硬件与软件基础知识、常用管理软件的功能与人机界面，网络与通信基本概念等等。

（3）管理方法，例如现代管理的基本思想，数据分析与管理决策的基本概念与常用方法。

（4）本组织信息系统介绍，包括信息系统目标、功能及总体描述、开发计划、主要事项与配合要求等等。

（5）本组织信息系统的操作方法。

应当强调的是，对于管理人员的培训要结合组织实际，再通过培训使各级管理人员明确开发与应用信息系统对组织生存与发展的重要意义，在了解与掌握基本概念的基础上打消顾虑，使他们能积极参与信息系统的开发，并为下一步的应用做好准备。

对系统操作人员的培训应把重点主要放在计算机硬件与软件基础知识，网络与通信基本概念，常用软件的操作，以及本组织信息系统的具体操作方法等方面。

对维护信息系统的专业人员的培养应把重点放在系统知识与系统规范方面，培养方法除强调在实践中学习外，还可采取委托培养，进修与外聘专家进行系统授课等方法。

为了保证培训能真正获得成效，培训工作应与人员的工作绩效评定结合起来，对培训的效果进行考核。具体操作可以分阶段地在培训后进行考试，也可以采用竞争上岗等方式，促使相关人员处理好当前工作与未来知识储备二者的关系。

2．系统转换的实施

1）系统的初始化工作

信息系统要投入实际应用必须经过一个初始化的过程。系统初始化包括对系统的运行环境和资源进行配置、系统运行和控制参数设定、数据转换与加载，以及协调系统与业务工作同步等一系列内容。

在系统初始化工作中，工作量最大、时间耗费最多其时间要求紧迫的活动通常是数据转换与加载。因为必须要把老系统的数据转换到新的系统上。对于原来采用手工方式进行信息处理的老系统，这个环节需要把大量的原始数据一次性输入到新系统中。而且与此同时，组织的生产、经营、管理等业务活动又在不断产生新的信息，如果不能在有限的时间内完成数据转换与加载并启动新系统，那么新的数据变化将可能造成系统中的数据过期失效。因此，系统初始化中大量的数据加载工作是新系统启动运行的先决条件。

在数据加载过程中不可避免地要对数据进行重新录入，如果一味地采用手工录入的方法，那么其工作量必定是很大的。因此，在新系统的设计时应当充分考虑到这一点，可以设计并开发必要的数据导入接口程序。如果老系统是计算机系统，则可以利用数据转换和加载程序将原系统上的数据和文件进行转换，使之顺利被导入新系统中，既能避免重复工作，又能保证数据的准确性和完整性。

由于在进行数据转换和加载时，大多数情况下都是人工操作并在规定时限内突击完成的，因此最重要的问题就是如何保证数据的准确性和完整性。当通过人工方式或专用软件把老系统中的数据加载到新系统中以后，必须对这些数据进行仔细地验证，检查其准确性和完整性。数据加载中出现的数据错误，大致有 4 种来源：① 原始数据中存在错误；② 数据准备工作中产生的错误；③ 数据输入错误；④ 新系统可能的程序错误。在系统初始化过程中一定要注意采取相应的手段和措施来进行查错和纠错，尽量防止错误数据进入新系统。例如，为了保证输入的准确性，必要时采用数据重复输入法，即把同一批数据进行两次重复输入，由系统自动核对输入的差异，从而检查数据输入中可能的错误，尽管数据输入的工作量增加了一倍，但是却能够有效地避免数据的输入错误。如果数据内部存在计算和平衡关系，也可以利用程序对输入的数据进行二次计算检查，从而发现其中可能存在的错误。总之，数据转换与加载工作量巨大、要求标准高，应当予以高度的重视。

2）系统转换过程中的维护

在系统转换过程中，尤其是在长时间的平行转换过程中，新系统运行时难免会出现一些局部性的问题，系统用户也会逐渐发现新系统的一些错误和功能的缺陷，这些都是正常现象。系统工作人员对此应有足够的准备，并做好记录。如果系统只是出现局部性问题，说明系统是成功的，反之，如果出现致命的问题，则说明系统设计质量不好，整个系统甚至可能需要重新设计。

对于新系统运行中出现的问题，应当以系统分析中确定的系统目标来衡量是否需要对系统进行修改，这时不管是用户还是系统开发者都必须采取谨慎态度。对于系统中的错误和漏洞一般是必须要进行修改的，而且一般工作量也不会太大。但是如果用户提出要补充新的功能，如增加某些新的查询和报表功能，这种要求往往已经超越了系统目标和系统总体设计方案的范围。如果改动的工作量不大，则可以考虑进行必要的改动，及时满足用户的要求；而如果改动的工作量很大，甚至需要重新从系统分析或设计做起，那么最好是先把这些要求记录下来，留待下一个系统开发周期去进行扩展升级。事实上，各种新的要求在系统投入运行后就会不断地被提出来，如果每提一个新要求就进行一次修改，那么新系统将永远无法正式投入运行使用。

在新系统投入运行时，应该理解和允许系统中存在某些不足，并且在运行过程中不断积累经验，发现新的问题，然后通过系统维护和系统更新来逐步解决这些问题，使系统逐步完善起来。

3. 人员对系统转换实施的影响

新旧系统的转换实施需要一个过渡的过程，而过渡期可长可短，这取决于多方面的因素，尤其与组织首席领导的重视程度有关。

人都有惰性，习惯的事就较难改变，在进行系统转换时，往往由于习惯了原系统的工作流程，习惯了原有的工作方式，所以在推行新系统时就会采取不合作的态度，导致新系统无法推广。或者要求新系统做出修改，实质上又将新系统变为原有系统。而一套应用系统在方便人们进行工作的一方面，但更重要的是其中蕴含的管理思想，这点常常被人们所忽视。组织管理流程无法做出应的改造，导致新系统推行的失败，或者又退回和原系统一样。所以要对工作人员进行耐心地教育，让其更快更好地掌握其操作方法，更重要的是其管理方法。

信息系统失败的一个主要原因是用户拒绝使用新系统。拒绝通常来源于对新的工作方式和任务不熟悉，或者对可能发生的改变产生忧虑。例如，当计算机文字处理系统进入到办公室时，许多秘书认为自己的工作会被计算机取代，因而拒绝学习和抵制新技术。然而，实际上字处理软件不仅没有代替秘书的职能，只是完成那些日常重复性，机械化的工作，而且还为秘书创造出新的和更多的管理事务，综合性与分析性的工作大大地增加了。

当新技术被引入组织时，许多习惯于在原有环境下工作的人会觉得受到威胁。因为环境改变了，原有的工作岗位，个人地位和人际关系也都会相应有所改变，因此容易产生一种失落感和不安全感。持有这种心态的人员会妨碍新系统的实施并企图恢复原系统。如果新的工作方式和工作程序不被接受，那么新系统就达不到预定的目标。

拒绝变化的另一个原因是目前的工作环境比较舒适，有关管理人员安于现状。如果没有更多的报酬与激励，管理人员会觉得改变工作条件得不偿失，因而产生惰性。

要使新系统和新技术的实施成功，组织的最高管理者和系统分析与设计人员就必须起到变化代理人的作用，用动态的观点，采用变化的计划实施策略来引导变化。当人们认识到变化的必要性和紧迫性时，就会产生求变心理，去制定改变现状的计划。通过管理业务调查，技术培训等形式，能逐步转变管理人员的观念，完成这项工作需要有耐心和恒心。在系统设计过程中，要注意维持一定的工作满意度，在此基础上对原有工作予以重定义。在系统实施过程中，一旦系统出现问题，系统设计人员应迅速做出反应，以免用户产生不满情绪。

4．系统转换具体案例

下面将就某化工厂开发管理信息系统的经验教训为具体案例，来说明在系统转换过程可能发生的各种实际问题。

某化工厂是一个生产硼化物的企业。该厂占地面积 10 万平方米，在册职工 500 人。改革开放以来，建立了厂长负责制，改变了经营方式，搞活了企业，经济效益明显增长。当时，作为全国知名企业家的厂长，为了进一步提高企业管理水平，决定与某大学合作，以委托开发方式为主研究管理信息系统。接受委托单位进行了可行性分析，认为根据当时企业条件，还不适于立即开始管理信息系统的全面开发，最好先研制一些子系统。原因是该厂技术力量薄弱，当时只能从车间中抽调出三名文化程度较低的工人和一名中专程度的技术人员组成计算机室，管理人员对于应用微型计算机也缺乏认识，思想上的阻力较大。但是，厂长决定马上开始中等规模的 MIS 开发。他认为，做个试验，即使失败也没有关系，于是开发工作在 1986 年 1 月就全面上马了，学校抽调了教师和研究生全力投入。

整个项目的研制工作开展得较有条理。首先是系统调研、人员培训，规划了信息系统的总体方案，并购置了以太局域网软件和五台 IBM-PC 机。在系统分析和系统设计阶段绘制数据流程图和信息系统流程图的过程中，课题组和主要科室人员在厂长的支持下多次进行了关于改革管理制度和方法的讨论。他们重新设计了全厂管理数据采集系统的输入表格，得出了改进的成本核算方法，试图将月盘点改为旬盘点，将月成本核算改为旬成本核算，将产量、质量、中控指标由月末统计改为日统计核算。整个系统由生产管理、供销及仓库管理、成本管理、综合统计和网络公用数据库五个子系统组成。各子系统在完成各自业务处理及局部优化任务的基础上，将共享数据和企业高层领导所需数据通过局域网传送到服务器，在系统内形成一个全面的统计数据流，提供有关全厂产量、质量、消耗、成本、利润和效率等 600 多项技术经济指标，为领导做决策提供可靠的依据。在仓库管理方面，通过计算机掌握库存物资动态，控制最低、最高储备，并采用 ABC 分类法，试图加强库存管理。

原计划从 1986 年 1 月份开始用一年时间完成系统开发，但实际上，虽然课题组夜以继日地工作，软件设计还是一直延续到 1987 年 9 月，才开始进入系统转换阶段。可以说，系统转换阶段是系统开发过程最为艰难的阶段。许多问题在这个阶段开始暴露出来，下面列举一些具体的表现。

（1）手工系统和计算机应用系统同时运行，对于管理人员来说，是加重了负担，在这个阶段，管理人员要参与大量原始数据的输入和计算机结果的校核。特别是仓库管理系统，需要把全厂几千种原材料的月初库存一一输入，工作量极大，而当程序出错，修改时间较长时，往往需要重新输入，这就引起了管理人员的极大不满。

（2）仓库保管员不愿意在库存账上为每一材料写上代码，他们认为这太麻烦，而且理解不了为什么非要这样做。

（3）计算机打印出来的材料订购计划比原来由计划员原先凭想象编写的订购计划能产生明显的经济效益，计划员面子上过不去，到处说计算机系统不好使，而且拒绝使用新的系统。

（4）厂长说："我现在要了解本厂欠人家多少钱，人家欠我厂多少钱，系统怎么显示不出来"。

以上这些问题，虽然经过努力，逐一得到解决，系统开始正确运行并获得上级领导和兄弟企业的好评，但就在这时企业环境却发生了很大的变化，一是厂长奉命调离；二是厂外开发人员移交后撤离，技术上问题时有发生；三是原来由该厂独家经营的硼化物产品，由于原材料产地崛起不少小厂引起市场变化，不仅原材料来源发生问题，产品销路也有了问题，工厂效益急剧下降，人心惶惶，无暇顾及信息系统发展中产生的各种问题。与此同时，新上任的厂长认为计算机没有太大用，不再予以关心。这时，原来支持计算机应用的计划科长也一反常态，甚至在工资调整中不给计算机室人员提高工资，结果是已掌握软件开发和维护技术的主要人员调离工厂，整个系统进入瘫痪状态，最后以失败而告终。

本章要点

本章主要介绍有关信息系统开发的用户支持，要点如下。

（1）用户支持信息系统建设的意义。

（2）对系统分析工作的支持。

（3）对系统设计工作的支持。

（4）对系统测试工作的支持。

（5）对系统转换工作的支持。

思考题

（1）系统分析阶段的目标和任务是什么？

（2）系统用户对系统分析的支持有哪些？

（3）系统设计阶段的目标和任务是什么？

（4）系统用户对系统设计的支持包括哪些部分？

（5）系统测试阶段的目标和任务是什么？

（6）系统用户对系统测试的支持有哪些？

（7）系统转换的任务是什么？

（8）系统转换的方式有哪些？

第 12 章　标准化基础知识

12.1　标准化及其体系结构

12.1.1　标准化概念

国际标准化组织与国际电工委员会在 1991 年联合发布的 ISO/IEC 第 2 号指南《标准化与相关活动的基本术语及其定义》（1991 年第六版）中，为"标准化"一词做出定义，即"标准化"是对实际与潜在问题做出统一规定，供共同和重复使用。

我国于 1983 年颁布的国家标准《标准化基本术语第一部分》（GB3935.1－1983）中，将标准化定义为：在经济、技术、科学及管理等社会实践中，对重复性事物和概念通过制订、发布和实施标准，达到统一，以获得最佳秩序和社会效益。

尽管上述定义的文字各不相同，但其内涵基本一致，都认为标准化是一个包括制订标准，实施标准等内容的活动过程，都指出了标准化的目的为了获取秩序的效益，具体来说包括以下五个方面。

（1）标准化不是一个孤立的事物，而是一项有组织的活动过程。主要活动就是制订标准、贯彻标准，进而修订标准、又实施标准，如此反复循环，螺旋式上升，每完成一次循环，标准化水平就提高一步。

标准化作为一门学科就是标准化学，它主要研究标准化活动过程中的原理，规律和方法。

标准化作为一项工作，就是制定标准，组织实施标准和对标准的实施进行监督或检查，它要根据国民经济等客观环境条件的变化而不断地促进标准化循环过程的正常进行，以促进国民经济的发展，以至社会文明生活水平的提高。

（2）标准是标准化活动的成果，标准化的效能和目的都要通过制订和实施标准来体现，所以，制订各类标准，组织实施标准和对标准的实施进行监督或检查构成了标准化的基本任务和主要活动内容。

（3）标准化的效果，只有当标准在实践中付诸共同与重复实施之后才能表现出来，绝不是制订一个或一组标准就可以了事的，有再多、再好、水平再高的标准或标准体系，没有共同与重复运用，就没有效果，因此，标准化的全部活动中，"化"——即实施标准，是十分重要不可忽视的环节，这一环节中断，标准化循环发展过程也就中止，更谈不上化了。

（4）标准化的对象和领域，都在随着时间的推移不断地扩展和深化。如过去只制订产品标准、技术标准，现在又要制订管理标准、工作标准，过去主要在工农业生产领域，现在又要制订管理安全、卫生、环境保护、人口普查、行政管理领域，过去只对实际问题进行标准化，现在还要对潜在的问题实行标准化。

这充分说明标准化正随着社会客观需要不断地发展和深化，并且有相对性。标准化的这种相对性，表现在标准化与非标准化的互相转化上，非标准事物中包含有标准化的因素，标准的事物中也应允许非标准的东西，使其适合社会多样化的需要。

（5）标准化的目的和重要意义就在于改进活动过程和产品的使用性，提高活动质量、过程质量和产品质量，同时达到便于交流和协作、消除经济贸易壁垒的目的。

中国标准定义和国际标准定义的含义基本相近，但是国际标准的定义时间较晚，内容深刻，文字简明，适用范围大，可以认为是应该采用的最佳定义。

标准化工作是一项综合性很强的理论和实践活动，内容十分广泛。随着科学技术的发展和国民经济监督管理的需要，作为整个技术监督一部分的标准化工作，已经渗透到科研、管理以及应用的各个领域。社会实践证明，按照统一、简化、优选、协调的原则办好标准化，对于加快国民经济建设，提高产品和工程质量，促进技术进步，合理利用资源，实现以信息技术为基础的现代化管理，具有非常重要的作用。标准化程度的高低，已经成为衡量一个国家生产技术水平和科学管理水平的重要尺度，而且，作为现代化程度的标志，随着国际经济技术交流的不断扩大，标准化也早已跨越国界，日趋国际化。

标准化工作的主要特性如下。

（1）统一性：标准化是一定范围内的统一规定。大至世界、国家，小至企业、集团，标准程序、标准格式等都应趋于统一。

（2）政策性：标准化本身是国家技术政策的一种体现。确定一个重大标准涉及技术的先进性、合理性、安全性和可靠性等，要考虑当前利益和长远利益，生产与使用各方面的利益，是一项政策性很强的工作。

（3）横向综合性：标准化横向深入到各个专业的技术领域，以及每一专业技术领域的各个环节。

12.1.2　标准化学科

随着社会文明的进步和发展，标准化也经历了一个从不自觉到自觉，从一种单纯的技术和管理优化方法到一门有其特有领域的学科的漫长而光辉的发展历程。

1992年11月，国家技术监督部门发布了由中国标准化与信息分类编码研究所等部门起草的国家标准GB 13745《学科分类与代码》。这项国家标准按照科学性、实用性、简明性、兼容性、扩展性和唯一性原则，依据学科研究对象、研究特征、研究方法、派生来源和研究目的目标等五个方面，对各类学科设立了58个一级学科，尔后依次设计其二级和三级学科。标准化科学技术，即标准化学被定位在工程与技术科学基础学科中的二级学科（代码为410·50）。

标准化学的理论基础是控制论、信息论、统计学及相关的专业技术科学，其基础科学既有法学、语言学等社会科学，物理、化学等自然科学，还有概率论、数理统计学、应用统计数学、运筹学等数学，而以自然辩证法、逻辑学、辩证唯物主义和历史唯物主义等构成的哲学则是指导标准化的最基本的方法。标准化工作与其他学科是互相联系，相互渗透的，它们之间既有联系，又有区别。

标准化工作研究的对象可分为两类：一是具体对象，即各专业、各方面需要制定标准的对象；二是总体对象，即在各类具体对象基础之上进行综合、概括起来的总体对象。二者之间的关系是，前者是制定标准的对象，后者是标准化学科要研究的任务和对象。人们认为标准化学就是以标准化的整体为对象，来研究整个标准化领域的普遍规律的科学。

12.1.3　标准化层级

标准化的层级是指"从事标准化的地理、政治或经济区域"（ISO/IEC 第 2 号指南）。

依据 ISO/IEC 第 2 号指南中对标准化层级的定义和注解，可以划分为下列六个层级。

（1）国际标准化。国家标准化是指"由所有国家的有关机构参与开展的标准化"（ISO/IEC 第 2 号指南）。

国际标准化是在 19 世纪后期从计量单位、材料性能与试验方法和电工领域起步的。20 世纪 50 年代后，由于世界大战的结束，国际标准化组织（ISO）的成立，使国际标准化随着社会科技进步与经济发展逐步发展起来，标准范围也从基础标准如术语标准、符号标准、试验方法标准逐步扩展到产品标准，从技术标准延展到管理标准（如 ISO 9000 族标准），1979 年关税贸易总协定（GATT）东京回合谈判达成的"贸易技术壁垒协议"又称标准导则（TBT）使国际标准化的权威性得到空前提高，采用国际标准成为各国标准化的基本方法与政策。

（2）区域标准化。区域标准化是指"仅在世界某一地理、政治或经济区域内国家的有关机构参与开展的标准化"（ISO/IEC 第 2 号指南）。

由于世界各地区民族不同，习惯风俗各异，经济技术水平不一，为了维护与保障某一地理、政治或经济区域内民族利益，促进该区域经济发展、消除区域内贸易技术壁垒，欧洲、亚洲、美洲、非洲和阿拉伯地区等区域先后成立了区域标准化机构。如欧洲标准化委员会（CEN）、亚洲标准委员会（ASAC）、阿拉伯标准化计量组织（ASMO）、非洲地区标准化组织（ARSO）、泛美技术标准委员会（COPANT）等，协调各国标准化工作，开展区域标准化活动，有的还组织制定与实施区域标准，如欧洲标准（CE）等。

（3）国家标准化。国家标准化是指"发生在某一国家层级的标准化"（ISO/IEC 第 2 号指南）。

国家标准化的主要任务是依据本国技术、经济与政治管理需要，制定标准化法律、法规、规章和方针政策，组织制定与实施国家标准，以建立文明秩序，促进科学技术、经济贸易的发展，维护国家和人民权益。由于各国政治、经济体制不同，各国标准化组织性质与活动方式也不同。

（4）行业标准化。行业标准化是指某一国家内行业标准化组织开展的标准化活动，它既符合行业管理的需要，又是国家标准化的基础与补充，并可有效指导本行业的企业标准化，必要时，还可参与某一领域的国际标准化或区域标准化的活动，成为其重要组成部分。

（5）地方标准化。地方标准化是指"发生在一个国家内某一地区层级的标准化"（ISO/IEC 第 2 号指南）。

在一些地域辽阔的国家，如美国、俄罗斯和中国，都有地方标准化，它适应当地政治、经济与人民生活的客观需要；并且是国家标准化的重要基础和补充，也能指导和促进本地企业标准化的有效开展。

（6）企业标准化。企业标准化是发生在企业层级的标准化，它包括各类企事业单位、公司、工厂及其内部部门，各车间乃至班组的标准化。它是企业科学管理的重要基础，也是国际、区域、国家、行业和地方标准化的落脚点。

12.1.4　标准化系统

系统是指"同类事物按一定关系组成的整体"，因此，标准化系统就是标准化事物按一定内在联系组成的整体。

从标准化的定义和标准化的实践工作可知与标准化相关的事物主要有问题，活动，标准、人、机构、法规或制度、资源等因素。

- 问题：即标准化课题，是依存主体的标准化对象，无论是实际问题，还是潜在问题，都可以成为标准化的对象。
- 活动：即标准化活动过程，也就是组织制定与实施标准，修订标准以及再实施标准以及对标准的实施进行监督或检查的活动过程，它是标准化的主线。
- 标准，是标准化活动的成果，也是标准化活动过程的结果，构成标准化系统的标准应组合成标准体系。
- 人：即标准化专业人员，是开展标准化活动的关键要素，没有标准化人员，也就不能开展标准化活动。
- 机构：即标准化组织，这是开展标准化活动的组织保证。
- 法规或制度：即开展标准化活动的法定程序。
- 资源：就是开展标准化活动所需的物质条件，如各种设施设备、电子计算机、计量测试仪器、仪表等。

因此，就可以为"标准化系统"确定一个科学的定义：标准化系统是为开展标准化所需的课题、过程、组织、人、标准、法规制度及资源构成的有机整体。

可以把标准化系统分成课题（即依存主体对象）、标准体系与标准化工作体系三个部分。课题是建立标准化系统的前提，标准化工作体系是标准化系统的运行主体，标准体系是标准化系统的运行结果。

依据标准化层级，可以把标准化系统分成行业标准化系统、企业标准化系统等。

依据标准化对象，又可以把标准化系统分为产品标准化系统、工程标准化系统、信息标准化系统、能源标准化系统等。

12.1.5　现代标准化

20世纪60年代后，随着新技术革命的深入发展，电子计算机的普及应用，对社会生产力带来一系列的飞跃，必将对人类社会和生活带来一系列的重大变革，从而使标准化进入现代标准化阶段。20 世纪 90 年代以后，电子、生物工程、航天、超导材料等高新技术日益产业化，信息、服务等软件技术加速发展，计算机系统逐步进入社会、家庭和生活，并向微型化、网络化、智能化方向发展，使世界进入一个"信息时代"。多种技术日益趋融合，军事技术和民用技术互相结合等都给现代标准化提出了新的课题和任务。

高新技术的飞速发展，使产品更新换代速度明显加快，产品结构趋于复杂，性能要求多，高质量、高可靠性要求对现代标准化提出了新要求，再靠制定单个标准已远远不适应了，这就要求标准化必须摆脱传统的方式，进入现代标准化阶段。

现代标准化的主要内容是以系统最优为目标，运用经典数学、统计数学以及模糊数学等各种数学方法，依据系统工程、价值工程等各种现代管理科学，再应用电子计算机等各种现代工具，进行最佳控制和最佳协调，通过建立与经济、技术发展水平相适应的标准体系，在包括经济管理和人类社会活动生活在内的广泛领域里发挥其功能。

1．现代标准化的特性

尽管现代标准化还在继续发展之中，但从近几十年来现代标准化的过程中可以初步看到它具有下列 5 个方面的特性。

（1）系统性：现代标准化要从系统的观点处理和分析标准化工作中的问题，并要形成一个标准化系统。标准化系统即要同产品（或工程）系统相协调，又要同生产经营系统以及整个国际的经济系统相协调。

（2）国际性：国际贸易的蓬勃发展，使各国企业纷纷走出国界，进入国际大市场，国际经济秩序的建立更使现代标准化具有国际性，这使国际标准化成为现代标准化的主流，采用国际标准成为各国标准化工作的重要方针和政策。

（3）动态性：高新技术的层出不穷，产品频繁地更新换代，市场风云的变幻多端，使现代化标准化一直处于动态发展之中，否则就不能适应客观需要和环境。

（4）超前性：现代标准化的对象不仅是实际存在的问题，而且还有潜在的问题，这样才能避免由于非标准化而带来巨大的损失。

（5）经济性：现代标准化十分注重标准化的经济效果和效益，不仅重视短期的标准化经济效果和效益，而且更加重视长远的标准化经济效果和效益，这也使现代标准化与经济建设更紧密地结合在一起。

2．现代标准化的主要形式和方法

（1）综合标准化。综合标准化是现代标准化的基本形式和方法，它通常针对不同的标准化对象，以考虑其整体效果为主要目标，把涉及的全部因素综合起来进行系统处理，以能保证标准化对象达到最佳水平，为此，GB 12366《综合标准化工作原则》定义为"为了达到确定的目标，运用系统分析方法，建立标准综合体，并贯彻实施的标准化活动"实际上，综合标准化就是标准化与系统工程相结合的科学方法。

（2）超前标准化。超前标准化是根据科学预测，对标准化对象规定高于目前实际水平要求的标准化，其标准化成果就是超前标准，它明确地提出在一定期限（即超前期）后应达到的超前指标，以避免标准滞后于实践，是适应现代科技迅速发展的标准化方法。

此外，现代标准的形式与方法还有动态标准化，柔性标准化等等。

3. 现代标准化的主要工具

从 1946 年发明第一代电子管电子计算机开始至今，已经历了几次更新换代，运算速度由原来的每秒数十次发展到数亿、数十亿次，由于它具有计算速度快，精度高，记忆能力强等优点，因此成为现代标准化必不可少的重要工具。无论是在标准信息数据库的建立，标准中参数指标的最优化定量分析与计算，还是标准化经济成果的预测与计算等方面，都要借助于电子计算机来完成。

12.1.6   信息资源管理的标准化

对于信息资源管理来说，标准化就是要在信息资源的生产和使用等一系列管理活动中，制定、发布和实施有关的标准和规范，合理、高效地利用和开发信息资源，已达到最佳经济和社会效益。

随着信息资源在社会各个领域地逐步渗透，以及对人类日常工作、学习和生活的深入影响，其管理活动越来越频繁，技术水平越来越高，信息资源商品化、社会化、国际化的进程越来越快，为了发挥信息资源的巨大能量，使之充分地为社会生产和生活服务，并进行科学有效的管理，必须开展信息资源管理的标准化工作。

信息资源管理标准化有以下重要意义。

（1）是进行科学管理和组织生产的重要前提。

（2）是进行技术开发，提高技术水平的重要途径。

（3）是保证信息产品质量，进行全面质量管理的重要基础。

（4）是获得最佳经济效益的重要手段。

（5）是开拓市场，提高竞争能力的重要保证。

（6）是开展国际交流，进行国际合作的重要桥梁。

信息资源管理标准化的重要作用如下。

（1）保证信息产品开发和使用各个环节的技术衔接和协调。

（2）改进、保证和提高信息资源的质量。

（3）合理发展信息产品的品种。

（4）促进科研成果和新技术的推广应用。

（5）便于信息资源的使用和维护。

（6）缩短信息资源的开发周期，提高劳动生产率。

（7）保护用户和消费者的利益。

ISO（国际标准化组织）和 IEC（国际电工委员会）在 1987 年联合成立了 ISO/IEC JTCI《信

息处理技术委员会》，以信息处理为中心的信息技术标准化是 ISO 和 IEC 的工作重点，制定的标准逐年递增，已颁布的国际标准约 500 多项，而我国将其转化为国家标准的不超过 1/3。目前我国有关部门对这个问题已经开始高度重视，正采取积极措施，加强我国信息资源标准化工作。

12.2　标准分类与分级

12.2.1　标准分类

由于标准的种类繁多，不可能只用一种方法对所有的标准进行分类。为了不同的目的，可以从不同的角度对标准进行分类。

（1）层级分类法。层级分类法是将标准系统的结构要素（标准），按照其发生作用的有效范围划分为不同的层次，这种层次关系人们通常又把它叫作标准的层级。从当今世界范围来看，有国际标准、区域性或国家集团标准、国家标准、行业标准、地方标准和企业标准等。在各国的标准系统中，层次的划分不尽相同，根据我国标准化法的规定，我国标准分为国家标准、行业标准、地方标准和企业标准四级。

（2）性质分类法。性质分类法是按照标准本身的属性加以分类。很显然，按照属性进行分类仍然很繁杂，因为标准的属性也有众多的种类和复杂的层次。一般说来，按照标准性质分类，标准可以分为管理标准、技术标准、经济标准、安全标准、质量标准等；按照法律的约束性分类，标准可以分为强制性标准和推荐性标准两种类型。

（3）对象分类法。对象分类法是按照标准化的对象进行分类。在我国出于工作上的方便，习惯上把标准按对象分为产品标准、工作标准、方法标准和基础标准等，也可进一步概括为"物"和"非物"两大类，属于"物"的对象有产品、工程、设备、工具、原材料等；属于"非物"的对象有工作、程序、操作、方法等。

12.2.2　我国的标准分级

根据我国标准化法的规定，我国的标准可以划分为国家标准、行业标准、地方标准和企业标准四级。

（1）国际标准。国际标准是指由国际上的权威组织制定，并为大多数国家所承认和通用的标准。在信息技术领域通常是指由国际标准化组织（ISO）和国际电工委员会（IEC）制定的标准。此外，像美国电气和电子工程师协会（IEEE）等专业组织制定的、经国际标准化组织认可的标准，也可以视为国际标准。

（2）区域标准。区域标准是指由世界区域性集团的标准化组织制定和发布的标准，这种区域性集团，有的由于地理原因，有的则由于政治经济原因而形成。如西欧国家组成的欧洲标准化委员会（CEN）制定的欧洲标准，苏联和东欧国家组成的经互会标准化委员会（ПКССЭБ）制定的经互会标准，阿拉伯国家正常的标准与计量组织（ASMO）制定的阿拉伯标准等，都属于区域标准。

（3）国家标准。国家标准是指对全国经济、技术发展有重大意义，需要在全国范围内统一的标准。就我国国家标准来说，主要包括以下几个方面。

- 有关通用的名词术语；
- 互相配合的基本标准；
- 有关安全、卫生和环境保护的标准；
- 有关广大人民生活，跨部门生产的重要工农业产品标准；
- 基本原料、材料标准；
- 工具、量具，通用的试验方法和检验方法标准等。

（4）行业标准。行业标准是指因没有国家标准而又需要在全国某个行业范围内统一的标准，通常由国家标准化组织下设的某个专业技术委员会负责制定。在我国，行业标准不得与国家标准相抵触。

（5）地方标准。地方标准是指没有国家标准和行业标准而又需要在省、自治区、直辖市范围内统一的标准。通常由省、自治区、直辖市当地人民政府设立的标准化机构负责制定，在我国，地方标准不得与国家标准和行业标准相抵触。

（6）企业标准。企业标准是指企业因生产的产品没有相应的国家标准和行业标准而自行制定的标准，它是企业组织生产的依据。

一般而言，按法律约束力分，国家标准、行业标准可分为强制性标准、推荐性标准和指导性技术文件三种；按标准化的对象分，标准可分为技术标准、管理标准和工作标准三大类。

12.2.3　标准的代号与编号

我国现行的标准代号、编号方法是以 1963 年 8 月《国家科委关于统一标准代号，编号的几项规定》文件为基础，逐渐形成的。国务院机构改革以后，国务院各部门的设置及其职能都做了较大调整。为加强标准化工作管理，规范使用国家标准、行业标准代号，提高标准化工作的有效性，更好地为国民经济建设服务，根据《中华人民共和国标准化法》和《中华人民共和国标准化法实施条例》的有关规定，1998 年 8 月 24 日，国家质量技术监督局重新公布了中华人民共和国国家标准、行业标准代号（58 个）。

1. 国家标准

我国的国家标准代号是以"国标"两个字的大写汉语拼音"Guo Biao"的第一个字母"GB"来表示的，强制性国家标准代号为"GB"，推荐性国家标准的代号为"GB／T"。国家标准的编号由国家标准的代号、标准发布顺序号和标准发布年代号（四位数组成）。

（1）强制性国家标准

（2）推荐性国家标准

（3）国家实物标准（样品），由国家标准化行政主管部门统一编号，编号方法为国家实物标准代号（为汉字拼音大写字母"GSB"）加《标准文献分类法》的一级类目、二级类目的代号及二级类目范围内的顺序、四位数年代号相结合的办法。

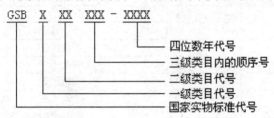

2. 行业标准

行业标准代号由汉字拼音大写字母组成。行业标准的编号由行业标准代号、标准发布顺序及标准发布年代号（四位数）组成。行业标准也分为强制性和推荐性标准。表 12-1 中给出的是强制性行业标准代号，推荐性行业标准的代号是在强制性行业标准代号后面加"/T"，例如农业行业的推荐性行业标准代号是 NY/T。

（1）强制性行业标准。

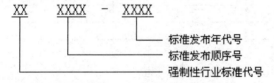

（2）推荐性行业标准编号。

表 12-1　中华人民共和国行业标准代号

行业标准代号	行业标准名称	行业标准代号	行业标准名称
NY	农业	LD	劳动和劳动安全
SC	水产	SJ	电子
SL	水利	YD	通信

行业标准代号	行业标准名称	行业标准代号	行业标准名称
LY	林业	GY	广播电影电视
QB	轻工	DL	电力
FZ	纺织	JR	金融
YY	医药	HY	海洋
MZ	民政	DA	档案
JY	教育	SN	商检
YC	烟草	WH	文化
YB	黑色冶金	TY	体育
YS	有色冶金	SB	商业
SY	石油天然气	WB	物资管理
HG	化工	HJ	环境保护
SH	石油化工	XB	稀土
JC	建材	CJ	城镇建设
DZ	地质矿产	JG	建筑工业
TD	土地管理	CY	新闻出版
CH	测绘	MT	煤炭
JB	机械	WS	卫生
QC	汽车	GA	公共安全
MH	民用航空	BB	包装
WJ	兵工民品	DB	地震
CB	船舶	LB	旅游
HB	航空	QX	气象
QJ	航天	WM	外经贸
EJ	核工业	HS	海关
TB	铁路运输	YZ	邮政
JT	交通		

3. 地方标准

地方标准代号以大写汉语拼音字母"DB"加上省、自治区、直辖市行政区划代码前两位数，再加斜线"/"组成强制性地方标准代号。再加"T"组成推荐性地方标准代号。地方标准编号由地方标准代号、标准顺序号及年号构成。

例如
DB XX/XXXX—XXXX

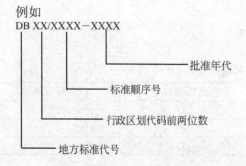

批准年代

标准顺序号

行政区划代码前两位数

地方标准代号

比如，"DB **/****-2000"为某省、自治区或直辖市 2000 年制定的某项强制性地方标准；"DB **/T****-2000"为某省、自治区或直辖市 2000 年制定的某项推荐性地方标准。

4. 企业标准

企业标准的代号，一般以"Q"（企）字为分子，以免与国家标准和行业标准相混淆；企业标准代号前，一般应冠以所在省份的简称；企业标准代号的分母，一律采用汉语拼音字母表示。

企业标准的编号由企业代号、标准顺序号和年代号组成。例如，

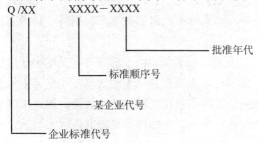

12.3 信息系统标准化

信息系统标准化工作是信息化建设中的一项基础性的系统工程，具有十分重要的现实意义和深远的历史意义。随着全球经济一体化进程发展，特别是我国进入 WTO 以后，各个行业都面临着国际、国内市场的日趋激烈的竞争，信息系统的开放性和标准化程度与企业的市场竞争力关系密切。同时，由于许多业务需要经过不同地市、不同省份甚至不同国家的业务人员的处理，信息系统的标准化问题显得格外突出。统一、规范和科学的标准体系，是实现跨地域范围的业务数据交换、资源共享和对接的前提。我国目前在信息化建设已经有了相当投入，开发完成一定数量的信息系统和应用软件，并取得了一批研究成果，部分系统和软件达到了较先进的水平，但低水平、重复性开发的现象仍然比较严重，其中一个重要原因是缺乏标准化，导致信息系统和应用软件移植和推广的困难。所以，在信息化建设中必须重视和加强标准化工作，健全和完善信息系统、数据与信息以及应用软件的标准和规范，以提高信息系统和应用软件的可重复性，避免低水平的重复开发，加快整个行业的信息化进程。标准化有利于提高应用系统的开发质量。随着网络和计算机的广泛应用，软件开发由以前手工作坊的工作方式向集体协作开发方式转移。在集体协作的开发模式下，如果没有一套统一的、完整的规范来加以约束，开发出的信息系统或应用软件必定漏洞百出甚至无法集成。所以，在信息系统开发过程中，必须要遵守统一的软件工程设计规范，实现信息系统开发标准化，以提高信息系统和应用软件的可靠性、易维护性。

信息系统标准化主要包括以下几方面内容。

12.3.1 信息系统代码标准化

信息分类编码是信息化社会中对信息进行有效管理、加工处理、综合利用的必要技术手段。

分类代码标准化是信息系统交换和建设的前提，是信息系统运行的保证。信息的分类与取值是否科学和合理直接关系到信息处理、检索和传输的自动化水平与效率，信息代码是否规范和标准影响和决定了信息的交流与共享等性能。因此，信息分类必须遵循科学性、系统性、可扩展性、兼容性和综合性等基本原则，要遵循国际标准→国家标准→行业标准→企业标准的原则，建立适合和满足本行业需要的信息编码体系和标准。

信息系统的代码标准化就是将信息按照一定的原则和方法进行分类，然后一一赋予代码，使每一项具体信息与代码形成唯一的对应关系，为数据记录、存取、检索提供一种简短、方便的符号结构，从而便于实现信息处理和信息交换，提高数据处理的效率和准确性，且增强信息的保密性。

随着国家信息化建设稳步推进和部门间信息交换日趋频繁，由于部分应用系统中使用的代码标准不统一、相互间不能完全覆盖，影响了部门之间互通互联，无法共享市场经营主体基础信息。因此，我国为了加快推进信息化进程，充分发挥信息化工程的整体效能，促进工商、税务、质检、海关等部门基础信息系统的互联和信息共享，正在加快信息标准化体系的制定和实施，并制定国家信息化指标体系、规范和标准。尤其是对于组织机构代码这种重要的基础性标准，正在准备通过立法等手段，确定组织机构代码的唯一性和强制性，以保证在各部门的业务信息系统建设中必须强制执行组织机构代码。

我国信息分类代码标准，例如：

GB/T 2659	世界各国和地区名称代码
GB/T 3304	中国各民族名称的罗马字母拼写法和代码
GB/T 3469	文献类型与文献载体代码
GB/T 4880	语种名称代码
GB/T 4881	中国语种代码

12.3.2　信息系统数据交换标准化

数据交换标准是为了实现不同信息系统之间的信息共享和沟通而建立的一套通用的数据文件的格式规范，以保证数据传输的完整、可靠和有效，并提高数据交换的速度。所以，数据交换标准的主题是数据文件的格式。

信息交换标准化就是制定在信息系统内部和信息系统之间各种接口方式以及信息系统输入和输出的格式制定规范和标准，包括网络的互联标准和通信协议、异种数据库的数据交换格式，不同信息系统之间数据的转换方式，报表文件格式和统计口径标准化，数据文件传送标准化等。信息系统的质量与数据交换标准化程度密切相关，数据交换标准化是信息标准化的重要内容之一。

目前经常采用的数据传输方式主要有：FTP、Email、中文短信、网页上传等。经常使用的数据文件交换格式主要有：TXT 文本、XML 文件、Excel 电子表格以及通用数据库等。

我国信息交换标准，例如：

GB/T 7408	数据元和交换方式/信息交换/日期和时间表示法

GB/T 1988　　　　　信息交换用七位编码字符集
GB/T 2311　　　　　七位和八位编码字符集代码扩充技术
GB/T 11383　　　　　信息交换用八位代码结构和编制规则
GB/T 8565　　　　　文本通信用编码字符集
GB 2312　　　　　　信息交换用汉字编码字符集　基本集
GB/T 7589　　　　　信息交换用汉字编码字符集　第二辅助集
GB/T 12345　　　　　信息交换用汉字编码字符集　辅助集
GB/T 13131　　　　　信息交换用汉字编码字符集　第三辅助集
GB/T 13132　　　　　信息交换用汉字编码字符集　第五辅助集
GB 13000　　　　　　信息技术通用多八位编码字符集（UCS）
GB/T 9387　　　　　开放系统互连基本参考模型（系统标准）

12.3.3　信息系统开发标准化

信息系统开发标准化主要指在系统开发中遵守统一的系统设计规范、程序开发规范和项目管理规范。系统设计规范定字段、数据库、程序和文档的命名规则和编制方法，应用程序界面的标准和风格等。程序开发规范对应用程序进行模块划分、标准程序流程的编写、对象或变量命名、数据校验及出错处理等过程和方法做出规定。项目管理规范规定项目组中各类开发人员的职责和权力，开发过程中各类问题的处理规范和修改规则，文档的编写维护，在信息系统开发过程中，必须遵守软件工程的设计规范，实现信息系统开发标准化。

我国的标准化组织在充分借鉴国外各种软件开发标准的基础上，结合我国实际情况，陆续制定了一批软件开发标准。

GB 8566—1988　　　　计算机软件开发规范
CB 8567—1988　　　　计算机软件产品开发文件编制指南
GB 9385—1988　　　　计算机软件需求说明编制指南
CB 9386—1988　　　　计算机软件测试文件编制规范
GB/T 12504—1990　　　计算机软件质量保证计划规范
GB/T 12505—1990　　　计算机软件配置管理计划规范

12.3.4　信息系统文档标准化

信息系统文档标准化主要指在信息系统开发、运行、维护和管理等过程中遵守统一的文档编制规范，在统一标准制约下，建立和维护系统各种文档资料。目前已得到国家标准总局批准的涉及信息系统文档编制方面的国家标准如下。

GB 8567—1988　　　　软件产品开发文件编制指南
GB 9385—1988　　　　计算机软件需求规格说明编制指南
GB 9386—1988　　　　计算机软件测试文件编制规范
GB/T 11457—1989　　　软件工程术语标准
GB 1526—1989　　　　数据流程图、程序流程图、系统流程图、程序流程图和系统资源图的文件编制符号及约定在信息系统项目开发和运行维护过程中，应该按标准化要求编写好下列几种文档，文档编制要求具有针对性、精确性、清晰性、完整性、灵活性、可追溯性。

（1）可行性分析报告。可行性分析报告主要说明该软件开发项目的实现在技术上、经济上和社会因素上的可行性，评述为了合理地达到开发目标可供选择的各种可能实施方案，说明并论证所选定实施方案的理由。

（2）项目开发计划。为软件项目实施方案制订出具体计划，应该包括各部分工作的负责人员、开发的进度、开发经费的预算、所需的硬件及软件资源等。

（3）软件需求说明书（软件规格说明书）。软件需求说明书对所开发软件的功能、性能、用户界面及运行环境等做出详细的说明。它是在用户与开发人员双方对软件需求取得共同理解并达成协议的条件下编写的，也是实施开发工作的基础。该说明书应给出数据逻辑和数据采集的各项要求，为生成和维护系统数据文件做好准备。

（4）概要设计说明书。概要设计说明书是概要实际阶段的工作成果，它应说明功能分配、模块划分、程序的总体结构、输入输出以及接口设计、运行设计、数据结构设计和出错处理设计等，为详细设计提供基础。

（5）详细设计说明书。详细设计说明书着重描述每一模块是怎样实现的，包括实现算法、逻辑流程等。

（6）用户操作手册。用户操作手册详细描述软件的功能、性能和用户界面，使用户对如何使用该软件得到具体的了解，为操作人员提供该软件各种运行情况的有关知识，特别是操作方法的具体细节。

（7）测试计划。为做好集成测试和验收测试，要为如何组织测试制订实施计划。计划应包括测试的内容、进度、条件、人员、测试用例的选取原则、测试结果允许的偏差范围等。

（8）测试分析报告。测试工作完成以后，应提交测试计划执行情况的说明，对测试结果加以分析，并提出测试的结论意见。

（9）开发进度月报。开发进度月报是软件人员按月向管理部门提交的项目进展情况报告，报告应包括进度计划与实际执行情况的比较、阶段成果、遇到的问题和解决的办法以及下个月的打算等。

（10）项目开发总结报告。软件项目开发完成以后，应与项目实施计划对照，总结实际执行的情况，如进度、成果、资源利用、成本和投入的人力，此外，还需对开发工作做出评价，总结出经验和教训。

（11）系统运行日志。系统运行日志主要为系统的运行情况提供历史资料，也可以为查找系统故障提供线索。主要内容包括：运行时间、操作人、运行情况、异常情况、值班人签字、负责人签字等。

（12）软件维护手册。软件维护手册主要包括软件系统说明、程序模块说明、操作环境、支持软件的说明、维护过程的说明，便于软件的维护。

（13）软件问题报告。软件问题报告指出软件问题的登记情况，如日期、发现人、状态、问题所属模块等，为软件修改提供准备文档。

（14）软件修改报告。软件产品投入运行以后，发现了需对其进行修正、更改等问题，应将存在的问题、修改的考虑以及修改的影响做出详细的描述，提交审批。

12.3.5　信息系统安全标准化

信息系统安全标准化是指在信息系统建设开发、运行维护和管理过程中，为保证信息系统的安全而必须建立和遵守统一的安全标准与安全规范。目前已得到国家标准总局批准的涉及信息系统安全方面的国家标准和技术标准有：

- 计算机信息系统安全保护等级划分准则 GB17859－1999；
- 计算机信息系统安全专用产品分类原则 GA163－1997；
- 分组密码算法的工作方式 GB/T15277－1994；
- 中华人民共和国社会公共安全行业标准；
- 计算机信息系统安全专用产品分类原则；
- 计算机病毒防治产品评级准则；
- 信息技术安全标准目录；
- 军用计算机安全术语；
- 军用计算机安全评估准则；
- 军队通用计算机系统使用安全要求；
- 军用通信设备及系统安全要求；
- 金融机构计算机信息系统安全保护工作暂行规定；
- 信息技术安全技术；
- 计算站场地安全要求；
- 电子计算机机房施工及验收规范 SJ/T30003-93；
- 信息技术设备的无线电干扰。

12.4　标准化机构

12.4.1　国际标准化组织

国际标准化组织（ISO）是目前世界上最大、最具权威性的国际标准化专门机构。1946 年 10 月 14 日至 26 日，中、英、美、法、苏等 25 个国家的 64 名代表集会于伦敦，正式表决通过建立国际标准化组织。1947 年 2 月 23 日，ISO 章程得到 15 个国家标准化机构的认可，国际标准化组织宣告正式成立。参加 1946 年 10 月 14 日伦敦会议的 25 个国家，为 ISO 的创始人。ISO 是联合国经社理事会的甲级咨询组织和贸发理事会综合级（即最高级）咨询组织。此外，ISO 还与 600 多个国际组织保持着协作关系。

国际标准化组织的目的和宗旨是："为在全世界范围内促进标准化工作的发展，以便于国际物资交流和服务，并扩大在知识、科学、技术和经济方面的合作"。其主要活动是制定国际标准，协调世界范围的标准化工作，组织各成员国和技术委员会进行情报交流，以及与其他国际组织进行合作，共同研究有关标准化问题。

　　按照 ISO 章程，其成员分为团体成员和通讯成员。团体成员是指最有代表性的全国标准化机构，且每一个国家只能有一个机构代表其国家参加 ISO。通讯成员是指尚未建立全国标准化机构的发展中国家（或地区）。通讯成员不参加 ISO 技术工作，但可了解 ISO 的工作进展情况，经过若干年后，待条件成熟，可转为团体成员。ISO 的工作语言是英语、法语和俄语，总部设在瑞士日内瓦。ISO 现有成员 143 个。ISO 现有技术委员会（TC）186 个和分技术委员会（SC）552 个。截至 2001 年 12 月底，ISO 已制定了 13544 个国际标准。

　　1978 年 9 月 1 日，我国以中国标准化协会（CAS）的名义重新进入 ISO。1988 年起改为以国家技术监督局的名义参加 ISO 的工作。近期将改为以中国国家标准化管理局（SAC）的名义参加 ISO 的工作。

12.4.2　国际电工委员会

　　国际电工委员会（International Electrotechnical Commission，IEC）成立于 1906 年，至今已有 90 多年的历史。它是世界上成立最早的国际性电工标准化机构，负责有关电气工程和电子工程领域中的国际标准化工作。

　　IEC 的宗旨是，促进电气、电子工程领域中标准化及有关问题的国际合作，增进相互了解。为实现这一目的，IEC 出版包括国际标准在内的各种出版物，并希望各成员在本国条件允许的情况下，在本国的标准化工作中使用这些标准。近 20 年来，IEC 的工作领域和组织规模均有了相当大的发展。今天的 IEC 成员国已从 1960 年的 35 个增加到 61 个。它们拥有世界人口的 80%，消耗的电能占全球消耗量的 95%。目前 IEC 的工作领域已由单纯研究电气设备、电机的名词术语和功率等问题扩展到电子、电力、微电子及其应用、通信、视听、机器人、信息技术、新型医疗器械和核仪表等电工技术的各个方面。

　　IEC 标准的权威性是世界公认的。IEC 每年要在世界各地召开 100 多次国际标准会议，世界各国的近 10 万名专家在参与 IEC 的标准制定、修订工作。IEC 现在有技术委员会（TC）89 个、分技术委员会（SC）88 个。IEC 标准在迅速增加，1963 年只有 120 个标准，截至 2001 年 12 月底，IEC 已制定了 5098 个国际标准。

　　我国于 1957 年申请加入了 IEC，并于同年 8 月以中华人民共和国世界动力会议国家委员会的名义作为 IEC 正式成员。1982 年、1985 年和 1989 年先后改以中国标准化协会、中国国家标准局和中国国家技术监督局作为国家委员会参加 IEC 的各项活动。目前，我国是 IEC 理事局、执委会和合格评定局的成员。

12.4.3　国际电信联盟

　　国际电信联盟（International Telecommunication Union，ITU）是联合国的一个专门机构，也是联合国机构中历史最长的一个国际组织，简称"国际电联""电联"或"ITU"。

　　该国际组织成立于 1865 年 5 月 17 日，是由法、德、俄等 20 个国家在巴黎会议为了顺利实现国际电报通信而成立的国际组织，定名"国际电报联盟"。1932 年，70 个国家的代表在西班牙马德里召开会议，决议把"国际电报联盟"改写为"国际电信联盟"，这个名称一直沿用至今。1947 年在美国大西洋城召开国际电信联盟会议，经联合国同意，国际电信联盟成为联合国的一个专门机构。总部由瑞士伯尔尼迁至日内瓦。另外，还成立了国际频率登记委员会(IFRB)。

为了适应电信科学技术发展的需要，国际电报联盟成立后，相继产生了 3 个咨询委员会。1924 年在巴黎成立了"国际电话咨询委员会（CCIF）"；1925 年在巴黎成立了"国际电报咨询委员会（CCIT）"；1927 年在华盛顿成立了"国际无线电咨询委员会（CCIR）"。这三个咨询委员会都召开了不少会议，解决了不少问题。1956 年，国际电话咨询委员会和国际电报咨询委员会合并成为"国际电报电话咨询委员会"，即 CCITT。

1972 年 12 月，国际电信联盟在日内瓦召开了全权代表大会，通过了国际电信联盟的改革方案，国际电信联盟的实质性工作由三大部门承担，它们是：国际电信联盟标准化部门(ITU-T)、国际电信联盟无线电通信部门和国际电信联盟电信发展部门。其中电信标准化部门由原来的国际电报电话咨询委员会（CCITT）和国际无线电咨询委员会（CCIR）的标准化工作部门合并而成，主要职责是完成国际电信联盟有关电信标准化的目标，使全世界的电信标准化。

我国于 1920 年加入了国际电报联盟，1932 年派代表参加了马德里国际电信联盟全权代表大会，1947 年在美国大西洋城召开的全权代表大会上被选为行政理事会的理事国和国际频率登记委员会委员。中华人民共和国成立后，我国的合法席位一度被非法剥夺。1972 年 5 月 30 日在国际电信联盟第 27 届行政理事会上，正式恢复了我国在国际电信联盟的合法权利和席位，我国积极参加了国际电信联盟的各项活动。

12.4.4　我国的标准化机构

我国的标准化工作实行统一管理与分工负责相结合的管理体制。

按照国务院授权，在国家质量监督检验检疫总局管理下，由国家标准化管理委员会统一管理全国标准化工作。国务院有关行政主管部门和国务院授权的有关行业协会分工管理本部门、本行业的标准化工作。

省、自治区、直辖市标准化行政主管部门统一管理本行政区域的标准化工作。省、自治区、直辖市政府有关行政主管部门分工管理本行政区域内的本部门、本行业的标准化工作。

市、县标准化行政主管部门和有关行政部门主管，按照省、自治区、直辖市政府规定的各自的职责，管理本行政区域内的标准化工作。

我国的国家标准由国务院标准化行政主管部门制定；行业标准由国务院有关行政主管部门制定；地方标准由省、自治区和直辖市标准化行政主管部门制定；企业标准由企业自行制定。

1956 年，国务院决定由国家技术委员会负责主管标准化工作，并在委内设立标准局，从此我国标准化工作由分散管理走向统一领导。1978 年国务院批准成立国家标准总局，1982 年改称国家标准局，负责领导和管理全国标准化工作。1988 年国务院决定并于同年 7 月 19 日成立国家技术监督局，1998 年改称国家质量技术监督局，是统一管理和组织协调全国标准化和质量技术监督工作的职能部门。2001 年，国务院批准成立了国家质量监督检验检疫总局。下设国家标准化管理委员会，对外称作中华人民共和国标准化管理局，是统一管理全国标准化工作的主管机构，代表国家参加 ISO、IEC 和其他国际性或区域性标准化组织。

直属国家标准化管理局的单位有：中国标准化与信息分类编码研究所和中国标准信息中心（现称为中国标准化研究中心）、中国技术情报研究所、中国标准化协会以及中国标准出版社等。国务院有关各部门，各省、自治区、直辖市和工业集中的大城市都设立了标准化管理机构，分别负责本部门、本地区标准化工作。

此外，鉴于国际标准化组织（ISO）和国际电工委员会（IEC）设立众多专业技术委员会（TC）和分技术委员会（SC）负责制定和修订国际标准，为了和国际标准化机构尽量协调一致，并且参与国际标准制、修订和其他工作，也为了制、修订我国标准，我国自 1979 年开始，也组建了众多全国性的标准化技术委员会和分技术委员会。

据有关资料显示，到 1983 年底，ISO 的技术委员会有 166 个，分技术委员会有 645 个。中国分别参加了 104 个和 306 个。同期，IEC 技术委员会（TC）有 81 个，分技术委员会（SC）有 123 个，中国全部参加。另据 1997 年《中国标准化年鉴》介绍，至 1996 年底，我国已组建标准化专业技术委员会 224 个，分技术委员会 384 个。同期，ISO 的 TC 数为 185 个，SC 数为 636 个。我国作为正式成员（P 成员）共参加 471 个。同期 IEC 的 TC 数为 88 个，SC 数为 111 个，我国全部以 P 成员资格参加。据统计，至 2000 年，我国组建的标准化专业技术委员会数和分技术委员会数分别达到 258 个和 420 个。可以认为，我国已经建成了比较完善、比较有成效的标准化工作的管理和工作体系，并且与国际接轨。

12.4.5　信息技术标准化组织

信息资源管理标准的制定是一项严肃、科学的系统工程，要保证制定并颁发的标准具有先进性、科学性、合理性和代表性，并得到社会和行业的认可，制定标准的组织机构必须具有权威性和影响力。目前，与信息技术有关的国际标准化组织很多，其中规模较大、影响较广的国际著名标准化组织有：IEC（国际电工委员会），ISO（国际标准化组织），IEEE（美国电气和电子工程师协会），ECMA（欧洲计算机制造商协会），CCITT（国际电报和电话咨询委员会）。1987 年，为了应对信息激增的挑战，尽早实现全球信息资源的共享，两大标准化组织联合起来，将 ISO/TC97（信息技术委员会）、IEC/TC47/SC47B（微处理机分委员会）和 IEC/TC83（信息技术设备）进行机构合并，成立国际标准化组织/国际电工委员会第一联合技术委员会（ISO/IEC/JTC-1），它与我国的相关标准化组织有直接的联系，其组织结构如图 12-1 所示。

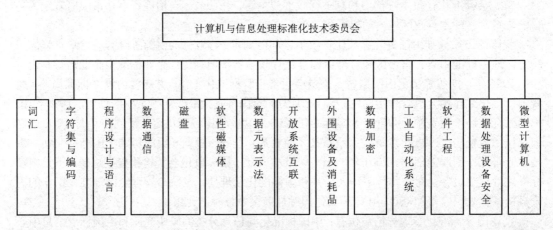

图 12-1　ISO/ IEC/ JTC-1 信息技术委员会组织机构

　　我国没有设立专门的信息技术标准化组织，负责信息技术标准化具体工作的主要组织是全国计算机与信息处理标准化技术委员会（学术团体）下属的各分技术委员会，其结构和组织分配如图 12-2 所示。

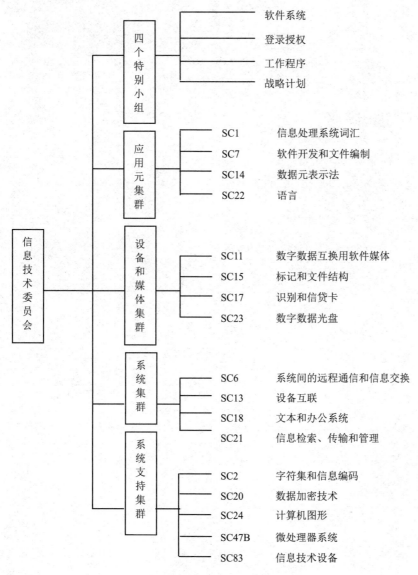

图 12-2　中国计算机与信息处理标准化技术委员会结构

本章要点

　　本章主要介绍有关标准化及其体系结构，要点如下。

（1）标准化及其体系结构。

（2）标准分类与分级。

（3）信息系统标准化。

（4）标准化机构。

思考题

（1）标准化概念是什么？

（2）标准的分类包括哪些？

（3）我国的标准分级是怎样的？

（4）信息系统标准化包括哪几方面？

参 考 文 献

[1] 葛世伦 尹隽. 信息系统运行与维护[M]. 2 版. 北京：电子工业出版社，2013.

[2] 政府门户网站维护项目运维方案. https://wenku.baidu.com/view/7b6ae35a6fdb6f1aff00bed5
b9f3f90f76c64df1.html.

[3] 数据挖掘在电子商务中的应用. https://wenku.baidu.com/view/0d6fbea45727a5e9856a61bb.html.

[4] 数字化工厂解决方案. https://wenku.baidu.com/view/ff5fa8004693daef5ff73ded.html.

[5] 刘利民. 物联网运维系统标准化技术的研究[D]. 华中师范大学硕士学位论文 2012.

[6] 银行 IT 运维平台方案建议书. https://wenku.baidu.com/view/ac2100f768dc5022aaea998fcc22b
cd127ff4272.html.

[7] 智慧工厂车间解决方案. https://wenku.baidu.com/view/fad5302e82c4bb4cf7ec4afe04a1b0717f
d5b3c8.html.

[8] 中国银行 IT 运维服务体系研究. https://wenku.baidu.com/view/8b7908db03d276a20029bd647
83e0912a2167cf5.html.

[9] 大型网站系统架构的演化. https://www.cnblogs.com/leefreeman/p/3993449.html.

[10] 赵鹏. 商业银行灾备体系建设方法分析[J]. 金融电子化，2010.10.

[11] 常见的入侵攻击方法与手段. https://wenku.baidu.com/view/ff201e555901020206409c5f.html.

[12] 深度解读工业 4.0 中国智慧工厂之路. https://xueqiu.com/8107212038/33652025.

[13] 建设智能工厂可从这 6 个方面着手. http://www.360doc.com/content/17/0921/12/39966_688
902444.shtml.

[14] 信息系统安全管理架构. https://blog.csdn.net/xsr/article/details/16386?utm_source=jiancool.

[15] 杨成，陈昊. 信息系统运行管理员教程[M]. 北京：清华大学出版社，2006.

[16] 中国国家标准化管理委员会. 信息技术服务运行维护 第 1 部分：通用要求[EB/OL].
http://www.gb688.cn/bzgk/gb/newGbInfo?hcno=1CDDB37BDAD7AD8A980DE8F11BC0F8BF

[17] 中国国家标准化管理委员会. 信息技术服务运行维护 第 2 部分：交付规范[EB/OL].
http://www.gb688.cn/bzgk/gb/newGbInfo?hcno=363A479B02073CECBCF6773C44E48E1D

[18] 中国国家标准化管理委员会. 信息技术服务运行维护 第 3 部分：应急响应规范[EB/OL].
http://www.gb688.cn/bzgk/gb/newGbInfo?hcno=30824626CA85766DFB419840FEF6CC54

[19] 深圳市市场和质量监督管理委员会. 信息系统运行维护技术服务规范[EB/OL]. http://www.
szmqs.gov.cn/xxgk/qt/ztlm/szbz/szsdfbz_szbz/201412/W020141202347626705219.pdf

[20] 深圳市市场监督管理局. 信息系统运行维护技术服务规范 第 2 部分：信息系统设备运行维
护[EB/OL]. https://wenku.baidu.com/view/bddbcbea551810a6f52486d3.html

[21] 深圳市市场监督管理局. 信息系统运行维护技术服务规范 第 3 部分：应用软件运维服务规
范[EB/OL]. https://wenku.baidu.com/view/4be2924c2e3f5727a5e962d0.html

[22] 北京神州泰岳软件股份有限公司. 中国 IT 服务管理指导规范研究[M]. 北京：北京邮电大学出版社，2008.

[23] 翰纬 IT 服务管理文库. 中国 IT 服务管理指南——理论篇[M]. 2 版北京：北京大学出版社，2012.

[24] 程栋，刘忆舟. 中国 IT 服务管理指南(第二版)——实践篇[M]. 北京：北京大学出版社，2012.

[25] 李襄龙. ITSS 理论在 IT 运维服务中的应用[D]. 华南理工大学硕士学位论文，2012.

[26] 张瑞冉. IT 服务管理在运维管理中的研究与应用[D]. 首都经济贸易大学硕士学位论文，2012.

[27] 陈国青，李一军. 管理信息系统[M]. 北京：高等教育出版社，2005.

[28] 陈京民. 管理信息系统[M]. 北京：清华大学出版社，2006.

[29] 从敏捷开发到敏捷运维：DevOps 将带来革命？ [EB/OL] http://os.51cto/art/201009/ 223199 .htm.

[30] 樊月华. 管理信息系统与案例分析[M] .北京：北京人民邮电出版社，2004.

[31] 韩家炜，堪博著，数据挖掘[M]. 范明，孟小峰等，译. 北京：机械工业出版社，2001.

[32] 冯登国，张阳. 信息安全体系结构[M]. 北京：清华大学出版社，2008.

[33] 付沙. 信息系统安全模型的分析与设计[J]计算机安全，2010，（10):51-53

[34] 葛世伦，潘燕华. 大型单件小批制造企业信息模型[M]. 北京：科学出版社，2006.

[35] 顾景民，郭利波，姜进成.企业信息软件系统安全运行探讨[J].山东煤炭科技，2009，（03）132-134.

[36] 顾浩，胡乃静，董建寅. 银行计算机系统[M]. 北京：清华大学出版社，2006.

[37] 国家信息安全中心编委会. 信息安全等级保护技术标准规范与信息安全监管防范调查处理实用手册[M]. 银川：宁夏大地音像出版社，2005.

[38] 郝文江. 保障重要信息系统信息内容安全的几点建议[J]. 警察技术，2011，（01）：52-54.

[39] 贺蓉. 数据备份与恢复技术在金融电子化建设中的地位和作用[J]. 电脑与信息技术，2001，9(1)：57-60.

[40] 侯丽波. 基于信息系统安全等级保护的物理安全的研究[J]. 网络安全技术与应用，2010，(12): 31-33.

[41] 胡俊敏.如何做好软件维护[J].廊坊师范学院学报（自然科学版），2009, (4):48-49.

[42] 黄胜召，赵辉，鲍忠贵. 军事信息系统网间安全隔离新思路[J].飞行器测控学报，2010，25(9): 64-68.

[43] 黄雪梅. 几种数据备份的方法[J]. 情报杂志，2001，(9): 39-40.

[44] 姜传菊. 灾难备份和容灾技术探析[J]，科技情报开发与经济，2006，(16): 224-225.

[45] 杰瑟曾，瓦拉季奇. 数字时代的信息系统：技术、管理、挑战及对策[M]. 3 版. 陈炜，李鹏，林冬梅，等译. 北京：人民邮电出版社，2011.

[46] 康春荣，苏武荣. 数据安全项目案例：存储与备份•SAN 与 NAS•容错与容灾[M]. 北京：科学出版社，2004.

[47] 李大为，刘飞飞，李薇薇. 信息系统运行维护的八大意识[J]. 中国信息界，2011，(3): 56-57

刘继全. 信息系统运行安全综合管理监控平台的设计与实现[J]. 铁路计算机应用，2011，20(1): 26-29.

[48] 刘宇熹，陈尹立. 计算机系统服务外包及运行维护管理[M]. 北京：清华大学出版社，2008.

[49] 刘政权. 新一代银行信息系统架构及其实施策略[J]. 中国金融电脑，2001，(11):17-21.

[50] 沈志超. 软件产品平滑升级的设计实现[J]. 计算机与现代化，2009，(8): 157-160.

[51] 帅青红. 银行信息系统管理概论[M]. 北京：中国金融出版社，2010.

[52] 唐志鸿，陈金国，赵学伟. ERP 软件系统信息安全问题探讨与实现[J]. 计算机与现代化，2003，(06): 60-63.

[53] 田逸. 互联网运营智慧--高可用可扩展网站技术实战[M]. 北京：清华大学出版社，2010.

[54] 佟鑫，张利，姚轶崭.信息系统安全保障评估标准综述[J]. 信息技术与标准化，2010，(08): 41-45.

[55] 王朝阳，李云. 基于云安全的指挥信息系统网络防病毒模型[J]. 指挥控制与仿真，2010，32(6): 24-26.

[56] 王欢. 涉密信息系统安全产品技术发展趋势探究[J]. 信息网络安全，2011，(01): 34-35.

[57] 王小林. 数据备份策略解析[J]. 数字与缩微影像，2010，(4): 14-16.

[58] 魏红. 基于 ERP 软件系统的信息安全问题研究[J]. 农业网络信息，2009，(06): 70-73.

[59] 吴澄. 现代集成制造系统导论——概念、方法、技术和应用[M]. 北京：清华大学出版社，2002.

[60] 吴杰. IT 运维创造价值. http://wenku.baidu.com/view/f4e0b2eb551810a6i 52486f5.html.

[61] 吴洁明，张正.实用软件维护策略[J]. 北方工业大学学报，2002，(3):61-66.

[62] 吴晓东，王晓燕，陈飞. 信息系统安全加固实战技术之网络设备篇[J]. 道路交通，2010，(10): 46-47.

[63] 吴亚非，李新友，禄凯.信息安全风险评估[M]. 北京：清华大学出版社，2017 年.

[64] 雷万云. 云计算技术、平台及应用案例[M]. 北京：清华大学出版社，2011.

[65] 金迎. 基于 SaaS 的中小企业区域信息化支持平台构建研究[D]. 哈尔滨：东北林业大学，2011.

[66] 雷万云. 云计算:企业信息化建设策略与实践[M]. 北京：清华大学出版社，2010.

[67] 马玲. 云计算在中小企业信息化中的应用研究[D]. 合肥工业大学，2012.